U0362310

高山景行

——周恩来研究新探

徐 行 著

南开大学出版社

天 津

图书在版编目(CIP)数据

高山景行：周恩来研究新探 / 徐行著. —天津：
南开大学出版社，2024.5
ISBN 978-7-310-06603-2

Ⅰ.①高… Ⅱ.①徐… Ⅲ.①周恩来(1898－1976)
－人物研究 Ⅳ.①K827＝7

中国国家版本馆 CIP 数据核字(2024)第 098410 号

高山景行——周恩来研究新探
GAOSHAN JINGXING——ZHOU ENLAI YANJIU XINTAN

南开大学出版社出版发行
出版人：刘文华
地址：天津市南开区卫津路 94 号　　邮政编码：300071
营销部电话：(022)23508339　营销部传真：(022)23508542
https://nkup.nankai.edu.cn

天津创先河普业印刷有限公司印刷　全国各地新华书店经销
2024 年 5 月第 1 版　　2024 年 5 月第 1 次印刷
240×170 毫米　16 开本　34.75 印张　2 插页　607 千字
定价：178.00 元

如遇图书印装质量问题，请与本社营销部联系调换，电话：(022)23508339

序

1976 年 1 月 15 日，中共中央副主席、国务院副总理邓小平同志在周恩来同志追悼会上致悼词说：周恩来同志"是中国共产党的优秀党员、伟大的无产阶级革命家、杰出的共产主义战士、中国人民久经考验的卓越的党和国家领导人"①。

在纪念周恩来诞辰 120 周年座谈会上习近平总书记阐明："周恩来同志在为中国人民谋幸福、为中华民族谋复兴、为人类进步事业而奋斗的光辉一生中建立的卓著功勋、展现的崇高风范，深深铭刻在中国各族人民心中，也深深铭刻在全世界追求和平与正义的人们心中。"②

周恩来同志是我的伯父，我对邓小平同志、习近平同志的这些重要论述极为赞同，而且有深切的体会和感受。20 世纪五六十年代，正当青少年时期，我在伯父周恩来和伯母邓颖超身边生活了 10 多年，深深感悟到伯父为党、为人民的事业任劳任怨、勤勤恳恳的忘我精神，伯父身上展现出的共产党人的崇高精神风范和其殚精竭虑、鞠躬尽瘁的往事至今仍历历在目。虽然伯父周恩来离开我们已经 46 年了，然而，"每当我们提起这个名字就感到很温暖、很自豪"③。

自改革开放以来，中外学者对周恩来的生平思想做了大量宣传和研究。特别是南开大学作为周恩来的母校，一贯重视周恩来的研究、宣传和教育工作。早在 1979 年南开大学就成立了全国第一个周恩来研究室，1997 年又在此基础上成立了周恩来研究中心。数十年来南开师生有大批相关研究成果问世，已举办过 5 届大规模的周恩来研究国际学术讨论会，在国内外产生了很好的政治影响和学术影响。从 20 世纪 90 年代起南开大学就开始招收周恩来研究方向的硕士生和博士生，至今仍是我国唯一可以招收这一研究方向的重点大学，已成为国内外知名的周恩来研究和教育的高等学府。

---

① 中共中央文献研究室编《周恩来年谱（1949—1976）》下卷，中央文献出版社 1997 年版，第 728 页。
② 习近平：《在纪念周恩来同志诞辰 120 周年座谈会上的讲话》，《人民日报》2018 年 3 月 2 日。
③ 习近平：《在纪念周恩来同志诞辰 120 周年座谈会上的讲话》，《人民日报》2018 年 3 月 2 日。

南开大学周恩来研究中心主任、周恩来政府管理学院的徐行教授，几十年来一直潜心从事周恩来的研究和教学工作，已有许多高质量的研究成果问世。如今其虽已年过花甲，仍坚持一线教学，坚持科研不停、笔耕不辍。明年将迎来周恩来诞辰125周年，为纪念这位举世公认的伟人，徐教授系统总结了多年研究所得，选编成一部研究文集。现在，这部名为《高山景行——周恩来研究新探》的文稿已放在我的案前，书中收录的49篇文章是从徐教授多年来发表的近百篇文章中精选出来的。

我粗略阅读了这部论文集，颇感其学术造诣匪浅。这部文集不但内容丰富、涉及面广、文笔流畅，而且思辨精缜、评判客观、论证有力。该书有三个特点：一是科学性，所选文章标准严格，观点正确，史实确凿，言之有据，皆有一定的理论深度和客观分析，对周恩来的评价实事求是；二是学术性，所选文章均为国内学术刊物和学术会议上发表过的研究成果，其中一些文章提出了自己的思考和见解，彰显了研究的深度和学术价值；三是全面性，全书研究范围包括周恩来与党的建设、政治制度、行政管理、各项建设事业、统一战线、中国外交，以及周恩来生平与思想七大部分，几乎涉及其一生的各个时期。

总之，这部包含徐行教授几十年研究精华的论文集的问世，将有利于促进周恩来研究进一步向纵深发展。值此该研究成果付梓之际，我作为周恩来的亲属，谨向多年辛勤耕耘、硕果累累的徐行教授表示由衷的感谢及衷心祝贺！

我期望也深信南开师生会持续推进周恩来的研究，不断扩大周恩来生平思想的深入探索、积极宣传，赓续红色精神血脉。伯父周恩来身上展现出来的中国共产党人的崇高精神、高尚品德、伟大风范，将感召和激励着我们在新时代坚持和发展中国特色社会主义征程上奋勇前进。

周秉德

2022 年初冬于北京

（本书序言的作者周秉德，系周恩来的侄女，曾任全国政协委员、中国新闻社副社长，现为中国和平统一促进会常务理事周恩来邓颖超研究中心顾问。）

目　录

周恩来与党的建设

周恩来与政治制度

周恩来与行政管理

周恩来与统一战线

周恩来与中国外交

周恩来生平与思想研究

周恩来与党的建设

试论周恩来加强党性修养的思想与实践

周恩来一生严于律己、克己奉公，兢兢业业地为党和人民的事业努力奋斗，立下了不朽的功绩，具有很高的党性修养，是我们全党学习的典范。在新时代深入学习和研究周恩来加强党性修养的杰出思想与实践，对提高党员政治思想觉悟，牢记初心使命，践行党的宗旨，狠抓全面从严治党仍有重要的现实意义。

一、周恩来是终生坚持党性修养的典范

在纪念周恩来诞辰 120 周年座谈会上，习近平总书记代表党中央对周恩来做了高度评价："周恩来同志在为中国人民谋幸福、为中华民族谋复兴、为人类进步事业而奋斗的光辉一生中建立的卓著功勋、展现的崇高风范，深深铭刻在中国各族人民心中，也深深铭刻在全世界追求和平与正义的人们心中。"[1]习近平总书记进一步阐明："周恩来同志半个多世纪奋斗的人生历程是中国共产党不忘初心、牢记使命历史的一个生动缩影，是新中国孕育、诞生、成长和取得崇高国际威望历史的一个生动缩影，是中国人民在自己选择的革命和建设道路上艰辛探索、不断开拓、凯歌行进历史的一个生动缩影。周恩来同志是近代以来中华民族的一颗璀璨巨星，是中国共产党人的一面不朽旗帜。"[2]周恩来是举世公认的伟大的无产阶级革命家、政治家、军事家、外交家，是我们党和国家杰出领导人，是以毛泽东为核心的党的第一代中央领导集体的重要成员。在半个多世纪艰苦卓绝的奋斗中，他为党为人民做出了杰出的历史贡献，立下了不朽的功绩，他在坚持党性修养，严于律己方面也为全党做出了典范。

周恩来的光辉一生为党的建立和发展，为中国革命与建设事业立下了卓越的历史功勋。1921 年他就参与创建了旅欧共产主义小组，成为中国共产党最早的党员之一。在新民主主义革命时期，他组建了我们党最早的革命武装，领导

---

[1] 习近平：《在纪念周恩来同志诞辰 120 周年座谈会上的讲话》，《人民日报》2018 年 3 月 2 日。

[2] 习近平：《在纪念周恩来同志诞辰 120 周年座谈会上的讲话》，《人民日报》2018 年 3 月 2 日。

了八一南昌起义，打响了我们党武装反抗国民党反动派的第一枪。此后，他不仅为探索"农村包围城市，武装夺取政权"的中国革命道路做出了突出贡献，而且在遵义会议上为确立毛泽东在中共中央和红军中的领导地位发挥了关键作用。在抗日战争和解放战争中，他不仅为建立、巩固、发展统一战线做了大量工作，而且协助毛泽东指挥了改变中国命运的战略大决战，精心筹备了中国共产党领导的多党合作和政治协商制度，在毛泽东领导下创建了新生的人民政权。新中国诞生后，周恩来积极探索适合中国国情的社会主义建设道路，为社会主义革命和建设事业倾注了大量心血，做出了奠基性贡献。他担任政府总理长达26年，同时还担任中共中央副主席、全国政协副主席、主席，他是新中国外交、经济、文化、科技、教育、卫生、体育、国防建设等各项事业的主要开拓者和卓有成效的领导者之一，新中国建设事业取得的每一项重大胜利都饱含着他的巨大心血。同时，周恩来善于根据中国具体国情实事求是地进行思考和探索，丰富和发展了毛泽东思想。

周恩来不但毕生功勋卓著，而且在党性修养方面也为全党做出了典范。他以身作则，严格自律，起到了很好的示范作用，并就如何加强党性修养提出了许多精辟的论述。不论是在艰苦的战争年代还是社会主义建设时期，周恩来都号召党员要自觉地提升党性修养，加强思想改造，"要把思想改造看成象空气一样，非有不可。不然，你的思想就会生锈，就会受到腐蚀"①他认为思想改造是一个长期的过程，"每个党员从加入共产党起，就应该有这么一个认识：准备改造思想，一直改造到老"②。而领导干部更是要带头进行自我改造，"自居于领导，自居于改造别人的人，其实自己首先需要改造"③。周恩来这些正确思想至今对我们加强党性修养仍有重要指导意义。

周恩来不仅提出了许多关于党性修养的精辟论述，更重要的是他一生以实际行动带头践行了自己提出的各项原则和具体要求，他是中国共产党党内抓紧学习、加强自我改造、提高党性修养的楷模。1943年3月18日，时任南方局书记的周恩来在重庆自己的办公室总结了参加共产党、从事革命工作20多年来的艰苦奋斗历程，为进一步提高自身的党性修养，专门写下了《我的修养要则》（以下简称《要则》）。这是他本人对自己政治思想、行为准则、道德修养的严格自律标准，他决定今后要以此来严格要求自己。周恩来还将这个《要则》贴在办公室门外，让同志们监督他做到要则中提出的各项要求。在此后的革命岁月

---

① 《周恩来选集》下卷，人民出版社1984年版，第425页。
② 《周恩来选集》下卷，人民出版社1984年版，第425页。
③ 《周恩来选集》下卷，人民出版社1984年版，第368页。

里，周恩来以身作则，严格自律，抓紧一切时间学习，努力为党工作，在许多方面都起到了模范带头作用，为我们树立了加强党性修养的杰出典范。习近平总书记明确指出，周恩来光辉的一生在六个方面是我们全党学习的楷模："周恩来同志是不忘初心、坚守信仰的杰出楷模""周恩来同志是对党忠诚、维护大局的杰出楷模""周恩来同志是热爱人民、勤政为民的杰出楷模""周恩来同志是自我革命、永远奋斗的杰出楷模""周恩来同志是勇于担当、鞠躬尽瘁的杰出楷模""周恩来同志是严于律己、清正廉洁的杰出楷模"。周恩来一生为党和人民事业所建立的"卓著功勋、展现的崇高风范，深深铭刻在中国各族人民心中，也深深铭刻在全世界追求和平与正义的人们心中"。①

二、周恩来加强党性修养的杰出思想和努力实践

周恩来一生在为党和人民工作中始终坚持严格自律，自觉提升党性修养。他主要提出了以下这些关于加强党性修养的思想主张，并且身体力行，在实践中起到了典范和积极带头作用。

（一）加强党性修养首先要抓紧一切时间努力学习，并采取正确的学习方法

周恩来认为抓紧学习，勤于思考，是共产党员加强党性修养，提高思想觉悟的基础。学习的内容可以包括政治理论、思想文化、专业知识、管理技能等等，但作为一名共产党员首先要学好用好马克思列宁主义，这是无产阶级革命的指导思想和精神武器，是每一个党员确立正确的世界观、人生观的必不可少的前提和基础。抓紧学习，对周恩来的一生产生了重要影响。他从小就立下了"为了中华之崛起"而读书的宏伟志向。在南开上学时，他就明确提出要"做事于社会，服役于国家……以其所学，供之于世"②。在日本留学期间，他阅读了国内寄来的《新青年》和日本翻译的社会主义书籍，学习了李大钊等人宣传马克思主义的文章，思想认识发生了转变。到欧洲留学后，他直接接触到马克思、恩格斯写的著作，抓紧时间努力学习、认真思考，做出了自己一生中最重要的抉择，确立了共产主义的坚定信念。从此他把自己的全部精力和才能毫无保留地献给了共产主义事业，直到生命的最后一刻。

1943 年周恩来写的《我的修养要则》中，第一条就是："加紧学习，抓住中心，宁精勿杂，宁专勿多。"③这说明周恩来始终把加紧学习作为第一要则，其对学习的必要性有高度认识。他认为加紧学习是提升党性修养的前提，党的

---

① 习近平：《在纪念周恩来同志诞辰 120 周年座谈会上的讲话》，《人民日报》2018 年 3 月 2 日。
② 中共中央文献研究室编《周恩来传》上，金冲及主编，中央文献出版社 2008 年版，第 22 页。
③ 《周恩来选集》上卷，人民出版社 1980 年版，第 125 页。

领导人应在这方面起带头作用。在南方局整风期间，周恩来还亲自授课，系统地讲述了从建党初期到抗战时期党的发展历程。为保障学习时间，周恩来特别规定星期四为"党日"或学习日，每逢这天，所有在重庆的公开机关中层以上领导和《新华日报》编委以上干部以及曾家岩的干部，都要到红岩村集中学习。①周恩来特别重视提升党的干部的理论修养，除了要他们学习党史和党的政策外，还要他们深入学习马克思主义基本理论。

为加强党性修养，周恩来不仅提出要抓紧一切时间和一切机会学习，同时还提出要采取正确的学习方法，那就是做任何事要从专而精入手，不要包揽许多。宁可做完一件事，再做其他，也不要浅尝辄止。他强调学习要专一且抓住重点。这是一个很好的学习方法，是其多年学习和实践的经验总结。延安整风运动中周恩来认真学习了党中央文件和马克思主义理论，领导了南方局的整风运动。通过学习与思考，周恩来对整顿学风、党风和文风，以及采取什么样的学习方法有了一个不断深化的认识。1943 年他在给南方局干部作报告时强调要有学习精神，加强理论学习。他要求领导干部要"抓紧思想政治的领导"，这就"要不断提高自己的思想水平，加强自己的政治锻炼"。②"活到老，学到老"是周恩来一生践行的格言。他不但注重从书本中学习，还善于在实践中学习，向人民群众学习。他经常深入基层调查研究，向有经验的工人、农民请教问题，向科学家和技术人员请教专业知识。在实践中学习亦是周恩来的主要学习方式之一。

（二）加强党性修养要落实到努力工作上，而且要有科学的工作方法

周恩来的党性修养好，反映在他一生为党和人民的事业勤勤恳恳、兢兢业业地努力工作中，他真正做到了鞠躬尽瘁、死而后已。不论客观条件如何，他都努力为党工作。1939 年周恩来在延安不慎摔伤了右臂，造成骨折，在治疗期间他仍然紧张而繁忙地不停工作着。身边的工作人员提醒他爱惜身体，周恩来回答说："一个人只要还活着，就应当为党工作"，"工作比医病更重要"。③

直到生命的最后 10 年，周恩来在极其艰难的政治环境中，顶住巨大压力，竭尽全力维持着国家机器的正常运转和国民经济的发展。1980 年，邓小平在答意大利记者奥琳埃娜·法拉奇问时对周恩来评价道："周总理是一生勤勤恳恳、任劳任怨工作的人。他一天的工作时间总超过十二个小时，有时在十六小时以

---

① 中共中央党史研究室科研管理部、中共重庆市委党史研究室编《见证红岩——回忆南方局》上册，重庆出版社 2004 年版，第 58 页。

②《周恩来选集》上卷，人民出版社 1980 年版，第 130 页。

③《周恩来传》上，中央文献出版社 2008 年版，第 508-510 页。

上，一生如此。"①周恩来得知自己重病在身，留给他的时间不多了，他不但没有放下工作去疗养，反倒更加倍努力工作。他常对身边的人说，他的时间不是他个人的，它属于党，属于革命。争取一分钟时间，就多做一分钟工作，要抢时间工作才行。

周恩来还根据自己多年为党工作的经验，总结出一套科学的工作方法，这就是"要有计划、有重点、有条理"②。周恩来担任南方局书记期间，负责 10 余个省的党组织恢复重建工作、统战工作、国内外团结抗战工作等等，各种大小事务纷繁复杂，正是由于他有计划、有重点、有条理地设计、指导、布置和实施，南方局的所有干部分工合作，各项工作有条不紊地开展起来。皖南事变后，政治形势严峻，如何保护党的力量、反击国民党顽固派的反共高潮并维护抗日民族统一战线的不破裂是周恩来急需解决的问题。他运用杰出的政治智慧，有计划地安排一批党员做疏散工作，灵活地开展重点人物的统战工作，终于妥善化解了皖南事变后的危机，团结了广大的抗日进步力量，为夺取民族解放战争胜利奠定了基础。

（三）加强党性修养要坚持习作合一，理论联系实际

为加强党性修养，周恩来给自己提出了"习作合一，要注意时间、空间和条件，使之配合适当，要注意检讨和整理，要有发现和创造"③的要求。其核心意涵就是坚持理论联系实际，在调查研究基础上根据主客观情况做好党的工作。抗战中周恩来教育党员干部要将我们党在第一次国共合作中的经验教训运用到当时的抗日民族统一战线中去，注意时间（抗战时期）、空间（南方各省）和条件（国共合作背景下）的配合，不断创新工作方法。皖南事变后，南方局部分党组织受到严重破坏，国民党统治区局势异常紧张。周恩来根据时局的变化，采取了"隐蔽精干，长期埋伏，积蓄力量，以待时机"的方针，要求各级党组织从领导方式到工作方法都要进行转变，在统战策略方面也要因势调整。他还提出秘密斗争与公开斗争结合、合法斗争与非法斗争结合、经济斗争与政治斗争结合等灵活的策略方针，保证了党的工作得以顺利进行。

早在土地革命战争时期，周恩来就认识到"调查工作应切实去做……对于了解中国农村实际生活及帮助土地革命策略之决定有重大意义"④，他强调，做调研工作应该尊重客观事实，不要受任何框框的限制。调研的过程是一个深

---

① 《邓小平文选》第二卷，人民出版社 1994 年版，第 348 页。
② 《周恩来选集》上卷，人民出版社 1980 年版，第 125 页。
③ 《周恩来选集》上卷，人民出版社 1980 年版，第 125 页。
④ 《周恩来选集》上卷，人民出版社 1980 年版，第 36 页。

入群众的过程，目的是要了解真实情况，听取群众意见。周恩来一贯主张"理论是从实践中总结出来的，又对实践加以指导。我们不能把理论当作教条，如果不顾实际情况，把理论拿来乱套一阵，总是要失败的。同时，实际工作要有理论的指导，才不会盲目乱撞"①，他始终坚持把马克思主义理论与中国革命和建设的实际相结合，号召全党同志"必须用马列主义、毛泽东思想作为我们的武器来进行调查研究，这样调查研究才能实事求是"②。

新中国成立后，即使在工作非常繁忙的情况下，周恩来仍坚持深入一线调查研究。1958 年的南宁会议上，中央决定由周恩来主持长江流域的治理工作。为了取得一手资料，做出科学合理的决策，周恩来亲自带领一批干部和技术人员实地考察了荆江大堤的几个险要堤段，并且不顾山路险阻，勘察了南津关坝区和三斗坪坝区。在长江中堡岛上详细观察坝址后，实地对照研究工程设计方案，认真了解地质勘测工作，观看地质钻探岩心。经过这一系列的调查研究，周恩来主持制定了"统一规划，全面发展，适当分工，分期进行"的长江治理方案，他提出要处理好"远景与近期，干流与支流，上、中、下游，大中小型，防洪、发电、灌溉与航运，水电与火电，发电与用电等七种关系"③。周恩来主持制定的这个治理长江的方案，实践证明是正确的，它充分考虑了当时我国的财力、物力和科技能力，注意了时间、空间和条件的适当配合，成为一个从国情出发，民主决策、科学决策的成功范例。

（四）为提高党性修养，要发扬我党批评与自我批评的优良作风

周恩来一贯坚持发扬党的优良传统作风，他提出的严格自律的要求是："要与自己的他人的一切不正确的思想意识作原则上坚决的斗争"，要"适当的发扬自己的长处，具体的纠正自己的短处"。④周恩来很重视党员干部的思想教育和改造问题，在自觉进行思想改造的同时，还经常帮助其他同志纠正错误认识和不正之风。抗战时期，他指示《新华日报》和《群众》周刊发表了大量马克思、列宁和毛泽东的文章，要求南方局的党员认真学习。他还利用形势报告会、党员训练班以及个别谈话等多种方式，同一些党员交流思想，帮助他们提高政治觉悟，提高党性修养，保持革命气节，坚定政治立场。

为保持和发扬党的批评与自我批评的优良传统，周恩来不论工作多忙，坚

---

① 《周恩来选集》下卷，人民出版社 1984 年版，第 17 页。

② 中共中央文献研究室编《毛泽东 周恩来 刘少奇 朱德 邓小平 陈云论调查研究》，中央文献出版社 2006 年版，第 143 页。

③ 中共中央文献研究室编《周恩来年谱（1949—1976）》中卷，中央文献出版社 1997 年版，第 132 页。

④ 《周恩来选集》上卷，人民出版社 1980 年版，第 125 页。

持参加所属支部、小组的学习活动，经常根据工作实际和自己思想开展批评和自我批评。①他为《新华日报》改版后新办的《团结》副刊撰写文章，提出"我们愿认真检讨自己，我们尤愿接受大众的批评；我们愿及时发现自己的错误，我们尤其诚意纠正这些错误；我们愿意揭露错误的原因，我们尤愿将这些原因和方法提供朋友们读者们做参考做借鉴"。在文章的最后，他强调"我们决不害怕批评与自我批评，我们并坚信成功的个人、团体和事业，必定是从错误的改正中磨练出来的"。②周恩来一生都坚持思想改造和批评与自我批评的优良传统。1962年，在中共中央工作会议上他客观地分析到，在经济方面我们"对于新的事物缺乏经验，在执行中犯了很多错误，有很多缺点，而且有很多是原则性的、很严重的"。③但是我们从正反两个方面总结了经验，就能够逐步认识和掌握新情况下的经济发展规律，就能够认清形势，掌握主动，纠正错误。

无论是在民主革命时期还是社会主义革命和建设时期，周恩来对党的工作总是兢兢业业、勇挑重担、任劳任怨、一丝不苟。同时，他始终抱着谦虚谨慎的态度，不断地总结经验教训，不断反思和改正自己的短处。抗战时期，他曾谦逊地说，自己参加革命"迄今已20年，经常处于实际工作的情况，故培养了一些工作能力，但理论修养不够，有些事务主义的作风"④。他带领南方局干部整风时，专门讨论了怎样自我反省、怎样改正自己的缺点问题。不少同志在他的谆谆教诲下，改正了自己的错误，明显提高了党性修养。

（五）坚持党的密切联系群众的作风是党性修养增强的重要表现

党性修养是否增强的重要表现，是看党员能否真正贯彻党的群众路线。周恩来明确要求自己："永远不与群众隔离，向群众学习，并帮助他们。"而且，他还提出要"过集体生活，注意调研，遵守纪律"。⑤坚持走群众路线是我们党的优良作风之一，也是周恩来党性修养好的真实反映。他认为作为中国共产党党员就"要诚诚恳恳、老老实实为人民服务"，"应该象条牛一样努力奋斗，团结一致，为人民服务而死"。⑥周恩来是这样说的，也是这样做的，他的一生是全心全意为人民服务的一生。他经常告诫各级干部"不仅要教育群众，还要向群众学习。因为领导者本身知识还不完全，经验还不够，领导地位并不能使你

---

① 中共重庆市委党史研究室编《中共中央南方局史》，中共党史出版社2009年版，第160页。
② 周恩来：《团结的旨趣》，《新华日报》1942年9月19日。
③《周恩来选集》下卷，人民出版社1984年版，第403页。
④《中共中央南方局史》，中共党史出版社2009年版，第163页。
⑤《周恩来选集》上卷，人民出版社1980年版，第125页。
⑥《周恩来选集》上卷，人民出版社1980年版，第241页。

得到知识和经验，所以面向群众，汲取群众经验，十分必要"[1]。周恩来时刻心系百姓，心里总牵挂着亿万民众的困难。1961 年 3 月，他去河北农村调查集体食堂中的问题和农民生活情况。1966 年春邢台地震后，他立即飞往灾区，领导和布置抗震救灾工作。

"过集体生活"也是周恩来密切联系群众和团结群众的一种工作方式，他领导党的统战工作和地下工作时，提出"三勤"（勤业、勤学、勤交友）和"三化"（社会化、职业化、群众化）的工作方针，要求"每个党员干部及领导干部都要有职业"，"要使党员社会化，不仅不脱离社会，而且要深入社会"。[2]要把解决人民群众的现实问题作为党联系群众的一个重要方式，要采用多种方式为老百姓排忧解难，争取合法权益。

与此同时，为加强党性修养，周恩来还提出要严守纪律。他高度重视党的组织纪律、工作纪律与保密纪律，要求各级党组织和党员干部都要严格按照党章办事，严格遵守党规国法。周恩来担任南方局书记时就领导制定了《中共中央关于秘密工作的决定》和《中共中央南方局关于组织问题的紧急通知》，对保密纪律做了详细规定，提出要把公开工作和秘密工作、上层活动和下层活动严格分开。周恩来晚年在病危期间，仍严守着党的纪律和秘密，直至逝世他没有对革命战友和终身伴侣邓颖超透露过半点党的秘密。

（六）加强党性修养的物质基础在于保持为党工作的健康身体

周恩来自定的《我的修养要则》的最后一条就是"健全自己身体，保持合理的规律生活"，他认为"这是自我修养的物质基础"。[3]周恩来很清楚工作与身体之间的重要关系，没有健康的身体，就无法为党和人民工作，提高党性修养也就失去了最基础的载体。在重庆期间，为了提升南方局工作人员的学习与工作效率，周恩来要求在红岩村工作的同志一定要有规律地工作和生活，他对同志们的工作、学习、文体活动、休息、睡觉时间都做了合理的安排，规定南方局工作人员每天工作 8 小时，睡觉 8 小时，学习、休息 8 小时，要求大家养成规律的生活习惯，保证有健康的身体，以利于工作。

周恩来从小就注重身体锻炼，在沈阳东关学校求学时期，周恩来就养成锻炼身体的习惯。在南开上学时，他仍保持着合理规律的学习生活和坚持锻炼身体的好习惯，每天学校起床钟一响，他就起床跑步、做操，在寒冷的冬天也保持着锻炼习惯。良好的身体素质为他日后从事革命工作打下了基础。可惜的是，

---

① 《周恩来选集》上卷，人民出版社 1980 年版，第 131 页。

② 《中共中央南方局史》，中共党史出版社 2009 年版，第 141 页。

③ 《周恩来选集》上卷，人民出版社 1980 年版，第 125 页。

在他担任党和国家领导职务后，由于繁忙的工作和肩负着艰巨的重任，其锻炼身体的时间被日益增多的各项工作挤压了。晚年他身患绝症，仍带病坚持为党和人民做了大量的工作。在他生命的最后的 587 天里，共约人谈话 220 人次，谈话时间最长的一次达 4 小时 20 分钟；公开会见外宾 65 次，每次时间大都在 1 小时左右；开会 32 次，一次会最长开 3 小时 45 分钟。①他为了党和国家各项事业，殚精竭虑，呕心沥血，真正做到了鞠躬尽瘁，死而后已。

三、周恩来加强党性修养思想的现实意义

党的十八大以来，我国进入了中国特色社会主义新时代。在新的历史方位，我们要紧密地团结在以习近平同志为核心的党中央周围，认真学习周恩来严格自律、加强党性修养的精神，埋头苦干，兢兢业业，不断进取。特别是在我们庆祝建党 100 周年、全党开展党史学习教育之际，更有必要深入研究和弘扬周恩来等老一辈革命家的光辉业绩和崇高精神风范。周恩来是我们中国共产党一面不朽的旗帜，其自觉加强党性修养的杰出思想和成功实践对我们在新形势下进一步加强党的建设具有重要的指导和启示意义。

首先，加强党性修养的关键在于坚定理想信念，牢记初心使命。周恩来在入党之初就说过："我认定的主义一定是不变了，并且很坚决地要为他宣传奔走。"②他始终坚守了共产主义的信仰，并一生为之努力奋斗。今天我们全体党员都要像周恩来那样终身树立坚定的共产主义理想信念，在思想上同党中央保持高度一致，严格遵守党的各项规章制度和纪律、认真贯彻执行党的方针、路线、政策。在新形势下党员提高党性修养要在三个方面下功夫。一是要自觉进行思想改造，要随着时代发展，与时俱进地跟上时代步伐，主动去除腐朽陈旧的思想意识，牢固地树立人民服务的宗旨意识，不忘共产党的初心和使命。二是要经常进行批评与自我批评。党员领导干部更要勇于带头进行自我批评，勇于接受他人批评。"不搞'鸵鸟政策'，不马虎敷衍，不文过饰非，不发泄私愤"③，我们党只有坚持批评和自我批评的优良作风，才能够不断纠正错误、净化党风。三是要重视纪律建设，包括工作纪律和组织纪律。要不断完善纪律的监督和执行体系，充分发挥党委和纪委的监督作用，把违反党的纪律、丧失理想信念的党员及时清除出党的队伍，才能保证党的队伍的纯洁性。

其次，加强党性修养的前提是勤于学习，善于思考，提高政治思想觉悟。

---

① 高振普：《周恩来卫士回忆录》，上海人民出版社 2007 年版，第 215 页。
② 中共中央文献研究室编《周恩来年谱（1898—1949）》修订本，中央文献出版社 1998 年版，第 56 页。
③《习近平谈治国理政》第一卷，外文出版社 2018 年版，第 377 页。

抓紧一切时间和机会学习是周恩来在《我的修养要则》中对自己提出的第一个要求，他把加强党性修养建立在扎实的学习基础之上，他认为学习的内容包括向群众学习、向书本学习以及在实践中学习三个方面。在新时代，我们党更要成为学习型政党，这就要求所有党员特别是党的领导干部要像周恩来那样，既要善于和勤于学习书本知识，也要善于和勤于向群众学习，在实践中锻炼和提高。习近平总书记曾明确指出："全党同志一定要善于学习，善于重新学习。同过去相比，我们今天学习的任务不是轻了，而是更重了。这是由我们面临的形势和任务决定的。"①作为一名共产党员只有一生都勤于学习、善于学习，才能提高自己的马克思主义理论基础，提高政治思想觉悟和党性修养；才能具备正确的价值观、名利观、地位观和权力观，敬业勤政，自觉自愿地当好人民的勤务员；才能像周恩来那样勤勤恳恳、任劳任怨地为党和人民的事业奉献一切。

再次，加强党性修养的重点在于理论联系实际，做到周恩来倡导的"习作合一"。我国改革开放40多年来取得了巨大成就，但是也进入到了深水区，我们面临着前所未有的风险和挑战。我们党相当一部分党员干部面临着理论修养不足、执政能力不足、专业技能和现代管理知识欠缺等问题。因此，加强党性修养重点要落实在理论修养的提升、实践能力的增强和管理水平的提高上。一方面，要加强党员的政治理论修养，提高政策理论水平、专业技术化管理水平和科学文化素养，要认真学习马克思列宁主义、毛泽东思想、邓小平理论、"三个代表"重要思想、科学发展观、习近平新时代中国特色社会主义思想，掌握和运用这些科学的理论去指导我们新时代的现代化建设。另一方面，要把所学到的理论和专业技能同自己的实际工作紧密结合，努力提高治理能力的现代化水平。要借纪念和庆祝我党百年华诞的东风，"学党史、悟思想、办实事、开新局，以昂扬姿态奋力开启全面建设社会主义现代化国家新征程"②。党员的党性修养是否真正得到提高，不仅体现在理论修养上，更要体现在党的路线、方针、政策的贯彻落实和日常工作中。每个共产党员都要立足本岗，尽忠职守，兢兢业业，敢于担当，勇于开拓和创新。

最后，加强党性修养的重要途径是一定要坚持走党的群众路线。共产党员要时刻把群众利益放在第一位，全心全意为人民服务是党的根本宗旨。随着时代发展和社会进步，人民群众的利益诉求会不断增多。人民群众对美好生活的向往就是我们党的奋斗目标。新的历史时期加强党性修养就要求党员和领导干

---

① 《习近平谈治国理政》第一卷，外文出版社2018年版，第401页。
② 《学党史悟思想办实事开新局 以优异成绩迎接建党一百周年》，《人民日报》2021年2月21日。

部正确认识群众利益，努力协调好社会各阶层、各群体、各方面利益关系，解决好不同利益群体的正当合理要求。要做到这点，就要向周恩来学习，始终坚持和发扬密切联系群众的作风，经常深入基层，了解民情，注重调查研究，关心群众疾苦，为百姓排忧解难。周恩来以高度的党性修养，严格自律，身体力行，构建了领导者与被领导者的和谐关系，获得了广大人民群众的信任和拥护，赢得了各界人士的衷心爱戴。他深恶痛绝任何形式的脱离群众的官僚主义、形式主义的作风。今天，我们加强党性修养需要采取的重要途径和方式仍是要密切联系群众，坚决反对和清除"四风"，努力做到权为民所用、情为民所系、利为民所谋，时刻保持联系群众的渠道畅通，及时解决广大人民群众最关心的问题。

"中国共产党立志于中华民族千秋伟业，百年恰是风华正茂！"①周恩来优秀的党性修养和崇高的精神风范，感召和哺育着一代又一代中国共产党人。他不仅是我们党自觉进行党性修养的典范，还在理论上实践上为我们阐释和证明了提高党性修养的关键所在、必要前提、实践重点和正确途径，给我们留下了一笔宝贵的精神财富。加强党性修养是共产党员一生的必修课，也是传承和弘扬党的优良作风、全面从严治党的重要思想基础。在新的历史时期，我们要继续传承和大力弘扬周恩来身上展现出来的中国共产党人的崇高精神，教育党员干部不断加强党性锻炼，提高党性修养，坚定理想信念，在以习近平同志为核心的党中央领导下，为坚持和发展中国特色社会主义、为实现中华民族伟大复兴的中国梦而努力奋斗。

（本文原载于《观察与思考》2021 年第 9 期）

---

① 习近平：《在庆祝中国共产党成立 100 周年大会上的讲话》，《人民日报》2021 年 7 月 2 日。

周恩来关于加强党的思想建设的重要论述

思想建设是党的建设重要内容之一，是保持党的先进性、纯洁性的重要武器。1928 年 11 月时任中央政治局常委、中央秘书长、中央组织部部长的周恩来就撰写了《坚决肃清党内一切非无产阶级的意识》[①]一文，专门论述了加强无产阶级政党的思想建设，坚决肃清党内一切非无产阶级意识的问题。该文剖析了一些党员产生非无产阶级意识的主要原因，指出党内非无产阶级意识的 10 种表现，提出了克服和肃清这些非无产阶级意识的四项要求，为纠正党内错误思想，提高党的革命性和战斗力起到了重要作用。我们重新学习和研究思考周恩来这篇关于加强党的思想建设的重要论述，对我们在新形势下提高全党政治思想觉悟，狠抓全面从严治党仍有重要现实意义。

一、周恩来高度重视加强党的思想建设的历史背景

1927 年蒋介石、汪精卫先后叛变革命，对共产党员和革命群众进行残酷屠杀，第一次国共合作全面破裂，年轻的共产党遭受了建党以来最严重的一次挫折。大革命失败后，中国共产党领导了武装斗争和土地革命。当时对中国社会的性质、中国革命的性质、对象、动力和前途等关系革命成败的重大问题，党内还没有形成一致认识，甚至存在着较大的分歧和争论。当时我党既要组织武装起义反抗国民党反动派，领导广大农民开展土地革命，又要克服党内出现的"左"倾盲动主义，迫切需要召开一次党的全国代表大会，正确分析中国革命处于低潮的形势，统一全党对中国革命基本问题的认识。

由于国内政治环境十分危险和恶劣，中共第六次全国代表大会于 1928 年 6 月 18 日在莫斯科召开。这是中国共产党历史上一次重要的会议，大会认真总结了大革命失败以来党的经验教训，经过讨论对有关中国革命的一系列根本问题达成了基本正确的共识。会议集中解决了当时困扰许多党员思想的两大问题：

---

① 《周恩来选集》上卷，人民出版社 1980 年版，第 8-13 页。

一是中国社会性质和革命性质问题，会议明确了现阶段的中国仍是半殖民地半封建社会，中国革命现在阶段的性质是资产阶级民主革命，批评了混淆民主革命与社会主义革命界限的错误观点；二是中国革命形势和党的任务问题，与会者大多数认识到当时革命处于低潮，党的中心工作是争取群众，积蓄力量，而不是盲目地在各地举行暴动。大会特别指出必须加强党的组织建设和思想建设，积极恢复和发展党的各级组织，肃清各种错误思想倾向，努力提高党的战斗力，实现党的无产阶级化。

周恩来从 1927 年下半年起就担任中央政治局常委，在党内负责军事工作和组织工作。他领导了南昌起义，领导了白区党的组织恢复重建工作。1928 年他亲赴莫斯科参加筹备了党的六大，并在会上发挥了重要作用。会后他再次当选为中央政治局常委，并担任中央组织部部长。为贯彻六大精神，完成党赋予的各项重任，周恩来回国后的一段时间内，实际承担起中共中央的主要领导重任。1928 年 11 月 11 日，中央政治局决定，为贯彻执行中国共产党第六次全国代表大会决议，党中央向全党发出《告全体同志书》。这个重要历史文献的第四部分，即《坚决肃清党内一切非无产阶级的意识》，是由周恩来亲自起草的。他当时已深刻认识到加强党的思想建设的重要性，为迅速贯彻落实党的六大决议，于 11 月 11 日写成了此文。在该文中周恩来针对当时党内无产阶级占比较小，出现各种小资产阶级思想的现状进行了分析，重点阐明了各种非无产阶级意识产生的原因以及种种表现，批判了机会主义、盲动主义等不正确的倾向，明确提出要把党内一切非无产阶级意识扫除干净，并提出了党今后奋斗的四个标准，为艰难时期党的组织恢复工作、思想建设工作起到了重要的指导作用。

二、周恩来关于加强党的思想建设重要论述的核心内容

（一）周恩来分析了党内非无产阶级意识造成的危害和产生的原因

大革命失败前后中共党内存在着两种错误的倾向：右倾机会主义和"左"倾盲动主义。这两种错误倾向都给党造成了严重的损害。右倾机会主义没有争取我党在国共合作中的独立领导权，致使在蒋介石和汪精卫叛变革命后革命力量损失惨重。到中共六大前，共产党员和革命群众被杀害、被关押的约有 30 多万人，工会、农会和其他群众团体遭受严重的摧残，全国的工会组织由 700 多个锐减到 81 个。①周恩来领导的八一南昌起义，是我党打响武装反抗国民党反动派的第一枪，共产党开始进行武装斗争，党的工作重心从城市转向农村。

---

① 中共中央文献研究室编《周恩来传》（一），金冲及主编，中央文献出版社 1998 年版，第 276 页。

然而，一些党的领导人仍没有认识到这时中国革命形势已经转入低潮，而是错误地估计形势，盲目地要求一些不具备条件的地区举行武装起义，"一些地区发生强迫工人罢工、农民暴动和盲目烧杀等情况，使党在这些地区一度严重脱离群众。农村的武装起义只有少数取得一定的胜利，多数没有成功，或者根本没有发动起来。武汉、长沙、上海等大城市中少数工人和积极分子举行的罢工，也很快被镇压下去"①。带有"左"倾盲动思想的领导人还错误地用惩办主义的办法处罚了一批党的干部，给党和革命都带来了更大的损失。

周恩来明确认识到不论是右倾机会主义，还是"左"倾盲动主义，这些错误思想的来源"固然是客观环境的反映，然而党的组织还没有布尔什维克化，党内还存在许多非无产阶级的意识，也是一个主要的原因"②。他认为当前努力清除党内这些非无产阶级意识尤为重要。他从中国共产党的党内阶级构成和党员成分角度进行了分析，他觉得当时非无产阶级在党内数量过多。五四运动以后，许多激进的小资产阶级分子追求进步，但是国民党是一个官僚政客集团，当时也不存在其他革命政党，这些小资产阶级甚至是资产阶级分子便加入了共产党。国共合作时期，我们党进一步接纳了大量的小资产阶级群众。因此，当革命形势发生变化，在国民党统治的白色恐怖下，这些来自小资产阶级的党员便发生动摇，甚至公开叛党，陷害同志。此外，在党员成分上，农民占了75%，这些都不是彻底的革命阶级，在特殊时期容易受到小资产阶级意识的影响。如果不对这些非无产阶级意识进行清算和反对，各种右倾或"左"倾错误就还会发生，危害党的前途和命运。因此，他认为"要使党布尔什维克化"，第一要务是"加强无产阶级的基础，同时要继续改造党的组织，尤其要坚决地反对小资产阶级的意识"。③

（二）周恩来阐明了党内非无产阶级意识的各种表现形式

周恩来对党内非无产阶级意识进行了认真梳理，剖析和批判了10种错误思想表现。

第一，极端民主化的倾向。在陈独秀担任党的最高领导职务期间，党内出现了"家长制"错误倾向，破坏了党的民主集中制原则，打击了广大党员的积极性，不利于革命事业的发展。但是大革命失败后，党内又出现了另一种错误思想意识，"许多地方又走向极端民主化的方向"④。周恩来指出这种极端民主

---

① 中共中央党史研究室编《中国共产党历史》（第一卷）上册，中共党史出版社2002年版，第318页。

② 《周恩来选集》上卷，人民出版社1980年版，第8页。

③ 《周恩来选集》上卷，人民出版社1980年版，第9页。

④ 《周恩来选集》上卷，人民出版社1980年版，第9页。

化的倾向主要表现在三个方面。一是"党员对于党的决议，可以随便不执行。上级机关发一传单，没有交支部通过，支部居然提出质问"。二是"党员不得党的许可，可以自由行动"。三是"还有一种不正确的平等观念，如用钱，不管工作的重要与环境，要机械地平均分配，用人要按地域区分"，周恩来认为这些都是非无产阶级意识，应严厉地肃清，他尖锐地指出，如果不清除这些错误思想倾向，其"可以把党的组织打得粉碎，以至于消灭"①。

第二，反机会主义的认识上的错误。周恩来认为反机会主义是反对机会主义的政治路线和组织路线，是对机会主义观念的批评，而不是集中于对个人的攻击。机会主义的来源很深，攻击个人并不能够肃清机会主义。他明确指出："至于因私人感情而借题发挥，那更是一种政客式的行为，这是与无产阶级的党绝对不相容的。"当然，对于执迷不悟的机会主义分子，也需要组织处理甚至清除出去，这样才能使党"坚固本身壁垒"。周恩来在这里提出了对党内错误的思想认识的正确解决方法，他反对搞惩办主义，主张"主要的还在批判一切机会主义的观念，使全党同志有明白的认识，然后党的政治路线才能走上正确的道路"。②

第三，个人的意气之争。党内非无产阶级意识还表现在个人的意气之争上。意气之争就是主观揣测他人，感情用事，从而将对路线的纠正变成对他人的攻击，不能站在党的立场客观考察其他同志的意见和工作，不能接受他人的批评。周恩来指出"反对机会主义与盲动主义，在政治上何等重要，但是一把对政治变成专门对人，便成了闹不清的意气之争了"③，这种意气之争的结果只能"造成党内无穷的纠纷"。如果不对这种倾向加以遏制，既无法真正纠正党内错误思想，还有可能造成党的分裂。

第四，小组织的倾向。周恩来指出小组织倾向是破坏党的最恶劣的倾向。这些小组织或者是由于私人感情的结合，或者是因为传统的部落观念而形成的。他认为少数想当领袖的人利用这些组织对他人进行攻击，这是"资产阶级种种政客官僚的卑污恶浊手段"④。周恩来对小组织倾向的批判是相当有远见的，这种小组织的倾向如果不加以遏制，就有可能转化为宗派主义，从而破坏党的统一和团结，危害党的事业。

第五，工学界限。周恩来明确指出："因反机会主义而变成反知识分子，这

---

① 《周恩来选集》上卷，人民出版社 1980 年版，第 9 页。
② 《周恩来选集》上卷，人民出版社 1980 年版，第 9 页。
③ 《周恩来选集》上卷，人民出版社 1980 年版，第 9-10 页。
④ 《周恩来选集》上卷，人民出版社 1980 年版，第 10 页。

是很错误的。"他认为小资产阶级出身的人并不等于就是有小资产阶级意识的人，知识分子中"能站在无产阶级的立场来奋斗的人亦不少"。相反，"在无产阶级中，也有不少丧失了无产阶级的意识而染有小资产阶级意识的"。如果我们"放着反对小资产阶级意识不谈，专门反对小资产阶级出身的个人"，这其实就是一种小资产阶级意识。这种倾向会造成了党内的工学界限，增加了党内纠纷，这种倾向应予制止。①由此可见，周恩来向来坚持实事求是的工作作风，不搞唯成分论，在党建立的初期就厘清了阶级出身和阶级意识之间的区别，避免了党内错误的斗争，团结了尽可能多的知识分子。

第六，怀疑改造党的路线。周恩来指出了党内一些人在组织和工作上对党的路线的怀疑倾向：在组织上，一些人固守旧的组织观念，不接纳新的积极分子，尤其是工人分子，导致"党始终停留在一种命令委派的'家长制'形式之下"；在工作上，只相信自己熟悉的人，不相信下层中产生的新的积极分子，尤其是工人同志。这种怀疑主义"会使党的机体日益腐化，永远没有生机，永远不能肃清一切小资产阶级的意识"。②蒋汪叛变革命以后，党内出现了不少叛徒，给党造成了很大损失，由此党内一些同志谨小慎微，不敢放手发动群众，周恩来及时批评了这种保守倾向，推动了党的事业的发展。

第七，改造党的形式主义。在党的六大上，有过分强调党员阶级成分的现象。周恩来指出"引进工农分子是改造党的重要方法。但许多党部执行起来，又陷于形式主义的错误"。例如对新加入的工人分子不加以积极教育，或者机械地规定指导机关中工人成分的比例。周恩来认为"这种引进工农分子的方法，是毫无意义的"。③这种片面强调领导干部的工人成分的做法是形式主义的表现，我们应该努力做到用无产阶级思想武装全党。

第八，雇佣革命的观念。周恩来认为在当时的环境下，党内只需要少数革命者在机关中负责日常工作，大多数党员都应深入社会基层中做群众工作，而且要有社会职业。这种做法能够在白色恐怖氛围中通过秘密工作扩大党的影响和组织。周恩来批评了党内一些同志，不是全身心地为党做奉献，而存在错误的雇佣劳动的观念，他严厉指出"做工作就要钱，不拿钱就不做事的现象，支部干事也要津贴，以求利益均沾，这是严重的错误"。④当时周恩来对这种非无产阶级意识的批判是与毛泽东的正确思想一致的，1929 年在古田决议中，毛泽

---

① 《周恩来选集》上卷，人民出版社 1980 年版，第 10 页。
② 《周恩来选集》上卷，人民出版社 1980 年版，第 10 页。
③ 《周恩来选集》上卷，人民出版社 1980 年版，第 10-11 页。
④ 《周恩来选集》上卷，人民出版社 1980 年版，第 11 页。

东在阐述关于纠正党内的错误思想时强调，"雇佣思想不肃清，积极活动分子便无由增加，革命的重担便始终放在少数人的肩上，于斗争极为不利"①。

第九，把党看成救济会。一些人入党不是为了革命，而是为了生活，希望通过入党解决失业问题。周恩来明确指出："党并不是救济的机关，党的工作主要的是在群众中，而不是在党部，决不能人人都派作党部工作。"他进一步阐明，如果党内同志不断地脱离社会的职业，或者都不去找社会的职业，那我们的党就成了和群众没有联系的党，那样的话"怎样能组织群众领导群众呢？"②

第十，消极怠工。大革命失败后，党的生存环境十分恶劣，党内一些人觉得在政治上找不到出路，革命信念开始动摇；也有一些人因看到党内有纷争，加之政客的挑拨，而心灰意懒，不愿积极工作。周恩来认为"这完全是一种小资产阶级的悲观主义"，"是一种堕落的倾向"。周恩来阐明："其实革命每天都在向前发展，只要我们能够深刻地去了解群众的情绪，便可以引导我们走向积极的道路。"在革命的低潮时期，他充满信心地指出："我们的党，已经是一个群众的党，只要全党同志坚决地一致的奋斗，少数坏蛋断乎不能破坏党的组织。"③

（三）周恩来明确提出了改造党内非无产阶级意识的具体措施

面对党内存在的各种非无产阶级思想，周恩来明确指出其"时时在破坏党的组织，妨碍党的工作"。我们全党的同志，"应坚决地起来奋斗，肃清一切小资产阶级的意识"。他表明要坚决地执行党的六大的决议，反对机会主义、盲动主义等不正确的倾向，要继续斗争，反对妥协，"要坚决地肃清一切非无产阶级的意识"，"决不让我们无产阶级的政党保留着一毫小资产阶级的意识"。他认为只有这样，"才能使全党的同志团结在布尔什维克的精神之下一致奋斗"。④

周恩来代表党中央，"要求全党同志共同负起这个责任，一致奋斗，完成党的布尔什维克化"。⑤他明确提出了改造党内非无产阶级意识的四条具体措施。

第一，巩固党的无产阶级基础。周恩来指出要提高党内的无产阶级意识，首先要扩大党的无产阶级的组织基础。具体做法是发动广大党员到工人中去，在工厂中建立党支部。"增加党的工人的成份，集中注意于全国产业区域的党的

---

①《毛泽东选集》第一卷，人民出版社 1991 年版，第 93 页。

②《周恩来选集》上卷，人民出版社 1980 年版，第 11 页。

③《周恩来选集》上卷，人民出版社 1980 年版，第 11 页。

④《周恩来选集》上卷，人民出版社 1980 年版，第 11-12 页。

⑤《周恩来选集》上卷，人民出版社 1980 年版，第 12 页。

组织的健全，造成党的新生命，这是目前党的布尔什维克化主要的道路。"①

第二，要努力提高党员的政治水平。周恩来提出两项措施：一是各级党组织都要尽可能地组织党员讨论党的政治问题，引导每个同志发表对政治问题的意见；二是要加紧党内的政治教育，以提高广大党员的理论水平。他认为"这是从积极方面消灭小资产阶级意识的正确的出路"。②

第三，尽量实现党员的职业化。周恩来认为党不是失业者的救济会，失业同志要设法找到工作，尽量到工厂当中做工，同志之间还要相互介绍工作，而缺乏工作技能的同志要学习专业技能。他认为在当时的政治环境下，党员职业化的益处不仅仅是能帮助党员解决生活问题，还能使党员深入到群众中，扩大党的影响，"同时能把群众的意见正确地反映到党里来，使党成为真正群众的党"。③

第四，基层党支部要积极开展各种活动。周恩来特别强调支部的作用，他认为政治宣传活动、群众组织活动、日常的斗争等，只有通过支部才能深入、灵敏地领导。如果仅仅靠上级党组织订计划、发文件，而基层支部不起作用，党和群众就不会建立起密切的联系。周恩来进一步阐明了支部生活的内容不仅仅是开会、听报告、交党费，最要紧的是进行当地政治问题、工作问题的讨论。因为每一个工厂、学校、军营、农村、街道的政治环境不同，工作方法也不一样，"了解实际的情形。这是每个支部的任务，每个同志的任务"。他认为每个支部每个党员"必须充分执行这些任务，然后支部才能成为群众的核心，党员才能成为群众的领导者"。④

三、周恩来关于加强党的思想建设重要论述的深远意义

周恩来关于加强党的思想建设的重要论述在党的发展壮大历程中发挥了重要历史作用，特别是他写的《坚决肃清党内一切非无产阶级的意识》一文，是中国共产党成立以来系统地阐述党的思想建设的一篇经典文献，在党的思想建设史上具有重要的地位。周恩来对加强党的思想建设问题始终十分重视，1929年9月，他在审定由陈毅起草的《中共中央给红四军前委的指示信》（即著名的"九月来信"）时再次强调，一定要肃清党内的非无产阶级的意识，坚持无产阶级思想的武装。根据"九月来信"的精神，红四军召开了古田会议，会议通过

① 《周恩来选集》上卷，人民出版社 1980 年版，第 12 页。
② 《周恩来选集》上卷，人民出版社 1980 年版，第 12 页。
③ 《周恩来选集》上卷，人民出版社 1980 年版，第 12-13 页。
④ 《周恩来选集》上卷，人民出版社 1980 年版，第 13 页。

了毛泽东起草的决议——《关于纠正党内的错误思想》，强调了党的建设中要狠抓思想建设，并提出了思想建设的一些具体措施，初步回答了在党的队伍以农民为主要成分的情况下，如何从加强党的思想建设入手，保持党的先进性和纯洁性的问题。从一定角度来说，古田会议精神也包含着周恩来关于加强无产阶级政党思想建设的内容，周恩来和毛泽东等老一辈革命家共同奠定了中国共产党思想建党的理论基础。

党的十八大以来中国特色社会主义进入新时代，以习近平同志为核心的党中央更加注重党的各项建设，提出新时代党的建设总要求，形成"以加强党的长期执政能力建设、先进性和纯洁性建设为主线，以党的政治建设为统领，以坚定理想信念宗旨为根基，以调动全党积极性、主动性、创造性为着力点，全面推进党的政治建设、思想建设、组织建设、作风建设、纪律建设"[1]的总体布局，思想建设也被明确定义为党的基础性建设。面对网络信息条件下各种思潮的冲击、党组织规模的空前庞大、社会阶层日益多元化等新情况，我们认真学习和领会周恩来在这篇重要文献中提出的正确思想，对于我们在新形势下加强党的思想建设，提高党的执政能力，保持党的先进性和纯洁性，仍具有十分重要的指导和启示意义。

首先，在新时代加强党的思想建设要把政治思想建设摆在首位。旗帜鲜明地讲政治是马克思主义政党的根本要求。周恩来坚决主张肃清一切非无产阶级意识，实现党的布尔什维克化，就是在强调党的政治属性。对党内一切错误思想的斗争都是为保持党的政治属性服务的。党的十九大明确提出，政治建设是党的根本性建设，决定了党的建设的方向和效果。政治建设在党的建设总体布局中是其他各项建设的"灵魂"和"根基"，对党的其他建设具有统领的作用。政治建设的统领地位是建立在思想建设的基础之上的，政治建设如果没有思想这个基础性建设作支撑，要发挥统领作用就失去了依托。如今，我们将政治思想建设摆在首位，统领党的其他各项建设，就是要教育引导党员干部深入学习贯彻习近平新时代中国特色社会主义思想，深刻领悟"两个确立"的决定性意义，增强"四个意识"、坚定"四个自信"、做到"两个维护"，自觉在思想上政治上行动上同以习近平同志为核心的党中央保持高度一致，筑牢团结奋斗的共同思想基础。

其次，把加强党员干部的学习教育作为党的思想建设最基本的方式。党的

---

[1] 习近平：《决胜全面建成小康社会 夺取新时代中国特色社会主义伟大胜利——在中国共产党第十九次全国代表大会上的报告》，人民出版社 2017 年版，第 62 页。

思想建设有多种形式和方式，但是，加强党员干部的教育、培训和学习，是党的思想建设最基础、最直接的方式。为了肃清党内非无产阶级意识，早在 90 多年前周恩来就明确提出要对党员进行政治思想教育，提高全党的理论水平。当前世界正处于百年未有之大变局中，党和国家面临着更加复杂的内外环境，更需要通过强化学习和教育来统一思想、凝心聚力，造就一批忠诚、干净、有担当的高素质干部队伍，以实现党和国家事业兴旺发达、长治久安。"在每一个重大转折时期，面对新形势新任务，我们党总是号召全党同志加强学习"①，党的十八大以来，党中央相继开展了群众路线教育实践活动、"三严三实"专题教育、"两学一做"学习教育、"不忘初心、牢记使命"主题教育和党史学习教育。这些持续不断的专题学习教育活动为加强党的思想建设开创了新局面，有效促进了党的自我教育、自我革命和自我完善，有力推动了全面从严治党，大大提高了全党的思想觉悟。

最后，无论是在任何时期任何形势下搞好党的思想建设都要勇于自我革命。因为"勇于自我革命，是我们党最鲜明的品格，也是我们党最大的优势"②。党的六大后，周恩来针对党内先后出现的右倾和"左"倾错误，严肃剖析和批判了当时党内存在的 10 种非无产阶级意识及其表现，针对党内出现的问题提出了正确的思想主张，体现了共产党自我批评、自我革命的勇气。在当前我们党领导全国人民向第二个百年奋斗目标奋勇前进的征程中，更要勇于自我革命，不断创新。中国共产党思想建设的百年史就是党勇于自我革命的百年发展史。以习近平同志为核心的党中央高度重视党的自我革命问题，提出"在新的征程上，我们要把党建设成为始终走在时代前列、人民衷心拥护、勇于自我革命、经得起各种风浪考验、朝气蓬勃的马克思主义执政党，就必须牢记初心和使命，在新时代把党的自我革命推向深入"③。在中国特色社会主义事业新征程上，只有继续发扬党的自我革命精神，深入推进伟大自我革命，才能确保党的先进性和纯洁性，才能够实现中华民族伟大复兴。

（本文原载于《丰碑》2022 年第 1 期）

---

① 《习近平谈治国理政》第一卷，外文出版社 2018 年版，第 401 页。
② 中共中央党史和文献研究院编《十八大以来重要文献选编》下，中央文献出版社 2018 年版，第 589 页。
③ 《习近平谈治国理政》第三卷，外文出版社 2020 年版，第 531 页。

周恩来对南方局党的建设的卓越贡献

1938 年 9 月 29 日，中共中央召开扩大的六届六中全会，会议根据抗日战争形势的变化，决定撤销长江局，设立中原局和南方局，由周恩来任南方局书记，直接领导四川、云南、贵州、湖北、湖南、广东、广西、江苏、江西、福建以及香港、澳门地区党组织的工作。周恩来在领导南方局工作期间，为党的建设做出了卓越贡献，包括南方各省党组织的恢复重建，党员的思想建设和作风建设、党的干部队伍建设、党的统战工作、发展国际反法西斯统一战线等等，同时他也为党做了大量的宣传工作。

一、积极恢复重建党组织，制定严格的秘密工作措施

早在长江局时期，周恩来就领导了长江流域和中国南方各省党的工作，他一面与国民党当局谈判，一面积极恢复和发展各地党组织。在他的努力工作下，南方各地方党组织迅速恢复和重建起来。到 1938 年 9 月，我国南方已有 13 个省建立或恢复了省级党组织，党员人数发展到六七万人。南方 10 多个游击区也陆续成立了中共特委。周恩来特别重视抗战时大后方四川党组织的建设。他曾以长江局名义向中央书记处致电，认为：“四川已无疑地成为抗战最后根据地，成为连接西南和西北的枢纽，而且很快的会变成全国各党派、各实力派争夺的中心”，为了日后在四川站稳脚跟，并夺得主动权，建议“迅速加强四川党的工作”。①周恩来为此提出了一系列的具体建议：请求中央迅速派得力的川籍干部赴川主持工作；请中央从抗大、党校、陕北公学中挑选一批川籍学生回川工作；在重庆设《新华日报》分社，筹办印刷厂；努力发展军事工作；不放弃运用上层联络，推动各方特别是川中实力派抗战等。②这一系列建议和措施有力推动了四川党组织力量的发展和党的活动加强。

---

① 王明、周恩来、博古、董必武、叶剑英致中共中央书记处的电报，1938 年 1 月 21 日，见中共中央文献研究室编《周恩来传》（二），金及冲主编，中央文献出版社 1998 年版，第 517 页。

② 《周恩来传》（二），中央文献出版社 1998 年版，第 518 页。

在周恩来领导南方局工作期间，国民党始终试图消灭国统区内的共产党组织。在严峻的形势下如何贯彻党的隐蔽精干、长期埋伏、积蓄力量、以待时机的方针，成为南方局当时一项十分紧迫的主要任务。1941 年 5 月，中共中央接连发出《关于大后方党组织工作的指示》和《关于隐蔽和撤退国民党统治区党的力量的指示》，两个指示指出："要求国民党统治地方的党部坚决采取长期埋伏、蓄积力量、等待时机的工作方针，认真地决心地将党的力量有计划的隐蔽和撤退，把党和群众工作的中心放在利用所可利用的社会习惯、政府法令与合法组织（如保甲联保等）的方面，去进行与群众联系的长期埋伏工作。"①

作为南方局书记的周恩来有着丰富的地下斗争经验，接到中央指示后，他立即召开南方局会议研究各地党的工作情况，研究如何贯彻中央指示精神。会议制定了各地方党组织与公开机关脱离联系、缩小各级领导机构、建立平等支部、实行单线联系、尽量深入社会、严格秘密工作制度等一套严格的秘密工作的具体措施，使得国统区的党组织得以保存和发展，使得党的各项工作实现了有条不紊的转变。

首先，南方局确定了把公开工作与秘密工作、上层活动与下层活动严格分开的措施。当时第十八集团军驻重庆办事处（八路军办事处）是公开机关，南方局是党的秘密机关，但南方局的领导人和许多工作人员也都具有公开的合法身份。为保护党的干部，一般公开机关的工作人员不同地下党发生关系，同时，从事秘密工作的人员也不轻易与公开机关的工作人员联系。南方局确立了两种地下党同组织的联系方式，一是由省委或特委的负责人亲自到红岩去汇报工作并接受指示，少则一年一次，多则一年三四次；二是由南方局派交通员送去指示或接受报告。在工作范围上，地下党主要做一般群众的工作，而做上层人物工作的则只能是南方局领导人或专门指定的人。在组织内部，做下层工作的党员同做从上层工作的党员，即使在同一部门里，相互间也不交换情况，从不横向发生关系。

其次，制定党的各级组织间、党员与组织间，实行单线联系的严格制度。党组织布置任务、研究和讨论工作，不采用开会的方式，而是个别地进行，党员向组织汇报情况也如此。党的各级组织的领导人员和机关地址常常变换，这些只有少数负责联系的人知道。在国民党统治区的进步青年中，南方局还创造了一种叫作"据点"的比较灵活的组织形式，这种"据点"是三五人组成的不

---

① 中共中央书记处：《中共中央关于隐蔽和撤退国民党统治区党的力量的指示》，1941 年 5 月 26 日，见《周恩来传》（二），中央文献出版社 1998 年版，第 619 页。

定形的小组，以学习职业为主，附带研究时事问题和重要政治文献，并做调查与通信工作。南方局青年组利用"据点"开展暑假调查活动，对留校学生进行启发教育等工作，同时加强同职业青年的工作，向中层发展，有计划地提高现有青年的觉悟，加强了党的青年工作。

再次，对处于地下状态的共产党员，周恩来强调要实行"职业化"和"社会化"。周恩来指出："每个党员及领导干部都要有职业。""除了必要的少数人，一般的党员不能依靠党生活，要让党员在社会上为生活而斗争。""要使党员社会化，不仅不脱离社会，而且要深入社会。"①党员不仅要搞好自身的业务，还要广交朋友，深入社会，承担一定社会职业，进入地方各行各业的工作之中，实现隐蔽精干的要求，防止其他反动势力的破坏。同时，周恩来注重党员思想上的作用，强调"要在思想上组织上巩固党，使西南党成为真正彻底的地下党，成为群众的党"②。

最后，采取调动或疏散等方法保护身份暴露的党员和进步文化人士。在国民党对共产党加紧迫害的情况下，尽管地下党采取了许多措施，在国民党统治区的共产党员的暴露仍难以完全避免。对已暴露或有可能被捕的党员和进步文化人士，周恩来采取了调动到陕北工作或疏散到各地等方式，保护党的骨干力量和进步文化力量免遭摧残，实现了党中央隐蔽精干的要求。在华南各省党组织被破坏后，周恩来立即指示，除敌占区、游击区党组织照常活动外，属于国民党统治区的党组织一律暂停活动；已暴露身份的党员干部一律转移；其余干部应利用职业隐蔽下来，执行勤学、勤业、勤交友的方针。

1941 年 12 月至 1942 年 1 月间，南方局在重庆召开会议，总结两年来的工作。周恩来在会议最后做了主题为"建设坚强的战斗的西南党组织"的报告，总结一年来西南党组织的工作方法。周恩来明确指出"要使五千党员成为隐蔽的、坚强得力的、与群众有联系并善于影响和推动群众的干部"。在发言中周恩来十分强调党与群众的联系，要做到凡有群众的地方一定要进去工作。"要在主要的群众集聚的单位（工厂、学校、农村、大机关等）建立起巩固的一个乃至数个平行的支部。要在主要的工作部门和机关（如行政机关、团体、公司、交通经济部门等）保有我党的组织或个人的联系。"周恩来强调，要在思想上组织上加强党的建设，"要使党的领导机关有独立领导的能力和自信"。党的干部要熟悉各主要方面的情况，凡是有群众的地方一定要进去工作，要善于使上层工

---

① 周恩来在中共中央南方局会议上的发言记录，见《周恩来传》（二），中央文献出版社 1998 年版，第622 页。

②《周恩来选集》上卷，人民出版社 1980 年版，第 111 页。

作和下层工作相配合，要把西南党组织建设成为"一个坚强的战斗的党组织，时机一到，立即可以起来战斗"①。

二、狠抓党的思想建设，带头进行自我改造

从思想上建党是马克思主义建党原则的核心内容之一，也是共产党保持队伍纯洁性、加强自身建设的优良传统。早在土地革命战争时期，周恩来就写了《坚决肃清党内一切非无产阶级意识》等一系列文章，指出在党内确立无产阶级意识是党的建设的首要任务。他认为要使党布尔什维克化，必须在加强无产阶级基础的基础上，改造党的组织，反对党内各色的小资产阶级意识。②为使党无产阶级化，加强党的无产阶级基础，扩大党的无产阶级的组织基础，周恩来强调要重视党的政治教育，提高党的理论水平。他强调党组织不能脱离群众，加强党组织同群众的联系是党的生命的基础，要"把党的影响扩大到群众中去，同时能把群众的意见正确地反映到党里来，使党成为真正群众的党"③。

在任南方局书记期间，周恩来特别重视狠抓党员的思想建设。他带头进行自我改造，1943 年 3 月 18 日周恩来在重庆红岩整风学习时制定了《我的修养要则》④，他明确了自己在革命中坚持的修养要求，要自觉改造自己的思想，提高马克思主义修养。他把这个写好的要则贴在办公室外的墙上，请南方局的同志监督他、帮助他进行思想改造。周恩来认为共产党之所以能在艰苦的环境生存下来并且长期生存下来，所依赖的就是不与群众隔离，永远与群众在一起，为广大人民群众服务，所以，确立群众路线思想是共产党长期生存的秘诀，也是与国民党反动派斗争的优势，要永远地把握下去。除此之外，周恩来还针对工作与学习、身体健康上分别提出了另外的五点要求，要求每一个党员不忘修养自身、自我改造，做一个思想上合格的共产党员。

在南方局期间，周恩来多次组织局机关的党员进行马列主义理论的学习，坚持用马克思列宁主义武装党员干部，坚定他们的理想信念，使他们经得起严峻的考验，增强他们分析问题、解决问题的能力。周恩来针对各个阶段中出现的思想认识问题，组织大家积极开展批评与自我批评，努力提高思想认识。周恩来在给南方局干部所做的报告中，总结了自己在干部工作上的经验，强调"党的立场就是领导干部的立场"，他具体阐明领导干部必须做到以下几点：（1）要

---

① 《周恩来选集》上卷，人民出版社 1980 年版，第 110-111 页。
② 《周恩来选集》上卷，人民出版社 1980 年版，第 9 页。
③ 《周恩来选集》上卷，人民出版社 1980 年版，第 13 页。
④ 周恩来制定的《我的修养要则》共 7 条，见《周恩来选集》上卷，人民出版社 1980 年版，第 125 页。

有确定的马列主义的世界观和革命的人生观；（2）要有坚持原则的精神；（3）要相信群众力量；（4）要有学习精神；（5）要有坚韧的奋斗精神；（6）要有高度的纪律性。①

周恩来有着以民为本的公仆意识，心里总牵挂着亿万民众，他一生认定的信条就是：勤勤恳恳，全心全意为人民服务。他时刻心系百姓，终生"以人民的疾苦为忧，以世界的前途为念"②。他在纪念鲁迅先生逝世 10 周年的会议上发表演讲说，对人民，"我们要如对孺子一样地为他们做牛的。要诚诚恳恳、老老实实为人民服务"，"应该象条牛一样努力奋斗，团结一致，为人民服务而死"。③他认为领导干部要与一切脱离群众的官僚主义和腐化现象做斗争，他坚决反对一切形式的机会主义以及蜕化或腐化思想。他明确提出，要"反对一切实际工作中的机会主义（如马虎主义，空谈家，妄自尊大者，官僚主义，形式主义，文牍主义，事务主义等）以及蜕化或腐化思想等等"④。

三、加强党的作风建设，领导南方局整风工作

1941 年在毛泽东做了《改造我们的学习》的重要讲话之后，周恩来立即组织南方局党员进行学习，开始了南方局整风运动的准备工作。为加强人们对整风运动的认识，南方局发表了《整顿三风与思想革命》的文章。文章指出，整顿"三风"是一场思想革命，一件很大的事情，一场严重的斗争。整风的目的是用马、恩、列、斯思想与我们党的优良传统——即中国的马列主义作为武器，去战胜不正的"三风"。这篇文章的发表提高了国统区党员对整风运动的认识，为进一步开展整风运动打下了坚实的基础。

1943 年全党整风进入了审查干部阶段。根据中共中央的指示，周恩来主持召开了南方局干部会议，阐明领导机关要学会怎样审查干部，他指出："审干不是清党，而是认识干部。做结论、鉴定都要慎重，要不怕麻烦地允许本人申诉。"对党员，要求他们肯说真话，敢说话，即使是不满意的话也可以在审干委员会面前讲，"审干的方法，要抓住大处，同时要照顾全部，实事求是；发现问题，要追根究底，应负责解决；发生争执时，先弄清事实，然后再加以说服"。周恩来同时强调审干工作必须严肃认真而细致，要研究每个干部的社会关系、政治倾向、工作能力、历史经过；要从研究干部中懂得爱护、教育、培养、选择、

---

① 《周恩来选集》上卷，人民出版社 1980 年版，第 128 页。
② 《周恩来选集》下卷，人民出版社 1984 年版，第 427 页。
③ 《周恩来选集》上卷，人民出版社 1980 年版，第 241 页。
④ 《周恩来选集》上卷，人民出版社 1980 年版，第 130 页。

引进、使用干部及纠正他的错误倾向，帮助他进步。他指示，"今后要把审查干部和整风工作联系起来，增加学习文件和反省"。[①]

根据周恩来的讲话精神，南方局的干部审查工作由组织部门负责，采取部门领导、支部、本人三结合的方式进行，不搞神秘化；政治审查结束后，根据本人表现作出组织鉴定，由负责人向本人宣布，最后审查结论报送南方局领导。由于南方局领导下的党员处在复杂艰险的环境中，对他们的审干工作须有科学的态度。在周恩来的领导下，南方局的审查干部工作进行得十分慎重而又严肃。对干部的审查，是由南方局组织部统一布置，各单位负责人和支部共同进行，审查过程中坚持实事求是的方针，坚持稳妥的方法，既保持高度的警觉性，又注意不伤害自己的同志。在当时的复杂情况和条件下，有些事情不容易一下子搞清楚，南方局组织部门一方面教育本人正确对待，相信组织会弄清楚；另一方面又全面分析各种因素，注重事实，力求结论经得起历史的检验。有些问题即使一时弄不清情况，也不轻易给干部下结论。

在领导南方局整风时，周恩来把领导干部的马列主义的世界观及革命的人生观放在第一位来考虑，是认识到了马列主义信仰及革命思想对于领导干部的重要性，共产党员区别于其他人的重要条件就是坚强的马列主义信仰与革命精神，只有坚持了这两点，才能在变幻莫测的时代洪流中保持自身的特点，而不至于被时代洪流所淹没。他分析和批评了党内各种非无产阶级意识，包括：极端民主化的倾向；反机会主义的认识上的错误；个人的意气之争；小组织的倾向；工学界限；怀疑改造党的路线；改造党的形式主义；雇佣革命的观念；救济会观念；消极怠工等等。他十分注意防止这些错误倾向对党组织的危害，在土地革命初期就指出，"极端民主化"等非无产阶级意识存在着"可以把党的组织打得粉碎，以至于消灭"[②]的危险。周恩来还注意防范党组织内的个人主义、小组织的倾向，这些倾向都是由于私人感情的影响，或因自己的意气而攻击其他党员，不接受他人批评，甚至不站在党的立场上去考虑党的工作，从而造成党内无穷的纠纷与争斗，周恩来把这种不顾党的大局，而专心私利，甚至沦落到资产阶级种种政客官僚的卑污恶浊的地步视为破坏党的最恶劣的倾向。

此外，周恩来还批评了党内在工作中存在的消极怠工意识，一些党员在观念上因觉得找不到出路，对革命悲观失望，便心灰意懒，不愿积极工作。周恩

---

① 中共中央文献研究室编《周恩来年谱（1898—1949）》修订本，中央文献出版社 1998 年版，第 565-566 页。
② 《周恩来选集》上卷，人民出版社 1980 年版，第 9 页。

来批评这种消极怠工意识是"小资产阶级的悲观主义"，这种消极观念是在面对艰难的革命形势时所产生的退却与堕落的意识。早在土地革命初期，周恩来就告诫共产党员，要对革命形势保持乐观的心态，要看到"革命每天都在向前发展"，"只要我们能够深刻地去了解群众的情绪，便可以引导我们走向积极的道路"。周恩来坚信，我们的党"已经是一个群众的党，只要全党同志坚决地一致地奋斗，少数坏蛋断乎不能破坏党的组织"。①

南方局领导的整风学习和审干工作，由于坚持实事求是，既弄清思想，又团结党员，不仅使人心情舒畅，而且使许多党员干部在思想上得到很大提高，作风上有了很大改进；从而激励了党员斗志，增强了党的凝聚力和战斗力，促进了国民党统治区党组织的思想统一。通过整风与学习，增强了党员的组织观念和群众观念，进一步坚定了革命到底的信念；通过整风学习，全体党员克服了主观主义、宗派主义和党八股，进一步发扬了实事求是的精神和理论联系实际的学风，增强了党性，加强了党的团结统一，提高了党组织的战斗力，使广大党组织和党员能够经受起白色恐怖的考验，为建设思想统一、步调一致、组织坚强的南方党组织，为迎接革命新高潮的到来奠定了基础；对国统区党组织的建设以及抗日战争的胜利有重要的作用。

四、造就过硬的干部队伍，重视领导能力的培养

党员的自我修养和领导干部基本素质的提高是党的建设中十分重要的问题。建设一支高素质的领导干部队伍，不仅决定了党的事业的成败，同时也影响了党的领导作用的发挥。周恩来对加强党员干部领导能力培养早就有清醒的认识，他阐述了提高干部基本素质的必要性，阐明了党员领导干部必备的基本素质包括：必须坚持党的群众路线，全心全意为人民服务；必须加强学习，思想不断与时俱进；必须坚持理论联系实际，努力做好党交给的一切工作；必须坚持批评与自我批评的作风，处处以身作则。

1943 年 4 月 22 日，周恩来给南方局干部做了"怎样做一个好的领导者"的报告，再次强调了党员干部领导能力的培养和自身素质的提高问题。在这篇报告中周恩来要求领导干部抓紧思想政治的领导和组织领导。领导干部要不断提高自己的思想水平，不断加强政治锻炼。他强调党的领导一定要坚持民主集中制原则，党员及各级党组织都必须严格遵守党的纪律，服从党的决议。他阐明了领导者与领导机关的关系，主要体现在三个方面：（1）集体领导与按级领

---

① 《周恩来选集》上卷，人民出版社 1980 年版，第 11 页。

导——领导的一元化，集中化与民主生活（讨论与分工）；（2）个人负责制与个人领导——大后方环境更需要这一方式，但在集体领导下也并不取消这一方式；（3）直接干涉与直接解决——这不是经常的办法，而是在特殊情况下的办法或是为了示范。[①]两方面的因素，强调党内生活上要既有民主的讨论，也要有集中的生活，在领导工作上既要要求领导干部应有高度的纪律性，同时也要发扬民主，坚持党的批评与自我批评的优良作风。

周恩来阐明了领导人做出正确决策应掌握的四个环节。首先，要正确估计环境及其变动，并找出此地此时的特点。次之，要依此与党的总任务联系起来，确定一时期的任务和方针。再次，要依此方针，规定当前适当的口号和策略。又次，然后据此定出合乎实际的计划和指示。[②]周恩来认为一项决策的制定过程必须经过分析环境特点、确定决策框架、规定执行策略、形成具体决策这四个环节，抓好了这四个基本环节，使决策制定过程建立在调查研究与联系党的原理原则的基础上，才能够做出正确的决定，形成正确的决策。周恩来所提出的把握决定制定环节的理论，在当时特定的政治条件下，其要旨是启发一个领导者如何将党的总任务适时适地转化为一定时期内可供执行的决策，并要求一个领导者必须掌握决策制定过程中的基本环节。

周恩来还按照斯大林的观点论述了什么是正确的领导。他认为首先是正确的决策，其次是对决策的认真贯彻执行，最后是对执行情况的审查。在贯彻执行党的路线、方针和政策过程中，首先"要求领导干部抓紧思想政治的领导"。要注意大事，要提高政治警觉性和理论水平。其次，"要求领导干部抓紧组织领导。有了政治路线，组织工作就决定一切"。再次，是"慎重地挑选干部和分配工作。这也是组织工作之一，不过可以单独来说。挑选干部的标准，政治标准与工作能力，二者是缺一不可的，而政治上可以信任是先决问题"。[③]

在南方局期间周恩来特别注重党的干部队伍领导才能的培养。他要求建设一支在政治上与业务才能上皆能信得过的干部队伍，同时他把政治上的条件作为先决的条件。周恩来把坚持马克思列宁主义的立场视为党员干部的首要政治要求，要把一切工作提高到原则的高度，与政治任务联系起来，一切工作以保证完成党的政治任务与工作计划为归依。在领导干部的日常工作中，周恩来强调要努力使党的组织靠近基层，使工作达到具体化的要求，要努力动员组织与

①《周恩来选集》上卷，人民出版社 1980 年版，第 129 页。

②《周恩来选集》上卷，人民出版社 1980 年版，第 129 页。

③《周恩来选集》上卷，人民出版社 1980 年版，第 130 页。

群众。他认为没有一支在政治上信得过的干部队伍就没有信得过的无产阶级政党。在党与革命发展的历史关头，干部队伍的政治素养也是决定成败的关键因素之一。周恩来强调干部队伍除了政治上过硬外，还必须要有出色的工作能力，在具备了这些基本条件后，党组织应根据其才能，适时、适地、适合条件地安排其职务。

周恩来除了要求党的干部政治素质提高、业务能力增强外，还要求领导干部要注意党的组织领导。在正确的政治路线指引下，怎样做好党的组织工作和党交付的行政工作？周恩来提出了"计划、领导、组织、躬行和审查"五环节的行政执行理论："首先，要经过组织计划和指示的执行之讨论。次之，要慎选人材，负责计划之执行。再次，要组织斗争，来实现党的计划。又次，还要躬行实践，以为倡导。这样，就能从实践中证明党的路线和策略之是否正确和是否需要补充。"①最后，还必须对执行情况进行审查。周恩来提出的党和政府领导在行政中的五个环节，是对执行党的方针政策过程中每个环节所进行的周密的条理清晰的思考，对党的各级领导干部具体工作起了重要的指导作用，对我们党和政府的行政执行活动产生了重要影响。

在南方局时期，周恩来除了对党的建设做出了卓越贡献外，还出色地领导了党的统一战线工作和宣传工作。他多次与国民党当局谈判，多次会见各界爱国人士和民主党派负责人，向他们宣传、解释中国共产党的抗日民族统一战线政策，积极推动国际反法西斯统一战线的巩固和发展。周恩来还指导《新华日报》《群众》周刊开展抗日宣传工作，对八路军和新四军的英勇抗战事迹进行了大量报道，鼓舞了全国军民的士气，冲破国民党当局对言论的封锁，揭露了国民党顽固派的阴谋，为国统区人民指出了中国的前途和方向。

总之，周恩来在领导南方局工作期间，对南方各省党的组织建设、思想建设、作风建设和干部队伍建设皆做出了重大贡献。在周恩来的正确领导下，在抗日战争的艰难岁月，在国统区险恶的环境中，南方局党组织不但没有受到破坏，反而恢复、重建和发展起来，这与周恩来对时局、对国民党有清醒的认识，对党的组织、宣传、统战、思想建设等各项工作的正确领导密不可分。周恩来为了南方局党的各方面的建设和各项工作付出了大量艰辛的努力，做出了不可磨灭的卓越贡献。在南方局期间，周恩来不但努力维护了抗日民族统一战线的大局，同国民党顽固派进行了有理、有利、有节的斗争，而且号召南方局工作

---

① 《周恩来选集》上卷，人民出版社1980年版，第129页。

人员到群众中去发展力量，打开了南方地区党组织的工作局面，宣传了党的抗日主张，发扬了党的优良传统，培养了党的领导干部，建立起了一支信仰坚定、能力突出的党员队伍，为中国共产党领导全国人民夺取抗日战争、解放战争的胜利奠定了思想基础和组织基础。

（本文原载于《党史博采》2019 年第 6 期）

周恩来对党员干部提出过"五关"的严格要求

　　一个人的道德品行涉及思想认识、政治立场、个人素质、社会行为、生活作风等各个方面，党的领导干部道德品行如何，不仅仅是其个人必须重视和不断提高的问题，还直接影响着党风廉政建设和党在群众中的公信力，必须引起全党的高度重视。周恩来在这方面是我们全党学习的典范，他一贯注重自己的道德品行和素质修养。早在20世纪60年代，他在给中直机关干部做报告时就向全党同志特别是党员干部提出了过好思想关、政治关、社会关、亲属关、生活关等"五关"的要求，这是在道德修养层面对党的领导干部进行的严格规范，至今仍对我们党克服官僚主义、预防官员滥用职权、坚持廉洁从政、推进反腐败斗争有着重要现实意义。

一、周恩来提出过"五关"严格要求的时代背景

　　早在中国共产党即将领导全国人民夺取新民主主义革命全面胜利前夕，在党的七届二中全会上，毛泽东就提出"两个务必"的谆谆教诲，即"务必使同志们继续地保持谦虚、谨慎、不骄、不躁的作风，务必使同志们继续地保持艰苦奋斗的作风"①，以此警醒广大党员干部时刻保持清醒的头脑，能够在中国共产党取得全国政权后经受住来自各方的考验。作为以毛泽东为核心的党的第一代中央领导集体的重要成员，周恩来高度重视党的作风建设，始终强调要保持和发扬党的三大优良作风。在中共中央驻地由河北转移到北京的途中，他自信地表示，我们"进京赶考"一定能向全国人民交出满意答卷，我们共产党绝不做李自成第二。

　　新中国成立后，百废待兴，百业待举，周恩来全身心地投入到党和国家的各项建设事业中。但是，正如他和毛泽东所预见的那样，也有个别领导干部出现了以权谋私、贪污腐化、官僚主义等作风问题，如果不立即遏制这种情况在

---

　　①《毛泽东选集》第四卷，人民出版社1991年版，第1438-1439页。

党员干部队伍中的滋生蔓延，必然会对党的事业、对党在人民群众中的形象带来巨大伤害。1951 年底党中央立即在全国范围内开展了"反贪污、反浪费、反官僚主义"运动。周恩来于 1952 年 1 月 5 日在政协第一届全国委员会常务委员会第 34 次会议上明确指出："贪污、浪费、官僚主义的毒害，在中国的阶级社会中已有几千年的历史，是有着深厚的社会基础的。要完全彻底地铲除这一积害，必须全社会都动员起来。"①他号召要把党员干部和广大人民群众都动员起来，共同参与到"三反"运动中来。同年 2 月 1 日，周恩来在主持政务院 122次政务会议时再次强调："资产阶级猖狂的进攻，不只是使我们的财产受到损失，而且会使我们的政权和干部变了质。因此，这不仅是经济上的问题，而且是政治上的问题。"②周恩来阐明了贪污、浪费、官僚主义行为的本质属性及严重后果，并严肃地指出，我们全党同志都应当极力遏止类似行为的发生。

"三反""五反"运动后，党风政风得到很大好转。但周恩来一直没有放松对党员干部的廉政勤政教育。他带头严于律己，艰苦朴素，兢兢业业，任劳任怨，克己奉公；同时常常教导和督促各级领导同志，严格遵守党规国法，不断提高政治素质，努力提升思想水平，勤勤恳恳地为人民服务，自觉抵制不良思想的侵蚀。周恩来曾对党的干部提出过四个"一定"：一定要做好人民的勤务员，一定要学会在工作中走群众路线，一定要接受群众监督，有了错误一定要接受群众的意见，认真改正。这四个"一定"的核心就是一切为了人民群众的利益。1963 年 2 月，周恩来出席首都文化艺术工作者元宵节联欢会时发表讲话，要求大家要"学到老，改造到老，对自己的思想言行要经常反省"③。周恩来一生认定的信条是：共产党代表着人民的根本利益，其宗旨是全心全意为人民服务，政府工作人员则是人民的"公仆"。这一坚定的信念是周恩来对党员干部道德品行严格规范和要求的思想基础。

20 世纪 60 年代初，我国国民经济经历了最困难的时期。作为国务院总理的周恩来殚精竭虑、呕心沥血，在 1963 年终于带领人民渡过了经济上的难关。同时，作为党的重要领导人之一，周恩来对狠抓党员的思想品德和道德修养问题也一直没有放松，这一时期他对党的干部提出了新的规范和严格的要求。1963年 5 月 29 日，他在中共中央和国务院直属机关负责干部会议上做了重要报告，明确指出官僚主义是领导机关最容易犯的一种政治病症，深入分析了官僚主义产生的历史根源、各种表现和严重危害，强调我们必须反对官僚主义，绝不允

①　中共中央文献研究室编《周恩来年谱（1949—1976）》上卷，中央文献出版社 1997 年版，第 209 页。

②《周恩来年谱（1949—1976）》上卷，中央文献出版社 1997 年版，第 213 页。

③《周恩来年谱（1949—1976）》中卷，中央文献出版社 1997 年版，第 531—532 页。

许其再发展下去。与此同时，在干部的思想品行和道德修养方面，周恩来谆谆教导广大领导干部要过好"五关"，即思想关、政治关、社会关、亲属关、生活关，并对过好"五关"的具体内容做了全面系统的阐释。

二、周恩来提出过"五关"要求的核心内容

周恩来对中直机关干部做的《过好"五关"》[①]的重要报告，其核心内容是严格要求共产党员特别是党的领导干部要讲个人修养、讲党性锻炼，勤政敬业，廉洁奉公，艰苦朴素，树立全心全意为人民服务的宗旨，具有高品位的个人素质和高尚的道德品行。

（一）过思想关就是要搞好领导干部的思想改造

周恩来认为过思想关就是要进行思想改造，这对提高党员干部的思想水平有重要作用，各级领导干部一定要充分重视。他明确提出，"思想改造就是要求我们的思想不落伍，跟得上时代，时时前进。"[②]这与我们今天倡导的与时俱进，跟上时代的发展和要求是完全一致的。他认为过思想关就是解决世界观和人生观的问题，"也就是要树立马克思列宁主义或者说辩证唯物主义和历史唯物主义的世界观和人生观"[③]，这是过好五关的基础。领导干部要好好学习马列主义理论，带头进行思想改造，以马克思主义的世界观与人生观为指导开展一切工作。周恩来教育党的领导干部要承认社会环境和各种事物对个人思想的影响、承认思想改造的重要性，并做到经常反省，经常与同志们交换意见，定期进行自我审视，始终保持共产党员思想的先进性、纯洁性。

对于如何过好思想关，周恩来认为改造思想如事物的发展一样没有止境，"要把思想改造看成是长期的无止境的工作"[④]，将改造内容与党的指导思想、社会现实相结合，促使自己的思想不断进步。周恩来还表示，过思想关要与自身的生活环境、工作环境相结合，领导干部在确保自身立场坚定的基础上，还要开展统一战线等工作，用正确的思想影响周围的同志，帮助党内外的同志一起改造思想，一同前进。

（二）过政治关就是要解决领导干部的政治立场问题

周恩来认为过政治关"最重要的是立场问题"。他强调："过政治关不是简单的事，不能认为只要参加了革命，打了多少年的仗，过去有过功绩，立场就

---

① 《过好"五关"》一文见《周恩来选集》下卷，人民出版社1984年版，第423-428页。
② 《周恩来选集》下卷，人民出版社1984年版，第423页。
③ 《周恩来选集》下卷，人民出版社1984年版，第423页。
④ 《周恩来选集》下卷，人民出版社1984年版，第423页。

可以保险了。"①正确对待自身的政治立场问题，坚定地站在无产阶级立场上，是过好"五关"的根本性要求。他明确指出："立场究竟稳不稳，一定要在长期斗争中才能考验出来。"②而且，政治立场还表现在工作态度、政策水平、群众关系等问题上，还包括是否有批评和自我批评精神，是不是知过能改。

对于如何判断领导干部政治立场是否坚定，周恩来提出了三方面评估标准。首先，立场是否坚定需要通过长期的斗争和工作实践进行检验。部分领导干部可能在某段时间内表现出比较稳定的立场，但随着社会环境的复杂变化，会出现个人意志不坚定、腐化变质、政治立场不稳定的情况。其次，立场是否稳定还要通过领导干部是否有任劳任怨的工作态度，是否有较高的政策水平，能否与群众打成一片，能否坚持党性原则等方面进行综合评判。对于非党员的领导干部，则要通过其是否自觉接受无产阶级的领导来判断。最后，还要通过看党的领导干部是否继承发扬了党的优良作风，是否有批评与自我批评的精神，在发现问题后是否能够及时纠正，来判断其政治上是否过关。

（三）过社会关就是要改造和消除社会上旧的习惯势力

周恩来认为所谓过社会关，就是要领导干部自觉抵制社会上的腐朽思想和旧习惯势力的侵蚀，不要让社会上的消极因素影响自己。他清楚地认识到过好社会关是个长期的反复的斗争，不可能一蹴而就。我们的领导干部不但必须要时刻保持高度的警惕，经常自觉检查自己的言行，坚决抵制不良风气的影响，还要自觉承担改造旧社会、旧势力、旧习惯的任务，努力消除社会上旧的习惯势力，建设社会主义新文明。周恩来强调指出：我们的社会主义建立时间不长，旧的封建的资本主义的习惯势力很容易影响、沾染和侵蚀我们的党员干部，"如果失去警惕，这些东西就会乘虚而入"③。因此，我们要时刻保持警惕，在改造思想与坚定政治立场的基础上，完成好改造社会的任务。

怎样改造和消除社会上旧的习惯势力呢？周恩来思考了两点：一方面要认识到改造社会上残留的旧的习惯势力的艰巨性和困难性。因为它存在于社会各个角落里，甚至各种机关团体都有，所以领导干部在改造社会时一定要做好长期斗争的准备；另一方面，领导干部要认识到消除社会上旧的习惯势力与自我思想改造之间会互相影响。这种关系是"你改造了它，它又影响了你，互相改造"④。也就是说，社会与个人之间会频繁地发生相互作用。领导干部要在坚

---

①《周恩来选集》下卷，人民出版社 1984 年版，第 425 页。

②《周恩来选集》下卷，人民出版社 1984 年版，第 425 页。

③《周恩来选集》下卷，人民出版社 1984 年版，第 425 页。

④《周恩来选集》下卷，人民出版社 1984 年版，第 426 页。

定政治立场、加强自我改造的基础上去改造社会，警惕自己的思想被社会上旧的习惯势力所侵蚀，努力创造新的文明社会。

（四）过亲属关就是要解决干部自己和亲属谁影响谁的问题

所谓过亲属关，周恩来认为关键问题就是领导干部一定要教育好自己的亲属。不但要严格自律、以身作则，还要教育好所有亲属，不要有一人得道，鸡犬升天的封建旧思想，不要忘了我们党多年保持下来的优良传统，更不要借父母之名做损人利己、损公肥私的事情。周恩来谆谆告诫党的干部："我们决不能使自己的子弟成为国家和社会的包袱，阻碍我们的事业前进。"①他要求领导干部首先应解决好自己和亲属谁影响谁的问题，一个好的领导干部绝不应因疏于对亲属和子女的管教而影响工作。

过亲属关是过好"五关"中的难点，因为它不仅要求领导干部自己要做勤政廉政的榜样，还要求其亲属有较高的政治觉悟和自觉性，不凭借和依靠父母的关系，自己努力工作，不断追求进步。周恩来以秦二世而亡为例警醒领导干部重视亲属的教育，他指出"对于干部子弟，要求高、责备严是应该的，这样有好处，可以督促他们进步"②。怎样才能过亲属关呢？周恩来认为，一方面要明确领导干部与亲属相互间的影响关系。作为思想先进、立场坚定的领导干部，应发挥表率作用，自觉教育、改造亲属，应当用领导干部的正确思想去影响亲属，而不是让亲属的落后思想去影响我们的干部。另一方面，解决亲属问题的最好办法要依靠社会，由社会去锻炼和教育他们。让干部的亲属深入社会大众中去，在生产实践中、在与人民群众的密切交往中使其思想得到改造，以促使他们不断进步。

（五）过生活关就是在精神生活和物质生活上有不同的追求

周恩来认为人的生活可分为两种：物质生活和精神生活。领导干部对物质生活的要求不要高，应该勤俭节约、艰苦朴素；而对精神生活要求要高，应该践行我们共产党人全心全意为人民服务的根本宗旨，"把整个身心放在共产主义事业上，以人民的疾苦为忧，以世界的前途为念。这样，我们的政治责任感就会加强，精神境界就会高尚"③。周恩来自己就是这种艰苦朴素的物质生活与崇高精神追求完美结合的典范。

对于物质生活和精神生活的不同追求，关系到领导干部的高尚情操和优良品质，也反映出干部的道德水准和政治修养。周恩来曾表示，在物质生活方面，

①《周恩来选集》下卷，人民出版社1984年版，第427页。
②《周恩来选集》下卷，人民出版社1984年版，第427页。
③《周恩来选集》下卷，人民出版社1984年版，第427页。

"领导干部应该知足常乐，要觉得自己的物质待遇够了，甚至于过了，觉得少一点好，人家分给我们的多了就应该居之不安"①。周恩来认为领导干部不应注重个人物质需要的满足，要与民同甘共苦，永远保持艰苦朴素的作风。但不是说党的干部就一天到晚只搞政治斗争，只有工作。人的生活要丰富一点儿，精神和文化生活还是要有的。需要注意的是我们的文艺生活是为了活跃人们的思想，提高党员干部的修养，要把教育寓于文化娱乐之中。

　　总之，周恩来认为，每个党员干部都要过"五关"，要真正过好"五关"，不是一次就可以完成的，而是长期的任务。思想、政治、社会、亲属、生活，这"五关"是相互联系、密不可分的整体，只有领导干部们认真对待，严格要求自己，才能一步一步地迈过"五关"。这是周恩来对全体党员干部道德品行和个人修养提出的严格要求与规范。

三、周恩来提出过"五关"严格要求的现实意义

　　党的十八大以来，以习近平同志为核心的党中央大力推进党风廉政建设，坚持权责法定，规范工作流程，着力构建"不敢腐、不能腐、不想腐"的长效机制。其中，强化权力制约是推进党风廉政建设的一个关键内容。当今世界对权力的约束和制衡包括以法治制约权力、以权力制约权力、以民主制约权力、以道德制约权力四种方式，这些方式相互补充，关系密切，共同发挥作用。周恩来的过"五关"思想更多的是从道德修养层面约束领导干部的权力。其着眼点在于对权力持有者进行素质提升和行为规范,事先预防道德滑坡和权力滥用，这是权力制约最高也是最难达到的境界。党的领导干部是社会主义各项事业的推动者与带头人，其自身的高尚情操与道德修养，其坚持勤政廉政的表率作用有助于清正廉洁的党风和社会风气的形成,有益于党的公信力和凝聚力的提升。因此，周恩来提出的领导干部要过好"五关"的严格要求在新的历史时期对狠抓全面从严治党具有重要的现实意义。

　　以道德制约权力主要包括权力主体、道德内涵、社会环境三方面内容。权力主体是权力的拥有者和行使者，掌握并保障权力的实施与运作。道德内涵是对权力主体思想层面的要求与约束，权力主体应当不断加强道德修养，在思想与行动方面符合道德内涵标准。社会环境是权力主体运作权力、道德内涵得以存在的外在环境。权力主体、道德内涵、社会环境三者之间的影响是相互的：权力主体要对社会环境加以改造，为社会主义建设提供良好环境；道德内涵在

　　①《周恩来选集》下卷，人民出版社 1984 年版，第 427 页。

这个过程中应成为社会广泛认可的价值标准。而社会环境亦反作用于权力主体，影响权力主体行为选择，不良的社会环境甚至可能会侵袭道德内涵的内容与标准。周恩来的过"五关"思想是其政治思想体系中的重要内容之一，明确了权力主体、道德内涵、社会环境三方面内容。他提出的过"政治关"明确了道德内涵，是评价领导干部权力运行的重要标准；他提出过"思想关"和"生活关"的目的就在于推动权力主体思想道德水平的提升；他提出的过"亲属关"和"社会关"，目的在于为道德制约权力作用的发挥创造良好的社会环境。在当前全面从严治党的新形势下，周恩来的过"五关"思想的重要现实意义在于教育领导干部提高道德素质，严格约束自己的行为规范，从政治思想和道德品行层面实现对权力的自觉制约，最终实现"不想腐"的目标。我们可从三个方面对周恩来这一重要思想的现实意义做进一步分析。

首先，权力主体是公共权力的掌握者与运作者，权力主体自身的思想水平决定着权力行使的方式与最终效果。周恩来提出领导干部要过"思想关"与"生活关"，有助于促进权力主体思想水平的提升，形成良好的道德修养。

当前我们的领导干部过思想关，首先要树立正确的人生观与价值观，确立正确的指导思想。在新的时代领导干部应带头加强理论学习，深入学习和贯彻马克思列宁主义、毛泽东思想、邓小平理论、"三个代表"重要思想、科学发展观、习近平新时代中国特色社会主义思想，这也是领导干部党性修养的重要内容之一。在提升理论水平的同时，要深入实践，在正确人生观与价值观的指导下运作权力。在树立良好道德修养的同时，还要把保持思想的先进性体现在工作上和生活上，像周恩来说的那样要过好生活关，领导干部要在精神生活和物质生活上有不同的追求。一方面要在物质生活上尽量勤俭节约、艰苦朴素，坚决反对享乐之风、奢靡之风，杜绝挪用经费建造豪华办公大楼、公款吃喝等歪风邪气。号召大家学习周恩来的兢兢业业、廉洁奉公的优秀品格。另一方面，要在精神生活上对领导干部提出高的标准，要树立政治责任感，始终将人民群众的利益放在首位，要教育党员干部密切联系群众，倾听民众的呼声，关心百姓的疾苦，深入了解和解决群众困难，坚决清除和杜绝领导干部以权谋私的腐败现象。

其次，道德内涵是对领导干部权力行使是否正当有效的道德层面的约束。当前我国干部的考核，以"德、能、勤、绩、廉"五方面作为评估标准。其中"德"被放在了首位，表明要充分重视提升领导干部的道德修养，树立正确的道德观念，以此指导各项工作的开展。周恩来提出的过"政治关"中，强调了坚定政治立场是根本要求，对干部政治立场的考察要具体通过其工作态度、党性修养、批评与自我批评的精神等得以体现。周恩来提出的这些内容也是当今评判权力主体行为的道德标准。

当前领导干部要迈过周恩来所说的"政治关"，第一，要有坚定正确的政治立场，这是道德内涵的根本要求。第二，领导干部的工作态度也是重要标准之一。在日常工作中尽职尽责的敬业精神、强烈的责任感、以人为本的理念、亲力亲为的工作作风都是领导干部所必需的，而当官不为、消极怠工、相互推诿扯皮的现象必须杜绝。第三，衡量领导干部是否过了"政治关"，还要看其能否继承和发扬党的三大优良作风，即坚持理论联系实际、密切联系群众、经常开展批评与自我批评，这些优良作风的弘扬对完善权力的行使有重要的制约作用，能够从政治思想层面确保领导干部立党为公、执政为民。

最后，社会环境影响着领导干部的道德认知与道德能力，进而对权力的运作产生影响。道德制约权力需要良好的社会环境，要努力营造民主的氛围和良好的社会环境，充分发挥社会对权力主体的监督作用。周恩来提出领导干部要过"社会关"和"亲属关"就与整体社会环境密切相关。只有形成风清气正的良好社会环境，才能为所有干部的思想成长和道德修养提供优质的"土壤"，才能发挥出道德对权力的制约作用。

当今领导干部要过"社会关"和"亲属关"，首先要认清权力主体与社会环境相互影响、相互作用的关系，一方面要促使领导干部树立正确的道德观、人生观、价值观；另一方面要培育坚持社会主义民主与法治的社会环境，让良好的社会环境对领导干部的道德品行产生潜移默化的影响。在复杂的社会中，亲属特别是直系亲属无疑是领导干部接触最多、受影响最深的群体，这个群体对其思想行为会产生直接的影响。这就要求我们的干部牢记周恩来的教诲，解决好谁影响谁的问题。有良好道德修养的领导干部不但要严于律己，还要严肃教育和严格约束自身的亲属，不要因为失于对亲属的管教，既影响了自己的工作，又给党的事业造成损失，给社会造成不良影响。

综上所述，周恩来对党员干部提出的过"五关"严格要求，不但在20世纪60年代对党风建设发挥了历史作用，对我们今天新时代的党风建设仍有重要指导意义。他阐明的领导干部要过"思想关"和"生活关"的主张，有助于权力主体形成良好的道德修养，并以此指引权力的运作；他强调干部要过"政治关"有助于明确道德内涵，并将其作为评估权力主体道德水平的重要标准；他论述了过"社会关""亲属关"的重要性，有助于为道德制约权力创造良好的社会环境，发挥潜移默化的影响力。在周恩来过"五关"思想的指导下，权力主体、道德内涵、社会环境三方面协调作用、密切配合，有助于最终构建"不敢腐、不能腐、不想腐"的长效机制，真正搞好党风廉政建设，最终夺取全面从严治党、高压反腐的彻底胜利。

（本文原载于《丰碑》2021 年第 1 期）

周恩来加强党的廉政建设、反对官僚主义的思想

习近平总书记在纪念周恩来诞辰 120 周年座谈会上高度概括了周恩来在六个方面是我们全党的楷模，其中之一就是"严于律己、清正廉洁的杰出楷模"①。周恩来一生廉洁奉公，严格自律、清正廉洁、任劳任怨，反对官僚主义，其优秀的品质为世人所垂范和敬仰。周恩来关于加强党的廉政建设、坚决反对官僚主义的思想是我们党一笔宝贵的精神财富，蕴涵着丰富的内容，对我们今天狠抓全面从严治党，搞好党风廉政建设仍有重要的指导意义。

一、严于律己、以身作则，始终保持清正廉洁的作风

克己奉公，清正廉洁，这是每个公务员特别是共产党员必须具备的思想素质和道德标准。周恩来一贯反对利用职权假公济私，谋取个人私利。他长期担任党和国家高级领导职务，但从不搞特殊化。他是遵章守纪，严格自律的楷模，要求别人做到的，自己首先做到，一生严格自律，带头垂范，从不放松对自己的要求，始终保持着艰苦朴素、勤俭节约的作风。

为了从思想上、作风上、工作上和学习上严格要求自己，周恩来在重庆任南方局书记期间，专门制定了《我的修养要则》，对自己提出严格要求，要"加紧学习，抓住中心"；要"努力工作""习作合一"；"要与自己的他人的一切不正确的思想意识作原则上坚决的斗争"；要"永远不与群众隔离，向群众学习"，要"注意调研，遵守纪律"。②

周恩来不但自己严守党纪，廉洁自律，永葆艰苦朴素的作风，而且对亲属、对身边工作人员都要求很严格，坚决反对任何多吃多占、假公济私和贪污腐化的行为。20 世纪 50 年代，工作人员趁着他外出整修了西花厅，换上了新沙发、新窗帘、新地毯。他回来后提出严厉批评，让把所有新换的物品一律退回去，

---

① 习近平：《在纪念周恩来同志诞辰 120 周年座谈会上的讲话》，《人民日报》2018 年 3 月 2 日。
② 《周恩来选集》上卷，人民出版社 1980 年版，第 125 页。

重新换上旧家具。周恩来一贯严格要求自己的亲属，从没有利用自己的权力为自己或亲朋好友谋过半点儿私利。他特别叮嘱他的晚辈，在任何场合都不要说出同他的关系，都不许扛总理亲属的牌子炫耀自己。他给他的亲属订立了"十条家规"，包括晚辈不准丢下工作专程来看望他，不许请客送礼，不许动用公家的汽车，不谋私利，不搞特殊化，等等。60年代初，有家乡干部来京开会，带来的土产品，周恩来坚决要求退回或高价付款。1973年他在杭州送走外宾后，自费请身边工作人员在"楼外楼"吃饭，三次要求随行工作人员补齐饭费，成为其廉洁自律的一段佳话。①

二、确立为人民服务的宗旨，提出党员干部要过"五关"

周恩来一生认定的信条是：我们共产党代表着广大人民的利益，政府工作人员是人民的"公仆"，要全心全意为人民服好务。这一正确理念是周恩来廉政建设思想的基础。1946年在鲁迅先生逝世10周年的纪念会上，周恩来明确指出："对人民，我们要如对孺子一样地为他们做牛的。要诚诚恳恳、老老实实为人民服务"，"应该象条牛一样努力奋斗，团结一致，为人民服务而死"。②在如何更好地为人民服务的问题上，周恩来提出了"四个一定"：一定做好人民的勤务员、一定要走群众路线、一定接受人民群众的监督、一定要虚心接受群众意见，认真改正错误。③这"四个一定"的核心就是一切为了人民群众的根本利益。

周恩来有着强烈的公仆意识，他终生"以人民的疾苦为忧，以世界的前途为念。④"他出任总理后发布的第一个通令就是关于严格机关办公用房管理，不许与民争利的内容。他始终认为："我们国家的干部是人民的公仆，应该和群众同甘苦，共命运。"⑤他把全心全意为人民服务的根本宗旨归结为"立党为公"。1973年8月23日，周恩来抱病主持了中央政治局会议，在会上他再次强调："我们是立党为公，不是立党为私。"⑥他把立党为公还是立党为私作为是否是一个真正共产党员的试金石。

为了保持党的纯洁，克服官僚主义，1963年周恩来在中共中央和国务院直属机关负责干部会议上专门讲了领导干部一定要过好"五关"的问题。他谆谆告诫领导干部要过好思想关、政治关、社会关、亲属关、生活关，保持共产党

---

① 高振普：《周恩来卫士回忆录》，上海人民出版社2008年版，第76-78页。

② 《周恩来选集》上卷，人民出版社1980年版，第241页。

③ 周恩来：《努力造就有利于进行社会主义建设的政治局面》，《党的文献》1995年第1期。

④ 《周恩来选集》下卷，人民出版社1984年版，第427页。

⑤ 《周恩来选集》下卷，人民出版社1984年版，第421页。

⑥ 中共中央文献研究室编《周恩来年谱（1949—1976）》下卷，中央文献出版社1997年版，第528页。

人的政治操守和优良作风。周恩来提出的领导干部过好"五关"实际上是一个整体，其核心是要求共产党员讲个人修养、讲党性锻炼，勤政爱民，奉公守法，树立宗旨意识、服务意识。为政清廉和甘做公仆是辩证的统一，要做好人民的公仆，就要保持廉洁奉公的作风，而只有坚持为政清廉，才能取得人民的信任，才能更好地为人民服务。周恩来作为一个坚定的共产党人，时刻牢记自己是人民公仆，他做到了像春蚕一样将最后的一根丝都吐出，毕生精力都献给了祖国和人民，树立了共产党的领导干部甘当人民公仆的光辉形象。

三、深刻剖析官僚主义的各种表现，指出其根源和危害

廉政建设需要解决的基本问题是官僚主义和腐败现象，而官僚主义又是腐败产生的前兆和根源，因此，要搞好廉政建设，一定要坚决反对官僚主义。周恩来在反对官僚主义问题上一贯是立场坚定，旗帜鲜明的，他认为"官僚主义是领导机关最容易犯的一种政治病症"①。他对官僚主义的表现、危害、根源做了全面的分析和论述。他曾专门做过反对官僚主义的报告，详细列出了官僚主义的 20 种表现（见表 1-1），并对其表现形式做了详解，这是迄今为止，我们党高级领导人对官僚主义做的最系统、最深刻的剖析和批判。

表 1-1　周恩来剖析和批判的官僚主义的 20 种具体表现②

序号	特征	表现形式	对官僚主义的批判
第一种	脱离领导、脱离群众的官僚主义	高高在上，孤陋寡闻，不了解下情，不调查研究，不抓具体政策，不做政治思想工作	党的路线、政策再好，如果执行的业务部门给阻塞住了，那就是把党和群众隔开了。这种官僚主义是领导者尤其是高级领导者必须时时警惕的
第二种	强迫命令式的官僚主义	狂妄自大，骄傲自满；主观片面，粗枝大叶；不抓业务，空谈政治；不听人言，蛮横专断；不顾实际，胡乱指挥	一个人站在领导地位，不虚心，不平易近人，自以为了不起、什么都懂，只要有这种思想并且在作风中表现出来，就危险了。这种人大概总是不去抓业务，觉得我是领导政治的，人家的话听不进去，觉得琐碎，也不研究人家讲话的内容，结果就蛮横专断，瞎乱指挥

①《周恩来选集》下卷，人民出版社 1984 年版，第 418 页。

②《周恩来选集》下卷，人民出版社 1984 年版，第 418-422 页。

序号	特征	表现形式	对官僚主义的批判
第三种	无头脑的、迷失方向的、事务主义的官僚主义	从早到晚，忙忙碌碌，一年到头，辛辛苦苦；对事情没有调查，对人员没有考察；发言无准备，工作无计划；既不研究政策，又不依靠群众，盲目单干，不辨方向	常有人说："我做个辛辛苦苦的官僚主义。"好象这种官僚主义还能容许似的。我看，这种官僚主义也要批判。如果是个普通干部，忙忙碌碌，有时方向不大清楚，那还可以谅解。如果是个领导干部，怎么能容许他是个事务主义者呢？
第四种	老爷式的官僚主义	官气熏天，不可向迩；唯我独尊，使人望而生畏；颐指气使，不以平等待人；作风粗暴，动辄破口骂人	
第五种	不老实的官僚主义	不学无术，耻于下问；浮夸谎报，瞒哄中央；弄虚作假，文过饰非；功则归己，过则归人	
第六种	不负责任的官僚主义	遇事推诿，怕负责任；承担任务，讨价还价；办事拖拉，长期不决；麻木不仁，失掉警惕	
第七种	做官混饭吃的官僚主义	遇事敷衍，与人无争；老于世故，巧于应付；上捧下拉，面面俱圆。	
第八种	颟顸无能的官僚主义	学政治不成，钻业务不进；语言无味，领导无方；尸位素餐，滥竽充数	
第九种	糊涂无用的官僚主义	糊糊涂涂，混混沌沌，人云亦云，得过且过，饱食终日，无所用心；一问三不知，一曝十日寒	
第十种	懒汉式的官僚主义	文件要人代读，边听边睡，不看就批，错了怪人；对事情心中无数，又不愿跟人商量，推来推去，不了了之；对上则支支吾吾，唯唯诺诺，对下则不懂装懂，指手划脚，对同级则貌合神离，同床异梦	

序号	特征	表现形式	对官僚主义的批判
第十一种	机关式的官僚主义	机构庞杂，人浮于事，重床叠屋，团团转转，人多事乱，不务正业，浪费资财，破坏制度	凡是机关大而人多的地方，必定要出官僚主义，这几乎成为规律了。那里的领导人即使精明强干，也会有官僚主义。因为那个机关本来不需要那么大，机构搞得那么臃肿，一定会有很多人不办事情，吵吵嚷嚷，很多事情在那里兜圈子，办不出去。把机关搞小，有事情一商量就解决了
第十二种	文牍主义和形式主义的官僚主义	指示多，不看；报告多，不批；表报多，不用；会议多，不传；来往多，不谈	
第十三种	特殊化的官僚主义	图享受，怕艰苦；好伸手，走后门；一人做"官"，全家享福，一人得道，鸡犬升天；请客送礼，置装添私；苦乐不均，内外不一	我们国家的干部是人民的公仆，应该和群众同甘苦，共命运。如果图享受，怕艰苦，甚至走后门，特殊化，那是会引起群众公愤的
第十四种	摆官架子的官僚主义	"官"越做越大，脾气越来越坏，生活要求越来越高，房子越大越好，装饰越贵越好，供应越多越好；领导干部这样，必定引起周围的人铺张浪费，左右的人上下其手	
第十五种	自私自利的官僚主义	假公济私，移私作公；监守自盗，执法犯法；多吃多占，不退不还	
第十六种	争名夺利的官僚主义	伸手向党要名誉，要地位，不给还不满意；对工作挑肥拣瘦，对待遇斤斤计较；对同事拉拉扯扯，对群众漠不关心	
第十七种	闹不团结的官僚主义	多头领导，互不团结；政出多门，工作散乱；互相排挤，上下隔阂；既不集中，也无民主	
第十八种	宗派性的官僚主义	目无组织，任用私人，结党营私，互相包庇；封建关系，派别利益；个人超越一切，小公损害大公	

序号	特征	表现形式	对官僚主义的批判
第十九种	蜕化变质的官僚主义	革命意志衰退，政治生活蜕化；靠老资格，摆官架子；大吃大喝，好逸恶劳，游山玩水，走马观花；既不用脑，也不动手；不注意国家利益，不关心群众生活	官僚主义发展到这个程度，就严重得很了。一个干部、一个共产党员的最基本的要求，就是要有革命的热情，要有朝气、有干劲。革命热情一衰退，政治上就要蜕化了
第二十种	走上非常危险道路的官僚主义	助长歪风邪气，纵容坏人坏事；打击报复，违法乱纪，压制民主，欺凌群众；直至敌我不分，互相勾结，作奸犯科，害党害国	

周恩来不但列举了官僚主义的种种迹象，还深刻分析了官僚主义的社会根源。他指出官僚主义是中国长期封建社会、长期封建统治的遗产，它往往与命令主义、宗派主义、本位主义、事务主义、分散主义、自由主义、个人主义等不正之风密切相关。在长期领导党和政府工作中，他深深感到"官僚主义在我们执政的党内，在我们的国家机关内，的确是十分有害的、非常危险的"①。它已经给我们的工作造成许多损失，如果不坚决制止必将造成更大危害。绝不能容许官僚主义继续发展下去。他常告诫党的干部，要把党和国家建设好，就必须"经常反对官僚主义。这是一个很重要的问题"②。新中国成立之初，百废待兴，面临着一系列复杂的问题，任何疏忽大意都可能引发重大失误，造成重大损失。因此，周恩来强调"克服主观主义和官僚主义，对我们有特殊的意义"③。

官僚主义不但危害了党风和社会风气，也关系到国家的前途和命运。它使党的干部由人民公仆变为社会蛀虫，使人民群众失去对党和国家干部的信任。周恩来给全党敲响了警钟："共产党领导的正确，人民才拥护"，否则"那就有可能被人民推翻"。④他充分认识到反对官僚主义斗争的长期性和艰巨性。他认为由于中国复杂的社会和历史原因，官僚主义不是能够一下子就彻底反掉的，这是一场持久战，我们要坚持不懈地与官僚主义展开斗争，这"不仅要提醒我

---

① 金延锋：《周恩来在浙江谈社会主义社会的基本矛盾》，《党的文献》1993年第4期。
② 金延锋：《周恩来在浙江谈社会主义社会的基本矛盾》，《党的文献》1993年第4期。
③ 金延锋：《周恩来在浙江谈社会主义社会的基本矛盾》，《党的文献》1993年第4期。
④ 金延锋：《周恩来在浙江谈社会主义社会的基本矛盾》，《党的文献》1993年第4期。

们，也要提醒以后的子子孙孙"①。

四、阐明发扬民主是抵制官僚主义、搞好廉政建设的关键

针对党内出现的官僚主义和腐败现象，周恩来曾思考过一些治理措施。他认为重要的一点是：坚持党的民主集中制，营造良好的党内民主氛围，这是杜绝官僚主义、确保党员干部廉政的关键。

他认为官僚主义是民主的对立物，"光有集中，没有民主，就成为官僚主义了"，只有"提倡民主，才能克服官僚主义"。②而要想发扬民主首先就是要让大家说话，畅所欲言，广开言路，要造成一种党内的民主氛围，允许大家思考、讨论，允许提出不同的意见，领导干部要虚心听取各方面的不同意见。

周恩来是我们党内善于协商、坚持民主的典范。他认为作为一个领导人的最高境界是"领导群众的方式和态度要使他们不感觉我们是在领导"③。这不是说不要领导，而是说坚持领导的方式和态度，不被群众感觉是外在的强加。其中固然有领导艺术问题，但从根本上说，是群众路线问题，是正确认识和处理领导者与被领导者的关系问题。周恩来认为领导者与被领导者是一种平等的、合作的关系。不让群众感觉是被领导，首先要求领导者不要摆官架子，要与群众打成一片。在领导态度和领导方法上，要坚持说服、协商、务实和交友的方式方法。

协商是社会主义民主的重要特征和实质性内容，是决策民主化、科学化的必经程序。周恩来特别欣赏"协商"，他说"这两个字非常好"④。他认为，协商是贯彻民主集中制的有效方法，既充分发扬民主，又避免了只强调少数服从多数可能发生的简单化、形式主义倾向。

周恩来一贯平易近人，善于听取大家的意见，所有与他一起工作过的人都感到能够各抒己见，畅所欲言。如当年他领导治理淮河过程中，河南、安徽、江苏各省从本省利益出发提出不同意见。周恩来多次召集各地负责同志开会商讨。最后做出打破省界，上中下游的利益兼顾，蓄泄并重，三省有福同享，有难同当，标本兼施的治理方案，合理解决了各方矛盾，使淮河治理工程顺利进行。

民主是官僚主义和腐败的天敌，是廉政建设的政治保障。强调发扬民主，重视民主建设，也是周恩来廉政建设思想的一大特色。周恩来认为实现党内民

---

① 金延锋：《周恩来在浙江谈社会主义社会的基本矛盾》，《党的文献》1993 年第 4 期。
② 《周恩来选集》下卷，人民出版社 1984 年版，第 92 页。
③ 《周恩来选集》上卷，人民出版社 1980 年版，第 131 页。
④ 《周恩来选集》上卷，人民出版社 1980 年版，第 131 页。

主需要至少做到两点：一是要营造一种人人畅所欲言，反对一言堂的良好民主气氛。只有这样才能有效地克服领导干部的独断专横、"一言堂"的现象。1961年6月他在文艺工作座谈会上发表讲话，指出"现在有一种不好的风气，就是民主作风不够"。好多人不敢想，不敢说，不敢做，"一言堂"从哪里来的？是和领导有关，所以"我们要造成一种民主风气"。①二是要坚持批评与自我批评的优良作风，这也是坚持党内民主的锐利武器。周恩来认为经常开展批评与自我批评，可以不断清除党组织和党员的失误，可以及时纠正党内的不正之风，防止腐败之风滋生蔓延。更重要的是在党内充分发扬民主，积极开展批评和自我批评，可使每个党员和干部的言行处于全党的监督之下，避免某些官僚主义者独断专行和滥用权力，为实现党的正确领导提供可靠的保障。

五、坚持依法治国，强调健全监督机制是廉政建设的保证

自担任总理伊始，周恩来一直坚持依法依规严格管理。为保证新生的人民政权廉洁高效地运转，使各级干部各尽其责，遵纪守法，分工负责，各司其职，避免人浮于事，周恩来十分重视加强政府的法律法规建设，在精心筹备政府机构和人选的同时，重点抓了建章立制工作。他要求各部门要尽快制定出组织条例，建立起工作制度。在组建第一届中央人民政府政务院时，他建立了高于部级的政务院监察委员会，以加强对各级干部的监督监察。在政务院成立后的很短时间内，周恩来就领导制定出了许多政策规定，如行政人员的纪律规定、奖惩规定、责任规定等，如《政务院组织条例》《政务院及其所属机关组织通则》《政务院关于任免工作人员的暂行办法》等一系列规章制度。这些规章制度对规范各级政府机关和各部门的活动发挥了重要作用，为政务院和各级人民政府各项工作的开展提供了基本的依据。

加强法治建设，建立健全民主监督和制约机制，是确保廉政建设顺利进行的重要保证。周恩来对这个问题有明确的认识，他力主加强立法工作和法治建设，通过法律的手段惩治腐败分子，以保证党和政府的清廉。在他亲自起草的《中国人民政治协商会议共同纲领》中就明确规定："中华人民共和国的一切国家机关，必须厉行廉洁的、朴素的、为人民服务的革命工作作风，严惩贪污，禁止浪费，反对脱离人民群众的官僚主义作风。"20世纪50年代初，周恩来直接参与、领导了立法工作，主持制定了包括《中华人民共和国惩治贪污条例》在内的一系列重要法律法规，努力将党和政府的廉政建设纳入法治化轨道。

---

① 《周恩来选集》下卷，人民出版社1984年版，第323页。

　　20 世纪 50 年代初，为了加强反贪腐的力度，保证人民大众的监督权的行使，周恩来采取了不少措施。政务院于 1951 年 7 月第 92 次政务会议通过《各级人民政府监察机关设置监察通讯员试行通则》，规定在政府机关与其所属企业、事业部门以及人民团体、城市街道和农村中设置人民监察通讯员。1952 年 8 月周恩来又签署了《政务院关于普遍发展人民监察通讯员的指示》：要求各地推广人民监察通讯员制度，建立人民检举接待室，以保证群众通过正常的渠道监督和检举党政人员违法与腐败行为的活动，充分发挥人民群众的监督作用。

　　人民代表大会制度建立后，周恩来十分重视国家权力机关对政府工作的监督。他指出："全国人民代表大会和地方各级人民代表大会都有监督我们的财政收支的权力和责任。"希望各位代表监督政府工作人员，并与政府工作人员一起反对贪污行为。①周恩来主张，对"国家机关中某些违法乱纪的工作人员贪污腐化，营私舞弊，侵害国家和人民的利益"，"必须依照法律给予制裁。"②1957年 10 月，他领导国务院制定实施了《关于国家行政机关工作人员的奖惩暂时规定》，以严明的纪律来规范政府工作人员的行为。

　　周恩来深知，权力间互相制衡与监督对于廉政建设有重要作用，只有建立健全和完善监督制约机制，才能有效地监督党政干部清廉从政。周恩来认为，首先，要加强党和政府内的自我监督。在执政党和政府内部，上下之间、各部门之间、应该展开互相监督，督促各级领导机构和每个人都能严格执行党的方针路线，共同遵守各项纪律和各种规章制度。他特别提出"中央与地方要相互影响，相互监督，不要以为只是上面对下面监督，下面同样要监督上面，起制约的作用。"③领导同志要监督好自己身边的工作人员，同时工作人员也要监督领导同志，开好民主生活会，经常开展批评与自我批评，防微杜渐。其次，要内部监督与外部监督相结合，发挥各方面的监督作用。为了搞好党的廉政建设，周恩来提出要充分发挥人民代表大会、民主党派、政协委员和群众与社会的监督职能。他希望人大代表要经常下去调查研究，视察政府的工作，"可以从与政府不同的角度接触人民，接触实际，看我们的工作是否做得恰当，做错了没有，有什么缺点，有什么偏差。就是说可以去找岔子"④。此外，周恩来还十分重视发挥政协和各民主党派的民主监督和民主协商作用，重视发挥群众监督、社会团体的监督、舆论监督等各方面的不同监督功效。

①《周恩来选集》下卷，人民出版社 1984 年版，第 142 页。
② 周恩来：《一届人大一次会议政府工作报告》，《新华月报》1954 年第 10 号，第 86 页。
③《周恩来选集》下卷，人民出版社 1984 年版，第 209 页。
④《周恩来选集》下卷，人民出版社 1984 年版，第 207 页。

六、周恩来加强党的廉政建设思想的重要现实意义

周恩来一生严于律己、廉洁奉公，艰苦朴素，坚决反对任何贪污腐化行为。他肩负着党和国家的重要领导职务，始终保持着勤政爱民、清正廉洁的本色。他的廉政建设思想和崇高精神品德，对当今中国建立高效清廉的服务型政府，教育全体党员干部反对官僚主义、杜绝腐败现象有重要作用。在新的形势下，学习和继承周恩来关于加强党的廉政建设、反对官僚主义的思想对我们今天根除腐败，反对"四风"，搞好党风廉政建设仍具有以下重要的现实性指导和启迪意义。

首先，搞好党风廉政建设，必须从领导机关、领导干部做起。因为领导干部担负着组织群众、宣传群众、教育群众的责任，身教胜于言教。领导干部在处理廉与贪、俭与奢、勤与逸的关系时，应该学习周恩来，时时自重、自省、自警、自励、以身作则、严格自律、言行一致，只有这样才能在群众中树立威信，才能增强党的凝聚力。如果党员、机关干部都能像周恩来那样廉洁自律、克己奉公，全心全意地为人民谋福利，党风建设很快会大有进展。当年周恩来提出的过"五关"思想，仍应成为我们今后进行廉政建设的重要指导思想之一。如果每一位党员干部和国家公职人员都能够以周恩来为榜样，认真遵守党纪国法，在思想、政治、社会、亲属、生活五方面严格自律，全心全意为人民谋利益，我们党就能够有效地抵制"四风"，彻底根除党内的腐败现象，保持我们党清正廉洁的光辉形象。

其次，必须树立全心全意为人民服务的根本宗旨，不忘初心、牢记使命，要像周恩来那样甘当人民的公仆，心为民所系，权为民所谋，勤勤恳恳，任劳任怨地为党和人民工作，把克己奉公，不谋取私利作为共产党人的基本行为准则。今天的党员领导干部都要对照周恩来在《反对官僚主义》一文中深入剖析和批判的官僚主义的 20 种表现，认真检查对照自己在工作中是否也有类似的表现和错误言行。更重要的是要针对新时期新环境下出现的各种官僚主义表现，制定出切实可行的整改措施，设计出一套任何官员不敢腐、不能腐、不想腐的长效机制，坚决抵制和杜绝当前个别干部中仍存在的"四风"危害和不作为现象，彻底根除党内腐败滋生的土壤。确立和践行为人民服务的根本宗旨，保持党员干部清正廉洁的作风，这是提高我们党和国家治理体系和治理能力现代化的必要前提。

再次，要坚持党的民主集中制原则，以民主监督权力。要像周恩来那样，

一方面要坚决维护党中央的权威和领导，一方面在工作中充分发扬党内民主和社会主义民主。要坚持在做出重大决策前与党内外各方面充分协商，在党内营造一种既有统一领导和纪律，又有民主协商、各抒己见的风清气正的良好的党内政治氛围。科学决策的前提是民主决策，而民主决策的必要条件之一是尊重协商对象的主体地位，要做到协商于决策之前。共产党员和各级干部要有海纳百川的胸怀，虚心接受不同的意见，接受来自各方的监督。在未来的廉政建设中，为了将民主监督落到实处，就要做到"让权力在阳光下运行"，继续扩大和推进党务公开、政务公开、财务公开。只有让广大的人民群众有了知情权，才能更好地行使其监督权，我们的全面从严治党和反腐廉政建设才能有可靠保障。

最后，要加强对执政党的监督，以权力制约权力，以法治监督权力。周恩来在组建第一届中央人民政府时，就在政务院里设立了高于部级的人民监察委员会，并且请民主人士谭平山做委员会的主任。在未来的廉政建设中我们要重视两个方面的问题，一个是继续加强执政党内部的自我监督，这是最主要的问题。既要继续调整党内结构性监督，又要不断加强党的功能性监督。所谓结构性监督的调整，就是将目前党内从上至下的"金字塔"形监督加以调整和改变，思考如何调动起广大党员群众的监督积极性，重新构建一种从下至上的监督结构或模式；所谓功能性监督的加强，就是要充分发挥党的纪检机关的职能作用，采取有力措施，彻底改变一些纪检机关对单位一把手权力监督不力的现象。另一个问题是，要发挥出外部监督的力量，设计执政党接受外部监督的机制平台和操作程序，充分调动人大监督、法律监督、政协监督、民主党派的党际监督、社会团体和人民群众的监督的积极性，同时还要重视新型媒体和民众自媒体监督的潜力。最终形成党内、党外、舆论媒体三方监督力量的合力，把权力放到制度的笼子里，腐败现象才可彻底根除。

党风廉政建设关系到人心背向，关系到执政党的兴衰成败。以毛泽东、周恩来等为核心的党的第一代领导集体，高度重视党风廉政建设，同党内外各种消极现象和腐败行为进行了坚决斗争，才保证了共产党的凝聚力和向心力。进入新世纪以来，"四风"现象仍然没有彻底消除，腐败仍令人民群众深恶痛绝。反腐倡廉已关系到党和国家的生死存亡。重温周恩来关于加强党的廉政建设、反对官僚主义的思想，更觉其内涵丰富，寓意深远，切中时弊，击中要害，正如习近平总书记所强调的"党的作风是党的形象。我们要向周恩来同志学习，牢记手中的权力是党和人民赋予的，是用来为人民服务的，一身正气，两袖清风，自觉接受监督，敬畏人民、敬畏组织、敬畏法纪，拒腐蚀、永不沾，决不搞特权，决不以权谋私，做一个堂堂正正的共产党人。"①在新时代我们更应该学习和继承周恩来的廉洁自律的崇高思想和优秀品德，这是建设风清气正的良好党风的一个重要思想基础。

（本文原载于《观察与思考》2019 年第 12 期）

① 习近平：《在纪念周恩来同志诞辰 120 周年座谈会上的讲话》，《人民日报》2018 年 3 月 2 日。

周恩来牢记党的宗旨、勤政为民的杰出思想

伟大的无产阶级革命家、政治家、军事家、外交家周恩来，始终牢记党的全心全意为人民服务的根本宗旨，一生为中国人民谋幸福、为中华民族谋复兴、为人类进步事业而努力奋斗，鞠躬尽瘁，死而后已，展现出崇高的精神风范。周恩来在不忘初心、坚守信仰，对党忠诚、维护大局，热爱人民、勤政为民，自我革命、永远奋斗，勇于担当、鞠躬尽瘁，严于律己、清正廉洁六个方面是全党学习的楷模。周恩来牢记党的宗旨、勤政为民的杰出思想，以及其体现出的优秀工作作风，永远值得全党全国人民学习。深入研究周恩来勤政为民思想和优秀作风具有重要的实现意义。

一、周恩来牢记党的宗旨、勤政为民思想的核心内容

（一）一切从人民群众的根本利益出发

周恩来热爱人民、勤政为民的杰出思想集中反映在他一生坚持全心全意为人民服务这个根本宗旨上，在领导国家各项事务中始终坚持一切从人民群众的根本利益出发这个根本前提。他要求在制定各项政策、处理各种问题时要以人民群众的切身利益为重，不仅考虑人民群众的根本的长远利益，还要想到人民群众具体的眼前利益。周恩来提出，我们党和国家的干部首先要关注人民物质生活水平的提高，把经济建设放在国家建设的中心和首要位置，积极发展生产力，妥善处理好经济建设与人民生活的关系。在保经济不断增长、生产不断扩大的同时，使人民群众的生活水平逐步提高；同时要关注人民文化生活水平的提高，大力发展教育、文化、卫生、体育、文艺事业，提高全民族的文化修养，满足人民精神生活的需求。而且，作为人民的勤务员要时时关注老百姓的日常生活琐事、难事。从大处着眼、小处着手，为人民办实事、求实效，时刻关心人民的疾苦，对人民极端负责，这些都是各级政府和党员干部应率先考虑的问题。

在勤政为民的一生中，周恩来总是将人民利益摆在第一位，考虑的是将人

民群众长远利益和切身利益结合起来，做到想人民之所想，急群众之所急，谋百姓之实利。这些思想在他领导制定的新中国第一个五年计划中得到了充分体现。"一五"计划在投资结构的安排方面，坚持发展重工业的同时，兼顾其他产业的发展。在 427.4 亿元的基本建设投资中，各部门的分配比例为：工业 58.8%，农林水利 7.6%，运输邮电 19.2%，贸易银行和物资储备 3.0%，文化教育和卫生 7.2%，城市公共事业建设 3.7%。从这些数据中可以清楚地看到，周恩来在重视重工业发展的同时，也将提高人民群众的生活水平提上了日程。为了解决广大人民群众最关心的吃饭问题，促进农业增产，"一五"计划中特别将农田水利的投资定于国家建设总投资的第三位，对文化教育和卫生方面的投资仅次于农田水利，排在国家建设总投资的第四位。[①]第一个五年计划制定的各项指标充分体现出周恩来把满足人民日益增长的物质文化需要放在发展的第一位。

为了广大人民的根本利益和实现利益，周恩来在领导政府工作中，不断纠正一些不切实际的计划和做法，以减少可能造成的损失和影响。如 1956 年经济建设中出现了盲目冒进的倾向，周恩来在国务院全体会议上及时提醒说："现在有点急躁的苗头，这需要注意。社会主义积极性不可损害，但超过现实可能和没有根据的事，不要乱提，不要乱加快，否则就很危险。"[②]基于从人民利益出发的根本点，他清醒地认识到："我国的国民经济正在迅速发展，情况的变化很快也很多，随时随地都有新的问题出现，许多问题又是错综复杂地联系着。因此，我们就必须经常地接近群众，深入实际。……在我们这样一个地区广阔、情况复杂并且经济上正在剧烈变革的国家里，任何疏忽大意，都可能发生重大的错误，造成重大的损失。"[③]

（二）工作勤勤恳恳，一生任劳任怨

周恩来勤勤恳恳，任劳任怨的敬业精神堪称全党的表率，他为人民的事业、为党和国家的事业做出了杰出贡献，一生兢兢业业、呕心沥血，鞠躬尽瘁是其勤政为民的突出特色之一。为了践行勤政为民的思想，周恩来倡导领导干部要具备"五勤"和"四多"，即眼勤、耳勤、嘴勤、手勤、腿勤，遇事多思考、多分析研究、多提看法、多实践。要积极想方设法为人民谋福利，不能像旧官僚那样做"循吏"，墨守成规，平庸不作为；要努力做到人尽其才、才尽其用，不断提高行政效率。

周恩来在实际工作中带头去践行勤政为民的杰出思想，他每天都工作十几

---

① 徐行：《周恩来与中国现代化的奠基》，天津人民出版社 2008 年版，第 106 页。

②《周恩来选集》下卷，人民出版社 1984 版，第 190 页。

③《周恩来选集》下卷，人民出版社 1984 版，第 224 页。

个小时以上，经常工作到深夜或凌晨。晚年在重病中仍坚持工作。1973 年他被查出患了膀胱癌，可他工作量和工作时间丝毫没有减少，仍一直带病坚持工作。据卫士高振普回忆：周恩来从 1974 年 6 月 1 日住院到 1976 年 1 月 8 日逝世，共接受 6 次大手术，8 次小手术。他忍受了巨大的痛苦，在病魔缠身的情况下，凭着顽强的意志为国家和人民坚持不懈地工作着。在他生命最后的 587 天里，共约人谈话 220 人次，谈话时间最长时一次达 4 小时 20 分钟，会见外宾 65 次，每次时间大都在一个小时左右；开会 32 次，一次会最长开了 3 小时 45 分钟。[①]

周恩来的勤政为民思想还表现在他顾全大局，任劳任怨上。凡是工作遇到困难或挫折，他总是先找自己的原因，勇于承认错误，承担责任，即使被别人误解，从党的事业和人民利益的大局出发，他也不多辩解，待以后实践来证明自己观点的正确。特别是在"文化大革命"时期，周恩来常受到"四人帮"的攻击，但他默默地承受了这一切，以坚强的毅力和高超的领导艺术，巧妙与"四人帮"斗争，坚持为党为人民努力工作。

（三）勇挑重担，认真负责，举轻若重

周恩来从 1927 年起就是党中央的核心领导成员，大革命失败后他勇敢地挑起领导南昌起义的重担。党的六大后他担任中央政治局常委和组织部部长，在白色恐怖下他承担起恢复和建立党的地下组织的重任。在遵义会议上他发挥了重要作用，成为"三人团"成员之一。在抗日战争和解放战争中，周恩来在建立党的统一战线、发展西南党的组织、协助毛泽东转战陕北、指挥三大战役中均发挥了特殊作用。新中国成立后他长期担任党和国家重要领导职务，参与领导了革命和建设时期党的各项重大工作，在政治、经济、国防、外交、文化、社会各方面建设中均肩负了重要领导责任，做出了杰出贡献。正如习近平总书记所指出的："周恩来同志半个多世纪奋斗的人生历程是中国共产党不忘初心、牢记使命历史的一个生动缩影，是新中国孕育、诞生、成长和取得崇高国际威望历史的一个生动缩影，是中国人民在自己选择的革命和建设道路上艰辛探索、不断开拓、凯歌行进历史的一个生动缩影。"[②]

周恩来勤政为民思想的另一个特点是工作认真负责，举轻若重，对任何事情都考虑得很细致、很全面、很周到，办事谨慎小心，非常仔细。周恩来在领导各项工作中一贯尽职尽责、严谨精细，考虑问题周密全面，对待工作一丝不苟、认真细致，容不得半点儿马虎和懈怠。周恩来曾自我评价说，他希望采取

---

① 高振普：《周恩来卫士回忆录》，上海人民出版社 2008 年版，第 215 页。
② 习近平：《在纪念周恩来同志诞辰 120 周年座谈会上的讲话》，《人民日报》2018 年 3 月 2 日。

举重若轻的工作方式，但实际上他在工作中是举轻若重。与周恩来接触过的美国总统尼克松认为，周恩来有一种既注意细节又避免陷入烦琐的罕见才能，"伟大来自对细节的注意"，就周恩来而言，"即使他在亲自护理每一棵树木时，也总能够看到森林"。[①]举轻若重的工作方法能够对庞杂事务从细处着手，妥善处理，确保行政决策在落实中得到顺利执行。周恩来的举轻若重工作方法在长期领导政府工作中得到充分体现，保证了党的路线方针政策的顺利贯彻落实。

（四）经常深入基层，为百姓排忧解难

积极执行党的群众路线，坚持从群众中来，到群众中去，经常深入基层调查实情，倾听群众呼声，为百姓排忧解难是周恩来热爱人民、勤政为民思想的一大特色。周恩来一贯重视调查研究，他认为这是领导人做出正确决策的前提和基础。他经常要求各级干部多下基层，多接近群众，多了解实际情况。周恩来提出领导者要做出正确决策，"首先，要估计环境及其变动，并找出此地此时的特点……然后据此定出合乎实际的计划和指示。这一切，必须经过最实际的调查研究"。[②]

周恩来不仅重视和提倡调查研究，还身体力行，多次深入农村、工厂、码头、学校等地弄清真实情况，形成对情况的整体把握，寻找解决困难的办法。1958 年就三峡大坝修建存在的两种不同意见，周恩来到三峡一带做了实地调查后，做出了暂不上马的正确决策。1961 年国家经济发展遇到严重困难，周恩来下到河北、山东、河南、安徽、江苏、上海、浙江等地，对农业生产和煤炭、冶金等工业问题做过深入调查，为党中央调整农村经济政策提供了一手信息和建议。

更可贵的是周恩来下基层做调查研究，从不搞排场，不兴师动众，不做表面文章，而是注重听取基层群众最真实的意见。周恩来到河北邯郸农村调查时，就坐在农民家门口与老百姓促膝谈心。1972 年 9 月，周恩来到七机部一院总装厂总装车间视察，事先提出 6 条要求：一不准事先向群众预告、下通知；二不准列队欢迎插彩旗；三不准鼓掌呼口号欢迎；四不准照相留纪念；五不准拍电影、广播作宣传；六不准买东西招待。[③]周恩来下基层时这种亲民朴实的作风，拉近了干部与人民之间的距离，使广大群众感受到了政府的温暖和对人民的关心，赢得了群众的信任和拥护。

---

① 尼克松：《领袖们》，施燕华等译，海南出版社 2008 年版，第 212 页。
②《周恩来选集》上卷，人民出版社 1980 年版，第 129 页。
③ 刘万兴：《周总理是如何下基层的》，《党风与廉政》1997 年第 7 期。

（五）统筹兼顾、殚精竭虑地领导国家各项建设

周恩来勤政为民思想的另一个特色是在领导国家各项建设中主张统筹兼顾、综合平衡，深谋远虑，稳步发展。作为开国总理周恩来具体负责领导全国的国防、经济、文化、科技、教育等各项建设事业，负责制定国民经济长远发展规划。自新中国诞生以来，他一直在殚精竭虑地思考如何搞好国家的经济建设、国防建设、政权建设，以及新中国科、教、文、卫、体各项事业建设等一系列国家重大战略发展问题。他时刻关注着国民经济和社会发展的长远战略目标最终落实的问题。他反对只顾眼前利益和局部利益，不顾长远利益和全体利益；他反对急躁冒进，主张统筹兼顾地稳步发展。

在勤政为民的杰出贡献中，周恩来统筹兼顾地搞好各项建设有三个特点：首先是深谋远虑，总揽全局。周恩来对国家各项建设有一个长远的通盘考虑，主张局部利益要服从全局利益，眼前利益要服从长远利益。他强调"全国一盘棋"的观点，要从国民经济发展的全局出发来考虑问题，"每个单位必须有整体观念，要在总的财经计划中找到自己的位置，认识自己的方向，有重点有计划地恢复生产和发展生产。这样才能不犯本位主义，不单纯依赖国家，并在各自的范围内做出最大的成绩。"[1]其次是统筹兼顾，综合平衡。周恩来主张国民经济要有计划、按比例地发展。1952年他就提出："要使各个方面都能全面地有配合地向前发展，才能保证我们计划建设的胜利。"[2]最后是稳步发展，反对冒进。他力主要扎扎实实地稳步推进国民经济发展，反对不顾国情的急躁冒进。他曾谆谆告诫一些干部要保持冷静，不要头脑发热，不能操之过急。"对群众的积极性不能泼冷水，但领导者的头脑发热了的，用冷水洗洗，可能会清醒些"。[3]

二、牢记宗旨、勤政为民思想所体现的优秀工作作风

周恩来在长达26年的总理生涯中，心中装着人民，不负人民重托，牢记党的宗旨，勤勤恳恳、兢兢业业地为人民服务，形成了密切联系群众、勤政为民、廉洁奉公的杰出思想。在这一思想指导下体现出许多优秀的工作作风，非常值得我们在新时代继续学习和大力弘扬。

（一）密切联系群众的作风

密切联系群众的作风是周恩来十分鲜明的优秀工作作风。他有着以民为本的公仆意识，时刻心系百姓，心里总牵挂着亿万民众，他始终坚守的宗旨就是：

---

① 《周恩来选集》下卷，人民出版社1984年版，第7页。
② 《周恩来选集》下卷，人民出版社1984年版，第111页。
③ 《周恩来选集》下卷，人民出版社1984年版，第191页。

全心全意为人民服务，做人民的勤务员。他时刻心系百姓，终生"以人民的疾苦为忧，以世界的前途为念"①。他明确提出，"对人民，我们要如对孺子一样地为他们做牛的。要诚诚恳恳、老老实实为人民服务"，"应该象条牛一样努力奋斗，团结一致，为人民服务而死"。②

在实际工作中，他始终发扬党的群众路线，坚持深入基层，依靠群众，虚心向群众学习，一心为百姓办实事。他多次下基层，访贫问苦，深入了解群众的意愿，解决群众实际困难。1963 年周恩来在中共中央和国务院直属机关负责干部会议上专门做了《反对官僚主义》的报告，详细分析和批评了官僚主义的20 种表现，他谆谆告诫大家："我们国家的干部是人民的公仆，应该和群众同甘苦，共命运。"③周恩来曾语重心长地告诫干部："你要了解真实情况，就要与老百姓平等相待。在战争年代，我们与老百姓住在一起，天天见面，不分彼此，和群众的关系很密切。……现在造成的这种形势，一定要改变，下决心改变。要搞好调查研究，就要真正联系群众。"④

周恩来始终坚持密切联系群众的优秀工作作风，他认为作为一个领导者的最高境界，就是要在领导方式和态度上使群众"不感觉我们是在领导"⑤。领导群众的基本方法是说服，绝不是命令。周恩来多次教育各级领导干部要面向基层，面向群众，不仅要教育群众，还要向群众学习。因为领导者本身知识还不完全，经验还不够，领导地位并不能使你得到知识和经验，所以面向群众，汲取群众经验，十分必要。周恩来要求领导干部要与群众打成一片，要认真倾听群众意见，虚心向群众学习。

（二）坚持实事求是的作风

实事求是的作风是周恩来一个最基本的工作作风。他认为实事求是既是作风问题，也是思想方法问题。他提倡求真务实，反对空头政治，早在 20 世纪50 年代就提出政治挂帅要挂到业务上去。在领导我国各项建设事业中，他提出了"说真话，鼓真劲，做实事，收实效"⑥的 12 字箴言。这是他一生勤政为民的切身体验和真实写照，是对实事求是作风的创造性应用和理论总结。他在领导政府工作中一贯强调一切从国情出发，建设规模与国力相适应，抵制经济建设中的冒进倾向。1956 年周恩来根据我国基本国情明确指出："绝不要提出提

① 《周恩来选集》下卷，人民出版社 1984 年版，第 427 页。
② 《周恩来选集》上卷，人民出版社 1980 年版，第 241 页。
③ 《周恩来选集》下卷，人民出版社 1984 年版，第 418-422 页。
④ 《周恩来选集》下卷，人民出版社 1984 年版，第 350-351 页。
⑤ 《周恩来选集》上卷，人民出版社 1980 年版，第 131 页。
⑥ 《周恩来选集》下卷，人民出版社 1984 年版，第 349 页。

早完成工业化的口号。冷静地算一算，确实不能提。工业建设可以加快，但不能说工业化提早完成。""各部门订计划，不管是十二年远景计划，还是今明两年的年度计划，都要实事求是。"①

周恩来坚持在做出任何关系国计民生的重大决策时都要从国情出发，实事求是，要深入调查研究，反复论证，不能违背客观规律，急于求成。如20世纪50年代长江频繁发大水，是否上马三峡工程成为当时争论的热点之一，许多人都希望三峡工程能迅速上马。1958年周恩来具体领导了这项工程，他带领一批科学家和国家计划委员会、水利部，以及湖北、武汉负责人进行了实地调查，他综合考虑各方面的意见后认为"理想总是要实现的，但是要经过一个历史时期，不能急，不能随便搞"②。周恩来强调理想不能代替现实。三峡工程是关系到中华民族前途的大事，要以如临深渊、如履薄冰、戒慎恐惧的态度对待三峡问题。周恩来在条件不充分、情况没摸透、各种意见尚难统一的情况下，做出三峡工程暂缓上马的决策。历史证明周恩来本着实事求是精神做出的决策是很英明的，在当时"大跃进"年代尤显可贵。

（三）发扬民主和谦虚谨慎的作风

在勤政为民中，周恩来身上体现出很强的民主作风，是中共党内坚持民主作风的典范。在领导各项工作中，周恩来总是坚持集思广益，民主协商，调动一切积极因素。他特别欣赏"协商"这两个字，他认为协商是贯彻民主集中制的有效方法，既充分发扬民主，又避免了只强调少数服从多数可能发生的简单化、形式主义倾向。因此，"我们要吸收不同意见的人在一起，要善于和这些人一起协商，团结他们"③。周恩来一贯平易近人，总是在认真听取各方面意见，经过缜密思考后再做决策。如当年治理淮河过程中，河南、安徽、江苏各省从本省利益出发提出不同的意见，周恩来多次邀集各地负责人开会，听取他们的不同意见，最后做出打破省界，上中下游的利益兼顾，蓄泄并重，三省有福同享、有难同当，标本兼施的治理方案，合理解决了各方矛盾，使淮河治理工程进展顺利。

谦虚谨慎是周恩来的另一个优秀作风。他牢记毛泽东在党的七届二中全会上提出的两个"务必"，一贯低调做人，埋头苦干，对同志和蔼可亲，与人为善。他反对宣传和突出个人，从不争权夺利。新中国成立后，一些地方在第一代领导人生活或革命过的地方创办了纪念馆。有人提议在周恩来的出生地江苏淮安

---

① 《周恩来选集》下卷，人民出版社1984年版，第190-191页。

② 曹应旺：《周恩来的智慧》，中共中央党校出版社1994年版，第120-121页。

③ 中共中央文献研究室编《周恩来年谱（1949—1976）》上卷，中央文献出版社1997年版，第429页。

重新修缮他老家的房子供人参观，周恩来严厉地批评和制止了这一行为。周恩来在延安工作时住过的窑洞，就在毛主席窑洞的旁边，本来在地方政府的安排下已经开放展出，但他知道后立即要求停止开放。

周恩来始终把个人融入集体之中。他认为党是一个集体，是有组织的。党的领导是组织领导，不是个人领导。他非常善于在领导集体中找到自己的恰当位置，完成好组织安排的工作。1958 年秋周恩来到岗南水库工地视察，在了解到修筑水库可能会影响西柏坡时，他特意嘱咐旁边的工作人员，一定要把毛主席住过的地方迁徙好。而对于他自己在西柏坡的居住地，他却对省委负责人提出不要保留。1964 年周恩来在指导大型音乐舞蹈史诗《东方红》的创作和排练中，强调要突出毛泽东的领导作用，不同意把他的名字放到作品中。

（四）艰苦朴素和廉洁从政的作风

周恩来一生始终坚持着勤俭节约和艰苦朴素的作风，他是党内严格自律、廉洁奉公的楷模，对自己、对亲属、对部下要求都很严格，坚决反对任何贪污腐化行为。20 世纪 50 年代家乡干部来京带来的土产品，周恩来坚决不收，一律要求退回去。新中国成立初期，一些故乡的亲友企图借他的名义谋取私利，周恩来坚决反对，曾专门定下了"十条家规"。20 世纪 70 年代初的一个晚上，周恩来在杭州结束了当天的外事工作后，自费请身边工作人员在"楼外楼"吃饭。饭后 3 次让身边工作人员补齐了饭费，成为其廉洁自律的一段佳话。[①]

周恩来在任总理期间，考虑到国家财政经济困难一直不同意兴建新的办公楼，也不许大规模修缮旧的办公室和会议室。1956 年底，趁他和邓颖超出差外地较长时间，工作人员对西花厅进行了保护性维修，他回京一进门就要求撤掉了新添置的地毯、沙发、窗帘、吊灯等陈设。事后，他对这次"修房风波"，还在国务院会议上做了 3 次检讨，告诫副总理和部长们千万不要重复自己的错误。[②]他严肃地说："只要我当总理，你们就要把大兴土木的念头取消，国务院不能带这个头!"此后他又经常在国务院的会议上告诫大家要经常警惕和反对"贪大""铺张"，讲求"排场"的思想作风。[③]并于 1964 年 7 月 24 日发布了《关于严格禁止楼馆堂所建设的补充规定》，指出原有的党政机关、部队、团体一律禁止新建办公楼，严格禁止借口维修、翻修扩大现有楼馆堂所的建筑面积，或提高现有建筑的标准。[④]他经常谆谆告诫党的干部对物质生活的要求应该知足

① 高振普：《周恩来卫士回忆录》，上海人民出版社 2008 年版，第 76-78 页。
② 高振普：《周恩来卫士回忆录》，上海人民出版社 2008 年版，第 210 页。
③ 马永顺、毛国强：《人民公仆周恩来》，解放军出版社 1998 年版，第 153-154 页。
④ 《周恩来年谱（1949—1976）》中卷，中央文献出版社 1997 年版，第 658 页。

常乐，应该把整个身心放在共产主义事业上。"这样，我们的政治责任感就会加强，精神境界就会高尚。"周恩来自己就是这种追求艰苦朴素的生活与崇高精神完美结合的典范。

三、周恩来牢记党的宗旨、勤政为民思想的现实意义

全心全意为人民服务是中国共产党的根本宗旨，周恩来一生不忘初心，牢记宗旨，其热爱人民、勤政为民的思想与实践，对当今我们狠抓全面从严治党、加强干部队伍管理、建设服务型政府仍有重要的现实意义，对我们在新形势下提高治理能力现代化有深刻的启迪。

（一）永远坚持全心全意为人民服务的根本宗旨

全心全意为人民服务是中国共产党和人民政府的根本宗旨，也是我们一切工作的出发点和落脚点。周恩来多次明确提出：我们的国家是人民的国家，政府是人民的政府，"我们的一切工作都是为了人民的"。[①]每一个从政者不论职务高低，资历长短，都是人民的勤务员。他曾在关于昆曲《十五贯》的讲话中语重心长地说："《十五贯》教育我们做'官'的人，让我们想一想，是不是真正在为人民服务。"[②]

周恩来将人民是否满意作为政府一切行政活动的最终评价标准，他要求领导干部提高自身素质和专业水平，做一名合格的服务者。他认为确立和坚守为人民服务的宗旨，不是空洞的、抽象的原则，而是要脚踏实地为人民做好事、做实事，真心实意地为广大人民群众谋取利益。他始终是将广大的人民群众的利益放在第一位，将其一生献给了祖国和人民。他坚决反对那种脱离群众、高高在上、对群众漠不关心的官僚主义。他敏锐地意识到，官僚主义的存在和蔓延破坏了党同人民群众的密切联系，使国家干部腐化变质，由人民公仆变为社会蛀虫，群众也会失去对国家干部的信任。[③]

今天学习周恩来的勤政为民的思想，就要永远坚持共产党全心全意为人民服务的根本宗旨。党的十八大后针对领导干部出台的《十八届中央政治局关于改进工作作风、密切联系群众的八项规定》，使周恩来勤政为民思想的精髓在新的时代得到了新的发展，赋予了新的内涵，也为我们建设好人民满意的服务型政府打下思想基础。

---

① 《周恩来选集》下卷，人民出版社1984年版，第142页。
② 《周恩来选集》下卷，人民出版社1984年版，第199页。
③ 《周恩来选集》下卷，人民出版社1984年版，第422页。

（二）坚持权为民所用，充分发挥政府职能，提高治理水平

现代政府的基本职能包括政治职能、经济职能、文化职能以及社会职能等，充分正确行使政府职能，同时对不同的政府职能在不同时期有不同侧重，协调好各项职能的关系是对现代政府的基本要求。周恩来担任总理时期，始终坚持权为民所用的原则，将政府的各项职能合理地协调和充分地发挥出来，勤政爱民，为新中国的各项事业的发展奠定了基础。最能体现权为民所用的是政府经济职能的发挥，组织领导好国民经济建设，实现国家的富强和人民生活水平的提高是政府最基本的职能，也是勤政为民最主要的内容。周恩来始终把满足人民的物质文化需求、搞好国民经济建设作为政府工作的中心任务。自 20 世纪 50 年代起，周恩来先后多次提出实现四个现代化的目标。为了实现这个宏伟目标，他呕心沥血，夜以继日地努力工作，真正做到了鞠躬尽瘁、死而后已。

周恩来勤政为民、权为民所用的正确思想很值得我们在新时代继承和弘扬，虽然当代中国社会经过 40 多年改革开放已发生了很大变化，但是周恩来当年对政府的职能定位和职能发挥至今仍是当代政府职能行使的基础和准则，对今日正确发挥政府经济职能仍有重要的指导作用，特别是对我们完善中国特色社会主义制度，推进国家治理体系和治理能力现代化有启示意义。新时代随着市场经济体制的完善，政府行使经济职能的方式和手段发生了变化，我们党更加重视权为民所用的问题，通过宏观经济调控和维护市场秩序等手段，加快经济发展，提高综合国力和人民生活水平，带领全国人民为实现"两个一百年"的目标努力奋斗。

（三）坚持心为民所系，深入基层，为群众排忧解难

要学习周恩来热爱人民、勤政为民的思想，就要坚持心为民所系，经常深入基层访贫问苦，及时为老百姓排忧解难。新中国成立后，周恩来一再说"我们的胜利都是在人民的支援下取得的，决不能忘本"。"没有千千万万人民的决死支持，绝对不可能设想这样巨大这样迅速这样彻底的胜利。"[1]他十分清楚："人民群众最了解具体情况，因此要充分发挥人民群众的积极性和创造性，在过去几年的伟大实践中，广大干部和人民群众所取得的丰富的经验，包括许多正面的经验和一些反面的经验，使我们有可能进一步地认识和掌握社会主义建设的客观规律，把工作做得更好"。[2]

周恩来希望各级干部急人民之所急，想人民之所想，要常深入基层，体察

---

[1]《周恩来选集》下卷，人民出版社 1984 年版，第 32 页。
[2]《周恩来选集》下卷，人民出版社 1984 年版，第 58 页。

民情，关心民众的疾苦，尽力解决群众的实际困难。周恩来在这方面做出了表率，如当他听说北京市公交车在早晚上下班时段特别拥挤，已经影响到了人民群众的日常生活。为掌握准确情况，他带着两名警卫员挤上公交车调查。在调查和听取了群众的意见之后，召开了专门会议，讨论解决了公共汽车拥挤问题。为了了解基层情况，周恩来到大庆油田视察过 3 次，同石油工人亲切握手和交谈，鼓励他为新中国石油工业的发展贡献自己的力量。在梅家坞调查期间他不仅亲切询问村民的生活情况，还考察了村民们的生产情况。他对村民们说"中央有个决定，每位领导要联系一两个合作社，搞调查研究。我联系两个点，一个是上海郊区的棉花生产合作社，一个是你们这个茶叶生产合作社。今后，我还要来这里住几天。"① 为了建立群众与政府之间信息沟通的渠道，周恩来还指示设立了人民来访接待室，并亲自处理了一批人民来信，而且指示信访部门将群众来信中所反映的问题汇总编成简报，供各级有关部门及时了解情况，努力改进工作。1966 年的一天，他亲自处理了来自内蒙古的一件上访事情，还指示组成一个调查小组，深入上访者所在地进行调查研究，并写出调查材料，以提供政策依据，为最终处理参考。②

周恩来一直将人民群众最关心的问题作为政府最重要的问题来抓，时刻关心群众疾苦，多次深入基层体察民情，解决群众实际问题，为我们做出了表率。他的崇高思想品格是值得我们在新的时期大力弘扬的。我们今日的各级领导干部，皆应以周恩来为榜样，始终保持与人民群众的密切联系，时刻关心民众的疾苦，努力解决和满足人民的需求。要把党和人民交付的工作干好，就要相信群众，依靠群众，走群众路线；就要善于群策群力，以群众的智慧作为决策的依据和基础。这是勤政为民，取得工作成效的关键。

（四）坚持严格管理和监督，建立科学的监督体系

周恩来一贯强调依法治国，严格管理，他领导制定了各项规章制度，使国家公务人员办事有章可循，有法可依。政务院成立后，周恩来根据政务院第一次会议的精神，他首先抓了《政务院所属各机关组织通则》等条例的制定，使新政府各部门的工作迅速走上了正轨。在大是大非面前，周恩来始终立场坚定，观点明确，坚持原则，他要求各级干部严格遵守党纪国法，并带头严于律己，以身作则。新中国诞生之日起，他就在政府中成立了专门的监督机构，监察和教育各级干部奉公守法，廉洁从政。对于违纪违法者、失职者、给人民的利益

---

① 陈扬勇：《走出西花厅——周恩来视察全国纪实》，中央文献出版社 2009 年版，第 107 页。

② 曹应旺：《周恩来的智慧》，中共中央党校出版社 1994 年版，第 11—12 页。

和政府决策的执行造成严重损害者，他主张进行严肃处理，决不姑息。特别是对党的干部、"对共产党员就应该要求严些。党外的同志们也应该责备我们严一点。"[①]周恩来在长期领导政府工作中，对机关领导干部最容易染上的官僚主义作风有深刻的感受，他认为"官僚主义是领导机关最容易犯的一种政治病"，"官僚主义在我们执政的党内，在我们的国家机关内，的确是十分有害的、非常危险的。"[②]他要求各级领导干部坚决反对官僚主义作风，要过好思想关、政治关、社会关、亲属关和生活关。

　　周恩来杰出的思想和成功的实践对今日我们狠抓全面从严治党有重要的启发和指导意义。党的十八大以来，以习近平同志为核心的党中央高度重视干部队伍的严格管理和党风廉政建设问题，提出要建立健全制约和监督权力的科学体系，让人民监督权力，让权力在阳光下运行。周恩来勤政为民思想和反对官僚主义的正确主张，启发我们在新时代思考和设计一套杜绝官僚主义作风、遏制腐败的更具威慑力的科学的监督体系，构建一套使所有公务人员不敢腐、不能腐、不想腐的长效机制。我们党正在探索新形势下坚持严格管理，加强权力监督的新路径，努力将执政党和政府的自我监督与法律监督、民主监督、人大政协监督、人民群众监督、舆论监督等各系统的监督有效协调起来，从而实现各监督主体的良性互动以及整体功能的充分发挥。今后我们要加强干部的思想教育和培训，促使每一个干部都像周恩来那样牢记宗旨，勤政为民，廉洁自律。

　　周恩来一生牢记党的宗旨，勤勤恳恳，兢兢业业，全心全意地为人民服务，其身上展现出来热爱人民、勤政为民的杰出思想和高尚品德具有重要的现实意义，他的崇高思想和优秀工作作风，感召和哺育着一代又一代中国共产党人，激励着我们在新时代坚持和发展中国特色社会主义的征程上奋勇前进。在新的时代背景下，我们要继续学习、继承和弘扬周恩来勤政为民的杰出思想和优秀的工作作风，始终牢记和努力践行党的宗旨，继续努力奋斗，不断砥砺前行，以昂扬姿态奋力实现全面建设现代化的第二个百年奋斗目标。

（本文原为复旦大学"学史崇德"系列讲座之一）

---

① 《周恩来选集》下卷，人民出版社 1984 年版，第 394 页。
② 《周恩来选集》下卷，人民出版社 1984 年版，第 418—422 页。

周恩来的从严治党思想及重要现实意义

周恩来一生对中国共产党的创建发展和党的各项建设事业做出了重大贡献。他在从严治党方面提出了许多真知灼见，并且以身作则，严格自律，成为全党学习的光辉榜样。他在实践中形成的一套严格管理、严守纪律、保持党的干部清正廉洁的正确思想主张，对我们今天狠抓全面从严治党仍有重要的现实指导意义。

一、民主革命时期周恩来就强调严守纪律、严格管理

周恩来是中国共产党最早的创建者和领导人之一。他在 1921 年春就加入了旅欧共产主义小组，旅欧时期就担任中共党团组织的负责人。1927 年中共五大后周恩来进入了中央领导核心，兢兢业业地为党和人民的事业工作了半个多世纪之久。民主革命时期他担任过中央政治局常委、中央军委书记、红军总政委、中央组织部部长、中央白区工作委员会书记、中共驻国统区总代表、南方局书记等要职。在艰苦的革命斗争岁月，他始终坚持从严治党的原则，一方面以身作则，勤勤恳恳为党工作，严守党的纪律，保守党的秘密；一方面严格管理、严格要求党员干部，明确制定和认真执行党的纪律，努力提高党员思想觉悟，努力保持党的队伍的纯洁性。

1927 年下半年当周恩来进入中共中央领导核心时，正值蒋介石为首的国民党叛变革命，对共产党人进行了大肆镇压。许多党组织活动遭到严重破坏，大批共产党员被捕被杀，一些立场不坚定的人自动脱党，党自身的发展和党的事业到了危急关头。作为中共中央政治局常委、中央军委书记，周恩来不但在领导南昌起义、组建党领导的革命武装等方面做出了重要贡献，而且在白色恐怖的形势下开始秘密建立党在白区的组织，制定了严格的党的地下工作规则和纪律。在领导党的对敌斗争中，周恩来认真思考了第一次国共合作和国民革命失败的原因和教训，针对当时共产党组织恢复重建问题写了《坚决肃清党内一切非无产阶级的意识》《在白色恐怖下如何健全党的组织工作》等文章，写了给红

四军前委的指示信，对革命战争年代如何加强党的组织建设、思想建设，加强党员队伍的管理提出了正确主张。

土地革命战争时期，周恩来为党组织的恢复、重建和发展做了许多工作，包括领导党的革命武装的壮大和秘密战线的斗争，指导各革命根据地的开创和党在白区的组织发展，与党内各种非无产阶级思想斗争和反对党内左倾错误路线，等等。在党的组织与思想方面，周恩来认为以前在国共合作时，一些小资产阶级、小农意识，以及投机分子都混迹在革命队伍中，一旦"革命形势一经变动，许多党员动摇消极，甚至公然叛党，投降敌人，陷害同志"①。因此，确立无产阶级意识在党内的统治地位是党组织建设的首要任务。"要使党布尔什维克化，第一要加强无产阶级的基础，同时要继续改造党的组织，尤其要坚决地反对小资产阶级的意识。"②要"加紧党内的政治教育，提高党的理论水平"③。

为了加强党的阶级基础，周恩来明确认识到党组织不能脱离群众而存在，国民革命和第一次国共合作失败的原因之一就是我们的一些党组织脱离了群众。他强调加强党组织同群众的联系是党的生命的基础。只有党员深入群众，才能把党的影响扩大到群众中去，同时把群众的意见正确地反映到党里来，使党成为真正群众的党。④

抗日战争时期，周恩来在长江局和南方局工作时，对国统区党的组织建设和党的秘密工作加强了管理，对保密和纪律问题更为重视。在党员队伍管理方面他特别强调了每个党员都要争取实现"职业化"与"社会化"。党员不仅要搞好自身的业务，还要广交朋友，深入社会，承担一定社会职业，进入地方各行各业的工作之中，实现隐蔽精干的要求，防止其他反动势力的破坏。同时，周恩来还注重党员思想上的严格管理，他强调"要在思想上组织上巩固党，使西南党成为真正的彻底的地下党，成为群众的党。"⑤

为提高党员思想认识，严格党的组织管理，根据中央开展整风运动的指示，1942 年南方局成立了以周恩来为组长的高级学习组。在整风运动中，周恩来要求党员们提高党性修养和马列主义理论水平，严格检查检讨自己的错误思想和行为，如主观主义、教条主义、经验主义、宗派主义、党八股等等，积极开展批评与自我批评。这期间周恩来写了《我的修养要则》《怎样做一个好的领导者》

---

① 《周恩来选集》上卷，人民出版社 1980 年版，第 8 页。
② 《周恩来选集》上卷，人民出版社 1980 年版，第 8-9 页。
③ 《周恩来选集》上卷，人民出版社 1980 年版，第 12 页。
④ 《周恩来选集》上卷，人民出版社 1980 年版，第 13 页。
⑤ 《周恩来选集》上卷，人民出版社 1980 年版，第 111 页。

等文章。他不但对自己提出了严格的要求，同时也本着"治病救人"的目的，对南方局党的干部进行了严格的教育和审查。在周恩来领导下的南方局整风运动，改进了广大党员的思想和作风，增强了党的凝聚力与战斗力。

1949 年 3 月，在民主革命胜利前夕，中共在河北省西柏坡召开了七届二中全会，确定了迅速夺取全国胜利的各项方针。周恩来在会上强调了提高党员思想素质的重要性，他认为"一个同志一旦入党，那只是组织上入了党，思想上还不一定完全入党"①。他要求党员干部要很好地学习，开展批评与自我批评，互相帮助，做与人民群众血肉相连的信仰坚定的好党员。他还向全党提出了"学习毛泽东"的号召。他要求青年人要有毛泽东那样的不怕困苦、勇敢前进的精神，要在实际工作中敢于克服困难，"排除急躁、骄傲、气馁、灰心、丧气，学习毛泽东的学习作风和工作作风，老老实实，实事求是，脚踏实地，稳步而又勇敢地前进"。②

二、共产党执政后周恩来更加重视从严治党

中国共产党成为执政党后，所处的地位与面临的环境与从前大不相同。虽然毛泽东在七届二中全会上就提出了"两个务必"的警告，周恩来也提出了思想入党的问题，但仍有个别党员干部进城后滋长了骄傲自满、积功自傲、贪图享受等不良思想。针对这些问题，毛泽东和周恩来等第一代领导人非常重视，反复强调从严治党的必要性，并制定了一系列防范措施。周恩来在中共七届四中全会上，谆谆告诫与会者："毛泽东同志和中央政治局向全党敲起警钟，反对任何共产党员由满腔热忱地、勤勤恳恳地全心全意为人民服务的高贵品质堕落到资产阶级卑鄙的个人主义。""一切骄傲情绪、自由主义、个人主义、宗派情绪、小团体习气、分散主义、地方主义、本位主义都应受到批判。"③他强调党的统一领导和集体领导的原则必须坚持，要反对个人主义，维护中央权威，同时要发扬党内民主，使党内政治生活更加健康起来。

为了从严治党，就必须对那些犯有错误特别是严重错误的党员干部进行组织处理和思想帮助。周恩来提出通过四条途径去挽救那些犯错误的同志。首先，应该依靠党，相信党的力量，采取"惩前毖后，治病救人"的方针；其次，应该加强马克思主义理论学习，提高党员的党性修养；第三，犯错误的同志应努力反省，正视自己的错误，向党汇报思想；第四，应该靠同志们的帮助。犯错

---

① 《周恩来选集》上卷，人民出版社 1980 年版，第 327 页。
② 《周恩来选集》上卷，人民出版社 1980 年版，第 343 页。
③ 《周恩来选集》上卷，人民出版社 1980 年版，第 119 页。

误的人要接受别人的批评和意见，党内所有同志也要帮助犯严重错误的人去改正错误。

新中国成立 10 余年后，社会主义建设取得了不少成就，一些党员干部的官僚主义作风也增加了。周恩来在领导党和政府的工作中很快发现了这一问题，1963 年 5 月他在中共中央和国务院直属机关负责干部会议上，专门做了《反对官僚主义》的报告，对官僚主义的种种表现和严重危害做了详细的分析和评判。他归纳了官僚主义的 20 种表现，即脱离领导、脱离群众的官僚主义；强迫命令式的官僚主义；无头脑、迷失方向的、事务主义的官僚主义；老爷式的官僚主义；不老实的官僚主义；不负责任的官僚主义；做官混饭吃的官僚主义；颟顸无能的官僚主义；糊涂无用的官僚主义；懒汉式的官僚主义；机关式的官僚主义；文牍主义和形式主义的官僚主义；特殊化的官僚主义；摆官架子的官僚主义；自私自利的官僚主义；争名夺利的官僚主义；闹不团结的官僚主义；宗派性的官僚主义；蜕化变质的官僚主义；走上非常道路的官僚主义。①这是迄今为止，共产党的高级领导干部对官僚主义做的最系统、最全面的分析。周恩来不但列举了官僚主义的种种迹象，还深刻分析了官僚主义的社会根源。

中国共产党成为执政党后，周恩来始终把反对官僚主义作为从严治党的一项重要内容。他认为新中国刚刚成立，面临着一系列的问题，"在我们这样一个地区广阔、情况复杂并且经济上正在剧烈变革的国家里，任何疏忽大意，都可能发生重大的错误，造成重大的损失。因此，克服主观主义和官僚主义，对我们有着特殊重要的意义。"②周恩来在领导党和政府工作中深深感到，"官僚主义在我们执政的党内，在我们的国家机关内，的确是十分有害、非常危险的。""官僚主义的态度和作风已经给我们的工作造成许多损失，如果听其发展，不坚决加以克服，必将造成更大的危害。我们绝不能容许官僚主义再继续发展下去。"③

周恩来严厉批评了某些干部官僚主义严重，给他们敲响了警钟："共产党领导的正确，人民才拥护"，否则"那就有可能被人民推翻"。④他充分认识到反对官僚主义的长期性和复杂性。由于复杂的原因，"官僚主义不是能够一下子就

---

① 《周恩来选集》下卷，人民出版社 1984 年版，第 418—422 页。

② 《周恩来选集》下卷，人民出版社 1984 年版，第 224 页。

③ 《周恩来选集》下卷，人民出版社 1984 年版，第 422 页。

④ 《党的文献》，1993 年第 4 期，第 75 页。

彻底反掉的，今天反掉了，明天它又来了"①。所以周恩来提出反对官僚主义是一个持久战，我们要坚持不懈地与官僚主义做斗争，这"不仅要提醒我们，也要提醒以后的子子孙孙"②。

为了严格要求党员领导干部保持清正廉洁，克己奉公，周恩来在坚决反对官僚主义的同时，还专门阐述了领导干部一定要过好"五关"的问题。他提出的领导干部一定要过的五道关就是：思想关、政治关、社会关、亲属关、生活关。他认为这是每一个领导干部必须具备的思想素质和道德标准。所谓过思想关，就是要求领导干部一定搞好思想改造，树立辩证唯物主义和历史唯物主义的世界观。所谓过政治关，就是解决领导干部的政治立场问题。周恩来指出："立场是抽象的，要在具体斗争中才能看出你的立场站得稳不稳"，"立场究竟稳不稳，一定要在长期斗争中才能考验出来"，立场问题还表现在"工作态度、政策水平、群众关系"上，是否有"批评和自我批评精神，是不是知过能改"。③所谓过社会关，就是要领导干部自觉抵制腐朽思想和旧的习惯势力的侵蚀，不要让社会上的消极因素影响自己。这"是个长期的反复的斗争"④，不可能一次就成功，必须时时保持高度的警惕。所谓过亲属关，就是要求领导干部一定要教育好自己的亲属。周恩来要求领导干部首先应解决好自己和亲属谁影响谁的问题，一个领导干部不应因亲属的关系而影响工作。所谓过生活关，周恩来认为生活关分为两种，物质生活和精神生活。领导干部对物质生活的要求应该知足常乐，精神生活"应该把整个身心放在共产主义事业上，以人民的疾苦为忧，以世界的前途为念，这样，我们的政治责任感就会加强，精神境界就会高尚"⑤。

周恩来提出的领导干部过好"五关"实际上是一个整体，其核心是要求共产党员讲个人修养、讲党性锻炼，勤政爱民，奉公守法，树立全心全意为人民服务的宗旨。周恩来提出的过"五关"思想，应该成为我们党进行廉政建设的指导思想。如果每一位党员干部和国家公职人员都能够以周恩来为榜样，认真遵守党纪国法，在思想、政治、社会、亲属、生活五方面严格自律，全心全意为人民谋利益，我们党就能够有效地防止内部腐败现象的产生，保持清正廉洁的光辉形象。

①《周恩来选集》下卷，人民出版社 1984 年版，第 209 页。
②《党的文献》，1993 年第 4 期，第 75 页。
③《周恩来选集》下卷，人民出版社 1984 年版，第 425 页。
④《周恩来选集》下卷，人民出版社 1984 年版，第 426 页。
⑤《周恩来选集》下卷，人民出版社 1984 年版，第 427 页。

三、周恩来从严治党思想的特色与重要现实意义

周恩来的从严治党思想和身体力行的实践，有两个突出特色。

一是周恩来在贯彻党风党纪和清正廉洁方面一贯严于律己，以身作则，堪称共产党人的表率。石仲泉认为："讲党性修养，毛泽东有'老三篇'作代表；刘少奇有《论共产党员的修养》。周恩来呢？就是他本身。"① 在党性修养和共产党员形象方面，周恩来廉洁自律、严守党纪的高尚风范，一心为公、鞠躬尽瘁、死而后已的精神，清正廉洁、艰苦朴素的作风，是全体共产党员的杰出榜样，也是我们中华民族的人格典范。正如习近平总书记所指出的："周恩来同志是严于律己、清正廉洁的杰出楷模。"②

二是严格管理，严格要求，严明纪律，工作认真，勇于进行批评和自我批评。周恩来一贯对党的干部和党的工作认真负责，严守规章制度，工作一丝不苟。对一些党员干部不负责任和工作作风懈怠的现象该批评的就严厉批评，绝不讲情面；对任何人工作上的失误，从来不纵容，一定要求其限期改正，从不拖泥带水。同时，他对自己负责的工作中的失误也勇于承认错误，承担责任。他一贯主张依法治国，他所主持制定的各项规章制度，自己带头严格遵守，对于违纪违法者、失职者决不姑息。他要求党的领导干部要管好自己和身边的工作人员，对国家机关中某些违法乱纪、贪污腐化、营私舞弊、侵害国家和人民利益者，必须依照党规国法严肃处理。

从严治党是保持中国共产党先进性与纯洁性的基本要求和重要原则，它包括严密组织、严明纪律、严格管理、严肃监督四个相互关联的方面，是针对党在思想、组织、作风等方面存在的问题的一种认真严肃的治理。在中国共产党90 多年的发展历程中，共产党能带领着中国人民夺取民主革命的胜利，开创社会主义建设的新局面，皆源自我们党有正确的理论、严密的组织、严格的管理、过硬的思想作风。因此，认真学习周恩来等老一辈革命家从严治党的思想，结合当前我国"四个全面"战略布局，继续把党的思想建设、组织建设、作风建设搞好是十分必要的。

周恩来在长期的革命生涯中，为党和国家的事业做出了不可磨灭的贡献，他在严于律己、严格管理党的干部中提出的一系列正确主张，给我们留下了宝贵的思想遗产，对我们今天继续搞好党的建设仍有重要现实指导意义。

---

① 石仲泉：《周恩来：一部党性修养的大书》，《毛泽东思想研究》2010 年第 4 期。
② 习近平：《在纪念周恩来同志诞辰 120 周年座谈会上的讲话》，《人民日报》2018 年 3 月 2 日。

周恩来一贯重视党的性质及党与工农群众的联系，他要求党员干部不脱离群众，不脱离实际，始终与广大人民群众在一起。他提出"一个干部、一个共产党员的最基本的要求，就是要有革命的热情，要有朝气、有干劲"①。这些思想观点，对我们今天反对官僚主义作风，树立心系民众的意识，坚持以为人民服务为党的根本宗旨有直接的指导意义；对治理和克服部分党员干部中思想懈怠、工作散漫、"当官不为"等不良作风亦有重要启示作用。

周恩来是我们党内严守纪律的模范，也是廉洁自律的光辉典范。他提出的党员领导干部务必过好"五关"的思想，对今日我们要求全体党员"两讲一做"，皆有现实性启示意义。近年来党内外出现了拜金主义，以权谋私、贪图享受、行贿受贿等腐败现象，令人民群众深恶痛绝，反腐倡廉已关系到党和国家的生死存亡。重温周恩来从严治党和廉政建设的正确主张，更觉其见解精辟，含义深刻，其中许多科学论断和正确举措可继续指导当前的党风廉政建设和反腐败斗争。"我们要向周恩来同志学习，牢记手中的权力是党和人民赋予的，是用来为人民服务的，一身正气，两袖清风，自觉接受监督，敬畏人民、敬畏组织、敬畏法纪，拒腐蚀、永不沾，决不搞特权，决不以权谋私，做一个堂堂正正的共产党人。"②

改革开放 30 多年来，我国的社会主义现代化事业取得了巨大成就，但党内的腐败现象仍没有得到根除，而且新的问题正逐渐增多。构建反腐倡廉的长效机制，坚持党的干部情为民所系，心为民所谋，坚持党的群众路线，树立全体党员的服务意识、民主意识、法治观念，已成为当前我们党一项紧迫的任务。面对新形势下出现的新问题，"勇于自我革命，从严管党治党，是我们党最鲜明的品格。我们党要始终成为马克思主义执政党，自身必须始终过硬。我们要向周恩来同志学习，更加自觉地坚定党性原则，发扬彻底的自我革命精神，不断增强党自我净化、自我完善、自我革新、自我提高的能力，不断增强学习本领、政治领导本领、改革创新本领、科学发展本领、依法执政本领、群众工作本领、狠抓落实本领、驾驭风险本领，不断增强党的政治领导力、思想引领力、群众组织力、社会号召力，确保我们党永葆旺盛生命力和强大战斗力。"③新时代学习和传承周恩来的从严治党思想，就要求全体党员在今天的新形势下以周恩来

---

① 《周恩来选集》下卷，人民出版社 1984 年版，第 421-422 页.

② 习近平：《在纪念周恩来同志诞辰 120 周年座谈会上的讲话》，《人民日报》2018 年 3 月 2 日。

③ 习近平：《在纪念周恩来同志诞辰 120 周年座谈会上的讲话》，《人民日报》2018 年 3 月 2 日。

为榜样，勤勤恳恳、任劳任怨地为党工作，克己奉公，勇于担当，全心全意为人民服务，坚持批评与自我批评的传统作风。如果我们的党员干部都能像周恩来那样清正廉洁，勤勉敬业，鞠躬尽瘁，死而后已，我们的党风建设肯定会大有进展，整个社会风气也会随之有大的好转。

（本文原载于《丰碑》2016 年第 1 期）

周恩来与政治制度

周恩来与《中国人民政治协商会议共同纲领》的制定

《中国人民政治协商会议共同纲领》（以下简称《共同纲领》）在新中国初创时期起到了临时宪法的重要作用。这个纲领是周恩来领导设计、亲自起草，并与各方多次商讨、多次修改形成的。这个纲领使中国共产党与各民主党派间的合作关系以法律制度的形式正式确定下来，在它的起草、制定和实施过程中周恩来发挥了极重要的作用。

一、《共同纲领》的最早酝酿与周恩来同各方的协商

在中国新型政党制度和新的国家政权筹建过程中，周恩来领导制定了许多重要的历史文献，其中最重要的是《共同纲领》。"这是总结了中国人民在近一百多年来特别是最近二十多年来反对帝国主义、封建主义和官僚资本主义的革命斗争的经验，而制订出来的一部人民革命建国纲领。"①中国共产党领导的多党合作和政治协商制度是有着坚固的政治基础的，这个基础就是周恩来亲自起草，经过各民主党派反复协商，最后全国政协会议上一致通过的《共同纲领》。这个重要的历史文献规定了即将建立的新中国的国体、政体，确立了新中国基本的政治制度与法律体系以及外交、国防、民族、经济、文化等各方面的政策，具有临时宪法的性质，为我们新中国的成立和中国新型政党制度的建立奠定了共同的政治基础。

周恩来在人民政协的筹备过程中，不仅在筹备政协的组织架构、领导人选、会议议程等方面做了大量工作，而且最早设计和主持了《共同纲领》的起草工作，并在起草和拟定《共同纲领》过程中，积极与各民主党派间进行协商。从1948年10月起，周恩来已同一些民主党派代表商讨筹建新的政治协商性组织，

---

① 《刘少奇选集》上卷，人民出版社1981年版，第434页。

开始思考起草该组织的"共同纲领"问题。他在向民主人士征求意见时就说明，"中共中央已在准备一个草案"。该草案可视为《共同纲领》的最原始初稿，最初命名为《中国人民民主革命纲领（草案）》。1948 年 11 月间，这个纲领草案又形成了第二稿。

作为中国共产党内负责统一战线工作的主要领导人，周恩来与各民主党派成员有广泛接触，建立了友好的合作关系。1948 年中共中央发出"五一口号"后，周恩来安排了大批民主党派领导人秘密前往解放区，一同商讨筹建新型政党制度和新生人民政权之大计。在《共同纲领》起草和讨论阶段，他与各民主党派及无党派人士开展了多次交流和协商，认真听取他们的合理意见。按照中共中央的最初设想，成立中央人民政府的步骤是先召开新政治协商会议，讨论并实现召集人民代表大会，再由人民代表大会选举产生中央政府。在讨论过程中，民主人士章伯钧、蔡廷锴提出，新政协即等于临时人民代表会议，即可产生临时中央政府，现在对内对外均需要。中共中央赞成并接受了这一意见。同年 11 月 3 日，周恩来在为中共中央起草致高岗、李富春的电文中指出："依据目前形势的发展，临时中央人民政府有很大可能不需经全国临时人民代表会议，即径由新政协会议产生。"①

1949 年 2 月，周恩来又花费了大量心血，对《中国人民民主革命纲领（草案）》第二稿进行了文字修改，并领导制定和审阅修改了《关于新的政治协商会议诸问题的协议》《新政治协商会议筹备会组织条例（草案）》《参加新政协筹备会各单位民主人士候选人名单》《中华人民共和国政府组织大纲（草案）》等重要文件，并批示将这些文件以《新的政协会议有关文件》为名付印成册。②

为筹建一个新型政党制度——中国共产党领导的多党合作和政治协商制度，周恩来在起草新政协《共同纲领》草案时，对新政协的性质与职权如何界定、临时中央政府产生后政协会议在国家政治生活中发挥什么作用等重要问题进行了认真思考。在周恩来看来，具有临时宪法性质的《共同纲领》是新中国政治、军事、外交、经济、文化、社会等各方面的制度根基，关系到新中国的国家性质和社会性质，关系到各党派的政治发展与政治前途。因此，在《共同纲领》的拟定过程中，必须加强与各民主党派间的政治合作，广泛征求党外各界人士的意见，使之成为民主协商的产物，多党合作的结晶。当时周恩来对即将成立的新政治协商会议性质、职权及与国家政权的关系的主要思考是：第一，

---

① 中共中央文献研究室编《周恩来年谱（1898—1949）》修订本，中央文献出版社 1998 年版，第 815 页。
② 中共中央文献研究室编《周恩来传》（二），金冲及主编，中央文献出版社 1998 年版，第 944 页。

就政协的性质来说，它"是一个包含了工人阶级、农民阶级、城市小资产阶级、民族资产阶级和一切爱国民主人士的统一战线组织"①。在其初建时，由于全国人民代表大会尚未召开，由全国政协代行全国人大的职权。第二，就政协会议的组织结构来说，它不仅是一种会议，并且要设有执行机构和日常办事机构。所以政协组织法草案中规定有中国人民政协全体会议；全体会议闭幕时，设立全国委员会，全国委员会要选出常务委员会主持日常工作。第三，全国政协代行全国人大职权的范围包括：制定具有临时宪法性质的新民主主义纲领；制定中央人民政府组织法；选举中央人民政府委员会，并付之以行使国家权力的职权。第四，在全国人民代表大会产生前，由新政协产生的中央人民政府委员会为最高国家政权机关，"在普选的全国人民代表大会召开以后，政协会议还将对中央政府的工作起协商、参谋和推动的作用"②。

二、周恩来亲自起草了《共同纲领》

1949 年 6 月 15 日，新政协筹备会在中南海勤政殿举行第一次全体会议，周恩来担任临时主席，并致了开幕词。翌日晚，周恩来主持了新政协筹备会常务委员会第一次会议，会上周恩来被推选为筹备会常委会副主任，并兼任第三小组组长，负责起草《共同纲领》。③6 月 18 日，周恩来主持起草《共同纲领》小组第一次会议，研究《共同纲领》的起草问题。他提出这个《共同纲领》将"决定联合政府的产生，也是各党派各团体合作的基础"④。6 月下旬，周恩来在百忙中专门抽出一周时间亲自起草了《共同纲领》第一稿，他以毛泽东在中共七届二中全会上的报告和《论人民民主专政》一文为基本指导思想，在《共同纲领》草拟过程中，他曾数易其稿，最初标题为《中国人民民主革命纲领（草案）》，后改为《新民主主义的共同纲领》。周恩来起草的这个纲领草案初稿，除序言外，分为一般纲领和具体纲领两部分，具体纲领又分六个方面，共 45 条，周恩来将这个纲领草案送交政协筹备会全体会议讨论，其成为最后在政协会议上通过的《中国人民政治协商会议共同纲领》的基本蓝本。

周恩来在新政协筹备会第三小组成立会上对中共草拟的前两稿纲领草稿做了说明。他指出："我们小组负责起草共同纲领，任务繁重。这个共同纲领决定联合政府的产生，也是各党派各团体合作的基础。去年在哈尔滨的各党派代表

---

① 《周恩来统一战线文选》，人民出版社 1984 年版，第 136 页。
② 《周恩来统一战线文选》，人民出版社 1984 年版，第 146 页。
③ 《周恩来传》（二），中央文献出版社 1998 年版，第 946—947 页。
④ 《周恩来年谱（1898—1949）》修订本，中央文献出版社 1998 年版，第 851 页。

曾委托中共方面拟定一个草案，我们也曾两度起草。可是去年工作重心在动员一切力量参加和支援解放战争，现在重点却在建设新民主主义中国及肃清反动残余。这是长期性的工作，因此，中共方面第二次的草稿也已不适用。"①在新政协《共同纲领》初稿起草的过程中，周恩来坚持与各党派间民主协商，并注意将其合理的意见写进初稿内。"草案初稿写出后，经过七次的反复讨论和修改，计由先后到达北平的政协代表五六百人分组讨论两次，第三组本身讨论了三次，筹备会常务委员会讨论了两次，广泛地吸收了各方面的意见，然后将草案提交筹备会第二次全体会议作了基本通过"，最后提交政协全体会议讨论。②《共同纲领》经过反复讨论和修改，广泛地吸收了各方面的意见。相对于周恩来最初起草的《新民主主义的共同纲领》，最后通过的《中国人民政治协商会议共同纲领》做了不少改动。最后通过的这个《共同纲领》分为七章，总计60条。周恩来解释说原先想分成一般纲领与具体纲领两部分去写，但那样写就太长了，后来决定将一般纲领部分放到序言中，纲领中只写具体纲领。

民族问题一直是中国政治发展的主要问题之一。在《共同纲领》的草拟过程中，中国共产党与各民主党派在民族制度问题上进行了充分的讨论。毛泽东在1945年《论联合政府》中曾提出了建立联合政府，发展联邦制的设想，周恩来在起草《新民主主义的共同纲领》草案的初稿中，继续沿用了这一主张。在政协筹备会议上，各界代表对此展开了热烈讨论。中共党内负责民族工作的李维汉首先建议：在统一的国家内不宜搞联邦制，应实行单一制的民族区域自治。③各界代表经过协商后，普遍赞同在新中国推行民族区域自治制度，周恩来采纳了李维汉及各界民主人士的合理意见，并最终将这一意见写进了《共同纲领》草案的修改稿中。为使更多人了解在新中国推行民族区域自治制度的原因和政治优势，周恩来还特别在1949年9月7日向各界政协代表所做的《关于人民政协的几个问题》的报告中，对这一修改做了专门的解释。④实践证明，周恩来在领导制定《共同纲领》过程中，积极与各民主党派协商，虚心接受他们的意见，保证了新型政党制度的指导性纲领的科学性、正确性和适用性。

9月22日，《共同纲领》草案即将正式对外公布前，周恩来还曾就《共同纲领》草案的起草经过向大会的组成人员做了全面的说明，他在政协会议上做

---

① 中共中央文献研究室、中央档案馆编《建国以来周恩来文稿》第一册，中央文献出版社2008年版，第9—10页。

② 《周恩来选集》上卷，人民出版社1980年版，第368页。

③ 《新中国重大决策纪实》编写组《新中国重大决策纪实》，中国文联出版社、中共中央文献出版社1999年版，第150页。

④ 《周恩来选集》上卷，人民出版社1980年版，第366页。

了《关于〈中国人民政治协商会议共同纲领〉草案的起草经过和特点》的报告。在这次会议上，包括了《共同纲领》草案整理委员会在内的 6 个分组委员会，这 6 个分组委员会分别由出席政协的 45 个单位和特邀代表组成，包含了大量的民主党派及无党派人士。同时，为了在制度上加强与各民主党派间的民主协商，周恩来还特别为各民主党派提供了一个可供讨论的文本，并委托中共中央统战部部长李维汉具体负责。

周恩来在 9 月 22 日这天的会议上解释《共同纲领》时特意说明："行使国家政权的机关就是各级人民代表大会和各级人民政府。"他指出，共产党的目的是"建设一个独立、民主、和平、统一和富强的新中国。为着这个任务，我们团结国内各民主阶级、各民族和国外华侨，结成这样一个伟大的人民民主统一战线"。中国共产党、中国人民解放军和人民民主统一战线保证人民民主革命取得了伟大胜利。他进而阐述了共产党政权的主要制度和政策：我们的政权制度"是民主集中制的人民代表大会的制度"，我们的军队是"人民的军队"；我们的经济政策要"达到发展生产繁荣经济的目的"，"国营经济是领导的成分"；我们的文化政策是"民族的形式，科学的内容，大众的方向"；我们的外交政策为"保障本国独立、自由和领土主权的完整，拥护国际的持久和平和各国人民间的友好合作"，我们的国家要"成为各民族友爱合作的大家庭"。①

9 月 27 日，中国人民政治协商会议第一届全体会议一致通过了《中华人民共和国中央人民政府组织法》《中国人民政治协商会议组织法》，以及国都、纪年、国歌、国旗 6 项决议。9 月 29 日，中国人民政治协商会议第一届全体会议一致通过了起着临时宪法作用的《共同纲领》。10 月 1 日，中央人民政府第一次全体会议上，一致决议接受《共同纲领》为中央人民政府施政方针。这样，在周恩来领导和主持下，《共同纲领》和《中华人民共和国中央人民政府组织法》等纲领性文件的起草、修改和通过，为新中国中央政府的成立奠定了政治基础和法律性基础。

周恩来在负责起草《共同纲领》的过程中，非常重视与各民主党派和无党派爱国民主人士进行协商，认真听取他们的合理意见，其殚精竭虑的出色工作使各民主党派的政治诉求得以充分表达，所以在各党派的充分协商和共同努力下，中国共产党和各民主党派、无党派以及各爱国人民团体对中国新型政党制度建立的核心问题，对新中国诞生的一系列关键问题，以及是否应在《共同纲领》中写明社会主义目标，人民政协是否需要长期存在等重大问题上取得了共

---

① 《周恩来选集》上卷，人民出版社 1980 年版，第 366—371 页。

识，并将达成一致的意见写入《共同纲领》内，使得这一重要历史文献成为各党派团结合作的共同政治基础。

三、周恩来阐明了中国新型政党制度的核心问题

1949 年 9 月在中国人民政治协商会议第一届全体会议上，周恩来做了《人民政协共同纲领草案的特点》[①]的报告，对中国共产党即将成为执政党后的统一战线问题，对即将诞生的新型政党制度的关键性核心问题，包括新中国的政治制度、军事制度，以及新民主主义的经济、文化、民族、外交等各方面政策做了明确的阐述，构建和奠定了中国新型政党制度的共同政治基础。周恩来在《人民政协共同纲领草案的特点》这个报告中阐明了中国新型政党制度的三个核心问题。

（一）阐明统一战线的历史作用，指出人民政协是其最好的组织形式

周恩来首先回顾和阐述了统一战线在中国新民主主义革命中发挥的重要历史作用。远在第一次大革命时期，孙中山在中国共产党的提议和帮助下改组了国民党，实现了第一次国共合作，取得了北伐战争的胜利。但是，第一次国共合作的统一战线后来被蒋介石破坏了。抗日战争时期，中国共产党以民族大义为重，努力组成了抗日民族统一战线，可是国民党顽固派始终反对统一战线，在抗战时期发动 3 次反共高潮。解放战争时期，国民党发动了大规模的内战，教育了人民，广大人民群众一致拥护共产党和人民解放军。我们党坚持贯彻统一战线的方针，"号召召开新的政治协商会议，得到了全国人民及各民主党派热烈的响应"。周恩来总结说，历史发展到今天，共产党的号召已经实现了，我们的目的很明确，就是要构筑我们共同的政治基础，就是要"反对帝国主义、封建主义和官僚资本主义，建设一个独立、民主、和平、统一和富强的新中国。为着这个任务，我们团结国内各民主阶级、各民族和国外华侨，结成这样一个伟大的人民民主统一战线"。《共同纲领》不仅反映了中国共产党为之奋斗了 28 年的主张，也是各民主党派、各人民团体以及一切爱国民主人士所拥护和赞助的，是建立新型政党制度的共同政治基础。周恩来明确指出，中国人民政治协商会议，就是共产党领导的人民民主统一战线的最好的组织形式。[②]

周恩来反驳了在政协筹备会期间一些人对政协组织的两种不正确的想法："第一种以为等到人民代表大会召开之后，就再不需要人民政协这样的组织了；

---

① 《周恩来选集》上卷，人民出版社 1980 年版，第 366-371 页。
② 《周恩来选集》上卷，人民出版社 1980 年版，第 367 页。

第二种以为由于各党派这样团结一致，推动新民主主义很快地发展，党派的存在就不会很久了。"①周恩来认为中国革命的发展和建设是需要政协组织长期存在并发挥其自身的政治作用的。在全国人民代表大会召开后，人民政协将长期存在，仍要发挥政治协商、参政议政、民主监督的作用。在我们新型政党制度下，各党派将长期共存、互相监督。"人民民主统一战线内部的不同要求和矛盾，在反帝反封建残余的斗争前面，是可以而且应该得到调节的。"因为拥护新民主主义和社会主义的各阶级"在共同要求上、在主要政策上是能够求得一致的，筹备会通过的共同纲领草案就是一个最明显的证明"。②

（二）阐明新民主主义的总纲及新民主主义的政治制度和军事制度

在当时的政治形势下，考虑到参加政协的各阶级、阶层、各方面人士的政治背景和思想认识等因素，为了更好地凝聚共识，周恩来解释了在《共同纲领》的总纲中为什么没有把共产主义的前途明确规定出来的问题。他认为这个前途是肯定的、毫无疑问的，这个纲领中经济的部分已经规定了向这个目标前进，我们更需要经过实践来证明。"只有全国人民在自己的实践中认识到这是唯一的最好的前途，才会真正承认它，并愿意全心全意为它而奋斗。所以现在暂时不写出来，不是否定它，而是更加郑重地看待它。"③

周恩来还提出在《共同纲领》的总纲中，有一个定义是需要说明的，就是"人民"与"国民"是有分别的。他阐明在当时那个阶段，"人民"是指工人阶级、农民阶级、小资产阶级、民族资产阶级，以及从反动阶级觉悟过来的某些爱国民主分子。而官僚资产阶级虽不属人民范围，但仍然可以是中国的国民，他们不享受人民的权利，却需要遵守国民的义务。"这就是人民民主专政。这是对我们中华人民共和国的团结和生产有利的。"④

1949 年中国共产党建立的全国性人民政权，是一个新民主主义性质的政权。关于这个新的政治制度，周恩来在该文中做了阐释。他指出新民主主义的政治制度是民主集中制的人民代表大会制度，这一制度完全不同于西方的议会制度，但也不完全等同于苏联的政权制度。我们共产党领导建立的政治制度独具中国特色，我们是各革命阶级的联盟。他认为"我们的这个特点，就表现在中国人民政协会议的形式上"，即将建立的中华人民共和国中央人民政府"各部门和现在各地的人民代表会议以及将来的人民代表大会都将同样表现这个特

---

① 《周恩来选集》上卷，人民出版社 1980 年版，第 367 页。
② 《周恩来选集》上卷，人民出版社 1980 年版，第 368 页。
③ 《周恩来选集》上卷，人民出版社 1980 年版，第 368 页。
④ 《周恩来选集》上卷，人民出版社 1980 年版，第 369 页。

点"。从人民选举代表到召开人民代表大会，从选举人民政府到政府行使国家政权的这一整个过程，"都是行使国家政权的民主集中的过程，而行使国家政权的机关就是各级人民代表大会和各级人民政府"。[①]

关于新民主主义的军事制度，周恩来在该文中也做了简要说明。他阐明我们的军事制度不同于封建军阀，也不同于资产阶级的军事制度。按照《共同纲领》的规定，我们要用"新民主主义的军事制度来统一全国的军队，这里边包括一切从国民党反动统治方面起义过来的军队"，要帮助他们改造为人民的军队。他还指出人民解放军能取得今天的胜利和得到全国人民的拥护，绝不是偶然的。它有自己的特点，其特点是它"不仅勇敢机智善于作战，而且能正确地执行政策，并帮助人民劳动。政治工作制度是它的灵魂"。[②]

（三）阐明了即将成立的新中国的经济、文化、民族和外交等主要政策

在明确了党的统一战线方针和新民主主义的政治和军事制度后，周恩来对新民主主义的经济政策、文化政策、民族政策以及外交政策也分别做了阐述。

周恩来阐明我们在经济方面的基本精神是照顾四面八方，实行的是公私兼顾、劳资两利、城乡互助、内外交流的经济政策，目的在于发展生产、繁荣经济。他强调新民主主义5种经济成分中，国营经济是领导的成分。要"使全社会都能各得其所，以收分工合作之效，这是一个艰巨而必须实现的任务。"在筹备政协会议期间，关于经济内容的讨论最多，周恩来把各方面的意见和建议吸纳在《共同纲领》的草案里。他认为当时我国经济建设是百端待举，但须有缓急轻重之分，《共同纲领》草案中已对"那些是现在可以做的、那些是现在不能做的；那些是已经做了的、那些是尚未做的等分析规定出具体条文"。[③]

对于新民主主义的文化政策的说明，周恩来在该文中论述得很简练，他概括说新民主主义的文化就是民族的形式、科学的内容、大众的方向。他认为关于文化政策，在《共同纲领》草案第五章中都已经提到了，这里就不需要多说了。

民族问题一直是中国政治发展的主要问题之一，在《共同纲领》的草拟过程中，中国共产党与各民主党派在民族制度问题上进行了充分的讨论。毛泽东在1945年《论联合政府》中曾提出了建立联合政府，发展联邦制的设想，周恩来在起草《新民主主义的共同纲领》草案的初稿中，继续沿用了这一主张。在政协筹备会议上，各界代表对此展开了热烈讨论。周恩来阐明我们民族政策的基本精神"是使中华人民共和国成为各民族友爱合作的大家庭，必须反对各民

---

① 《周恩来选集》上卷，人民出版社1980年版，第369页。
② 《周恩来选集》上卷，人民出版社1980年版，第370页。
③ 《周恩来选集》上卷，人民出版社1980年版，第370页。

族的内部的公敌和外部的帝国主义"。①少数民族实行区域自治已经在《共同纲领》的草案里面做了明确规定,在中华民族的大家庭中,我们要反对两种错误的倾向,即大民族主义和狭隘民族主义。

关于新民主主义的外交政策,周恩来说明在《共同纲领》的总纲里已经明确地接受了毛泽东在《论人民民主专政》中提出的"一边倒"的方针,即在当时冷战的国际背景下,我们新中国站在以苏联为首的社会主义阵营一边。周恩来说明在《共同纲领》草案的第七章中已明确地规定新中国的外交政策。他重申我们外交政策上的基本态度是"保障本国独立、自由和领土主权的完整,拥护国际的持久和平和各国人民间的友好合作,反对帝国主义的侵略政策和战争政策"②。

四、周恩来领导制定的《共同纲领》具有重要意义

周恩来为奠定各党派共同的政治基础,为中国新型政党制度的构建和发展立下了不朽的功绩。他既为人民政协组织机构的筹建和正常运转做了精心筹划,又对政协的性质、作用以及国家政治体制等重大理论问题做了认真思考和总体把握。作为以毛泽东为核心的新中国第一代领导集体的重要成员,作为第一届全国政协副主席和第二、三、四届全国政协主席,他参与创建并直接领导了人民政协的大量工作。其对筹建和发展人民政协所做的实践探索和理论思考,对创建新型政党制度所做的大量奠基性工作,为我们今天继续完善在中国共产党领导下,共产党与各民主党派长期共存、互相监督、肝胆相照、荣辱与共的和谐的政治局面奠定了良好的基础。

周恩来领导制定的《共同纲领》,反映出其对中国新型政党制度的理论思考和实践探索。这个重要历史文献的特殊意义正如周恩来指出的:"我们的共同纲领是带长期性的,是各民主党派、人民团体、各路野战军和解放区一切人民的共同愿望的具体表现,也是各党派、各区、各界长期合作的基础,其重要性是不待言的。"③周恩来领导制定和实施《共同纲领》的成功实践及在这个过程中体现出的多党合作、民主协商等杰出思想,不但对中国共产党领导的多党合作和政治协商制度的创建、对党的统一战线的发展产生了重要的历史作用,而且至今仍对我们在新形势下继续完善新型政党制度、扩大爱国统一战线有重要的

---

① 《周恩来选集》上卷,人民出版社 1980 年版,第 370-371 页。
② 《周恩来选集》上卷,人民出版社 1980 年版,第 371 页。
③ 《建国以来周恩来文稿》第一册,中央文献出版社 2008 年版,第 10 页。

启示意义。

　　首先，周恩来亲自起草和领导制定的《共同纲领》奠定了中国新型政党制度的政治基础。《共同纲领》是中国共产党与各民主党派反复讨论、协商制定的第一部具有新中国宪法性质的法律文献。它规定了即将建立的新中国的国体、政体，具有临时宪法的性质，为我们新中国的成立、为中国新型政党制度的建立奠定了政治基础。这个纲领第一次对共产党领导下的多党合作制做出明确规定，确保了中国共产党的领导地位，也保障了各民主党派政治作用的发挥，是中国共产党与各民主党派间密切合作的制度保证和共同政治基础。周恩来对这个纲领中的一些关键问题做了深邃的思考和阐释，阐明了在新民主主义革命全面胜利形势下的人民民主统一战线方针，进一步明确了新中国基本的政治制度、军事制度以及新中国的经济、文化、民族、外交等各方面的政策，反映了全国各族人民、各民主党派以及各阶层爱国人士的共同愿望和利益诉求，为中国共产党领导的多党合作和政治协商制度的奠基和建立做出了不可磨灭的贡献。

　　在《共同纲领》中，不仅对中国共产党领导的多党合作和政治协商制度的设计与运行做出了具体规划，而且明确规定了中国共产党的最终目标和治国理念，规定了新中国的性质和重大方针、路线、政策，体现了全国各族人民、各民主党派以及各阶层爱国人士的共同愿望和利益诉求。在《共同纲领》中，明确规定了各阶级、各政党在国家政治生活中的地位："中国人民民主专政是中国工人阶级、农民阶级、小资产阶级、民族资产阶级及其他爱国民主分子的人民民主统一战线的政权，而以工农联盟为基础，以工人阶级为领导。由中国共产党、各民主党派、各人民团体、各地区、人民解放军、各少数民族、国外华侨及其他爱国民主分子的代表们所组成的中国人民政治协商会议，就是人民民主统一战线的组织形式。"①这一规定，明确保障了各民主党派能够以政协会议为主要制度平台，合理有效地参与新生人民政权的各项建设，更好地与执政的中国共产党保持密切的政治合作关系。

　　其次，《共同纲领》的确立成为中国特色政党制度的重要政治保证，实现了中国共产党领导的多党合作和政治协商的制度化发展。周恩来亲自起草和领导制定的《共同纲领》，是中国共产党与各民主党派反复讨论、协商制定的第一部具有新中国宪法性质的法律文献。在这个纲领中第一次对共产党领导下的多党合作制做出明确规定，确保了中国共产党的领导地位，也保障了各民主党派政

治作用的发挥。《共同纲领》成为中国共产党与各民主党派间密切合作的制度保证。《共同纲领》中明确地将各民主党派同中国共产党、各人民团体、各民主党派、人民解放军、各少数民族、海外华侨及其他爱国民主分子，共同列为人民民主统一战线中的组织，明确了中国人民政治协商会议是人民民主统一战线的组织形式，保障了各民主党派能够以政协会议为主要制度平台合理有效地参与新生人民政权的各项建设，更好地与中国共产党保持密切的政治合作关系。各民主党派在新型政党制度中，可以依法发挥参政议政、政治协商、民主监督三大功能。《共同纲领》的颁布与执行，不仅为各民主党派及无党派人士的合法存在及政治权利的行使提供了政治依据，而且各民主党派普遍以《共同纲领》和政协章程作为自己的纲领。各民主党派在《共同纲领》指引下，以参政党的政治地位在中国的政治体制和政党体制中发挥作用，有力推动了新中国政治民主化的进程。

　　《共同纲领》还从政治上、法律上、制度上彻底地结束了国民党的一党专政的独裁统治，实现了中国共产党和各民主党派在新的政党政治体制下的合法存在、共同发展。《共同纲领》明确规定："中华人民共和国为新民主主义即人民民主主义的国家，实行工人阶级领导的，以工农联盟为基础的、团结各民主阶级和国内各民族的人民民主专政。"除了在政治上建立人民民主专政政权外，共产党还在经济上建立公有制为主体的多种所有制共同发展的经济体制，这有利于各民主党派及其无党派民主人士在国家政治、经济、文化建设领域重要作用的充分发挥。《共同纲领》还规定新政权下人民享有广泛的民主权力和政治自由。"中华人民共和国人民有思想、言论、出版、集会、结社、通讯、人身、居住、迁徙、宗教信仰及示威游行的自由权。"这一规定，不仅以宪法形式保证了人民在新政权下拥有的政治权利和享有的自由，而且保证了各界各阶层群众依据其政治诉求的不同，以合理渠道加入各民主党派，彰显了中国特色新型政党制度的优越性。①

　　最后，《共同纲领》的制定和实施有利于反映各民主党派的政治诉求，巩固和扩大了社会主义时期爱国统一战线。良好的政党运行机制是实现政党政治价值和功能的重要途径，而正确的具有前瞻性的政治纲领又是良好的政党运行机制建立的前提和保障。周恩来领导制定的《共同纲领》，明确规定了各政党在新的政治体制中的权利、义务及其法律地位，不仅表明了中国共产党的政治目标，

---

　　① 《建国以来重要文献选编》第一册，中央文献出版社 1992 年版，第 2-3 页。

也体现了各民主党派的政治诉求，代表了全国人民的政治愿望，为新型政党制度的确立和运行提供了根本保障。《共同纲领》对于保障新型政党制度顺利运行的作用主要体现在：明确了中国大陆各政党的政治地位，即中国共产党是执政党和领导党，各民主党派是新中国的合法的参政党。合法性政党多指被国家法律承认，并且能够公开参与国家政党政治的党派。"合法性反映了一种认识上的一致，这种一致赋予领导者和国家以权威。"①并且，合法性也是保持社会政治秩序的基础。在国民党专制统治下，各民主党派的政治地位长期得不到承认，其多以社会组织，而非政党的方式活跃于中国的历史舞台，限制了各民主党派政治功能的发挥。

中国新型政党制度的建立，对各种政治力量、政治诉求和政治要素等政治资源进行合理、有效的整合，保证公民政治参与的广度、高度、热度、透明度和效度等优势，有利于保证各党派民主监督功能的有效发挥。中国共产党向来重视发挥统一战线在中国革命及建设中的重要作用，中国新型政党制度确立的目标之一就是继续巩固和扩大统一战线，坚持多党合作。这是中国共产党第一代领导集体的共同认知。中国共产党的统一战线理论是构建新型政党制度的指导思想。周恩来早在第一次国共合作时期就开展了卓有成效的统战工作，他深刻理解党的统一战线的基本理论和方针政策，不仅对党的统战工作做出了历史性贡献，而且高瞻远瞩地认识到，只有创立符合中国国情的新型政党制度，才能推动中国政治、经济、文化等各行各业的持续发展，才能进行大规模的社会主义现代化建设。周恩来在起草《共同纲领》时，特别强调从制度上保障人民政协的统一战线性质。在《共同纲领》第13条中明确规定："中国人民政治协商会议为人民民主统一战线的组织形式。其组织成分，应包含有工人阶级、农民阶级、革命军人、知识分子、小资产阶级、民族资产阶级、少数民族、国外华侨及其他爱国民主分子的代表。"②这一规定，不仅阐明了中国人民政治协商会议的组织基础、阶级基础，指出了各民主党派所代表的阶级、阶层及其人员构成，而且也明确了各党派在新中国政治体制中独特的政治地位，巩固和扩大了社会主义时期的爱国统一战线。周恩来在领导制定《共同纲领》过程中所进行的理论思考和实践探索至今仍有重要的现实启迪意义。在新的时代背景下，我国社会主要矛盾的转变对发展和完善新型政党制度提出了更高更新的要求，

---

① 杰克·普拉诺：《政治学分析词典》，胡杰译，中国社会科学出版社1986年版，第82页。
②《建国以来重要文献选编》第一册，中央文献出版社1992年版，第4页。

这就需要我们从周恩来等老一辈革命家的杰出思想、成功实践、领导艺术和治理经验中汲取智慧，不断丰富党的统一战线理论和工作方式，团结海内外一切可以团结的力量，共同致力于中华民族的复兴伟业。

（本文系"党的第三个历史决议与当代中国政治发展"学术研讨会入选论文）

周恩来对中国新型政党制度的思考与探索

中国新型政党制度即中国共产党领导的多党合作和政治协商制度，是我国重要的基本政治制度之一。在中国新型政党制度的筹划、构建和不断完善过程中，周恩来从理论上进行了深邃的思考，在实践中做出了不可磨灭的重要贡献。作为中国新型政党制度的主要创建者之一，周恩来精心筹建了人民政协的组织机构和工作机制，起草了《中国人民政治协商会议共同纲领》，领导了全国政协的工作，指出了人民政协的性质、地位和作用，阐明了多党合作的方针和政策。其对新型政党制度的理论思考与实践探索具有重要的历史作用和现实意义。

一、周恩来对建立和完善中国新型政党制度的理论思考

（一）周恩来阐明了中国新型政党制度建立的必然性和共同政治基础

中国新型政党制度植根于中国土壤，彰显出中国智慧，积极借鉴和吸收了人类政治文明的优秀成果，它的形成是中国历史发展的必然，是中国革命的特殊性和中国基本国情所决定的。周恩来依据中国革命的发展历程和毛泽东的人民民主专政理论，正确认识和深刻阐明了建立中国新型政党制度是中国革命历史发展的必然结果。他明确指出，由于"国民党实行一党专政，压迫民主党派，因此他们就要反对国民党的独裁。这种历史条件，使中国的民族资产阶级、各民主党派能够在民主革命时期逐步在国民党与共产党两个大党的对立斗争中选择了共产党。"①五四运动以后，有了中国共产党的正确领导，才使新型政党制度形成的历史必然性变成现实。经过第一次国共合作、土地革命、抗日战争和人民解放战争几个历史阶段，"才形成今天中国人民政治协商会议这样的组织"。②

我国的新型政党制度是在拥护共产党领导的前提下，实行多党合作和政治

---

① 《周恩来统一战线文选》，人民出版社 1984 年版，第 347-348 页。
② 《周恩来统一战线文选》，人民出版社 1984 年版，第 135 页。

协商，这与资本主义国家两党或多党轮流执政的政党制度有本质区别。它是我国实现全过程人民民主的重要制度平台，是确定国家大政方针和解决国家政治生活中重要问题的主要形式和方法。周恩来认为今天我国能够建立中国人民政治协商会议这样的组织，"可以说这是一百多年来民族民主革命运动牺牲奋斗的果实，也可以说是三十年来新民主主义革命运动获得胜利的集中表现。假如没有一百多年来革命运动的历史积累，尤其是三十多年来的新民主主义革命运动，便不可能有今天这样济济一堂的政治协商会议"。①

新政协筹备会最重要的任务之一是拟定《共同纲领》草案。它关系到民主联合政府的产生和中共与各民主党派、各人民团体团结合作的政治基础。周恩来亲自起草了《共同纲领》，这是中国新型政党制度建立过程中一个非常重要的历史文献，第一次对共产党领导下的多党合作制做出明确规定，确保了中国共产党的领导地位，也保障了各民主党派政治作用的发挥，明确规定了中国共产党的最终目标和治国理念，规定了新中国的性质和重大方针、路线、政策，集中体现了全国各族人民、各民主党派以及各阶层爱国人士的共同愿望和利益诉求。周恩来领导下《共同纲领》的制定，使其成为了中国特色政党制度的重要政治保证和共同政治基础，实现了中国共产党领导的多党合作和政治协商的制度化发展。它的颁布与执行不仅为各民主党派及无党派人士的合法存在及政治权利的行使提供了政治依据，而且各民主党派普遍以这一重要纲领和政协章程作为自己的纲领。

（二）周恩来阐释了中国新型政党制度长期存在发展的必要性和党际关系方针

周恩来明确指出："人民政治协商会议作为统一战线的组织是长期的。"他认为"在人民民主国家里需要统一战线，即使在社会主义国家里，仍是有与党外人士的统一战线。即是说，要合作就要有各党派统一合作的组织。这个组织在今天叫中国人民政治协商会议，这就是统一战线的组织，所以说要长期存在。"②他在给政协代表做报告时进一步阐明："中国人民政治协商会议是一个包含了工人阶级、农民阶级、城市小资产阶级、民族资产阶级和一切爱国民主人士的统一战线组织。既然是这样一个组织，就不应该开一次会就结束，而应该长期存在。"③周恩来明确指出了政协委员具有严肃性、广泛性、灵活性和代

---

① 《周恩来统一战线文选》，人民出版社 1984 年版，第 135 页。

② 中国人民政治协商会议全国委员会研究室、中共中央文献研究室第四编研部编《老一代革命家论人民政协》，中央文献出版社 1997 年版，第 43 页。

③ 《老一代革命家论人民政协》，中央文献出版社 1997 年版，第 52 页。

表性的构成特点，他认为只有具备了这四个特性，才能实现人民政协团结工人阶级、农民阶级、小资产阶级、民族资产阶级以及一切爱国民主人士、少数民族和海外华侨共同建设新中国的任务。[①]他对人民政协在国家政治生活中的地位和作用也做了深入思考，他认为"人民政协全国委员会，便是同中央人民政府协议事情的机构。一切大政方针，都先要经过全国委员会协议，然后建议政府施行。"[②]

1956 年周恩来专门向民主党派成员阐释了党际关系的八字方针，他指出："中国共产党同民主党派长期共存、互相监督的方针，必须由共产党提出，而且必须要共产党真正做到。因为我们党不提，别的党派不好提；我们提了，大家就心安了。"[③]他阐明"长期共存"的真正含义是："我们党的寿命有多长，民主党派的寿命就有多长，一直要共存到将来社会的发展不需要政党的时候为止。"[④]而且在开展多党合作和政治协商中，周恩来对共产党员提出了更高更严的要求。他明确提出："毛泽东同志说，对共产党员与党外人士应一视同仁，又要有所不同。一般来说，在政治待遇、物质生活方面应一视同仁，对党外人士不得歧视，这是一方面。但还有另一方面，我们的党是工人阶级的先锋队，要率领人民走向社会主义，因此党员在政治见解上、思想意识上，要比别人水平高，这一点是有所不同。"[⑤]周恩来强调共产党员在处理党际关系中要"严于责己，宽于责人。"

（三）周恩来提出要明确各党派政治职责，要使党外人士有职有权、敢于提意见

周恩来认为在多党合作中必须明确领导与被领导关系以及各党派政治职责，这是处理好党际关系的关键。他指出："大家都承认共产党是领导党，共产党的领导是指党的集体领导，党的中央和党的各级领导机构（省、市、县委员会等）的领导。起着领导作用的，主要是党的方针政策，而不是个人。"他认为在坚持共产党领导的同时，还要明确民主党派的政治责任，他阐明："民主党派在社会主义改造和社会主义建设中的责任是更重了，而不是轻了。各民主党派都是为社会主义事业服务的。""不仅从建设的意义上，而且从改造的意义上，也需要各党派的合作，根据长期共存、互相监督的方针来进行

---

① 《周恩来统一战线文选》，人民出版社 1984 年版，第 136 页。
② 《老一代革命家论人民政协》，中央文献出版社 1997 年版，第 186 页。
③ 《周恩来统一战线文选》，人民出版社 1984 年版，第 350 页。
④ 《周恩来统一战线文选》，人民出版社 1984 年版，第 350 页。
⑤ 《周恩来统一战线文选》，人民出版社 1984 年版，第 188-189 页。

工作。"①

在中国新型政党制度的创建和不断完善中，周恩来十分重视和善于发挥多党合作和政治协商的政治功能，并使之与各个历史时期党和国家的中心任务结合起来。在筹建人民政协时期，周恩来提出新政协"负有伟大的建国责任"，"建设新民主主义的新中国。这也就是中国人民政治协商会议奋斗的目标。"②在社会主义建设时期，周恩来又及时提出"现在要团结一切可以团结的力量，动员更多可以动员的因素，来参加社会主义建设，扩大我们的民主生活。这就是我们的新任务。"③为保证新型政党制度政治功能的发挥，周恩来提出要让在政协、政府、人大中工作的党外人士有职、有权、有责，这样才能发挥他们的积极性。

为了巩固和发展新型政党制度，周恩来要求共产党员要多听取民主党派的意见和建议，主动地多与党外人士交朋友，而且要交畏友、诤友，就是说要交敢于提不同意见的朋友。他要求共产党员对党外人士要和蔼真诚，不要虚伪；要上下一致，内外一致；不要使党外人士感觉我们上下不一致；要让党外人士做到"知无不言，言无不尽"，使他们在各种会议上敢于说话。我们共产党的组织和每个党员，要循循善诱，使他们敢于把话说出来。共产党是执政党，党的领导一定要坚持，但同时要让民主党派履行好参政议政、民主协商、民主监督的职责。周恩来提出为了让参政党敢于监督、敢于提意见，"对愿意同我们合作的朋友，应实行'言者无罪'。"④这样才有利于中国新型政党制度优势的发挥。

（四）周恩来深入思考了如何发挥新型政党制度的民主协商和监督功效问题

周恩来一贯重视发挥新型政党制度的民主协商和民主监督功效。在创建人民政协的过程中，他就明确指出人民政协的主要工作方式是协商，协商的方式和内容可以是多样化的。在中国新型政党制度中，各种问题都可以通过协商、沟通、交流的方式解决，以达到化解社会矛盾、增强团结、促进发展的目的。在长期领导政协工作和党的统战工作中，周恩来对如何开展民主协商、怎样坚持民主监督等问题都进行过深入思考和实践探索。

首先，周恩来主张扩大多党合作和政治协商的团结面，在中国新型政党制度创建和完善进程中，要把各爱国民主党派代表都吸收进来。人民政协"要吸收不同意见的人在一起，要善于和这些人一起协商，团结他们。这样政治协商会议才能前进，才能有利于国家建设"。在1954年第二届全国政协会议上，周

---

① 《周恩来统一战线文选》，人民出版社1984年版，第336-440页。

② 《周恩来统一战线文选》，人民出版社1984年版，第136页。

③ 《周恩来选集》下卷，人民出版社1984年版，第389页。

④ 《周恩来统一战线文选》，人民出版社1984年版，第190页。

恩来提出安排政协委员的四项原则：第一是"扩大团结，加强领导"；第二是"要有代表性"；第三是"方面多"；第四是"份量够"。要把能够想到的都尽量包括进去。①正是在周恩来领导下，全国政协广泛吸收各界人士参加，为中国新型政党制度的完善和发展奠定了良好的基础。

其次，在开展民主协商时，周恩来特别注意要进行事先协商。他提出："凡是重大的方案不只在会场提出，事先就应提出来或在各单位讨论。新民主的特点就在此。因此不是只重形式，只重多数与少数。凡是重大的议案提出来总是事先有协商的，协商这两个字非常好，就包括这个新民主的精神。"②他认为新民主主义议事的特点之一，就是会前经过多方协商和酝酿，使大家都对要讨论决定的东西事先有个认识和了解，然后再拿到会议上去讨论决定，达成共同的协议。"新民主主义的议事精神不在于最后的表决，主要是在于事前的协商和反复的讨论。"③

再次，周恩来提倡为了使协商各方最后可以达成一致的意见，在协商过程中可以有妥协，要允许少数派别表达自己的利益诉求。他认为除原则问题不会妥协外，其他问题都可以互相协商，按照少数服从多数的民主原则，少数人可以保留不同意见。通过充分协商，包括互相妥协，最终达到和谐一致，"这个和谐一致不是大家都说一种相同的话，而是大家说出不同的话，然后取得一致。这是最有力的一致，是最有力的团结"④。周恩来这一主张是对全过程人民民主的深刻理解和正确阐释。周恩来要求共产党员"要善于和党外人士相处，态度应该是谦虚的、诚恳坦白的。对原则问题一定要争，对非原则问题要善于妥协。只有这样，才能做到长期合作，保证人民民主统一战线不断前进"。

最后，周恩来重视发挥民主党派对党和国家工作的民主监督作用，他认为互相监督，"首先应该由共产党请人家监督"。因为我们共产党取得了全国政权，同时隐含着一个危险，有些人会被胜利冲昏头脑，滋长官僚主义、脱离群众。这个问题怎么解决？周恩来提出"最好的办法就是有人监督"。越有监督，才越能进步，我们要建设好社会主义，"没有互相监督，不扩大民主，是不可能做得好的。因此，互相监督的面还要扩大，不能缩小"⑤。对民主党派如何履行监督权，周恩来也进行了认真思考，如他提出政协委员和人大代表每年应有两次

---

① 《老一代革命家论人民政协》，中央文献出版社 1997 年版，第 180-181 页。

② 《老一代革命家论人民政协》，中央文献出版社 1997 年版，第 17 页。

③ 《周恩来统一战线文选》，人民出版社 1984 年版，第 129、134 页。

④ 《老一代革命家论人民政协》，中央文献出版社 1997 年版，第 19 页。

⑤ 《周恩来统一战线文选》，人民出版社 1984 年版，第 351 页。

到人民中去直接视察工作，多组织一些调查研究。他还提出要政务公开，要"把所有代表的发言，包括批评政府工作的发言，不管对的、部分对的，甚至错的都发表出来"①。这些不同意见可帮我们从多方面考虑问题，择优施政。

二、周恩来对新型政党制度筹建和完善做出重要贡献

（一）为筹建新政协亲自安排护送民主人士到解放区

中国新型政党制度的筹建是从中共中央"五一口号"发布起开始奠基的。自 1948 年中共中央在"五一口号"中公开提出召开新政治协商会议的倡议后，周恩来受中共中央的委托具体领导了这项工作。从 1948 年下半年到 1949 年初，他做了周密细致的部署，安排了护送民主党派领导人转移到解放区的工作。当时绝大多数民主人士都是由香港转赴解放区的。1948 年 8 月 2 日，周恩来电令钱之光以解放区救济总署特派员名义前往香港，会同方方、章汉夫、潘汉年、连贯、夏衍等开展护送在港民主人士进入解放区的工作。9 月下旬周恩来拟定了两份邀请民主人士参加新政协的名单，一份包括从港、沪和长江以南来解放区的李济深、蔡廷锴、张澜、沈钧儒、谭平山、章伯钧、郭沫若、黄炎培、马叙伦、何香凝、史良等 77 人；一份包括从平津邀请的张东荪、许德、张奚若等 24 人名单。周恩来特别交代：各方人士须于今冬明春全部进入解放区"方为合适"。"北来人士，拟先集中哈尔滨招待商谈；华北人士如直进解放区，则集中华北。视战事发展，明春或来华北，或即在哈市召开新政协。"②对于民主人士上船前要经过的路线、从哪条路走、什么人去接、遇到情况如何处理，周恩来都做了周密的考虑和安排。

随着解放战争的顺利进行，周恩来加速了保护爱国民主人士进入解放区的进程。1948 年 11 月底，周恩来致电上海局、香港分局，加速动员和护送未到之民主人士和拟请专门人才经天津转赴解放区。③北平和平解放后，华北解放区的民主人士多数都先后转移至北平。为了便于讨论问题，周恩来致电东北局、华北局，以及平、津两市委，派林伯渠代表中共中央前往沈阳迎接在东北的民主人士到北平，以便集中起来协商新政协筹备大计。周恩来指示上海局和香港分局继续接送已经邀请或准备邀请参加新政协的各方民主人士前往北平。

为了加强中共党内对多党合作问题的重视，周恩来于 1949 年 2 月 17 日修改中共中央关于如何对待各民主党派的指示，明确指出：（1）在我新解放地区，

---

①《周恩来选集》下卷，人民出版社 1984 年版，第 208 页。

② 中共中央文献研究室编《周恩来年谱（1898—1949）》修订本，中央文献出版社 1998 年版，第 808 页。

③《周恩来年谱（1898—1949）》修订本，中央文献出版社 1998 年版，第 818 页。

对于 1948 年 5 月 1 日以前即中共中央发出"五一口号"以前即已成立，并在反对帝国主义、封建主义、官僚资本主义和国民党反动统治的斗争中尽了力的各民主党派的地方组织，"应一律承认他们的合法地位，加以保护"；（2）各民主党派可以党派名义进行活动，并发展党员或会员；（3）我地方党领导机关对各民主党派地方组织应"以坦白诚恳的态度，向他们解释我党的政策和主张，与之协商一切重大问题，以争取他们同我党一道前进"。①

（二）亲自领导建立了政协中党的组织，妥善安排了政协合适人选

第一届中国人民政治协商会议的成功召开，与周恩来的辛勤付出有着密不可分的关系。他不仅对人民政协进行了理论思考，更重要的是主持和参与了人民政协的发起、筹备、正式开会等各项工作。在中国人民政治协商会议正式召开之前，按照之前的协商规定，先召开筹备会议，就政协参加单位与代表、重要文献的起草等问题进行讨论，主持筹备会和筹备会常务委员会的会议，他是筹备会上最繁忙、最辛苦的一位领导人。

1949 年 6 月 11 日新政治协商会议筹备会预备会议召开，会上各方代表商定参加新政协筹备会的单位为 23 个，共 134 人，并确定筹备会常务委员会人选等。为加速新政协的筹备工作，周恩来同各界民主人士商定成立新政协筹备会。在新政协筹备会召开期间，周恩来身兼数职，担任筹备会常务委员会副主任，全面领导筹备会各项工作；担任筹备会第三小组组长，负责主持起草《共同纲领》；并担任筹备会的中共党组干事会书记，确保中共对筹备会的领导。

周恩来在设计新政协组织机构和安排政协领导人选过程中有三个特点。其一，在安排政协筹备会委员时，尽量多安排一些民主党派人士，但要使中共党员占有优势。1949 年初，周恩来安排的政协筹备委员共 134 人，其中共产党员 43 人，进步人士 48 人，中间人士 43 人，共产党对政协筹备会可保障绝对的领导。②其二，在筹备会常委会及工作小组中都要有民主人士参加，但要使中共居于领导地位。新政协筹备会成立了由 21 人组成的常务委员会，毛泽东为常委会主任，周恩来、李济深、沈钧儒、郭沫若、陈叔通为副主任，李维汉为秘书长。常务委员中有中共党员 7 人。在下设的 6 个工作小组中，有 3 个小组的主要负责人都是中共党员。其三，在新政协筹备会中专门成立了中共党组干事会及常委会，以确保中共在新政协筹备工作政策上的一致。周恩来拟定了 21 人组成的党组干事会成员名单，干事会以周恩来、林伯渠、李维汉、徐冰、李立三

---

① 《周恩来年谱（1898—1949）》修订本，中央文献出版社 1998 年版，第 834 页。
② 《建国以来刘少奇文稿》第一册，中央文献出版社 1998 年版，第 4 页。

为常委，周恩来为书记。按照规定：凡关于政治性及政策性的问题，必须事先向所属党组提出，经过党组讨论或经党组负责同志同意后始得向党外提出；对于党组的一切决定，应坚决执行；同时在工作中发现的各种问题，也应及时向所属党组报告。①

为了确定中国新型政党制度的政治基础，周恩来从 1948 年 10 月起到 1949 年 9 月，用了差不多一年时间，思考、起草、修改、与各界人士反复讨论，最后通过了《中国人民政治协商会议共同纲领》，这是中国共产党领导的多党合作和政治协商制度的一个纲领性文献，当时具有历史宪法的作用。

（三）多次召集政协筹备会，制定了一系列孕育新制度诞生的重大决策

1949 年 6 月 15 日，新政治协商会议筹备会第一次全体会议在中南海勤政殿召开，周恩来担任大会临时主席并致开幕词。次日，周恩来在新政协筹备会第一次全体会议上做关于《新政治协商会议筹备会组织条例（草案）》的解释报告和草案第八条关于表决问题的说明，会议修正并通过了《新政治协商会议筹备会组织条例》。当天晚上，周恩来主持新政协筹备会常务委员会第一次会议，会议推选毛泽东为常务委员会主任，周恩来、李济深、沈钧儒、郭沫若、陈叔通为副主任，李维汉为秘书长。②为加快推进各项准备工作，会议决定在常务委员会领导下设 6 个工作小组，分别完成以下任务：拟定参加新政协的单位及代表人数；起草新政协组织条例；起草《共同纲领》；起草政府方案；起草宣言和拟定国旗、国徽、国歌方案。周恩来被推举为第三小组组长，负责主持起草新政协的《共同纲领》。

6 月 21 日，周恩来主持新政协筹备会常委会第二次会议。次日，周恩来在新政协筹备会党组会上做关于新政协筹备会的工作与统战工作的报告，他再次明确指出："新的政治协商会议的召开，就是人民民主统一战线的具体组成。中央政府成立后，政协便成为中共领导的各党派的协议机关。国家的一切大事都可以事前在此协商。人民民主统一战线是长期的。"③

7 月 5 日周恩来主持新政协筹备会常委会第三次会议。会后，周恩来出席新政协筹备会召集的各民主党派、各人民团体代表座谈会。在会上做关于新政协统一战线、外交政策、各民主党派前途等问题的报告。8 月 26 日、27 日，他又主持召开了新政协筹备会常委会第四次会议。会议讨论了参加新政协会议的代表名单草案，修改并基本通过了政协会议组织法草案和中央人民政府组织法

---

① 《建国以来周恩来文稿》第一册，中央文献出版社 2008 年版，第 111 页。

② 政协全国委员会办公厅编《开国盛典》，中国文史出版社 2009 年版，第 182 页。

③ 中共中央文献研究室编《周恩来传》下，金冲及主编，中央文献出版社 2008 年，第 948 页。

草案。周恩来在会上指出，即使在社会主义时期，仍然要有与党外人士的统一战线。要合作就要有各党派统一合作的组织。如果形成固定的统一战线组织，名称也要固定，建议称为中国人民政治协商会议。[①]

9月13日，周恩来主持新政协筹备会常委会第五次会议，修改并基本通过《中华人民共和国中央人民政府组织法（草案）》，讨论修改《中国人民政治协商会议共同纲领（草案）》，决定再将它们提交政协会议代表分组讨论。会议还对筹备会的其他工作做出安排。9月16日，他又主持召开了筹备会常委会第六次会议。会议通过《中国人民政治协商会议组织法修改草案》《中国人民政治协商会议共同纲领修改草案》等文件。次日，他主持新政协筹备会常务委员会第七次会议，通过了《中国人民政治协商会议第一届全体会议主席团名单（草案）》。根据周恩来提议，新政治协商会议正式定名为中国人民政治协商会议。[②]

在周恩来精心筹备下，1949年9月21日至30日，中国人民政治协商会议第一届全体会议胜利召开，通过了《中央人民政府组织法》《中国人民政治协商会议组织法》和起着临时宪法作用的《中国人民政治协商会议共同纲领》，通过了国都、纪年、国歌、国旗6项决议。会议协商产生了180人组成的中国人民政治协商会议第一届全国委员会。以毛泽东为主席，周恩来、李济深、沈钧儒、郭沫若、陈叔通为副主席。政协委员中大部分来自民主党派和无党派爱国民主人士。从此，中国共产党领导的多党合作和政治协商制度正式建立起来了，它标志着在中国历史上也是世界历史上诞生了一种新型政党制度。

（四）精心筹建了政协的组织和工作机构，并亲自领导了全国政协的工作

人民政协创建之初，其组织结构包括四层：政协全体会议、政协全国委员会、政协常务委员会、政协地方委员会，这是在周恩来直接领导下建立起来的。1954年全国人大会议召开后，全国政协不再代行人大职权，周恩来对政协的组织机构也进行了调整。将原来的政协全体会议、全国委员会、常务委员会三层，改为全国委员会全体会议和常务委员会两层。地方委员会也设两层，即地方委员会全体会议和常务委员会。周恩来指出，政协全国委员会和地方委员会是指导关系，这种指导关系体现为"指导和被指导、指示和接受指示、报告和接受报告的关系"。"在全体会议闭会期间，由常务委员会主持会务，领导日常工作，集中处理一般事情，便于开展活动。"[③]周恩来当年领导设计的人民政协组织机构的这一基本框架一直沿用至今，有力地保证了中国新型政党制

---

① 政协全国委员会办公厅编《开国盛典》，中国文史出版社2009年版，第229页。

② 《周恩来年谱（1898—1949）》修订本，中央文献出版社1998年版，第861-862页。

③ 《周恩来统一战线文选》，人民出版社1984年版，第259-260页

度的完善和发展。

　　周恩来在领导设立全国政协组织机构框架的同时，也提出了设置政协日常工作机构的问题。在政协第一届全国委员会第一次会议上，他就"建议建立几个工作小组，在常务委员会指导和秘书长的具体领导下，使全国政协工作能够分类进行"①。在他的建议下，全国政协常委会于1949年10月18日通过了《工作条例》，决定分设政治法律组、财政经济组、文化教育组、外交组、国际组、民族事务组、华侨事务组、宗教事务组等8个工作组，作为政协委员开展经常性工作的机构，明确工作组的任务是协助政府审议法案，搜集和反映人民的意见，宣传政策法令，并研究问题提出建议。1954年政协第二届全国委员会常务委员会决定，将原有的8个工作组，重新整合，设立国际问题、文化、教育、科学技术、工商、华侨、宗教、社会福利、医药卫生、宗教、妇女等11个工作组，并明确规定工作组的主要任务由原来协助中央人民政府审议法案转向宣传政策、反映意见、调整关系、增强团结。后来虽然工作组的名称和规模又有所变化，数量也有所增加，但不可否认在周恩来建议下成立的这些工作组成为今天全国政协各个专门委员会的雏形。1950年全国政协还成立了由秘书长、副秘书长、各工作组组长及其他有关人员组成的工作会议，并设立了秘书处，作为全国委员会的办事机构。这样，在周恩来精心领导下全国政协的组织框架和具体工作机构逐渐完备起来。

　　（五）阐明了政协工作主要任务，拓展了人民政协履行职能的途径

　　1954年12月19日，毛泽东邀请各民主党派、无党派民主人士座谈，专门阐述了政协的性质和任务问题，他给政协提出了五大任务，即：协商国际问题，商量候选人名单，提意见建议，协调各民族、各党派、各人民团体和社会民主人士领导人员之间的关系，学习马列主义。②周恩来对毛泽东提出的这五大任务做了进一步阐释。他明确指出，协商国际问题这是我们政协要进行的第一个大任务；协商全国人大代表或地方同级人大代表的候选名单、协商政协本身的名单是政协第二项任务；第三项任务主要是对社会主义改造的问题提意见，要协助国家机关，推动社会力量，来解决社会生活中相互关系的问题；第四项任务是协商和处理好政协内部和党派团体之间的合作问题；第五项任务，周恩来在毛泽东提出的学习马列主义的基础上增加了努力改造思想的内容。他阐明这五项任务是政协工作的主要任务，除此之外还有其他任务。

---

① 中共中央文献研究室编《周恩来年谱（1949—1976）》上卷，中央文献出版社1997年版，第4页

② 《毛泽东文集》第六卷，人民出版社1999年版，第384-388页。

周恩来在实际领导政协工作中，在努力完成这五大任务的同时，不断拓展人民政协履行职能的途径，不断探索政协工作新的内容和形式，如人民政协的学习工作、文史资料的编辑工作、调查研究等工作都是在周恩来的倡导或主持下开展起来的。1950 年 4 月全国政协成立了学习座谈会。周恩来在座谈会上做了关于联系实际、批评与自我批评问题的发言。会后形成了《学习座谈会暂行办法》，规定了学习的原则、内容、形式和方法。同年，周恩来在与民主党派负责人谈话时提议由民主党派共同发起，每周举行一次座谈会。根据周恩来的建议，全国政协决定每两周举行一次各民主党派座谈会，并正式通过了《双周座谈会暂行办法》。文史资料研究委员会也是周恩来倡导成立的。1959 年 4 月，周恩来在政协全国委员会举行的 60 岁以上委员茶话会上，做了《把知识和经验留给后代》的讲话。他希望过了 60 岁的委员，把自己的知识和经验留下来，作为对社会的贡献。根据周恩来的提议，全国政协成立了文史资料研究委员会，收集和编辑出版了大量"亲见、亲闻、亲历"的中国近现代史资料。1962 年，周恩来在全国政协三届三次会议上指出，今后政协要适应新形势，多组织一些调查研究工作。"不要面临政协开会了，才到下面去视察访问，平常也可以分期去，比如说一年下去几次，不一定都要同时去。""这样，我们的座谈会、报告会就有生动的事例来讨论，就能够产生一些提案、意见和建议，使得各方面的力量都动员起来。"①在周恩来的倡导下，深入开展调查研究已逐渐成为政协履行职能的一种重要形式。

三、周恩来对新型政党制度理论思考与实践探索的重要意义

"共产党领导、多党派合作，共产党执政、多党派参政"的政党制度，是中国独创的一种崭新的政党制度模式，实现了集中领导和发扬民主、有序参与和充满活力的有机统一。中国新型政党制度是中国共产党与各民主党派在革命、建设和改革过程中一起创建起来的，周恩来为这一制度的筹建、完善和发展，为奠定各党派共同政治基础、确立各自的政治地位做出了奠基性的贡献。作为以毛泽东为核心的新中国第一代领导集体的重要成员，作为第一届全国政协副主席和第二、三、四届全国政协主席，周恩来参与创建并直接领导了人民政协的大量工作，为中国新型政党制度的正式建立和正常运转做了精心筹划，并对这一重要政治制度的性质、作用及对国家政治发展的影响等重大理论问题做了认真思考。周恩来构建中国新型政党制度的深邃思考和成功实践，对坚持共产

---

①《老一代革命家论人民政协》，中央文献出版社 1997 年版，第 282-283 页。

党的领导，坚持共产党的民主执政、科学执政；对确立民主党派的参政党地位，对各党派参政议政、民主协商、民主监督产生了重要的历史作用，有力推动了新中国政治民主化的进程，为我们今天形成共产党与各民主党派长期共存、互相监督、肝胆相照、荣辱与共的和谐的政治局面奠定了良好的基础。周恩来对中国新型政党制度的理论思考和成功实践的重要历史作用与现实意义至少反映在三个方面。

第一，周恩来当年对中国新型政党制度的理论思考和实践探索，为新中国这一重要的政治制度打下了理论根基和组织架构，大大推进了新中国社会主义政治制度建设，丰富和发展了毛泽东思想体系。在构建和完善中国新型政党制度过程中，周恩来对人民政协的性质、任务、职能以及其人民政协存在的必要性等重大问题做了详细的阐述，并根据实际工作情况及其长期领导政协工作的经验创造性地提出了一些独到的见解，积极推进了马克思主义中国化的历史进程。周恩来对中国新型政党制度所蕴含的深刻含义的准确把握，成为我们在新形势下进一步完善中国新型政党制度的指导思想和理论依据之一。周恩来当年对新型政党制度的理论思考和实践探索，有利于将中国新型政党制度建设纳入法治化、民主化和科学化轨道。周恩来领导政协期间，形成了人大、政协两会同时召开的"两会机制"的雏形，这一具有中国特色民主政治的新模式一直延续至今，在我国的政治生活中发挥了重要作用。当年周恩来提出的要实现"广泛的民主"和"高度的集中"等正确思想主张，至今仍对进一步完善我国新型政党制度和加快全过程人民民主建设有指导意义。

第二，周恩来在长期领导政协工作和多党合作的实践中，就如何妥善处理执政党与参政党的关系所做的理论思考和实践探索，为确立共产党领导下多党合作的基本政治格局、形成我国多党合作的和谐的政治局面奠定了重要基础。周恩来对贯彻落实毛泽东提出的"八字方针"做了进一步的理论阐述和实践上的探索。他提出了如何才能很好地与民主人士合作共事、如何倾听党外人士的意见、如何才能实现互相监督的途径和方法，为我们今天形成共产党领导下各民主党依法参政议政的和谐的政治局面奠定了良好的基础。在当今社会阶层分化、各种利益集团矛盾交织的情况下，处理好党际关系，加强各党派的团结合作愈显得十分必要和迫切。周恩来当年提出的关于各党派间平等协商、团结合作、求同存异、互有妥协，广交朋友、以诚相待、充分信任，互相监督等正确主张，对增进各党派团结合作，调动一切积极因素，共同致力于建设社会主义发挥了积极作用，为我们今天继续完善新时代的多党合作制度、做好民主党派工作、坚持和谐的党际关系仍有重要的指导意义。

　　第三，周恩来思考和探索了依靠中国新型政党制度这一重要政治平台，充分发挥全过程社会主义民主，增进各族各界民众大团结，共同致力于社会主义现代化建设事业的有效途径。周恩来强调建立和完善中国新型政党制度就是要充分体现执政党和参政党之间、各民主党派之间互相协商的民主精神。他要求参加政协的各党派、各团体、各族各界人士通过发扬民主协商精神，调动一切积极因素，团结一切可以团结的力量共同建设社会主义。周恩来对人民政协如何发挥民主协商、增进团结的作用做了深层思考，他进一步明确了团结和民主为政协工作的两大主题。他在领导政协工作中形成的一整套良好的民主思想和作风，如民主协商、团结合作、求同存异、广交朋友、以诚相待、营造宽松气氛、重视调查研究等等，对我们今日新形势下进一步做好多党合作工作、做好人民政协工作仍有着重要的启迪和借鉴意义。周恩来的成功实践和杰出思想为新时代我们继续努力加强和完善中国新型政党制度指明了前进方向。

（本文入选"新型政党制度与全过程人民民主"学术交流会）

周恩来为人大制度建设做出的重要贡献

周恩来对我国人民代表大会制度的建立和完善做出了重要贡献，他为第一届全国人大召开倾注了大量精力，做了许多法律上、政治上的准备工作。他参加了第一届全国人大及其常委会的创建，直接领导了第一部宪法颁布后国家最高行政机构的调整。周恩来在人大制度的不断完善和发展过程中，正确阐明了国家最高权力机关和最高行政机关的关系，阐明了全国人大与全国政协的关系。他晚年在艰难的政治环境和欠佳的身体状况下，精心筹备了第四届全国人大，抱病最后一次组阁，对中国政治发展产生了深远而重要的影响。

一、周恩来为人民代表大会的筹备和建立做了大量工作

1952 年 11 月间，中共中央决定，立即着手准备召开全国人民代表大会，制定第一部宪法。为了新中国人民代表大会制度的确立，周恩来做了大量周密的准备，他主要领导了人大制度建立的法律准备工作和普选工作。1953 年 1 月，周恩来主持召开了选举法起草委员会会议，讨论修改《中华人民共和国全国人民代表大会选举法（草案）》，还同时担任了《选举法（草案）》起草委员会主席。[1]1月 25 日，他将《选举法（草案）》修改本送给毛泽东审阅。26 日，毛泽东批示同意，并肯定了选举法的内容很好。对于人大代表的产生，是采取直接选举的方式还是间接选举的方式，周恩来根据中国的实际情况提出自己的意见，即"全国人大和地方各级人大的选举原则是普选，实行普选最主要的还是基层的直接选举"。"在这个普遍选举制的基础上，除基层人民代表大会采用直接选举制外，基层政权以上的人民代表大会，目前尚只能采用按级选举的间接选举制。"[2]

1953 年 2 月 11 日，中央人民政府委员会第 22 次会议通过《中华人民共和国全国人民代表大会及地方各级人民代表大会选举法》[3]，使第一届人大的召

---

[1] 中共中央文献研究室编《周恩来年谱（1949—1976）》上卷，中央文献出版社 1997 年版，第 268-269 页。
[2] 《周恩来年谱（1949—1976）》上卷，中央文献出版社 1997 年版，第 280-283 页。
[3] 《周恩来年谱（1949—1976）》上卷，中央文献出版社 1997 年版，第 281 页。

开和人民代表的选举具备了合法性。

为召开全国人民代表大会，除了做好基本法律准备外，还有两项重要的工作是必不可少的，一是各级人民代表大会代表的选举工作，二是第一部宪法的起草工作。1953 年毛泽东亲自抓了后一项工作，周恩来主要领导了前一项工作。

1953 年 1 月 13 日，中央人民政府委员会第 20 次会议通过《关于召开全国人民代表大会及地方各级人民代表大会的决议》，决定成立以毛泽东为主席、朱德为副主席的宪法起草委员会，以周恩来为主席的选举法起草委员会。同年 2 月 4 日，周恩来在全国政协一届四次会议上做《政治报告》，报告回顾了过去三年中各条战线取得的成就，提出了当前最迫切的几大任务，其中一项就是："动员全国人民积极准备和参加全国人民代表大会及地方各级人民代表大会的选举，以便充分地发挥全国人民的积极性，来共同奋斗。"①4 月 3 日，周恩来又签署了《政务院为准备普选进行全国人口调查登记的指示》。《指示》中说："为了使全国年满十八周岁的公民都能依法参加选举，必须做好登记选民的工作。而选民的登记，又必须以人口登记为依据。因此应在选举工作同时，举行全国人口调查登记，以利于选举工作的进行，并为国家的经济、文化建设，提供确实的人口数字。"②1953 年 6 月 30 日，为做好第一次普选的准备工作，在政务院和各级政府的领导下，中国进行了第一次全国人口普查。随后，在全国各基层单位进行选举，参加投票的选民共 27809 万人，占登记选民总数（32389 万人）的 85.88%，这是当时世界上最大的一次普选活动。③

1954 年 8 月，周恩来主持中共中央政治局会议，讨论了《全国人民代表大会组织条例（草案）》和《中华人民共和国国务院组织条例（草案）》。④周恩来为全国人大制度的筹建，不仅做了许多法律上、政治上的准备工作，而且还做了许多具体的事务性工作。如在一届人大召开前夕，周恩来在 1954 年 8 月 28 日特别就第一届全国人大第一次会议的警卫工作和交通管理等问题指示有关部门："全国人大会议的招待人员要精干和对业务熟练。对汽车的使用，尽量注意不要浪费。"对警卫工作的要求是：精练、迅速、确实、有秩序、注意安全。⑤

1954 年 9 月 15 日，第一届全国人民代表大会第一次会议在北京开幕。经过充分讨论，会议通过了《中华人民共和国宪法》，通过了周恩来做的政府工作

---

① 《周恩来年谱（1949—1976）》上卷，中央文献出版社 1997 年版，第 283 页。
② 《周恩来年谱（1949—1976）》上卷，中央文献出版社 1997 年版，第 293 页。
③ 逄先知、金冲及主编《毛泽东传（1949—1976）》上卷，中央文献出版社 2003 年版，第 310-312 页。
④ 《周恩来年谱（1949—1976）》上卷，中央文献出版社 1997 年版，第 406 页。
⑤ 《周恩来年谱（1949—1976）》上卷，中央文献出版社 1997 年版，第 411 页。

报告，通过了《中华人民共和国全国人民代表大会组织法》《中华人民共和国国务院组织法》《中华人民共和国法院组织法》等一系列法律。其中，《中华人民共和国国务院组织法》对国务院的组织机构的产生办法、人事任用、会议制度等重大问题做出了新的规定。根据中华人民共和国主席毛泽东的提名，大会决定任命周恩来为国务院总理。翌日，会议根据周恩来的提名，通过国务院组成人选，陈云等十人为国务院副总理。[①]9 月 28 日，第一届全国人民代表大会第一次会议在完成了它所担负的各项重大的历史任务后胜利闭幕。

第一届全国人民代表大会的召开和第一部宪法的制定重新建构了中国的政治和行政体制。按照第一部宪法规定，全国人民代表大会是最高国家权力机关和行使国家立法权的唯一机关；全国人民代表大会常务委员会是全国人民代表大会的常设机关；宪法同时规定了国务院即为中央人民政府，是最高国家权力机关的执行机关，即最高国家行政机关，国务院对全国人民代表大会负责并报告工作；在全国人大闭会期间，对全国人大常委会负责并报告工作。这样，就改变了原来中央人民政府下辖政务院的两级政府体制，明确了新的最高国家权力机关与最高国家行政机关的相互关系准则，标志着中华人民共和国的国家政治制度已经正式确立。

第一届全国人大召开和"五四宪法"颁布后，中央行政体制发生的一个重要变化，就是国家最高行政机构做了调整，以国务院取代了政务院，中央行政体制发生了由二级政府体制向一级政府体制的重要转变。"五四宪法"第 49 条还详细规定了国务院可行使 17 项职权。在一届人大一次会议上通过的《中华人民共和国国务院组织法》，作为最高国家行政机关组建的法律依据，根据"五四宪法"相关条款的规定，对国务院组织机构的设置和产生办法、人事任用、会议制度、任免权限等重大问题做出了进一步明确规定。[②]

《中华人民共和国宪法》和《中华人民共和国国务院组织法》的颁布实行宣告了 1949 至 1954 年中央人民政府下辖政务院二级政府体制的结束，正式确立了国务院即中央人民政府的一级政府体制，对中央行政体制的整体架构进行了重新规定。第一届国务院的成立虽然是在原政务院基础上组建完成的，但与政务院在性质、地位、组织结构、机构设置、人员构成、职权范围以及与国家最高权力机关的关系等方面均存在较大差别。此后的历届中央政府，基本都是在周恩来当年设计和确定的中央行政体制框架下运行的。

---

① 《周恩来年谱（1949—1976）》上卷，中央文献出版社 1997 年版，第 418-419 页。
② 《中华人民共和国国务院组织法》，《人民日报》1954 年 9 月 29 日。

二、周恩来正确阐明政府与人大、政协与人大的关系

全国人民代表大会制度建立后，对如何妥善处理和协调中央政府与全国人大的关系，周恩来有明确的认识，他正确阐明了人大与政府的关系。

第一，周恩来认为人民代表大会"是经由人民选举出来的，是代表广大人民利益的"[1]。政府要充分尊重人大的职权，在领导和管理国家的实际工作中，凡属重大问题均要经国务院会议通过后，作为议案提请全国人大或人大常委会审议决定。他还提出"我们还要进一步使人大代表参加对政府工作的检查，一直到检查公安、司法工作"[2]，使人民代表更了解实际情况，更有针对性地提出批评与建议。

第二，政府要特别重视人大代表对政府工作的批评意见。周恩来认为"政府应该让人民代表批评自己的错误，承认应该承认的错误"[3]。政府要及时、认真地处理全国人大交办的人大代表关于政府工作的提案和建议。不要怕在人民中揭露政府工作中的缺点，他明确地表示："我们有信心，不仅敢让党员，还敢让非党员和资产阶级代表看我们工作中的缺点、偏差。"[4]"我们共产党人要有勇气面对真实，面对错误，有错误就不怕揭露，要勇于承认和改正。"[5]

第三，周恩来提议在人大会议上建立辩论制度，小会和大会上都可以辩论，"人民代表提出的意见，政府要出来回答。"他认为资本主义国家的制度我们不能学，"但是，西方议会中的某些形式和方法还是可以学的，这能够使我们从不同方面来发现问题"[6]。这样可促使我们各级政府改善工作。

第四，周恩来建议人大代表和政协委员要经常接触人民，每年应有两次到人民中去直接视察，"他们可以从与政府不同的角度去接触广大人民，接触实际，看我们的工作是否做的恰当，做错了没有，有什么缺点，有什么偏差。"[7]他还希望，这种方式要坚持下去。

周恩来在正确处理中央政府与全国人大的关系的同时，还注意协调人大与人民政协的关系。全国人大建立后，他及时阐明了人大与政协的各自职能，在其担任政协主席期间，最早开启了两会同时举行的机制。

---

① 《周恩来统一战线文选》，人民出版社1984年版，第244页。
② 《周恩来选集》下卷，人民出版社1984年版，第208页。
③ 《周恩来选集》下卷，人民出版社1984年版，第208页。
④ 《周恩来选集》下卷，人民出版社1984年版，第207页。
⑤ 《周恩来选集》下卷，人民出版社1984年版，第208页。
⑥ 《周恩来选集》下卷，人民出版社1984年版，第208页。
⑦ 《周恩来选集》下卷，人民出版社1984年版，第207页。

　　全国政协建立之初代行了全国人大的职权，其在国家政治体制中的地位和作用是十分明确的。1954年全国人大召开后，全国人民代表大会是最高国家权力机关，人民政协则成为多党合作的统一战线和政治协商机构。在新的情况下如何处理政协和人大的关系？各自的职权如何划分？对此，周恩来早有成熟的思考。早在新政治协商会议筹备期间，周恩来就指出，"在全国各地方未能实行普选之前，中国人民政治协商会议和它的地方委员会分别执行全国和地方的人民代表大会的职权"。在将来召开全国人民代表大会以后，"那时中国人民政治协商会议全体会议，才不再代行全国人民代表大会的职权，但是它仍将以统一战线的组织形式而存在，国家大政方针，仍要经过人民政协进行协商。地方委员会的情形也是如此"。①

　　人民代表大会制度建立后，周恩来批评了两种错误认识：一是认为人民政协没有存在的必要了；二是仍把政协看作是政权机关。周恩来明确指出："第一届政协代行全国人民代表大会职权，本身并不是人民代表大会，这点必须弄清。人大既开，政协代行人大职权的政权机关作用已经失去，但政协本身的统一战线的作用仍然存在，去掉一个代行的作用，留下本身的作用。"②"今后这个组织在中国共产党领导下，继续作为团结全国各民族、各民主阶级、各民主党派、各人民团体、国外华侨和其他爱国民主人士的人民民主统一战线的组织，发挥它应有的作用，而不是不起作用，应该把这个问题说得更清楚。"③

　　周恩来在担任全国政协主席期间，还同毛泽东等第一代党和国家领导核心一起开启了两会同时举行的先河。两会同时召开是周恩来主持的第二届政协全国委员会第52次常务委员会（扩大）会议做出的决定。这次会议1959年3月10日在北京举行，会议讨论了召开政协第三届全国委员会第一次会议的有关问题，协商了《中国人民政治协商会议第三届全国委员会委员名单（草案）》，决定中国人民政治协商会议第三届全国委员会第一次会议（4月17—29日）与第二届全国人民代表大会第一次会议（4月18—28日）同时在北京召开，出席政协会议的代表列席第二届全国人民代表大会第一次会议。在这次联席会议上，周恩来指出，"两个大会联合起来开会是一个新形式。但要说明，这个会是又联合，又有区别。主要议程是合着的，但人大要实行它的权力，这些权力政协是没有的，但是多吸收些意见，归入决议中去，可以集思广益把工作做得更好。

　　①《周恩来统一战线文选》，人民出版社1984年版，第137页。

　　②　中国人民政治协商会议全国委员会研究室、中共中央文献研究室第四编研部编《老一代革命家论人民政协》，中央文献出版社1997年版，第186页。

　　③《老一代革命家论人民政协》，中央文献出版社1997年版，第186-187页。

人大、政协两个会有不同之处，权力上有分别，但应该说两会只有权力之分，无高低之别。不只是人大的报告政协可以听，政协有好报告人大也可以听"。①

　　人民政协与人大同期召开会议，有助于政协更好地发挥自身的职能和作用。1964 年底至 1965 年初，在周恩来、朱德等人的共同领导下，第四届全国政协第一次会议（1964 年 12 月 20 日—1965 年 1 月 5 日）和第三届全国人大第一次会议（1964 年 12 月 21 日—1965 年 1 月 4 日）再次同时举行，"两会机制"初步形成。此后，除了"文化大革命"期间只召开了一次人大会议，未召开全国政协会议外，两会都是同年同期举行的，一直持续至今。两会同时召开，不但可以节省人力物力资源，降低执政成本。更重要的是，全国政协委员列席全国人民代表大会，听取和讨论国务院的政府工作报告和最高人民法院、最高人民检察院工作报告，可以全面了解政府的工作和国家发展战略，更好地发挥政协的政治协商、民主监督、参政议政的职能，使政协和人大的工作相互配合，相得益彰。

三、周恩来精心筹划四届人大对中国政治产生深远影响

　　第四届全国人民代表大会从 1970 年筹备工作开始到 1975 年正式召开，历时 5 年，是历届全国人民代表大会筹备时间最长的一次代表大会。在"文化大革命"特殊时期，四届人大召开的重要性突出体现在对国家基本政治体制的恢复重建和对国家权力的再分配上。由于政治形势的不断变化，筹备工作几度启动，几度中断，这期间，周恩来始终主持筹备工作，为大会的筹备和召开发挥了无人替代的特殊作用。

　　中共九大之后，召开四届人大就逐步提上了议事日程。1970 年 3 月，根据毛泽东提出的关于召开四届人大和修改宪法的意见，周恩来主持政治局会议，分成若干小组，开始着手各方面的准备工作。7 月又召开政治局会议，成立了宪法修改委员会，并将召开四届人大会议的时间定于 9 月 15 日至 20 日。②然而，随后在讨论宪法修改草案有关问题上中共核心领导层产生了分歧，九届二中全会后发表的公报尽管公布了关于召开四届人大的信息，但筹备工作由于开展"批陈整风"运动而被暂时搁置了。

　　1971 年 8 月，中断了的四届人大筹备工作继续进行。根据毛泽东关于召开四届人大的意见，拟定会期安排在国庆节后，周恩来在 9 月初连续召开会议商

---

① 全国政协秘书处编印《中国人民政治协商会议资料选集》，1962 年版，第 18-19 页。
② 《周恩来年谱（1949—1976）》下卷，中央文献出版社 1997 年版，第 353、378、380 页。

议筹备事宜，但是"林彪事件"后，四届人大的筹备工作由于接踵而来的"批林整风"运动不得不再次搁置下来。

1973 年 8 月，周恩来在中共十大上代表中央做的政治报告中宣布："最近，我们还要举行第四届全国人民代表大会。"①被延迟两年的四届人大筹备工作，第三次被提到日程上来。9 月 12 日，周恩来主持中央政治局会议，发出关于召开四届人大的通知，并在政治局内设立 3 个小组开展筹备工作。②10 月中旬，周恩来再次主持中央政治局会议，讨论四届人大筹备工作，并基本通过了《政府工作报告》草稿。然而此后不久开展的"批林批孔"运动，江青集团借机对周恩来发起了一系列攻击，也使得周恩来筹备四届人大的工作很难继续进行。

1974 年 10 月初，根据毛泽东再次提出召开四届人大的意见，中共中央发出关于准备召开四届人大的通知。③几经波折的第四届全国人大的筹备工作，终于第四次正式展开，中断了近 5 年后的筹备工作在周恩来的主持下，又重新恢复。经历了诸多的波折和斗争之后，1975 年 1 月，第四届全国人民代表大会终于在北京召开了。

在近 5 年的筹备四届人大过程中，周恩来始终发挥着非常重要的作用。就在周恩来遭到错误批判期间，毛泽东也没有把四届人大的筹备工作交与江青集团，这表明了他对周恩来的信任和倚重。在筹备四届人大的关键时刻，毛泽东抑制了江青集团的干扰，授命周恩来组阁，从而为周恩来在四届人大筹备过程中发挥主导作用提供了最为关键的政治支持。11 月 6 日，周恩来致信毛泽东，汇报四届人大各项准备工作及进展情况。他提出："代表名单、宪法草案和报告，政府工作报告，均可在十一月搞出。""人事名单估计十一月下旬可搞出几个比较满意的人选。"毛泽东看信后批示："同意。"④这表明了毛泽东对周恩来主持的筹备工作表示认可和支持。

在"文化大革命"特殊时期，召开四届人大对于重建和巩固国家基本政治制度与行政体制，恢复正常政治秩序，维护社会稳定具有重要意义。周恩来对于新一届政府机构设置中各位副总理和各部委办主要负责人的人事安排等方面，进行了精心设计和决策。在与江青集团的较量中，他显示了高超的政治智慧和娴熟灵活的斗争策略。他已将四届人大筹备工作视为一项重要的政治使命

---

① 《中国共产党第十次全国代表大会文件汇编》，北京人民出版社 1973 年版，第 26 页。

② 《周恩来年谱（1949—1976）》下卷，中央文献出版社 1997 年版，第 621 页。

③ 中共中央党史研究室编《中国共产党历史大事记》（1919.5—2005.12），中共党史出版社 2006 年版，第 275 页。

④ 《周恩来年谱（1949—1976）》下卷，中央文献出版社 1997 年版，第 681-682 页。

和对中国政治发展的一次重要政治交代。用他自己的话说："既然把我推上历史舞台，我就得完成历史任务。"①

自 1972 年 5 月被发现患了癌症后，周恩来身体状况急剧恶化，所以确定四届人大人事安排的首要步骤，就是选定国务院第一副总理人选，这在当时具有异乎寻常的重要意义。周恩来极力推荐由邓小平接替他来主持国务院和党中央的日常工作，这是确定四届人大人事安排最为重要的一个步骤。11 月初，周恩来就四届人大的筹备进展情况致信毛泽东时提出："我积极支持主席提议的小平为第一副总理，还兼任总参谋长。"②12 月下旬，毛泽东在长沙听取周恩来关于四届人大筹备情况的汇报时，高度评价邓小平"政治思想强，人才难得"，重申由邓小平出任国务院副总理、中央军委副主席兼总参谋长的建议，并提出四届人大后，周恩来可以安心养病，国务院的工作由邓小平去顶。在谈到十届二中全会时，毛泽东同意周恩来的建议，增补邓小平为中央副主席兼政治局常委。③这一举措"成为邓小平即将全面接替病重的周恩来的最具体和最有效的步骤"④。

在竭力举荐邓小平为第一副总理的同时，周恩来精心筹备着四届人大的中央政府组织机构和各项人事安排。他在审阅了四届各界人大代表的名额分配名单后，致信中央政治局，要求增加老干部的名额。在毛泽东已经明确了人大常委会委员长、国务院总理及主要的副委员长、副总理人选的基础上，按照毛泽东关于"其他人事安排由周恩来主持商定"的指示，从 11 月下旬开始，周恩来连续召开会议酝酿协商四届人大的人事安排问题。他审议、修改了由邓小平主持起草的政府工作报告草案。在事关党和国家的领导权掌握在哪些人手里的人事安排问题上，周恩来可谓是反复斟酌，煞费苦心。在拟定的国务院各部部长、各委员会主任的名单中，他主要起用了一批有丰富领导经验的老干部，对江青集团把持的一些部门也做了必要的让步，并强撑重病之躯，亲自飞往长沙向毛泽东汇报四届人大筹备情况，与毛泽东共同审定了四届人大会议上的各项人事安排，最终形成了"长沙决策"。从而保证了邓小平等一批老干部在新组建的政府中掌握实权，保证了四届人大筹备工作的顺利进行。

四届人大一结束，周恩来立即在人民大会堂主持召开国务院常务会议，审定副总理分工事宜。会上，周恩来明确提出，今后国务院工作由邓小平主持，

---

① 《周恩来年谱（1949—1976）》下卷，中央文献出版社 1997 年版，第 686 页。
② 《周恩来年谱（1949—1976）》下卷，中央文献出版社 1997 年版，第 682 页。
③ 《中国共产党历史大事记》（1919.5—2005.12），中共党史出版社 2006 年版，第 276 页。
④ 曹应旺：《高端协力中的周恩来》，四川人民出版社 2008 年版，第 120 页。

邓小平任第一副总理,在他治病疗养期间,由邓小平主持会议和呈批重要文件,李先念、纪登奎、华国锋 3 名常务副总理负责处理国务院日常事务。[1]会议还通过了副总理的分工方案。副总理分工会议结束后,周恩来又召集各部委负责人会议,他重申了毛泽东关于邓小平"人才难得""政治思想强"的评价,为邓小平主持国务院工作后进行全面整顿,创造了有利的条件。

　　在四届人大新形成的政治格局中,以周恩来为首的老一辈革命家占据了主要地位。除朱德继续当选为全国人大常委会委员长外,在"文化大革命"中曾经遭到错误批判和诬陷的徐向前、聂荣臻、陈云、谭振林、李井泉、乌兰夫等一大批党和国家领导人当选为全国人大常委会副委员长或常委;在三届人大期间即为国务院主要领导成员的邓小平、李先念、王震、余秋里、谷牧等人被任命为新一届国务院副总理。在四届人大任命的各部部长、委员会主任中,大部分是"文化大革命"前就已在职的老干部,而江青集团成员中并没有多少人获得要职。在四届人大新任命的 29 位部长中,一些重要部门的负责人任用了一批熟悉行政工作的老部长,还任用了一批专业对口、管理经验丰富的老部长,比如邮电部部长钟夫翔、对外贸易部部长李强、第四机械部部长王铮、石油化学工业部部长康世恩、水利部部长钱正英、财政部部长张劲夫等。

　　周恩来对四届人大人事的设计、安排,对中央行政体制的重新整合,对于增强和江青集团斗争的政治优势有着十分重要的意义。周恩来最后一次组阁对中国政治产生了深远影响。四届人大后组建的新一届政府,产生了以周恩来、邓小平为核心的新的国务院领导班子。在四届人大任命的各部部长、委员会主任中,大部分是"文化大革命"前就已在职的老干部,为中央政府切实履行其行政管理职能、恢复对国家经济社会生活的统一领导奠定了良好的组织基础,也使国家政治生活逐步转入正轨,为其身后的历史转折奠定了基础,创造了条件,对"文化大革命"后第二代中央领导核心的形成意义重大,影响深远。经过了"文化大革命",幸存的一大批党政军老干部,是领导改革开放和现代化建设的第二代中央领导集体的中坚力量。而这批人能够渡过灾难时期,幸存下来,与周恩来对他们的竭力保护和精心安置是分不开的。尽管中共第二代中央领导集体是在周恩来逝世后才逐步形成的,而且也是多种因素共同作用的结果。但周恩来对于中共第二代中央领导集体的形成也付出了艰辛的努力。正是由于周恩来的殚精竭虑和不懈努力,党和国家的精华才得以保存下来并在以后的工作中发挥重要的作用。

---

[1]《周恩来年谱(1949—1976)》下卷,中央文献出版社 1997 年版,第 694 页。

　　中共十一届三中全会后，形成了以邓小平为核心的第二代中央领导集体。追根溯源，邓小平从复出到走上中央党政军主要领导岗位的全过程，离不开毛泽东的决策和周恩来的支持、信任和帮助。举荐和安排邓小平进入中央领导核心，担任国务院第一副总理并负责国务院日常工作，是周恩来在筹划四届人大工作中最重要的成果之一。这一安排为邓小平充分施展其治国才能，提供了必要的政治空间和政治舞台。正如江泽民在纪念周恩来诞辰 100 周年大会上的讲话所指出的："周恩来同志促成邓小平同志复出，主持召开十届二中全会选举邓小平同志为中共中央副主席，主持召开四届人大重申四个现代化的目标、任命邓小平同志为副总理，促成邓小平同志主持中央常务工作和代行总理职权。这不仅深深地影响了当时中国的政局，而且为未来中国的健康发展准备了条件。"①

　　在"文化大革命"晚期，在非常困难的情况下，周恩来抱病承担起筹备四届人大和新一届政府的工作。他顾全大局，任劳任怨，为继续进行党和国家的正常工作，为尽量减少"文化大革命"所造成的损失，为保护大批党内外干部费尽了心血。历史将永远铭记，周恩来为党和国家的事业、为人大制度建立、完善、发展做出了不可磨灭的贡献，尤其在四届人大筹备过程中发挥的旁人无可替代的重要作用。他的最后一次精心组阁彰显了其作为一代政治伟人身处险境时的政治智慧和策略，以及灵活巧妙的领导艺术，充分反映了其为国家、为人民"鞠躬尽瘁，死而后已"的高尚政治品格。

（本文原载于《人民与权力》2018 年第 3 期）

---

① 江泽民：《在周恩来同志诞辰一百周年纪念大会上的讲话》，《人民日报》1998 年 2 月 24 日。

周恩来与新中国民族政策的制定和实施

周恩来在如何处理民族问题上提出了许多真知灼见，并在新中国成立后亲自领导了民族工作。他和毛泽东等第一代领导人一起确立了各民族一律平等的根本原则。他坚决维护国家的统一和各民族的团结，是我国民族区域自治制度的主要奠基者之一。周恩来不但从理论上阐明了新中国的民族区域自治政策，而且亲自领导了全国的民族工作，对我国五大自治区的成立都予以了特别关怀和具体指导。他倡导各民族合作互助，共同繁荣，高度重视发展少数民族的各项建设事业，为新中国民族区域自治政策的制定和贯彻做出了重要贡献。其关于民族问题的杰出思想，至今对搞好我国的民族工作仍具有重要的指导意义。

一、确立各民族一律平等的基本原则

早在中华人民共和国成立前夕，周恩来就与毛泽东等人一起确立了新中国民族政策的根本原则，这一原则反映在 1949 年 9 月中国人民政治协商会议第一届全体会议通过的《中国人民政治协商会议共同纲领》中。《共同纲领》共七章 60 条，其中第六章就是"民族政策"，该章第 50 条规定："中华人民共和国境内各民族一律平等，实行团结互助，反对帝国主义和各民族内部的人民公敌，使中华人民共和国成为各民族友爱合作的大家庭。反对大民族主义和狭隘民族主义，禁止民族间的歧视、压迫和分裂各民族团结的行为。"[①]由周恩来亲自起草的《共同纲领》在当时起着临时宪法的作用，新中国第一代领导人从 1949 年起就已将民族平等和团结原则纳入了法治化轨道。

新中国成立后，周恩来作为政府总理直接领导了民族政策的制定和民族工作的开展，他对中国的民族问题也有了更多的思考和论述。其所确立的新中国民族政策的根本原则就是："中华人民共和国境内各民族一律平等"。这也是其民族思想的核心和实行民族区域自治的基础。就这一根本性原则，周恩来曾阐

---

① 中央档案馆编《中共中央文件选集》第 14 册，中共中央党校出版社 1992 年版，第 742 页。

述了三点主要内容。

（一）实现各民族平等，加强民族团结，必须反对大汉族主义和地方民族主义

中国是一个统一的多民族国家，在历史上各民族既有和平相处、共同发展的时期，也有互相争斗、以大欺小、以强凌弱的状况。周恩来很早就注意到了这一问题，他主张各民族无论人口多少、社会发展程度高低，都一律平等，而且民族平等不能局限于政治上，也应该体现在经济、文化等各个方面。他一再强调必须高度重视民族问题，不断加强民族团结。这是中国革命和建设取得成功的重要保障。他认为各民族只有社会发展程度高低的差别，没有优劣之分。"绝不能说这个民族是优秀的，那个民族是劣等的，这种想法是完全错误的种族主义的想法。德国法西斯认为日尔曼民族是最优秀的民族，说德国日尔曼血统是最好的血统，这是极端反动的思想。我们认为，所有的民族都是优秀的、勤劳的、有智慧的，只要给他们发展的机会；所有的民族都是勇敢的、有力量的，只要给他们锻炼的机会。"[①]

1957年，在全国人大民族委员会召开的民族工作座谈会上，周恩来阐述了关于新中国民族政策的几个问题。他特别强调："我们反对两种民族主义，就是既反对大民族主义（在中国主要是反对大汉族主义），也反对地方民族主义，特别要注意反对大汉族主义。"他分析了这两种民族主义的危害："一方面，如果在汉族中还有大汉族主义的错误态度的话，发展下去就会产生民族歧视的错误；另一方面，如果在兄弟民族中存在地方民族主义的错误态度的话，发展下去就会产生民族分裂的倾向。总之，这两种错误态度、两种倾向，如果任其发展下去，不仅不利于我们民族间的团结，而且会造成我们各民族间的对立，甚至于分裂。"周恩来还进一步阐明了新中国民族团结的基础，"就是我们各民族要建设社会主义的现代化国家。建设这样的祖国，就是我们各族人民团结的共同基础。我们反对两种民族主义——大汉族主义和地方民族主义的共同目的，就是建设社会主义的祖国大家庭，建设一个具有现代工业、现代农业的社会主义国家。这个社会主义国家，不是哪一个民族所专有，而是我们五十多个民族所共有，是中华人民共和国全体人民所共有。"[②]他要求各级干部"应该把这个问题提到新的认识上来，不要避讳这种批判，而是要从正面指出这个问题。两种错误的倾向都是对我们社会主义建设不利的。为了祖国的伟大的建设，我们就应

---

① 《周恩来选集》下卷，人民出版社1984年版，第263页。
② 《周恩来选集》下卷，人民出版社1984年版，第247-248页。

当自觉地克服大汉族主义错误和地方民族主义错误。"①

（二）国家的统一符合各民族的根本利益，各民族必须自觉维护国家的统一

中国曾长期受帝国主义的侵略和压迫，新中国是从反殖民主义的民族独立运动中发展起来的。因此，周恩来认为中国宜合不宜分，只有合起来组成一个民族大家庭，才能抵抗帝国主义的威胁和侵略。中国到任何时候都必须强调民族的团结和国家的统一，这是全国各民族的最高利益。为维护祖国的统一，他始终旗帜鲜明地同分裂主义做坚决的斗争。1952年2月，他在政务院会议上指出，我们既应反对大汉族主义和狭隘民族主义，同时还应提防帝国主义挑拨离间、煽动民族分裂主义。②他去印度访问时，谴责了尼赫鲁纵容中国分裂分子的错误做法，坚决表明了中国政府维护国家统一的原则立场。他亲自主持了中央人民政府与西藏地方政府的谈判，签订了和平解放西藏办法的协议，为使西藏回到祖国怀抱做出了卓越贡献。

1956年12月中旬，周恩来在视察云南德宏傣族景颇族自治州时告诫各族干部："我们必须像爱护自己的眼睛一样，维护祖国的统一和民族的团结。"只要各民族团结互助，就能充分调动各族人民的力量，共同建设祖国，建设社会主义。③

（三）承认历史、顾及特点、互相学习、取长补短是实现民族平等和团结的基础

中国有很多少数民族，怎样才能团结合作得好？周恩来早就对这个问题有过自己的思考。他认为除了在《共同纲领》已明确规定各民族一律平等外，还要考虑少数民族的历史和特点，"我们不能要求各少数民族的发展水平和汉族一样，要承认少数民族在某些方面存在落后现象，不能求之过急。我们决不允许帝国主义捣鬼，挑拨民族关系，这个原则一定要坚持。至于其他方面的问题可以慢慢来解决，有的还要等待。有些政策要结合少数民族地区的特点加以贯彻，不能拿一个政策来解决所有的问题。"他举例说，如维吾尔族人有些先进人士，觉得共产党好，要求加入共产党，但他们的宗教信仰一时又不愿放弃，我们便可以允许他加入，在政治上鼓励他进步，在思想上帮助他改造，否则会影响他前进。"对少数民族，首先要在政治上使他们求得解放，然后在经济上和文化上

①《周恩来选集》下卷，人民出版社1984年版，第253页。

②　中共中央文献研究室编《周恩来年谱（1949—1976）》上卷，中央文献出版社1997年版，第219页。

③　中共德宏傣族景颇族自治州委员会：《周总理把党的温暖送到各族人民心间》，《云南日报》1977年1月11日。

再帮助他们发展，稳步前进。"①

周恩来强调加强汉族干部与少数民族干部的团结是搞好民族团结的关键。他要求汉族干部和少数民族干部要互相学习，互相帮助。汉族干部要从各方面切实尊重少数民族的平等权利，尊重少数民族人民的意见。汉族干部和群众要充分认识少数民族的历史贡献和民族地区的重要地位，增强与少数民族搞好团结的自觉性。他希望汉族应主动多替少数民族着想，主动与少数民族搞好团结。"凡事都'求其在我'，不要只说人家的错处。"只有这样主动地替他们着想，才能够团结好少数民族。他相信"按照我们的政策去做，各民族必定能够日益团结，必定会有美好的前景"。②

周恩来提出的民族平等原则，自新中国第一届政治协商会议筹办时就已开始贯彻落实。在中国人民政治协商会议中，有汉族、蒙古族、满族、回族、藏族、彝族等各民族的代表人士参加，使各民族以完全平等的政治地位，以主人翁的身份参加国家最高权力机构，共商国是。在周恩来参与组建的第一届中央政府机构里，成立了专门负责全国民族工作的部委级机构——民族事务委员会，由共产党员李维汉任主任委员，来自少数民族的乌兰夫、刘格平和赛福鼎被任命为副主任委员。

为全面贯彻民族平等原则，中华人民共和国成立之初周恩来还具体组织和领导了我国民族工作史上具有划时代意义的民族识别工作。新中国成立前，祖国大家庭中究竟有多少个民族？始终没有一个确切的调查统计，当时全国自称民族的有上百个。要体现民族平等，就要进行民族识别，弄清民族情况。从1953年起在周恩来的指导下，中央政府派出了以历史学家、民族学家、语言学家等专业人员组成的工作组到全国各地进行民族识别和考察工作，其工作目标是弄清楚各少数民族的名称（包括自称和他称）、人数、语言和简单的历史，以及他们在文化上的特点（包括风俗习惯）。在民族识别中，周恩来强调要坚持马列主义的指导与我国实际相结合的原则，既考虑历史因素，又强调现实因素。既要有利于民族团结，又要实事求是。他与少数民族干部、群众座谈，听取他们的意见和建议。"经过认真的调查研究，到1954年，中国政府确认了38个民族；到1964年，中国政府又确认了15个民族。加上1965年确认的珞巴族、1979年确认的基诺族，全国55个少数民族都被正式确认并公布。"③从此中国确立了56个民族大家庭的局面。周恩来领导的民族识别工作为一批历史上不被承认

---

① 《周恩来统一战线文选》，人民出版社1984年版，第164页。
② 《周恩来统一战线文选》，人民出版社1984年版，第191-192页。
③ 《中国的少数民族政策及其实践》白皮书，中华人民共和国国务院新闻办公室1999年9月公布。

的少数民族确立了平等地位，增强了民族工作的针对性，促进了各民族的团结和进步。

二、阐明并积极贯彻民族区域自治政策

在确定了民族平等和团结的根本原则后，新中国究竟采取何种方式解决民族问题？是像苏联一样采取联邦制？还是在统一的国家内实行民族区域自治？毛泽东、周恩来等新中国第一代领导人经过深思熟虑后，决定采取符合中国实际的民族区域自治政策，并将这一政策确立为我国的一项重要政治制度。周恩来起草的《中国人民政治协商会议共同纲领》第六章第 51 条明确规定："各少数民族聚居的地区，应实行民族的区域自治，按照民族聚居的人口多少和区域大小，分别建立各种民族自治机关。凡各民族杂居的地方及民族自治区内，各民族在当地政权机关中均应有相当名额的代表。"①

周恩来是我国民族区域自治制度的主要创建人之一，他对民族区域自治政策做过许多精彩论述，他深入分析了在我国通过这一方式解决民族问题的必要性与重要性。

首先，周恩来阐明了为什么中国要实行民族区域自治，而没有实行苏联那样的联邦制。他认为"这不单是名称的不同，制度本身也有一些不同，也就是实质上有一些不同"。不同之处在于，苏联的区域划分与我国差异很大，其自治共和国的权利、权限规定亦与我国不同。中国的民族发展在地区上是互相交叉的，形成了各民族杂居的现象。西藏地区民族比较单一，在中国其他地区，藏族也是和其他民族杂居的。由于杂居，所以互相同化，互相影响。"这样的民族分布情况，就不可能设想采取如同苏联那样的民族共和国办法。因为要构成一个民族共和国，需要构成一个独立的经济单位，绝大多数的民族人口要聚居。"因此，"历史的发展使我们的民族大家庭需要采取与苏联不同的另一种形式。……采取民族区域自治的办法对于我们是完全适宜的"。②

其次，周恩来阐明了在我国实行民族区域自治制度的特殊方式。根据我国民族分布的实际情况，周恩来提出在我国"一个民族不仅可以在一个地区实行自治，成立自治区，而且可以分别在很多地方实行自治，成立自治州、自治县和民族乡"③。他认为回族是很典型的例子，国家建立了宁夏回族自治区，但还有 300 万回族人口分散在全国各地，怎么解决民族自治问题呢？就在各地方

---

① 《中共中央文件选集》第 14 册，中共中央党校出版社 1992 年版，第 742 页。
② 《周恩来选集》下卷，人民出版社 1984 年版，第 256 页。
③ 《周恩来选集》下卷，人民出版社 1984 年版，第 257 页。

设回族自治州、自治县和民族乡。他还举蒙古族、藏族为例说，内蒙古自治区虽然地区很大，但那里的蒙古族只占它本民族人口的三分之二左右，另外占三分之一的蒙古族人分布在东北、青海、新疆等各地，我们就在这些地区建立蒙古族的自治州或自治县；西藏自治区有藏族人口 100 多万，在青海、甘肃、四川、云南等省还有藏族人口 100 多万，我们就在这里建藏族自治州、自治县。在成立壮族自治区时，到底是成立桂西壮族自治区还是成立包括汉族在内的广西壮族自治区？各方意见有分歧。周恩来以合则有利于经济发展的道理说服了一些汉族干部和群众，使广西壮族自治区也成为一个民族合作的自治区。

再次，周恩来阐明了在我国实行民族自治的重要意义。他认为在我国实行民族自治的重要意义至少有两个方面：一是符合我国实际情况，有利于少数民族行使自治权利。"这种民族区域自治，是民族自治与区域自治的正确结合，是经济因素与政治因素的正确结合，不仅使聚居的民族能够享受到自治权利，而且使杂居的民族也能够享受到自治权利。从人口多的民族到人口少的民族，从大聚居的民族到小聚居的民族，几乎都成了相当的自治单位，充分享受了民族自治权利。这样的制度是史无前例的创举。"二是有利于民族合作，避免了被帝国主义利用。在共产党成立新中国前，有些被帝国主义利用了的反动分子进行"东土耳其斯坦"之类的分裂活动，有鉴于此，新中国政府确定成立新疆维吾尔自治区，并解释说："'新疆'二字，意思是新的土地，没有侵略的意思，跟'绥远'二字的意思不同。至于西藏、内蒙的名称是双关的，既是地名，又是族名。这里有一个民族合作的意思在里面。"①

最后，周恩来强调了民族自治权利必须得到保证，最终目标是求得共同发展。他从国家立法的角度指出："实行民族区域自治，是我们解放以后在民族问题上的一个根本性的政策。这是我国宪法上规定了的。"因此，"肯定地说，民族自治权利必须受到尊重。凡是宪法上规定的民族自治权利，以及根据宪法制定的有关民族自治权利的各种法规、法令，统统应该受到尊重"。在这方面周恩来提醒某些干部，"有的时候是注意不够的。我们应该多检查，多批评。同时，在这方面，因为汉族人数多，容易忽视少数民族的自治权利，大汉族主义的缺点也是比较容易发生的"。②同时，周恩来也阐明，作为一种政策、一种制度，我国实行民族区域自治主要是一种实现民族团结和繁荣的手段，不是为了自治而自治。实行民族区域自治的最终目标是什么？他明确指出："在中国这个民族

① 《周恩来选集》下卷，人民出版社 1984 年版，第 258-260 页。
② 《周恩来选集》下卷，人民出版社 1984 年版，第 268 页。

大家庭中，我们采取民族区域自治政策，是为了经过民族合作、民族互助求得共同的发展、共同的繁荣。中国的民族宜合不宜分。我们应当强调民族合作、民族互助，反对民族分立、民族'单干'。""这样，我们才能够真正在共同发展、共同繁荣的基础上，建立起我们宪法上所要求的各民族真正平等友爱的大家庭。"①

周恩来不但是我国民族区域自治政策的制定者和积极倡导者，同时也是这一政策的积极实践者，我国五大自治区的成立，无一不浸透着周恩来的心血。据乌兰夫回忆，在制定和实施民族区域自治政策中，"周恩来同志是做出过重大贡献的。内蒙古自治区的建立，是党的这一基本政策的第一次实践，而 1947年 3 月 23 日中央批准建立内蒙古自治区的电报指示，正是周恩来同志根据中央集体决定精神亲自起草的。……历史已经证明，周恩来同志亲自起草的这一电报指示，为后来不断充实完善的党的民族区域自治政策奠定了基础。周恩来同志被誉为这一基本政策的奠基者之一是当之无愧的"②。1952 年 5 月 1 日，内蒙古自治区成立 5 周年时，周恩来致电自治区主席乌兰夫，衷心祝愿内蒙古永远成为少数民族区域自治的良好榜样。

为广西壮族自治区的建立，周恩来也做了大量工作。针对如何建立广西壮族自治区问题上有两种截然不同的意见，从 1956 年起他多次约各方面人士讨论建立壮族自治区的问题。他指出，采取民族区域自治政策可以防止帝国主义的挑拨，促进各民族的团结。汉族和少数民族，不论从全国来看，还是从一个省来看，都需要合。③他指示一定要集中广大人民群众的意见，一定要经过从上到下，从下到上的酝酿，并号召大家一定要从有利于各民族共同繁荣的角度考虑问题，不要只从自身角度考虑。经过充分讨论，绝大多数同志赞成合，认为合比分有利。1957 年 7 月 15 日，第一届全国人大第四次会议批准了国务院总理周恩来提出的议案，撤销广西省建制，成立广西壮族自治区。

曾任总理办公室主任、中央统战部副部长的童小鹏对周恩来在民族问题上的重要贡献评价说："我国各民族自治地方的建立，都是同周恩来的操劳分不开的。在我国 55 个少数民族中，先后建立民族自治地方的计有内蒙古自治区、新疆维吾尔自治区、宁夏回族自治区、广西壮族自治区和西藏自治区等 5个自治区，31 个自治州，82 个自治县（旗），在全国少数民族散居杂居地区建

---

①《周恩来选集》下卷，人民出版社 1984 年版，第 261 页。

② 乌兰夫：《为少数民族的解放和发展呕心沥血》，见《我们的周总理》，中央文献出版社 1990 年版，第559-560 页。

③《周恩来年谱（1949—1976）》中卷，中央文献出版社 1997 年版，第 29 页。

立了 333 个民族乡。这些民族自治区的建立，周恩来都予以了亲切的关怀和具体指导。"①

三、努力发展民族地区的经济文化事业

各民族共同繁荣是新中国民族区域自治政策的根本出发点；而帮助少数民族发展经济、科技、文化、教育事业，使祖国各地早日实现现代化，又是确保民族区域自治政策贯彻落实的基础。这也是周恩来的一贯思想，早在 1950 年 4 月，他接见中央人民政府民族事务委员会举办的藏族训练班学员时就指出："西藏地区经济落后，是由反动派长期压迫造成的。中央人民政府一定要扶持和帮助少数民族把政治、经济、文化发展起来，使少数民族生活改善。"②1954 年 9 月，周恩来在全国人大一届一次会议上所做的《政府工作报告》中明确提出："帮助少数民族经济和文化的发展，使各民族能够逐步达到实际上的平等，是我们历来所主张和执行的政策。"③1957 年 8 月 4 日在全国人大民族委员会召开的民族工作座谈会上，周恩来专门讲了关于民族繁荣和社会改革的问题。他再次阐明："我们社会主义的民族政策，就是要使所有的民族得到发展，得到繁荣。所以，我们国家的民族政策，是繁荣各民族的政策。在这个问题上，各民族是完全平等的，不能有任何歧视。我们的根本政策是要达到各民族的繁荣。"④

如何引导和帮助各族人民走上共同繁荣、经济发展的现代化道路呢？周恩来阐述了三点主张。

首先，他认为各民族要互相帮助，共同发展，一起奔向现代化。他指出："我们不能设想，只有汉族地区工业高度发展，让西藏长期落后下去，让维吾尔自治区长期落后下去，让内蒙牧区长期落后下去，这样就不是社会主义国家了。我们社会主义国家，是要所有的兄弟民族地区、区域自治的地区都现代化。全中国的现代化一定要全面地发展起来。我们有这样一个气概，这是我们这个民族大家庭真正平等友爱的气概。我们不能使落后的地方永远落后下去，如果让落后的地方永远落后下去，这就是不平等，就是错误。"⑤他希望各族干部群众认识清楚：要摆脱贫困落后的状态，只有我们 50 多个民族合作起来，共同发展，

---

① 童小鹏：《风雨四十年》第二部，中央文献出版社 1996 年版，第 158 页。

②《周恩来年谱（1949—1976）》上卷，中央文献出版社 1997 年版，第 36 页。

③ 周恩来在全国人大一届一次会议上所做《政府工作报告》，《人民日报》1954 年 9 月 24 日。

④《周恩来选集》下卷，人民出版社 1984 年版，第 263 页。

⑤《周恩来选集》下卷，人民出版社 1984 年版，第 266 页

互相支持，在共同发展的目标下建设社会主义祖国。

其次，他主张少数民族地区应根据本地实际发展特色经济，中央政府应尽量给予帮助。"要多在少数民族地区搞水利，用雪山的流水来灌溉。要办一些轻工业工厂。"①1955 年 3 月他在听取了西藏问题的汇报后指示：中央和各部门要帮助西藏逐步发展起来，要发展就要修路，以后国家每年都要给西藏以财政补助。②为帮助少数民族地区开展各项建设，从中央和国务院角度他尽量对少数民族的经济给予扶植。在党中央和周恩来的直接关怀下，国家每年都要拨出相当数量的款项，组织和派遣一批又一批科技文教工作人员和各方面的领导骨干支援西藏，帮助发展西藏的经济和科学文化。在逐年支援的项目中，从举世闻名的川藏、青藏、新藏和中尼公路干线、民航机场、电站、输油管道、铁路，到河堤、影剧院等，周总理都要逐项审查，亲自过问。③

最后，为了实现各族人民共同繁荣的目标，周恩来和毛泽东都主张少数民族地区要有步骤地进行民主改革和经济改革。他认为："民族繁荣是我们各民族的共同事业，对此不能有任何轻视。只有改革才能使民族繁荣。经济改革是各民族必须走的路。走这条路才能工业化、现代化。工业化、现代化了，经济生活才能富裕，民族才能繁荣，各族人民才能幸福。"④当然，周恩来也考虑到少数民族地区的特殊情况，他提出少数民族地区的改革可以分两步走："第一步是民主改革，即土地改革，第二步是实行社会主义改造。"他阐明了改革的必要性："如果不进行经济改革，维持奴隶制度、封建制度，多数的人民还是奴隶、农奴和封建制农民，生产力就不能够解放。生产的东西大部分被剥削去了，劳动者本身还是穷困的，他们就不可能有增产的积极性。"他提出："我们主张，各个兄弟民族的人民，包括他们的上层分子，觉悟到需要改革的时候，再去改革。某些地方推迟改革，是为了将来更好地改革，更和平地改革，更有准备地改革，但总是要改革。一定要把奴隶制度、封建制度和个体经济制度改革成为社会主义的经济制度。"⑤

为新中国民族政策的贯彻实施和帮助少数民族地区开展现代化建设，周恩来花费了大量心血。"一五"计划期间，他提议在内蒙古包头建立国家的大型钢铁基地，并调拨全国设备、物资、科技人员支援包钢建设。1959 年，包钢一号

---

①《周恩来统一战线文选》，人民出版社 1984 年版，第 193 页。

②《周恩来年谱（1949—1976）》上卷，中央文献出版社 1997 年版，第 456 页。

③ 任荣：《西藏人民心中的好总理》，见《我们的周总理》，中央文献出版社 1990 年版，第 392 页。

④《周恩来选集》下卷，人民出版社 1984 年版，第 268 页。

⑤《周恩来选集》下卷，人民出版社 1984 年版，第 264—266 页。

高炉提前一年建成投产时，他亲自到包头剪彩，庆祝我国少数民族地区第一个大型工业项目的初步建成。1962 年，他赴朝鲜族聚集的延边地区视察时，指示当地"千万要保护好森林，这是关系到国计民生的大问题"[①]。为发展西南边疆的经济建设，周恩来 1960 年批准广西兴建一条长 1000 多公里的公路干线，1972 年，他又亲自批准了广西防城港扩建计划。西藏和平解放以后，在他的关怀下陆续建成了川藏、青藏、新藏公路干线。1968 年夏天，他抽出时间看望到北京学习的西藏干部，勉励大家要维护民族团结，大力发展经济，增加生产。[②]1975 年 8 月，周恩来已身患重病，他在医院里还接见了将赴西藏庆祝建区 10 周年的中央代表团，教导他们要特别注意民族宗教政策，注意培养民族干部，搞好团结。

除经济建设外，周恩来还始终重视发展少数民族的文化、教育、科技、卫生事业。他多次提出要尊重自治地方各民族使用和发展本民族语言文字的权利，自治机关要重视使用民族语言文字。由于周恩来的积极倡导和推动，推进了全国少数民族语言文字的发展。他多次到少数民族地区视察，每次他都督促当地发展少数民族的语言文化，并关心少数民族的历史传承问题。1956 年，他指示中央民族学院在语文系增设藏文研究班，培养优秀学生去研究藏文文法、古典作品、档案资料和历史文献。在文化方面周恩来同志也做过不少重要指示，20世纪五六十年代，乌兰牧骑、中央民族歌舞团等民族文艺团体的建立和发展，以及《刘三姐》《五朵金花》《达吉和她的父亲》《阿诗玛》等一批反映少数民族生活的影片的拍摄上演，皆饱含着周恩来的心血。对少数民族教育事业的建设，周恩来也非常关心。1950 年 6 月，政务院即批准筹办中央民族学院。同年 11月 24 日，周恩来主持政务院第 64 次会议，批准了《培养少数民族干部试行方案》和《筹办中央民族学院试行方案》。与此同时，周恩来还非常关心民族地区的科技、卫生事业。在"文化大革命"的年代，他顶住极左思潮的干扰，指示有关部门组织医疗队，开赴甘肃、西藏等少数民族地区帮助群众治病、防病。

新中国成立后周恩来为民族政策的制定和实施，为促进各民族的团结进步和发展做出了不可磨灭的贡献，其杰出的思想及其所主持制定的民族政策发挥了重要历史作用。周恩来在处理民族问题上的成功实践，反映了新中国民族政策从最初确立到逐步完善的发展轨迹，代表着我国的民族工作的前进方向。他

---

① 《周恩来年谱（1949—1976）》中卷，中央文献出版社 1997 年版，第 486-487 页。
② 任荣：《西藏人民心中的好总理》，见《我们的周总理》，中央文献出版社 1990 年版，第 399-400 页。

透彻地阐明了中国共产党在民族区域自治问题上的基本原则和立场，其对民族问题的正确思想主张及制定的正确民族政策至今对搞好我国的民族工作具有重要的指导意义。我们今天仍应不忘周恩来的嘱托，高度重视民族问题和民族工作，积极促进中华民族大家庭的紧密团结，为实现社会主义的现代化和各民族的共同繁荣继续努力奋斗！

（本文原载于《民族研究》2005 年第 2 期）

周恩来与新中国成立初期的法治建设

周恩来一贯坚持依法治国，依法行政，新中国成立初期，他亲自领导制定了《中国人民政治协商会议共同纲领》和一系列法律法规、通则条例，在政务院建立了高于部级的政治法律委员会和人民监察委员会。他阐明了新中国第一部宪法的重大意义，确保了宪法和其他法律法规的有效执行。他始终坚持严格依规管理，坚持有法必依、执法必严。他为我国社会主义法治体系的建立健全奠定了基础，对新中国成立初期的法治建设做出了重大贡献。其对新中国法律法规建设所做的不懈努力和探索，对当今全面狠抓依法治国仍有重要的指导意义。

一、周恩来为制定《共同纲领》和第一部宪法所做的贡献

为创建新中国，奠定新中国的法律基础，1949 年上半年，周恩来花费了大量心血，亲自领导了《共同纲领》和《中央人民政府组织法》这两个极其重要的纲领性文件的起草和制定工作。

《共同纲领》从起草到定稿有一个过程。早在 1948 年 10 月中共向民主人士征求意见时就说明，"中共中央已在准备一个草案"。当时命名为《中国人民民主革命纲领（草案）》，该草案可视为《共同纲领》的最原始初稿。1949 年 6 月15 日，在中国人民政治协商会议筹备会第一次会议上周恩来被推选为常委会副主任，并兼任第三小组组长，负责起草《共同纲领》。他用了一周时间在勤政殿执笔起草了这个纲领的初稿。在草拟过程中，他曾数易其稿，最初标题为《新民主主义纲领》，后改为《新民主主义的共同纲领》，最后定为《中国人民政治协商会议共同纲领》。这一纲领草案经过多次讨论和修改，广泛地吸收了各方面意见后，9 月 22 日，周恩来在政协会议上做了《关于〈中国人民政治协商会议共同纲领〉草案的起草经过和特点》的报告。他阐明了共产党政权的政治制度和政策、外交政策、经济政策、文化政策、民族政策等一系列重大问题。[①]9 月

---

① 《周恩来选集》上卷，人民出版社 1980 年版，第 366-371 页。

29 日，中国人民政治协商会议第一届全体会议一致通过了《共同纲领》。10 月
1 日，新中国中央人民政府第一次全体会议上，一致决议接受《共同纲领》为
中央人民政府施政方针。这样，在周恩来领导和主持下，《共同纲领》和《中央
人民政府组织法》等纲领性文件的制定和通过，为新中国中央政府的成立奠定
了法律性基础。

　　在《中华人民共和国宪法》颁布以前，《共同纲领》起到了临时宪法的作用。
周恩来任政务院总理后，清楚地认识到宪法对于维护国家政权的保障作用。他
明确指出："宪法的制定颁布可以使全国人心更加安定，政治基础更加巩固，各
种建设都能在政治领导的巩固基础上来进行。"①他认为宪法是其他一切法律制
度产生的前提和基础，宪法的制定和颁布推进了国家法治体系的健全和完善，
因此推进第一部社会主义宪法的建立成为新中国成立以后的头等大事。

　　第一部《中华人民共和国宪法》，是毛泽东亲自领导制定的。周恩来为第一
届全国人大的召开和第一部宪法的制定做了许多准备工作。到第一届全国人大
召开前，在周恩来的领导下中央政府已经制定和实施了一批法律，这为第一届
全国人大的召开和第一部宪法的制定奠定了法律基础。1953 年 1 月 21 日、23
日，他主持召开了选举法起草委员会会议，讨论修改《中华人民共和国全国人
民代表大会选举法（草案）》，还同时担任了选举法起草委员会主席。②2 月 11
日，中央人民政府委员会第 22 次会议通过《中华人民共和国全国人民代表大会
及地方各级人民代表大会选举法》③，使第一届人大的召开和人民代表的选举
具备了合法性。8 月 6 日、7 日，周恩来主持中共中央政治局会议，先后讨论
了《全国人民代表大会组织条例（草案）》和《中华人民共和国国务院组织条
例（草案）》。④

　　在宪法的制定过程中，周恩来秉持民主原则，强调制定宪法必须吸收广大
人民群众的意见，要经过群众的充分酝酿和讨论。这样不仅增强了宪法的民主
性，而且充分动员了全国人民对宪法的了解，提高了人民的主体地位。此外，
周恩来特别强调在制定宪法时要充分借鉴国内外经验，一方面可以借鉴和筛选
《共同纲领》和其他现行法律中的有关规定，另一方面可以吸取其他兄弟国家的
制宪经验。周恩来说，"我们的兄弟国家，立国之时都有宪法。比如苏联在革命

---

　　① 周恩来：《全国人民代表大会应该有自己的法律——宪法》（1953 年 1 月 13 日），《党的文献》1997 年
第 1 期。

　　② 中共中央文献研究室编《周恩来年谱（1949—1976）》上卷，中央文献出版社 1997 年版，第 268-269 页。

　　③《周恩来年谱（1949—1976）》上卷，中央文献出版社 1997 年版，第 281 页。

　　④《周恩来年谱（1949—1976）》上卷，中央文献出版社 1997 年版，第 406 页。

以后，一九一八年就宣布了宪法，一九二四年又修改了宪法，一九三六年才有了'斯大林宪法'"。①宪法作为立国之本，对于巩固中华人民共和国新生政权意义重大，周恩来的宪法思想无疑具有重要的现实意义和长远的战略意义。宪法通过以后，周恩来强调要尊重宪法权威，必须依宪办事，认真完成宪法所规定的社会主义建设任务，推进社会主义现代化建设。

"五四宪法"制定实施前后，周恩来领导制定的许多重要法律，以宪法为核心初步形成了新中国的法律体系。在第一届全国人民代表大会上，不仅通过了第一部社会主义类型的宪法，还通过了《关于政府工作报告的决议》《中华人民共和国全国人民代表大会组织法》《中华人民共和国国务院组织法》《中华人民共和国法院组织法》《中华人民共和国人民检察院组织法》《中华人民共和国地方各级人民代表大会和地方各级人民委员会组织法》《关于中华人民共和国现行法律、法令继续有效的决议》等重要法律，为国家政权机构和行政机构的设置、组织制度、职责权限、运行方式等重大问题提供了法律依据。这"标志着我国人民民主政治和人民民主法治建设的新阶段"。1954 年 9 月 29 日，《人民日报》发表社论指出："所有这些，都是我国社会主义事业胜利的重要保证。"②

二、在中央政府中建立专门的政法机构和监督机构

中华人民共和国成立之初，周恩来就在政务院内设立了高于部级的政治法律委员会，他亲自抓了各机构主要领导干部的遴选工作。1949 年 10 月初，他和毛泽东、刘少奇等研究并草拟中央人民政府政务院、人民革命军事委员会、最高人民法院、最高人民检察署，以及政务院所属各委、部、会、院、署、行负责人人选问题。③10 月 18 日，周恩来出席中央人民政府和全国政协的联席会议，会上确定了政府各机构负责人名单。④在周恩来的精心安排下，10 月 19 日中央人民政府任命董必武为政治法律委员会主任，彭真、张奚若、陈绍禹、彭泽民为副主任，沈钧儒、罗荣桓、吴溉之等 47 人为委员。⑤

在政法委第一次委员会议上，董必武主任在致辞中说明，该委员会隶属政务院，其任务除了负责指导内务部、公安部、司法部、法制委员会和民族事务委员会 5 个部门的工作，还"受毛泽东主席和总理周恩来的委托，指导与联系

① 周恩来：《全面人民代表大会应该有自己的法律——宪法》（1953 年 1 月 13 日），《党的文献》，1997 年第 1 期。

②《中华人民共和国历史发展的里程碑》，《人民日报》1954 年 9 月 29 日。

③ 中共中央文献研究室编《周恩来传》（三），金冲及主编，中央文献出版社 1998 年版，第 1273 页。

④《周恩来年谱（1949—1976）》上卷，中央文献出版社 1997 年版，第 2 页。

⑤《中华人民共和国日史（1949 年 10 月—1950 年）》，四川人民出版社 2003 年版，第 29 页。

最高人民法院、最高人民检察署和人民监察委员会"。[①]

　　为明确政法委的职责和机构设置，周恩来主持召开了政务院第六次政务会议，讨论了政法委员会所属各部、会组织条例草案，明确了政法委员会的工作职责和组织架构设置。周恩来还对一些具体工作部门的工作提出了指导意见。他指出司法工作的重要性在于：司法工作是人民政权的重要支柱之一，它是镇压反动、保护人民和惩罚犯罪、保护善良的。镇压与宽大、惩罚与教育必须结合起来做，才能达到瓦解敌人、改造罪犯的目的。[②]周恩来还在政法部门工作报告上批示搞好民主建政工作，政务院先后通过了《区各界人民代表会议组织通则》《区人民政府及区公所组织通则》《乡（行政村）人民代表会议组织通则》《乡（行政村）人民政府组织通则》等法律文件，为民主建政提供了明确的指导。

　　周恩来很关心政法部门的队伍建设问题。针对政法人才匮乏的现状，1950年9月1日，周恩来在政务院第48次政务会议上指出，要增加骨干力量，吸收工农劳动者和革命知识分子加入公安队伍。[③]为拓展政法干部的来源，政法委决定筹备创设中央政法干部学校，以解政法人才紧缺之困。此举得到周恩来的大力支持，政法委员会提交的《关于筹设中央政法干校方案》很快就被政务院批准通过。1952年11月9日，周恩来就政法干部队伍问题专门约谈了彭真、罗瑞卿、安子文等人。[④]在周恩来领导下，政务院政治法律委员会的各项工作有效展开，全国政法队伍很快建立健全起来。

　　周恩来在领导新中国的法治建设中，不但专门组建了政治法律委员会，还非常重视对干部的行政监察和法律监督。在新中国第一届中央政府的设置中，周恩来专门建立了高于部级的行政监察机构——人民监察委员会，目的在于监察行政部门领导和一般公务人员是否执行政府的政策，是否有贪污腐化等行为。而且，周恩来任命民主人士谭平山担任这个委员会的主任。[⑤]周恩来在解释建立监察委员会的目的时说这"是为了建立监察制度，监察行政部门，如公务人员是否执行了政府的决议和政策，是否有贪污腐化等情形"[⑥]。以确保干部奉公守法，廉洁从政。

①《董必武年谱》，中央文献出版社 2003 年版，第 348-349 页。
②《周恩来年谱（1949—1976）》上卷，中央文献出版社 1997 年，第 68 页。
③《中华人民共和国日史（1949 年 10 月—1950 年）》，四川人民出版社 2003 年版，第 429 页。
④《周恩来年谱（1949—1976）》上卷，中央文献出版社 1997 年版，第 268 页。
⑤ 徐行编著《新中国行政体制的初创——周恩来与中央政府筹建管理述论》，当代中国出版社 2013 年版，第 261 页。
⑥《周恩来统一战线文选》，人民出版社 1984 年版，第 143 页。

三、领导制定实施了一系列法律法规和通则条例

从新中国诞生到第一届全国人大召开和第一部宪法颁布前，是我国立法工作初步展开的阶段。在这段时期，我国的人民代表大会制度还没有确立，立法权由中央人民政府享有，中央政府既是行政机关，又是立法机关，其职能具有双重性。周恩来一贯坚持各项工作必须有章可循，有法可依，依法办事，严格管理。从 1949 年到 1954 年 9 月，在周恩来直接领导下，从中央到地方各级人民政府分级行使立法权，紧密结合各项民主改革，制定和颁布了一系列法律法规，为新中国成立初期人民政权的正常运转提供了重要的法律保证。这些法律法规包括通则、条例、政策、规定、实施办法等等，主要内容涵盖三大方面。

一是关于政治建设、政权建设方面的法律法规。为了使新生的人民政权能够迅速健全起来并有序地运转起来，周恩来非常重视制定从中央到地方各级部门的组织条例、组织通则，并强调这是开展其他一切工作的基础。新中国诞生前后，他就领导制定了《中国人民政治协商会议组织法》《中央人民政府组织法》《全国人民代表大会组织条例》《中华人民共和国国务院组织条例》等政治建设方面的法规，为新中国成立初期人民政权的正常运转提供了重要的法律保证。

新中国各级人民政权建立后，急需制定和实施各项法律法规作为制度的保证。周恩来指导政务院迅速制定和通过了《政务院关于指导接收工作委员会工作条例》《中央人民政府政务院组织条例》《政务院关于任免工作人员的暂行办法》等政策法规，为接管原国民党政府中央机关、建立新的人民政权提供了法律依据，对政务院相关组成部门的机构设置和职责权限做出了明确界定，促进了人民政权下属各机构迅速有序地运转起来。

在周恩来领导下，新中国成立后不久，政务院以组织通则的形式，对从政务院、大行政区、省、市再到县的 5 级主要政府组织的结构形式逐步加以规范。在由周恩来主持的政务会议或其他会议中，有很多次会议是讨论决定和通过政务院及所属各机关和地方各级政府组织通则及工作制度等方面的规定和办法。①当时制定的各级政府组织通则主要有：《政务院及所属各机关组织通则》《大行政区人民政府委员会组织通则》《省人民政府组织通则》《市人民政府组织通则》《大城市区人民政府组织通则》《区人民政府和区公所组织通则》《县人民政府组织通则》等。政务院还指导了《乡（行政村）人民政府组织通则》等等。这些通则对各级政府在机构设置、职责权限、上下级工作关系、内部机关构成、

---

① 马永顺：《周恩来组建与管理政府实录》，中央文献出版社 1995 年版，第 4 页。

干部配置、任期等方面有针对性地做出了规定，对不同层级政府机构的设置做了细致的划分，使各级地方政府的行政活动和干部队伍的管理得以初步规范化。

周恩来还多次签署指示，要求各级人民政府必须依照组织通则的规定行使政府权力，先后通过了《关于新解放城市中组织各界代表会的指示》《关于人民民主政权建设工作的指示》《关于十万人口以上的城市召开区各界人民代表会议的指示》等，这些指示都在实际上起到了法律性的作用，规范了各级行政组织的组建形式、机构设置方式、人员任免办法等内容，使我国各级地方政权得以不断完善和稳固。

二是关于干部管理和干部队伍建设方面的法律法规。周恩来深知"不以规矩，无以成方圆"的道理，他认为建立健全我国的人事管理制度是开展其他一切工作的基础，可以使各级干部各司其职、各尽其责，避免官僚主义和人浮于事；可以推动各级政权机构的完善和正常运转，为政务院和各级人民政府行政工作的开展提供基本的法律依据和制度框架。周恩来担任政务院总理后，组织制定和实施的关于干部管理和队伍建设的法律法规，主要包括两部分。

第一是政务院及其直属机构的组织条例和各部门干部管理办法，包括党管干部原则的确立和干部任免制度的建立等内容。前者如《政务院指导接收工作委员会工作条例》《政务院组织条例》《政务院人民监察委员会试行组织条例》《中华人民共和国国家计划委员会暂行工作条例》《海关总署试行组织条例》等等；后者如外交部制定的《外交部干部管理制度》《外交工作人员守则》《外交干部考核与奖惩暂行条例》等等。这些通则和条例规定了政务院及地方各级人民政府的职权、上下级政府之间的关系、各部门的机构设置、人员配备和干部队伍的管理等重要问题，为政务院工作的迅速开展和干部队伍的规范管理奠定了基础。

第二是干部日常行政管理的规章和准则，主要是通过法律法规来明确各级干部日常行政管理的规范，对干部的行政行为加以约束。周恩来任总理后，对政府机关公务人员的工作进行了规范，先后制定和提出了一系列关于人事管理工作的基本原则，很快建立了行政机关负责人的任免制度、工作制度、报告制度、保密制度、奖惩制度，逐步出台了包括干部的吸收、录用、任免、调配、培训、奖惩、工资、福利、退休、退职、军队干部转业安置、高等院校大中专毕业生分配派遣原则等一套比较完整的人事管理制度，从而使新中国的行政管理和干部队伍管理工作逐渐走向规范化和制度化。

除了上述干部管理的制度建设之外，为便于领导机关对其所属的各部门、各地区工作进行有效领导和管理，政务院还明确了所属各部门及各级政府之间的行文关系。1951 年周恩来领导制定了《公文处理暂行办法》和《政务院与所属各部门及各级人民政府行文关系的暂行规定》。前者规定了我国行政公文为 7 类 12 种，统一了政府机关干部公文撰写的形式，后者则对政务院与各行政机构之间就批复、抄送、请示、联合请示等公文处理方式和行文关系做出明确规定。①

周恩来还领导制定了干部的工资制度、退休制度、医疗制度。1952 年 6 月 20 日，他签署了《政务院关于颁发各级人民政府供给制工作人员津贴标准及工资制工作人员工资标准的通知（草案）》，同年 6 月 27 日，又签署了《中央人民政府政务院关于全国各级人民政府、党派、团体及所属事业单位的国家工作人员实行公费医疗预防的指示》。②在周恩来领导下，1955 年国务院对国家机关工作人员的工资制度进行了改革，第一次统一了全国国家机关工作人员的报酬制度，当年 8 月由国务院颁布了《关于国家机关工作人员全部实行工资制和改行货币工资制的命令》，同年 12 月国务院发布了《国家机关工作人员退休处理暂行规定》《国务院关于颁发国家机关工作人员退休、退职、病假期间待遇等暂行办法和计算工作年限暂行规定的命令》《国务院关于处理国家机关工作人员退职、退休时计算工作年限的暂行规定》等，明确规定了各类国家机关工作人员计算工作年限的具体方式，并针对各类工作人员的不同情况做出了不同规定。

三是关于经济建设和社会建设方面的法律法规。新中国诞生之初，百废待兴，百业待举，新生的人民政权急需迅速恢复经济，发展生产，整顿社会秩序，而经济建设和社会建设同样需要相应的法律保障。

在经济建设方面，为消灭封建土地所有制，解放农业生产力，1950 年国务院制定了《土地改革法》，并领导了全国的土地改革运动。为废除美国帝国主义在中国的特权，政务院发布了《政务院关于管制美国在华财产冻结美国在华存款的命令》。1950 年，为了解决我国财政经济困难的问题，在周恩来的领导下，政务院做出了《关于统一国家财政经济工作的决定》，规定统一全国的财政收支、物资调度和现金管理。1951 年，周恩来签署政务院命令，颁布《关于进一步整理城市地方财政的决定》。为了确保海关工作顺利进行、维护国家的贸易安全，政务院于 1951 年通过了《中华人民共和国海关进出口税则》和《中华人民共和国海关进出口税则暂行实施条例》，推动了新中国对外贸易工作的有序开展。

在社会建设方面，为了保证烈士家属的生活质量，政务院于 1950 年通过了《革命烈士家属革命军人家属优待暂行条例》和《革命残废军人优待抚恤暂行条

---

① 马永顺：《周恩来组建与管理政府实录》，中央文献出版社 1995 年版，第 314—315 页。
② 《周恩来年谱（1949—1976）》上卷，中央文献出版社 1997 年版，第 244 页。

例》。为防止反革命分子破坏人民的革命和事业、巩固新生的人民政权，1950年政务院公布了《中华人民共和国惩治反革命条例》，并在全国开展了镇压反革命运动。在"三反""五反"运动中，为了肃清旧社会的污毒、营造廉洁朴素的社会风气，1952年政务院批准通过了《中华人民共和国惩治贪污条例》，使惩治贪污腐败走上了法治轨道。

为保护妇女和子女合法利益，废除封建婚姻制度，1950年3月3日，政务院举行第22次政务会议，议决由法制委员会对《婚姻法条例草案》进行研究修改。①4月13日，中央人民政府委员会第七次会议通过《中华人民共和国婚姻法》，规定废除包办强迫、男尊女卑、漠视子女利益的封建婚姻制度，实行男女婚姻自由，保护妇女和子女合法利益的新婚姻制度。②4月30日，中央人民政府主席毛泽东命令公布《中华人民共和国婚姻法》，自1950年5月1日起施行。

以上这些条例的制定和实施，保证了人民生活，改良了社会风气，使经济和社会建设的发展逐渐走上正轨，弥补了当时国家法治上的缺陷，为社会主义事业的发展提供了坚实的法律保证。

在制定政府管理的各项规章制度的原则上，周恩来有独到的思考。他认为资本主义国家在这个问题上有两种不同的做法，一种是先不拟条文，等习惯养成后再定，这种做法的问题是工作中缺乏一致性；另一种是先定许多条文，定得很细密，这种做法的缺点是容易束缚人，有些还行不通。周恩来提出的正确主张是先做个大致的规定，不必太详，一面不束缚人们的积极性、创造性，另一面又有章可循，约束自由主义。③这充分体现出周恩来在领导制定各项规章制度中坚持实事求是、一切从中国国情出发的工作方法。

四、指导司法工作，坚持有法必依、执法必严

作为开国总理，周恩来还指导了新中国司法工作的开展。1950年8月25日，周恩来主持的第47次政务会议，专门讨论了司法部部长史良作的《第一届全国司法会议的综合报告》，周恩来阐释了司法工作的重要性，阐明了司法工作的方针与方向。他强调，"司法工作是人民政权的重要支柱之一"，"是镇压反动、保护人民和惩罚犯罪、保护善良的"。"司法部门要有政策观念"，"镇压与宽大、惩罚与教育必须结合起来做"。④

① 《中华人民共和国日史（1949年10月—1950年）》，四川人民出版社2003年版，第168页。
② 《董必武年谱》，中央文献出版社2003年版，第367页。
③ 《周恩来传》（三），中央文献出版社1998年版，第964页。
④ 《周恩来年谱（1949—1976）》上卷，中央文献出版社1997年版，第68页。

1950 年 11 月 3 日，周恩来签署了《政务院关于加强人民司法工作的指示》，具体阐明了司法系统的建立和职责。周恩来很重视司法工作的规范化建设，他不但主张对司法系统实行中央与地方政府双重领导的机制，而且还注意到了借鉴国外司法的先进经验。1951 年 2 月，周恩来在致阿尔希波夫的信中提到："苏联专家一月十一日在政务院座谈会上提出有关法制问题的意见，'对于改善我们司法机关的工作是很有益的'。中国'各级检察署暂实行中央和地方政府的双重领导，即中央最高检察署掌握统一的方针政策，同时给予地方政府按中央方针具体指导当地检察署工作的职权。'"①1952 年至 1953 年在中央政府领导下开展的司法改革运动是我国法治建设道路的一件大事，它确立了新中国初期的司法运作机制，对中国此后几十年的司法工作产生了深远影响。

法律的制定和不断完善为各项工作提供了标准和准绳，推动了法律体系的完备和健全。周恩来不仅强调立法工作的必要性和紧迫性，而且重视对于法律的执行，坚持有法必依、有章必循。在领导执法工作中，周恩来始终坚持执法的严格性、执法的公正性、执法过程的民主性以及执法方向的正确性。

首先，周恩来强调各级行政机关在执法的过程中必须严格按照法律规定办事，不能流于形式。他认为法律的执行是一项十分艰巨的社会任务，不仅要求严格的执法程序，而且要把对执法人员的教育工作视为一项重大的政治任务，他们的政治立场和政治态度在很大程度上影响着法律执行的效果。1951 年，面对财政部未经政务会议批准将财政工作报告径送至《人民日报》发表的现象，周恩来对此进行严厉批评，指出这是违反纪律的事情，并再次强调政务院各部门今后必须执行政务院第 10 次政务会议通过的关于发布重要新闻的规定。②

在《婚姻法》执行的过程中，周恩来认为在中国这样一个曾受长期封建主义统治的社会中，《婚姻法》的执行是一项艰巨的社会改革工作，必须经过经常的有系统的思想斗争和法律斗争才能贯彻。③为了保证《婚姻法》的贯彻执行，各级人民政府首先应该教育干部，使他们认识到《婚姻法》能否得到有效落实取决于他们是否愿意彻底反对封建主义以及能否严格遵守人民政府的法令。④鉴于《婚姻法》颁布后，广大农村仍存在包办婚姻、买卖婚姻的现象，1953 年 1 月 9 日，周恩来主持政务院第 166 次政务会议，决定成立中央贯彻婚姻法运

①《周恩来年谱（1949—1976）》上卷，中央文献出版社 1997 年版，第 129 页。

② 马永顺：《周恩来组建与管理政府实录》，中央文献出版社 1995 年版，第 86 页。

③《周恩来选集》下卷，人民出版社 1984 年版，第 56 页。

④《周恩来选集》下卷，人民出版社 1984 年版，第 57 页。

动委员会。2 月 1 日，周恩来签发《政务院关于贯彻婚姻法的指示》。①

其次，周恩来认为法律的庄严性要求执法者必须公正执法，以存公道。他不仅要求执法者必须奉公守法、廉洁从政，不能知法犯法，更坚持法律面前一律平等的原则，面对任何违法乱纪、给政府和人民的利益造成重大损害的个人或组织，始终秉持公正的执法态度，坚决严肃处理，决不姑息。周恩来早年就清醒地认识到执法公正的必要性，认为如果是"以执法的人犯法，他的罪状就可想而知"②。法律的对象包括国家机关和全体人民，不存在任何法外特权，周恩来明确指出，"严格纠正违法乱纪现象的发生，不论政府机关、公务人员和人民，如有违法之事，均应受检察机关的检举"③。新中国成立之初，面对一些领导干部贪污腐败、消极怠工、官僚主义等现象，周恩来对于党员领导干部更坚持要严格要求，若发现违法失职行为必依照党纪国法严肃处理，决不宽容。

再次，周恩来提出要教育全体人民遵守法律。干部更要带头遵纪守法。社会主义法治建设不仅需要制定良好的法律和严格公正的执法，还需要每一位公民的配合，在全社会形成人人自觉守法的良好风尚。为了做到人人遵法守法，周恩来倡导教育和惩治相结合的方针，一方面提高公民的法律意识和法律素养，树立守法的意识基础；另一方面对违纪违法行为决不姑息，一旦发现坚决严肃处理。周恩来明确指出，"必须教育全体人民遵守宪法和法律，以保证表现人民意志的法律在全国统一施行"④，提高全民的守法观念。为了建立一个廉洁守法的人民政府，周恩来不仅对全体公民遵守法律提出了要求，而且对国家机关工作人员遵法守法做出明确规定，要求党员领导干部应起到模范守法的示范作用。在遵纪守法、廉洁奉公方面，他身体力行，严格自律，率先垂范。他认为，党员和领导干部代表着党和国家机关的形象，他们的一言一行都会深刻影响公民的政治行为和选择，只有发挥党员领导干部遵法守法的模范带头作用，才会在全体公民中形成遵法、拥法、信法、敬法的法律信仰，促进全民守法局面的形成。"领导机关、领导人不带头，怎么能去说服别人；有了错误，领导者不作自我批评又有什么脸去批评别人。"⑤

最后，周恩来认为坚持法律监督是确保法律正确有效实施的重要环节，监

---

① 《周恩来年谱（1949—1976）》上卷，中央文献出版社 1997 年版，第 278 页。

② 中共中央文献研究室、南开大学编《周恩来早期文集》上卷，中央文献出版社、南开大学出版社 1998 年版，第 438 页。

③ 周鸿主编《中华人民共和国国史通鉴》第一卷，红旗出版社 1994 年版，第 515 页。

④ 中共中央文献研究室编《建国以来重要文献选编》第五册，中央文献出版 1993 年版，第 613 页。

⑤ 马永顺：《周恩来组建与管理政府实录》，中央文献出版社 1995 年版，第 179 页。

督要贯穿于党、国家机关和公民内部的全过程。法律监督的目的在于保护人民的合法权益，推动立法和执法过程的公开透明，防止徇私舞弊、贪污腐败现象的发生。周恩来重视人民大众和社会监督的作用，提倡国家机关工作的公开透明，强调党和国家一切活动的出发点是人民的根本利益。为了让政府工作更有效地接受人民监督，他提出要发挥我国人民代表大会和政治协商制度的优势，发挥人大代表和政协委员的监督作用，要使人大代表经常去接触人民，每年应有两次到人民中去直接视察工作，从接触广大人民和实际中找出现有工作的缺点和不足。此外，"还要进一步使人大代表参加对政府工作的检查，一直到检查公安、司法工作"[①]。因为我们的国家政权是人民民主专政，为了不断扩大民主，必须增强人民群众对党和国家机关的监督，从而更好地推进为人民服务。

新中国诞生之初，百废待兴，百业待举，法治建设从无到有，从萌芽、初建、到逐渐成熟和完善，周恩来做了大量开创性的工作，对新中国法治体系的形成有奠基性的重要贡献。他不仅在较短的时间内领导制定和颁布实施了各项法律法规，而且建立了专门的政法领导机构和行政监察机构，确保了新中国各项法律和法规的有效实施。他带头守法，积极普法，严格执法，树立了法律的权威性和严肃性，使新中国的政权建设、制度建设、政府工作、干部管理等各项政治建设初步走上了法治化轨道。今天我们深入探讨周恩来对新中国法治建设做出的杰出贡献，有利于我们深刻领会和加深理解党的领导、依法治国、人民当家作主三位一体的深刻含义，有助于在中国特色社会主义进入新时代后形成以人民为中心、以宪法为保障、以公平正义为原则、以法律为准绳、科学民主的法律法规体系。周恩来法治建设实践和法治思想对新时代继续加强依法治国仍有重要的指导意义。

（本文原载于《毛泽东思想研究》2020 年第 2 期）

---

① 《周恩来选集》下卷，人民出版社 1984 年版，第 208 页。

周恩来与新中国监察体制的初建和完善

（1949—1954）

1949 年随着中华人民共和国的诞生，我国新的行政监察体制在周恩来领导下也正式建立起来。从 1949 年到 1954 年，该体制边建立、边调整，在行使行政监察职权、配合开展"三反"运动等方面发挥了重要作用。本文将对周恩来领导建立新中国行政监察体制的过程与调整情况进行初步考察，并对周恩来的行政监察思想及行政监察体制初步运行的成效试做评价。

一、周恩来与新中国行政监察体制的最早设立

1948 年中共中央发出"五一口号"后，党的领袖之一周恩来就把工作重点逐渐转移到筹建人民政协和新生人民政权上来，1949 年他亲自筹备和设置了新中国第一届政府机构。根据 1949 年 9 月 27 日中国人民政治协商会议第一届全体会议通过的《中华人民共和国中央人民政府组织法》第十八条的规定，中央人民政府中设立人民监察委员会，作为政务院内部专门的一个机构，负责监察政府机关和公务人员是否履行其职责。[①]周恩来在政协会议上阐明，政务院下设 30 个单位，但"政务院不可能经常领导这三十个单位，所以下面设四个委员会协助办理"。人民监察委员会就是这 4 个委员之一。其设立"是为了建立监察制度，监察行政部门，如公务人员是否执行了政府的决议和政策，是否有贪污腐化等情形"。[②]

对于新中国监察体制的设置，当时对人民监察委员会应该从属于哪一个机关有两种不同的意见，一些人认为应该设在中央人民政府委员会，可具有更高的地位和更大的权力。新民主主义革命时期中国共产党领导的革命根据地的监

---

① 中央档案馆编《中共中央文件选集》第 14 册，中共中央党校出版社 1992 年版，第 721-723 页。
②《周恩来统一战线文选》，人民出版社 1984 年版，第 142-143 页。

察机关基本实行双重领导体制，但当时就是偏重独立设置的。另一些人认为应该设在政务院，因为它与行政机关的关系密切，了解现实状况，方便履行职责，并且监察机关能起多大作用更多取决于主持者是否认真负责和对这个机构的重视程度。1949 年 9 月 22 日，董必武在中国人民政治协商会议第一届全体会议上做《中华人民共和国中央人民政府组织法的草拟经过及其基本内容》的报告时阐明：我们是赞成后一种意见，因此将人民监察委员会设立在了政务院内部。关于该委员会的职能，董必武强调"人民监察委员会是监察行政人员是否履行其行职责的，与检察署不同"。[①]

1949 年 10 月 19 日，中央人民政府委员会第三次会议任命了政务院副总理、政务委员、正副秘书长和政务院所属各委、部、会、院、署、行的负责人。10月 21 日，周恩来主持了政务院第一次政务扩大会议，宣布政务院成立。[②]从此，新中国的行政监察机构亦正式建立了，第一届人民监察委员会共有 15 名委员，著名民主人士、政务委员谭平山担任了人民监察委员会主任，刘景范、潘震亚担任副主任，刘景范还兼任了党组书记。1952 年 11 月，钱瑛增补为副主任，1954 年 6, 月又增补王翰为副主任。当时规定人民监察委员会的主要任务是监察全国各级国家机关和各类公务人员是否违反国家政策、法律、法令或损害人民及国家之利益，并检举纠正其中之违法失职的机关和人员；还要指导各级地方监察委员会的筹建和工作的开展，并接受人民群众对各级国家机关和各种公务人员非法失职行为的控告。[③]

1950 年 10 月 24 日，政务院批准了《人民监察委员会试行组织条例》，详细规定了人民监察委员会的主要任务和机构设置。按照条例规定，人民监察委员会负责监察政府机关和公务人员是否履行其职责，主要任务有三项：一是监察全国各级国家机关和各种公务人员是否违反国家政策、法律、法令或损害人民及国家之利益，并纠举其中之违法失职的国家机关和人员；二是指导全国各级检察机关之监察工作，颁发决议和法令，并审查其执行；三是接受及处理人民和人民团体对各级国家机关和各种公务人员违法失职行为的控告。该条例还明确规定，人民监察委员会设主任 1 人，副主任 2 至 3 人，委员 15 至 21 人；"主任主持委务，副主任协助之"。[④]

---

① 《董必武选集》，人民出版社 1985 年版，第 249 页。

② 中共中央文献研究室编《周恩来年谱（1949—1976）》上卷，中央文献出版社 1997 年版，第 7 页。

③ 中共中央组织部、中共中央党史研究室、中央档案馆：《中国共产党组织史资料》附卷一（上），中共党史出版社 2000 年版，第 78 页。

④ 中央人民政府法制委员会编《中央人民政府法令汇编》(1953)，法律出版社 1982 年版，第 847-848 页。

政务院人民监察委员会下设 4 个部门，分别是办公厅、第一厅、第二厅、第三厅。办公厅负责掌管工作检查、会议组织，以及人事、总务、秘书、资料编译和研究等通常行政事务；第一厅负责财政、银行、海关、合作、贸易、农业、林垦、水利各机关及其企业部门的监察工作；第二厅负责工业、铁道、邮电、交通、劳动各机关及其企业部门的监察工作；第三厅负责内务、公安、司法、法制、民族事务、华侨事务、文化、教育、卫生、科学、出版、新闻各机关及其企业部门的监察工作和不属于第一、二厅的其他一切机关的监察工作。人民监察委员会于必要时，可以设置顾问和参事。人民监察委员会需要在中央直属各机关、各国营企业部门、人民团体和新闻机关，设置监察通讯员若干人，分别要接受第一、二、三厅的领导。[①]

二、周恩来领导下新中国行政监察体制的逐渐完善

政务院人民监察委员会成立后，一边积极开展行政监察工作，一边继续完善自身机制。首先做的工作是接收华北人民监察院，负责受理由华北人民监察院转交的案件；其次是继续组建和完善人民监察委员会的内部机关；同时对各级地方的监察委员会如何组建进行指导。据 1950 年 8 月监察委的工作总结显示，监察委成立后立即着手多个案件的调查，仅仅在半年里就接收到对各类公职人员进行控诉的案件总共 142 件，在各个大行政区以及多个省市指导设立了监察委员会。

到 1951 年 4 月，全国第一次监察工作会议召开时，中央和各省市的监察机构已基本建立起来。全国已有 5 个大行政区、1 个中央所辖的民族自治区、28 个省、12 个中央或大行政区辖市、8 个等于省的行政区和 345 个县（旗）成立了人民监察委员会。政务院人民监察委员会建立后立即开展了下列工作：一是要求各级政府在对干部进行整训中，要把重点放在纠正领导干部的骄奢自满情绪与官僚主义作风、命令主义作风上；二是明确了监察委的具体任务是要和政权机关以及企业部门中出现的各种违法渎职现象和行为进行斗争，监督各级国家机关及其各类公职人员严格遵守党纪国法和劳动纪律；三是强调必须走群众路线，为发挥人民群众监督的作用，更好地联系群众、了解民情，要创建监察通讯员制度。[②]

在新中国行政监察体制创建和运转的同时，周恩来领导政务院人民监察委

① 当代中国研究所编《中华人民共和国史编年（1950 年卷）》，当代中国出版社 2006 年版，第 799-800 页。
②《政务院人民监察委员会半年工作初步总结及今后工作任务的报告》，《人民日报》1950 年 8 月 23 日。

员会不断完善自身的机制，按照监察机关的职能与工作性质，规定和明确了自身的工作权限、工作原则和工作方法。

首先，规定了人民监察委的工作权限。按照《中华人民共和国中央人民政府组织法》规定，人民监察委员会拥有监察权，监察全国范围内的各级国家机关以及各类公职人员有没有出现违背国家颁布的政策、法令、法律或者是对人民利益和国家利益造成危害的行为，并纠正检举其中出现违法渎职的国家机关和公务人员。与此同时，人民监察委员会还依法拥有指导监察的权力，承担指导全国范围内各地监察机关的监察工作的职责，颁布决定、颁布法令，并对颁布的决定和法令的实施进行审查。按照《中央人民政府政务院人民监察委员会试行组织条例》规定，人民监察委员会还拥有受理控告的权力，受理有关各级国家机关与各类公职人员出现违法渎职行为的人民及人民团体的控告。监察委要选派监察工作人员出席政务院直属的各部门的专业会议，并要求各工作部门提供相应的各种资料，并要用纠正、检举、建议、惩处以及表扬等多种方式去解决工作事务，同时监察委在实施监察权的过程中，如果怀疑有犯罪嫌疑者，那么应该将犯罪嫌疑者移交由检察机关处理。[①]

其次，确定了人民监察委的基本工作原则。在周恩来的指导下，人民监察委员会确定的行政监察工作总原则是：纠正不良倾向，克服缺点，改进工作，维护国家纪律，对检查揭发出来的问题，以事实为依据，以政策法纪为准绳，提出正确、恰当的处理意见。在此基础上，监察委还确定了若干具体的监察原则。

第一，采取"自上而下的检查与自下而上的监督相结合"的原则。"自上而下的检查"要求各级监察机关按照国家、各级政府及本部门本单位的重点工作，检查被监督对象的实施国家政策、法律法令的情况以及政治纪律情况，纠正和处理不规范的行政和违法行为。"自下而上的监督"是发动群众对国家工作人员进行监督，群众可以通过写信或者直接检举控诉的形式，把所知道的各类违法乱纪行为以及对政府工作的看法和建议向监察机关进行申述，提请监察机关对这些情况进行调查和处理。坚持监察机关与人民群众监督相结合的原则，可以推进监察工作的顺利开展。两者结合的具体方式可采取设置人民接待室、意见箱、人民监察通讯员等措施。这项原则所发挥的重要的社会作用除了有利于监察工作的开展，还在于它坚持了党的群众路线，保障了民众检举控告国家工作人员违法乱纪的民主权利，从而达到对行政权力产生一定的约束，进而降低滥

---

①《中央人民政府政务院人民监察委员会试行组织条例》，见彭勃主编《中华监察大典·法律卷》，中国政法大学出版社1994年版，第942页。

用职权现象和行为的发生。

第二，执行"监督纠举与改进工作相结合"的原则。这项原则具体包括如下内容：一是针对违法渎职和其他行政案件的调查，让直接承担责任的人能够辨别是非，认识错误，并就如何纠正错误、恢复损害或不良后果提出具体的解决对策；二是针对那些带倾向性的违法渎职和其他行政案件进行调查，并从这些案件中找出一些相互关联的问题，用以制定、修改以及完备相关的规章制度及时向相关部门提出意见和建议；三是对那些由于政策法规存在缺陷而造成工作失误的行政案件进行查处，找出问题所在，就政策和法规的修改向国家和政府的立法机关提出相关的意见和建议。监察机关贯彻执行这一原则采纳的主要途径是：在办理案件的同时，还要对工作的改善提出建议，并且要求由被检查的部门承担其具体组织执行的责任。这就进一步增强了监察工作的工作效率和社会影响。

第三，贯彻"教育启发与纪律制裁相结合""平时检查与事故检查相结合"的原则，坚决与国家机关及公务人员中不负责任的官僚主义及贪污、腐化、铺张浪费、阳奉阴违等违法乱纪行为做斗争。教育启发和纪律制裁是监察机关对违法者以及渎职者进行行政处罚的两种主要方法，具体采用哪种方法取决于违法者或渎职者过失的性质和危害性的大小，以及主客观因素的影响。平时检查与事故检查相结合是坚持马克思主义的辩证法，周恩来要求各级监察机关不要等事故出现才去检查，平时检查工作做到位，就会减少事故的发生。新中国成立之初，人民监察委员会就能够贯彻执行"教育启发与纪律制裁相结合""平时检查与事故检查相结合"的原则，反映了从实际情况出发，实事求是的工作作风。

最后，明确了人民监察工作采取的基本方法。1951 年 4 月，第一次全国监察工作会议在北京召开，讨论了《1950 年人民监察工作总结及 1951 年工作任务的报告》。会议进一步明确了我国监察工作的基本方法，这就是"正确运用领导与群众相结合的方法，集中力量，抓住重点，进行工作"。①

1953 年 2 月，第二次全国监察工作会议在北京召开，人民监察委员会自建立至此，已处理了各类经济案件 3 万余起。在"三反""五反"运动中，各级监察机关全力参加了节约检查委员会的工作，对财经制度、工矿企业管理、基本建设、安全卫生、防旱防汛、民主建设等各项工作进行了巡视和检查，同时检查处理了一些事故案件。在第二次全国监察工作会议上，进一步明确了今后监督工作的基本方法。

---

① 《首次全国监察工作会议闭幕》，《人民日报》1951 年 4 月 30 日。

三、周恩来行政监察思想的核心内容

在新中国成立初期，周恩来的行政监察思想及初步实践对我国行政监察体制的建立、运行和不断完善发挥了重要作用。周恩来行政监察思想的核心内容主要包括如下四个方面。

（一）阐明了行政监察的目的和任务

中国共产党的宗旨就是全心全意为人民服务，周恩来在筹建新中国行政监察体制之始就确定了设置人民监察委员会的根本目的是维护广大人民群众的利益。在开展行政监察工作时他一直强调要走群众路线。我们新中国的行政监察工作要一切从人民利益出发，我们的政权是人民民主政权，政府要树立为人民服务的意识，与群众建立密切的联系，对任何漠视群众疾苦、官僚贪腐和失职的干部都要依法进行惩处。对行政监察工作的主要任务，周恩来有过认真思考，他在起草《共同纲领》时就提出：要"严惩贪污，禁止浪费，反对脱离人民群众的官僚主义作风"[1]，在"三反"运动中，周恩来领导的政务院于1951年4月专门组建了"三反"人民法庭，由监察委员会主任谭平山担任法庭审判长，监察委员会秘书长李世璋、副秘书长张鹏图担任副审判长，坚决查处了一批贪污腐败案件及一些干部的官僚主义行为，对巩固新生人民政权、促进国家监察体制有效运转发挥了积极作用。1952年1月5日，周恩来在全国政协会上做报告，专门介绍了全国各地正进行的"三反"运动情况，他明确指出："贪污、浪费、官僚主义的毒害，在中国的阶级社会中已有几千年的历史，是有着深厚的社会基础的。要完全彻底地铲除这一积害，必须全社会都动员起来。"[2]

1952年3月11日，政务院公布了由周恩来亲自主持起草的《中央节约检查委员会关于处理贪污、浪费及克服官僚主义错误的若干规定》，规定了对存在上述行为的处理办法，要求国家工作人员遵纪守法，严格自律。周恩来阐明"三反""五反"运动结束后，"不论任何人，如再有此类违法乱纪、破坏国家经济政策和财政制度的行为，均将视为危害国家建设事业，定予从严惩处，绝不宽贷"[3]。1963年5月，周恩来给中直机关干部做报告，专门阐述了反对官僚主义的问题，深刻分析了官僚主义产生的根源、危害和20种表现，周恩来明确提出，在我们党和国家的领导干部中，有严重官僚主义作风的虽然只是少数，但它已经给我们的工作造成许多损失，如果任其发展，不坚决制止必将给党和国

---

① 《中国人民政治协商会议共同纲领》，《人民日报》1949年9月30日。

② 《周恩来年谱（1949—1976）》上卷，中央文献出版社1997年版，第209页。

③ 《周恩来年谱（1949—1976）》上卷，中央文献出版社1997年版，第224页。

家的各项工作造成更大的危害。因此，"我们绝不能容许官僚主义再继续发展下去"①。

（二）依法开展行政监察工作，坚持执法必严、奖惩分明的原则

周恩来坚持依法治国，在积极建立和完善行政监察的同时，非常重视监察立法工作。他深知需要用法律对监察机构自身的体制机制、工作范围、工作任务以及职权范围等进行明确的界定。他强调所有的行政监察工作，都要有法可依，按章办事，这样才能遏制腐败现象的滋生、确保国家久安长治。为了使行政监察体制的运转能够有法可依，他亲自主持制定了一系列法规法令和政策措施。他除了起草了具有临时宪法作用的《中国人民政治协商会议共同纲领》，还领导或参与制定了《中华人民共和国中央人民政府组织法》《各级人民政府监察机关设置监察通讯员试行通则》《省（市）以上各级人民政府财经机关与国营财经企业部门监察室暂行组织通则》《关于调整地方各级监察机构及其有关事项的通知》《中华人民共和国监察部组织简则》等与行政监察相关的法规法令，以保证监察机关在开展工作中有法可依。此外，他还领导制定了《中华人民共和国惩治贪污条例》《关于处理贪污、浪费及克服官僚主义错误的若干规定》等法律文件，以加强对国家机关工作人员的监督，进一步明确国家行政监察机关的行为规范。这些法律规定对于约束各级行政监察机关及其工作人员的行为起到了重要作用，同时也为国家行政监察体制的正常运转奠定了法律基础。

在制定和颁布相关法律法规的同时，周恩来强调必须坚持执法必严、奖惩分明的原则。他历来重视行政纪律惩戒工作，相继领导制定了一系列有关行政纪律惩戒工作的法律、行政法规和方针政策。1950 年 9 月，周恩来在主持政务院党组干事会会议时提出：现在各部门应"集中注意力检查领导骨干及各部门本身业务中有关思想、政策、关系、作风的缺点和错误"②。1951 年 11 月，周恩来在主持政务院第 109 次政务会议时强调，各部门领导要"倾听意见，互换人员，按级检查，有赏有罚"③。为保证政务院监察委和各地各级监察机关的工作依法开展，加强对国家公务人员的监督和约束，1952 年政务院发出了《关于国家机关工作人员行政处分批准程序》的通知。为鼓励受行政处分的国家机关工作人员积极改正错误，努力工作，1954 年政务院又制定了《关于撤销国家机关工作人员行政处分暂行办法》。1957 年，经全国人大常委会批准，国务院发布了《国务院关于国家行政机关工作人员的奖惩暂行规定》，进一步健全的奖

---

① 《周恩来选集》下卷，人民出版社 1984 年版，第 422 页。

② 《周恩来年谱（1949—1976）》上卷，中央文献出版社 1997 年版，第 76 页。

③ 《周恩来年谱（1949—1976）》上卷，中央文献出版社 1997 年版，第 192 页。

励和惩罚制度，为惩治存在违法渎职行为的行政监察机关工作人员提供了重要的法律依据。

（三）加强监察干部队伍建设，提高监察人员素质

新中国成立之初，我国的专业管理人才稀缺，这一时期各级监察干部的人员配置都不充足。根据中央和地方监察机关数据显示，从 1949 年政务院设立监察机关到 1956 年 3 月，国务院批准的编制应该是 9600 余人，但是实际上只有 7100 余人，还差 2500 余人。各级检察机关的干部人员皆未配齐，缺乏约一半的厅、局级干部，处级干部差 600 多人，部分省市出现领导骨干比一般办事人员更缺乏的情况。[①]为了加强干部队伍建设，改变监察干部缺乏的状况，周恩来提出，一方面，政府在配备干部时、在做计划时要尽量把大部分监察干部安排到位，要注意提升现有监察干部中法学专业人才、财会人员以及工程技术人员的占比，力争在 1956 年、1957 年两年时间内，使这些人员的比重达到干部编制总数的 10%左右；另一方面要抓紧对监察干部的培训，办各级监察干部培训班，提高监察人员政策水平和业务素质，为我国行政监察工作提供人才支撑，采取在职学习和卸任进修等多种办法，逐渐增加培训监察干部的数量，使我国的监察干部配置以及干部的素质均得以提升。

为了加强监察干部队伍建设，同时也为使行政监察机关与广大人民群众建立更紧密的联系，周恩来主张赋予人民群众选举人民监察通讯员的权力，这样可以帮助我们的专职监察干部更好地了解民情，搜集民众建议，监督基层干部的工作；也使人民群众有了参与国家事务的热情，激发了人民群众对监察工作的责任感。为了保证监察人员具有较高的素质，周恩来提出要安排坚持党的群众路线、有一定政策水平、对工作认真负责的工作人员充实到监察干部队伍中；而要把那些漠视群众、不清楚政策规定的人清除出去。周恩来认为人民监察委员会需要时常分配工作人员去找出问题，如果人手资源不充足，可以通过地方监察机构或者人民群众帮助找出问题、分析和解决问题，监察机关的公务人员必须有坚定的革命立场、认真严肃的工作态度和较高的业务素质。

（四）主张依靠人民群众、依靠人大制度推进监督工作深入开展

在新中国监察体制的创建中，周恩来始终重视人民群众在监察工作中的重要作用，他认为广大人民群众不但能够为监察机关提供相关线索，推动监察工作的顺利开展，同时也是监督监察工作深入开展的参与主体和政治基础。要对政府的行政权力进行监督和制约离不开人民群众这个监督主体的参加和支持。

---

① 《监察部召开全国监察工作会议》，《人民日报》1956 年 2 月 4 日。

1952 年 1 月 8 日，周恩来致信毛泽东，提出"目前'三反'运动需要继续深入发动群众，以揭发贪污问题"。①为了确保民众监督工作的有效推进，1952 年 8 月 29 日，周恩来签发了《关于加强人民监察通讯员和人民检举接待室的通知》，把人民群众的监督活动纳入法治化轨道。1953 年 6 月 25 日，为加强对于存在违规行为的行政机关工作人员的监督，政务院又通过了《各级人民政府人民监察机关设置人民监察通讯员通则》。在周恩来的积极倡导和推动下，到 1953 年全国的人民监察通讯员已经有 78000 多人②，初步形成了人民群众监督机制。人民监察通讯员采用了批评与自我批评、开会、举报、设意见箱等多种方法开展监察工作，挖掘了一批贪污案和盗窃案，还举报和查出了一些国家公务人员工作作风问题和违法渎职行为。人民检举接待室还接待了许多不想采用书面形式，愿采用口述方式进行举报的群众，为一些案件提供了关键的资料与证据。总之，周恩来主张的采用依靠群众的办法为我国监察工作的深入开展发挥了重要作用，使新中国初期的行政监察工作取得了显著成效。

1954 年我国建立了人民代表大会制度，颁布了第一部《中华人民共和国宪法》，周恩来参与构建了我国最根本的政治制度，参与制定了第一部宪法。宪法中明确规定："一切国家机关必须依靠人民群众，经常保持同群众的密切联系，倾听群众的意见，接受群众的监督。"③在人民代表大会制度建立后，周恩来不但坚持接受群众监督的主张，还坚持要依靠最高国家权力机关监督政府的工作，周恩来明确提出："全国人民代表大会和地方各级人民代表大会都有监督我们的财政收支的权力和责任。"④他表示人大代表和行政机关工作人员应共同努力打击贪污、浪费及各种违法渎职行为。为了充分发挥人大的监督作用，周恩来主张人大代表要定期下去视察和调研，经常和民众保持联系，通过民众的反映来审查政府机关工作，以便及时找出行政机关和公务人员存在的不足。他要求行政机关和公务人员要积极配合人大代表的监督活动，自觉接受人大代表提出的意见和建议，要扩展人大代表的监督范围与权力，让人大代表不但参加对政府工作的检查，还要参加对司法工作的检查。周恩来认为无论是人民群众的监督还是人大监督都有利于遏制行政机关的官僚主义作风，防止某些公务人员的贪污腐败行为，保证人民政府廉洁自律、克己奉公的形象。

---

① 《周恩来年谱（1949—1976）》上卷，中央文献出版社 1997 年版，第 210 页。

② 《全国各地人民监察通讯员发展到七万多人》，《人民日报》1954 年 5 月 26 日。

③ 《中华人民共和国宪法草案（之一）》，《人民日报》1954 年 6 月 14 日。

④ 中共中央文献研究室编《建国以来重要文献选编》第五册，中央文献出版社 1993 年版，第 601 页。

四、周恩来领导下行政监察体制运行的初步成效

1949 年至 1954 年是我国国家行政监察体制创建和初步运行时期。这一时期在周恩来的领导下，我国的行政监察体制边建立、边运行、边完善，从中央到地方各级监察机构初步建立起来，逐渐设置和完善了监察机构的领导和管理制度，制定了监督工作的基本方针、基本原则和若干具体政策，并且围绕党和国家的中心任务积极开展了监察工作。仅 1951 年至 1952 年间全国的监察机构就惩治了几十万个违法渎职案件[①]，为保障国家法律法规和党的政策方针的贯彻执行，为督促国家公务人员遵纪守法、廉洁自律发挥了重要作用。具体来说，在新中国行政监察体制创建和初步运行的 5 年间，主要成效表现在三个方面。

（一）初步建立了新中国的监察体制，探索了监察领导机制

从 1949 至 1954 年，周恩来领导建立和逐步完善了新中国各个层级的监督机构，分别是中央政府、大行政区、省（直辖市、自治区）、地区（地级市）、县，共五级监察体制。经过 5 年努力，基本使每一层级监察机构配齐了主要干部，使中央到地方的监察工作正常开展起来。而且，这五年间还选用了一大批不脱产的人民通讯员，增强基层单位的监察力量。除此之外，在省（市）级以上各级人民政府的直属部门和大型国营企事业单位，也逐渐设立了监察机构。1954 年 8 月，六大行政区撤销，各大区级监察机构同时也被取消，改成了中央、省、地市、县四级监督体系。

在建立和完善监察体制过程中，周恩来还对行政监察机关的领导机制进行了探索。新中国成立之初，各级行政监察机关实行的是"双重领导"体制，即上级监察部门和同级党政的领导，以同级的党政领导为主。1954 年 9 月，第一届全国人大决定对我国的政府机构进行调整，由二级政府体制改变成为了一级政府体制，我国的行政监察体制相应也做出了改变，设立了国务院下属的监察部，取代了原来的人民监察委员会。1955 年 11 月 2 日，国务院批准《中华人民共和国监察部组织简则》，规定地方监察机构仍由地方人民委员会和监察部双重领导。

（二）紧密配合民主建政、恢复生产，重点监督财政经济管理工作

新中国各级行政监察机构建立后，依法对国家机关及其公职人员的工作情况进行监督监察，紧密配合民主建政、恢复生产工作，重点对财政经济部门的

[①]《行政监察工作文件选编（1950—1956）》，中国方正出版社 1997 年版，第 21 页。

违法渎职、贪污浪费、破坏生产行为，以及官僚主义、命令主义作风进行了监督检查。1950 年对国有的主要工厂、银行、农业等企事业单位和各主要县市的工作，有针对性地进行了全面的检查。一年内中央监察委员会和大行政区监察委员会总共处理数千起各类案件，数百名需要承担责任的干部受到了处分。1950 年 2 月 27 日，河南新豫煤矿的宜洛矿井发生瓦斯爆炸事故，经济损失巨大。人民监察委进行调查后，经第 35 次政务会议批准，对相关人员进行了严肃处理。周恩来在政务会议上提出，把这个事故放在政务会议上进行商议，主要是这个事故的性质不仅涉及一个省份，还涉及全国范围内的事情。这样的事故不仅一个地区能发生，在全国范围内都有可能发生，也不仅河南的煤矿会发生爆炸，整个国家范围的矿场都可能会出现这样的状况。周恩来列举了 1949 年以来东北、华北、山东等地因矿难死亡的矿工总数，严肃地指出，今后对矿区的灾难性事故问题，不但只是消极地对失职人员给予处罚，同时还要积极地想出改进措施，改善行政工作。法院的工作主要是惩治罪犯，而监察委员会则应该和官僚主义做斗争，和一切坏的作风做斗争，加强宣传教育工作[①]。

为了保卫人民生命财产，挽回国家经济损失，人民监察委员会建立后加大了对财政经济管理工作的监察力度。比如郑州铁路局建设不合规范的水塔，同时在修建中还涉及承包和采购方面的腐败现象。人民监察委员会在收到检举后，马上派人进行了调查和处置，挽回经济损失折合成小麦约 900 万公斤。再如华东地区查出有负责贸易的干部受贿数额巨大，华东军政委员会监察委员会在得知后立即介入调查，将部分赃款追回。各级政府监察机构还重点开展了对现金管理的监察工作，协助有关部门逐步建立起新的金融管理秩序。如 1950 年 11 月，华东人民监督委员会与中国人民银行上海分行联合成立检查组，对江南造船厂、招商局等 25 个部门开展检查，找出了很多资金管理上的漏洞和问题，并立即有针对性地组织了整改。

（三）紧密配合"三反"运动，开展对党政干部的监督工作

新中国成立后，为了加强党和国家干部队伍建设，1951 年周恩来指导起草了中共中央《关于实行精兵简政，增产节约，反对贪污、反对浪费和反对官僚主义的决定》，11 月 30 日送毛泽东审阅。[②]12 月 1 日，该决定由周恩来定稿后

---

① 马永顺：《周恩来组建与管理政府实录》，中央文献出版社 1995 年版，第 277 页。
②《周恩来年谱（1949—1976）》上卷，中央文献出版社 1997 年版，第 198 页。

发出。①12 月 8 日，中共中央又发出《关于反贪污斗争必须大张旗鼓地去进行的指示》，从此"三反"运动在全国广泛展开。为了密切配合党中央的战略部署，1952 年 1 月 8 日，政务院人民检察委员会发出了《关于反贪污、反浪费、反官僚主义的指示》，要求各级监委以"三反"运动为重点，广泛开展工作，并强调"三反"运动是目前首要的政治任务，所有的监察机关都要积极参与、主动配合有关方面的工作。同时要求在经济部门设置专门的监察机构，还要求设立人民检举接待室，接受群众的举报，利用监察通讯员和人民意见箱，检举、揭露贪污、浪费和官僚主义行为。自 1951 年末至 1952 年 8 月间，中央和地方省（市）级以上各级监察机构联合开展监督工作 400 余次，共处理违法渎职人员 17000千多人，包括省部级干部 21 人、地委级干部 210 人、县级干部 1097 人。②监察委的工作积极配合了中央发动的"三反"运动的进行，维护了党纪国法的尊严和党的先进性、纯洁性。

周恩来特别重视狠抓典型案件的公开处理，以达到警示作用。如当时刘青山、张子善大贪污案给国家财产和人民利益造成严重损失，产生了极其恶劣的社会影响。此案披露后，1951 年 11 月下旬周恩来批准逮捕法办，河北省公安厅依法逮捕了刘、张二犯。周恩来亲自过问了这个案件，专门成立了由监察委员会和检察署等相关部门参加的调查处理委员会。周恩来认为"三反"运动"要大张旗鼓地进行。我们需要在运动中研究制订一个惩治贪污的条例。对于贪污分子可分成大、中、小三类，应该区别对待"③。1952 年 1 月 22 日，周恩来主持政协会议，专门讨论了《中华人民共和国惩治贪污条例（修正草案）》，4 天后他为中共中央起草致各地电，发去《惩治贪污条例（草案）》，征求意见。后周恩来还为中共中央起草了《关于"三反"运动中若干问题的处理意见》，提出可在国家工作人员中选择几种不同类型，即应处以死刑、徒刑、缓刑、免刑的，举行公审大会，以推动打虎斗争。④到 1953 年 2 月，全国共处理了各类经济案件 3 万余起，通过惩治一批腐化变质分子，教育了广大党员干部，使党风政风和社会风气大大好转。

新中国成立之初，周恩来领导组建了行政监察机构，并在机构设置、人员配备、工作原则及法治建设等方面做了大量工作，为我国行政监察机制的建

---

① 《周恩来年谱（1949—1976）》上卷，中央文献出版社 1997 年版，第 199 页。

② 《行政监察工作文件选编（1950—1956）》，中国方正出版社 1997 年版，第 56 页。

③ 《周恩来年谱（1949—1976）》上卷，中央文献出版社 1997 年版，第 202 页。

④ 《周恩来年谱（1949—1976）》上卷，中央文献出版社 1997 年版，第 215 页。

立、运行和完善做出了重大贡献。周恩来的行政监察思想与初步实践不但发挥了重要的历史作用，对今天我们继续做好行政监察工作仍有重要的现实启示意义，为我国的监察体制改革提供了宝贵经验。研究周恩来的行政监察思想与实践，对深入考察新中国行政监察体制的最初建立和运行，对深化新时代我国监察体制的改革和进一步加强对党和国家干部监督具有重要的指导和借鉴意义。

（本文系"第二十二届国史学术年会"入选论文）

周恩来与行政管理

试论周恩来杰出的领导艺术

2018 年 3 月 1 日，中共中央在人民大会堂隆重举行纪念周恩来诞辰 120 周年座谈会，中共中央总书记习近平在会上高度评价了周恩来同志的丰功伟绩，他明确指出："周恩来同志是近代以来中华民族的一颗璀璨巨星，是中国共产党人的一面不朽旗帜。"①

伟大的革命家、政治家、外交家和军事家周恩来是新中国开国总理，在长达 26 年的领导政府工作中形成了一套杰出的行政管理思想和独具特色的领导艺术，深入探讨周恩来领导艺术的丰富内涵对我们建立现代服务型政府，提高各级领导干部行政能力和素质有重要的指导与启示意义。我们仔细研究周恩来的行政管理思想与成功实践，不难发现周恩来杰出的领导艺术有如下丰富的内涵和特色。

一、善抓中心，统筹兼顾

周恩来对国家政治经济发展的思考是长远的、多角度的、多层次的，他既能够从宏观角度进行理论思考，善于围绕国家的政治经济发展这个中心设计和规划振兴中华的宏伟蓝图；同时又善于审时度势，顾全大局，采取各种措施，领导全国人民努力把宏伟的蓝图转化为现实。周恩来在《怎样做一个好的领导者》一文中阐明了他所赞赏的领导艺术："不可跑得太前，也不可落在运动后面，而应抓住中心一环，推向前进"。②

作为新中国的开国总理，周恩来面对千头万绪的工作，坚持从经济建设这一中心环节出发，强调社会的各项建设要"以经济建设为中心"，在服务于我国的根本国情以及党的总方针、总政策、总路线的前提下，强调重点建设要和全面安排相结合，既要重工业，又要照顾到人民群众的基本要求，使国民经济各

① 习近平：《在纪念周恩来同志诞辰 120 周年座谈会上的讲话》，《人民日报》2018 年 3 月 2 日。
② 《周恩来选集》上卷，人民出版社 1980 年版，第 132 页。

部门可以相互促进、协调发展。在处理全国经济发展与区域经济发展的关系问题上，最能反映周恩来领导艺术的典型事例是 20 世纪 50 年代协调上海经济与全国经济的发展。他坚持全局战略，坚持将上海作为我国全局发展中的一个重要方面。因为上海一直是我国最重要的工业城市和经济中心，对于全国的经济发展具有举足轻重的作用，"一五"计划时仅上海一个城市所上交的税收总额就相当于全国财政总收入的六分之一。但在 50 年代末期，由于地域的限制，上海市居民的副食品需要很难得到满足，物价随着副食品的不断短缺而持续上涨，这些问题不解决将影响上海的经济发展和社会安定。周恩来批示将与上海毗邻的江苏省松江专区和崇明县拨给上海，初步解决了上海郊区地域狭小，居民副食品严重缺乏的问题。这样就稳定了上海的社会秩序，保证了上海经济的稳步发展。

在上海的经济得到较快发展的同时，周恩来从大局出发，通盘考虑了发达地区应积极从多方面带动不发达地区的经济发展，进而实现全国共同发展的问题，及时制定了上海支援全国的各项举措。为充分地发挥上海老工业基地的作用，促进和支援全国经济的发展，周恩来要求上海应从物质产品、建设人才、机器设备、科研教育等方面支援全国。在周恩来的号召和指示下，上海很多专业技术人才和教育科研机构纷纷迁往内陆不发达地区，同时，上海的大批物资分别调往全国各地，不少企业也迁往外地，积极支援欠发达地区建设。尤其是在教育方面，周恩来历来重视教育对于建设国家的重要作用，注意人才的培养，他主张将上海的部分高校陆续迁往内陆，使人才的培养和使用不仅仅局限于经济发达地区而是更多地分向经济不发达的地区。周恩来这种从大局出发，统筹兼顾的领导方法，很好地协调和促进了全国的经济发展。

在顾全大局的前提下，善于抓住中心是周恩来一个突出的领导特色。20 世纪五六十年代，他领导建立了我国自己的国防科技尖端事业，这对于巩固我国的国防，捍卫国家利益具有极其重要的意义。他和毛泽东都认识到，即使我国的经济再困难，科技再落后，也要努力研制我们自己的现代核武器，只有这样才不会受制于帝国主义国家。尽管刚刚诞生的新中国百废待举，百业待兴，经济非常困难，外汇极为短缺，但周恩来从维护国家长远利益角度考虑，一方面积极引进和培养人才，一方面拨出一部分外汇，用于购买核仪器、设备和图书，以用于我国自行研制核武器。1955 年，周恩来主持召开的国务院会议，做出了筹建原子能研究所的决定。1956 年，周恩来又批准筹建我国自己的导弹研究院，并领导了"两弹一星"的研发工作。回顾我国国防尖端事业的艰难历程，不能不肯定周恩来等老一辈革命家做出的高瞻远瞩的决定，不能不赞叹周恩来善抓中心的杰出领导艺术。在我国还不具备相应经济条件和科技能力的情况下，周恩来等一代杰出的中国领导人却能够从世界大环境的变化和捍卫国家根本利益的角度出发，做出发展自己的国防科技尖端事业的战略性决策，对我国国防力量的增强和国际地位的提升起到了非常重要的作用。

二、善于协调，求同存异

周恩来在处理分析问题时，善于协调，求同存异，常常利用各类问题的同一性化解矛盾，解决难题。他在观察和处理问题时，总是积极寻找共同点，避免矛盾激化，促使矛盾缓和并最终得到解决。他善于结交各方人士，团结各种力量，他认为："善于团结的人，就是善于在共同点上统一矛盾的人。"[①]周恩来从 1927 年下半年就成为中共中央政治局常委，在中央领导核心中工作了近半个世纪之久，特别是作为国家总理的 26 年里，处理了各种各样的矛盾，不但包括国内的各种政治斗争、思想差异、经济困难等许多矛盾问题，还包括党内分歧，统一战线中的矛盾和斗争问题。周恩来在处理这些矛盾时，总是力求在寻找共同点的基础上，促使矛盾的合理解决，力求在共同点上把矛盾的各方统一起来，实现国内和党内的团结统一。

周恩来善于协调、求同存异的领导艺术在新中国对外交往中发挥了重要作用。周恩来不仅具有卓越的政治管理才能，还善于分析矛盾双方主要分歧点，妥善处理矛盾。1954 年在第一次日内瓦会议上，围绕着越南和法国战后的处理问题，产生了激烈的争论。在讨论的过程中，双方争论的焦点集中在了如何划分交战双方集结区这一点上。越南谈判代表坚持以北纬 16°线为界，法国代表则坚持以 18°为界，双方各不相让，致使谈判陷入了僵局。由于美国随时准备插手和法国内部意见分歧，谈判随时都有可能破裂。面对这种复杂的局势，周恩来认真地分析了双方的具体情况，认为无论是越南还是法国都有和平解决这一问题的想法，现在缺少的只是一个能够让双方都可以接受的方案，因此他建议双方以北纬 17°线为集结区进行谈判。在这一原则的指导下，他一面耐心地在双方进行斡旋，为双方分析当时的国际形势和两国的现实状况，一面给双方指明若能和平地解决这一问题对于两国发展的好处，以及解决不好可能带来的恶果。在周恩来耐心细致地分析和劝导下，越南和法国领导人终于达成了一致意见，双方同意以北纬 17°线为集结区，停止战争，实现和平。

---

① 《周恩来选集》下卷，人民出版社 1984 年版，第 29-30 页。

20 世纪 50 年代周恩来创造性地提出了中国处理与各国家之间关系的和平共处五项原则，使新中国以崭新的面貌登上世界政治舞台，有力地促进了新中国外交的发展。在领导中国外交工作中，他清楚地认识到："国与国之间在政治上不能没有差别，在民族、宗教、语言、风俗习惯上是有所不同的。"①但是他善于在对立中寻找一致性，以更好地减少对立和冲突，尽量扩大共识。他认为中国外交的首要目标就是维护世界的持久和平，社会制度不同并不妨碍和平共处。在互不干涉内政、互相尊重主权和领土完整的前提下，各国应以追求人类和平而不是崇尚武力为谈判和相处的指导原则。在这个大原则下，周恩来提出以求同存异原则来处理国家间和民族间的矛盾，实现各国家之间的和平共处。求同存异原则后得到了亚非等许多国家的承认与支持，为新中国的外交掀开了新的一页。

1955 年在万隆会议陷入僵局时，周恩来求同存异的外交原则和领导艺术对打破僵局、保证会议的顺利进行起到了特殊作用。周恩来郑重地向参会各国表明：中国代表团是来求团结而不是来吵架的。"我们共产党人从不讳言我们相信共产主义和认为社会主义制度是好的。但是，在这个会议上用不着来宣传个人的思想意识和各国的政治制度，虽然这种不同在我们中间显然是存在的。"周恩来进一步阐明："中国代表团是来求同而不是来立异的。在我们中间有无求同的基础呢？有的。那就是亚非绝大多数国家和人民自近代以来都曾经受过，并且现在仍在受着殖民主义所造成的灾难和痛苦。这是我们大家都承认的。从解除殖民主义痛苦和灾难中找共同基础，我们就很容易互相了解和尊重、互相同情和支持，而不是互相疑虑和恐惧、互相排斥和对立。"②在求同存异原则指导下，亚非会议取得了很大的成功，中国的国际空间也得到了较大的扩展，它至今仍是中国一项重要的外交原则。

三、善抓时机，审时度势

周恩来在领导中国内政外交中，总是能够审时度势，镇定自若，严谨、周密、果断地处理各种复杂的问题。他善于正确地估计形势，把握最佳的行动时机，及时做出科学的判断。在处理重大问题时，他果断而不蛮干，深思熟虑而不优柔寡断，既坚持原则又具体问题具体对待，有时采用迂回的方式最终实现

---

① 中华人民共和国外交部、中共中央文献研究室编《周恩来外交文选》，中央文献出版社 1990 年版，第 6 页。

②《周恩来选集》下卷，人民出版社 1984 年版，第 153-154 页。

自己的预设目标，做到了坚定性与灵活性的巧妙结合。如在"文化大革命"中，大批干部被打倒、工厂停工、铁路被迫停运等现象层出不穷，机关学校基本陷入瘫痪状态，大规模的武斗事件屡禁不止，社会秩序遭到严重破坏，国家和人民的财产遭到了严重损失，严重地阻碍了我国经济发展。在极端恶劣的政治环境中，周恩来仍坚持在国务院主持日常工作，苦撑危局。为使国家在混乱的局面之下仍能保持正常的运转，他抓住"林彪事件"后一个短暂的时机，积极进行治理整顿，努力降低极左思潮给党和国家事业带来的损失。

作为一个杰出的外交家，周恩来更是善于审时度势，抓住时机，善于因时、因地行事，从现实出发，灵活变通地处理复杂的国际问题。如他根据各国对台湾问题的不同态度，创造了"完全建交""半建交"和"暂不建交，只建立商贸关系"等多层次的不同建交方式。在对日外交中，他提出了先民间，后官方，以民促官的策略，使中日走上了正常的外交轨道，促进了中日关系的正常发展。在冷战的大背景下，周恩来在对美外交中敏锐地抓住了美国驻波兰大使向我驻波兰大使的翻译人员表示愿同我使馆代办会晤的时机，同意恢复中美两国间大使级会谈工作，开辟了中美两国间沟通交流的官方渠道，为中美两国恢复正常的外交关系以及《中美上海联合公报》的签订埋下了很好的伏笔。20 世纪 70 年代初，他成功导演了"小球推动大球转"的"乒乓外交"，特别是在中美双方商定联合公报时，周恩来灵活地提议先互设办事处，遂为双方所接受，生动展现了周恩来善于突破陈规，既坚持原则立场又灵活变通的外交艺术和领导特色。

在与小国外交中，周恩来也坚持原则性与灵活性巧妙结合，主张本着互谅互让的原则，通过平等协商解决双边关系问题。他提出中国在与小国交往中，照顾双方的具体困难和实际需要，从全线来考虑进行必要的调整，做到各有得失的平衡。在这一思想指导下中国较好地解决了与缅甸、巴基斯坦、尼泊尔、阿富汗、蒙古国、朝鲜等邻国的边界问题。中国前副总理兼外交部部长钱其琛认为，周恩来"从传统哲学中吸取营养，提出一整套富有中华民族特色的外交策略和外交艺术"，周恩来的杰出领导艺术和特色"里面充满着辩证法的思想，值得我们细细品味"。①

四、善于引导，团结多数

周恩来在从事革命斗争和领导政府工作中，一直坚持和人民群众以及党内

---

① 裴坚章主编《研究周恩来——外交思想与实践》，世界知识出版社 1989 年版，第 7-8 页。

外人士间的密切联系。他善于引导，善于做思想工作，待人谦和宽容，一贯主张团结，坚持团结大多数的原则，在他周围总能团结着一大批干部群众。

统一战线是中国共产党领导革命、建设国家的一大法宝。周恩来非常注重扩大共产党在不同时期的统一战线。抗战时期他根据中国目前的实际情况，专门起草了《关于统一战线的策略、方法和守则（提纲）》。新中国成立后，周恩来仍非常重视在社会主义建设中团结多数，发展和扩大统一战线。他提出要"团结广大人民群众一道前进"，要把党外凡是能够争取的、能够和我们合作的人士，都当成党内干部一样来看待。"对共产党员与党外人士……在政治待遇、物质生活方面应一视同仁，对党外人士不得歧视……对党外人士要和蔼真诚，不要虚伪。"①

周恩来特别善于引导和团结知识分子。为了团结知识分子，周恩来提出要在工作和生活中与他们多接触，广交朋友。为了更好地建设新中国，要主动引导和帮助海外爱国知识分子回到祖国，为建设国家贡献自己的力量。如新中国成立时，著名地质学家李四光尚在英国，周恩来请郭沫若写信劝他回国。李四光回国后，周恩来找他谈话，并委以地质部部长的重任。李四光后来为中国的石油资源勘探事业做出了重要贡献。在周恩来任总理期间，很多知识分子被引导和团结在人民政府中，在国家的建设中施展了自己的专长。

周恩来善于引导，善于做思想工作是他能够搞好团结的必要前提，尤其在"文化大革命"时期，一大批老干部和知识分子被批斗、被打倒，激起了他们的强烈不满。面对这种情况，周恩来不断地做他们的思想工作，希望他们能够从党和人民的最高利益出发，一方面要忍辱负重继续工作，以保证政府机构在艰难的环境下基本正常地运转；一方面多次苦口婆心地劝说他们要想开一些，不要一时意气用事而使自己的安全受到威胁。如时任中共中央对外联络部部长的耿飚，在"文革"中受到"四人帮"的无理攻击和诬陷，他生气地对周恩来抱怨，并怒气未平地表示要辞职。周恩来劝他说："不管别人怎么打你，你自己不要倒；不管别人怎么整你，你自己不要死；不管别人怎么赶你，你自己不要走。"②别人越是干涉我们做的工作，我们就越是要努力去做，而且还要将它做到最好。在周恩来的劝导下，耿飚从大局出发，回到了自己的岗位坚持工作，在后来粉碎"四人帮"的斗争中发挥了重要作用。

---

① 《周恩来统一战线文选》，人民出版社 1984 年版，第 188-189 页。
② 昝瑞礼：《读懂周恩来》，四川人民出版社 2010 年版，第 166 页。

五、善于定位，相忍为党

周恩来历来非常重视集体效能的发挥，并一直把自己置身于党的集体领导之中，从不突出个人的功绩与贡献，严格恪守党的民主集中制组织原则，依靠中央及各级领导的集体能力，去解决现实中所存在的实际问题。周恩来为中国革命和国家建设立下了卓著功勋，特别是新中国成立后，周恩来在内政和外交方面担负起重要责任，显示出高超的领导艺术和杰出的管理才能。但他把一切功劳和成绩都归于党，归于集体领导，从不提个人功绩，从不让别人宣传自己。数十年来，他在工作上积极主动，勤勤恳恳，恪尽职守，从不谋名图利，从不居功自傲，真正地做到了将自己融于集体领导之中。

在领导党和政府的工作中，周恩来从不计较个人得失。为了人民的根本利益，他有时是在被误解或受打压的情况下任劳任怨地坚持工作，体现相忍为党、一心为公、忠于人民的崇高品德。如 1930 年，共产国际指责周恩来、瞿秋白主持的中共六届三中全会为调和主义。六届四中全会后，周恩来受到了错误的批判，他处境困难，但他并没有放弃工作，而是忍辱负重，继续领导着复杂危险的地下党斗争。

"文化大革命"时期全国陷入一片混乱之中。在这个特殊的历史阶段，许多老干部都被批斗和打倒，周恩来身边的很多得力助手，不是被批判就是已经"靠边站"了，大批领导干部遭到了批斗、游街、拘禁，维持国务院正常运转的工作几乎压在了他一个人的肩膀上。他自己也不断受到"四人帮"的攻击和无休止的纠缠。在这种非常严峻困难的形势下，周恩来不计个人得失，坚持苦撑危局，尽力维护国家机器的运转，尽可能地维持生产秩序和社会生活秩序，减少损失。在"文革"时期，他曾经对身边的一位老干部讲过"我不入地狱，谁入地狱，我不入虎穴，谁入虎穴"。

在这一特殊的历史时期，周恩来以强烈的责任感和坚忍不拔的精神带病坚持工作在第一线。在所谓的"批林批孔"运动中，"四人帮"要联系批判所谓的现代的大儒，企图通过这一运动打倒周恩来等一批老干部。周恩来、叶剑英、邓小平等老一辈革命家敏锐地发现了"四人帮"的这一阴谋，他们巧妙地与"四人帮"进行周旋和斗争，使军队得到了稳定，国家没出现新的大乱，"四人帮"的企图没有得逞。周恩来晚年在重病中还设法排除"四人帮"的干扰，在各种场合、运用各种方式全力支持邓小平的工作。周恩来的相忍为党，与反对力量的巧妙周旋，迂回斗争也是其高超领导艺术的表现。历史将永远铭记周恩来为党和国家的事业做出的不可磨灭的贡献，尤其在四届人大的筹备过程中发挥的旁人无可替代的重要作用。他的最后一次精心组阁，"不仅深深地影响了当时中国的政局，而且为未来中国的健康发展准备了条件"①。彰显了其作为一代政治伟人身处险境时的政治智慧和策略，以及灵活巧妙的杰出领导艺术。

（本文原载于《中国领导科学》2018 年第 2 期）

---

① 江泽民：《在周恩来同志诞辰一百周年纪念大会上的讲话》，《人民日报》1998 年 2 月 24 日。

周恩来对领导干部的选拔任用

——以政务院的组建和调整为例

1949 至 1954 年，作为中华人民共和国的开国总理，周恩来不仅精心组建了第一届中央人民政府政务院，还选拔任用了一批有能力的领导干部。他坚持唯才是举、不拘一格的干部选拔原则，坚持德才兼备、以德为先的干部任用标准和五湖四海、开明民主的干部配备方式，扩大了人民政权的政治基础，巩固了共产党领导下的多党合作和政治协商制度。其杰出的干部选拔任用思想和成功实践不但对 1949 至 1954 年政务院的正常运转和国家各项建设发挥了重要作用，而且对当今我国干部队伍建设仍具有重要的指导和启示意义。

一、周恩来选拔领导干部的标准和原则

周恩来在组建和管理政府过程中，对于领导干部的配备和任用问题一贯很重视，他认为"如果干部问题解决不好，一切政策就都没有人实施"①。作为国家最高行政机关的最高领导人，周恩来对干部的配备和任用有着先进的科学管理理念，为新中国的政权巩固、社会稳定和经济发展奠定了可靠的组织基础。尤其是周恩来对高级干部的选拔、培养和任用，决定了中央政府机关干部队伍的素质和行政效率，对政府机构的运转和管理产生了很好的影响。20 世纪 50 年代初，周恩来为新中国培育了大批建设人才和行政管理人才。在他的精心筹建和领导下，政务院形成了一支思想坚定、文化水平逐渐提高、管理能力不断加强的优秀干部队伍。周恩来当年的干部选拔任用思想和初步实践，既对新中国政权建设、干部队伍建设和其他各项事业建设发挥了重要作用，也为我国的人事管理制度和干部选用机制奠定了基础。

在新中国第一届中央人民政府政务院的筹建和管理中，体现出的周恩来选

---

① 《周恩来选集》下卷，人民出版社 1984 年版，第 270 页。

拔配备领导干部的标准和原则主要有三个方面。

第一，坚持唯才是举、不拘一格的干部选用原则。封建社会和军阀时代的政府买官卖官及裙带关系现象盛行，这是其官僚体系日益腐败、最后而至崩溃的重要原因。新中国成立之后，在第一个人民政权的建设中和主要领导干部的选拔任用中，周恩来坚持选贤任能、唯才是举的原则。在周恩来领导下建立起来的行政体系中，任人唯亲的封建残余思想被彻底清除，各界爱国的杰出人才、优秀的知识分子和民主党派政治精英被吸收到新中国第一届中央政府的干部队伍中，扩大了新生的人民政权的政治基础。

在政务院组建和后来的调整过程中，周恩来始终坚持以身作则，严格要求，以实际行动树立了清正廉洁用人的榜样。他亲属很多，但他从不利用自己的职权去为他们谋取官职。在周恩来任政务院总理的最初几个月内，就有不少亲属故交上北京来找他求官，都被他明确拒绝了。邓颖超是 1925 年入党的老共产党员，但周恩来从大局出发，不同意邓颖超在政府里任职。曾在周恩来和邓颖超身边工作多年的赵炜回忆道："早在 1975 年周总理在世时党中央和毛主席就批示过让她担任全国人大常委会副委员长，可周总理不同意，就把这事儿给压了下来。"不仅如此，周恩来还有意压低了邓颖超的行政级别。邓颖超回忆说："定工资时，蔡大姐定为三级，我按部级也该定五级，可报到他那里给划为六级；国庆 10 周年定上天安门的名单，他看到有我的名字又给划掉了；恢复全国妇联时，他也不同意我上。就是因为我是他的妻子，他一直压低我。"①

周恩来在政府设置之初就重视以制度建设来规范人才选拔。为防止政府部门变成被少数权贵垄断的世袭领地，防止无能之辈占据国家公共部门的重要岗位，就必须在干部选拔任用上把好关。1949 年 11 月 11 日，他在第五次政务会议上指出："要敢于提拔"人才，但不能"滥用私人"，不能"凭主观喜怒来评定和提升干部"，用人的标准是"要看他的历史、工作态度、经验和能力，以及群众对他的认识。"②周恩来用人标准的一个重要原则就是择优选用、唯才是举，决不能像旧社会那样一人得道，鸡犬升天。

周恩来在干部配备中，并不拘泥于传统和陈规，他善于打破常规，根据实际情况的需要灵活处理，最为典型的事例就是周恩来对龚澎的任用。早在抗战时期周恩来就在重庆任命年轻的龚澎担任南方局的新闻发言人。她在与各国通讯社的交往中，以流利的英语、缜密的思维、机智的反应、美丽的品貌，给外

---

① 赵炜：《西花厅岁月——我在周恩来邓颖超身边三十七年》，中央文献出版社 2004 年版，第 326-330 页。
② 中共中央文献研究室编《周恩来年谱（1949—1976）》上卷，中央文献出版社 1997 年版，第 10 页。

国记者们留下了深刻印象。新中国成立后，龚澎被任命为外交部第一任新闻司司长，也是新中国外交界第一位女司长。1961年第二次日内瓦会议上，周恩来让她担任代表团发言人，负责宣传中国的对外政策和主张，介绍会议上的斗争情况。她在会上发挥了重要作用，受到各界好评。

反映周恩来在干部选拔任用上唯才是举、不拘一格原则的另一个典型事例是授予钱学森中将军衔。1957年9月，聂荣臻元帅率领中国政府代表团前往苏联商谈尖端武器的发展和生产问题。苏方要求他们的火箭、原子设备必须是相当级别的官员或有相当军衔的人才能参观。可是代表团成员、著名的物理学家钱学森没有军衔，就没有参观的资格。时间紧迫，关系重大，为了使钱学森出国访问时便于参加有关活动，获取国外尖端武器发展的信息，周恩来没有墨守成规，断然决定授予钱学森中将军衔。遂使钱学森出访苏联时顺利参与了有关商讨、参观尖端武器的活动，为中国核武器的发展做出了重大贡献。[①]

第二，坚持德才兼备、以德为先的干部选拔标准。党的政治路线要靠组织路线来保证，以什么样的标准选人用人是组织路线的核心内容。周恩来始终强调选人用人要坚持德才兼备，把德放在首要位置。他认为："挑选干部的标准，政治标准与工作能力，二者是缺一不可的，而政治上可以信任是先决条件。"[②]在他看来，考察衡量干部的首要标准是政治方向、政治立场、政治信念，如果一个干部在政治上靠不住，大节不好，那么就很难得到党和政府的信任与使用。因为这是先决条件、大前提。把什么样的人才安排在重要岗位上？周恩来在强调了将"德"放在首位，保证"有德"的前提条件下，还注意到了"才"的重要性。他认为对领导干部来说才能不是可有可无的，那些没有才能或平庸的人是无法胜任党和政府工作的。

按照以德为先、德才兼备的标准，周恩来在新中国第一届中央人民政府成立时，为政务院精心配置了大批德才兼备的优秀领导干部，为巩固和建设人民政权奠定了重要基础，为国家经济文化等各项建设提供了有力的组织保障。如当时国家进出口公司领导的选任，需要的不仅是懂管理、懂经济的人才，更重要的是涉及对资本主义国家贸易，这个关键岗位的领导人的政治素质非常关键，他必须有坚定的政治立场、政治信念，能做到出污泥而不染。周恩来最终选择了卢绪章，因为卢绪章不仅有经济头脑和经商的特长，而且是坚定的共产党员，在抗日战争时期就以资本家的身份为党做了许多工作。周恩来果断地选任他这

---

① 孟庆春编著《跟周恩来学处理矛盾》，红旗出版社2009年版，第345页。

② 《周恩来选集》上卷，人民出版社1980年版，第130页。

样德才兼备的优秀人才负责新中国的进出口贸易工作。

第三，坚持五湖四海、开明民主的配备干部方式。周恩来在干部配备和使用中，一贯坚持"五湖四海"的原则。在新中国第一届政府的筹建中，他特别注意让有复杂社会背景的各阶层各领域的精英皆在新生人民政权中占有一席之地，让爱国的各界人士都有自己的发言人，让中央政府能代表全社会不同阶级阶层的利益诉求。周恩来向来反对宗派主义和用人唯亲，他在选用总理办公室秘书时，既没有用以前的熟人，也没有用自己的亲朋。①他多次强调，培养、使用干部的眼界要放得更宽一些；干部的成分、来源要广泛一些；要善于从部队、学校、工厂、农村等不同的地方和单位发现干部；要大胆地从工人、农民、知识分子中培养和吸收干部；要正确处理好党的干部与非党的干部、老干部与新干部、外地干部与本地干部之间的关系，大家要彼此尊重，团结一致。周恩来的这种干部配备方式能够使得来自不同领域和背景的、拥有不同经验和知识水平的社会成员汇聚到一起，为新中国新社会的建设出谋划策。周恩来这种民主包容式的干部配备原则，使得五湖四海的干部能够得到交流和融合，互相学习，取长补短，有利于各级干部的提高和进步。如果考察与选用干部的视野只限于本地区、本机关，或自己亲近的人员范围内，就容易形成地方主义、宗派主义等问题，五湖四海的原则有效遏制了任人唯亲、宗派主义，也体现了周恩来光明磊落，不搞小圈子的宽广胸襟，对于团结党内外广大干部起到了重要的作用。

周恩来非常善于选人用人，对于新中国第一届中央政府主要干部的任命和配备有着细致的考虑。他配备的干部来源广泛，同时充分考虑国家建设的需要和干部个人素质及能力，力求人尽其才，人事相宜。如在第一届中央政府机构里，成立了专门负责全国民族工作的部委级机构——国家民族事务委员会，周恩来选任李维汉任主任委员，同时安排来自少数民族的乌兰夫、刘格平和赛福鼎担任副主任委员。在周恩来正确的干部选用标准指导下，新中国成立初期就在少数民族地区任用了大批少数民族干部。据统计，1950 年至 1951 年间，全国各民族地区担任各项工作的少数民族干部已有 5 万多人。在内蒙古地区有一万多名蒙古族干部；西北地区已有 16 个少数民族有了本民族的干部，人数约23000 多人；西南区各少数民族干部已有一万多人；东北区朝鲜族干部仅参加行政部门工作的就有 1900 多人；中南地区苗族和黎族聚居的白沙、保亭、乐东3 个县 176 个乡的工作干部中很多都是当地的少数民族；回族干部分散在全国

---

① 夏书章、汪淑钧编著《行政奇才——周恩来》，中山大学出版社 2002 年版，第 258 页。

各地，仅西北区甘肃、宁夏、青海三省就有 2000 多名。^①

二、周恩来对政务院领导干部的配备和任用

新中国成立之初，百废待兴，作为国家总理的周恩来比任何人都了解国家建设需要大批人才和管理干部。新中国政府能否顺利开展工作的首要前提之一就是能否将有管理才能的、能力强的人才选拔、安排到领导岗位，将来自五湖四海的干部凝聚在一起，共同进行社会主义建设。关于政务院成立时的干部配备，周恩来特意提出三方面的人都要用，一是长期参加革命工作的解放区来的干部，二是国民党旧政府的职员，三是社会上被埋没的知识分子和新教育出来的学生。周恩来说：这三方面的人合起来，取长补短，才能搞好工作。^②

开国大典前后这段时期，周恩来对第一届中央政府的干部成员构成倾注了大量心血，经过细致周全的部署，确定了政务院的主要干部人选。在周恩来的悉心安排下政务院时期的干部主要来自四个方面。

（一）大量任用长期参加革命工作的解放区来的干部

工农干部、解放军干部，是新中国成立的中坚力量，他们长期在中国共产党的领导下艰苦奋斗，培养和锻炼了坚定的革命意志，具有艰苦朴素的品质、坚定的政治立场和高度的革命积极性，是创立和建设新中国的骨干，国之股肱。对这些干部，周恩来一贯主张要大量任用，并在政府机构的关键部门委以重任。周恩来对于长期参加革命工作的解放区来的干部的任用和安排讲求在政治上高度信任，在关键部门中任用他们，并根据干部的实际情况，结合他们的工作和革命经验，合理安排岗位。这是周恩来对这类干部任用的出发点，也是区别于对待其他类型干部的不同之处。

新中国成立之初，周恩来对重要部门高级领导干部的人事安排，有着充分的考虑和周密的部署，针对机构设置的不同情况，首先从长期参加革命工作的解放区来的干部中挑选最为合适的人选加以任用。如公安部是一个非常特殊而重要的政府部门，肩负着保卫中央领导和维护人民群众安全的重任，需要对国家忠诚并富有斗争经验的干部来主持工作。周恩来考虑罗瑞卿在其革命生涯中曾屡次担任过政治保卫工作的重任，具有丰富的保卫工作经验，无疑是合适的人选。1949 年组建新中国公安部时，毛泽东决定将罗瑞卿从野战军调往中央担任新中国第一任公安部部长，周恩来十分赞同。最初罗瑞卿并不愿意接受这个

---

①《全国少数民族干部已有五万多人，他们在民族团结和政权建设等工作中起了重要的作用》，《人民日报》1951 年 12 月 18 日。

②《周恩来年谱（1949—1976）》上卷，中央文献出版社 1997 年版，第 7 页。

任命，但在周恩来劝说下，他最终接受了组织安排并做出了杰出业绩。周恩来还决定以华北局社会部全体人员加上中共中央社会部的部分人员，作为组建公安部的基础，任命原华北局社会部部长杨奇清为公安部副部长，协助罗瑞卿工作。在确定了公安部的编制之后又陆续从军队调来一批干部。①

在新中国外交部的建立过程中，周恩来更是主要依靠长期参加党的外事工作的干部和解放军部队中的一批优秀干部创建了新中国的外交队伍。因为外交部的工作是对外的窗口，同时也是当时对敌斗争的重要阵地，对于干部的政治觉悟、忠诚度和保密性要求极高，周恩来特意从各部队抽调了一批将军出任新中国首任驻外大使，例如袁仲贤、耿飚、黄镇、谭希林等10名大使，他们皆军旅出身，在外交界享有"将军大使"的美誉。截至1951年6月底，新中国所派出的首批驻外大使中，绝大部分都是从人民解放军各部队或军区调来的兵团级、军级以上的干部。②他们久经革命战争的考验，对祖国无限忠诚。在外交部各司局长的任命中，周恩来挑选了一批从延安时代就在他领导下从事中共对外宣传、联络、统战工作的骨干，如王炳南、乔冠华、陈家康、柯柏年、刘大年等。他们有长期对外斗争的经验和国际问题研究能力，其中一部分人还有国外留学的经历。他们在周恩来的精心培养和任用下担任了新中国第一届外交部内各司局的主要领导，被誉为外交部的"笔杆子"和"秀才"。同时，外交部还从各大学进步学生中选拔了一批年轻干部，他们有较高的文化素质和较好的外语基础，经过短期培训后承担外交部的日常外交行政工作，成为外交部对外工作的年轻新生力量。这种干部配备方式不仅满足了当时政府工作的迫切需要，同时也实现了老中青年龄的序列配置，以及政治素养、实干经验与专业素质各异的干部成员之间的合理搭配。这样的干部配备充分确保了新中国外交工作的独立自主性和"另起炉灶"的原则。周恩来曾指出："我们决不能依靠旧外交部的一套人马办外交，必须另起炉灶，创建新的外交队伍。"这支新的外交队伍，应该是一支"文装的解放军"。③

周恩来在外交部的中高级干部配备中，充分考虑了外交工作的特殊性质以及对干部的性格能力的要求，不仅强调外交干部对国家的高度忠诚，同时也强调了外交干部需具备外事工作的基本能力，如语言能力、社交能力等，还应充分考虑到文化背景及工作经验，将合适的人选放在合适的位置。新中国外交部刚成立时，部级领导成员为：外交部部长周恩来（兼）；副部长王稼祥、李克农、

---

① 黄瑶：《周恩来与罗瑞卿》，《党史天地》1998年第4期。

② 田曾佩、王泰平主编《老外交官回忆周恩来》，世界知识出版社1998年版，第216页。

③ 裴坚章主编《研究周恩来——外交思想与实践》，世界知识出版社1989年版，第302-303页。

章汉夫；主要司局级干部有：苏联东欧司司长伍修权、美澳司司长柯柏年、西欧非洲司司长宦乡、亚洲司司长夏衍（后由陈家康替任）、国际司司长董越千、新闻司司长龚澎、办公厅主任王炳南。[①]从这些领导干部的构成看，包括了革命战争年代从事外事、统战、联络等各方面工作的干部，有的还曾留学苏联、欧洲、美国，有较好的外语水平和国际交往能力，他们中不少人都在周恩来领导下在重庆和南京从事过党的外事工作，整体素质很高，是一支十分精干的外交队伍。这支队伍在新中国外交战线取得了令人瞩目的工作成就。

在精心组建第一届中央政府政务院的同时，周恩来也高度重视地方政府领导成员的配置，尤其是重要的大城市。在省级和大城市干部配备中，他同样也是主要依靠长期参加党的地下工作的和解放区来的干部，如对上海市主要领导人的任命就是一个典型的例子。上海解放后，中共中央任命解放军第三野战军司令员陈毅为上海市市长，同时任命国统区党的地下工作领导者、具有丰富的统一战线工作经验的潘汉年为常务副市长。1949 年 5 月 11 日，周恩来在中共中央华北局会见潘汉年、夏衍、许涤新，传达中央决定潘汉年任上海市常务副市长，分管政法、统战工作的指示，并关照潘汉年"要当好陈毅同志的助手"，"做好各方面的工作，使中国这个第一大城市能够正常运转下去"。[②]上海对新中国的政权稳定有重大影响，且社会状况异常复杂，需要熟悉当地情况和富有统战经验的干部来做陈毅市长的助手，出于这样的考虑，周恩来等中央领导精心安排了潘汉年任上海市副市长，协助陈毅改造旧上海，领导人民迅速稳定社会秩序，恢复和发展生产。

（二）积极任用从旧社会过来的知识分子和新中国培养的知识分子

周恩来认为国家建设中需要大量的有知识、有文化的人才，而我们的专家太少了。因此，"只要是为人民服务的科学家、知识分子，不管是工农出身、小资产阶级或剥削阶级出身，我们都应该团结，对他们都要尊重"。他提出要善于团结一切愿意为新中国服务的旧中国所留下的各种专门人才，同时要大胆使用和培养新中国教育出来的知识分子。新中国成立后，对于仍在国外的科学家，周恩来指示要"争取他们回来，欢迎他们回来"。[③]他始终认为中国的知识分子是爱国的，愿意为中国的繁荣富强而奉献，他们在 1949 年前是英雄无用武之地，新中国应该充分发挥他们的作用。在周恩来的精心安排下，政务院时期一批著名科学家和知识分子被任命为政府机关的领导干部，如著名文学家郭沫若被任

---

① 程远行：《风云特使：老外交家王炳南》，中国文联出版社 2001 年版，第 156 页。
② 何炎牛、马福龙：《周恩来与潘汉年》，《上海党史研究》1998 年第 2 期。
③《周恩来选集》下卷，人民出版社 1984 年版，第 27—28 页。

命为政务院副总理和首任中国科学院院长、林业科学家梁希被任命为林垦部部长，著名作家沈雁冰被任命为文化部部长。新中国诞生后，不少留在国外的科学家，如李四光、翁文灏、钱学森等，都在周恩来的精心安排下陆续回到祖国担任了重要领导工作。

把真正有才能的人选用到领导岗位上是周恩来的一贯主张，新中国成立伊始他就一再强调领导人才对于社会主义建设的重要性，1950 年 8 月他在中华全国自然科学工作者会议上做报告时指出："现在愈接触各种事实，愈使我们感到这个问题的严重性。"[①]从 1952 年下半年起，周恩来以很大精力投入研究和制定第一个五年计划，使他更强烈地感受到中国建设人才和懂经济、懂技术的干部严重缺乏。因此，他在选拔配备高级干部时，十分注意在重要的科技建设部门选拔和任用著名科学家和知识分子，充分发挥他们的作用。李四光是新中国地质事业的奠基人，为地质力学理论和中国地质构造的研究做出了卓越贡献。周恩来嘱咐郭沫若借出国的机会，带信给旅居国外的李四光，希望他早日归国参加新中国的建设工作。1950 年 5 月，李四光终于在冲破重重阻力后回到北京。李四光住进北京饭店的第二天，周恩来就立刻到住处去看他。不久，李四光便应周恩来的要求，出任中国科学院副院长、中华自然科学专门学会联合会主席、中国地质工作计划指导委员会主任委员。1952 年 8 月，李四光被任命为中央人民政府地质部部长，在中国地质事业发展中发挥了至关重要的作用。

除对著名科学家和大知识分子做出妥善安排，积极吸纳他们进入政府部门担任要职之外，周恩来还关心着中小知识分子如何报效祖国的问题，为他们参与国家建设和政府管理创造条件。1951 年政务院颁布了《政务院关于处理失业知识分子的补充指示》，明确了我们国家"处理失业知识分子的基本方针，应当是经过训练和其他方式，帮助他们获得或增加为人民服务的观点和技能，尽可能吸收他们参加国家建设和社会服务的各种实际工作"。[②]这样新中国不但解决了失业知识分子的生存问题，又调动了知识分子投身社会主义建设的积极性，缓解了当时各级政府人才短缺的矛盾。

（三）妥善任用民主人士，完善多党合作和政治协商制度

周恩来认为，新中国安排民主党派和无党派民主人士参加政府机构并担任一定的领导职务，是中国共产党领导的多党合作和政治协商制度的政党制度的体现。为此，他十分重视各爱国民主党派同我们党长期合作的历史，注意发挥

---

① 《周恩来选集》下卷，人民出版社 1984 年版，第 25—26 页。
② 《周恩来年谱（1949—1976）》上卷，中央文献出版社 1997 年版，第 116 页。

民主人士在国家政治生活中的积极作用，认真贯彻党中央关于同党外民主人士长期合作的政策，尽量把党外民主人士都安排到合适的工作岗位上。

中国民主建国会和民盟负责人黄炎培在国民党政权时期曾多次拒绝旧政府的高官厚禄，在筹建新中国过程中他因年岁已高，无意做官。周恩来在组建政务院时登门拜访，说服他以往坚拒做官是不愿与国民党同流合污，今天是中国共产党领导下的人民政府，出来是为人民做事。经过周恩来的说服工作，黄炎培虽已年过七十，终于同意接受出任政务院副总理兼轻工业部部长的职务。周恩来还提议李书城出任新中国农业部第一任部长。当时有些人不明白，为什么把这么重要的部门安排给一个非党人士。周恩来解释说，李书城是同盟会的早期会员之一，辛亥革命首义后在武汉当过黄兴的参谋长，继之又投入了讨袁护国战争和护法战争，在旧民主主义革命斗争中起过重要的作用，并对共产党的发展做过一定贡献，我们今天这样做，体现了对有功的民主人士的历史认可。

在周恩来深谋远虑的精心安排下，各民主党派主要负责人、社会知名人士多被安排进了第一届中央人民政府及各地方政府机构中。新中国成立时，6 名中央人民政府副主席中就有 3 人是党外人士（宋庆龄、李济深、张澜）。在中央人民政府的 56 名委员中，党外人士 27 名，所占比例近 50%。政务院的人事安排也充分体现了多党合作的政治特点，4 名副总理中，党外人士 2 名（郭沫若、黄炎培）；15 名政务委员中，党外人士 9 人（谭平山、章伯钧、马叙伦、陈劭先、王昆仑、罗隆基、章乃器、邵力子、黄绍竑）；在政务院所辖 4 个委、30 个部级机构中担任正职的中共党外人士达 14 人，其所担任的职务分别是：文化教育委员会主任兼科学院院长郭沫若、人民监察委员会主任谭平山、轻工业部部长黄炎培、邮电部部长朱学范、农业部部长李书城、交通部部长章伯钧、林垦部部长梁希、水利部部长傅作义、文化部部长沈雁冰、教育部部长马叙伦、卫生部部长李德全、司法部部长史良、华侨事务委员会主任何香凝、出版总署署长胡愈之。[①]

周恩来不但在第一届政府设置中大量安排民主党派人士参与进来，并且强调要确保他们有职有权。就如何发挥党外人士的作用问题，他在 20 世纪 50 年代初曾专门指出："非党人士担任部长的就要非党人士作报告，如轻工业部就要黄炎培报告，水利部就要傅作义报告。开始他们情况不熟，报告后可由副部长补充，久了情况熟了，连补充也不需要。同时有任务也责成他们负责完成，比如说河水决口，要水利部负责，傅作义自然会下去布置。有职、有权、有责，

---

① 徐行编著《新中国行政体制的初创》，当代中国出版社 2013 年版，第 20-22 页。

自然会发挥他们的积极性。这方式很好。政务院的政务会议每星期召开一次，有关文件等也交非党人士审查，一切指示、法令也要他们修改。这样，不仅不会动摇我们的政策，而且还会完善我们的政策。"[1]

周恩来对政府组织结构和人员构成的精心设计及对党外人士的妥善安排和重用，体现了中国共产党领导的多党合作和政治协商制度健全发展的态势，体现了新中国政府广纳各界知名人士参政议政的坦荡胸怀，受到了全国各界人士、各民主党派的拥护和赞扬，调动了大多数人投入经济建设的积极性。

（四）大胆任用国民党起义将领，扩大人民政权的政治基础

对原来国民党起义将领，周恩来根据中共中央一贯政策，尽量给他们安排适当的工作，并根据用人不疑的原则放心大胆地使用；对于原国民党政府中一般工作人员，周恩来指示有关人员负责对他们进行教育、改造和谨慎使用。如原国民党高级将领程潜、张治中、傅作义、蔡廷锴、龙云都被选为第一届中央人民政府委员，起义将领曾泽生、陈明仁、董其武等被安排在解放军中任职。其中，对傅作义的安排是毛泽东、周恩来重点考虑的人事安排，最具典型意义，因为他牵涉到对大批起义将领的态度问题，具有示范效应。当时，毛泽东、周恩来考虑到傅作义将军对和平解放历史名城北京有着特殊贡献，决定一定要在新中国政府里给他安排一个部长职位。傅作义在绥远时，曾有过兴修河套水利工程方面的工作经验。于是，周恩来提名傅作义担任水利部部长。在配备水利部领导班子时，周恩来充分尊重傅作义的意见，请傅作义推荐人选，对于傅作义推荐的张含英和刘瑶章都同意任用，并将共产党员李葆华调去任水利部副部长，让他协助傅作义做好工作。

在新中国成立之初，从中央到地方省市级政府中，都有一些原国民党起义将领被安排到人民政府中工作，使他们继续发挥特长和各自的影响力，更好地为人民政权服务，充分体现了周恩来选贤与能、唯才是举的干部选拔思想。除了任命傅作义为水利部部长，周恩来还任命曾任北洋政府陆军部次长的李书城为农业部第一任部长，老同盟会员、曾任国民党妇女部部长的何香凝为华侨事务委员会主任；任命国民党元老程潜为中央人民政府委员、湖南省省长；任命国民党起义将领陶峙岳为新疆省省长、刘文辉为西康省省长。周恩来不重出身、唯才是举的干部遴选原则，为党外各界人士参与新中国政府管理拓宽了渠道，也为新生的人民政权扩大了政治基础。

对于原国民党政府的一般工作人员，周恩来认为这是我们"胜利的负担，

---

[1] 中共中央文献研究室编《周恩来传》（三），金冲及主编，中央文献出版社1998年版，第966页。

是推不开的"。对这些人员的任用与安排，要采取教育、改造和谨慎使用的方式区别对待。1949 年 10 月 25 日，周恩来主持政务院第二次政务会议，讨论关于接收前国民党政府机构工作的原则时提出：对国民党政府原各机构工作人员，将在调查研究后因才使用，合理分配工作。[①]同时，他强调任用之前必须进行教育和改造，防止他们带来旧的官僚主义作风，要把他们改造"成为既适应工作需要又有劳动观点和科学知识的人，成为新中国所需要的革命的工作人员"[②]。周恩来专门指派董必武副总理率华东工作团前往南京统筹指导原属国民党中央系统各机关的旧工作人员的教育、训练和改造工作，使 2000 多人重新走上工作岗位。对原港九国民党政府机构起义人员 4855 人（占原有人数的97%），也给予妥善安置。上海公安局和各地公安局也安排了一批旧警察重新上岗工作。各省级政府都教育改造和留用了一批旧政府的一般工作人员，其中以专业技术人员留用的为多。

对旧中国海关官员的改造任用最具有典型性。新中国成立之初，为彻底改造旧海关，在周恩来的指示下，海关总署把原有的 173 个海关调整为 70 个。同时实行了新的干部政策和人事制度，辞退洋员，重新任免各地海关负责人，中央政府派出不少解放区干部到海关工作。周恩来对旧海关人员有客观评价，他认为旧海关人员中的大多数是好的和比较好的知识分子，他们既爱国进步，愿服从中国共产党领导，又熟悉海关业务，有海关工作经验，但其中也有许多人受官僚买办思想影响，还应对他们在思想上加以改造和教育。周恩来提出对旧海关人员的态度应是循循善诱，与人为善；尊重人才，发挥其业务专长，大胆地把思想进步、精通业务的人员安排到适当岗位上工作。周恩来对原国民党政府一般职员客观正确的认识和教育改造、谨慎使用，既体现出中国共产党领导的多党合作制度，也表明了新中国人民政府的宽广胸襟和凝聚力。

三、周恩来干部选拔任用思想的现代启示

新中国成立初期，国务院的各项建设、各部门各机构组建以及干部选拔、培养和管理等工作可谓摸着石头过河，正是因为周恩来在政府建设中遴选出了一批有能力的干部，在人才储备上满足了各级政府的工作需要，并通过制定规章制度，严格管理，从而保证了国家各机关的正常运转。我们仅从 1949 年至1954 年政务院的组建和调整中，就可清楚地看到周恩来在选拔和配备中央政府

----

① 《周恩来年谱（1949—1976）》上卷，中央文献出版社 1997 年版，第 7 页。
② 《周恩来选集》下卷，人民出版社 1984 年版，第 4 页。

领导干部中发挥了关键性作用，为中央政府干部队伍的合理构成做出了重大贡献。其干部选拔配备的标准与原则产生了深远影响。改革开放新时期，邓小平根据党的工作重心转移和干部队伍的实际状况，提出了干部队伍"四化"方针，并强调"首先是要革命化"。进入21世纪，领导干部配备更注重民主化和规范化。江泽民提出领导干部一定要树立和保持共产党人的高尚情操和革命气节，不仅讲学习、讲政治、讲正气，而且讲修养、讲道德、讲廉耻。胡锦涛强调选人用人仍要坚持德才兼备、以德为先，真正把那些政治上靠得住、工作上有本事、作风上过得硬、人民群众信得过的干部选拔到各级领导岗位上来.这更加鲜明地突出了"德"在干部标准中的优先地位和主导作用。党的十八大以来，习近平围绕培养选拔新时代党和人民需要的好干部，创造性提出"把政治标准放在第一位"，"信念坚定、为民服务、勤政务实、敢于担当、清正廉洁"的好干部标准，为新时代选人用人工作提供了科学的理论指导。这是在新的历史条件下，中国共产党对周恩来干部选用思想的继承和发展。

现今，我国的干部遴选程序和管理模式已基本形成，并已经拥有了一支高素质的领导干部队伍。但是，命令主义、任人唯亲、推诿扯皮等官僚主义的不良风气仍影响着正常的干部选拔任用，破坏着我国各级领导干部在群众中的形象，并直接导致了领导干部在群众中的公信力下降。中共十四届四中全会后，中央相继出台的《关于加强党的建设几个重大问题的决定》《深化人事制度改革纲要》《党政领导干部选拔任用工作条例》，体现了我国人事制度改革和领导干部选拔任用的制度化、程序化发展。回顾周恩来组建第一届中央人民政府时精心遴选和严格管理领导干部的正确思考和实践，对当前我国干部队伍的选拔和干部的培养任用仍有着重要的启示意义。

首先，在当前我国干部队伍的选拔任用中，仍要继续加强制度化建设。干部遴选必须有章可循，有法可依，坚持唯才是举、任人唯贤的原则和德才兼备、以德为先的标准。既不能"唯身份论"，在干部任用和选拔过程中只注重阶级出身；更不能"唯关系论"，只任用提拔和自己关系亲近的人。如何适应迅速发展的形势需要，借鉴周恩来关于干部遴选和管理的杰出思想，坚持任人唯贤的原则，提高党政干部选拔工作水平，努力推进领导干部遴选向制度化发展是新时代加强中国各级干部队伍建设的关键。

其次，在今后我国干部队伍的选用中要特别重视加强程序化建设。领导干部的任命，必须经历严格的政审、征询意见、集体讨论、组织任命程序。学习当年周恩来的干部遴选与管理思想,深入贯彻执行改革开放以来中央发布的《关于严格按照党的原则选拔任用干部的通知》《关于坚决防止和查处领导干部选拔任用工作中不正之风和违纪违法行为的通知》《党政领导干部选拔任用工作暂行条例》等规章制度，对于强化和完善干部遴选管理程序，建立健全干部评价考核体系，对于干部选拔管理工作向更科学、更民主、更合理化的方向发展是非常必要的。

最后，在未来我国干部队伍的选拔和管理中要继续加强民主化、科学化建设。在政府管理中，周恩来向来重视扩大人民民主和党际监督，重视政府管理和干部队伍建设的民主化、透明化。新时代的干部遴选机制建设，更要加强民主推荐、民意测验、民主评议、集体决定、考核公示等各个环节的民主建设，积极引入激励竞争机制，吸收五湖四海的各界杰出人士加入到干部队伍中，全面实现干部遴选和管理的民主化与科学化。

总之，认真学习和深入研究周恩来干部遴选和管理思想，坚持任人唯贤、唯才是举的原则和德才兼备、以德为先的标准，坚持公开、公正、透明、民主的干部选用方式，选拔、培养、任用有政治觉悟、有领导能力、有专业技术的优秀干部，提高我国行政管理的效率，密切党群关系，努力推进新时代我国干部选用和管理机制现代化建设，是中国共产党在新时代科学执政、民主执政、实现最终奋斗目标的重要前提和保证。

[本文原载于《天津党史资料与研究（第九辑）》]

周恩来管理干部的三大特点及当代启示

作为新中国第一代领导核心的重要成员和伟大的政治家，周恩来在长期担任党和国家重要领导工作中，练就和展现出了高超的领导才能与独特的领导艺术，特别是在干部队伍管理中，突出反映了宽严结合、民主与集中结合、批评与自我批评结合的三大特点。周恩来提出和采用的这些行之有效的领导方法，在干部管理的实践中起到了良好的效果，对我们党今天加强执政能力建设仍有重要指导和启示意义。

一、宽严结合、准确把握干部管理尺度

在干部管理中，宽严结合是一种有效的方式，这种方式体现了以人为本的原则。作为一名成功的领导者，首先要坚持严以律己，宽以待人，在严格管理的同时准确把握宽严结合的尺度，使人尽其才，物尽其用。周恩来在管理干部中的第一大特点就做到了宽严结合，该宽则宽，该严必严，准确把握宽严结合的尺度。周恩来的这一领导特色主要包含了四点内容：一是严于律己，以身作则；二是严格管理，决不姑息；三是对干部的关心爱护，加强教育和培养；四是对犯错误的干部不但严肃批评，还要帮助其纠正错误，不断改进。

周恩来深知要加强干部的严格管理，首先要求领导干部要以身作则，严以律己，增强领导人在群众中的公信力。早在抗日战争时期，他在重庆领导南方局和国统区工作时就制定了《我的修养要则》①，对自己学习、工作、思想、生活各方面提出严格的要求。

周恩来在对干部的严格管理中特别强调两点。一是要求党员干部特别是领导干部在大是大非面前一定要分清是非，站稳立场。无论是在艰苦的战争年代，还是和平建设时期，周恩来对干部管理从不放松，坚持该严的时候一定严抓严管，绝不手软。他一贯坚持从严治党的原则，对丧失原则立场，背叛组织的干

①《周恩来选集》上卷，人民出版社 1980 年版，第 125 页。

部，严肃处理，决不姑息，努力保证党的干部队伍的纯洁性。二是从制度上保证党和政府各方面的工作有序开展，在干部管理中同样是首先制定严格的规章制度，然后认真督促贯彻实施，让干部管理工作有章可循，有法可依。他在领导政府工作 26 年中，制定了许多严格的规章纪律。如仅仅是针对从事秘书工作的干部，周恩来就指导制定了 6 条规章：（1）做秘书工作首先要具有极强的保密观念；（2）秘书在汇报工作过程中向领导所汇报的情况要非常准确；（3）秘书在为领导工作时不仅要在工作作风上坚持细致入微，而且还要具有民主的观念，能够大胆合理地为领导提出意见；（4）秘书在工作中，对于国内外所发生的事件不仅要在第一时间做到密切关注，了解事件发生的具体原因及其经过，还要做到第一时间向领导反映，而且对于领导所布置的工作要及时妥当地处理；（5）秘书在向领导汇报工作时，要做到简明扼要，要抓住要害，要开门见山；（6）作为秘书还要有广博的学识以及深厚的文化基础。在不断提高自己政治修养和政治觉悟的同时注意学习更多的科学文化知识，将业余时间读书看报作为一种生活习惯。[①]

周恩来在对干部严格管理，严明纪律的同时，对干部们也十分关心和爱护，把他们当作自己的朋友和亲人，在思想上帮助他们，生活上关心他们，在能力上培养他们。对犯了错误的干部，周恩来该批评的时候一定批评，不讲情面。但在批评后周恩来还会帮助他们找出问题所在，教育他们如何纠正错误，避免下次再犯。如 1952 年周恩来率领中国代表团赴莫斯科谈判，在审阅准备提交给苏联政府讨论的中国"一五"计划草案和一系列基本数字材料时，发现林业采伐、造林和木材蓄积量计划数字核对不上，当即在电话中批评了负责计划综合工作的干部，严厉指出：像这样的差错和疏忽是不能容许的。被批评的干部很羞愧，心中惶惶不安。但在谈判结束后，周恩来来到代表团驻地看望代表团成员，午餐时他走到受过严厉批评的那位干部身边微笑地说："昨天我批评了你，以后要细心一些嘛！不要把这么重要的数字搞错！来，我敬你一杯酒，祝你今后工作得更好。"[②]这样温暖的一席话，使受批评的干部很受感动和教育，更激发其努力工作的劲头。在这件事的处理上充分反映了周恩来宽严结合的领导特色。

现代化的干部管理首先就应坚持以人为本的原则。周恩来采取的"宽严结合"的领导方法，将一大批优秀的领导干部紧密地团结在了党和政府的周围，

① 孙天军、王寒：《浅谈周恩来对秘书的几点要求》，《秘书》2001 年第 8 期。
② 杨宗丽、明伟：《周恩来二十六年总理风云》，辽宁人民出版社 2007 年版，第 23 页。

为国家的现代化建设储备了人才。周恩来对干部的严格要求和教育帮助，使他们感受到领导的关心和爱护，更激起了各级干部把工作做好的干劲和信心，使他们能够充分发挥自己的作用。

二、民主与集中结合，妥善处理领导与被领导的关系

民主集中制是中国共产党的基本组织原则，周恩来在干部管理中运用这一原则妥善地处理了领导与被领导的关系。他经常深入基层调研，善于听取基层干部和群众的各种意见，在领导党和政府的工作中，他坚持集体领导，群策群力，使各项方针政策的制定更有针对性和可行性。他深刻地认识到，在干部管理中特别是在处理领导与被领导的关系上，只有坚持民主与集中相结合的方法和特色，才能不断地扩大党内民主和国家政治生活的民主，充分调动广大干部的积极性；才能使党和政府的各项决策更加科学，更能得到广大人民群众的拥护；才能增强党和政府的凝聚力和公信力，使我们国家的各项建设事业健康地发展。

民主是集中的前提和基础，没有充分的民主就没有真正的统一，关于如何在干部管理中坚持民主的问题，周恩来提出了三点正确主张。

一是营造民主气氛，听取基层意见，注重民主协商。周恩来认为处理好领导者与被领导者的关系，主要领导人主动营造一种民主气氛很重要，他指出："民主作风必须从我们这些人做起，要允许批评，允许发表不同的意见。""要根据不同的情况，允许有不同的意见，这才是社会主义的自由，才有心情舒畅，实现毛主席所说的又有集中又有民主，又有纪律又有自由，又有统一意志，又有个人心情舒畅、生动活泼，那样一种政治局面。"①周恩来认为民主与集中相结合首先要加强民主建设，而民主建设的根本在于要有最广泛的群众基础。他一贯主张领导干部要走群众路线，要密切联系群众，充分相信群众，认真倾听和吸收群众意见。特别是在制定重大的方针政策时，首先要听取来自最基层干部群众反映的建议。他深知兼听则明，偏信则暗的古训，因此他在制定政府的各项重大决策前总是坚持集思广益，主动与各有关方面进行积极协商。他认为："新民主主义的议事精神不在于最后的表决，主要是在于事前的协商和反复的讨论。"②在领导全国政协工作和国务院工作中，他强调："凡是重大的议案不只是在会场提出，事先就应提出来在各单位讨论。新民主的特点就在此。因此不

是只重形式，只重多数与少数。凡是重大的议案提出来总是事先有协商的，协商这两个字非常好，就包括这个新民主的精神。"①

二是保证广大党员干部和人民群众的知情权和参与权。扩大和发扬民主必须要贯彻平等性和公开性的原则，要使所有干部无论职务高低都能够直接或间接地参与到党和政府内部的事务管理中，公开平等地表达自己的意见。只有让所有干部群众有了知情权和参与权后，他们才能提出建设性的意见；也只有在广泛听取来自各方面的意见的基础上，才能更好地实现集中领导。周恩来在领导工作和干部管理工作中最重视也最善于听取不同意见，特别是基层干部的意见。他主张应该让各级领导干部和普通工作人员在"知其然，并知其所以然"的情况之下发表自己的意见，让地方工作的干部在充分了解中央的整体设计的情况下有针对性地处理个别地区、个别部门的具体工作。他认为不能以"这是国家大事，要保守秘密，不能随便告诉别人"为借口剥夺干部群众的知情权。他特别提出："国家大事中有秘密的，也有不秘密的，在秘密的范围内也还要区别对待。我认为国家大事必须与闻，应该使每个人有与闻国家大事的习惯。"②对于某些领导干部在工作中封锁消息，只将消息传播给自己身边的亲信的行为，周恩来批评道："不能认为这是我的工作，你不能管——'卧榻之侧，岂容他人酣睡'。这样就无法合作了！任何问题公之于众总是有好处的。这样，可以得到大家的帮助，有什么不好呢？"③

三是要坚持集体领导，反对个人独断专行。在坚持民主与集中相结合，坚持统一领导时，周恩来反复强调集体领导的重要性。他认为党委领导是集体领导，不是书记的个人领导，个人没有权力领导一切，不管是谁，个人离开集体，就无从起领导作用。任何的个人都不能代表集体做出"独断"的意见，要发挥集体领导的优越性，努力实现民主领导和集体领导的有机统一。关于集体领导和个人意见的关系，周恩来明确指出："个人都是平等的，如果从工作上说，大家都是人民的勤务员，彼此平等的交换意见，决不能个人自居于领导地位。个人离开了集体，就无从起领导作用。个人的意见不能代表政策，必须制定成政策，才能算为集体的意见、领导的意见。……共产党员必须首先把这个界限划清楚"④周恩来进一步阐明"大家都承认共产党是领导党，共产党的领导是指

---

① 中国人民政治协商会议全国委员会研究室、中共中央文献研究室第四编研部编《老一代革命家论人民政协》，中央文献出版社1997年版，第17页。

② 《周恩来选集》下卷，人民出版社1984年版，第2页。

③ 《周恩来选集》下卷，人民出版社1984年版，第345页。

④ 《周恩来选集》下卷，人民出版社1984年版，第392-393页。

党的集体领导，党的中央和党的各级领导机构（省、市、县委会等）的领导。"①但是，他认为起着领导作用的，主要是党的方针政策，而不是个人。他特别强调："'一言堂'，说出一句话来就是百分之百之正确，天下没有这种事。"②周恩来提出一个优秀的领导者的最高领导境界，是既坚持领导，又使群众不感觉被领导。使群众的意见被充分地采纳，集中统一的决策被人民积极响应，广大群众和领导者没有领导和被领导的感觉，大家都在轻松和谐的环境下各司其职，愉快地工作，这才真正地实现了民主和集中的统一。

在干部管理中坚持民主原则的同时，周恩来还强调要与集中结合起来，民主必须要在集中的指导之下进行，要反对民主的极端化，以及由此而引发的无政府主义思想。他认为我们实行民主集中制就是要把广泛的民主和高度的集中相互结合起来，是为了团结一切力量来建设社会主义，发展社会生产力。如果只有民主，没有集中，就不可能使全国人民在一个共同的方向、统一的计划下进行有组织的共同斗争，也就不可能达到建成社会主义社会的伟大目的。民主集中制的具体运用，是要根据客观情况的变动而有所不同的。坚持民主与集中相结合，是周恩来管理干部的一大特色，它的精髓在于在民主基础上的集中，集中指导下的民主。周恩来一贯坚持民主的工作作风，坚持走群众路线、虚心听取不同意见，坚持集体领导，反对个人专断。但他也注意到在发扬民主的同时，并不是不要集中管理、统一领导，民主不能够离开集中而单独地存在，片面地追求民主只会导致党内组织纪律的涣散，大家各说各的，各做各的，毫无纪律可言。因此，周恩来强调在注重民主协商的基础上，还要坚持集中统一领导。领导干部在工作中，要把握好民主和集中之间的关系，既重视民主又坚持集中，只有这样才能更好地开展各项工作。

三、批评与自我批评结合，坚持党的优良作风

批评和自我批评结合是中国共产党的三大优良作风之一，也是周恩来干部管理和领导艺术的主要特色之一。任何的一个政党、政府和领导人在其行政过程中都难免会犯错误，关键是如何对待这些错误。周恩来在领导政府工作和干部管理中，对工作认真负责，兢兢业业，不允许自己犯粗心大意的错误，更不允许犯方向性的错误。他对任何工作中的缺点或失误，一经发现，立即纠正，既严肃批评犯错误的同志，又勇于承担责任，多做自我批评，很善于做思想工作。

①《周恩来选集》下卷，人民出版社 1984 年版，第 392-393 页。
②《周恩来选集》下卷，人民出版社 1984 年版，第 324 页。

　　周恩来认为有效的自我批评是批评与自我批评的前提，他指出"中国古代的曾子尚且'吾日三省吾身'，常常想想自己，何况我们？"①作为一个国家的领导干部应该以身作则，正视自己的缺点和不足，常做自我批评，严于剖析自己的言行。他强调，领导干部要以人民的利益为重，主动改正自己的错误，不能因为自己是干部，顾及个人形象，好"面子"而不敢做自我批评，"应该丢开这个'面子'，严格要求自己"。②同时，在他看来只有首先从自我批评做起，首先认识到自身存在的问题和不足并加以改正，然后再去批评别人，别人才不会产生抵触的情绪，进而也才能更好地接受批评。周恩来多次强调："为了团结起见，为了进步起见，应该以身作则，先从自我批评开始。"③

　　周恩来一生都勇于对自己所领导的各项工作负责，对工作中任何一点失误都勇于承认错误，承担责任。如 1954 年 7 月，周恩来率领中国代表团参加了日内瓦会议。为使国内可以在第一时间了解这次会议的发展情况，周恩来嘱咐新华社记者要做到：在会议上的发言他每讲一段，记者就向北京发一段；会议对初稿有什么修改，要随改随发。但是由于这名记者工作的疏忽，最后发回北京的电文比原文和别的通讯社发的少了好几段，当发现这一问题时，《人民日报》已经印了数十万份。周恩来知道后，严厉地批评了有关工作人员的失职，同时迅速对这次失误做了补救。事后，周恩来做了自我批评，在他发给中央的电报中，坦诚提出自己在这次事件中应付失职职责，并请求中央给予处分。又如在 1962 年的"七千人大会"上，在各个部门都对前几年经济上出现的问题进行反思时，周恩来没有把错误推给别人，而是主动检讨了国务院在经济管理上的失误。

　　周恩来不但勇于承认错误，常做自我批评，而且提出在进行自我批评过程中也要运用正确的方法，讲求一定的效率。他认为，在做自我批评时："夸夸其谈，哗众取宠，说一番空话，不联系实际，听起来好听，却没有实际内容。这种所谓的自我批评是不对的，我们要联系自己的工作和思想作深刻的检讨，认识错误根源，为以后少犯或不犯同类错误提供保证。"④

　　在勇于自我批评的同时，周恩来也强调领导干部应接受来自外界的批评。他认为："只有自我批评没有相互批评也是不行的。"⑤在自我批评的基础上，

---

① 中央教育科学研究所编《周恩来教育文选》，教育科学出版社 1984 年版，第 21 页。
②《周恩来教育文选》，教育科学出版社 1984 年版，第 21 页。
③《周恩来教育文选》，教育科学出版社 1984 年版，第 64 页。
④《周恩来教育文选》，教育科学出版社 1984 年版，第 64 页。
⑤《周恩来统一战线文选》，人民出版社 1984 年版，第 158 页。

还要进行相互批评，让别人来指出自己工作中的缺点与失误，以弥补自我批评的不足，并以此为依据更好地改正错误，更好地进步。作为一个领导干部对别人批评应该抱着什么态度呢？周恩来提出，对待别人的批评要抱着欢迎的态度，虚心听取别人的批评意见，秉持着有则改之，无则加勉的原则，以积极的心态去面对。"我们共产党人要有勇气面对真实，面对错误，有错误就不怕揭露，就勇于承认和改正"，政府应该让人民代表批评自己的错误，承认应该承认的错误"。"换句话说，就是允许唱'对台戏'，当然这是社会主义的'戏'。我们共产党人相信真理越辩越清楚。我们共产党人要有勇气面对真实，面对错误，有错误就不怕揭露，就勇于承认和改正。"①他进一步指出领导干部"如果脸红脖子粗，不接受批评，就是没有修养。我们不要怕批评，假使人家不了解情况，说错了，可以善意地加以解释，就是恶意的批评，日子久了。群众也能识破。"②。

在干部管理中，党和政府高级领导人坚持做到批评与自我批评，可以完善领导者的领导行为，提高党和政府在人民群众中的公信力。周恩来确实带头做到了批评与自我批评相结合。同时，他对犯错误的干部讲明道理，给他们指出纠正错误的办法，让被批评的干部心服口服，甚至终生难忘。从事秘密工作的老干部熊向晖就曾撰文回忆过周恩来对他的 3 次批评，并深情地表示周恩来的教诲使他受益终身。

周恩来在干部管理中始终坚持批评与自我批评结合，成为他领导艺术的一大特色。数十年来周恩来在工作中虚心接受来自各界的意见、建议和批评，且常做自我批评，勇于对自己所领导的各项工作负责，对政府工作中的任何失误都勇于承认错误，承担责任，同时他对下属犯的错误绝不迁就，该批就批，能帮就帮，形成了鲜明的领导特色。在他的影响下，一大批各级领导干部继承了批评与自我批评这一优良传统，在工作中虚心听取群众意见，正确接纳外界批评，不断改善自己的工作作风，既赢得了广大群众的拥护，也树立了党和政府的良好形象。

四、周恩来干部管理特色的当代启示

新中国成立初期，党和政府各项工作制度尚不完善，正是由于周恩来对干部队伍的科学管理，才保证了党政各部门工作的正常运转，大大提高了工作效率，使社会主义各项建设事业朝着有序方向发展。进入 21 世纪以来，我们的改

---

①《周恩来选集》下卷，人民出版社 1984 年版，第 208 页。
②《周恩来教育文选》，教育科学出版社 1984 年版，第 64 页。

革开放事业取得了巨大成就，国家的经济快速发展，人民生活水平普遍改善；但是干部队伍中存在的官僚主义作风、脱离群众的浮夸之风、奢靡浪费之风、弄虚作假之风等等不良风气却没有随着社会进步而消失，反倒有蔓延之势，这些不良风气破坏了党和政府的公信力和凝聚力，也损害了领导干部在广大群众中的形象。我们党及时注意到这个问题，在党的十八大报告中，再次强调了加强干部管理，坚持党的群众路线的重要性，明确提出要"坚持以人为本、执政为民，始终保持党同人民群众的血肉联系"①。党的十八大后，为了彻底纠正一部分干部中存在的不良作风，我们在全党深入开展了以为民务实清廉为主要内容的党的群众路线教育实践活动。在党的群众路线教育实践活动中，我们重温和学习周恩来的干部管理三大特点愈显得十分必要。周恩来当年管理干部的行之有效的方式方法对我们今天的干部管理和组织建设至少有着如下三方面重要启迪。

首先，应坚持从严治党、从严治政，加强对干部的严格管理和科学管理。周恩来很早就意识到，治国就是治吏，严格要求、严格教育、严格管理、严格监督干部是我们党的一贯方针和优良传统。他曾明确指出"官僚主义是领导机关最容易犯的一种政治病症"②，并且"官僚主义在我们执政的党内，在我们的国家机关内，的确是十分有害的、非常危险的"③。他在干部管理中不仅注意培养业务水平，更注意提高他们的政治思想水平，抓紧思想建设、作风建设和组织领导。早在1943年他在南方局向干部做报告时就提出怎样做一个好的领导者的问题，明确告诫各级干部必须"反对一切实际工作中的机会主义（如马虎主义，空谈家，妄自尊大者，官僚主义，形式主义，文牍主义，事务主义等）以及退化思想或腐化思想等等"④。

新时代为提高各级干部在市场经济条件下拒腐防变的能力，必须强化干部的严格化、规范化管理，这是党要管党、从严治党的关键所在，是建设高素质执政骨干队伍的紧迫任务。而要实现干部的严格化、规范化管理，就要坚持标本兼治、综合治理、惩防并举、注重预防方针，全面推进惩治和预防腐败体系建设，做到干部清正、政府清廉、政治清明。要建立健全干部日常问责机制，推进干部问责制度化、科学化，通过严格的规章制度和思想上组织上的严格管

---

① 《坚定不移沿着中国特色社会主义道路前进　为全面建成小康社会而奋斗》，《人民日报》2012年11月9日。

② 《周恩来选集》下卷，人民出版社1984年版，第418页。

③ 《周恩来选集》下卷，人民出版社1984年版，第422页。

④ 《周恩来选集》上卷，人民出版社1980年版，第130页。

理，肃清一切官僚主义现象，提高执政能力。

其次，深入开展群众路线教育，采取有力措施加强干部与群众的联系。中国共产党最大的政治优势就是联系群众、依靠群众，最大的政治危险就是脱离群众。周恩来认为："党的路线、政策再好，如果执行的业务部门给塞住了，那就是把党和群众隔开了。"①高高在上，孤陋寡闻，不了解下情，不调查研究，脱离实际，脱离群众的官僚主义作风在党的干部中必须坚决杜绝。早在抗战时期周恩来就要求各级领导干部在密切联系群众中要做到三点："（1）与群众接近和联系，在某种程度上要与他们打成一片；（2）倾听群众意见；（3）向群众学习。"②周恩来当年这些正确的思想主张对我们今天开展党的群众路线教育实践活动很有启发。如今要确保我们的党和政府真正做到执政为民，首先就要求各级领导干部心里时刻想着广大人民群众，权为民所用，利为民所谋。

改革开放以来，在我国经济上取得了举世瞩目成就的同时，一些干部身上出现了脱离群众、脱离实际、贪图享乐、浪费奢靡等问题。党的十八大后为进一步加强各级领导干部与群众间的联系，中共中央决定开展党的群众路线教育实践活动。习近平总书记指出："我们的责任，就是同全党同志一道，坚持党要管党、从严治党，切实解决自身存在的突出问题，切实改进工作作风，密切联系群众，使我们党始终成为中国特色社会主义事业的坚强领导核心。"③为加强党政干部同人民群众间的血肉联系，我们应积极推动党的群众路线教育实践活动向常态化发展，激发党员干部密切联系群众的主动性。要以强化干群关系为基础保证党的政治社会化功能的充分发挥，督促干部关心群众生活，解决群众最关心、最直接的利益问题；同时建立和完善群众利益保障及多渠道利益表达机制，使广大人民群众享有充分的知情权、发言权和监督权，建立和完善各级党政机关与广大人民群众密切联系的信息沟通平台。

最后，继续弘扬党的优良作风，各级领导干部要常照镜子、正衣冠。周恩来一贯主张，做一个优秀的领导人，必须要"发扬民主，开展批评和自我批评"④。他认为在干部中经常开展批评与自我批评的目的，是为了肃清思想，改正错误，加强党的先进性、纯洁性，进而更好地为人民群众服务。但是，现在个别领导干部习惯了下属和群众的称赞、追捧，骄傲自满、自以为是，不允许别人提出

---

① 《周恩来选集》下卷，人民出版社 1984 年版，第 418 页。

② 《周恩来选集》上卷，人民出版社 1980 年版，第 131 页。

③ 《习近平等十八届中央政治局常委同中外记者见面》，2012 年 11 月 15 日，中国政府网：https://www.gov.cn/ldhd/2012-11/15/ content_2266858.htm.

④ 《周恩来选集》上卷，人民出版社 1980 年版，第 132 页。

批评意见，对于说真话者处处设防，对于敢提出批评意见的人怀恨在心，甚至打击报复。这样的事虽然发生在个别领导干部身上，却严重破坏了党的形象，损害了政府的公信力，使我们党多年形成的优良传统作风消失殆尽。

为了纠正一些党员干部身上存在的这种不良作风，领导干部要经常进行自我批评，这可以正视自我、发现问题，并且从思想、能力、作风等方面主动找差距。要全心全意为人民服务，对工作中存在的矛盾和问题不回避、不推卸、不淡化，做到敢于正视，正视矛盾和问题。领导干部进行批评与自我批评，深入分析发生问题的原因，清洗思想和行为上的灰尘，最终去掉了"享乐病""特权病"等顽疾的过程，实际上就是"治病救人"的过程。因此，各级干部要以周恩来为榜样，弘扬党的理论联系实际、密切联系群众、批评与自我批评的优良作风，在新环境下加强党的执政能力建设和自身素质的提高，更好地服务于民、更好地造福国家和百姓。要坚持全面从严治党，增强执政党自我革命的自觉与自信，坚决反对"形式主义、官僚主义、享乐主义和奢靡之风"四种不正之风。在思想上政治上行动上不断去杂质、除病毒、防污染，更加坚定、更加自觉地践行中国共产党的初心和使命。

（本文原载于《中国浦东干部学院学报》2013 年第 6 期）

周恩来论领导者如何科学决策、民主施政

周恩来在长期肩负党和国家领导重任中，对如何提高领导者科学决策的水平和民主施政能力问题进行过深邃的思考。他阐明科学决策的制定过程必须经过分析环境特点、确定任务方针、提出策略口号、制定计划和指示四个基本环节，同时还要以充实可靠的信息为依据。他主张在决策执行中应坚持民主施政，运用说服、协商、务实和交友的方式构建领导者与被领导者的和谐关系。他认为无论是决策的制定还是实施皆应与有效的监督和执行结果的审查相结合，而监督审查又应重在实效，采取自上而下和由下而上两种方式进行。认真学习周恩来杰出的领导思想、卓越的领导才能、科学的领导方法，有助于我们深入贯彻落实党的十九届四中全会精神，推进国家治理能力现代化。

一、科学决策应包括四个基本环节

周恩来认为领导者要想做出科学决策，不能简单随意，脱离实际，信口开河，更不能背离党的大政方针，自作主张，独断专行。科学决策是一个提出问题、分析问题、解决问题的完整的动态过程，需要遵循一套科学的决策程序。早在担任南方局书记时周恩来就对这个问题进行过精辟的论述，他指出领导者要做出正确决策，应包括四个基本环节："首先，要估计环境及其变动，并找出此地此时的特点。次之，要依此与党的总任务联系起来，确定一时期的任务和方针。再次，要依此方针，规定当前适当的口号和策略。又次，然后据此定出合乎实际的计划和指示。"①

抗日战争时期，周恩来担任了南方局书记，领导了南方数省党的建设工作和南方局的整风运动，对提高干部政治水平、思想作风和领导能力等问题有过深邃的思考。1943 年，他在重庆为南方局干部做报告时，专门阐明了怎样做一个好的领导者的问题。他对于领导者的定义、领导者的立场、领导者与领导机

---

① 《周恩来选集》上卷，人民出版社 1980 年版，第 129 页。

关、什么是正确的领导、领导者的任务、领导与群众的关系、领导艺术、工作方法和工作作风进行了正确的论述。他首先阐明了党的领导干部必须具备很高的政治素质和坚定的政治立场。他对领导干部提出的具体要求是："（一）要有确定的马列主义的世界观和革命的人生观。（二）要有坚持原则精神。（三）要相信群众力量。（四）要有学习精神。（五）要有坚韧的奋斗精神。（六）要有高度的纪律性。"①

周恩来专门细致分析领导者要做出科学的决策必须做好各个环节工作的问题，他阐明了一个科学正确的决策制定过程必须经过四个步骤。

第一步，要熟悉地了解当前形势和当地情况，正确地判断周围的环境，准确预测将发生的变化，从而分析和找寻出这个时期、这一地区的特点，这是周恩来提出的领导者进行科学决策第一步要做的工作，也是最基础性的工作，这反映了他一切从实际出发、实事求是的思想方法。对这一环节再进一步分析，不难发现周恩来实际上提出了三个基本要素：环境、变化、特点。只有通过深入实地调查，认真思考和研究，将这三个基本要素了解和把握透彻，才具备了做出科学决策的前提。

第二步，周恩来阐明制定某一时期具体任务和方针，亦应具备三个基本要素：一是要在第一步工作的基础上进行，不了解当地环境和特点是不能做出科学决策的；二是行政决策和其他一切决策要与党的政治决策相联系。行政性决策在一定意义上是政治决策的分解与转换，因此行政决策的主要依据亦应是政治决策；三是任何一切决策，不论是长期的或短期的，不论是某一地区或某一领域的，皆必须围绕和依据党的总任务来进行。周恩来的这一主张完全符合毛泽东思想，毛泽东曾尖锐地指出："许多同志往往记住了我党的具体的各别的工作路线和政策，忘记了我党的总路线和总政策。而如果真正忘记了我党的总路线和总政策，我们就将是一个盲目的不完全的不清醒的革命者，在我们执行具体工作路线和具体政策的时候，就会迷失方向，就会左右摇摆，就会贻误我们的工作。"②

第三步，周恩来认为仅仅是依据环境和特点，联系政治决策和党的总任务制定出一个时期的任务和方针还不够，还要依据这个方针，制定出符合本地实际情况的行动口号和行动策略。有了行动口号可使我们的目标更明确，对群众更有鼓动性。制定了行动策略对于政策和任务来说更具有灵活性、操作性和可

① 《周恩来选集》上卷，人民出版社 1980 年版，第 128 页。
② 《毛泽东选集》第四卷，人民出版社 1991 年版，第 1316 页。

行性。在这一步里周恩来已经考虑到决策的具体执行问题，这是科学决策不可缺少的一项重要内容。正如毛泽东所说："政策和策略是党的生命，各级领导同志务必充分注意，万万不可粗心大意。"[①]

第四步，在确定了任务、方针、政策、策略后，周恩来进一步考虑的是制定执行计划和做出具体指示的问题。科学决策不但要有程序性、实用性，还要有计划性、可行性。合乎实际的计划和指示是保证决策贯彻落实必不可少的关键一环，周恩来一贯重视这个问题，他在 1943 年南方局整风中写了《我的修养要则》，严格要求自己"要有计划，有重点，有条理"[②]地努力工作。他在领导新中国社会主义建设时期，主持制定了前四个"五年计划"，一再强调要统筹兼顾，综合平衡，有步骤地按计划、按比例地发展国民经济。

周恩来对领导者如何做出科学决策的思考和论述，核心是阐明了一个科学的决策过程必须经过分析环境特点、确定任务方针、提出策略口号、制定计划和指示这四个基本环节。同时，他还强调决策必须坚持以充实、可靠的信息为依据。"这一切，必须经过最实际的调查研究，并使这些实际材料与党的原理原则联系起来。"[③]他认为从另一个角度说，决策过程就是信息的收集、整理和加工过程。党和政府重大决策必须情况明确，信息充实、准确、及时、适用。特别是对一些具体数字更要准确求精，通盘考虑，不可忽视其在决策中的重要作用。他曾用人多地少的具体数字来说明建设国家的困难和珍惜资源的重要性；用汉族与少数民族的人口比例和居住地面积比例等相对数字来说明民族团结、共同发展的必要性；用具体经济指标和中外比较数字来说明中国经济落后的现实性，强调发展中外经济交流，急起直追的迫切性和重要性。教育各级领导者只有重视信息，重视数据，善于算账，才能做到成竹在胸，避免决策失误。

二、民主施政需包含四个基本要素

在制定了科学决策后，如何去贯彻落实？如何把党的决策变为群众自觉拥护的行动？从一个角度上说是领导者的方式方法和领导水平问题，从实质上说是能否真正贯彻党的群众路线问题。在决策执行中愈坚持民主的方式，愈彰显领导者的能力、魅力和境界。周恩来阐明了民主施政需要包含的四个基本要素，即：说服、协商、务实和交友。

---

① 《毛泽东选集》第四卷，人民出版社 1991 年版，第 1298 页。
② 《周恩来选集》上卷，人民出版社 1980 年版，第 125 页。
③ 《周恩来选集》上卷，人民出版社 1980 年版，第 129 页。

（一）说服

它表明领导者对人民群众的尊重和信任，也表现了领导者自身的信心和能力，亦是我们共产党以人民利益为第一的体现。耐心地做说服动员工作、民主协商、求真务实、广泛团结是周恩来多年来形成的领导风格。他明确指出："领导群众的基本方法是说服，决不是命令；只有在多数已经同意而少数尚不同意的情形下，必要时可用多数的意见强制少数执行。"①他认为要做好群众的说服教育工作，"要想把领导者的觉悟、领导者的智慧变成群众的力量，需要经过教育的过程，说服的过程，有时需要经过等待的过程，等待群众的觉悟"②。对这个等待过程不能急躁，要有很大的耐性，才会赢得你所领导的群体的心悦诚服。

（二）协商

协商只能在领导者与被领导者之间平等关系中实现。双方主体不平等谈何协商。周恩来认为从一定意义上讲，领导者与被领导者是一种平等的、合作的关系。"必须双方合作，互相影响，才能很好地领导。"③他特别欣赏和善于进行民主协商，他认为，协商不但是社会主义民主的重要特征和实质性内容，是决策民主化、科学化的必经程序；也是贯彻党的民主集中制的有效方法，既充分发扬民主，又避免了只强调少数服从多数可能发生的简单化、形式主义倾向。周恩来批评有的领导者自以为是，容不得别人提意见和争辩。他指出："辩证法就讲矛盾的统一，只有通过争辩，才能发现更多的真理。"④周恩来是我们党内最具民主精神的卓越领导，无论是在制定决策还是执行过程中，他都善于进行民主协商。他认为党和国家的重大决策涉及方方面面，必须认真征求和听取各方面的各种各样的意见。要集思广益，博采众长，组织大家积极参加讨论，启发大家坦诚相待，各抒己见。应提倡对重要问题敢于批评、勇于争论，进行交锋和辩论；既要从大局着眼，充分考虑整体的利益，又要做到上下沟通，充分照顾到各方面的实际情况。要以瞻前顾后、深思熟虑、反复论证的审慎精神，研究和制定国家大政方针。在领导党和国家的各项工作中，他经常召集民主人士和各界专家，举行各种座谈会、通风会、讨论会，听取他们的意见，并通过深入基层走访，开展实地调查研究，了解广大人民群众的诉求，在充分与社会各界进行民主协商、采纳了各方合理建议后才做出最后的决策。周恩来的协商

---

①《周恩来选集》上卷，人民出版社 1980 年版，第 131 页。

②《周恩来选集》上卷，人民出版社 1980 年版，第 331 页。

③《周恩来选集》下卷，人民出版社 1984 年版，第 209 页。

④《周恩来选集》上卷，人民出版社 1980 年版，第 329 页。

精神和民主作风有助于更多的民众参与到公共事务的决策、执行与监督的整个过程中来，避免了领导者的独断专行和官僚主义作风。

（三）务实

求真务实既是作风问题，又是思想方法和领导方法问题。作为一个领导者，不但要有民主的作风，还要有实事求是的作风。周恩来认为领导者的务实态度，不但有利于造成宽松、和谐的政治气氛和平等的正常的同志关系，更有利根据国情制定合理的目标规划，有利于指导和规划国家的各项工作稳步发展。周恩来求真务实的表现之一就是反对空头政治。他希望政治挂帅要挂到业务上去。他一贯反对自以为是，强迫命令，反对骄傲自满，急躁冒进。在 20 世纪五六十年代领导国家经济建设中，他反复告诫各级领导同志要保持清醒，不要头脑发热，不要操之过急。他在领导国民经济工作中提出了著名的 12 字箴言，要求领导干部"说真话，鼓真劲，做实事，收实效"[①]。处理任何问题和决定时一切政策都要坚持实事求是。特别是处理经济建设问题，周恩来强调一定要从我国的实际国情出发，尊重客观经济发展规律，在此前提下，努力调动和发挥人们的主观能动性。既要求人们做那些客观上经过努力可以做到的事情，不犯保守不前的错误，又要求人们注意避免超越现实条件所许可的范围，去做那些客观上做不到的事情，不犯急躁冒进的错误；大力提倡深入群众，深入实际，认真搞好调查研究，因地制宜，因事制宜地进行分析、综合和比较，努力在纷繁复杂之中找出事物的特点，抓住问题的主要矛盾，制定和实施正确的决策。对于少数人的反对意见，只要对也坚决采纳。

（四）交友

周恩来积极提倡各级领导者要与包括工农大众、专家学者、民主人士等各界人士广交朋友。他认为只有同群众打成一片，才能了解老百姓的需求，倾听到各方面的不同意见，也才能真正做到权为民所谋，真正有利于党和政府各项工作的开展。生硬的行政命令方式，极易造成干群之间的隔阂，引起百姓的不满，使党的工作失去群众基础。广大人民群众的需求是多方面的，而且会随着时代的发展而改变，为了使群众能够理解和支持党和政府科学的决策，各级领导者必须深入基层，同各界民众做知心的朋友，永远坚持从群众中来，到群众中去的优良作风，要同被领导者建立亲密无间的朋友关系，才能更好地贯彻落实党和政府的科学决策。周恩来的领导魅力就在于他总是把自己看作是人民的服务员，不是以党和国家领导人的身份，而是以同志和朋友的身份与各界人士

---

① 《周恩来选集》下卷，人民出版社 1984 年版，第 349 页。

交往的。朋友遍天下是周恩来杰出领导能力的突出体现，也是他完成党和政府各项工作的重要人力资源。

中国传统的治国之道历来讲究天时、地利、人和。周恩来巧妙地运用了说服、协商、务实和交友这四个民主施政的基本要素，很好地构建了领导者与被领导者的和谐关系，表现出其高超的领导艺术，造就了党和国家的领导与广大人民群众心心相连的团结局面，有力推动了各项重大决策的贯彻落实。周恩来的杰出领导能力正是在这种和谐亲民、民主团结的工作方式和领导方法中彰显出来的。

三、决策的制定执行应与有效的监督审查结合

周恩来一贯主张，我们党和国家的各项方针政策，都必须坚持为广大人民群众谋利益这一立足点和出发点。从这一立足点出发，不论政策的制定还是执行，都要扩大民众有序政治参与，都要加强人民群众和各界各方面的监督。

在科学决策的制定过程中，周恩来主张要以人民群众的切身利益为重，不仅要考虑人民群众的根本的长远的利益，而且要想到人民群众具体的眼前利益。他提出要注意三个问题。

一要时时关注人民的物质生活水平的提高，把经济建设放在国家建设的中心的首要的位置，集中国家的人力、物力、财力去不断地发展社会生产力，不断地提高劳动生产率；妥善安排国民收入中积累和消费的比例，正确处理好经济建设与人民生活的关系。在保证建设不断发展、经济不断增长、生产不断扩大的同时，使人民群众的生活水平能够逐步地、不断地得到提高，满足人民群众在衣、食、住、行等各方面不断增长的需要。二要时时关注人民的文化生活水平的提高，积极开展教育活动，大力发展教育事业，提高全民族的文化修养；积极开展人民文化工作，大力发展新闻、出版、广播、文学艺术、电影电视事业，满足人民精神生活的需求；积极开展体育活动，增强人民身体健康等等。三要时时关注人民群众的日常生活琐事、难事的解决。从群众乘车难、交通挤问题到马路上设人行道、设安全岛问题，从群众子女入托上学问题到群众吃药打针看病问题等等，都要认真给予解决。从大处着眼、小处着手，为人民办实事，求实效，时刻关心人民的疾苦，对人民极端负责。

正是本着对人民极端负责的精神，周恩来要求一个正确的决策制定出来后，就要保证这个决策能够被贯彻执行。而要想把党的各项方针政策真正落实，政策的执行过程就应该与有效的监督和执行结果的审查相结合。正确的决策需要认真的执行过程才能产生其应有的功效，正确的执行过程又需要与有效的监督

和审查结合才能保证执行成效的发挥。

对科学决策如何贯彻执行，周恩来论述了三点。"首先，要经过组织计划和指示的执行之讨论"①，按照工作任务和目标对决策执行的步骤、方式等进行合理的规划，设计工作计划和预案，以保证决策能够被有条不紊地执行。其次，要慎重选用负责计划执行的人才。毛泽东说过，"政治路线确定之后，干部就是决定的因素"②。周恩来完全赞同这一观点，他深知中国共产党是一个肩负历史重任、代表中国人民根本利益的党，没有一大批才德兼备的领导干部，是不能完成历史使命的。他不但重视干部的政治素质教育，还注意培训他们的业务技能。他认为，党的干部既是政策的制定者，又是政策的贯彻者和执行者，他们的政治素质和领导能力如何，直接关系到民主革命和社会主义革命及建设目标的实现。最后，在政策执行中，周恩来要求领导干部不仅"要组织斗争，来实现党的计划"，"还要躬行实践，以为倡导。这样，就能从实践中证明党的路线和策略之是否正确和是否需要补充"。③他教育各级领导要带头勇挑重担，发扬艰苦奋斗的精神，在纷繁复杂的环境中不畏艰难困苦，冲在最前头，真抓实干，要准备为党和人民的利益牺牲一切。

在阐明了如何科学决策、民主施政的同时，周恩来也思考和论述了执行过程和执行效果的监督与审查问题。他明确提出正确的监督与审查方法应包含两个方面。一方面，他明确提出："不根据允诺，而看工作结果"；"不根据室内纸上计划，而看实地情形是否做了或是否敷衍"；"不看形式，而看内容和实际是否正确地执行或被曲解了"。④他提倡的是一种认真严格、实事求是的监督和审查，是一种严肃负责、不徇私情的领导作风。他反对那种只听口头报告，只注重表面形式，不深入调查，不注重实际结果的敷衍了事和得过且过的形式主义、官僚主义之风。另一方面，周恩来指出："不仅由上而下，还要由下而上地审查。"而且，还"要有系统的经常的审查"，"要有领导者自己参加"。⑤他这一主张的内涵，主要是指审查不仅仅包括党的领导机构的自我监督，还应该包括广大党员群众对党的领导干部的监督。周恩来认为这种自下而上的监督不是一时的，而是长期的，有系统的。这里已经蕴含着建立监督的长效机制的思想萌芽。

有了自上而下和由下而上两种审查方式的有效结合，有了上级监督、统计

---

① 《周恩来选集》上卷，人民出版社 1980 年版，第 129 页。
② 《毛泽东选集》第二卷，人民出版社 1991 年版，第 526 页。
③ 《周恩来选集》上卷，人民出版社 1980 年版，第 129 页。
④ 《周恩来选集》上卷，人民出版社 1980 年版，第 129 页。
⑤ 《周恩来选集》上卷，人民出版社 1980 年版，第 129 页。

监督和广大基层群众监督的密切配合，才能够保证在检查和监督执行过程的公开透明，公正有效，不受领导者个人政治素质和思想水平的干扰，从而更好地保证监督与审查的科学性和有效性。在监督检查中，周恩来对决策执行情况不看形式，只重视实际结果，发动群众开展有实效的、经常性的监督审查，对我们今天反对形形色色的形式主义和官僚主义，建立反腐败的长效机制是很有启示意义的。以习近平同志为核心的党中央传承发展了周恩来等老一辈革命家的这一正确论断，在党的十九届四中全会上继续强调：要"重点加强对高级干部、各级主要领导干部的监督"，且进一步提出要在"完善领导班子内部监督制度"的同时，继续完善自下而上的群众监督和人大、政协等各界监督，从而"破解对'一把手'监督和同级监督难题"。①

四、周恩来科学决策、民主施政精辟论述的当代启示

党的执政能力和本领，特别是领导干部的科学决策和民主施政能力是提高国家治理能力现代化的重要组成部分和具体体现。党的十九届四中全会提出要积极推进国家治理体系和治理能力的现代化，除了需要构建一套科学完整的治理体系外，还与各级干部的领导素质、领导才能，特别是正确决策的制定实施能力密切相关。制度的生命力在于执行，没有党的执政能力和领导者领导水平的提高，就不会实现国家治理体系和治理能力的现代化。而如何提高干部科学决策和民主施政的能力，党的第一代领导核心的重要成员、杰出的政治家周恩来有过深邃的思考和精辟的论述，在长期领导党和政府的工作中提出了一套行之有效的领导方式和方法，对我们当今提高治理能力现代化具有现实指导和启示意义。

周恩来关于科学决策、民主施政的重要论述有助于我们深入理解党的十九届四中全会精神。领导者的能力和个人魅力在领导群众实现党的总目标、总任务中发挥着重要作用，而个人魅力又来源于领导者高尚的道德素质和卓越的领导才能，源于将党的群众路线转化为真心为百姓谋福祉的实际行动。周恩来阐明的不仅仅是一个领导者的工作方法问题，更主要的是如何处理好领导者与被领导者的关系问题。要让广大群众自觉自愿地接受领导，就要让他们切实体会到领导者做出的决策、提出的任务和口号，不是强求他们去做，而是他们内心本来的需求和期望。人民群众对美好生活的向往就是我们党和政府的奋斗目标，

---

① 《中共中央关于坚持和完善中国特色社会主义制度　推进国家治理体系和治理能力现代化若干重大问题的决定》，《人民日报》2019 年 11 月 6 日。

要让民众感受到党的干部确实是权为民所用、情为民所系、利为民所谋。这固然有领导艺术、领导能力问题，但从根本上说，是如何更好地贯彻党的群众路线问题。

周恩来曾明确指出："领导群众的方式和态度要使他们不感觉我们是在领导。"①这是一个领导者的最高领导境界和魅力所在。这就意味着要把领导者的思想和制定的政策让群众内化于心，不让他们感觉是外在的强加。周恩来在这里阐述的不仅仅是一个领导者的工作方法问题，更核心的是坚决贯彻党的群众路线问题，是正确认识和处理领导者与被领导者的关系问题。要通过领导者的领导艺术、领导风格、工作方式和方法，最大限度地满足人民群众的物质文化需求和对美好生活的向往，让广大群众自觉自愿地衷心拥护上级领导的工作部署，敬佩领导者的人格魅力。领导者应和所领导的群众形成一种高度默契，形成一种向心力与凝聚力。领导班子中的一把手是领导集体中的核心人物，更应具有杰出的领导能力。只有具备这种高超能力和魅力的领导者才能在工作中获得人民群众的信任和拥戴，才有利于将党的路线、方针、政策转化为巨大的群众力量。

推进国家治理体系和治理能力现代化这项重大战略任务能否顺利完成，干部队伍素质的提升和领导能力的增强是关键因素之一。周恩来杰出的领导思想、领导能力、领导艺术，是一笔宝贵的精神遗产，为我们培育干部领导才能提供了宝贵的经验。当前我国正处在新的历史起点上，我们要像周恩来那样心系民众，勤政敬业，勇挑重担，竭力提升自身素质和领导能力。一方面要继续完善党的领导制度体系，提高党科学执政、民主执政、依法执政的水平；另一方面，要"把提高治理能力作为新时代干部队伍建设的重大任务"，要"通过加强思想淬炼、政治历练、实践锻炼、专业训练，推动广大干部严格按照制度履行职责、行使权力、开展工作，提高推进'五位一体'总体布局和'四个全面'战略布局等各项工作能力和水平"。②

新时代领导干部治理能力的提高首先体现在制度执行力上。在新时代我们只有不断提高领导者的政治素质和领导能力，才能确保我们党科学执政、民主执政、依法执政的水平不断提高。在推进国家治理体系和治理能力现代化的伟大征程中，应发挥出每个党员特别是领导干部的积极性，增强广大干部的理论修养、管理才能和应对复杂局势的能力，特别要提高科学决策水平、民主施政

---

① 《周恩来选集》上卷，人民出版社 1980 年版，第 131 页。

② 《中共中央关于坚持和完善中国特色社会主义制度 推进国家治理体系和治理能力现代化若干重大问题的决定》，《人民日报》2019 年 11 月 6 日。

水平。要积极发展全过程人民民主，凝聚起最广大人民的智慧和力量，为公民有序政治参与建立健全正当合法的意见表达渠道和政治诉求形式，坚持党的领导、依法治国、人民当家作主的有机统一。党员领导干部要真正做到权为民所用、情为民所系、利为民所谋。确立高度的责任感和使命感，锐意进取，砥砺前行，努力开拓创新，不断"增强学习本领、政治领导本领、改革创新本领、科学发展本领、依法执政本领、群众工作本领、狠抓落实本领、驾驭风险本领，发扬斗争精神，增强斗争本领"。

（本文原载于《中国领导科学》2020 年第 5 期，曾获"第三届中国共产党领导力论坛"优秀奖）

周恩来处置突发性事件留给我们的启示

——以周恩来应对皖南事变为例

突发性事件是指在一定范围内突然发生的具有强烈冲击力和影响力，且会造成或者可能造成严重社会危害的事件。由于其发生时间短、突发形势难以预料、波及速度快，需要采取应急处置措施予以有力应对，对突发事件处理不及时或处置不当就会对公民社会、国家和民族利益造成严重的破坏。杰出的政治家周恩来在其革命生涯中妥善处置了许多突发性事件，果断处置皖南事变是其成功的范例之一。皖南事变是抗战时期中国共产党所经历的一次具有重大影响的突发性事件，它使国共两党的第二次合作面临严重危机。周恩来在事变发生前就对国民党顽固派有所警惕和防范；事变发生后他采取了紧急应对措施，在政治、军事、组织、宣传等各方面周密部署，果断处置，全力化解了国共合作的破裂危机，维护了抗日民族统一战线。周恩来在应对皖南事变中表现出的危机意识、迅速果断的处置能力，为我们当今应对和处理突发性事件留下深刻的启示和宝贵的经验。

一、皖南事变前周恩来对国民党顽固派的警惕和防范

抗日战争时期的皖南事变是一起国民党一手制造的破坏抗日民族统一战线的突发性事件。在事变前，周恩来就对国民党顽固派的消极抗日，积极反共政策有所警惕和防范，在坚持统一战线不破裂的大前提下，同国民党的反共言行做了有理、有利、有节的斗争。

自新四军改编以来，周恩来一直关注这支共产党领导的革命武装的处境和发展问题，他认为国民党在合作中对共产党和新四军是有戒备的、有限制的，他在 1939 年 3 月的新四军干部大会上指出：国民党不会放弃江南，这个重要地区是他们誓死必争的。因此共产党领导的抗日武装在保持统一战线稳固的同时

也要保全自我, 壮大实力。^①他对国民党顽固派保持着高度警惕性, 在 1939 年 8 月中共中央政治局会议上, 他对两年抗战和国内外时局做了分析, 指出: "中途妥协与内部分裂是目前的两大主要危险", "克服危险的主要任务便是坚持抗战到底, 反对妥协投降; 坚持全国团结, 反对内部分裂; 力求全国进步, 反对向后倒退"。^②

针对国民党顽固派在各地制造的反共摩擦和冲突, 周恩来与之开展了有理、有力、有节的斗争。他公开地、严正地指责国民党的反动行为, 抗议国民党顽固派制造的河北惨案和平江惨案; 谴责国民党中央颁布的《防制异党活动办法》; 建议共产党派代表参加国民参政会, 宣传共产党的主张, 扩大共产党的影响。与此同时, 周恩来采取了必要的防范措施, 他要求在国统区的各地党组织从半公开的形式转变为秘密形式, 建立秘密机关。"党的工作路线要根据各地具体情况, 灵活运用各种方式去贯彻; 公开工作同秘密工作必须分开。"^③

1940 年下半年, 周恩来正确分析判断了国民党顽固派的险恶用心, 采取措施保护新四军安全转移。1940 年 7 月 16 日, 国民党当局炮制出《中央提示案》, 规定八路军、新四军由 50 万人缩编到 10 万人, 十八集团军及新四军奉令一个月内全部开到鲁北、晋北和河北省一带地区, 企图沿黄河封锁, 同日伪夹击予以消灭。1940 年 10 月 19 日, 何应钦白崇禧发 "皓电", 强令黄河以南的八路军、新四军, 在一个月内全部开赴黄河以北。针对国民党的无理要求, 周恩来一方面与国民党交涉、谈判, 强调八路军、新四军 50 万军队要抗战, 开到黄河以北无法生活, 与之展开针锋相对的斗争。另一方面根据对形势的预测向新四军领导人和中共中央提出正确的建议。10 月 20 日, 他电告项英和叶挺, 认为蒋介石和何应钦逼新四军渡江的决定 "决不会取消", 因此急应抢渡一部。并指出在安徽无为渡江有危险, "宜在无为以东地区渡江"。为了确保新四军转移的安全, 10 月 24 日, 他致电毛泽东建议在军事上可将新四军主力北移, 以便 "集结应战" 或 "立即分散", 一部分皖南部队应秘密转移到苏南渡江, 一部分准备就地打游击。另外他还提醒江北部队 "须作应战准备", 防备 "地方借故解决, 李先念部要防止陈诚 '清剿'"。同日, 周恩来还急电毛泽东、朱德: 国民党方面整个计划大意为扫荡大江南北新四军, 第一步在打通大江南北及皖苏的补给增援路线, 切断我在大江南北及皖苏的联络, 第二步恐为进攻。^④

① 《周恩来选集》上卷, 人民出版社 1980 年版, 第 104-105 页。
② 中共中央研究室编《周恩来年谱 (1898—1949)》修订本, 中央文献出版社 1998 年版, 第 455-456 页。
③ 《周恩来年谱 (1898—1949)》修订本, 中央文献出版社 1998 年版, 第 456 页。
④ 《周恩来年谱 (1898—1949)》修订本, 中央文献出版社 1998 年版, 第 482 页。

为预防国民党军队在新四军转移中实施"剿共计划"，1940年11月1日，周恩来再次致电毛泽东，建议此时应考虑两种办法：一是以朱德、彭德怀、叶挺、项英名义通电答复何应钦、白崇禧，表示在有充分保障下部队先从江南移动，"特别要保证在移动中不许友军袭击"；在江北布置良好阵势，必要时应付事变，使我能居主动。或是"一切照旧，准备打了再说"。①

1940年12月8日，何应钦、白崇禧电复朱德、彭德怀、叶挺、项英："迅即遵令"将黄河以南的八路军、新四军"悉数调赴河北"，翌日蒋介石下手令，要求第十八集团军和新四军务必在12月底和第二年1月底分别移至黄河以北，而新四军皖南部队则必须在12月底以前先开到长江以北，以此来达到限制共产党发展抗日武装和抗日根据地的目的。周恩来即刻致函国民党代表张冲，列举最近各地反共事件7起，说明目前新四军的补给无着落，新四军江南部队又受进逼包围，已无渡江北移的可能。同时他致电中共中央，说明新四军"不能在政治压迫和军事进攻的情况下北移"，鉴于江北军队直接北移困难重重，他建议皖南新四军迅速转移苏南，江北部队缓调。②周恩来对国民党顽固派的警惕、交涉和防范，以及他对时局的冷静分析和判断，保证了新四军转移前的安全。

二、皖南事变发生后周恩来采取的果断应对措施

皖南事变是抗战时期国民党顽固派制造的一次有重大影响的反共突发事件。皖南事变的第二天，周恩来接到中共中央转来新四军军部在北移途中被围的告急电后，愤慨万分，立即布置南方局做出周密安排，沉着应对。为揭露事实真相、击退国民党反共高潮、维护抗日民族统一战线，他果断采取了揭露事实真相、争取舆论支持、制定反击策略、做好转移和保护工作，宣传共产党抗日主张等措施。

（一）及时揭露事实真相，争取国内外各界人士同情与支持

周恩来在应对皖南事变时，非常重视舆论的作用，他及时掌握并分析各方动态，通过新闻媒体揭露皖南事变的真相，揭露国民党顽固派的阴谋，争取了各方人士的同情与支持。

1941年1月11日，周恩来指示新华日报社在次日的报纸上报道新四军北移中受到包围袭击的消息，之后又指示新华日报社撰写关于皖南事变真相的报道和抗议国民党制造皖南事变的社论。当得悉《新华日报》关于揭露皖南事变

①《周恩来年谱（1898—1949）》修订本，中央文献出版社1998年版，第483-484页。
②《周恩来年谱（1898—1949）》修订本，中央文献出版社1998年版，第490页。

真相的报道和社论被国民党新闻检查部门阻止发表，国民党当局污蔑新四军为"叛军"，并取消了新四军的番号，将叶挺军长扣押等一系列情况后，周恩来立即题写了："为江南死国难者志哀"的题词和著名诗句"千古奇冤，江南一叶，同室操戈，相煎何急！？"并要报馆将题词手迹登在被国民党当局删去的《新华日报》显要位置上。他要求报社加快排版印刷，组织好发行力量，抢在各大报发出之前送到广大读者手中。①

1941 年 1 月 18 日，载有周恩来题词的《新华日报》正式出版发行，并由 1000 份增加到 5000 份，成为揭发蒋介石发动皖南事变真相的重要事实性材料。1 月 19 日，周恩来又指示在国统区秘密散发南方局军事组起草的且由他亲自修改的《新四军皖南部队惨被围歼真相》传单，力求让更多的人了解皖南事变的真相。与此同时，周恩来认为应该向国际舆论界披露国民党制造的这一反共事件，使国外人士对皖南事变有正确的认识，揭露顽固派的阴谋，进而争取国际舆论的同情和支持。他会见国外记者和外交人员，向他们阐明皖南事变的真相和共产党的立场，动员和支持他们将事实真相的报道在国外发表。

皖南事变发生后，周恩来致函回到纽约的美国进步作家安娜·路易斯·斯特朗，建议她发表所知道的情况。他还对德国朋友王安娜说："你在这里认识许多外国人，特别是外国记者和外交官，你必须尽快让他们知道国民党袭击新四军的事情。"②之后他又通过王安娜向英国驻华大使阿奇博尔德·克拉克·卡尔揭露国民党顽固派的阴谋。几天后，英国大使把他从周恩来、王安娜渠道得到的消息发回了英国。周恩来还会见驻重庆的美国《时代》周刊记者白修德、美国海军观察员卡尔逊、罗斯福总统行政助理居里，分别向他们阐明国民党的反共阴谋，提供了反映皖南事变真相的资料。

周恩来等人的努力很快有了结果，1941 年 1 月底，美国作家斯特朗在纽约一些报纸和《美亚》杂志上发表文章披露了皖南事变真相。1 月 22 日的《纽约先驱论坛报》则刊登了斯诺在 21 日由香港发出的消息，同时还发表了他的《不适时之中国奋斗》评论。罗斯福的行政助理居里也很快代表美国政府向蒋介石表明："美国在国共纠纷未解决前，无法大量援华，中美间的经济、财政等各问题不可能有何进展。"③国外媒体关于皖南事变真相的报道和评论，引起了一些支持中国抗战的国家的关注，使国民党政府受到了舆论压力。

① 《周恩来年谱（1898—1949）》修订本，中央文献出版社 1998 年版，第 498 页。
② 王安娜：《中国——我的第二故乡》，生活·读书·新知三联书店 1980 年版，第 360 页。
③ 《周恩来年谱（1898—1949）》修订本，中央文献出版社 1998 年版，第 503 页。

（二）从抗日大局出发，有理、有力、有节地反击国民党顽固派的反共阴谋

周恩来在得知皖南事变的消息之后，马上向国民党当局表示抗议，并多次与国民党各方交涉，要求国民党军队立即停止反共活动。1941 年 1 月 7 日，在他获悉新四军军部在北移途中被围的告急电的当天即找国民党谈判代表张冲提出抗议。1 月 11 日，周恩来在《新华日报》创刊三周年的庆祝晚会上宣布了皖南事变的消息，并要求张冲急报蒋介石，速令包围新四军的国民党部队立即撤围、让路。[①]1 月 13 日，周恩来面告国民党军令部次长刘为章："请蒋介石、何应钦令顾祝同解除对新四军的包围，并让出去苏南的道路，否则被围部队势将被迫分散，江南局面仍不能解决；八路军将士得知新四军的遭遇，无不义愤填膺，只有迅速解除围攻，才能挽救危机于万一。"[②]1 月 14 日，周恩来又分别向顾祝同、蒋介石、何应钦、白崇禧、刘斐提出抗议，并按照中共中央的指示向国民党严正声明：如不制止对新四军的包围、袭击，"否则新四军渡江无路，后退无援，只有突围四出，散于民间，战于敌后，以求生存。"[③]

1 月 17 日，国民政府军事委员会发布通令，诬蔑新四军为"叛军"，宣布取消新四军番号，将叶挺军长交付军法审判，并通缉项英副军长。当晚周恩来打电话给国民党政府参谋总长何应钦，在电话里怒斥何应钦说："你们的行为，使亲者痛，仇者快。你们做了日寇想做而做不到的事。你何应钦是中华民族的千古罪人。"[④]随后他连夜驱车到张冲的住所，就此事当面质问张冲并提出严重抗议。

在愤慨、悲痛、抗议、交涉的同时，周恩来保持着冷静，他深谋远虑地思考着如何巩固抗日民族统一战线的大局。他认为国共关系还未到破裂的边缘，不宜制定全面反攻的方针，不要"于气愤之余"，"有立即举行反攻之主张"，[⑤]特别是单纯的大规模军事反攻是不可取的。考虑到新四军所处境遇以及政治上的影响，他主张对国民党实行政治上的反攻，军事上暂不实行反攻为妥。中共中央采纳了周恩来等人的意见，认为由于蒋介石尚未公开妥协，目前的形势还不明朗，国共尚未完全破裂。因此，当前我党的策略仍然应当是政治上采取攻势，军事上须取守。1 月 20 日，中共中央发布重建新四军军部的命令，任命陈毅为新四军代理军长，刘少奇为政治委员。随后中共中央又发表对目前时局的

① 《周恩来年谱（1898—1949）》修订本，中央文献出版社 1998 年版，第 494-495 页。

② 《周恩来年谱（1898—1949）》修订本，中央文献出版社 1998 年版，第 496 页。

③ 中共中央研究室编《周恩来传》（二），金冲及主编，中央文献出版社 1998 年版，第 593 页。

④ 《周恩来传》（二），中央文献出版社 1998 年版，第 575 页。

⑤ 新四军史料丛书编审委员会编《新四军：文献（2）》，解放军出版社 1994 年版，第 135 页。

声明，提出解决皖南事变的善后办法。

周恩来在应对皖南事变过程中，表现出极强的处事不惊、冷静思考、果断处置、把握大局的能力，他能够在混乱的局面中认清主次矛盾，在紧急情况下分清缓急轻重，既有力反击了国民党顽固派的反动活动，又争取了一切可以联合的力量，保持和维护了抗日民族统一战线的不破裂。他对时局的正确分析和把握以及他的合理建议，有利于中共中央做出正确的决策，使得我党在皖南事变发生后处于主动的地位。

（三）为预防新的不测，转移保护党的干部，积极营救新四军将士

皖南事变发生后，中共中央担心南方局的安全，下指示要求组织上准备撤消各办事处，党的主要干部迅速撤退，非党干部迅速向南洋、香港等地秘密转移。按照中共中央的指示，周恩来领导南方局立即开展善后工作，着手研究布置应对国民党新的反共阴谋的措施，包括党的干部的转移、疏散、隐蔽和对新四军的营救。

为预防新的不测，周恩来全面部署了国统区的应变对策：第一，紧缩机构，疏散人员，建立应付突然事变的交通线；第二，准备在国民党搞全面破裂时，争取在最坏条件下让南方局、办事处、新华日报社的同志突围出去，转移到川陕边境，创建根据地；第三，周恩来指定童小鹏、袁超俊等成立一个工作委员会，制定一套应付突然袭击的制度和措施，对内部文件的保管使用、工作人员的外出行动和应付突然事变的安全措施等做出明确规定；第四，考虑到在办事处遭到袭击后保证南方局同中共中央的联络不致中断，周恩来除交给川东特委一部电台外又派人到成都在社会关系的掩护下建立起秘密电台。

在周恩来精心部署和巧妙安排下，叶剑英率蒋南翔、李涛、边章五等返回延安，一大批在国统区已经暴露或即将暴露身份的党员被秘密转移。郭沫若、何香凝、章伯钧、柳亚子等一批知名民主人士也在周恩来的帮助下秘密转移到香港等地，转移出去的同志和民主人士都安全到达目的地。对继续留下工作的人员，周恩来进行了工作部署和革命气节教育，教导他们在严峻的形势下既要注意应对国民党顽固势力的突然袭击，又要保证国统区工作有序进行。

自皖南事变发生后，周恩来还多次向国民党交涉，要求无条件释放新四军被捕人员，对关押在集中营的新四军指战员的英勇斗争，给予了极高的赞赏和鼓励。为了对皖南事变中被俘及失散人员实施解救和帮助，周恩来在1月25日将中共中央解决皖南事变、挽救时局的"善后办法十二条"面交张冲转国民党中央，并在第二届国民参政会期间与国民党政府展开了交涉。其中包括恢复

叶挺自由，让其继续担任军长；交还皖南新四军全部人、枪，抚恤皖南新四军全部伤亡将士，释放一切被捕的爱国的"政治犯"等内容。此后，周恩来还多方设法营救新四军军长叶挺、组织部部长李子芳、敌工部部长林植夫等人，努力为新四军保存革命力量。

（四）在处置皖南事变的同时，宣传共产党的主张，巩固和扩大统一战线

皖南事变引起了国内外各界的极大关注，他们对事变后国共关系的走势和中国的抗日前途存在很多的疑虑和猜测。周恩来巧妙地利用处置皖南事变的契机，加大了共产党抗日主张的宣传，争取了中间力量的支持，巩固和扩大了抗日民族统一战线。

国民党内部左中右派对皖南事变也存在不同看法。周恩来注意到国民党内部分歧，积极团结国民党内部进步力量，争取统一战线的稳定和扩大。他分别于2月6日和21日，两次与冯玉祥见面商谈时局问题。冯玉祥对皖南事变表示很难过，他曾表示："新四军抗战有功，妇孺皆知，此次被政府消灭，政府方面没有方法能挽救人民的反对。"[1]第二次会面时，周恩来将近来国民党当局的一系列政治压迫事件和军事进攻事件告知冯玉祥，请他转告蒋介石，冯玉祥表示应允。2月10日，周恩来同黄炎培、周士观、沈钧儒、邹韬奋、章伯钧等人商量对国民参政会的态度，各民主人士站在维护国共合作的立场上建议：以中共七参政员名义将中共提出的12条善后办法提到参政会要求讨论，以此作为出席参政会的条件，否则不能出席；成立各党派委员会，讨论国共关系和民主问题，在此会上提出"十二条"。[2]

由于皖南事变发生后周恩来对进步民主人士实施了保护措施，这就为此后继续巩固和发展抗日民族统一战线奠定了基础。1941年1月12日，宋庆龄等在香港的国民党进步人士致电蒋介石及国民党中央，要求"撤销剿共部署，解决联共方案，发展各种抗日实力，保障各种抗日党派"[3]。1月15日，周恩来观察到民主党派及各小党派对皖南事变的态度和倾向，他致电中共中央："各小党派想成立一民主联盟，以求自保和发展。我们力促其成，条件为真正中间，不要偏向国民党。"[4]1月24日，周恩来同董必武、叶剑英联名致电中共中央，报告章伯钧、左舜生等人已对国民党大为失望，拟发起成立民主联合会，以团结各党各派、无党无派和国民党左派，与我党合作共同进行民主和反内战运

---

① 中央档案馆编《皖南事变（资料选辑）》，中共中央党校出版社1982年版，第262页。

② 《周恩来年谱（1898—1949）》修订本，中央文献出版社1998年版，第503页。

③ 《皖南事变（资料选辑）》，中共中央党校出版社1982年版，第255页。

④ 《周恩来年谱（1898—1949）》修订本，中央文献出版社1998年版，第497页。

动。①周恩来还在《新华日报》门市部二楼的会客室里会见了历史学家侯外庐和翦伯赞，通过交谈他们表示，无论局势如何困难，一定要跟着中国共产党走到底。②

周恩来在皖南事变发生后及时揭露了事实真相，同时利用这个契机宣传了共产党的抗日主张，增加了国民党左派和进步民主人士对新四军将士的同情和支持，也增加了他们对共产党的抗日主张的信任和了解；从而使我党在事变后团结扩大了进步势力，争取了中间势力，孤立打击了顽固派势力，使我党政治上占据了优势，使抗日民族统一战线得以巩固。

三、周恩来妥善处置皖南事变的现实性启示

随着社会转型的加速，各种影响国家安全、公共安全和社会秩序的不确定、不稳定因素的增多，当今我国进入了一个突发性事件频发期。如何及时、妥善应对和处理各类突发性事件，尽可能地预防其发生或将已发生的事件危害降到最低程度，已经成为关乎党和政府在群众中的公信力，加强党和政府执政能力建设的重要内容。周恩来在应对突发性事件和复杂政治斗争中显现出的敏锐的危机意识、深刻的洞察力和解决难题的技巧，至今仍对我们处置各种新出现的社会矛盾和紧急突发性事件有重要的启示。

（一）经常保持危机意识，对突发性事件苗头及早察觉和防范

重大突发性事件并不是完全无法预测和把握的，它总是借助偶然的事件、以独特的形式表现出来。因此经常保持对突发性事件的危机意识，敏锐察觉它事先的表征，是有效处理突发性事件的前提。皖南事变发生前，周恩来对新四军在南方地区的发展和国民党顽固派对新四军的打压问题一直很关注。1939 年6 月平江惨案发生后，周恩来在南方局会议上指出，在力争局势好转的同时应准备应付突然事变。③中共中央在 1939 年 12 月发出的对时局的指示中，也要求八路军、新四军必须极力发展与巩固自己的力量，在一切地方准备对付局部的突然事变。④1940 年下半年，周恩来根据对局势的判断，要求南方局及国统区各级党组织妥善转变工作方式，党的公开活动要与秘密活动分开，这一举措大大降低了皖南事变对国统区党组织的危害。

周恩来对突发性事件所表现出的危机意识，提醒和启示我们要及时发现当

---

① 《皖南事变（资料选辑）》，中共中央党校出版社 1982 年版，第 265 页。
② 《周恩来传》（二），中央文献出版社 1998 年版，第 602 页。
③ 《周恩来年谱（1898—1949）》修订本，中央文献出版社 1998 年版，第 452 页。
④ 中央档案馆编《中共中央文件选集》第 12 册，中共中央党校出版社 1991 年版，第 222 页。

前我国存在的危机诱因，预防突发性事件的发生。目前我国进入了改革发展的攻坚时期，改革开放 30 余年来，经济建设取得了重大发展，社会结构多样化、社会利益诉求多元化、社会矛盾复杂化引发了许多新的不稳定因素，城乡、区域、经济社会发展的不平衡，"三农"问题、住房问题、教育问题、医疗问题、社会保障问题等等随时都有可能成为重大突发性事件的诱因，影响整个社会的和谐稳定。各类突发性事件的不确定性、危害性、急迫性要求我们必须从被动应对转为主动防范。有针对性地做好对可能发生的突发性事件的预测、防范工作，努力变突发性事件为可控事件，限制突发性事件的危害范围，确保人民群众的利益少受或不受侵害，为降低党和政府的风险成本，应逐步建立健全应对突发性事件的预警机制。

（二）正确判断突发性事件可能造成的后果与发展趋势，及时提出应对措施

突发性事件发生时，情况往往比较紧急而且很复杂，需要各级组织和主要领导人迅速做出反应，如若处理不及时、不稳妥，会对社会公共秩序、国家利益造成严重的破坏。皖南事变的发生几乎使以国共合作为基础的抗日民族统一战线濒临破裂，面对这一突如其来的严峻考验，身为南方局负责人的周恩来遇事不乱，正确判断事态发展趋势，及时组织各方沉着应对。他在事变后最短时间内分析和判断了国民党顽固派的反共动机以及国共合作破裂的可能性，迅速提出要从舆论上、政治上和军事上对国民党予以反击，表现出了高超的智慧和处理危机的能力。他对突发性事件的准确判断和正确的应对措施，有助于我党打击、孤立国民党顽固派，粉碎反共高潮；有助于保护党在国统区的力量，争取中间派的同情与支持，维护和壮大抗日民族统一战线。

周恩来在处理皖南事变中表现出的冷静果断、善思明辨、揭露真相、争取多数、坚决反击、掌握分寸等高超的应变能力和技巧，为我们应对当前突发性事件提供了可鉴经验。目前我国突发性事件的发生和发展呈现出日趋复杂的态势，处置的难度不断加大。如何制定有效的应对措施控制今后随时可能发生的突发性事件，我们应着重思考如下三点。一是制度防范与综合治理相结合。要做好突发性事件管理应急预案，建立突发性事件专门处置机构，由应急指挥机构、社会动员体系、领导责任制度、专业救援队伍和专家咨询队伍等组成应急管理体制，确保各机构间密切配合。对突发性事件的预见、防御、减灾以及善后等工作形成一套完备的制度，一旦发生突发性事件，能够立即组织相关部门，调动各种应急资源和社会力量紧急应对、综合治理。二是抓主要矛盾，明确重点。突发性事件具有极强的危害性，由于其不确定因素较多，呈现出不按通常预见发展的态势。处置突发性事件时需要领导干部和组织人员把握全局，认真

分析因果联系；审时度势，找出有效解决突发性事件的切入点，根据事态的发展趋势坚决果断地做适时的调整，争取快速解决问题。三是完善突发性事件应对中的公共信息沟通机制。公共信息沟通机制是贯穿于突发性事件应急管理全过程的要素，在突发性事件的处置过程中实现信息的上通下达，及时客观地向大众传媒、受突发性事件影响的群体和普通公众通告突发性事件的动态和趋势，是政府部门与各群体之间进行良性互动的基础和前提，有助于增强公众对政府的信任感和支持度。

（三）把握大局，做好突发性事件的善后工作，为科学决策提供经验

当年皖南事变发生时，是继续团结抗战还是分裂内战直接关乎中华民族的命运和前途。周恩来客观、冷静地分析了局势，认为此时国民党还未有与中共全面破裂的意图，仍应在反击顽固派进攻的同时，努力维护抗日民族统一战线。正是由于他把握了抗日大局，采取了正确的应对措施，才化解了皖南事变的危机。当今世界事态变化日益复杂，我们所应对的突发性事件已不仅仅局限于政治领域，开始频现于公共领域、社会领域。应对当今的突发性事件不可采用一刀切、以偏概全的做法，仍应像周恩来那样通观全局，统筹各方，最大限度地保证整体利益、全局利益。

突发性事件的发生往往会严重扰乱社会生产生活秩序，给公众的生命、健康和财产造成巨大的损失。在危急形势得到掌控之后，应积极着手对突发性事件进行善后处理，建立健全突发性事件的减灾和恢复重建机制，及时补救和弥补人民群众的受损利益，最大程度地将突发性事件造成的损失降到最低。同时注意整理和积累处置突发性事件的成功案例，保持对突发性事件应急管理和应对能力的高度关注，增强人民群众对党和政府的信任，于危急事件中凸显和提升党和政府的科学决策能力和行政能力。

总之，当今和未来一段时期如何预防突发性事件的发生，控制突发性事件的局面，并将其破坏程度降到最低是我们构建和谐社会迫切需要解决的现实问题。周恩来在应对皖南事变中表现出的危机意识、敏锐的洞察力、高超的应对能力和把握大局意识，为我们今日和今后处置突发事件提供了宝贵的经验和重要的启示。

（本文原载于《中国浦东干部学院学报》2012 年第 3 期）

周恩来与陈云工作作风和行政特色比较研究

周恩来与陈云同是新中国第一代中央领导集体的核心成员，是新中国各项事业的决策者和领导者之一。作为伟大的政治家，他们在领导新中国各项建设事业中优秀的工作作风和行政特色，既有许多相同之处，又存在差异，在行政方式、领导风格、思考问题上侧重点和风格不尽相同，但他们有高度共识，密切合作，相辅相成，对新中国各项建设事业产生了积极而深远的影响，对今天行政体制改革和领导作风转变仍有重要的指导和启示意义。

一、陈云与周恩来共同拥有的工作作风

（一）实事求是的作风

实事求是的作风是周恩来和陈云共同具备、共同发扬的一个最基本的工作作风。周恩来工作作风的最基本特点就是实事求是，他认为这既是作风问题，也是思想方法问题。他提倡求真务实，反对空头政治，早在 20 世纪 50 年代就提出政治挂帅要挂到业务上去。在领导我国各项建设事业中，他提出了"说真话，鼓真劲，做实事，收实效"①的 12 字箴言。陈云在一生的革命生涯和社会主义建设事业中始终坚持实事求是的原则，他晚年提出的 15 字箴言中，前 9个字"不唯上、不唯书、只唯实"讲的就是实事求是的认识论和思想原则，这是他一生工作的切身体验和真实写照。

周恩来的 12 字箴言和陈云的 15 字箴言皆是对实事求是作风的创造性应用和理论总结，是对毛泽东思想的丰富和发展。在领导国家经济建设中，他们都强调一切从国情出发，建设规模与国力相适应。他们都清醒地认识到我国人口多，底子薄，生产力低下，因此一起抵制过经济建设中的冒进倾向。周恩来强调"经济工作要实事求是"，1956 年，他根据中国基本国情明确指出："绝不要提出提早完成工业化的口号。冷静地算一算，确实不能提。工业建设可以加快，

---

① 《周恩来选集》下卷，人民出版社 1984 年版，第 349 页。

但不能说工业化提早完成。""各部门订计划，不管是十二年远景计划，还是今明两年的年度计划，都要实事求是。"①陈云进一步指出："建设规模的大小必须和国家的财力物力相适应。"他还具体提出了要使财政收支和银行信贷保持平衡并略有节余，物资要合理分配、排队使用，要使人民购买力的提高与消费物资的供应相适应，基本建设规模和国家财力物力保持平衡不但要看当年，还必须瞻前顾后等措施。②毛泽东在《十年总结》中对周恩来、陈云实事求是的工作作风给予了肯定，并赞叹说："一九五六年周恩来同志主持制定的第二个五年计划，大部分指标，如钢等，替我们留了三年余地多么好啊！"③

（二）密切联系群众的作风

密切联系群众的作风是周恩来和陈云共同具备的另一个优秀作风。他们同有着以民为本的公仆意识，他们时刻心系百姓，心里总牵挂着亿万民众，周恩来终生"以人民的疾苦为忧，以世界的前途为念"④。他一生认定的信条就是：勤勤恳恳，全心全意为人民服务，做政府管理工作不是做官，而是人民的"公仆"。早在20世纪40年代他就提出："对人民，我们要如对孺子一样地为他们做牛的。要诚诚恳恳、老老实实为人民服务。……应该象条牛一样努力奋斗，团结一致，为人民服务而死。"⑤陈云在1939年就提出共产党的基本组织原则之一是："共产党必须领导群众……联系党与群众，了解群众情绪，使口号、策略之具体实现。"⑥

在实际工作中，他们始终发扬党的群众路线，坚持深入基层，依靠群众，虚心向群众学习，一心为百姓办实事。陈云明确提出："我们在工作中，不仅要依靠组织，更主要的是要依靠群众。"⑦陈云和周恩来多次下基层，访贫问苦，深入了解群众的意愿，解决群众实际困难。1963年，周恩来在中共中央和国务院直属机关负责干部会议上专门做了《反对官僚主义》的报告，详细分析和批评了官僚主义的20种表现，第一种就是脱离领导，脱离群众的官僚主义。他谆谆告诫大家："我们国家的干部是人民的公仆，应该和群众同甘苦，共命运。"⑧周恩来与陈云坚持密切联系群众，经常深入基层，了解民情，为百姓排忧解难，

---

① 《周恩来选集》下卷，人民出版社1984年版，第190-191页。

② 《陈云文选》第三卷，人民出版社1995年版，第52-54页。

③ 中共中央文献研究室编《周恩来传》（四），金冲及主编，中央文献出版社1998年版，第1540页。

④ 《周恩来选集》下卷，人民出版社1984年版，第427页。

⑤ 《周恩来选集》上卷，人民出版社1980年版，第241页。

⑥ 《陈云文集》第一卷，中央文献出版社2005年版，第190页。

⑦ 《陈云文选》第三卷，人民出版社1995年版，第46页。

⑧ 《周恩来选集》下卷，人民出版社1984年版，第421页。

构建了领导者与被领导者的和谐关系，使他们获得了群众的信任和拥护，赢得了各界人士的衷心爱戴。

（三）民主作风

民主作风是周恩来和陈云身上共同体现出的优秀品格。如何发扬民主作风？周恩来和陈云都有过思考。周恩来强调在领导工作中要集思广益，民主协商，调动一切积极因素。他认为，从一定意义上讲，领导者与被领导者是一种平等的、合作的关系。必须双方合作，互相影响，才能很好地领导。周恩来特别欣赏"协商"这两个字，他认为协商是贯彻民主集中制的有效方法，既充分发扬民主，又避免了只强调少数服从多数可能发生的简单化、形式主义倾向。因此，"我们要吸收不同意见的人在一起，要善于和这些人一起协商，团结他们"①。陈云提倡："必须充分发挥民主，发动广大群众和干部对我们的工作提意见。"②他常说："要善于听取不同意见，对于一件事，我有了一个意见之后，可以先放一放，再考虑考虑，听听有没有不同意见。如果有不同意见，就要认真听取，展开讨论，吸收正确的。"③

周恩来和陈云都考虑了从体制上保证民主的问题。周恩来在1956年就提出"要在我们的国家制度上想一些办法，使民主扩大"。资本主义国家的制度我们不能学，但是，"西方议会的某些形式和方法还是可以学的，这能够使我们从不同方面来发现问题"。④陈云认为，要健全党内民主，必须严格执行民主集中制，不民主，只集中，必然愈不能集中。因为民主是集中的基础，没有民主就不可能有正确的集中。他晚年一再强调："重大问题的决定，必须经过集体的充分讨论，以便减少失误，少走弯路，把事情办得更好。"⑤

周恩来和陈云皆是坚持党内民主作风的典范。他们一贯平易近人，注意听取大家意见，所有与他们一起工作过的人都感到能够各抒己见，畅所欲言。周恩来也总是在认真听取各方面意见，经过缜密思考后做出科学决策。如当年他领导治理淮河过程中，河南、安徽、江苏各省从本省利益出发提出不同的意见，周恩来多次邀集各地负责同志，听取他们的主张。最后，他做出打破省界，上中下游的利益兼顾，蓄泄并重，三省有福同享、有难同当，标本兼施的治理方案，合理解决了各方矛盾，使淮河治理工程顺利进展。同样，中华人民共和国

---

① 中共中央文献研究室编《周恩来年谱（1949—1976）》上卷，中央文献出版社1997年版，第429页。

② 《陈云文选》第三卷，人民出版社1995年版，第188页。

③ 王丙乾：《纪念陈云同志》，见《缅怀陈云》，中央文献出版社2000年版，第69页。

④ 《周恩来选集》下卷，人民出版社1984年版，第207-208页。

⑤ 《陈云文选》第三卷，人民出版社1995年版，第353页。

成立初期陈云主持中央财政经济委员会工作时，每周二、周五上午召开中央财政经济委员会会议，会议由他主持，各种不同的看法或不成熟的意见都可以在会上讲，陈云在综合了各方面意见后，再集中起来形成决议。

（四）谦虚谨慎的作风

谦虚谨慎的作风是周恩来和陈云共同拥有的另一个优秀作风。他们一生都很谨慎，对同志和蔼可亲，与人为善，广泛团结各方。他们皆反对宣传和突出个人，从不争权夺利，从未有任何私欲。周恩来一生兢兢业业、勤勤恳恳地为党工作，从不争权夺利，甘当助手，这点得到了包括毛泽东在内的所有党内外人士的共同赞誉。陈云同样也是默默无闻地为党和人民做奉献，淡泊名利，愿做幕后英雄。在党的八大召开前，中央决定增补陈云为副主席，他谦虚地表示自己不行，不必加他。为此，毛泽东在七届七中全会上专门评价说：“我看他这个人是个好人，他比较公道、能干，比较稳当，他看问题有眼光。……不要看他和平得很，但他看问题尖锐，能抓住要点。所以，我看陈云同志行。”①

周恩来始终把个人融入集体之中。他认为党是一个集体，是有组织的。党的领导是组织领导，不是个人领导。他非常善于在领导集体中找到自己的恰当位置，并在这个位置上出色地完成各项工作。他时时想到的是严于自律，谦虚谨慎。他很清楚：“成绩既冲昏了头脑，利欲就必定会熏心，蒙蔽了共产主义的良知，这是最危险不过的事了。”②陈云专门论述过怎样正确看待个人在历史中的作用问题，他尖锐地指出：“对这个功劳怎样看法？我说这里有三个因素：头一个是人民的力量，第二是党的领导，第三才轮到个人。”“我们是党员，在党的领导下，适合老百姓的要求，做了一点事，如此而已，一点不能骄傲。”③

（五）艰苦朴素和清正廉洁的作风

周恩来和陈云同有着勤俭节约的精神和艰苦朴素的作风，他们是党内反腐倡廉，廉政自律的楷模，对自己、对亲属、部下要求都很严格，坚决反对任何贪污腐化行为。周恩来始终坚持严于律己、艰苦朴素的工作作风和生活作风，始终保持着清正廉洁、克己奉公的优秀共产党员本色。他坚决反对利用职权假公济私，谋取个人私利，他是党内公认的遵章守纪、严格自律的楷模。对家乡干部来京带来的土产品，周恩来一律要求退回去或高价付款。在杭州视察工作途中他自费请身边工作人员在楼外楼吃饭，3次要求随行工作人员补齐饭费。④

① 逄先知、金冲及主编《毛泽东传》上，中央文献出版社 2003 年版，第 521 页。
② 《周恩来选集》下卷，人民出版社 1984 年版，第 123 页。
③ 《陈云文选》第一卷，人民出版社 1995 年版，第 293-296 页。
④ 高振普：《周恩来卫士回忆录》，上海人民出版社 2008 年版，第 76-78 页。

陈云一贯公私分明，一点小事也不放过。他曾立下不收礼的规矩，要求工作人员，凡有人来送礼必须向他报告，不得擅自收下，并把自己的稿费先后捐赠给希望工程和北方曲艺学校等项事业。在生活上，他坚持粗茶淡饭，布衣素食。下基层时他总是强调艰苦奋斗，反对铺张浪费，并严格规定自己的伙食标准。他用东西也很节约，一个皮箱，从延安时期用到 1949 年后很长时间，3 个刮胡刀刀片用了 10 年。[①]

周恩来和陈云不但自身廉洁自律，而且很注意对其他干部、身边工作人员和亲属加强教育、严格管理。周恩来专门讲过领导干部一定要过好"五关"的问题，其核心就是要求共产党员树立良好的工作作风和生活作风。他要求各级干部不要让社会上的消极因素影响自己，同时一定要教育好自己的亲属。[②]周恩来自己就是这种艰苦朴素的生活与崇高精神追求完美结合的典范。陈云亦明确指出"党性原则和党的纪律不存在'松绑'的问题"[③]，必须对干部进行检查监督和纪律约束。他清醒地认识到，党的干部手中都大大小小地拥有一定的权力，如果缺乏监督、犯了错误，会脱离群众，就会更严重地损害群众利益。20 世纪 80 年代陈云就提出要两个文明一起抓，关键是搞好执政党的党风，"提高共产党员的党性觉悟，坚定地保持共产主义的纯洁性。"[④]

二、周恩来与陈云行政风格的共同特色

（一）勤政敬业，任劳任怨

周恩来和陈云的敬业精神堪称全党的表率，他们为党和国家的事业顾全大局，任劳任怨，呕心沥血，鞠躬尽瘁，成为其行政风格的共同特色。周恩来倡导领导干部要"五勤""四多"，即眼勤、耳勤、嘴勤、手勤、腿勤，遇事多思考、多分析研究、多提看法、多实践。[⑤]要充分发挥每个人的积极性和聪明才智，不能像旧官僚那样做"循吏"，墨守成规，平庸不作为；要努力做到事得其人、人尽其才、才尽其用，千方百计提高行政效率。

周恩来每天都工作十几个小时，经常工作到深夜或凌晨。晚年在重病中仍坚持工作。1973 年，周恩来被查出患了膀胱癌，可他工作的时间不但没减少，反而越来越长，病情随之越来越重。据卫士高振普回忆：周恩来从 1974 年 6

---

① 刘家栋等：《党的优良作风的光辉典范》，见《缅怀陈云》，中央文献出版社 2000 年版，第 335 页。

② 《周恩来选集》下卷，人民出版社 1984 年版，第 423—428 页。

③ 《陈云文选》第三卷，人民出版社 1995 年版，第 275 页。

④ 《陈云文选》第三卷，人民出版社 1995 年版，第 348 页。

⑤ 吕聪敏：《练好基本功受益一辈子》，《秘书工作》2008 年第 11 期。

月 1 日住院到 1976 年 1 月 8 日逝世，共接受 6 次大的手术，8 次小手术。他忍受了巨大的痛苦，在病魔缠身的情况下，凭着坚强的毅力和坚韧的意志，顽强地为国家为人民工作着。在他生命最后的 587 天里，共约人谈话 220 次，谈话时间最长时一次可达 4 小时 20 分钟，会见外宾 65 次，每次时间大都在一个小时左右；开会 32 次，一次会最长可开 3 小时 45 分钟。①陈云身体一直不好，但在艰苦的环境中带病坚持工作，据他的子女回忆，20 世纪 50 年代 11 月初的一天，天气已经转凉了，周恩来听说陈云病了，前去看望。见陈云围着被子在批阅文件，周恩来破例要求给他提供暖气，但被陈云谢绝了，他认为已经定下来的取暖时间不能因他破例。②

周恩来和陈云任劳任怨的行政风格还表现在他们顾全大局，从不计较个人的恩怨；凡是工作遇到困难或挫折，总是先找自己的原因，勇于承认错误，承担责任，即使被别人误解，也不争辩。在 1962 年"七千人大会"上，周恩来对前几年经济工作的挫折主动承担了责任。"文化大革命"时期，陈云基本上是靠边站了，周恩来也时常受到"四人帮"的攻击，但他们默默地承受了这一切，坚持为党为人民努力工作。

（二）谨慎细致，举轻若重

周恩来和陈云行政风格的另一个共同特点是：举轻若重，对任何事情都考虑得很细致、很全面、很周到，办事谨慎小心，非常认真，处理重大政务真正做到了三思而后行。

周恩来对自己"举轻若重"的行政特色曾做过自我评价。据薄一波回忆：20 世纪 50 年代初，周恩来与薄一波谈论刘伯承与邓小平各自工作特点时指出，刘伯承的特点是"举轻若重"，邓小平的特点是"举重若轻"。他说他自己喜欢举重若轻，但是做不到，实际上他也是举轻若重。③周恩来举轻若重的行政特色，反映在实际工作中就是一贯尽职尽责，严谨精细，考虑问题周密全面，不避繁琐。对待工作一丝不苟，认真细致，容不得半点马虎和懈怠，保证做到万无一失。与周恩来接触过的美国总统尼克松颇有感触地说："周还有一种既注意细节又避免陷入繁琐的罕见才能。""'伟大来自对细节的注意。'就周而言，这句箴言几乎确实有几分道理。然而，即使在他亲自护理每一棵树木时，也总能够看到森林。"④

---

① 高振普：《周恩来卫士回忆录》，上海人民出版社 2008 年版，第 215 页。

② 《陈伟华忆父亲陈云：披棉被办公也不破例特许供暖》，《中国青年报》2011 年 9 月 5 日。

③ 余玮、薄一波：《真情忆往事》，《报刊文摘》2005 第 2 期。

④ 尼克松：《领袖们》，施燕华等译，海南出版社 2008 年版，第 212 页。

陈云这一行政特色主要表现在两个方面：一是在遇到问题时爱追根求源，处理问题细致入微；二是考虑问题周全，深思熟虑，他不仅善于抓住主要矛盾，也能注意到问题的各个侧面。据秦仲达回忆，在我国化学工业的设备制造所需材料这个关键问题上，陈云与大家一起仔细研究，反复核算，提议中央批准每年拿出一定外汇，从国外进口制造合成氨成套设备的重要材料。连由哪个部门和哪些人员来具体管好这件事，他都做出具体安排。他不仅考虑了设备制造问题，还提出要抓主机成套、机组成套、车间成套、工厂成套，二、三类物资和商业物资配套问题。他要求各个部委、中央和地方各个部门一定要密切配合，共同努力，为化肥工业的快速发展铺平道路。[1]

（三）注重调查，深入一线

搞好调查研究，弄清情况是领导做出正确决策的前提和基础。周恩来和陈云都很注重调查，周恩来经常要求各级干部多下基层，多接近群众，多了解实际情况。他建议："我们的人大代表，还有政协委员，每年应有两次到人民中去直接视察工作。他们可以从与政府不同的角度去接触广大人民，接触实际，看我们的工作是否做得恰当，做错了没有，有什么缺点，有什么偏差。"[2]陈云常说："领导机关制定政策，要用百分之九十以上的时间作调查研究工作，最后讨论作决定用不到百分之十的时间就够了。"[3]他认为只有从现状表面入手，深入进去弄清真实情况，才能找到正确解决问题的办法；调查研究贵在深入、翔实和缜密；要以大量的事实为基础，形成对情况的整体把握。

周恩来和陈云不仅重视和提倡调查研究，还身体力行，经常深入工厂、农村、学校做实地调查工作。1958 年，就三峡大坝修建问题，存在着两种不同意见。周恩来率领国务院有关部委领导和专家以及湖北、四川两省负责人坐船到三峡一带实地调查，一路上不断征询专家意见，最后做出了暂不上马的正确决策。1961 年，周恩来下到江苏、山东、河北等地调查，为党中央调整农村经济政策提供了一手信息和正确建议。20 世纪五六十年代陈云为了发展农业，解决缺粮问题，4 次下江苏青浦县小蒸乡农村做调查研究。他去了解粮食统购统销政策的执行情况，与农民探讨粮食产量问题，调查血吸虫病的危害及治疗情况，调查"大跃进"后如何尽快恢复农业生产等问题。他到农民家中了解他们的养猪、种自留地、住房、吃饭等情况，还找了与青浦县土地、人口、气候条件不同的萧山和无锡两县的同志，比较研究了农作物种植安排上的若干问题。经过

① 秦仲达：《倾心化肥为农业，唯实求是堪楷模：沉痛悼念陈云同志》，《中国化工报》1995 年第 19 期。
②《周恩来选集》下卷，人民出版社 1984 年版，第 207 页。
③《陈云文选》第三卷，人民出版社 1995 年版，第 189 页。

他的调查，了解到当时农村的真实情况，对中央制定政策起了重要的作用。此外，陈云还下到河北、山东、河南、安徽、江苏、上海、浙江等地对农村、煤炭工业、冶金工业等问题做过深入调查。

（四）统筹兼顾，深谋求稳

周恩来和陈云行政风格的另一个共同特色是，他们考虑问题都很全面，反对只顾眼前利益和局部利益，不顾长远利益和全体利益，坚决反对急躁冒进。这一特色反映在领导社会主义建设中他们都能深谋远虑，总揽全局；皆提出统筹兼顾，综合平衡；均主张稳步发展，反对冒进。

周恩来和陈云都看得很远，对国家各项建设有一个长远的通盘考虑，一致主张局部利益要服从全局利益，眼前利益要服从长远利益。他们强调"全国一盘棋"的观点，从国民经济的全局出发来考虑问题，制定政策，进行经济建设。新中国成立之初周恩来就说过："每个单位必须有整体观念，要在总的财经计划中找到自己的位置，认识自己的方向，有重点有计划地恢复生产和发展生产。这样才能不犯本位主义，不单纯依赖国家，并在各自的范围内做出最大的成绩。"[1]陈云认为财经工作者要把自己的工作放在全国大范围内来看，树立整体思想，"局部服从全体，地方服从中央，同时中央要照顾地方，这是原则"[2]。

在当时的经济形势和经济体制下，周恩来和陈云都强调国民经济要有计划地发展。1952 年，周恩来就提出："要使各个方面都能全面地有配合地向前发展，才能保证我们计划建设的胜利。"[3]10 年后，陈云在中央财经小组会议上再次强调了综合平衡的重要性，他明确指出："所谓综合平衡，就是按比例；按比例，就平衡了。任何一个部门都不能离开别的部门。……按比例是客观规律，不按比例就一定搞不好。"[4]

"求稳"是周恩来和陈云从事行政领导工作的一个共同特色。他们都主张要扎扎实实地稳步前进，反对不顾国情的急躁冒进。周恩来认为："在我们这样一个地区广阔、情况复杂并且经济上正在剧烈变革的国家里，任何疏忽大意，都可能发生重大的错误，造成重大的损失。"[5]他谆谆告诫各级干部要保持清醒，不要头脑发热，不能操之过急。谨慎、稳妥也是陈云一贯的行事风格和特色。在"大跃进"之后的经济调整中，陈云多次强调："我们的工作部署，要反复考

---

① 《周恩来选集》下卷，人民出版社 1984 年版，第 7 页。

② 《陈云文集》第二卷，中央文献出版社 2005 年版，第 86 页。

③ 《周恩来选集》下卷，人民出版社 1984 年版，第 111 页。

④ 《陈云文选》第三卷，人民出版社 1995 年版，第 211 页。

⑤ 《周恩来选集》下卷，人民出版社 1984 年版，第 224 页。

虑，看得很准，典型试验，逐步推广，稳扎稳打。慎重一点，看得准一点，解决得好一点，比轻举妄动、早动乱动好得多。"①

（五）坚持原则，严格管理

周恩来和陈云一贯在大是大非面前立场坚定，观点明确，坚持原则，严格制定和遵守各种规章制度，带头严守党的纪律；对各级干部严格要求，严格管理，对违反纪律、工作失责、腐化堕落者严肃处理，敢于和善于做批评与自我批评。

周恩来和陈云均是坚持党的原则和纪律的典范，在周恩来看来，无产阶级严格的纪律，并不只是约束被领导者的，首先是约束领导者的。上下级之间、党内与党外之间应该互相监督和制约，严格执行党的方针路线和各项具体政策，共产党员更应该带头遵守各项纪律和各种规章制度。他严肃地指出："如果说'严于责己，宽于责人'，对共产党员就应该要求严些。党外的同志们也应该责备我们严一点。"②党的领导干部首先要以身作则，管好自己和身边的工作人员，对国家机关中某些违法乱纪、贪污腐化、营私舞弊、侵害国家和人民的利益者，必须依照党规国法严肃处理。在长期领导政府工作中他深深感到："官僚主义是领导机关最容易犯的一种政治病症。"③"要使人民民主专政的制度实行得更好，必须同官僚主义作斗争，经常反对官僚主义。这是一个很重要的问题。"④在改革开放新时期陈云敏锐地意识到"执政党的党风问题是有关党的生死存亡的问题"。目前在我们的党风中，以至在整个社会风气中，有一个很大的问题，就是是非不分。他明确主张："要提倡坚持原则，提倡是就是是、非就是非的精神。只有我们党内首先形成是非分明的风气，党的团结才有基础，党才有战斗力，整个社会风气才会跟着好转，才会使正气上升，邪气下降。"⑤

为严格管理，必须开展批评和自我批评，周恩来和陈云都很善于使用这种工作方法。早在延安时期陈云就明确指出："共产党员只有掌握批评和自我批评这个武器才可以不断前进。"但是，"开展批评和自我批评要采取客观的态度。看问题要全面，要看本质，不要只看局部，看现象"。⑥周恩来一贯认为坚持批评与自我批评是保证党的正确领导的有效途径，他很善于用这种方式做思想工作。熊向晖一生几次受周恩来的批评，每次都对他教育很深，可以说是终身受

①《陈云文选》第三卷，人民出版社1995年版，第206页。
②《周恩来选集》下卷，人民出版社1984年版，第394页。
③《周恩来选集》下卷，人民出版社1984年版，第418页。
④《周恩来选集》下卷，人民出版社1984年版，第209页。
⑤《陈云文选》第三卷，人民出版社1995年版，第273-274页。
⑥《陈云文选》第三卷，人民出版社1995年版，第116-117页。

益。①陈云和周恩来不但善于开展同志式的批评，而且一生都乐于做自我批评，这丝毫也没有影响他们的威信，反倒映衬出其人格的伟大。陈云从不隐晦自己的错误，1979 年 3 月在中央政治局会议上他就坦诚，自己也有很多反面教训。156 项中的三门峡水利工程是经过他手的，"就不能说是成功的，是一次失败的教训"。②

三、陈云与周恩来在行政管理方面的差异

（一）行政方式的差异

周恩来和陈云在行政方式上的差异主要是表现在对待被误解的正确主张和政策时，周恩来和陈云的处理方式不太一样。周恩来一般是先承认下来，接受批评，不做辩解，待以后实践来证明自己观点的正确，有时，周恩来还做些必要的战略妥协。而陈云常常要对自己的正确主张做出解释，为了党和人民的利益他坚持自己的正确观点。陈云有一句名言，叫作"要讲真理，不要讲面子"③。他认为，凡是正确的，就坚持和发展；如果发现了缺点错误，就立即弥补和改正。如果"大家都不说话，那就天下不妙。有同志提不同意见，党组织应该允许，这是党的事业兴旺发达的好现象"④。

众所周知，周恩来和陈云都曾被迫就反冒进问题做检查，但在"大跃进"中陈云仍能根据经济发展形势提出自己的合理化建议。1958 年下半年，钢、煤、粮、棉四大指标层层加码，当时决定 1959 年钢产量指标为 2000 万吨（为留有余地对外公布 1800 万吨）。陈云认为不切实际，向中央有关领导建议不要对外公布指标，在胡乔木起草中共八届六中全会公报时，陈云建议他向毛泽东转告自己的观点。胡乔木后来回忆说："我不敢去向毛主席报告陈云同志的意见。"此后，陈云决定亲自向毛泽东直抒己见。他把运输、煤炭、矿山、电力等问题一个一个摆出来，建议把钢产量降到 1600 万吨。陈云这种敢于坚持真理的精神受到毛泽东的赞扬。在中共八届七中全会上，毛泽东认为对 1959 年经济指标问题"陈云表示了非常正确的态度"，并称赞说："他这个人是很勇敢的，犯错误勇敢，坚持真理也勇敢。"⑤

---

① 熊向晖：《于细微处见精神——记周总理对我的几次批评》，见《不尽的思念》，中央文献出版社 1987 年版，第 387-400 页。

② 《陈云文选》第三卷，人民出版社 1995 年版，第 255 页。

③ 薄一波：《我对陈云同志的思念》，《党的文献》2005 年第 4 期。

④ 《陈云文选》第三卷，人民出版社 1995 年版，第 275 页。

⑤ 中共中央文献研究室编《陈云年谱》下卷，中央文献出版社 2000 年版，第 13 页。

（二）行管侧重的差异

周恩来和陈云行政管理的范围、特长和思考问题的侧重点不尽相同。相比较而言，陈云领导和负责的工作范围比较专一，偏重经济领域和党的组织建设，尤其对财经工作很有专长；周恩来的行政管理和领导工作范围更广泛，更有全局性，更善于长远规划，组织协调。简而言之，周恩来的行政管理特色更宏观一些，陈云的行政管理特色偏微观一些。

由于周恩来和陈云行政管理的范围和工作分工不同，加之个人经历亦不同，思考问题的着眼点各有侧重。与周恩来相比，陈云的关注点和侧重点更集中在处理经济工作的内部问题。新中国成立初期陈云还负责领导国家的商业工作。他认为："我们是从事社会主义商业工作的，不能没有政治观点、群众观点和生产观点。"但是，他"建议提出'七分经济，三分政治'的口号"。他认为如果不重视这个问题，"就是带有原则性的领导方法的错误"。①

周恩来也时刻挂念着国家的经济建设问题，但是他思考的重点是国民经济和社会发展的长期战略目标，他更关注如何将长远战略目标最终落实的问题。就国民经济各部门相比较而言，周恩来关注得最多的是水利建设和尖端科技的研发；陈云关注得最多的是财政、金融、商业，他对国民经济各部的论述更多地集中在这几个部门上。②陈云也关心国家现代化发展的历史进程和长远战略目标，但他思考更多的是如何处理当前财政经济中最紧迫的问题。

（三）行政特长的差异

周恩来和陈云同是新中国第一代领导核心重要成员，是党和国家卓越的领导人、杰出的政治家，但是他们的行政特长不尽相同。周恩来担任政务院、国务院总理长达 26 年，同时担任中共中央副主席、全国政协副主席和主席，还担任过一段时间的中央军委副主席，他是新中国的开国总理兼第一任外交部部长。他善于处理党政军各项大事，处理复杂的国际、国内问题，在国际政治领域也是非常杰出的外交家，他的领导特长在外交方面显现得特别突出，堪称中国外交第一人。同时，他总管全国的国防、经济、文化、科技、教育等一切重大事务，负责国家长远发展和各项建设的长期规划，他要思考如何处理好国家的经济建设、政权建设与政治发展之间的关系，以及新中国科、教、文、卫、体等各项事业的发展及相互之间的关系等一系列国家重大战略发展问题。

陈云善于处理复杂的国民经济计划和国家的财政、金融、农工商业的发展

---

① 《陈云文选》第三卷，人民出版社 1995 年版，第 44-45 页。
② 曹应旺：《周恩来、陈云经济思想比较研究》，《党的文献》2003 年第 3 期

问题，他的行政特长在经济方面，是中国首屈一指的财经专家。陈云在"文革"前一直担任国务院副总理，主管全国财经工作，在财经管理方面凸显了其领导才能。1959 年庐山会议前，毛泽东在去长沙的火车上对王任重说："国难思良将，家贫思贤妻。陈云同志对经济工作是比较有研究的，让陈云同志来主管计划工作、财经工作比较好。"[①]这是毛泽东对陈云行政特长的一个中肯的评价。

（四）领导风格的差异

从领导风格和个人性格上看，周恩来和陈云既有相同之处，也存在着差异。他们的共同之处是皆恬淡、温和，待人和蔼可亲，温文尔雅，作风民主。不同之处在于：周恩来性格乐观、豁达，思维敏捷，视野宏伟，始终在一线工作。其领导风格是外柔内刚，以柔克刚。他善于求同存异，广交朋友，善于做群众工作，协调各方；善于宣传鼓动工作，能言善辩，感染力强。陈云善于做幕后英雄，默默无闻地为党和人民做奉献。他善于思考，思想敏锐，但不善言辞，不愿意过多地出头露面；他对中国国情认识深刻，对国民经济发展深思熟虑。但是由于身体原因（包括性格因素），他较少参加公开的社会活动，特别是在晚年。外国学者评论说：陈云尽可能不在公开场合露面。避免会见外国人，特别是西方人。他在幕后施加影响。"当他不同意他的同僚们的观点时，他会直截了当地表述自己的思想。但假若他的观点不占主导地位，陈云不会动员力量坚持自己的观点或者重新考虑决策。正因如此，陈云被看作是民主集中制原则的模范执行者。"[②]

周恩来和陈云领导风格的差异与他们的个人性格有关。总体看来，周恩来是一个综合性但略偏向外向型性格的领导人，而陈云基本上是一个内向型性格的领导人。这两种性格的人一起工作往往能很好地合作互补，相辅相成，周恩来与陈云在"文革"前密切合作，共同领导国务院的工作就是一个很好的例证。

（五）决策方式的差异

周恩来与陈云在行政决策中都坚持实事求是的原则，但在具体的工作方法和决策方式上他们略有差异，周恩来提出了决策的四个步骤，陈云则提出了 15字箴言。

周恩来认为政府决策必须坚持以充实、可靠的信息为依据，政府决策过程就是信息的收集、整理和加工过程。周恩来曾专门写过《怎样做一个好的领导者》一文，精辟地论述了决策制定中应掌握的四个步骤。[③]他把决策制定与转

---

① 《王任重文集》下卷，中央文献出版社 1999 年版，第 338-339 页。

② 贝奇曼：《陈云》，孙业礼等译，中央文献出版社 2002 年版，第 303 页。

③ 《周恩来选集》上卷，人民出版社 1980 年版，第 129 页。

换过程分解为四个基本环节，并形成环环相联的制定顺序。他认为抓好了这四个基本环节，使决策制定过程建立在调查研究与联系党的原理原则的基础上，才能够做出正确的决定，形成正确的决策。

陈云的决策方式方法，主要体现在他晚年提出的 15 字箴言的后 6 个字中。"不唯书、不唯上、只求实"这 9 个字反映了陈云实事求是的思想，"交换、比较、反复" 6 个字是陈云在长期从事行政管理工作中总结出的一种科学的决策方法。陈云教诲各级干部在进行决策时不能只有一个方案，而是要尽可能把一切可以提出的方案都提出来，进行比较，并认真听取意见；决策过程中，可以有反复，要进行纵横比较，原来提出的议案可以推倒重来；在决策实施过程中必须不断总结经验，随时纠正偏差。

周恩来和陈云的决策方式并不矛盾，主要是他们思考问题的视角不同。周恩来是从决策的制定过程的角度探讨的，目的在于启发一个领导者如何将党的总任务适时适地转化为一定时期内可供执行的决策，并要求一个领导者必须掌握决策制定过程中的基本环节。陈云"交换、比较、反复"的主张是根据形势发展对已经做出的决策进行完善、修改和如何贯彻落实的角度思考的。虽然两人思考的角度不一样，但是他们的精辟观点对于我国行政决策和行政管理理论皆具有重要的指导意义。

周恩来、陈云同是党的第一代中央领导集体的重要成员和杰出的政治家，他们有着共同的优秀工作作风和杰出的行政特色。他们二人的行政方式和领导风格各有所长，相辅相成，互相影响，互为补充。他们的合作共识，保证了当时国家政治经济稳步发展，对我们今天推进治理能力现代化仍有重要的启示意义。

（本文原载于《当代中国史研究》2013 年第 2 期）

周恩来与各项建设事业

周恩来为新中国诞生做出不可磨灭的贡献

作为中国共产党第一代领导核心的重要成员，周恩来在新中国创建过程中发挥了无可替代的重要作用，立下了不可磨灭的丰功伟绩。自 1948 年下半年起，周恩来就秘密保护一批民主人士到解放区，为筹备新的政治协商会议和新中国政府做准备。1949 年，他筹备和主持召开了新政协筹备会议，精心设计和组建了第一届中央人民政府所属各机构，并很快建立了各项规章制度。周恩来半个多世纪英勇奋斗的人生历程是新中国孕育、诞生、成长历史的一个生动缩影。

一、领导了大量筹备工作，多次召集会议制定重大决策

（一）为保护和秘密护送大批民主人士到解放区做了大量工作

1948 年，随着中国人民解放军在各个战场上的节节胜利，中国共产党开始考虑建立全国性政权的问题。当年 4 月 30 日，根据毛泽东的提议，中共中央发布《纪念"五一"劳动节口号》，号召"各民主党派、各人民团体、各社会贤达迅速召开政治协商会议，讨论并实现召集人民代表大会，成立民主联合政府"[1]。时任中共中央书记处书记、中央军委副主席的周恩来领导了安排和保护爱国民主人士秘密前往东北和华北解放区的工作，请他们一起参加筹建新政协和新中国。

为了护送爱国人士安全到达解放区，周恩来做了周密细致的部署。为安全起见，他指示在香港负责这项工作的中共华南分局和香港工作委员会的同志，以租用外国轮船运货的名义，秘密地将这些爱国民主人士分批送往东北和华北两个解放区。9 月下旬他亲自拟定了两份邀请名单：一份是从港、沪和长江以南前来解放区商讨召开新政协的各民主党派及无党派人士名单，包括李济深、蔡廷锴、张澜、沈钧儒、谭平山、章伯钧、郭沫若、黄炎培、马叙伦、何香凝、史良等 77 人；一份是拟从平津邀请的张东荪、许德珩、张奚若等 24 人名单。

① 中央档案馆编《中共中央文件选集》第 17 册，中共中央党校出版社 1992 年版，第 146 页。

周恩来在给港沪组织的电报中特别交代：各方人士须于今冬明春全部进入解放区"方为合适"。"北来人士，拟先集中哈尔滨招待商谈；华北人士如直进解放区，则集中华北。视战事发展，明春或来华北，或即在哈市召开新政协。"[①]

第一批民主人士到达东北解放区后，周恩来指示东北局派代表前往火车站迎接并于晚间举行欢迎会。周恩来提出："应多邀请一些尚能与我们合作的中间人士，甚至个别的中间偏右乃至本来与统治阶级有联系而现在可能影响他拥护联合政府的分子，以扩大统战面。"[②]同时责成香港分局的同志在 12 月内将李济深、郭沫若、马叙伦等几十名民主人士送到解放区来。在周恩来的指挥和安排下，从 1948 年 9 月至 1949 年 9 月，香港局和上海局分 20 多次共护送民主人士和文化精英 1000 多人安全到达解放区，其中民主人士 350 多人。这为共产党领导创建新生人民政权扩大了组织基础。

（二）领导了人民政协和新生人民政权的筹备工作

从 1948 年下半年起到 1949 年 9 月，周恩来受中央委托承担起筹建新政协和新中国的准备工作。按照中共中央的最初设想，成立中央人民政府的步骤是先召开政治协商会议，再召开人民代表大会，然后由人民代表大会选举产生中央政府。但由于革命形势发展迅速，加之民主人士也提出建议，1948 年 11 月 3 日，周恩来指出："依据目前形势的发展，临时中央人民政府有很大可能不需经全国临时人民代表大会，即经由新政协会议产生。"[③]

在西柏坡期间，周恩来审阅修改了《新政治协商会议筹备会组织条例（草案）》《中华人民共和国政府组织大纲（草案）》等重要文件，积极筹划着建立一个共产党领导下的多党合作的民主的新型国家政权。周恩来花费了大量心血，在百忙中亲自起草了《中国人民政治协商会议共同纲领》草案，后又进行了多次讨论和修改，在 1949 年 9 月 29 日政协第一次会议上正式通过。这个纲领具有临时宪法的性质，它明确规定了即将成立的新中国的国体和政体，规定了新中国的政治制度、国防、外交、经济和文化等一系列政策方针。

（三）周恩来多次召集会议，商讨决定一系列重大决策，孕育了新中国的诞生

为了筹建新的政党制度和新生的人民政权，周恩来主持了多次筹备会议，与毛泽东等第一代领导核心一起精心筹划了事关国体、政体和政权机构等一系列重大决策。1949 年 6 月 15 日，新政治协商会议筹备会第一次全体会议在中

---

① 中共中央文献研究室编《周恩来年谱（1898—1949）》修订本，中央文献出版社 1998 年版，第 808 页。
②《周恩来年谱（1898—1949）》修订本，中央文献出版社 1998 年版，第 815 页。
③《周恩来年谱（1898—1949）》修订本，中央文献出版社 1998 年版，第 815 页。

南海勤政殿召开，周恩来担任大会临时主席并致开幕词。会议修正并通过了《新政治协商会议筹备会组织条例》①，通过了新政协筹备会常务委员会名单，周恩来当选为新政协筹备会常务委员。当晚周恩来又主持召开了新政协筹备会常务委员会第一次会议，会议推选毛泽东为常务委员会主任，周恩来、李济深、沈钧儒、郭沫若、陈叔通为副主任，李维汉为秘书长。②为加快推进各项准备工作，会议决定在常务委员会领导下设 6 个工作小组，周恩来被推举为第三小组组长，负责主持起草新政协的共同纲领。

　　从 6 月 21 日到 9 月 17 日，周恩来主持召开了筹备会常委会第二到第七次会议。他阐明了关于新政协的性质、共产党的统一战线方针、新中国的外交政策、各民主党派前途等问题。在筹备会议上商讨并基本通过了《中华人民共和国中央人民政府组织法（草案）》，讨论修改了《中国人民政治协商会议共同纲领（草案）》等。

　　在周恩来精心筹备下，1949 年 9 月 21 日中国人民政治协商会议第一届全体会议在中南海怀仁堂隆重开幕。会议期间周恩来非常忙碌，他除了负责全面工作外，还要指导和协调其他委员会的工作。政协会议全体代表分为 11 个小组讨论国旗和国徽方案，各位代表对现有方案提出自己的意见和看法，周恩来到国旗、国徽、国都、纪年方案审查委员会办公室听取意见。9 月 25 日，毛泽东、周恩来约请各方人士开会，协商确定国旗、国歌等问题。经过更进一步的讨论，会议对国旗、国歌、国都、纪年问题终于取得一致意见。

　　在 9 月 27 日的政协全体会议上，会议一致通过了《中国人民政治协商会议组织法》《中央人民政府组织法》，以及国旗、国都、纪年、国歌的决议，会议决定：中华人民共和国国都定于北平，复名北京；采用公元纪年；国歌暂用《义勇军进行曲》；国旗为五星红旗，象征中国革命人民大团结。

　　9 月 30 日，中国人民政治协商会议第一次全体会议胜利闭幕。会议选举毛泽东为中国人民政治协商会议主席，周恩来、李济深、沈钧儒、郭沫若、陈叔通为副主席。会议还选举产生了 63 人组成的中央人民政府委员会，180 人组成的中国人民政治协商会议第一届全国委员会。毛泽东当选为中华人民共和国中央人民政府委员会主席，朱德、刘少奇、宋庆龄、李济深、张澜、高岗 6 人当选为副主席，陈毅等 56 人当选为第一届中央人民政府委员。

　　在孕育新中国诞生的伟大历程中，从护送民主人士到解放区，到着手筹备

---

① 政协全国委员会办公厅编《开国盛典》，中国文史出版社 2009 年版，第 168 页。
②《开国盛典》，中国文史出版社 2009 年版，第 182 页。

新政协各项准备工作；从新政协筹备会议召开，到中国人民政治协商会议第一次全体会议胜利闭幕，周恩来为此付出了大量的心血，发挥了极其重要的奠基性的作用。

二、周密设置组建了第一届中央政府，妥善安排各部门人选

1949 年 10 月 1 日下午 2 时，在中央人民政府委员会举行的第一次会议上，中央人民政府主席、副主席和全体委员宣誓就职。周恩来被任命为中央人民政府政务院总理兼外交部部长，林伯渠被任命为中央人民政府委员会秘书长。中央人民政府责成他们从速组织政府机构，执行政府各项工作。下午 3 时，在天安门广场举行了开国大典，中华人民共和国从此诞生了。

周恩来领导制定的《中国人民政治协商会议共同纲领》和《中央人民政府组织法》为中央人民政府政务院的组成确立了基本原则和组织框架，但是政务院究竟如何组建，领导干部如何配备，大量工作人员从何而来，组建后如何开展工作，是开国大典后亟须解决的问题。新中国诞生之后，作为政务院总理，周恩来立即领导了组建政务院的各项工作，设置了政务院所属各机构。

关于政务院下属机构的设置，周恩来经过慎重考虑，经与毛泽东研究后决定：首先将 1948 年组建的华北人民政府撤销，以这个班底作为中央人民政府的基础。参照华北政府的设置和行政管理经验，扩建政务院各个部门，并从其他大行政区陆续抽调一部分得力的干部来充实和加强政务院各部委，如东北区的李富春、高岗，西南区的邓小平、贺龙，西北区的彭德怀、习仲勋，中南区的邓子恢、李先念，华东区的陈毅、饶漱石、谭震林等，陆续调到政务院担任各部门的领导工作。

关于政务院的组织结构和职权，周恩来在《关于政务院的成立和政府机关的组织与干部问题》报告中明确指出：政务院由总理 1 人、副总理 4 人、秘书长 1 人和政务委员 15 人组成。政务院在中央人民政府领导之下进行国家事务工作。作为国家管理机构的首脑部，政务院不仅有它所属的各部、会、院、署、行，还有指导各行政部门的 3 个指导委员会，另外还有人民监察委员会。①

按照《中央人民政府组织法》的规定，中央人民政府在政务院下设立了 4 个委员会和 30 个部、会、院、署、行的行政组织体系。4 个委员会是：政治法律委员会、财政经济委员会、文化教育委员会、人民监察委员会。对政务院下设的行政机构，周恩来指出，我们新中国第一届政府"一共是三十个单位，重

---

① 马永顺：《周恩来组建与管理政府实录》，中央文献出版社 1995 年版，第 5 页。

点在于财政经济，其次是文化教育"①。关于政务院内各部门的隶属关系，他的设想和设置是除外交部、华侨事务委员会和情报总署直属政务院外，4 个委员会与各部、会、院、署、行的行政统属关系做以下的划分。

（1）由政治法律委员会指导内务部、公安部、司法部、法制委员会和民族事务委员会 5 个部门的工作，并联系最高人民法院和最高人民检察署的工作。

（2）由财政经济委员会指导财政部、贸易部、重工业部、燃料工业部、纺织工业部、食品工业部、轻工业部、铁道部、邮电部、交通部、农业部、林垦部、水利部、劳动部、人民银行和海关总署等 16 个部门的工作。

（3）由文化教育委员会指导文化部、教育部、卫生部、科学院、新闻总署和出版总署 6 个部门的工作。

（4）政务院人民监察委员会在华北人民政府监察院基础上组成，其工作具有相对独立性质，在政务院内设有下属的联系和指导机构。

1949 年 10 月 21 日，周恩来主持召开了政务院第一次政务扩大会议，宣布政务院成立，并做了《关于政务院的成立和政府机关的组织与干部问题》报告。他在会上明确指出："政务院是首脑部，在中华人民共和国中央人民政府领导之下，进行国家事务工作。政务院和它下属的 4 个大委员会和 30 个行政部门是以华北人民政府为基础组建的，是在民主集中制的原则上科学分工的机构。"②

10 月 25 日，周恩来主持召开了第二次政务会议，讨论通过了关于接收前国民党政府机构的工作原则。会议还决定提请中央人民政府主席毛泽东发布命令，宣布华北人民政府工作结束，原华北人民政府所辖 5 省 2 市归中央直属；中央人民政府政务院及其所属各委、部、会、院、署、行，以华北人民政府为基础建立工作机构。10 月 31 日，华北人民政府根据中央人民政府命令结束工作，正式向政务院办理移交。11 月 1 日，政务院正式开始办公。

在设置新中国第一届中央政府机构的同时，周恩来积极物色干部人选，努力吸收和使用各方人才，很快建立起政务院所属各机构的领导班子。1949 年 10 月 19 日，在中央人民政府委员会第三次会议上，正式宣布了政务院各机构负责人名单。

周恩来经过周密考虑、多方物色之后，精心筹组的新中国第一届中央人民政府政务院的主要人事安排如下：

在政务院总理周恩来以下设副总理 4 人，任命董必武、陈云、郭沫若、黄

---

① 《周恩来统一战线文选》，人民出版社 1984 年版，第 142-143 页。
② 中共中央文献研究室编《周恩来年谱（1949—1976）》上卷，中央文献出版社 1997 年版，第 7 页。

炎培为政务院副总理。

另设政务委员 15 人，任命谭平山、谢觉哉、罗瑞卿、薄一波、曾山、滕代远、章伯钧、李立三、马叙伦、陈劭先、王昆仑、罗隆基、章乃器、邵力子、黄绍竑为政务委员。

政务院设秘书长 1 人，副秘书长 5 人，任命李维汉为秘书长，齐燕铭、许广平、郭春涛、孙起孟、辛志超为副秘书长。

政务院下设高于部级的 4 个委员会，共有主任、副主任、委员 170 人。各委员会的主要领导人为：

政治法律委员会，由政务院副总理、原华北人民政府主席董必武担任主任，彭真、张奚若、陈绍禹、彭泽民为副主任，陶希晋担任秘书长。

财政经济委员会，由政务院副总理、原东北财政经济委员会主任陈云担任主任，薄一波、马寅初为副主任，薛暮桥任秘书长。

文化教育委员会，由政务院副总理、著名民主人士郭沫若任主任，马叙伦、陈伯达、陆定一、沈雁冰为副主任，胡乔木任秘书长。

人民监察委员会，由著名民主人士谭平山任主任，刘景范、潘震亚为副主任，李世璋任秘书长。

除上述 4 个委员会之外，政务院下设 30 个部级机构，各部的主要领导人为：

内务部，部长谢觉哉，副部长武新宇、陈其瑗。

外交部，部长周恩来，副部长王稼祥、李克农、章汉夫。

公安部，部长罗瑞卿，副部长杨奇清。

财政部，部长薄一波，副部长戎子和、王绍鳌。

贸易部，部长叶季壮，副部长姚依林、沙千里。

重工业部，部长陈云，副部长何长工、钟林、刘鼎。

燃料工业部，部长陈郁，副部长李范一、吴德。

纺织工业部，部长曾山，副部长钱之光、陈维稷、张琴秋。

食品工业部，部长杨立三，副部长宋裕和。

轻工业部，部长黄炎培，副部长杨卫玉、龚饮冰、王新元。

铁道部，部长滕代远，副部长吕正操、武竞天、石志仁。

邮电部，部长朱学范，副部长王净。

交通部，部长章伯钧，副部长李运昌、季方。

农业部，部长李书城，副部长罗玉川、吴觉农、杨显东。

林垦部，部长梁希，副部长李范五、李相符。

水利部，部长傅作义，副部长李葆华。

劳动部，部长李立三，副部长施复亮、毛齐华。

文化部，部长沈雁冰，副部长周扬、丁燮林。

教育部，部长马叙伦，副部长钱俊瑞、韦悫。

卫生部，部长李德全，副部长贺诚、苏井观。

司法部，部长史良，副部长李木奄。

法制委员会（同部级），主任委员陈绍禹，副主任委员张曙时、许德珩、陈瑾昆。

民族事务委员会（同部级），主任委员李维汉，副主任委员乌兰夫、刘格平、赛福鼎。

华侨事务委员会（同部级），主任委员何香凝，李任仁、副主任委员廖承志、李铁民、庄希泉。

科学院，院长郭沫若，陈伯达、李四光、陶孟和、竺可桢为副院长。

情报总署，署长邹大鹏。

海关总署，署长孔原、副署长丁贵堂。

新闻总署，署长胡乔木，副署长范长江、萨空了。

出版总署，署长胡愈之，副署长叶圣陶、周建人。

人民银行，行长南汉宸，副行长胡景法。

另外，中央人民政府委员会下设办公厅，任命齐燕铭为办公厅主任，余心清、周新民、乔冠华、罗叔章为办公厅副主任。

到 1949 年 10 月底，中华人民共和国第一届中央人民政府全部组建完成。其中包括政务院各部、委、院、署、行的部长、副部长，主任委员、副主任委员、委员，院长、副院长，署长、副署长，行长、副行长等共 175 人；人民革命军事委员会主席、副主席、委员、总参谋长、副总参谋长共 30 人；最高人民法院院长、副院长、委员 17 人；最高人民检察署检察长、副检察长、委员 14 人。此外，还有中央人民政府办公厅主任、副主任 5 人。

三、周恩来精心组建的新中国第一届中央人民政府的构成特点

中华人民共和国第一届中央政府与此前的历届政府相比，其人员构成有很大的不同，一个突出特点在于这是一个容纳了最多爱国民主党派和各界进步人士的，高素质、高效率、精明强干的政府。在周恩来的精心安排下，各民主党派主要负责人、社会知名人士多被安排进了中央政府及地方各级领导机构。从当时中央人民政府最高领导层看，6 名副主席中就有 3 人（宋庆龄、李济深、张澜）是党外人士。在中央人民政府的 56 名委员中，党外人士 27 名，所占比

例近 50%。政务院的人事安排也充分体现了这一特点。在政务院 4 名副总理中，党外人士 2 名（郭沫若、黄炎培），比例达到 50%；在 15 名政务委员中，党外人士 9 人（谭平山、章伯钧、马叙伦、陈劭先、王昆仑、罗隆基、章乃器、邵力子、黄绍竑），比例达到 60%；

周恩来精心建立的政务院及其所属机构的大量工作人员，主要由三部分人组成：一是长期参加革命工作的老同志，二是原国民党政府的旧职员，三是在旧社会里被埋没的知识分子和新教育出来的青年学生。对国民党政府机构的工作人员，除少数市政公用部门、卫生部门等机关人员外，对行政、司法、军事、警察等军政人员一般不依靠他们来进行工作。对此，周恩来特别说明："政府正在草创中，政权机关需要很多人工作。……这三部分人各有长短，希望大家团结起来，取长去短，加强思想意识和工作作风的修养，搞好工作。"①各部门用人都要照顾到这三个方面。

周恩来对新中国第一届中央人民政府及政务院各部门领导职务的人事安排，呈现出以下三个基本特点。

第一，确保中国共产党在政权中的领导地位。这主要通过中共领导人在最高行政机关中担任重要行政职务来实现。除周恩来担任政务院总理外，政务院 4 个委员会 30 个部级机构中由中共党员担任正职的行政职务达到 19 个，分别是：政法委主任、财经委主任、内务部部长、外交部部长、公安部部长、财政部部长、贸易部部长、重工业部部长、燃料工业部部长、纺织工业部部长、食品工业部部长、铁道部部长、劳动部部长、情报总署署长、海关总署署长、新闻总署署长、人民银行行长、法制委员会主任委员、民族事务委员会主任委员。

第二，大量吸收民主人士参加政府。对民主人士如何安排是一件复杂的事情，周恩来做了大量的协调工作。有关民主人士的任职名单，大多是由周恩来提出报中共中央决定，再同各民主党派反复协商后正式任命的。经慎重酝酿、仔细斟酌，各民主党派主要领导人和无党派民主人士的代表人物，大都被安排进了中央政府及其所属各机构。政务院的人事安排即充分体现了这一特点。在政务院 4 个委员会 30 个部级机构中，担任正职的党外人士 15 人，比例达到 44%。关于政务院的这一人事安排，周恩来曾指出："根据中央人民政府委员会的意见，3 个指导委员会扩大了，这样可以容纳各方面的人士，以便集思广益，并且还可以将政府的方针政策宣传到各方面去。政法委，国民党革命委员会的人士参加的较多；中财委，民主建国会的人士参加的较多；文教委，民主同盟及无党

---

① 《周恩来年谱（1949—1976）》上卷，中央文献出版社 1997 年版，第 7 页。

派民主人士参加的较多。"①

第三，交叉任职及兼职现象较为普遍。由于政权创立之初领导干部和各方面专业人士比较短缺，因此政务院中交叉任职及兼职现象较为普遍。在政务院15名政务委员中，有9人兼任了部长和委员会主任职务，分别是：谭平山兼任人民监察委员会主任、谢觉哉兼任内务部部长、罗瑞卿兼任公安部部长、薄一波兼任财政部部长、曾山兼任纺织工业部部长、滕代远兼任铁道部部长、章伯钧兼任交通部部长、李立三兼任劳动部部长、马叙伦兼任教育部部长。此外，还存在一身兼数职的情况。比如，政务院总理周恩来同时兼任外交部部长，政务院副总理陈云同时兼任财经委员会主任和重工业部部长，文化教育委员会主任郭沫若同时兼任科学院院长等。

周恩来是举世公认的伟大的革命家、政治家、军事家和外交家，他与毛泽东等人一起艰苦奋斗，创建了新中国。他担任开国总理26年，参与了新中国成立前后所有重大决策的制定和组织实施。他为了将一个人口多、底子薄、落后的旧中国建成一个繁荣富强、初步实现现代化的新中国，呕心沥血，殚精竭虑，兢兢业业地工作着，真正做到了鞠躬尽瘁，死而后已。周恩来为新中国的诞生和新政府的运转发挥了旁人无可替代的特殊作用。正如习近平总书记所指出的："周恩来同志半个多世纪奋斗的人生历程是中国共产党不忘初心、牢记使命历史的一个生动缩影，是新中国孕育、诞生、成长和取得崇高国际威望历史的一个生动缩影，是中国人民在自己选择的革命和建设道路上艰辛探索、不断开拓、凯歌行进历史的一个生动缩影。"②

（本文原载于《党史博采》2019年第10期）

---

① 马永顺：《周恩来组建与管理政府实录》，中央文献出版社1995年版，第5页。

② 习近平：《在纪念周恩来同志诞辰120周年座谈会上的讲话》，《人民日报》2018年3月2日。

周恩来与新中国成立初期的国防建设

周恩来是中国共产党领导的革命军队的主要领导人之一，是杰出的军事家，新中国创建初期，他在领导国家经济建设和外交工作的同时，兼任中共中央军委副主席，负责主持中央军委日常工作。他直接参与了抗美援朝战争的战略决策、军事指挥和后勤工作，领导了海军、空军、装甲兵等新军兵种的组建，精心筹划和创办了新中国一批高级军事院校，他未雨绸缪，明确指出我国国防建设应走科技强军之路，积极推动国防尖端武器的研发，提出了符合中国国情的国防建设思想。在他的努力工作下我国的国防建设取得了长足的进步，现代化国防力量大大加强。他的国防建设思想对我们今天的国防建设仍有重要的指导意义。

一、领导了我军新军兵种的创建

新中国成立之初，为了加强现代化国防建设，周恩来参与领导了海军、空军和其他特种兵的建设。当时中国人民解放军有 500 多万人，几乎没有自己的海军和空军，更不用说原子弹和氢弹这样的尖端武器。周恩来敏锐地意识到：要彻底解放被国民党空军控制的领空，就"必须建立强大的人民空军和人民海军，才能击退从空中和海上袭来的武装盗匪，保护我们的领空领海不受侵犯"①。周恩来提出力争"用三五年的时间迅速建立中国自制陆军武器、弹药和空军、海军弹药的基础"②。

1949 年 7 月 10 日，毛泽东写信给周恩来，提出由周"召有关同志商酌"③负责组建人民空军。周恩来接到信后立即开始了紧张的筹建工作。他用大量时间和精力抓了创办航校的工作，对人员的选调，经费的保证，飞机设备的配置以及油料的供应等，都亲自过问。空军是一个技术含量很高的军种，周恩来从

① 《周恩来选集》下卷，人民出版社 1984 年版，第 33-34 页。
② 中共中央文献研究室编《周恩来年谱（1949—1976）》上卷，中央文献出版社 1997 年版，第 251 页。
③ 中共中央文献研究室编《周恩来年谱（1898—1949）》修订本，中央文献出版社 1998 年版，第 854 页。

中国的实际出发，确定了"先维修，后制造"的发展方针。1949 年 11 月 11 日，中国人民解放军空军正式成立。1950 年 9 月，为组建更多的空军部队，以适应形势发展的需要，周恩来指示空军设法在航空学校第二期学员毕业后即组建一个建制为 3 个团的喷气式歼击机航空师。[①]1950 年 10 月，周恩来率团赴苏联访问，与苏联领导人商谈了朝鲜出兵和援建我国空军问题，回国后又就飞机装备等问题多次致电苏联领导人协商。中国人民解放军出兵朝鲜后，周恩来提出："将刚改装的空军和高射炮部队开赴朝鲜北部掩护后方交通线。"[②]这使刚组建的人民空军在战斗中得到了锻炼。

在周恩来领导下，人民空军在很短时间内，就相继完成了空军领导机构、6 所航校和第一支航空兵部队的组建工作。全体空军官兵坚持周恩来提出的"从实、从严、从难"的飞行训练原则，战斗力显著增强，在国土保卫战中，多次击落、击伤美蒋战机，在抗美援朝和国土防空作战中发挥了重要作用，为我国空军今后的发展打下了良好的基础。

在组建空军的同时，周恩来也关心着海军的建设。为了解决人才严重短缺这一难题，周恩来提出，首先从政治可靠、有文化、有技术、有舰艇工作经验的原国民党海军起义人员、投诚人员和各野战军有技术专长的人才中选拔，同时他还主张从全国招收一批大学生和吸收专家教授参加海军，这些举措对于人民海军的现代化建设发挥了重大作用。1949 年 8 月，周恩来给华东军区海军时题词："为建设中国人民的海军而奋斗"。1950 年 4 月 14 日，海军领导机构正式建立。6 月 30 日，周恩来听取了海军司令员萧劲光的汇报，他要求海军在支援朝鲜作战的基础上，研究一个三年建设计划，一面备战，一面从事长期建设。周恩来亲自审阅了海军制定的三年计划草案及后来提交的五年计划，并呈毛泽东审批后组织执行。

1951 年夏，周恩来视察了成立不久的大连海校，他对副校长张学思说："我国是一个濒海的大陆国家，海岸线北从鸭绿江口起，南到北仑河口止，绵长得很，因此，我们一定要建立一条'海上长城'。"[③]他在视察潜艇部队时写下了"遵照毛主席指示，学会潜艇作战"[④]的题词。1954 年 4 月，周恩来主持中央军委会议，研究了海军建设的五年计划。在周恩来的亲切关怀和指导下，年轻的

---

① 《周恩来年谱（1949—1976）》上卷，中央文献出版社 1997 年版，第 75 页。

② 《周恩来年谱（1949—1976）》上卷，中央文献出版社 1997 年版，第 133 页。

③ 周恩来生平和思想研讨会组织委员会编《周恩来百年纪念——全国周恩来生平和思想研讨会论文集》下册，中央文献出版社 1999 年版，第 1072 页。

④ 中共中央文献研究室第二编辑部编《周恩来题词解》，中央文献出版社 2012 年版，第 142 页。

人民海军不断发展，不断成长。

为适应现代化国防的需要，1950 年夏季和秋季，周恩来几次主持召开军委会议，讨论东北边防问题和新军兵种建设规划问题。周恩来要求各军兵种分别做出一个三年建设计划，翌年开始实施。组建这些部队所需装备、器材及训练计划和场地，他责成有关部门做出计划。①1950 年 8 月到 1951 年 3 月，中国人民解放军的炮兵、装甲兵、防空兵和工程兵的领导机关也先后建立起来。对这些兵种的筹建周恩来几乎都亲自过问，有时还参与具体组织建设。短短几年间，中国人民解放军由几乎是单一的步兵发展成为一支诸军兵种的合成军队。人民空军、海军和特种兵部队很快建设起来，不仅保证了抗美援朝战争的需要，而且也使我军现代化建设迅速发展，我国国防大大巩固。

二、参与指挥了抗美援朝战争

在抗美援朝期间，周恩来参与领导了中国人民志愿军的出兵谋划、后期保障、作战方针和对外交涉、停战谈判等事务，在军事和外交两条战线上协助毛泽东指挥中国人民志愿军和中方谈判代表与美抗争。特别是在停战谈判过程中，他直接指挥中方代表贯彻"争取和，不怕战，准备拖"和"谈要耐心，打要坚决，直到取得公平合理的停战"的方针，②始终驾驭着局势的发展，直到停战的实现。

1950 年 6 月 28 日，周恩来以外交部长名义发表《关于美国武装侵略中国领土台湾的声明》，严正指出："我国全体人民，必将万众一心，为从美国侵略者手中解放台湾而奋斗到底。"③随后，周恩来连续召开会议，研究保卫国防和组织东北边防军等问题。他在会上指示：一切都要准备好，不要临急应战，而要有充分准备，一出手就胜。④　会议决定抽调解放军第 13 兵团及其他部队共 25 万余人，组成东北边防军。为适应朝鲜战争形势发展的需要，必须加速特种兵建设。⑤东北边防军从当年 7 月上旬组建，到 10 月上旬改为中国人民志愿军，整个准备工作，包括领导机构组成、抽调部队、集中运输、武器装备调整和兵员补充、后勤供应等，都是在周恩来直接领导下进行的。

---

① 中共中央文献研究室、中国人民解放军军事科学院编《周恩来军事文选》第四卷，人民出版社 1997 年版，第 46 页。

② 刘武生：《周恩来在建设年代（1949—1965）》，人民出版社 2008 年版，第 290 页。

③ 中华人民共和国外交部、中共中央文献研究室编《周恩来外交文选》，中央文献出版社 1990 年版，第 18-19 页。

④ 《周恩来军事文选》第四卷，人民出版社 1997 年版，第 45 页。

⑤ 中共中央文献研究室编《周恩来传》（三），金冲及主编，中央文献出版社 1998 年版，第 1012-1013'页。

10 月 8 日，周恩来代表中共中央飞往苏联，与斯大林等会谈抗美援朝的出兵问题、苏方对华的武器装备援助问题、朝鲜战场上的苏联空军掩护等问题。10 月 18 日，返回北京后他立即与毛泽东研究出兵援朝的作战部署，并致电联合国再次抗议美国飞机侵入中国领空。抗美援朝期间周恩来直接参与了中国军队的军事指挥。当时，中共中央军委发给志愿军的指示大都由周恩来起草，经毛泽东审阅后，以毛泽东名义或以周恩来名义发出。特别是 1951 年 2 月中旬至 5 月初的一段时间，毛泽东离京休养，由周恩来负责志愿军作战问题，他起草或审定批发的有关电报达数百份，对志愿军的作战指导做出了许多具有战略性意义的贡献，如他为中共中央军委起草了《关于轮番作战方针的指示》，他确定了志愿军作战要"与谈判的要求相配合、相适应"①的方针，并组织领导了朝鲜战场上的反细菌战。

除参与军事指挥外，周恩来还负责统筹保障朝鲜战场的后勤供给和需要。聂荣臻曾回忆说，抗美援朝战争的"整个后勤工作，当时都是在周恩来同志的领导关怀下进行的"②。事实的确如此，我军在抗美援朝战争中所有后勤保障，包括所需物资、经费、装备、兵员补充、军工生产、交通运输，甚至车辆、司机、道路等等他都亲自过问。他指示在运输线上普遍建立"交通港""防空哨"，建立起打不烂、炸不断的钢铁运输线。一切后勤保障问题都是由周恩来与政务院有关部门、全国各大行政区、各大军区及军委各总部协商解决的。还有些是由周恩来亲自与苏联交涉谈判解决的。

朝鲜停战谈判开始后，周恩来成为中朝方面负责谈判工作的实际上的最高主持人，他确定了中方谈判人选和谈判内容，具体指挥中国谈判代表就停战条件、军事分界线的确定、停战的程序性安排、外国军队撤军、战俘等问题与美方进行交涉和斗争。

三、筹划创办了一批军事院校

周恩来深知在国防建设中加强军事院校建设的重要性，他认为国防现代化的核心是建设一支强大的现代化的革命军队。这支军队"对现代化装备不仅要懂得运用，还要懂得它的性能、原理"③。因此治军必先治校，必须通过办正规的军事院校加强对军队各级干部的培养，提高他们的科学文化水平和现代条件下作战的指挥能力。

① 《周恩来年谱（1949—1976）》上卷，中央文献出版社 1997 年版，第 173 页。
② 《聂荣臻回忆录》下卷，解放军出版社 1984 年版，第 749 页。
③ 《周恩来选集》下卷，人民出版社 1984 年版，第 278 页。

　　1950 年 7 月，周恩来主持召开中央军委会议，研究创办全军军事院校的事宜。会议确定在各大军区、各部队现有随营学校的基础上，改建和新建一批适应现代战争需要的各类正规院校。这次会议正式确定创建一所解放军最高军事学府——陆军大学。在筹建陆军大学过程中，周恩来从办学方针、校名校址、编制体制、领导干部配备，到聘请苏联专家、起用旧军官任教等各方面工作倾注了大量心血。据萧克回忆：周恩来曾三次找负责筹备工作的同志谈话，对成立军事学院的重要意义、办校方针原则、学院编制及主要领导干部配备和聘请苏联专家等一系列具体问题做了详尽的指示。周总理特别强调并指出军事学院的办校方针，仍然是抗大的方针，要学习毛泽东军事著作，总结我军的经验，继承人民军队人民战争的光荣传统，研究现代战争的特点，学习现代的科学技术，并希望在 5 年内把全军师以上干部普训一遍。[①]

　　1950 年 11 月，周恩来三次召集刘伯承、陈士榘等陆军大学的筹委会成员开会，确定新建的陆大增设海军和空军系，并改名为军事学院；校址暂设在南京华东军政大学所在地，以华北、华东军政大学一部分做基础，依靠华东军区组织军事学院各级机构。周恩来明确指出，办现代化军事院校仍然是抗大的方针，要总结我军的建军和作战经验，同时要不断学习外国的先进经验，学习外国现代军事科学。[②]在周恩来的关怀和指导下，1951 年 1 月 15 日，中国人民解放军军事学院在南京正式成立。

　　为加快培养海军建设人才，周恩来还特派张学思赴苏联考察，并授权他与苏方商谈聘请苏联海军顾问帮助中国创办海军学校。在周恩来的直接关怀下，人民解放军第一所培训水面舰艇人才的正规学校——中国人民解放军海军学校很快在大连正式建成并开学。1952 年夏，陈赓将军受命筹建中国人民解放军军事工程学院。周恩来对陈赓的工作非常支持，他主持召开过两次解决该校师资问题的会议，并邀请教育部、中组部、国务院文教办公室的负责人一起听取军事工程学院建院工作的汇报。他指示教育部门抽调一批教授支援军队院校的建设。"由于周恩来的亲切关怀和全力支持，学院很快就从全国各地抽调了一批学有专长的教授、副教授，把各系和主要专业的教学机构成立起来。"周恩来还指示陈赓，聘请苏联专家时，要坚持"以我为主，为我所用，不卑不亢"的方针。[③]

　　在周恩来的精心筹划和具体指导下，新中国成立后我军很快组建了军事工程学院、高级步兵学院、政治学院、海军学院、空军学院、炮军学院、装甲兵

---

① 萧克：《周恩来与我军的正规化现代化建设》，见《不尽的思念》，中央文献出版社 1987 年版，第 524 页。
②《周恩来年谱（1949—1976）》上卷，中央文献出版社 1997 年版，第 94 页。
③ 李智舜：《周恩来与共和国将军》，解放军文艺出版社 1997 年版，第 48-49 页。

学院等一批军事院校，并在各战略区成立了一批高级、初级步校和专业技术学校，从而形成了初、中、高级相衔接，诸军兵种院校齐全的、完整的军官培训和教育系统。

四、未雨绸缪，指导走科技强军之路

新中国成立之初，我国的科学技术水平还十分落后，国防科技尖端几乎是空白。周恩来认为尖端科技和国防是密切联系在一起的，发展尖端科技，在作战时可用在战争上，不作战就可用在和平建设上。针对当时我国没有自己的尖端国防工业的实情，周恩来多次明确提出："尖端的国防，即原子、电子、导弹、航空要更快地搞起来，从而建立起现代化的国防工业和现代化的国防力量。"[1]为促进国防建设的现代化，周恩来提出要走科技强军之路。他认为："只有掌握最先进的科学，我们才能有巩固的国防。"[2]

周恩来认为掌握和运用尖端科学技术是国防力量增强的关键。他一再强调，国防工业既"要抓紧步枪、机枪、高炮、地空导弹、飞机、潜艇、反坦克武器等常规武器的生产"[3]，又要适度发展尖端武器，"要以质胜敌，数量不能太多，太多了反而背包袱"[4]。他提出要适当进口苏联先进武器，以保证我军装备水平的提高。因为他清醒地认识到："当我们向前赶的时候，别人也在继续迅速地前进。"[5]我们要保卫和建设国防，必须赶上世界先进水平。

周恩来还主持了军工建设和武器装备的生产，为中国军工生产和现代国防工业的发展奠定了基础。在研究政务院的组织机构时他明确指示，在重工业部要设立航空工业筹备组、兵工办公室、电信工业局和船舶工业局等机构，负责组织军工生产并积极准备军工企业的调整工作。1950 年 12 月，周恩来召集聂荣臻等人开会，讨论我国航空工业发展问题。他在会上指出："中国的航空工业建设要从中国的实际情况出发，我们是先有空军，而且正在朝鲜打仗，大批作战飞机需要修理。我国是拥有 960 万平方公里的国土和 6 亿人口的国家，靠买人家的飞机，搞搞修理是不行的。因此中国航空工业的建设道路，应当是适应战争的需要先搞修理，再由修理发展到制造。"[6]一年后，他再次召集聂荣臻等

---

① 中共中央文献研究室编《周恩来经济文选》，中央文献出版社 1993 年版，第 404-405 页。

②《周恩来年谱（1949—1976）》上卷，中央文献出版社 1997 年版，第 540 页。

③《周恩来年谱（1949—1976）》下卷，中央文献出版社 1997 年版，第 280 页。

④《周恩来年谱（1949—1976）》下卷，中央文献出版社 1997 年版，第 280 页。

⑤《周恩来经济文选》，中央文献出版社 1993 年版，第 235 页。

⑥ 段子俊：《新中国航空工业的主要奠基人》，见《不尽的思念》，中央文献出版社 1987 年版，第 203-204 页。

人开会,研究航空工业所需经费和人才培养问题,他同意再聘请 25 名苏联专家,并开办一所航空工业大学。[①]

1951 年 1 月 4 日,为加强对全国军工生产与建设的领导,中央军委成立了兵工委员会,周恩来任主任,代总参谋长聂荣臻、重工业部部长李富春为副主任。1952 年 7 月,周恩来向中央提交了《关于兵工工业建设问题的报告》,他提出"兵工工业要提早建设,要改造老厂、建设新厂,用三五年的时间迅速建立中国自制陆军武器、弹药和空军、海军弹药的基础。"[②]按照这个决定,1952 年以前,军工企业自制了一些轻武器和弹药,修复了一部分旧杂式武器装备。从 1953 年起,我军逐步开始仿制苏式武器装备,先后新建和扩建了 79 个规模较大的军事工厂,武器装备的仿制和试制投入了生产。到 1955 年底,我军利用进口和国产的武器装备,换装和新装备了陆海空三军师级单位。至此,海军和空军的装备已初具规模,陆军特种兵的装备也迅速发展起来,步兵的旧杂式武器装备绝大部分被淘汰,基本上实现了武器装备的制式化、全军武器装备的战术技术性能比新中国成立时大大提高了一步。

在指挥中国人民志愿军参加抗美援朝战争的同时,周恩来对中国国防尖端科学技术事业未雨绸缪。他是新中国原子能事业和原子弹、导弹事业的领导者与组织指挥者。早在 1949 年春季,他批准了钱三强从法国定购中型回旋加速器的电磁铁和其他一些仪器、图书、资料。新中国成立后,从 1950 年到 1954 年,在周恩来的支持和关怀下,中国科学院近代物理研究所利用钱三强定购回来的这批仪器、资料和中国自己制造的实验设备,在 20 多个学科领域开展研究,培养骨干,为创建中国核事业做了基础准备。他还同苏联一共签订了 6 个关于发展原子能事业和研制"两弹"的协定。这对中国发展原子能事业、研制"两弹"的起步还是起了重要作用的。

周恩来领导了"两弹一星"的研究和开发工作。他指导筹建了航空工业委员会导弹研究设计院、核武器研究设计院等科研机构,他提出了"先抓原子弹"的战略主张。周恩来通过外交途径争取钱学森回到国内,并很快接见了他,请他写了一个怎样组织发展航空、导弹事业的意见。周恩来还委托聂荣臻组建航空工业委员会,对发展导弹技术研究的方针、所需的人员、机构、房舍,以及派人到苏联学习、聘请苏联专家等问题,都做了明确指示。在周恩来的精心筹划下,中国开始了发展原子能事业和研制原子弹、导弹的工作,在国防现代化

---

① 《周恩来年谱(1949—1976)》上卷,中央文献出版社 1997 年版,第 203 页。
② 《周恩来年谱(1949—1976)》上卷,中央文献出版社 1997 年版,第 251 页。

建设和增强综合国力的道路上迈出了重要的一步。1956 年，国务院在制定 12 年科学技术发展远景规划时，周恩来提出要将世界科学的最先进成就尽可能迅速地介绍到中国来，将我国科技事业方面最短缺而又最急需的门类尽可能迅速地补足起来，争取"在第三个五年计划期末，使我国最急需的科学部门接近世界先进水平"。[①]

五、提出了适合中国国情的国防建设思想

新中国成立初期，周恩来提出了一系列适合中国国情的国防建设思想，它既包含对我党我军优良革命传统的继承和发展，又是在充分考虑中国国情和当时中国所处国际环境基础上形成的，其基本内容主要包括以下四个方面。

（一）依靠人民群众，调动一切积极因素建设国防

发动和依靠人民是周恩来国防建设思想的一个重要方面。在国防建设中，他非常注重走群众路线，他清楚地认识到"今后对付帝国主义的侵略，武器装备必须依靠我们自己生产，这就需要我们工人阶级作出更大的努力"[②]。抗美援朝战争爆发后，周恩来多次指出，必须进行广泛宣传，把全国人民动员起来，一起保家卫国。为解决中国人民志愿军在朝鲜战场上的吃饭问题，周恩来指示政务院，布置东北、华北、华东、中南各省市，发动群众，家家户户做炒面，以保证志愿军的后勤需要。

周恩来重视对全国民众进行国防观念的教育。他接见民兵代表时鼓励他们在生产和保卫祖国中发挥骨干作用。他多次强调要"把一切工作和备战结合起来，边备战，边建设"[③]。他亲自审核全国人防战备重点城市方案，提出："全国应搞好人防工作的，一是城市，二是厂矿企业，三是港口、空军基地，四是交通枢纽。"[④]1957 年，他在接见上海驻军时特别强调了必须依靠人民的问题。他要求全军"加强军政联系"，"密切军民关系"，"我们军队要永远保持人民子弟兵的光荣称号，永远保持最可爱的人的光荣称号，永远保持同人民的血肉联系"。[⑤]

（二）妥善处理国防建设与经济建设的关系

新中国成立之初，百废待兴，面对一穷二白的基本国情，周恩来明确认识

---

① 《周恩来选集》下卷，人民出版社 1984 年版，第 182 页。
② 《周恩来选集》上卷，人民出版社 1980 年版，第 363 页。
③ 《周恩来年谱（1949—1976）》下卷，中央文献出版社 1997 年版，第 3 页。
④ 《周恩来年谱（1949—1976）》下卷，中央文献出版社 1997 年版，第 476 页。
⑤ 《周恩来选集》下卷，人民出版社 1984 年版，第 271-279 页。

到，加强国防建设重要，发展国民经济同样重要，国家各项建设是一个整体，必须从全局着眼，通盘考虑。1950 年 6 月，周恩来与毛泽东共同签署了《关于人民解放军一九五〇年复员工作的决定》，决定全军"必须进行一部分复员，去参加国家经济建设工作，以帮助国家经济的恢复和发展"。[①]重工业是国防工业建设的基础。在制定第一个五年计划时，周恩来和毛泽东都认识到应先发展重工业。因为中国当时还不能制造坦克、飞机、汽车、拖拉机和高炮。周恩来提出只有先发展重工业，我们才能建立起一个独立完整的工业体系，有了这个工业体系，我们"自己能够生产足够的主要的原材料；能够独立地制造机器，不仅能够制造一般的机器，还要能够制造重型机器和精密机器，能够制造新式的保卫自己的武器，象国防方面的原子弹、导弹、远程飞机；还要有相应的化学工业、动力工业、运输业、轻工业、农业等等"[②]。有了独立完整的工业体系，我们不仅能制出常规武器，还能制造出原子弹、导弹、远程飞机这些尖端武器，才能保卫国防。

周恩来认为国防建设与经济建设之间有密不可分的关系，国防建设是经济建设的保障，经济建设是国防建设的基础。他在 20 世纪 50 年代就提出了实现四个现代化的宏伟目标。他阐明了"四化"的关系，"我们的四个现代化，要同时并进，相互促进"[③]。他在一届人大一次会议上做的《政府工作报告》中指出，一五计划要集中力量发展重工业，因为"只有依靠重工业，才能保证整个工业的发展，才能保证现代化农业和现代化交通运输业的发展，才能保证现代化国防力量的发展，并且归根结底，也只有依靠重工业，才能保证人民的物质生活和文化生活的不断提高。"[④]

（三）采取积极防御、后发制人、灵活应变的方针

周恩来认为我国的国防建设要达到以下三个目标。第一，保障我国的主权和领土完整。第二，保障我国人民"在和平而不受威胁的环境下来恢复和发展自己的工农业生产和文化教育工作"[⑤]。第三，"使帝国主义不敢发动战争，万一它发动战争，就叫它遭到失败"[⑥]。

在美国军队介入朝鲜战争后，中国边境形势立刻紧张起来，1950 年 10 月，周恩来在出席政协第一届全国委员会常委会第 18 次会议上做的《抗美援朝，保

①《周恩来年谱（1949—1976）》上卷，中央文献出版社 1997 年版，第 49 页。
②《周恩来选集》下卷，人民出版社 1984 年版，第 232 页。
③《周恩来选集》下卷，人民出版社 1984 年版，第 412 页。
④《周恩来选集》下卷，人民出版社 1984 年版，第 133 页。
⑤《周恩来选集》下卷，人民出版社 1984 年版，第 37 页。
⑥《周恩来选集》下卷，人民出版社 1984 年版，第 85 页。

卫和平》的报告中指出，面对美帝国主义的入侵和干涉朝鲜，"我们如坐视不救，敌人必然继续前进，咄咄逼人，直到鸭绿江边"。敌人打进我们的大门来了，我们还怎样搞建设？[①]我们应采取积极防御的方针，对于美国侵略朝鲜"我们要理，要管"，"让它知难而退，然后可以解决问题"。[②]

周恩来在部署积极防御的战略方针时，坚持"后发制人"的原则。他提出："资本主义国家，你对我好，我也对你好；你对我不好，我也对你不好。针锋相对，来而不往非礼也。我们总是采取后发制人的办法。"[③]中国军队从来不开第一枪，我们从来不主动挑起战争。周恩来一贯主张用非军事手段来解决争端，他在思考新中国的国防政策时，继承和发扬了中国"亲仁善邻"的传统。

周恩来在国防建设中，能够根据实际情况，灵活应变，适时调整我们的方针政策，这点在抗美援朝战争中表现得很突出。他根据朝鲜战场上的复杂情况，采取"边打边谈"的方针，从军事和外交两方面同美国展开斗争，很好地贯彻落实了毛泽东提出的"边打、边稳、边建"的主张。

（四）不断提高部队革命化、正规化、现代化水平

在国防建设中，周恩来特别提出要不断提高部队革命化、正规化和现代化水平，因为这是国防现代化的核心。自我党建立革命武装时起，周恩来始终坚持"党指挥枪"的原则。20世纪50年代，他在接见上海驻军时阐明："我们军队如果没有党的领导，要使它成为一支既有高度军事素养又有高度政治觉悟的革命军队是不可能的，因此一定要加强党对军队的领导。"[④]

周恩来对部队正规化建设也抓得很紧，在教育训练上，1950年11月，解放军总参谋部召开了全军军事院校及部队训练会议。周恩来逐字逐句审阅和修改了会议的《关于军事学校建设与军队训练问题》的报告，他提出要在继承和发扬我军光荣传统的基础上，以学会现代军事技术与诸军兵种协同作战的指挥作为军队长期的训练方针。他曾形象地说，解放军像一部大机器，这个齿轮和那个齿轮，必须准确地运行，才能真正协同动作。条令条例就是保证正规化的根本条件之一。[⑤]在教育训练上，他提出要逐步正规化，要求统一战略、战术、意志，统一教材、典范，统一训练机构、教育制度、学校管理，以保证战斗力的提高。

---

① 《周恩来年谱（1949—1976）》上卷，中央文献出版社1997年版，第88页。
② 《周恩来选集》下卷，人民出版社1984年版，第52-53页。
③ 《周恩来选集》下卷，人民出版社1984年版，第87页。
④ 《周恩来选集》下卷，人民出版社1984年版，第277页。
⑤ 萧克：《周恩来与我军的正规化现代化建设》，见《不尽的思念》，中央文献出版社1987年版，第525页。

　　周恩来经常在百忙之中到基层视察部队。1953 年 11 月，他乘"大别山"号军舰，在长江口检阅"武昌"号、"沽河"号军舰以及鱼雷快艇上的海军部队，并题词"加强训练，提高技术，为巩固祖国的海防而奋斗！"[①]1957 年，他检阅驻青岛的海军部队，要求海军将士："为建立一支更加强大足以保卫自己的人民海军，为保卫祖国的社会主义建设，为保卫远东和世界和平而奋斗不息！"[②]

　　为加速国防现代化建设，周恩来还抓了部队的武器更新，技术装备改善问题。他一方面批准从苏联进口了一批武器装备，一方面积极筹建我们自己的现代化兵器工业。萧克将军认为："我国的战略方针、国防建设、海陆边防斗争、军队的装备供应，由常规武器到尖端武器，以及军事部署、军事训练等，始终离不开他的指导；重要的军事演习他去参观；重大军事建设项目，由他审查核定。"[③]

　　自新中国诞生伊始，周恩来就明确提出："为了保卫我们民主、独立的国家，就不能不加强我们的国防。"[④]作为政务院总理和中央军委常务副主席，他不但主持了国防建设的总体规划，还在一段时间内主持中央军委的日常工作。在周恩来呕心沥血、夜以继日的努力工作下，新中国的国防建设取得了长足进步，现代化国防力量大大加强，部队军事素质、军事装备和战斗力皆有很大提高，为巩固新中国政权发挥了重要作用。维护了国家主权和领土完整，提高了新中国在国际上的威望和地位。特别是周恩来强调要走科技强军之路，领导了我国的航空航天工业建设和"两弹一星"的研制工作，使我国国防科技水平获得大幅度提升。周恩来的国防建设思想对我们今天的国防建设仍有重要意义，他当年提出的要依靠人民，依据国情，大力发展尖端科技，坚持走"科技强军"之路的正确主张，对我们今天巩固国防，加强全民国防教育，制定正确的国防战略有深刻的启迪。

（本文原载于《觉悟》2007 年第 3 期）

　①《周恩来年谱（1949—1976）》上卷，中央文献出版社 1997 年版，第 333 页。

　②《周恩来年谱（1949—1976）》中卷，中央文献出版社 1997 年版，第 67 页。

　③ 萧克：《周恩来与我军的正规化现代化建设》，见《不尽的思念》，中央文献出版社 1987 年版，第 527 页。

　④《周恩来经济文选》，中央文献出版社 1993 年版，第 64 页。

周恩来与中国农业的现代化建设

农业是国民经济的基础，是建设现代化强国的主要内容之一。新中国成立后周恩来不仅提出了许多发展农业的真知灼见，而且呕心沥血地领导了落后的中国农业向现代化迈进。周恩来最早阐明农业现代化是四个现代化的内容之一，其基本内涵包括机械化、水利化、化肥化和电气化；他坚持农业是基础，工业是主导的方针，按农、轻、重的次序安排国民经济；他绘制了中国农业现代化的宏伟蓝图，调集大批力量大搞农田水利基本建设；他顶住"左"的干扰，始终坚持把农业生产放在第一位。周恩来的农业现代化思想与实践对推动中国农业现代化发挥了重要作用，至今仍对我们解决"三农"问题有指导和借鉴意义。

一、周恩来农业现代化思想的主要内容

农业现代化是整个国家现代化的重要组成部分，从新中国成立起，周恩来就思考着如何改变落后的中国农业，建设现代化农业的问题。他提出了许多发展农业的正确主张，初步形成了一套符合中国国情的农业现代化思想，其主要内容包括三个方面。

（一）提出农业现代化是"四化"内容之一，并阐明其基本内涵

新中国成立后，周恩来第一次提到农业现代化的概念是在 1949 年 12 月全国农业会议、钢铁会议、航务会议上，他提出："必须把城市工业组织起来发挥领导作用，才能使农业现代化、机械化。"[1]1954 年 9 月，周恩来在一届人大一次会议上所做的《政府工作报告》中把农业现代化作为四个现代化的内容之一提了出来，他指出："如果我们不建设起强大的现代化的工业、现代化的农业、现代化的交通运输业和现代化的国防，我们就不能摆脱落后和贫困，我们的革命就不能达到目的。"[2]随着对农业基础地位认识的加深，10 年后在第三届全国

---

[1] 《周恩来选集》下卷，人民出版社 1984 年版，第 9 页。

[2] 《周恩来选集》下卷，人民出版社 1984 年版，第 132 页。

人大会议上，他对四个现代化的内容和排序做了调整，把实现农业现代化放在了第一位。他指出："今后发展国民经济的主要任务，总的说来，就是要在不太长的历史时期内，把我国建设成为一个具有现代农业、现代工业、现代国防和现代科学技术的社会主义强国，赶上和超过世界先进水平。"①

周恩来不仅提出了农业现代化的概念，还阐明了它的基本内涵。他依据中国国情，把农业生产机械化程度、农村电气化程度、农田水利基本建设情况和化肥的生产使用状况等问题作为农业现代化的具体内容。"1961 年 3 月 20 日，他在中央工作会议上指出：必须从各方面支援农业，有步骤地实现农业的机械化、水利化、化肥化、电气化。"②

农业机械化是实现农业现代化的必要条件和主要标志之一。毛泽东曾指出"农业的根本出路在于机械化"③，周恩来完全赞同毛泽东的主张，他从我国人多地少，农业技术水平落后的基本国情出发，主张积极稳妥地推行农业机械化。他认为："农业机械化的前途是一定要实现的。看不见这个前途，是盲目；另一面，不承认我们的落后和不平衡的现象，就是急躁。"④他始终认为要实现农业现代化，农业机械化就必须成为首要任务。在大动荡的年代他仍然坚持抓农业机械化问题。1966 年 8 月 16 日，他在接见参加农业机械化现场会的代表时指出："农业机械化要抓紧、抓狠，一直抓下去。只有加速实现农业机械化，才能大力发展农业生产，提高劳动生产率。搞农业机械化应该实事求是，而不是主观主义；应因地制宜，而不是千篇一律；要及时而不是拖沓，慎重而不是轻率。做一切工作都应该是这样。不要片面追求数字。实现农业机械化，就要培养科学技术人才。"⑤1969 年 8 月 13 日，周恩来在接见全国建设县农业机械修造厂工作会议代表时再次指出："抓农业机械化，现在到时候了，不能再耽误了。"⑥

除农业机械化外，周恩来对关系农业生产的水利、电力、化肥等问题也很重视。他提倡一方面农民要多增加耕畜，养猪积肥；另一方面要大力发展化肥工业，同时要逐步实现农村电气化。周恩来特别关心水利建设问题，他认为在农业方面，要水利与农业生产并重。在担任总理的 26 年间，周恩来多次强调兴修水利对减轻自然灾害、保障农业生产的重要作用。他还具体指出了搞好水利

---

①《周恩来选集》下卷，人民出版社 1984 年版，第 439 页。

② 曹应旺：《中国的总管家周恩来》，上海人民出版社 2006 年版，第 102 页。

③《毛泽东文集》第八卷，人民出版社 1999 年版，第 49 页。

④ 中共中央文献研究室编《周恩来年谱（1949—1976）》上卷，中央文献出版社 1997 年版，第 310 页。

⑤《周恩来年谱（1949—1976）》下卷，中央文献出版社 1997 年版，第 48 页。

⑥《周恩来年谱（1949—1976）》下卷，中央文献出版社 1997 年版，第 314 页。

建设的基本内容："修塘、筑坝、开渠、打井，扩大灌溉面积；治河，防洪、闸山沟，修水库，做好水土保持。"①他指导了中国主要江河的治理和一些大水库的建设，并提出"兴修水利。我们不能只求治标，一定要治本，要把几条主要河流，如淮河、汉水、黄河、长江等修治好"②。

（二）坚持农业是基础、工业是主导的方针，按农、轻、重的次序安排国民经济

在领导中国经济建设的过程中，周恩来一贯坚持以农业为基础，以工业为主导的方针。新中国刚诞生时，面对一穷二白、百废待兴的严峻形势，周恩来就清醒地认识到："农业的恢复是一切部门恢复的基础，没有饭吃，其他一切就都没有办法。"③他辩证地分析了农业与工业之间的关系："我们必须在发展农业的基础上发展工业，在工业的领导下提高农业生产的水平。没有农业基础，工业不能前进；没有工业领导，农业就无法发展。"④

我国发展国民经济的第一个五年计划确定了优先发展重工业的方针，但周恩来仍对农业发展予以足够的重视。1954年，在一届人大一次会议上他阐述了农业对于工业发展的多方面影响。他指出："许多工业特别是纺织业和食品工业的原料是由农业供给的。工业人口和其他城市人口所需要的粮食、油类和其他副食品都依靠农业。工业所需要进口的机器大部分需要用出口农产品去交换。许多工业产品的主要市场是农村。"⑤因此他认为国家应对农业进行大的投入，要努力发展农业。

周恩来认为应按照按农、轻、重的次序安排国民经济，因为我们是一个人口众多的大国，需要农业有很大的增长，才能适合人民的需要，首先是生活上的需要，才能使我们国家的很低的生活水平增长；而且，轻工业也需要由农业来供应原料，这就使得我们对农业的发展应有足够的注意。他曾语重心长地对出席国务院常务会议的领导干部说："优先发展重工业是对的，但忽视了农业就会犯大错误。苏联和东欧人民民主国家的经验都证明了这一点。对农业的忽视不能不影响到工业。"⑥

1962年，在二届人大三次会议上周恩来强调指出："我们必须采取更有力的措施，切实按照农业、轻工业、重工业这样的顺序，对整个国民经济进行全

　①《周恩来选集》下卷，人民出版社1984年版，第77页。
　②《周恩来选集》下卷，人民出版社1984年版，第24页。
　③《周恩来经济文选》，中央文献出版社1993年版，第24页。
　④《周恩来选集》下卷，人民出版社1984年版，第10页。
　⑤《周恩来经济文选》，中央文献出版社1993年版，第186页。
　⑥《周恩来年谱（1949—1976）》上卷，中央文献出版社1997年版，第567页。

面调整，合理安排，以便集中主要力量，逐步地解决人民的吃、穿、用方面的最迫切的问题，并且逐步地在国民经济各部门之间，建立新的平衡。"①当年 3 月他在中央财经小组会议上陈云的讲话中插话说："可以写一副对联，上联是先抓吃穿用，下联是实现农轻重，横批是综合平衡。"②这生动地反映了他对如何处理国民经济各部门关系的认识。在"文革"时期，他仍坚持这一正确认识。1973 年 7 月，他在向外宾介绍中国经济建设的经验时提到："各国的建设必须根据自己的具体情况，制定一条正确的路线。我国的经验说明，农业是国民经济发展的基础。农业发展了，粮食、棉花能够自给，解决了人民的吃穿问题，就能在自力更生的基础上发展经济。"③

（三）合理安排农业产业结构，因地制宜，发展多种经营

农业是一个复杂的生物生产系统，合理安排农、林、牧、副、渔 5 个子系统及其内部结构对增强农业的综合生产能力具有重要的意义。为促进我国农业现代化建设，周恩来从各地发展不平衡的实际出发，提倡根据当地自然条件和经济技术条件因地制宜地安排农业生产，采取多种经营的方针。

周恩来主张农业、副业（包括粮食、棉、油及其他经济作物）和林业、牧业、渔业及手工业要因地制宜地全面发展。"在粮食缺乏的地区，应提倡增种多产作物如红薯、马铃薯、南瓜等；在不缺粮食的地区应有计划地提倡栽种经济作物如棉、麻、烟等，以增加群众收入。"④在多种经营中，他更强调粮食是保证人民生活和发展整个农业经济的基础。他曾明确指出："恢复和发展农业生产，首先必须增产粮食。有了粮食，才能比较迅速地恢复经济作物的生产，才能保护和增殖耕畜，发展家畜和家禽。在努力增产粮食的同时，要适当安排棉花、油料等经济作物的播种面积，保证它们逐年有所增产，以便逐步增加城乡人民的布匹、食油等生活必需品的供应。"⑤

周恩来认为要加快农业发展，不能单靠某一产业，要正确处理种植业、林业、畜牧业、渔业、副业之间的相互关系，使五业并举，共同发展。在粮食产区当然要安排好以粮食为主的生产，但也要相应地安排好其他各业的生产。在畜牧区、林区和水产区应该分别以畜牧业、林业或者水产业为中心进行规划，同时根据可能的条件发展农业和其他副业。他强调："各地方以致每个农业生产

---

①《周恩来年谱（1949—1976）》中卷，中央文献出版社 1997 年版，第 466—467 页。

②《陈云文选》第三卷，人民出版社 1995 年版，第 210 页。

③《周恩来年谱（1949—1976）》下卷，中央文献出版社 1997 年版，第 608 页。

④ 中共中央文献研究室、国家林业局编《周恩来论林业》，中央文献出版社 1999 年版，第 32 页。

⑤《周恩来经济文选》，中央文献出版社 1993 年版，第 469 页。

合作社在规划自己生产的时候，都应该根据当地的历史情况和当前情况、自然条件和经济技术条件、农民的生产习惯和生活习惯等等，对农业的发展进行全面规划，以免发生单一化和片面化的倾向。"①在"文革"期间，他仍坚持以粮为纲、全面发展的方针。1971 年 3 月 28 日，他在接见全国棉花、油料、糖料生产会议的代表时指出："农业是国民经济的基础，粮食是基础的基础；要发挥中央和地方两个积极性，搞好农业更要靠地方的积极性，要坚持农、林、牧、副、渔全面发展。"②

二、周恩来对农业现代化建设的具体领导

周恩来不仅提出了农业现代化的思想主张，而且领导了中国农业的现代化建设。在其担任总理的 26 年间，他为促使我国农业的快速发展主要抓了如下四个方面工作。

（一）增加农业投入，集中力量大搞农田水利基本建设

农业是国民经济的基础，周恩来十分注重对农业的投入。为加速农业现代化建设，他领导的国务院在资金、物资、价格、税收等方面采取了有力措施，尽力保障资金、农机和化肥的供应，同时普及推广良种，引导农民改进耕作技术，搞好田间管理。他认为，我国人多地少，应把提高单位面积产量作为增加农产品总量的主要途径，而"增产措施的中心环节是肥料和水利。目前主要应由农民自己积肥，当然国家要突击地搞化肥。水利问题要有全面的设想和安排，要和防洪、水土保持、排涝等结合起来"③。1956 年，在制定"二五"计划时他强调："我国第二个五年计划期间农业增产的主要途径，是要在合作化的基础上，依靠农民的劳动积极性，逐步地改进农业生产的技术，兴修水利，增加肥料，推行先进经验等，来提高单位面积产量。"④

新中国成立以来周恩来用了很大精力去抓江河治理和农田水利建设。50 年代，他视察了海河、淮河、黄河、长江的治理工程，他领导制定了兴修荆江分洪工程、兴修官厅水库、兴修引黄济卫工程的战略决策。他参加了长江流域规划和三峡坝址、三门峡设计方案的修改和施工方案、密云水库坝址和设计方案等重大水利建设的研究、规划和最后决策。60 年代，他领导制定了三门峡工程的改建、海河治理和北方抗旱等重大决策。70 年代，他还指导了长江第一坝——

① 《周恩来经济文选》，中央文献出版社 1993 年版，第 306—307 页。
② 《周恩来年谱（1949—1976）》下卷，中央文献出版社 1997 年版，第 446—447 页。
③ 《周恩来年谱（1949—1976）》中卷，中央文献出版社 1997 年版，第 69 页。
④ 《周恩来经济文选》，中央文献出版社 1993 年版，第 305 页。

葛洲坝工程的设计和施工。

为了保证增加农业的产量以适应整个经济发展的需要，周恩来不仅重视兴修水利，他还提出要有系统地推广新式农具，推广抽水机和水车，推广良种，改进农作技术，增施肥料，防治病虫害，尽可能扩大耕地面积，尽量提高单位面积产量。鉴于旧中国化肥制造工业基础薄弱的状况，他支持专家试制碳酸氢氨，发展"小化肥"。1972 年，他批准从国外引进生产化肥的现代设备，大大增加了中国化肥的产量和施用量。另外，为了防治自然灾害给农业生产造成的巨大损失，周恩来还高度重视防涝抗旱、防灾救灾工作。1966 年上半年华北地区大旱，周恩来专门召开了北方八省市抗旱会议，他在会上提出了抗旱防涝、争取丰收的方针和任务，并号召各地各部门积极支援八省市抗旱工作，争取丰收。会后周恩来兼任了河北和北京农业领导小组组长，深入到邯郸等地推动抗旱工作。

（二）调动大量人力物力开垦荒地，增加耕地面积

针对我国人多地少，粮食产量不足的现状，周恩来提出要"用就地开荒和边疆开荒这两条来增加耕地"[①]。新中国成立后，在周恩来领导的国务院统一部署下，林业部、农业部、农垦部和有关省、自治区、直辖市配合行动，兴办了一批国营农场和军垦农场，开垦了大片荒地。

调集军队转业官兵和知识青年兴建国营农场，开展大规模机械化农业生产，有利于推进农业现代化，周恩来积极支持这项事业。1954 年 7 月，经党中央国务院批准，11 万名官兵组建成新疆军区生产建设兵团，开始大规模军垦生产。同年 12 月，国务院决定在苏联援助下建立我国第一个用先进的农业机械装备起来的国营农场——国营友谊农场。为抓好军垦、农垦工作，加强国营农场管理，在周恩来提议下 1956 年 5 月国务院专门成立了农垦部。

农垦部的成立有力地促进了我国农业现代化的步伐。1958 年，10 万解放军复员转业官兵进军东北，开始了开发北大荒的"战役"。与此同时，国务院调集另一批转业官兵进军华南地区，组成开发我国橡胶事业的林一师、林二师，垦荒种植天然橡胶林。60 年代，周恩来几次视察国营农场的工作，并做了重要指示。1960 年 1 月，周恩来视察广东时做了"要大力加快橡胶发展速度"[②]等指示。1961 年 4 月，他视察云南西双版纳国营农场时提出："要解决好合理开垦，保护好自然资源，改造好自然界。"[③]他还到海南垦区视察橡胶树的生长和垦区

①《周恩来经济文选》，中央文献出版社 1993 年版，第 424 页。
② 农业出版社编《中国农业大事记（1949—1980）》，农业出版社 1982 年版，第 93 页。
③《中国农业大事记（1949—1980）》，农业出版社 1982 年版，第 99 页。

的开发建设。1965 年 7 月，他对新疆生产建设兵团进行了视察，勉励兵团官兵："你们要把生产搞好，还要扩大农垦面积。"①

（三）重视林业建设，主张采育结合

林业是农业的重要组成部分，也是生态建设的主体，林业建设关系国计民生、延及子孙后代。周恩来清楚地认识到森林资源对于防止水土流失、保护水利设施、减轻水患灾害的重要作用，"林业对供应建设事业所需木材和防止水旱风沙灾害都有重大的意义"②。周恩来从实现农业现代化、发展国民经济的全局考虑，他曾尖锐地指出："工业犯了错误，一二年就可能转过来，林业和水利上犯了错误，多少年也翻不过身来。我最担心的，一个是治水治错了，一个是林子砍多了。治水治错了，树砍多了，下一代人也要说你"。③因此，他要求国民经济其他部门的发展不能脱离林业，不能不顾森林资源的短缺而盲目发展，在整个国民经济的发展中，必须对林业的发展给予应有的重视，保持适当的比例。

考虑到环境保护和经济的可持续发展，周恩来强调植树造林是百年大计，他提出了伐林与育林结合，重点放在育林，青山常在、永续作业的林业发展方针。1962 年 11 月 2 日，他与林业部负责人谈话时指出："林业的经营要合理采伐，采育结合，越采越多，越采越好，青山常在，永续作业。采伐是有条件的，再不能慷慨地破坏自然，对此要慎重"。④1966 年 2 月，他在接见出席全国林业工作会议的代表时再次明确指出，"林业部过去只意识林区采伐，我看主要任务还是造林"，"林业部要把主要力量放在南北方造林上"。⑤

针对怎样抓造林，周恩来进行了具体部署，如抓各种防护林建设、国营林场建设以及西北地区的植树造林等。他主张因地制宜地进行综合开发，把发展经济林与搞好水土保持紧密结合起来。他曾提出："在全国有效地开展广泛的群众性的护林造林运动。"⑥为了加强森林资源的管理保护，他提出要依法治林。1951 年他就说过："为了杜绝乱伐木材的现象，我们一方面要教育，一方面要订出些法规来，才能把国家引上计划性。"⑦1963 年 5 月，国务院发布了《森林保护条例》，规定要保障国家、集体的森林和个人的林木所有权。周恩来还强调对国有重点林区要实行统一计划、统一管理。

① 《周恩来年谱（1949—1976）》中卷，中央文献出版社 1997 年版，第 741 页。
② 《周恩来经济文选》，中央文献出版社 1993 年版，第 189 页。
③ 《周恩来经济文选》，中央文献出版社 1993 年版，第 588 页。
④ 《周恩来年谱（1949—1976）》中卷，中央文献出版社 1997 年版，第 509 页。
⑤ 《周恩来论林业》，中央文献出版社 1999 年版，第 151-152 页。
⑥ 《周恩来选集》下卷，人民出版社 1984 年版，138 页。
⑦ 《周恩来年谱（1949—1976）》上卷，中央文献出版社 1997 年版，第 164 页。

（四）顶住"左"的干扰，始终坚持把农业生产放在第一位

在领导中国的现代化建设中，周恩来始终坚持把农业生产放在第一位。他曾提出要过农业第一关，"为了要使农业过关，我们要把农业放在第一位，全力支援，从水利、机械、化肥、劳动力、供应各方面来支援农业。还有运输也得机械化，这样就能减轻人力、畜力的负担，不然也会更多地占用农业劳动力"①。

在"大跃进"中，针对大炼钢铁严重影响农业生产的状况，周恩来尽力安排把农村主要劳动力从钢铁、水利方面抽下来，充实农业生产第一线。60 年代初，我国经济进入调整时期，周恩来在设计 1960 年任务时提出要"在保证农业发展的条件下，工业速度可放低一点。今后三年要把农业放在第一位，工业要为农业服务"②。翌年，周恩来修改国家计划委员会的报告时再次提到要把"农业放在首要地位，使各项生产、建设事业在发展中得到调整、巩固、充实和提高"③。

"文化大革命"期间，正常经济秩序遭到严重破坏。周恩来仍坚持农业是基础的主张，继续抓农业生产，竭力保证全国人民有饭吃。1966 年 9 月 7 日，周恩来指示陶铸主持起草《抓革命，促生产》的社论，提出"革命和生产两不误"，广大工人、社员和科技人员及其他劳动者"应当坚守生产岗位"，学生不要到农村和工厂去干预那里的革命和生产。3 天后，周恩来在与红卫兵的谈话中指出："农村，现在是三秋季节，我们应该注意积极支持生产，不要妨碍三秋工作。"④

1967 年 3 月 14 日，周恩来在为党中央、国务院起草的一份文件中明确提出："迅速建立县一级的'抓革命，促生产'第一线指挥部。……动员一切力量，狠抓农业及其增产措施，狠抓工业、交通、财贸、卫生、教育等方面工作及其对春耕生产的支援工作。"⑤正是在周恩来殚精竭虑的努力工作下，"文化大革命"期间我国农业生产维持了缓慢的增长速度，保证了全国的粮食供给和农村经济的稳步发展。

---

① 《周恩来经济文选》，中央文献出版社 1993 年版，第 424—425 页。
② 《周恩来年谱（1949—1976）》中卷，中央文献出版社 1997 年版，第 241 页。
③ 《周恩来年谱（1949—1976）》中卷，中央文献出版社 1997 年版，第 346 页。
④ 《周恩来年谱（1949—1976）》下卷，中央文献出版社 1997 年版，第 59-62 页。
⑤ 《周恩来经济文选》，中央文献出版社 1993 年版，第 608 页。

三、周恩来农业现代化思想的特色、成效与现实意义

周恩来的农业现代化思想有三个明显特点。

首先，坚持四个现代化的全面协调发展，相互促进提高。周恩来认为中国要实现的现代化是农业、工业、国防、科学技术四个方面的全面的现代化。因此"我们的四个现代化，要同时并进，相互促进"①。周恩来阐明在现代化进程中工业与农业的相互促进关系，一方面，"重工业必须为农业提供越来越多的各种农具、农业机械、化学肥料、木材、燃料等等，来不断地提高农业的劳动生产率，使农业能够为工业和城市提供越来越多的粮食、原料和其他农副产品。轻工业必须尽可能为农村提供越来越多的日用品，以利于发展城乡交流"②。另一方面，周恩来也清楚地认识到发展农业光靠农业还不行，还要和商业、交通、工业、文教等部门很好地结合起来。农业、工业、国防、科技四个现代化要相互促进，共同发展。

其次，反对急躁冒进，主张积极稳妥、循序渐进地实现农业现代化。周恩来主张"发展农业要稳步前进，不能要求过急"③，"农业的发展需要相当长的时间，我们只能逐步地满足人民的需要"。④1956年，中国经济建设出现急躁冒进倾向，周恩来坚持了既反保守又反冒进，在综合平衡中稳定前进的方针。他在讨论"二五"计划草案时，特别强调降低农业和钢铁生产指标，他指出，农业指标高了，其他一系列指标都受到影响，农业指标一旦达不到，必然危及整个国民经济计划。60年代初国民经济调整时，周恩来首先调整了农业和工业的关系，他指出："在当前的国民经济调整工作中，恢复和发展农业生产是一个中心环节。我国国民经济中出现的不协调现象，农业生产下降的影响最大。没有农业的恢复和发展，就不可能有国民经济的协调发展。"⑤

最后，重视科技兴农，积极培养农业人才，学习利用外国先进科技。周恩来深知农业的出路在于机械化，而要实现机械化首先要培养能够制造和使用农业机械的专业技术人才。他强调要抓好农业科研、教育和推广工作，要办好培养科学技术人才的学校，要通过举办多种形式的业余学校、补习班等提高农民的文化知识水平，提高他们接受和掌握运用新科技的能力，从而使科学研究成果能迅速而正确地应用于国家建设。在加强本国农业人才培养的同时，周恩来

---

① 《周恩来经济文选》，中央文献出版社1993年版，第504页。
② 《周恩来选集》下卷，人民出版社1984年版，第371页。
③ 《周恩来选集》下卷，人民出版社1984年版，第111页。
④ 《周恩来经济文选》，中央文献出版社1993年版，第163页。
⑤ 《周恩来选集》下卷，人民出版社1984年版，第371页。

还主张学习和利用国外农业科技新成就。他曾派人到阿尔巴尼亚学习种植油橄榄树的技术。周恩来多次谈到要在自力更生的基础上发展对外农业技术交流，从而使我国的农业加快发展。

周恩来的农业现代化思想与实践对中国农业发展发挥了重要作用，使我国农业现代化建设迈出了坚实的一步，特别是使我国农田水利基本建设取得较大成就。周恩来主持国务院工作时期对长江、黄河、淮河、海河、荆江等主要江河进行了大规模的治理，减少了涝灾的发生，还在全国范围内修建了大量的水库、水坝、水渠、抽水机站、机井等，建立了基本完整的水利系统，改善了我国农业生产条件，使全国很多地区的农田灌溉问题得以解决，粮食产量大幅提高。同时，我国农业机械化水平也有较大提高。经过"一五"至"三五"时期以洛阳拖拉机厂为代表的一大批现代农机工厂的兴建，许多省都初步建立了大、中、小企业相结合，门类比较齐全的农业机械工业，为农业生产和农民生活提供了大量机具，逐步改变了依靠人力、畜力和手工劳动的落后状态。这种变化在大规模的国营农场建设中充分体现出来。此外，我国农业科研和推广事业也得到了一定发展。1957 年成立了中国农业科学院，随后大部分省和一部分地县也相继成立了综合性的农业科研所、农业试验站。周恩来积极支持科技工作者们研制出的成果在农业生产中应用和推广。这一时期我国农业现代化的建设为我国后来的农业现代化步伐的加快迈进打下了基础。

经过几十年的改革开放，我国的农业现代化建设已取得显著成就，但"三农"问题仍是今日党和国家非常关心的问题。我们学习和研究周恩来农业现代化思想对解决好"三农"问题具有重要的启示意义。首先，我们应正确认识和加强农业在国民经济中的基础地位。农业是国民经济的基础，农业不能持续稳定增长，就无法保证工业和整个国民经济建设的需要。为长期坚持农业在社会主义现代化建设中的基础地位，国家应加大对农业的资金、物质和技术投入，加强农业基础设施建设，提高农业综合生产力。其次，应继续发挥市场机制的作用，积极发展社会主义农村的市场经济。鼓励农业多种经营，加快农业产业化步伐，增强农民增产增收的能力。再次，各级政府应加大对农业科技的投入，加快农业技术的推广和应用，强化对农业技术资源的优化配置，要大力培养农业科技人才，以高新技术促进农业现代化的早日实现。最后，要继续实行农、林、牧、副、渔全面发展，农、工、商综合平衡的产业政策。统筹兼顾，全面发展，增强农业发展的后劲，促进农村经济的良性循环。

（本文原载于《觉悟》2007 年第 4 期）

周恩来与新中国成立初期的对外贸易

新中国诞生之初，对外贸易事业是在周恩来的筹划和领导下逐步展开的。他根据中国国情和国际形势，制定了对外经济贸易的基本方针。为打破以美国为首的西方国家对新中国实行的全面封锁禁运，他主张积极同苏联及其他东欧国家建立和发展经济贸易关系，同时在平等互利的原则下与亚非国家和西方国家进行贸易往来。当时中国对外贸易呈现出外交与外贸相互配合等特点，特别是对苏贸易对新中国政权的巩固具有重要作用，它有力保证了我国国民经济的迅速恢复和发展。周恩来当时提出的许多外贸主张，至今仍有一定的指导和借鉴意义。

一、周恩来的外贸思想及其制定的外贸政策

中华人民共和国成立之初，国内外形势非常严峻。国内久经战乱，各项建设百废待兴，急需扩大内外交流，恢复发展生产；国际上，美帝国主义为首的西方国家对我国进行遏制、封锁、禁运。制定什么样的外贸政策才能打开局面？如何开展对外贸易才能为国民经济的迅速好转创造一个有利的国际环境？成为刚刚诞生的人民政权急需解决的一大问题。

作为开国总理的周恩来，面对复杂的国际局势，艰难的国内经济状况，为开拓新中国的外贸事业，他与毛泽东等人一起制定了我国对外贸易的基本政策，采取了一系列有力的措施，成立了专门的领导机构。1949 年，政务院刚成立时就设立了贸易部和海关总署，贸易部内设国外贸易司，专门负责新中国的对外贸易工作（后又在国外贸易司下设立中国进出口公司和畜产、油脂、茶叶、蚕丝、矿产等国营外贸公司）。周恩来任命叶季壮为新中国第一任贸易部部长，孔原为新中国第一任海关总署署长。随着国民经济的迅速恢复发展，为适应新的形势需要，1952 年政务院对外贸领导机构进行了调整，将贸易部分为对外贸易部、商业部、粮食部。当年 12 月 25 日，周恩来发布命令，决定将海关总署划

归对外贸易部领导，改称中央人民政府对外贸易部海关总署。[①]1953 年，对外贸易部将原有的国营外贸公司进行调整，组成 14 个专业进出口公司和两个运输公司，同时逐步建立各地分支机构，统一经营国家的进出口业务。

1949 年，周恩来起草了《中国人民政治协商会议共同纲领》。《共同纲领》第四章规定了新中国的经济政策和经济建设的根本方针，其中第 37 条明确规定："保护一切合法的公私贸易。实行对外贸易的管制，并采用保护贸易政策。"[②]这些规定既是新中国对外贸易的基本准则，也是周恩来外贸思想的主要根源。他在制定国家外贸方针、领导开创外贸事业的过程中提出了一系列正确的思想主张，其主要内容包括如下四个方面。

首先，反对闭关自守，积极主张对外开放。周恩来明确主张中华人民共和国应在平等互利、互通有无的基础上，与各国家政府和民间恢复并发展通商贸易关系。他认为每个国家的经济都有自己的特色和长处，但也都有不足之处，要保证长久持续发展，就必须与他国进行交流。1955 年 10 月，他在接见比利时一个贸易代表团时指出："任何时候我们都不可能完全自己供给一切，而有些产品还会有剩余，这就需要进口和出口。世界上的经济不是孤立的，而是相互关联的。"[③]周恩来深知闭关自守是会阻碍进步的。中国因"长期闭关自守，所以进步很慢"[④]。他提出我们需要各国先进技术的帮助，我国不可能关起门来搞建设，许多工业器材需要从外国进口，我们既需要苏联援助，也不拒绝亚洲和西方国家的经济合作和经济援助。"一个国家如果要建设工业，要摆脱落后，主要依靠自己的努力，但是不可能关着门干，不同其他国家发展经济合作。其他国家，包括西方国家在内如果愿意帮助我们，那是我们非常高兴的。"[⑤]

其次，主张对外贸易要采取灵活多样的方式。鉴于新中国成立初期特殊的国内外环境，周恩来主张中国的对外贸易要根据国情，在"独立自主，集中统一"的外贸总原则下，采取灵活多样的外贸方式。根据周恩来的指示精神，贸易部 1950 年 7 月召开了全国进出口会议，研究了我国外贸的方式方法和渠道，划分了国营和私营的范围。会议决定国家除经营统购统销的出入口物品外，采用"国际贸易研究会""同业公会专业小组""联合经营"三种方式，把进出口

① 中共中央文献研究室编《周恩来年谱（1949—1976）》上卷，中央文献出版社 1997 年版，第 274-275 页。
② 中央档案馆编《中共中央文件选集》第 14 册，中共中央党校出版社 1992 年版。第 739 页。
③ 《周恩来年谱（1949—1976）》上卷，中央文献出版社 1997 年版，第 511 页。
④ 《周恩来年谱（1949—1976）》上卷，中央文献出版社 1997 年版，第 574 页。
⑤ 《周恩来年谱（1949—1976）》上卷，中央文献出版社 1997 年版，第 579 页。

商品统一协调领导起来。①这种国家和私人互相补充、公私兼营的外贸方式，具有很强的灵活性。此外，周恩来还指示，对兄弟国家有援助的协定，要"有长期的贸易协定，还有临时的贸易协定"，价格也要有原则，一般应该按国际市场价格办事，"在特殊情况下，可以有伸缩幅度，但不应降低过多，也不应抬高过多"。②这些灵活多样的外贸形式和方法为日后我国进一步扩大与各国经贸往来打下基础。

再次，强调外贸工作要实事求是，量力而行。周恩来一贯主张无论是制订贸易计划，还是对外经济援助，都要本着实事求是的原则，不能不顾中国国情，盲目追求大而全，做表面文章。周恩来曾指示外贸部干部，在对外贸易谈判工作中首先要摸清我国出口产品的底细，比如可供出口的农副产品和战略物资的数量有多少；然后再根据国家的双边关系和我国急需进口哪些物资的情况，决定我们向对方出口什么、进口什么、进出口的数量。他不仅听取外贸部的汇报，还经常同他们一起修改有关谈判协定的条款。"他看得很认真，对用错了的标点符号都亲自把它改了过来。"③50年代末周恩来在同国务院有关部门和各省市自治区财贸负责人谈话时，特意提出了保证"五先"的问题。即："保证出口商品安排在先、生产在先、原材料和包装物资供应在先、收购在先、安排运输力量在先。"他强调："外贸首先要实事求是，量力而行，在计划既经确定之后，则要保证'五先'。"④

最后，一贯强调要重合同，守信誉，重质先于重量。周恩来一直信守诚信为本的观念，他认为订了合同不守信用会使我国的名誉受到损害。因此他提出"要定一条原则：要么不签合同，签了合同就必须守信用"⑤。由于当时一般对外贸易是由各口岸做的，不可能每笔都由中央或外贸部批准，周恩来要求各地要召集外贸工作会议，把道理同各级干部讲清楚，除了在对外贸易中要求遵守国际惯例，要重合同、守信用外，还要注意出口商品的质量，他反复强调，要把质量问题放在首位，应该做到重质先于重量，要适销对路，出口产品应该考虑人家的需要。他举例说，如东南亚需要的布是细纱的，是很薄的布，你用粗纱纺的厚布，人家就不愿要。⑥所以"出口商品的质量是很重要的，对外贸

① 《中华人民共和国大典》编委会：《中华人民共和国大典》，中国经济出版社1994年版，第12页。

② 中共中央文献研究室编《周恩来经济文选》，中央文献出版社1993年版，第400-401页。

③ 林海云：《关于周恩来外贸思想的片断回忆》，见《不尽的思念》，中央文献出版社1987年版，第256页。

④ 《周恩来经济文选》，中央文献出版社1993年版，第397页。

⑤ 《周恩来经济文选》，中央文献出版社1993年版，第397页。

⑥ 周化民：《周恩来在外贸领域给我们留下了宝贵的财富》，见《不尽的思念》，中央文献出版社1987年版，第267页。

易一定要保证质量"①。

在提出上述这些正确的思想主张的同时，新中国成立初期，为促进我国外贸事业的发展，同时为国民经济的恢复和大规模建设创造有利条件，周恩来还领导制定了几项具有重要影响的切实可行的政策措施。

（1）实行对外贸易统制政策。政务院要求有关部委和各级政府每年要制订详细的外贸计划，将需要进口的急需物资和出口物资的数量列出清单，上报审批；同时要注意国际市场行情，尽量避免给国家造成损失。周恩来提出应把国家有限的外汇用来买国家必需的物资，首先是买工业器材，其次是日用品，但皆需采取慎重的政策。在当时国家政权刚刚建立的特殊情况下，外贸工作要由国家集中统一领导，要结合实际，有计划地、有轻重缓急地进口物资和技术；同时为了避免因西方国家冻结外汇给我国财政经济带来的损失，需要多采用以货易货的贸易方式，尽量减少使用外汇。

（2）积极同苏联及其他人民民主国家建立和发展经济贸易关系，打破以美国为首的西方国家对新中国实行的全面封锁禁运。朝鲜战争爆发后，中国政府决定将西方禁运的各种工作母机、成套的机械设备、钢材、有色金属、电工电讯器材、精密仪器、石油化工原料等战略物资，大部分改由苏联等国家进口，以弥补对西方国家贸易额的锐减。周恩来指出，我们同苏联为首的社会主义国家的外贸往来，是一种互助协作关系，目的是促进社会主义各国经济和物质文化水平共同提高。

（3）在平等互利的基础上同西方资本主义国家做生意。在当时的情况下，周恩来领导制定的我国同西方各国的贸易政策是：既不强求，也不拒绝。我们愿意把这些国家的科学技术和管理方法中有用的东西吸收过来，为我国的建设事业服务，但必须在平等互利原则的基础上。同时，要充分利用香港的特殊地位，把内地同港澳地区的转口贸易作为对外贸易的一个重要方面和反禁运斗争的一条重要战线。因为当时香港作为中国西方国家的唯一贸易港口，在中国的对外贸易中起着突出作用，五六十年代内地的许多货物都是通过香港这一中转站运出去的。

（4）努力开展同第三世界国家的经济贸易往来。当时我国对发展中国家的对外经贸政策是一方面"在经济上和技术上促进彼此的独立发展，在文化上发扬各自的特长并且互相观摩学习"②；另一方面对他们进行经济和技术援助。

---

① 《周恩来经济文选》，中央文献出版社 1993 年版，第 267 页。
② 《周恩来经济文选》，中央文献出版社 1993 年版，第 328 页。

周恩来认为："这种合作有助于保障亚非各国的民族独立和扩大和平地区，因此也就有利于我国的和平建设。"①鉴于历史上帝国主义总是在援助的同时附加政治条件，他明确提出：我们要发扬国际主义，"我们帮助民族主义国家，不要求附带政治条件。"②1956 年 1 月，他在接见泰国经济代表团时进一步表明了中国对亚非国家的外贸原则："一是互通有无，二是中国愿意帮助其他国家搞工业，三是中国的帮助是在平等互利的原则下进行的。"③

二、周恩来与新中国外贸事业的拓展

在新中国对外贸易的筹划、决策和实施过程中，周恩来发挥了重要作用。从外贸政策制定到贯彻落实，从分析国情到亲自赴苏谈判，从外贸机构的建立与干部的配备到苏联专家的生活安排和使用，他为新中国外贸事业的开拓和发展呕心沥血、殚精竭虑，做出了不可磨灭的贡献。

（一）积极开展与苏联和东欧社会主义国家的贸易

新中国成立后由于以美国为首的西方国家对中国实行封锁和遏制政策，我国采取"一边倒"的外交政策，同时在外贸方面也主要与苏联进行贸易往来，50 年代对苏贸易在中国总贸易额中占首要地位。自 1950 年 2 月 14 日周恩来代表新中国政府与苏联政府签订了《中苏友好同盟互助条约》后，在周恩来指导下中国代表团成员与苏联贸易主管官员开展了多次双边贸易谈判。此后中苏两国贸易部部长正式签署了《中华人民共和国中央人民政府、苏维埃社会主义共和国联盟政府之间的贸易协定》，同时双方还签订了货物交换议定书、过境货物议定书、贷款协定书等文件，这是新中国政府与外国政府签订的第一批外贸协定。

当时中苏两国贸易的主要方式是以货易货，货物的价格由两国国家银行按世界市场价格以卢布计算。在中国对外贸易总额中，对苏贸易额迅速增长，很快占据首要地位。据统计，1936 年在中国外贸总额中美国占第一位，苏联仅为 25 位，1949 年中国香港为第一位，苏联上升到第三位，1950 年后苏联占据了第一位，当年中苏贸易额为 1949 年的 9 倍多。④随着朝鲜战争的爆发和美国敌视封锁中国态势的加强，中苏贸易进一步发展，20 世纪 50 年代中前期中苏贸易额逐年递增，苏联成为中国最大贸易伙伴。1950 年，中苏贸易额占中国总贸

---

①《周恩来经济文选》，中央文献出版社 1993 年版，第 267 页。

②《周恩来经济文选》，中央文献出版社 1993 年版，第 399 页。

③《周恩来年谱（1949—1976）》上卷，中央文献出版社 1997 年版，第 536 页。

④ 董志凯、吴江：《新中国工业的奠基石：156 项建设研究》，广东经济出版社 2004 版，第 44-45 页。

易额的 30.0%，达到 33844 万美元；1953 年占 56.3%，达到 125823 万美元；1955 年占 61.9%，达到 178985 万美元。[①]

在促进中苏贸易发展方面，周恩来发挥了他人无可替代的作用。他几次亲赴莫斯科，与苏联领导人进行贸易谈判，为争取苏联援华的 156 项大型建设项目的落实做出了不可磨灭的贡献。为编制我国第一个五年计划，争取苏联的大力援助，1952 年 8 月 17 日至 9 月 22 日周恩来率中国政府代表团亲赴苏联进行了长达一个多月的访问和谈判，其中两次专门与斯大林会谈，希望苏联政府协助解决地质勘探、工业设计、机器设备、技术人员、对华贷款等方面的问题。斯大林对周恩来提出的要求给予了积极的支持。1953 年 3 月，斯大林去世后周恩来率中国党政代表团专程前往吊唁，同时继续与苏联新领导人商谈援建问题，事后又留下李富春等人继续谈判。4 月 30 日，周恩来致电李富春，表示中共中央、中国政府完全同意苏联政府提出的《关于苏联政府援助中国政府发展中国国民经济的协定》等 8 个文件，并授权李富春为全权代表签订这些文件。[②]1954 年，周恩来赴欧洲参加日内瓦会议往返途中，两次在莫斯科做短暂停留，并会见了赫鲁晓夫等苏联领导人，就苏联援华项目和资金问题做了进一步商谈。在周恩来的积极推动下，同年 10 月 12 日中苏两国同时发表了《中国政府和苏联政府联合宣言》《中国政府和苏联政府关于对日本关系的联合宣言》等文件，并签订了《中苏科学技术合作协定》《中苏关于苏联政府给予中华人民共和国政府五亿二千万卢布长期贷款的协定》和《中苏关于苏联帮助中华人民共和国政府新建十五项工业企业和扩大原有协定规定的一百四十一项企业设备的供应范围的议定书》。至此，苏联援建我国的 156 项大型建设项目以政府间协议的形式确立下来。同时，我国也向苏联出口了他们所需要的战略物资和农副产品，如稀有金属、地矿产品、桐油、大米、食油、茶叶、丝绸、棉布等，支援了苏联的经济建设。

在积极开展对苏贸易的同时，中国与东欧国家的贸易也迅速发展。50 年代中国与波兰、捷克、匈牙利、罗马尼亚、民主德国、保加利亚、阿尔巴尼亚等国都有贸易往来，而且贸易额逐年递增。中国对东欧国家出口主要是农副产品和工矿原料，从东欧国家主要进口的是成套设备、精密仪器和一般机械，也进口一些生产原料。"在'封锁'、'禁运'的形势下，这些物资的进口对于促进中

[①] 对外经济贸易部《中国对外经济贸易年鉴》编辑委员会：《中国对外经济贸易年鉴》，中国对外经济贸易出版社 1984 版，第 59 页。

[②]《周恩来年谱（1949—1976）》上卷，中央文献出版社 1997 年版，第 297 页。

国国民经济的恢复和发展，社会主义工业化建设都发挥了积极的作用。"①同时，中国为冲破美国的"航运管制"，还租用苏联、波兰等国家船舶，承运中国对欧洲各国的进出口货物，并成立了中波合营轮船公司。

（二）用各种方式与西方国家和地区开展民间贸易

当时中国对外贸易虽然是以对苏联东欧贸易为主，但没有放弃与西方国家开展经贸往来的努力。周恩来指导外贸部采取"以民促官"的方式和间接转口贸易等办法努力打开中西方贸易的大门，1952年以前，新中国已同瑞典、丹麦、瑞士、芬兰建立了政府间的外贸联系。当年4月，苏联在莫斯科举办了国际经济会议，周恩来指示参加会议的中国代表团要抓住机会与西方国家进行接触。他研究确定了代表团成员名单，接见了代表团全体成员，并支持成立了中国国际贸易促进会。在国际经济会议期间，中国同英国、法国、联邦德国等11个国家的工商团体和企业签订了贸易协议。"1953年7月，中国在东柏林设立了中国进出口公司代表处，开辟了中国同西欧国家直接进行民间贸易的渠道和'窗口'。"②

日内瓦会议期间，为打破美国的封锁禁运政策，周恩来指示中国代表团成员多与英国代表团接触，争取打开英国市场。在我国代表团成员的积极工作下，英国工党的威尔逊带头向我国发出邀请，我国也很快组织了贸易代表团访英。"这是我国派往西方的第一个贸易代表团。这对西方国家，特别是对日本发生了很大影响。"③此后，中英关系得以缓和，两国贸易额逐年上升。1952年，英国对华出口额只有300万英镑，1957年上升到1200万英镑。④这期间周恩来还派中国代表团参加了在莱比锡、布拉格举办的国际博览会和经济会议，同与会各国商人进行广泛接触和会谈，签订了一批进出口贸易协定。日内瓦会议后，在中英贸易关系发展的带动下，法国、瑞士、联邦德国、挪威等国的工商界代表纷纷访华，中国同西欧的贸易有了较快增长，"到1957年底，中国对西方资本主义国家的贸易额比1952年增长了6倍多。"⑤这对于打破美国的封锁和禁运起到了积极作用。

为了更好地发挥中国香港在国家外贸中的作用，冲破港英当局对中国内地的种种限制，扩大中资贸易机构在国际贸易中的竞争力，新中国政府还对设在

---

① 董志凯、吴江：《新中国工业的奠基石：156项建设研究》，广东经济出版社2004版，第49页。

② 沈觉人主编《当代中国对外贸易》上，当代中国出版社1992年版，第22页。

③ 雷任民：《回忆周总理对外贸工作的关怀和指导》，见《不尽的思念》，中央文献出版社1987年版，第251页。

④ 萨本仁、潘兴明：《20世纪的中英关系》，上海人民出版社1996年版，第357页。

⑤《当代中国对外贸易》上，当代中国出版社1992年版，第22页。

香港的贸易机构进行统一领导，联合经营。周恩来曾为中共中央起草致中共华东局、中南局和华南分局电，将中央《关于香港各单位贸易机构统一方案》发给他们，指示他们"望即照此执行，以利对外贸易斗争"[①]。1950 年 8 月底，周恩来召集薄一波、叶季壮、滕代远、南汉宸等开会，研究外汇的合理利用问题。会议商定，国家目前仍应扩大进口。"对资本主义国家应有区别地同它们做生意。还可以继续地逐步降低外汇牌价，特别是降低港币与其他外汇的比价。"[②]在中央政府、华东、华南各地外贸部门和驻港贸易机构、港澳华商的共同努力下，新中国成立初期每年有大批货物经香港转销到国外，又有大批从西方购进的国内急需的建设物资经香港运往内地。

在新中国的对外贸易中，周恩来对开展中日贸易也一直很关注。他指示贸易部与日本民间加强联系，邀请他们的代表访华。50 年代初几乎每一次日本贸易代表团访华，周恩来都亲自部署会谈内容、方式，对贸易种类和项目基本上每次都是逐一审定。1952 年 6 月，周恩来指示中国国际贸易促进会同 3 名日本国会议员签订了第一个中日民间贸易协定，在日本各界引起了很大反响。1955 年 1 月，周恩来接见了日本国际贸易促进会首任会长和中日贸易促进会常务理事等日本友人，向他们阐明了中国的对日政策。为进一步促进中日贸易的发展，两个月后周恩来派中国外贸部常务副部长雷任民访问日本，并于当年和翌年积极促成了中日两国在东京、大阪和北京、上海互办商品展览会。[③]在周恩来的从民间贸易入手、以民促官贸易思想指导下，日本与新中国政府在 50 年代虽没有正式外交关系，但中日贸易关系一直不断发展。两国在 1952 年至 1958 年签订了 4 次民间贸易协定，中日贸易额逐年增长，特别是 1955 年后连续 3 年超过1 亿美元。[④]

（三）与亚非发展中国家开展贸易，并施以友好援助

周恩来一贯主张国际应不分国家大小，一律和平共处、平等互利地进行贸易往来。除了与苏联、东欧、英、日等国家积极开展贸易外，他还重视与亚非发展中国家的贸易往来。当时许多刚独立的亚非国家皆希望复兴国内经济，巩固国家政权，争取国际地位，愿与同属于发展中国家的中国建立友好关系。中国政府为支持民族独立运动，积极同这些国家团结合作，从 50 年代初起就与泰

---

① 《周恩来年谱（1949—1976）》上卷，中央文献出版社 1997 年版，第 72-73 页。

② 《周恩来年谱（1949—1976）》上卷，中央文献出版社 1997 年版，第 73 页。

③ 雷任民：《回忆周总理对外贸工作的关怀和指导》，见《不尽的思念》，中央文献出版社 1987 年版，第244-248 页。

④ 廖海敏：《50 年代中日民间贸易述评》，《史学月刊》1997 年第 6 期。

国、缅甸、印度、巴基斯坦、尼泊尔、叙利亚、柬埔寨、菲律宾、伊朗、印度
尼西亚等国建立了政府间或民间的经贸往来。

朝鲜战争爆发后，美国对橡胶等军需物资大量囤购，同时对中国进行封锁、
禁运，导致了锡兰（现斯里兰卡）、印度尼西亚等主要产胶国生产和销售受到严
重影响。1952 年秋，周恩来指示外贸部与锡兰谈判，双方签订了用大米换橡胶
的长期贸易协定。在双边贸易中，周恩来深谋远虑地决定：我们卖给锡兰的大
米以国际市场价格售出，从锡兰进口橡胶则以高于国际市场价 5.0% 到 10.0% 买
入。这样做，一方面打破了美帝国主义的经济封锁和禁运，使我国获得了急需
的物资；另一方面也帮助该国解决了急需的粮食问题，支持了其经济复兴和政
权巩固。1955 年，周恩来率领中国政府代表团参加了在万隆召开的亚非会议，
在对外贸易问题上他代表中国政府向与会各国表明："我们亚非国家需要在经济
上和文化上合作，以便有助于消除我们在殖民主义的长期掠夺和压迫下所造成
的经济上和文化上的落后状态。"他深信，随着各国经济的发展和影响外贸的各
种障碍的消除，"我们亚非各国间的贸易往来和经济合作将会日益增进，文化交
流也将日益频繁"。[1]周恩来在万隆会议上提出的和平共处五项原则和"求同存
异"的主张得到了与会大多数国家的赞同和认可，扩大了中国的政治影响，也
使我国同这些国家的贸易推进了一大步。会后，中国同叙利亚、黎巴嫩、也门、
阿富汗、伊拉克、巴基斯坦、尼泊尔等国相继建立了政府间的贸易往来，中国
同印度、缅甸、印度尼西亚、巴基斯坦等国的贸易额显著增长。据 1956 年 3
月外贸部的资料统计，以 1955 年同 1954 年相比，中国同印度的贸易额增长 3.01
倍，同缅甸的贸易额增长 29.72 倍，同印度尼西亚的贸易额增长 1.96 倍，同巴
基斯坦的贸易额增长 0.44 倍。[2]尤其是对印度尼西亚的贸易发展很快，50 年代
中期双边贸易额为 5000 多万美元，50 年代末已达到 1.29 亿美元，占中国对亚
洲国家贸易总额的 40.5%。[3]

万隆会议后，我国外贸事业呈现的另一个兴旺景象是外贸事业由东南亚向
西亚、非洲迅速扩展。50 年代初中国在非洲仅与埃及和摩洛哥两国建立了贸易
关系，1950 年中国同埃及的贸易额仅为 313 万美元。1955 年 4 月，周恩来在万
隆会议期间会见了埃及总理纳塞尔，随同总理参加会议的外贸部部长叶季壮同
埃及工商部长进行了会谈。两国领导人的友好会面有力促进了两国经贸合作的

---

[1] 中华人民共和国外交部、中共中央文献研究室编《周恩来外交文选》，中央文献出版社 1990 年版，第
118 页。

[2]《当代中国对外贸易》上，当代中国出版社 1992 年版，第 22 页。

[3]《当代中国对外贸易》上，当代中国出版社 1992 年版，第 318 页。

发展，当年两国贸易额高达 5783 万，迅速增长了 17.5 倍。①　周恩来还派外贸部部长叶季壮访问埃及，主持在开罗举办的中国商品展览会开幕式，使中国在非洲的影响进一步扩大。此后不长时间，10 多个非洲国家纷纷与中国建立了贸易关系，中非贸易额迅速呈逐年增长之势。

三、周恩来外贸思想与实践的特色和影响

新中国成立初期，周恩来杰出的外贸思想与实践呈现两大特色。一是外交与外贸工作互相配合，以贸易促外交，以外交促贸易，对不同性质的国家采取不同的贸易政策。

1950 年朝鲜战争爆发后，国际局势更加严峻，美国加紧了对中国大陆的封锁、禁运和遏制政策，企图在武力威胁的同时，在经济上扼杀刚诞生不久的新中国政权。为争取国民经济的迅速好转，挫败美帝国主义的阴谋，周恩来指示外贸部门：一方面大力组织抢运滞留国外的大批物资，尽量减少国家的经济损失；一方面积极扩大进出口业务，加强同苏联、东欧国家及其他友好国家的贸易往来。1950 年 8 月，周恩来主持召开政务院第 44 次会议，讨论了叶季壮所作的《关于全国出进口贸易会议的报告》。在会上他明确指出："对外贸易要逐渐减少盲目性，加强计划性，不能盲目地出口和进口，明年要减少对美国的贸易，逐步摆脱美国的影响。"他强调，国家"对外贸易的目的是为了发展生产，使产品能够卖出去，国家必需的物资能够买进来"。②他要求大家作好一切准备，努力拓展其他贸易渠道。

为了突破美国的经济封锁，当时中国的对外贸易具有强烈的与美抗争特色。周恩来主张不仅与建交国家进行贸易往来，而且要与未建交国家也开展贸易往来。他提出对尚未与我国建立外交关系的国家实施经济先行，以经济促进外交发展的战略。在中日贸易中，周恩来外贸思想的这一特色充分显现出来。50 年代他提出了"以民促官，民间先行"的方针，60 年代初他又提出了中日"贸易三原则""政治三原则"和"政治经济不可分原则"。③中日民间贸易的开展促进了中日民间外交的发展，从而进一步促进了官方的交往，为后来中日关系的好转打下了基础。除日本外，中国与英国、埃及等国家也是先建立贸易关系，再建立外交关系的。1956 年，周恩来在中共八大上专门阐述了我国外贸与外交、

---

①《当代中国对外贸易》上，当代中国出版社 1992 年版，第 356 页。

②《周恩来年谱（1949—1976）》上卷，中央文献出版社 1997 年版，第 62 页。

③"中日政治三原则"是：不要敌视中国，不要制造"两个中国"，不要阻挠中日关系向正常化方向发展。"贸易三原则"是：政府协定、民间合同、个别照顾。

与世界和平的关系，他指出："我们主张扩大国际间经济、技术和文化的合作和联系，不仅是为了加速完成我们的社会主义建设，而且还因为这将为各国之间的和平共处奠定可靠的基础。因此，这是完全符合于全世界人民的利益，完全符合于和平事业的利益的。"[1]

二是既反对闭关自守，又反对过分依赖外援，一贯坚持自力更生为主，争取外援为辅的原则。1949年，底周恩来对参加全国农业会议、钢铁会议、航务会议人员阐明：国家建设应主要依靠国内力量，以自力更生为主，争取外援为辅。我们在政治上要独立自主，在生产建设上要自力更生，"小国应该这样，有四亿五千万人口的大国更应该这样"。他提出我们具体的外贸方针有两条：一是对苏联为首的社会主义国家和一些对中国友好的民主国家，"我们欢迎友邦在平等互利基础上的帮助。这种真正的帮助，有助于我们的自力更生"；二是"现在同帝国主义国家也可以在有利的条件下做买卖，对此我们不拒绝，也不强求。要打破依赖帝国主义的观念"。[2]

新中国诞生一年后，周恩来在第53次政务会议上总结了我国海关工作的成就，再次强调了独立自主问题。他指出："海关总署成立一年来，做了很多工作。把为帝国主义服务的半殖民地化的海关基本上改变过来，变为中国人民的海关，这是一件大事情。过去外国人在海关占有特殊地位，现在我们已完全独立自主。……总之，我们已经掌握了国家大门的钥匙。今后的收入，会根据出入口贸易的恢复而增加。"[3]此后，他多次强调对外贸易要增强自主性，不能将中国变为国外消费品的市场，受制于人。他一贯主张向一切国家的长处学习，但同时清醒地认识到："任何国家都有值得学习的地方，也有不值得学习的地方。我们应该有批判地学习，不是盲目地学习。有批判地学习，就是要学习人家的长处和优点；不盲目地学习，就是不要把人家的短处和缺点也学来。应该说，敢于向一切国家的长处学习，就是最有自信心和自尊心的表现，这样的民族也一定是能够自强的民族。"[4]

周恩来杰出的外贸思想和成功的实践促使新中国的对外贸易事业得以迅速拓展。1951年，中国对外贸易总额达到19.6亿美元，超过1949年前最高年份1928年4亿多美元。从1952年到1957年，中国进出口总额增长比例指数为161.8%，进口额比例指数为133.3%，出口额比例指数为201.1%（以1952年的

① 《周恩来经济文选》，中央文献出版社1993年版，第328页。
② 《周恩来选集》下卷，人民出版社1984年版，第10-11页。
③ 《周恩来经济文选》，中央文献出版社1993年版，第73页。
④ 《周恩来经济文选》，中央文献出版社1993年版，第256页。

额数为基数 100）。从 1950 年至 1956 年，中国的年出口递增率达到 17.0%。中国对外出口的商品结构也逐渐发生了变化，由最初的单一农副产品和原料出口向多元化转变。我国独立自主地拓展对外贸易不但打破了美国帝国主义的经济封锁，而且改变了旧中国外贸事业由他国控制，成为外国原料产地和消费品倾销地的状况。自新中国成立以来与我国开展贸易往来的地区和国家不断增多，50 年代中期已达到 60 多个。[①]新中国外贸事业的开展有力地支援了国内的经济建设，对于新生人民政权的巩固也有重要的意义。特别是周恩来亲自赴苏联谈判，成功争取到苏联的对华大笔援助，成为我国第一个五年计划顺利开展和提前完成的物质保证。尤其是苏联援建的 156 项大型项目建成投产为我国工业的进一步发展打下基础，对我国现代化建设产生了深远影响，使我国的工业技术水平从 1949 年落后于工业发达国家近半个世纪，迅速提高到 20 世纪 40 年代的水平。[②]

总之，我们全面客观地分析新中国成立初期周恩来的外贸思想与实践，无疑对当时的中国经济建设发挥了重大作用，而且产生了深远的影响。周恩来对我国外贸事业的起步和迅速发展具有开拓性贡献。在他的领导下，刚诞生的新中国不但综合国力大大增强，国民经济迅速恢复和发展，而且突破了以美国为首的敌对势力的封锁，加强了社会主义国家之间的密切合作。由于外贸与外交巧妙配合，由于采取了灵活多样的外贸形式，中国与世界的交流日益频繁，昔日贫困落后的中国很快走上了世界的政治外交舞台和经贸舞台。当年周恩来在对外贸易方面的积极探索和成功经验也是他留给后人的一份宝贵财富，他所倡导的对外开放的方针，实事求是、量力而行的原则，外交与外贸结合的策略，根据国情采取灵活多样的外贸形式，适时应变的外贸政策，等等，至今对我国的改革开放和现代化建设仍有重要的启示意义。

（本文原载于《中共党史研究》2008 年第 3 期）

---

① 国家统计局编《新中国五十年》，中国统计出版社 1999.年版，第 567 页。
② 陈夕：《156 项工程与中国工业的现代化》，《党的文献》1999 年第 5 期。

周恩来与新中国医疗卫生事业的建设

新中国成立之初，我国医疗卫生水平十分落后，医疗机构很少，医疗设备残缺不全，药品非常匮乏，各地疾病丛生。面对医疗卫生事业的严峻状态，周恩来不仅提出了许多发展医疗卫生事业的思想主张，而且领导了群众性卫生运动，并主持制定和贯彻落实了一系列的发展我国医疗卫生事业的具体措施。他就如何保障人民身体健康问题做出了许多重要指示，积极领导和促进了我国医疗卫生事业的发展。

一、主张医疗卫生工作要面向人民、城乡兼顾、预防为主

新中国成立之初，经济落后，医疗卫生状况和人民大众健康情况很差。作为政务院总理的周恩来对这个情况非常重视，1950 年 8 月 7 日，他主持召开了第一届全国卫生工作会议，指导制定了新中国医疗卫生事业的方针和一系列政策方针，1951 年 4 月 20 日，周恩来在讨论《卫生部 1950 年工作总结和 1951 年计划要点的报告》时表明政府的态度："旧社会对工农兵的卫生是不管的，现在我们要管。"[1]在党的八届三中全会上，他明确指出："今后卫生医疗工作的方向应该为：为六亿人民服务，城乡兼顾。"[2]

由于当时中国是农村人口占全国总人口大多数的国家，为人民服务首先就要考虑如何为广大农民更好地服务。周恩来很重视农村的医疗卫生工作，他认为努力发展农村医疗卫生事业，是提高全国医疗卫生水平的基础。我国农村医疗卫生事业发展的水平直接影响着全国医疗卫生的状况，关系着全国人民的健康，因此医疗卫生工作面向农村，应作为我国医疗卫生的总方针之一。他在接见第一届全国妇产科学术会议代表时说："我国农村人口约占总人口的百分之八十七八，城市人口只不过占百分之十二三。如果我们的卫生工作不把重点放到

---

[1] 中共中央文献研究室编《周恩来年谱（1949—1976）》上卷，中央文献出版社 1997 年版，第 150 页。

[2] 中共中央文献研究室编《周恩来经济文选》，中央文献出版社 1993 年版，第 389-390 页。

农村，那怎么为劳动人民服务啊？为绝大多数劳动人民服务的口号等于没有兑现嘛。"①1969 年 8 月 15 日，周恩来接见全国卫生工作会议代表时再次指出："卫生工作一是农村，二是厂矿，三是城市，首先是为工农兵。现在要治疗最广大、最普遍的劳动人民的常见病；要面向农村。"②他始终坚持医药卫生工作应面向广大民众的观点，针对农村缺医少药的情况，他特别指出："要解决大众用的器械、药品，要适合农村的需要，精密的器械和滋补的药品要少。当前主要是普及，为工农业生产服务。"③

为达到减少疾病、保障人民身体健康的目的，周恩来主张实行预防为主的方针，要做到无病防病，有病治病，防治结合，立足于防。他在 1951 年就明确指出："卫生工作要发展，要贯彻预防为主的方针。"④他认为预防是治疗疾病的最重要的一个环节，要成立预防疾病领导小组，要有专人负责，全力以赴地开展疾病的预防工作。而且，他还提出要根据城乡不同的情况来，有重点地做好疾病预防工作，重视卫生环境建设。他强调指出："卫生运动，城市与农村的要求有所不同，要抓重点，农村要把水、粪、除四害、预防主要疾病搞好"⑤。此外，他还认识到加强身体锻炼对预防疾病的重要意义，他指示："卫生部门要提倡全民锻炼身体，增强体质。这是预防与减少疾病的重要一环。"⑥他认为只有全民增强体质，才能有效地抵抗疾病，这对于疾病的预防起着根本的作用。

对于其他急性和慢性传染病的医治，周恩来也很重视预防工作。1950 年 10 月 7 日，周恩来签发了《政务院关于发动秋季种痘运动的指示》，该指示明确规定："为了预防今冬及明春的天花流行，我们必需在今秋开展一次种痘运动。"⑦对于慢性传染病的防治，周恩来也很重视。1951 年他曾"指示中央卫生部要注意和重视防痨工作"⑧。1969 年 8 月，周恩来在一份反映河北省发生乙型脑炎疫情的报告上批示："注意预防，并加强爱国卫生运动。"⑨周恩来提出的以预防为主的方针，对于消灭当时流行的寄生虫病和其他传染病起到了有效的指导作用。

---

① 《周恩来选集》下卷，人民出版社 1984 年版，第 443 页。

② 《周恩来年谱（1949—1976）》下卷，中央文献出版社 1997 年版，第 315 页。

③ 《毛泽东、周恩来关于卫生防疫和医疗工作的文献选载》，《党的文献》2003 年第 5 期。

④ 《周恩来年谱（1949—1976）》上卷，中央文献出版社 1997 年版，第 150 页。

⑤ 《周恩来年谱（1949—1976）》中卷，中央文献出版社 1997 年版，第 710 页。

⑥ 中共中央文献研究室编《周恩来文化文选》，中央文献出版社 1998 年版，第 715 页。

⑦ 中共中央文献研究室、中央档案馆编《建国以来周恩来文稿》第三册，中央文献出版社 2008 年版，第 395 页。

⑧ 《当代中国》编辑部编《当代中国的卫生事业》上卷，中国社会科学出版社 1986 年版，第 385 页。

⑨ 《周恩来年谱（1949—1976）》下卷，中央文献出版社 1997 年版，第 315 页。

二、重视医疗卫生机构建设，教育医务人员加强学习

周恩来对我国的医药卫生机构的建设很重视，他认为卫生事业的发展要与经济发展相适应。1950 年 9 月 30 日，周恩来在《为巩固和发展人民的胜利而奋斗》一文中提出："人民政府决定在最近几年内的每个县和区建立起卫生工作机关，以便改进中国人民长时期的健康不良状况。"①面对新中国成立初期农村经济落后，医疗机构稀少，药品缺乏的情况，1950 年周恩来代表政府明确提出："人民政府决定在最近几年内在每个县和区建立起卫生工作机关，以便改进中国人民长时期的健康不良状况。"②他还建议要在农村建立起来由县、乡、村三级医疗机构组成的"农村医疗网"③，形成一个完整的医疗体系，协调合作，上下支援，从而为广大农民提供医疗卫生服务。

周恩来对老根据地的医疗卫生建设更加重视，他曾做出明确指示："老根据地人民的医药卫生要求也十分迫切。卫生机关应协同有关部门在老根据地大力开展卫生防疫运动，宣传卫生保育知识，设立卫生站与医院。"④

在周恩来的领导下，经过了几年的努力我国的城乡医疗卫生事业有了一定的发展。但由于许多的医疗卫生机构都是从旧社会接管过来的，许多的制度和做法仍然沿袭了旧的一套，因此，在医疗卫生工作中还存在许多问题。1956 年周恩来清楚地看到："在医院工作中，由于管理不善，收费较高；因此使目前有限的病床不能得到充分利用，而且使有些群众看不起病，住不起医院；疗养病床缺乏统一管理，造成很大浪费；此外在公费医疗制度和医务工作制度等方面也还有不适当的地方。"⑤为了改善工作中的问题，周恩来指示卫生部门要认真调研，提出切实可行的改进措施。

1957 年 9 月，周恩来在党的八届三中全会上，对医疗卫生事业如何建设提出了五点意见。（1）"为六亿人民服务，城乡兼顾。扩大门诊，举办简易病床"。（2）"扩大预防，以医院为中心指导地方和工矿的卫生预防工作。医院和疗养院逐步交地方统一管理，党的工作一律交地方领导"。（3）"降低医院和疗养院的设备标准，适当降低药品价格。劳保医疗和公费医疗实行少量收费（门诊、住院和药品），取消一切陋规（如转地治疗开支路费，住院病人外出由医院开支车

---

① 《周恩来选集》下卷，人民出版社 1984 年版，第 48 页。
② 《建国以来周恩来文稿》第三册，中央文献出版社 2008 年版，第 372 页。
③ 《毛泽东、周恩来关于卫生防疫和医疗工作的文献选载》，《党的文献》2003 年第 5 期。
④ 《周恩来选集》下卷，人民出版社 1984 年版，第 79 页。
⑤ 《周恩来文化文选》，中央文献出版社 1998 年版，第 698-699 页。

费），节约经费开支"。（4）"改革医疗制度，便利人民就医（如实行上午、下午、晚上三班门诊制度）。加强医务人员教育，树立为人民服务的医疗态度"。（5）"私人诊所，不宜过早过急地实行联营"。①

在"文化大革命"期间，周恩来承受着巨大压力，超负荷地日夜为国操劳，但仍关心着医药卫生工作。1969 年 7 月 2 日，他在同卫生部军管负责人谈话时指出："医生必须好学、谦虚、客观、冷静，这样才是好医生。如果医生不客观，不冷静，不刻苦钻研，就学不到东西，就不能在医学上有所发明、有所创造。"②周恩来不但为我国医疗卫生机构的建设付出了大量心血，而且对医务人员的期望和教诲至今仍对我们搞好医疗队伍建设有重要指导意义。

三、坚持群众路线，提倡发动群众开展防疫工作

密切联系群众是我们党的三大优良作风之一，周恩来认为医药卫生工作特别是对各种传染病的防治工作，也要坚持党的群众路线，要注重发挥群众的力量，发动群众开展卫生防疫工作。周恩来在第二届全国卫生工作会议上提出，要将"卫生工作与群众运动相结合"，要将这一点增补为我国卫生工作的一项方针，要在各级政府领导下，以卫生部门为主，各相关部门积极配合，依靠广大人民群众与卫生人员一起动手消灭病虫害，改善卫生条件和全国人民的生活环境。1950 年 10 月 7 日，周恩来签发了《政务院关于发动秋季种痘运动的指示》，该指示阐明："有许多地区，例如旅大，由于地方行政及卫生机关的重视，并采取了群众路线，种痘人数占全人口百分之八十以上，今年便没有发生天花。"③

1952 年至 1954 年，美帝国主义连续在朝鲜和我国东北、青岛等地投掷带菌昆虫和媒介物，为了粉碎美帝国主义的细菌战，消灭鼠疫、霍乱、伤寒等传染病，周恩来担任中央防疫委员会主任，成功领导了反细菌战。他多次召集有关部门负责人开会，商议在东北和沿海地区全面进行防疫工作的措施。1952 年 3 月 4 日，周恩来召集聂荣臻和有关部门负责人开会，商议在东北和沿海地区全面进行防疫工作的措施。3 月 9 日，周恩来和聂荣臻、贺诚、苏井观等商议在美国将细菌战扩大到中国东北境内后，国内应采取的紧急防疫措施。3 月 14 日，周恩来主持政务院第 128 次政务会议时指出，要在全国范围内开展人民防疫运动，加强防疫宣传工作。④3 月 19 日，周恩来以中央防疫委员会主任名义，

①《周恩来经济文选》，中央文献出版社 1993 年版，第 389-399 页。

②《周恩来文化文选》，中央文献出版社 1998 年版，第 722 页。

③《建国以来周恩来文稿》第三册，中央文献出版社 2008 年版，第 394 页。

④《周恩来年谱（1949—1976）》上卷，中央文献出版社 1997 年版，第 224-225 页。

发出《关于反细菌战的指示》。其中指出："现在规定朝鲜为疫区，东北为紧急防疫区，华北、华东、中南沿海地区为防疫监视区，华北、华东、中南内地及西北、西南为防疫准备区。"①一方面做好疫区封锁工作，切断传染源，另一方面要向人民进行宣传防疫，消除恐慌。由于采取了这些有效的措施，疫情得到了良好的控制，抑制了其蔓延。

在周恩来的领导下，全国上下开展了防疫卫生运动，经过一年的努力，清理了城市卫生环境，减少并控制了传染病。为了使这一运动继续下去，周恩来签署了《政务院关于1953年继续开展爱国卫生运动的指示》。他将防疫卫生运动定名为爱国卫生运动，作为全国卫生事业的重要组成部分，并将各级领导爱国卫生运动的机构统称为爱国卫生运动委员会，后来仍然兼任中央爱国卫生委员会主任。②

抗美援朝结束后，我国的爱国卫生运动并没有间断，而是转为以改善农村卫生状况、除"四害"、讲卫生、消灭疾病为主要内容。周恩来在《关于发展国民经济的第二个五年计划的建议的报告》提出：今后应该继续开展爱国卫生运动，"并且使它更加深入和经常化，以进一步改进城市和乡村的环境卫生，减少各种传染病和职业病的发病率"。③20世纪50年代，血吸虫病在我国江南地区流行广泛，染病者众多。周恩来非常重视对血吸虫病和其他传染病的防治工作，他认为治疗血吸虫等病的关键在于防治。1955年11月4日，他在接见日本医学代表团时提出，希望能够得到日本医学界人士的帮助和指导，在中国推广日本的先进方法来消灭血吸虫病。1957年4月20日，国务院发布了《关于消灭血吸虫病的指示》，明确指出："对于血吸虫病既要积极治疗，又要积极预防……如果只片面地强调治疗的重要，忽视预防工作，就势必造成感染无法控制，预防和治疗脱节，一面治疗，一面感染，治不胜治。因此单纯治疗、忽视预防的观点也是错误的。"④而且，为了保证防治工作不被当时其他繁多的工作所挤掉，国务院规定血吸虫病流行地区各级人民委员会在规划每个时期的农村工作任务时，应当把防治血吸虫病工作列入生产规划，提出具体任务，同农村生产统一布置，统一检查贯彻执行。

在消灭血吸虫病的斗争中，他认为我国的血吸虫病历史悠久，之所以一直都没有得到治愈，是因为"人民同血吸虫病的斗争始终是自发的、分散的，民

---

① 《周恩来年谱（1949—1976）》上卷，中央文献出版社1997年版，第227页。
② 《周恩来年谱（1949—1976）》上卷，中央文献出版社1997年版，第276页。
③ 《建国以来重要文献选编》第九册，中央文献出版社1994年版，第214页。
④ 周恩来：《国务院关于消灭血吸虫病的指示》，《中华人民共和国国务院公报》1957第18期。

间流传的许多有效的防治经验没有集中起来，加以提高和推广，因而就无法制止病害的发展"。而解放之后，血吸虫病尚未完全消灭是"由于当时农村的社会改革任务尚未完成，不可能发动广大群众来进行全面的反复的斗争，因而也就不可能取得更大的效果"。为更好地发动和领导群众消灭血吸虫病，中共中央于1956年专门成立防治血吸虫病领导小组。1957年4月20日，周恩来签发了《国务院关于消灭血吸虫病的指示》，明确提出："消灭血吸虫病已成为我们当前的一项严重的政治任务，必须充分地发动血吸虫病流行地区的广大群众，坚决地为消灭这一病害而斗争。"①

由于坚持"卫生工作与群众运动相结合"，我国血吸虫病的防治工作在20世纪50年代末已经取得初步成果。毛泽东、周恩来等老一辈革命家对"卫生工作与群众运动相结合"这一思想有着高度的共识。1958年7月1日，毛泽东在杭州看到了《人民日报》上刊登的江西省余江县彻底消灭血吸虫病的消息后，兴奋无比，"浮想联翩"，"夜不能寐"，连夜以《送瘟神》为题，创作了两首脍炙人口的七言律诗。在周恩来主持的国务院和各级政府具体领导下，在广大群众及科研人员一起努力下，我国的卫生环境与环境质量很快得到较大改善，不仅有效控制了各种传染疾病的发生和蔓延，而且增强了人民体质，保证了人民健康。

四、赞同中西医并重的治疗方法，鼓励走中西医结合之路

中医是中华传统文化的瑰宝，其历史源远流长。在新中国成立初期的医疗卫生工作者队伍中，中医明显多于西医，当时"全国中医有九万多人，西医才有二万人，人数比例相差很大"②。面对当时缺医少药的情况，周恩来认为必须将中西医团结起来，共同为人民服务。早在1949年7月23日，周恩来在全国工会工作会议开幕式上就指出："团结并教育全国可用的医生、护士及一切卫生人员，改造旧医生，使他们都能为中国人民的卫生、防疫、医疗、助产等工作服务。"③

周恩来一贯坚持中西医结合、中西并重的主张，他曾分析了中西医各自的特点和不足。对于中医，周恩来肯定它在中国的重要地位，确实治好了无数中国人的病，而且有一套与百姓密切结合的治疗药方和经验。1950年9月8日，周恩来在政务院第49次政务会议上指出："我们就需要团结中医和改造中医。

---

① 周恩来：《国务院关于消灭血吸虫病的指示》，《中华人民共和国国务院公报》1957第18期。

②《周恩来文化文选》，中央文献出版社1998年版，第692页。

③《周恩来文化文选》，中央文献出版社1998年版，第52页。

首先是团结他们，把他们的积极因素发扬出来，把消极因素去掉。"①周恩来认为要好好保护中医，重视中医，积极发挥中医在人民卫生事业中的作用，西医固然有长处，但是不能只重视西医而歧视中医，中医在中国是有土壤的，对于中医和西医的发展应该采取并重的方针。

对于西医，周恩来也不是完全迷信。他指出西医是外来的，"西医的一套，也并非全部合乎中国的情况"，"外来的东西，必须要适合中国的土壤，才能发展"。因此"西医，也有改进的地方和必要，要把科学医理与中国实际相结合"。实现"'西医中国化'，就是要将西方医学原理与中国实际相结合"，这是中国当前实际所需要的。周恩来提出"我们要使'中医科学化'、'西医中国化'，并推动中西医的团结。中西医只有团结起来，才能扩大医疗队伍，更好地为人民治病。"②1959 年 1 月 24 日，周恩来指示卫生部"要促进中西医之间的团结，中西医要互相取长补短，共同为人民服务"③。在当年召开的第二届全国人民代表大会第一次会议上，周恩来做《政府工作报告》时再次明确指出："应当团结中西医，组织他们共同为人民卫生事业服务，共同发扬祖国医学遗产和发展医药科学。"④

周恩来在鼓励中西医结合上倾注了不少心血，1969 年 8 月 15 日，周恩来接见全国卫生工作会议代表时，指出我国中西医结合可采取三种形式："一个医院既有中医又有西医，通过会诊，在治疗中结合，这是一种方法；中医学院还要办，中医学院同中医院结合起来办，采取带徒弟的办法，半天学习半天工作，这是第二种方法；第三种是医务人员本身中西医结合，既会中医又会西医，这是最高级的。"⑤在周恩来的指导下，1971 年 2 月召开了全国第一届中西医结合工作会议，在这个会议期间，周恩来先后 4 次接见会议领导小组的成员，并鼓励大家要积极将中西医结合之路走下去。"他还亲自过问典型经验的介绍选择和制定具体规划的工作，并对会议报告逐字逐句推敲，亲笔修改了 43 处。"⑥

中西医互相学习，相互补充，适合我国的国情，也有利于更好地为广大人民服务。周恩来积极鼓励走中西结合之路。他曾明确指出："中西医都有长处，虽然学术见解不同，能治病就应发挥其作用，不要强调一律，非中不行，或非西不行。不要强迫西医学中医或中医学西医，应是自愿自觉地去学。要号召中

　　①《周恩来文化文选》，中央文献出版社 1998 年版，第 693 页。

　　②《周恩来文化文选》，中央文献出版社 1998 年版，第 692-694 页。。

　　③《周恩来年谱（1949—1976）》中卷，中央文献出版社 1997 年版，第 202-203 页。

　　④《周恩来文化文选》，中央文献出版社 1998 年版，第 74 页。

　　⑤《周恩来文化文选》，中央文献出版社 1998 年版，第 725-726 页。

　　⑥《当代中国的卫生事业》下卷，中国科学出版社 1986 年版，第 88 页。

西医团结合作，共同防病治病。"①1970 年 7 月 2 日，周恩来约见卫生部军管会负责人时再次阐明他的主张："中西医要融会贯通，要闯出一条中国新医学的道路来。"②翌年 2 月，在全国中西医结合工作会议上，周恩来指明了我国医药卫生工作的方向："中医是我们祖先发展起来的，中西医结合是我们的方向。以五年为一期，通过几个五年的实践，使中西医融会贯通，创造出中国统一的新医学新药学。"③

五、重视对医务工作者的培养，关心爱护医学专家

周恩来深知我国的医疗卫生事业急需培养后备人才，他非常重视各地医学院的建设问题，多次指示要加强医务人员的培养。1962 年 6 月，他到延边医学院进行视察，详细地查看实验设备，还亲自听教师授课。周恩来尤其重视中医学院的建设，他在很多场合都表示中医是中国的传统，要继承和发扬祖国的医学遗产，建设中医学院，培养中医人才。在周恩来的支持下，1955 年中医研究院成立。周恩来为该院题词："发扬祖国医药遗产，为社会主义建设服务。"④1956年，周恩来从全局考虑，指示要在我国东南西北各办一所中医学院，于是在北京、上海、广州、成都先后成立了 4 所中医学院。

周恩来认为中国广大农村地区更加缺医少药，更应加速培养医务工作者。为解决这个问题，城市的医院和医生要帮助农村培养人才，还要组织城市医疗队下乡。1965 年 11 月 1 日，周恩来在第一届全国妇产科学术会议上提出：要在五年之内把农村中三种卫生人员真正地培养起来，第一种是不脱离生产的卫生员，要"使他们成为多面手，既能治一般的病，又能治妇科病，还会接生"；第二种是"在生产大队和一部分公社能够有半脱产的卫生员，治病时给他记工分，不治病时也去参加体力劳动"；第三种是"为公社或区里培养脱离生产的专职医生"。⑤对于医学教育也可以根据农村的实际情况，"办半农半医短期训练班等，加速为农村培养医生的需求服务"⑥。1968 年 1 月 11 日，周恩来致毛泽东的信中提到："组成小而全的医疗队，以社为单位，进行巡回医疗和宣传教育工作。"⑦

---

① 《周恩来年谱（1949—1976）》中卷，中央文献出版社 1997 年版，第 711 页。
② 《周恩来年谱（1949—1976）》下卷，中央文献出版社 1997 年版，第 377 页。
③ 《周恩来年谱（1949—1976）》下卷，中央文献出版社 1997 年版，第 432 页。
④ 《周恩来文化文选》，中央文献出版社 1998 年版，第 697 页。
⑤ 《周恩来文化文选》，中央文献出版社 1998 年版，第 718 页。
⑥ 《周恩来文化文选》，中央文献出版社 1998 年版，第 714 页。
⑦ 《周恩来年谱（1949—1976）》下卷，中央文献出版社 1997 年版，第 315 页。

　　周恩来还经常关心我国著名医生的生活和工作问题，把他们视为国家的宝贵财富。1953 年春，施今墨应邀赴中南海西花厅，周恩来总理就发展中医事业征询了他的意见，并请他推荐人才。周总理细心倾听了施今墨的建议后指出，在中国中医一定要有个大的发展，我们不但要中医在国内占有地位，还要介绍到外国去，让西方知道，中医是人类的宝贵财富。①1955 年 11 月 23 日，著名中医孔伯华去世后，周恩来前往孔伯华家中吊唁，并对其家人说："我了解孔先生的为人，他一生不爱钱，自然也不会有钱留下，政府要保证你们这一家人的生活。"随即，对孔伯华家人的工作和生活做了安置：子女中有的被送去读书，有的被安排到国家医疗机构工作；孔伯华夫人由政协负责每月发给足够的生活费。②1965 年 11 月 11 日，周恩来接见中华医学会第一届全国妇产科学术会议代表时关切地指出："对一部分年老体弱的大夫不能勉强他们去，年纪太大了，走路都要人扶，还不如留在城里。像蒲老，蒲辅周先生，是很有名的中医，如果到农村去，受了风寒，反而把他的服务期限缩短了。这样的医生就要留下，他们可以教学生，也可以写点东西，把丰富的经验留下来，对人类对人民都有贡献。"③

六、简短的结语

　　新中国建设以来，周恩来提出了许多正确的医疗卫生思想，并进行了积极实践，在他的领导和推动下，我国医疗卫生事业有了长足的进步，特别是在防治流行性疾病方面取得了明显的效果。20 世纪 60 年代初，天花、鼠疫在我国已经基本灭绝，到 20 世纪 80 年代初，我国已有 240 多个县、市消灭或基本消灭血吸虫病。④毛泽东时代，我国初步建立起了公费医疗和劳动保障制度，国家公职人员、大学生和企业职工享受到最基本的医疗保障。当时我国农村形成了集体制的合作医疗制度，初步解决了农民看一般病症的问题。在周恩来的正确领导下，我国医院数量大大增加，医学科研教育工作也取得了不少成就，20世纪 50 年代先后成立了中医研究院大大增加，中国医学科学院，随后各省市自治区都相继成立了医学科研机构。到 60 年代中期，全国已建立起一批医学院和中医学院，培养出了大量医学人才。

　　新中国的医疗卫生事业建设是我国社会主义建设事业的重要组成部分，既

---

① 张镜原主编《中华中医昆仑（第 1 集）》，中国中医药出版社 2012 年版，第 389 页。
②《周恩来年谱（1949—1976）》上卷，中央文献出版社 1997 年版，第 521-522 页。
③《周恩来选集》下卷，人民出版社 1984 年版，第 445 页。
④《当代中国的卫生事业》上卷，中国社会科学出版社 1986 年版，第 224 页。

关系到全民族人民的健康问题，又关系到我国整体社会环境卫生，还关系到我国社会主义事业的巩固和发展。新中国的总理周恩来为改善我国落后的医疗状况和旧社会中国恶劣的环境卫生，粉碎美帝国主义的细菌战，倾注了大量的心血。新中国成立之初，面对旧中国留下来的环境问题、疾病问题以及美帝国主义的破坏，周恩来确定了在建设我国医疗卫生事业过程中应该坚持的四大方针："面向工农兵""预防为主""团结中西医""卫生工作与群众运动相结合"。[①]这不仅为新中国卫生事业的发展指明了方向，更为新中国的医疗卫生确定了核心任务。周恩来不仅提出了很多具有重要意义的思想和主张，他还亲自制定落实了一系列的政策措施，领导了群众性运动；重视卫生事业的建设，使之与经济发展相适应；加强对医学院的建设，重视对医学方面的人才的培养和关怀。实践证明，周恩来的医疗卫生思想及其制定的政策措施是符合当时我国经济社会发展需要的，在他的领导下我国医疗卫生事业建设取得了很大的发展，不但初步解决了新中国成立初期的缺医少药状况，取得了防疫工作的重大成就，而且奠定了我国医疗卫生事业进一步发展的基础，对当今新形势下医疗卫生事业的现代化建设仍有很强的指导和借鉴意义。

（本文原载于《觉悟》2016 年第 4 期）

---

① 《周恩来年谱（1949—1976）》上卷，中央文献出版社 1997 年版，第 272 页。

周恩来积极推进民族地区的各项建设

新中国成立后，周恩来兢兢业业地领导了民族地区的各项建设工作。他是我国民族区域自治制度的主要创建人之一；他倡导各民族合作互助，共同繁荣，尽力扶助少数民族经济，提高他们的生产和生活水平；他高度重视发展少数民族的文化、教育、科技、卫生事业；他坚决维护国家的统一和各民族的团结，注重培养民族干部，尊重少数民族的风俗习惯和宗教信仰；赞同和支持各民族团结友爱、交流融合，共同迈向现代化。总之，周恩来为新中国民族地区的各项建设做出了重要贡献。

一、在政治建设方面：制定并认真落实民族区域自治政策

新中国成立后，周恩来直接领导了民族政策的制定和民族地区建设工作的开展，他和毛泽东等第一代领导人确立的新中国民族政策的根本原则就是"中华人民共和国境内各民族一律平等"，这也是其民族思想的核心和基础。这一根本性原则主要包括三方面内容：一是实现各民族平等，加强民族团结，必须反对大汉族主义和地方民族主义；二是国家的统一符合各民族的根本利益，各民族必须自觉维护国家的统一；三是承认历史，顾及特点，互相学习，取长补短，是实现民族平等和团结的基础。

新中国成立前，祖国大家庭中究竟有多少个民族？始终没有一个确切的调查统计，当时全国自称民族的有上百个。要体现民族平等，就要进行民族识别，弄清民族情况。从 1953 年起在周恩来的指导下，中央政府派出了以历史学家、民族学家、语言学家等专业人员组成的工作组到全国各地进行民族识别和考察工作，其工作目标是弄清楚各少数民族的名称（包括自称和他称）、人数、语言和简单的历史，以及他们在文化上的特点（包括风俗习惯）。在民族识别中，周恩来强调要坚持马列主义的指导与我国实际相结合的原则，既考虑历史因素，又强调现实因素；既要有利于民族团结，又要实事求是。他与少数民族干部群众座谈，听取他们的意见和建议。"经过认真的调查研究，到 1954 年，中国政

府确认了 38 个民族；到 1964 年，中国政府又确认了 15 个民族。加上 1965 年确认的珞巴族、1979 年确认的基诺族，全国 55 个少数民族都被正式确认并公布。"[①]从此中国确立了 56 个民族大家庭的局面。周恩来领导的民族识别工作为一批历史上不被承认的少数民族确立了平等地位，促进了各民族的团结和进步。

在确定了民族平等和团结的根本原则后，新中国究竟采取何种方式解决民族问题？是像苏联一样采取联邦制？还是在统一的国家内实行民族区域自治？毛泽东、周恩来等新中国第一代领导人经过深思熟虑后，决定采取符合中国实际的民族区域自治政策，并将这一政策确立为我国的一项重要政治制度。周恩来起草的《中国人民政治协商会议共同纲领》第六章第 51 条明确规定，"各少数民族聚居的地区，应实行民族的区域自治，按照民族聚居的人口多少和区域大小，分别建立各种民族自治机关。凡各民族杂居的地方及民族自治区内，各民族在当地政权机关中均应有相当名额的代表。"[②]

周恩来是我国民族区域自治制度的主要创建人之一，他对民族区域自治政策做过许多精彩论述，他深入分析了在我国通过这一方式解决民族问题的必要性与重要性。他明确指出："历史的发展使我们的民族大家庭需要采取与苏联不同的另一种形式。……采取民族区域自治的办法对于我们是完全适宜的。"[③]根据我国民族分布的实际情况，周恩来提出在我国"一个民族不仅可以在一个地区实行自治，成立自治区，而且可以分别在很多地方实行自治，成立自治州、自治县和民族乡"[④]。他认为回族是很典型的例子，国家建立了宁夏回族自治区，但还有 300 万回族人口分散在全国各地，怎么解决民族自治问题呢？就在各地方设回族自治州、自治县和民族乡。他还举蒙古族、藏族为例说，内蒙古自治区虽然地区很大，但那里的蒙古族只占它本民族人口的三分之二左右，另外占三分之一的蒙古族人分布在东北、青海、新疆等地，我们就在这些地区建立蒙古族的自治州或自治县；西藏自治区有藏族人口 100 多万，在青海、甘肃、四川、云南等省还有藏族人口 100 多万，我们就在这里建藏族自治州、自治县。在成立壮族自治区时，到底是成立桂西壮族自治区还是成立包括汉族在内的广西壮族自治区？各方意见有分歧。周恩来以合则有利于经济发展的道理说服了一些汉族干部群众，使广西壮族自治区也成为一个民族合作的自治区。

---

① 《中国的少数民族政策及其实践》白皮书，中华人民共和国国务院新闻办公室 1999 年 9 月公布。
② 中共中央文献研究室编《建国以来重要文献选编》第一册，中央文献出版社 1992 年版，第 12 页。
③ 《周恩来选集》下卷，人民出版社 1984 年版，第 256 页。
④ 《周恩来选集》下卷，人民出版社 1984 年版，第 257 页。

周恩来阐明了在我国实行民族自治的重要意义。他认为在我国实行民族自治的重要意义至少有两个方面：一是符合我国实际情况，有利于少数民族行使自治权利。二是有利于民族合作，避免了被帝国主义利用。他举例说新中国政府确定成立新疆维吾尔自治区，"新疆"二字，意思是新的土地，没有侵略的意思，跟"绥远"二字的意思不同。至于西藏、内蒙古的名称是双关的，既是地名，又是族名。这里有一个民族合作的意思在里面。[①]周恩来强调了民族自治权利必须得到保证，最终目标是求得共同发展。"我们应当强调民族合作、民族互助；反对民族分裂、民族'单干'。……这样，我们才能够真正在共同发展、共同繁荣的基础上，建立起我们宪法上所要求的各民族真正平等友爱的大家庭。"[②]

周恩来不但是我国民族区域自治政策的制定者和积极倡导者，同时也是这一政策的积极实践者，我国五大自治区的成立，无一不浸透着周恩来的心血。据乌兰夫回忆，在制定和实施民族区域自治政策中，"周恩来同志是做出过重大贡献的。内蒙古自治区的建立，是党的这一基本政策的第一次实践，而1947年3月23日中央批准建立内蒙古自治区的电报指示，正是周恩来同志根据中央集体决定精神亲自起草的。……历史已经证明，周恩来同志亲自起草的这一电报指示，为后来不断充实完善的党的民族区域自治政策奠定了基础。周恩来同志被誉为这一基本政策的奠基者之一是当之无愧的。"[③]1952年5月1日，内蒙古自治区成立5周年时，周恩来致电自治区主席乌兰夫，衷心祝愿内蒙古永远成为少数民族区域自治的良好榜样。

为广西壮族自治区的建立，周恩来也做了大量工作。针对如何建立广西壮族自治区问题上有两种截然不同的意见，从1956年起他多次约各方面人士讨论建立壮族自治区问题。他指出："采取民族区域自治政策可以防止帝国主义的挑拨，促进各民族的团结。……汉族和少数民族，不论从全国来看，还是从一个省来看，都需要合。"[④]他指示一定要集中广大人民群众的意见，一定要经过从上到下，从下到上的酝酿，并号召大家一定要从有利于各民族共同繁荣的角度考虑问题，不要只从自身角度考虑。经过充分讨论，绝大多数同志赞成合，认为合比分有利。1957年7月15日，第一届全国人大第四次会议批准了国务院

① 《周恩来选集》下卷，人民出版社1984年版，第258-260页。

② 《周恩来选集》下卷，人民出版社1984年版，第261页。

③ 乌兰夫：《为少数民族的解放和发展呕心沥血》，见《我们的周总理》，中央文献出版社1990年版，第559-560页。

④ 中共中央文献研究室编《周恩来年谱（1949—1976）》中卷，中央文献出版社1997年版，第29页。

总理周恩来提出的议案，撤销广西省建制，成立广西壮族自治区。

曾任总理办公室主任、中央统战部副部长的童小鹏评价说："我国各民族自治地方的建立，都是同周恩来的操劳分不开的。在我国 55 个少数民族中，先后建立民族自治地方的计有内蒙古自治区、新疆维吾尔自治区、宁夏回族自治区、广西壮族自治区和西藏自治区等 5 个自治区，31 个自治州，82 个自治县（旗），在少数民族散居杂居地区建立了 333 个民族乡。这些民族自治区的建立，周恩来都予以了亲切的关怀和具体指导。"①乌兰夫也曾回忆了三年困难时期，周恩来积极支持康克清的建议，请内蒙古政府安排牧民收养了上海、江苏、浙江、安徽等地几千名孤儿的情况。②这批孩子现在已经成为草原上的一代新人，这是周恩来等老一辈革命家谱写的又一曲新中国民族互助、团结融合的新篇章。

周恩来对培养民族干部的工作也很关心。1950 年政务院第 60 次会议批准的《培养少数民族干部试行方案》，是新中国第一个专门为培养民族干部制定的方案。1951 年，周恩来在政协一届三次会议上指出，要继续执行普遍、大量训练少数民族干部的方针，加强对他们进行政治、政策和思想教育，使其能够担负一般工作和指导工作。为争取少数民族上层人物，周恩来要求有关方面要安排好他们的生活，尊重他们的意见。"文化大革命"时期，周恩来指示对藏族知名人士班禅、阿沛·阿旺晋美、帕巴拉·格列朗杰等人进行保护，这对于稳定西藏局势，加强民族团结起到了很好的作用。班禅后来深情地回忆说："我在监狱里没有死掉，主要是周恩来总理的恩情。"③

二、在经济建设方面：积极扶助少数民族地区加快发展

各民族共同繁荣是新中国民族政策的根本出发点。帮助少数民族发展经济，使祖国各地早日实现现代化是周恩来的一贯思想。早在 1950 年 4 月，他接见中央民族事务委员会举办的藏族训练班学员时就指出："西藏地区经济落后，是由反动派长期压迫造成的。中央人民政府一定要扶持和帮助少数民族把政治、经济、文化发展起来，使少数民族生活改善。"④同年 6 月，他在政务院第 37 次政务会议上专门谈了关于西北少数民族地区的经济发展问题。他指示："要多在少数民族地区搞水利，用雪山的流水来灌溉。要办一些轻工业工厂，并要让他

---

① 童小鹏：《风雨四十年》第二部，中央文献出版社 1996 年版，第 158 页。

② 乌兰夫：《为少数民族的解放和发展呕心沥血》，见《我们的周总理》，中央文献出版社 1990 年版，第 563-564 页。

③ 熊华源、廖心文：《周恩来总理生涯》，人民出版社 1997 年版，第 322 页。

④《周恩来年谱（1949—1976）》上卷，中央文献出版社 1997 年版，第 36 页。

们逐步从游牧变成定牧。"①1954 年 9 月，周恩来在第一届全国人大第一次会议上所做的《政府工作报告》中明确提出："帮助少数民族经济和文化的发展，使各民族能够逐步达到实际上的平等，是我们历来所主张和执行的政策。"②1957 年 8 月 4 日，在全国人大民族委员会召开的民族工作座谈会上，周恩来专门讲了关于民族繁荣和社会改革的问题。他再次阐明："我们社会主义的民族政策，就是要使所有的民族得到发展，得到繁荣。所以，我们国家的民族政策，是繁荣各民族的政策。在这个问题上，各民族是完全平等的，不能有任何歧视。我们的根本政策是要达到各民族的繁荣。"③

如何引导和帮助各族人民走上共同繁荣、经济发展的现代化道路呢？周恩来认为我们社会主义国家，是要所有的兄弟民族地区、区域自治的地区都现代化。全中国的现代化一定要全面地发展起来。我们有这样一个气概，这是我们这个民族大家庭真正平等友爱的气概。我们不能使落后的地方永远落后下去，"我们各民族必须互相合作，互相帮助，才能发展。"④周恩来还举了包钢和新疆油田的例子说明民族团结、互相支持的重要性。他说，我国要把内蒙古包头市建设成为一个新的工业基地，就需要把那里的铁和大同的煤结合起来，就需要汉族和蒙古族人民共同努力。同样，新疆有石油资源，有各种有色金属资源，但水利、交通很困难，不仅要修通从兰州到新疆的铁路，而且要有资金、有人力。仅仅依靠新疆一个自治区不可能积累多少资金，而且人力也不够。必须要靠全国的力量，从内地动员一部分人力到新疆增加劳动力，这样才能使新疆大发展。这就必须民族合作。

周恩来主张少数民族地区应根据本地实际发展特色经济，中央政府应尽量给予帮助。1950 年 6 月，他在政务院第 37 次政务会议上提出："要多在少数民族地区搞水利，用雪山的流水来灌溉。要办一些轻工业工厂。"⑤1955 年 3 月 9 日，周恩来主持国务院第 7 次全体会议，在听取了西藏问题的汇报后指示：中央和各部门要帮助西藏逐步发展起来，要发展就要修路，以后国家每年都要给西藏以财政补助。⑥翌年 7 月，中共中央讨论了四川甘孜藏族自治州和凉山彝族自治州的工作问题，周恩来在召集少数民族上层人士做传达报告时指出："少数民族地区经济生活比较落后。要改变这种落后的状态，首先必须发展交通事

---

①《周恩来年谱（1949—1976）》上卷，中央文献出版社 1997 年版，第 50—51 页。

②周恩来在全国人大一届一次会议上所做《政府工作报告》，《人民日报》1954 年 9 月 24 日。

③《周恩来选集》下卷，人民出版社 1984 年版，第 263 页。

④《周恩来年谱（1949—1976）》上卷，中央文献出版社 1997 年版，第 582 页。

⑤《周恩来统一战线文选》，人民出版社 1984 年版，第 193 页。

⑥《周恩来年谱（1949—1976）》上卷，中央文献出版社 1997 年版，第 456 页。

业。"①他要求交通部研究在甘孜和凉山地区修公路的方案。

为了实现各族人民共同繁荣的目标，周恩来主张少数民族地区要有步骤地进行民主改革和经济改革。他认为："民族繁荣是我们各民族的共同事业，对此不能有任何轻视。只有改革才能使民族繁荣。经济改革是各民族必须走的路。走这条路才能工业化、现代化。工业化、现代化了，经济生活才能富裕，民族才能繁荣，各族人民才能幸福。"②过去在反动统治剥削压迫下，少数民族经济得不到发展。"我们新中国就是要帮助各民族发展，这就必须实行一个根本性的措施，就是进行社会改革。社会改革是我们中国各民族的共同性的问题。汉族也要经过改革才能够发展。我们所说的社会改革，最根本的是经济改革。"那么，经济改革从哪入手呢？周恩来提出："首先在农业上实行改革，把农业上的封建制度、奴隶制度废除。农民得到了解放，才能够使农业经济得到发展，才能有工业发展的基础。农业能够大量增产，才可能积累资金，才可能供给工业原料，才可能解放劳动力参加工业生产。只有建立起工业基地来，这个民族才有发展的基础。所以每个民族都不可避免地要经过经济改革。"③为把少数民族地区的改革工作做好，他具体提出了几点意见：第一，力争实现和平改革；第二，地主、农奴主的多余浮财可以不动；第三，对藏区的寺庙应该采取更慎重的态度；第四，一定要处理好民族问题，在某些应该让步的问题上要让步；第五，对于现在还在山上叛乱的武装可以停战谈判，要学诸葛亮七擒七纵，我们可以十擒十纵，百擒百纵。④

在强调改革的同时，周恩来为帮助少数民族地区开展现代化建设花费了大量心血。"一五"计划期间，他提议在内蒙古包头建立国家的大型钢铁基地，并调拨全国设备、物资、科技人员支援包钢建设。1959年，包钢一号高炉提前一年建成投产时，他亲自到包头剪彩，庆祝我国少数民族地区第一个大型工业项目的初步建成。1962年，他赴朝鲜族聚集的延边地区视察时，指示当地"千万要保护好森林，这是关系到国计民生的大问题"。他还叮嘱有关人员，水利是农业的命脉，要与农民商量如何搞好水土保持。他希望延边农学院"更多地培育出适合当地的苹果、梨树苗，栽遍沟坡山岭"。⑤

对地处西南边陲的广西经济建设，周恩来也予以了殷切关怀。50年代末在

---

① 《周恩来统一战线文选》，人民出版社1984年版，第327页。

② 《周恩来选集》下卷，人民出版社1984年版，第268页。

③ 《周恩来选集》下卷，人民出版社1984年版，第264页。

④ 《周恩来统一战线文选》，人民出版社1984年版，第325-328页。

⑤ 《周恩来年谱（1949—1976）》中卷，中央文献出版社1997年版，第486-487页。

他的支持下国务院批准了西津水电站、柳州钢铁厂和柳州化肥厂三大建设项目，这是广西现代化工业建设的开端。1960 年，他还在南宁召集有关人员专门研究广西水利建设和发展农业的问题，并亲自审查了青狮潭水电站的设计图纸。他在听取广西公路建设情况汇报后，批准广西兴建一条长 1000 多公里的公路干线，并当场决定派两个工兵团支援广西建设。1972 年，他又批准了广西防城港扩建计划。所有这些建设项目投产，对提高广西经济现代化水平起到了重要作用。

对西藏的经济建设，周恩来给予了更多的关注。1951 年西藏和平解放以后，周恩来立即指示有关部门拨巨款和派技术人员帮助西藏进行基础设施建设。在他的关怀下陆续建成了川藏、青藏、新藏公路干线。国家三年困难时期，周恩来指示："宁肯全国人民承受更大的艰难，对西藏的供应一点不能减少。""文化大革命"中，周恩来身处逆境，但仍然十分关心西藏各族人民群众的冷暖和安危。1968 年夏天，他抽出时间看望到北京学习的西藏干部，勉励大家要维护民族团结，大力发展经济，增加生产，只有这样才能不断改善人民群众的物质文化生活条件，才能巩固边防。[①]1975 年 8 月，周恩来已身患重病，他在医院里还接见了将赴西藏庆祝建区 10 周年的中央代表团，教导他们要特别注意民族宗教政策，注意培养民族干部，搞好团结。事后，考虑到西藏的经济特色，他又打电话让代表团带《养蜂促农》的科教片到西藏去，"给那里的同志们看看，让他们多养蜂"[②]。曾担任西藏主要领导职务的任荣深情地说，从 50 年代到"文化大革命"的 20 多年，周恩来曾多次指出要"采取各种积极措施，扶助西藏地方的经济和文化发展"。在党中央和周总理的直接关怀下，国家每年都要拨出相当数量的款项，组织和派遣一批又一批科技文教工作人员和各方面的领导骨干支援西藏，帮助发展西藏的经济和科学文化。在逐年支援的项目中，从举世闻名的川藏、青藏、新藏和中尼公路干线、民航机场、电站、输油管道、铁路，到河堤、影剧院等，周总理都要逐项审查、亲自过问。[③]

三、在文化建设方面：努力促进少数民族科教文卫事业发展

周恩来一贯重视健全和发展少数民族的文化、教育、科技、卫生事业。他多次提出要尊重自治地方各民族使用和发展本民族语言文字的权利，自治机关要重视使用民族语言文字。他主张只要是"民族的语言文字，就要尊重它。没

---

① 任荣：《西藏人民心中的好总理》，见《我们的周总理》，中央文献出版社 1990 年版，第 399-400 页。
② 童小鹏：《风雨四十年》第二部，中央文献出版社 1996 年版，第 168 页。
③ 任荣：《西藏人民心中的好总理》，见《我们的周总理》，中央文献出版社 1990 年版，第 391-392 页。

有文字的，要按照本民族的意愿帮助他们创造文字。在民族自治地方，主要民族的文字应该成为第一种文字"①。在他的领导下，新中国成立后成立了国家语言文字委员会，为我国许多没有文字的少数民族创造了文字，为文字方案不完善的少数民族完善了文字体系。1950年，中央人民广播电台设立了民族语言广播。1952年2月，他在政务院第125次会议上指示："中国文字改革委员会应尽速确定文字改革的方针，以便推动和帮助尚无文字而又独立语言的少数民族创造文字的工作。"②1956年，有关部门按照周恩来的指示，组织了7个语言调查工作队，分赴全国各少数民族地区开展少数民族语言调查，获得了大量科学资料，为随后制定少数民族文字方案奠定了基础。

广西壮族自治区成立时，由于原称壮族的"僮"为多音字，容易引起误会。周恩来建议把"僮族"的"僮"字改为"壮"，"僮族"称"壮族"。1957年，他批准了《壮文方案》，并决定在壮族地区全面推行使用。这样，壮族从此结束了只有语言没有文字的历史。西藏自治区筹委会成立后，中央决定派团前去祝贺。周恩来检查了中央代表团给西藏的礼单，当发现礼单上没印藏文时他严肃地指出："送给西藏的礼品，怎么能没有藏文？实行区域自治，使用本民族的语言文字，是一个重要内容。"③他指示立刻把所有礼单都用藏汉两种文字印，而且藏文要印在前面。

周恩来还要求在少数民族地区工作的汉族干部学一些少数民族的语言，他本人有时还用民族语言向当地群众问好。1961年4月，他在西双版纳视察时，称赞傣文报办得好，并希望当地继续把该报办好。1964年，他教导新疆部队政治部文工团的同志："你们要好好学习少数民族语言，只有学好少数民族语言，才能更好地为边疆各族人民服务。我听到许多民族同志学汉语，学得很好，而汉族同志往往学民族语言差，这就不太好了。"④1965年7月6日，他在新疆视察工作时指出，要搞好民族团结，"首先，要学习语言，汉族干部先要学好维吾尔语"⑤。

正是由于周恩来的积极倡导、推动，50年代国家组织人员对少数民族语言文字情况进行了全面调查，建立了专门的民族语文工作机构和研究机构，帮助少数民族创制、改进和改革了本民族的文字，才大大推进了全国少数民族语言

---

① 《周恩来选集》下卷，人民出版社1984年版，第268-269页。

② 《周恩来年谱（1949—1976）》上卷，中央文献出版社1997年版，第219页。

③ 童小鹏：《风雨四十年》第二部，中央文献出版社1996年版，第161页。

④ 胡清廉：《周总理亲切关怀边疆文艺战士》，《新疆日报》1977年1月12日。

⑤ 《周恩来年谱（1949—1976）》中卷，中央文献出版社1997年版，第742页。

文字的发展。"目前，中国 55 个少数民族中，除回族和满族通用汉语文外，其余 53 个民族都有自己的民族语言。有文字的民族有 21 个，共使用 27 种文字，其中壮、布依、苗、纳西、傈僳、哈尼、佤、侗、景颇（载佤文系）、土等十多个民族使用的 13 种文字是由政府帮助创制或改进的。"①

新中国成立后周恩来多次到少数民族地区视察，每次他都督促当地发展少数民族的语言文化，并关心少数民族的历史传承问题。1955 年，周恩来到云南大学视察，针对云南省地处边疆、民族众多的特点，指示要根据云南的特点，着重研究少数民族的历史，特别要研究少数民族对我们伟大祖国的贡献。此后云南大学历史系组建了中国民族史教研室和中国西南边疆民族历史研究所，开设了"云南少数民族史"专门课程，中文系组建了云南少数民族语言文学专业。1956 年，他指示中央民族学院在语文系增设藏文研究班，培养优秀学生去研究藏文文法、古典作品、档案资料和历史文献。此后，该校藏语文和藏族文献古籍的研究都得到了较大的发展。

周恩来对传承和弘扬少数民族文学艺术也十分关心。1957 年夏季，广西壮族自治区文工团来京进行汇报演出，带来了歌剧《刘三姐》。周恩来百忙之中亲赴北京人民剧场观看，并指示把这个剧拍成电影。1959 年初，周恩来在看了新中国成立 10 周年献礼影片后，要求当时的文化部副部长夏衍写一部少数民族载歌载舞的喜剧影片，由此产生了电影《五朵金花》。1960 年 11 月，周恩来在观看中央民族歌舞团归国汇报演出后同一些文艺工作者谈到，一首歌、一个舞蹈都要很好地体现民族特色，使人一看就知道是哪个民族的，并教导创作和演出人员要深入民族地区，在各民族原有风格的基础上，不断提高创作和演出水平。"民族舞蹈的加工，一定不要脱离原来的风格。"②据乌兰夫回忆："在文化方面周恩来同志对内蒙古也做过不少重要指示，并多次接见内蒙古的文艺演出团体。他曾高度评价、充分肯定内蒙古的文化轻骑兵'乌兰牧骑'，曾热情赞扬内蒙古艺术家们的表演，并指示要他们到全国一些主要城市去巡回演出，以扩大影响，促进全国各民族文学艺术事业的发展。"③

对少数民族教育事业的建设周恩来也非常关心。1950 年 6 月，政务院即批准筹办中央民族学院，并任命乌兰夫为院长、刘格平为副院长。同年 11 月 24 日，周恩来主持政务院第 60 次会议，批准了《培养少数民族干部试行方案》和

---

① 《中国的少数民族政策及其实践》白皮书，中华人民共和国国务院新闻办公室 1999 年 9 月公布。
② 《周恩来年谱（1949—1976）》中卷，中央文献出版社 1997 年版，第 368 页。
③ 乌兰夫：《为少数民族的解放和发展呕心沥血》，见《我们的周总理》，中央文献出版社 1990 年版，第 565 页。

《筹办中央民族学院试行方案》。在周恩来的支持下，中央民族学院的筹备工作进展顺利，1951 年 6 月 11 日，该校举行了开学典礼。此后经过半个多世纪的发展，该校为我国民族科教文卫事业做出了重大贡献。

新中国成立后周恩来还多次抽出时间视察民族院校。1955 年 5 月 1 日晚，周恩来来到云南民族学院与各族师生一起庆祝劳动节，他一面观看演出，一面宣传新中国的民族政策，鼓励大家做好民族团结工作。他说："各民族之间要取长补短，互相学习，搞好团结。"他要求汉族干部好好帮助少数民族发展民族文化。"从事民族教育工作，一定要学会一、两种少数民族的语言文字，我下次再来，要看一看你们是不是学会了。"①1956 年 5 月，周恩来和陈毅视察了中央民族学院，他们参观了学校的大礼堂、图书馆、学生宿舍。周恩来再次教诲该校干部和师生要把民族学院办好。他指示学院领导，要注意关心学生的生活。他鼓励学生们要努力学习文化科学知识，学好本领，把西藏建设好。②1962 年 6 月，周恩来视察了延边大学，他走进学生宿舍了解学生的生活、学习情况。他还视察了延边医学院和延边农学院，听取了建校汇报，还到教室听教师授课。③

在积极推动少数民族地区文化教育事业发展的同时，周恩来还关心着民族地区的科技、卫生事业。1961 年在西双版纳视察时，他看到森林中弯曲的树木较多，立即指示科技工作者要想办法把这些无用之材变为有用之材。他强调了保护森林资源、保护生态平衡问题的重要性，嘱咐当地的植物学家，"一定要研究这个问题，要解决好合理开垦，保护好自然资源，改造好大自然"④。1965年，西藏自治区成立时周恩来指示，要给西藏各县配发小汽车和高压锅，给各区、乡和边防哨卡配备适应高寒气候条件的半导体收音机，要给部队配发必要的足够的设备。⑤在大动乱的年代，他顶住极左思潮的干扰，指示有关部门组织了北京医疗队，开赴甘肃、西藏等少数民族地区帮助群众治病防病。他要求医疗队除开展正常的医务活动外，还要帮助群众改造炉灶、水井、厕所和畜圈。

为体现国家对少数民族的深切关怀，50 年代末在北京的十大建筑中，少数民族风格的建筑就占了两个。在民族文化宫和民族饭店的筹建过程中，周总理曾经多次亲临施工现场视察，详细了解施工情况，询问工程进度，连民族宫内的座位排列、椅子坐上去舒服不舒服、厅内布景的构想等方面都一一问到。他

---

① 石川：《深切的关怀，难忘的纪念》，见《怀念周恩来》，人民出版社 1986 年版，第 477 页。
② 任荣：《西藏人民心中的好总理》，见《我们的周总理》，中央文献出版社 1990 年版，第 399 页。
③《周恩来年谱（1949—1976）》中卷，中央文献出版社 1997 年版，第 486 页。
④《周恩来年谱（1949—1976）》中卷，中央文献出版社 1997 年版，第 404-405 页。
⑤ 任荣：《西藏人民心中的好总理》，见《我们的周总理》，中央文献出版社 1990 年版，第 396 页。

亲自审查了民族文化宫的设计图纸，提出将二楼会议厅的地面由平面改成有一定坡度的斜面，让坐在后排的人也能清楚地看到前面。在座位设计上，他提出要尽可能地多利用空间，将原来的 500 个座位增加到 800 个。在周恩来的直接指导下，民族文化宫建成后成为了少数民族在北京的文化娱乐和召开会议的重要场所；富有浓郁民族特色的民族饭店也成了来京的少数民族群众休息、居住的主要场地，使各族人民都感受到了祖国大家庭的温暖。

　　总之，周恩来任总理期间兢兢业业地领导全国的民族工作，为新中国民族工作的开拓和各民族的团结进步做出了不可磨灭的贡献。从内蒙古、西藏、广西、新疆、宁夏 5 个自治区的具体筹建，到对全国少数民族地区的多次视察，对少数民族经济、文化、科技、教育、卫生事业的大力扶植和帮助，无不饱含了他的大量心血。他的各民族一律平等、增强民族团结思想及其所制定的民族政策，至今仍对我们做好民族工作有十分重要的指导意义。

　　　　［本文原载于《内蒙古民族大学学报（社会科学版）》2008 年第 1 期］

周恩来与四个现代化的奠基及深远影响

　　周恩来在 20 世纪 50 年代最早提出了现代化建设的构想，他领导制定和实施了发展国民经济的五年计划，初步建成了我国独立完整的现代工业体系。1964年，在第三届全国人大第一次会议上周恩来正式提出了实现四个现代化的奋斗目标，他为我国现代化事业的最早奠基做出了不可磨灭的贡献。离开对我国现代化思想的提出、现代化事业的奠基、现代化发展进程的全面考察，离开对周恩来等老一辈革命家对中国"四化"事业的杰出贡献和深远影响的认真研究，就难以弄清新中国是如何很快弥合战争创伤，迅速恢复发展的，难以弄清中国的现代化建设是如何在"一穷二白"的基础上起步的。周恩来的现代化思想和初步实践产生了深远影响，至今对我国实现"两个一百年"奋斗目标仍有重要启示意义。

一、周恩来与四个现代化概念的最早提出和正式形成

　　自中华人民共和国成立后，周恩来为积极探索符合我国国情的社会主义建设道路、推进社会主义革命和建设事业倾注了大量心血，做出了奠基性贡献。他"担任政府总理长达 26 年，既是国家建设总体蓝图的重要设计者，又是将它付诸实施的卓越组织者和管理者"①。20 世纪 50 年代初期，随着大规模建设高潮的兴起，周恩来在中国共产党内最早提出实现四个现代化的构想，从第一到第四个五年计划的制定和实施都与周恩来密不可分，他呕心沥血、殚精竭虑地推动了中国工业、交通、能源、农业、国防、科技、文教等各个方面现代化的艰难起步。

　　周恩来第一次提出四个现代化概念是在 1954 年。该年 9 月召开了第一届全国人民代表大会，周恩来在会议上做了《政府工作报告》，报告中指出："我国伟大的人民革命的根本目的，是从帝国主义、封建主义和官僚资本主义的压迫

---

① 习近平：《在纪念周恩来同志诞辰 120 周年座谈会上的讲话》，《人民日报》2018 年 3 月 2 日。

下面，最后也从资本主义的束缚和小生产的限制下面，解放我国的生产力，使我国国民经济能够沿着社会主义的道路得到有计划的迅速的发展，以便提高人民的物质生活和文化生活的水平，并且巩固我们国家的独立和安全。我国的经济原来是很落后的。如果我们不建设起强大的现代化的工业、现代化的农业、现代化的交通运输业和现代化的国防，我们就不能摆脱落后和贫困，我们的革命就不能达到目的。"[①]这是新中国领导人第一次明确提出建设四个现代化的目标，显然最初选择的方向与后来的发展不尽相同，当时把工业、农业、交通运输业和国防作为现代化的基本内容，还没有意识到科技现代化的重要性。

从 1954 年起，在以后的 20 多年中，关于四个现代化建设的宏伟目标，周恩来先后讲过 7 次，内容越来越完整，"四化"终于为中国人民所家喻户晓。当时周恩来的现代化构想，是以先实现国家工业化为基础的，在中国经济建设中，一面学习苏联建设的经验，一面强调要从中国国情出发，探索符合中国实际的建设道路，稳步地把中国由农业国变为工业国。当时周恩来认为"工业化"同"现代化"的关系是：实现国家的工业化，就可以促进农业和交通运输业的现代化，就可以建立和巩固现代化的国防，就可以保证逐步完成非社会主义经济成分的改造，因此必须首先努力实现工业化。

对于工业化的标准，周恩来根据中国具体国情考虑，苏联实现国家工业化的标准是工业总产值在国民经济全部产值中达到 70.0%以上。1933 年，苏联第一个五年计划结束时就已达到了这个标准，斯大林由此提出苏联已由农业国变成工业国。按照苏联的这一标准，从纯数字上看中国在不长时间内能够达到这个要求。1952 年，中国工业产值占工农业总产值 28.0%左右，1957 年已上升到 5607%（当年中国的工农业总产值 1241 亿元，其中工业总产值 704 亿元）。1958 年，全国工农业总产值 1649 亿元，其中工业总产值 1083 亿元，占 65.7%。1959 年，全国工农业总产值 1980 亿元，其中工业总产值 1483 亿元，占 74.9%。所以，如果按照苏联宣布由农业国变为工业国的标准，中国此时已经实现了工业化。而实际上，中国大部分地区仍很贫困落后，远没达到发达国家的标准。对此，周恩来有清醒的认识，他多次对周围工作人员明确表示，不赞成过早地宣布实现了工业化。1956 年 2 月 8 日，周恩来在国务院第 24 次全体会议上明确指出："绝不要提出提早完成工业化的口号。冷静地算一算，确实不能提。工业建设可以加快，但不能说工业化提早完成"[②]

---

① 《周恩来选集》下卷，人民出版社 1984 年版，第 132 页。
② 《周恩来选集》下卷，人民出版社 1984 年版，第 190 页。

　　如何实现中国工业的现代化,周恩来明确提出就是要使自己有一个独立的、完整的工业体系。任何一个国家建设社会主义总要有一点独立的能力,更不用说像我们这样一个大国。"太小的国家,原料很缺,不可能不靠旁的国家。而我们这样的大国,就必须建立自己的完整的工业体系,不然一旦风吹草动,没有任何一个国家能够支援我们完全解决问题。"那么什么是独立完整的工业体系呢?周恩来阐明:"我们所说的在我国建立一个基本上完整的工业体系,主要是说:自己能够生产足够的主要的原材料;能够独立地制造机器,不仅能够制造一般的机器,还要能够制造重型机器和精密机器,能够制造新式的保卫自己的武器,象国防方面的原子弹、导弹、远程飞机;还要有相应的化学工业、动力工业、运输业、轻工业、农业等等。"他还进一步指出:"从这样的要求来看,我们觉得八大的决议上写三个五年计划或者再多一点的时间是恰当的。现在看,时间可能要长一点。"[①]

　　关于建立一个完整的工业体系的问题,周恩来的认识后来也是有发展的。他认识到不能孤立地提工业体系,同时还应提出建立国民经济体系。因为我们国家是一个人口众多的大国,在建立工业体系的同时,必须大力发展农业,加速农业和科学技术的现代化进程,相应地发展交通运输业。工业现代化和建立完整的工业体系不能孤立地进行,必须从国民经济综合平衡的要求出发,全面地、有计划地、按比例地发展。随着社会主义建设的开展,周恩来对现代化的认识在实践中也不断发展和修正,对现代化的内容也做了一些调整。他逐渐认识到科学技术现代化的重要性,不再把交通运输的现代化专门作为一项内容。1957 年 8 月 13 日到 20 日,周恩来在北戴河主持召开国务院常务会议,讨论关于发展国民经济的第二个五年计划和 1958 年计划、预算以及国务院的体制等问题。他这时已认识到,交通运输业的现代化就包含在工业现代化之内,没有必要再单独列出。他在会上讲到工业化时说,工业是包括交通运输在内的。

　　"大跃进"高潮过后,周恩来、李富春等人制定了"调整、巩固、充实、提高"的方针,中国的经济状况逐渐好转,周恩来逐渐完整地提出了四个现代化的目标。1961 年 9 月 15 日,中共中央在关于当前工业问题的指示中提出:"把我国建设成为一个具有现代工业、现代农业、现代国防和现代科学文化的社会主义国家。"这已经很接近现在意义上的四个现代化了,与现今"四化"提法的唯一一个差别是把科学和文化并列。而周恩来认为更恰当的提法应该是科学技术的现代化,他在实践中越来越认识到科技现代化对工业、农业、国防现代化

---

　　① 《周恩来选集》下卷,人民出版社 1984 年版,第 232 页。

的重大影响。

1963 年 1 月，周恩来在上海市科学技术工作会议上明确提出了"科学技术现代化"的问题。他指出："我国过去的科学基础很差。我们要实现农业现代化、工业现代化、国防现代化和科学技术现代化，把我们祖国建设成为一个社会主义强国，关键在于实现科学技术现代化。"①这个提法已跟现在完全相同。

1964 年 12 月，在全国人大三届一次会议上，周恩来完整地提出了四个现代化宏伟目标和"两步走"的发展战略。周恩来在会上做的《政府工作报告》中，完整地、正式地向全国人民提出了四个现代化的目标。周恩来阐明："今后发展国民经济的主要任务，总的说来，就是要在不太长的历史时期内，把我国建设成为一个具有现代农业、现代工业、现代国防和现代科学技术的社会主义强国，赶上和超过世界先进水平。"②

虽然"文化大革命"打断了周恩来设计的中国现代化进程，但在 1975 年 1 月，时隔 10 年后身患重病的周恩来在四届人大会议上做《政府工作报告》时，再次提出向四个现代化的宏伟目标前进，"使我国国民经济走在世界的前列"的号召。③在他有生之年"四化"的设想虽然没有实现，但他对四个现代化的完整提出无疑有最早奠基之功。十一届三中全会后邓小平继承并发展了他的现代化思想，并大胆改革开放，取得了突破性成就。

二、周恩来领导的经济建设为中国现代化做了最早的奠基

中国现代化建设起步于第一个五年计划时期，建设社会主义现代化强国是周恩来终生追求的奋斗目标。他不但最早提出四个现代化的构想，而且为实现现代化、建立我国独立完整的现代工业体系做了大量艰苦而细致的工作，发挥了重要的奠基作用。

中华人民共和国成立前夕，国民经济几乎陷入全面崩溃状态。国民产值非常低，人民生活非常贫困。面对百废待兴、百业待举的艰难局面，周恩来在新中国成立之初，集中精力抓了国民经济恢复工作，经过 3 年的努力，全国工农业产值 1952 年底即达到历史最高水平，为现代化建设的逐渐展开做了必要的前提准备。

1952 年后，周恩来开始主持制定发展国民经济的第一个五年计划。"一五"计划确定以工业化为新中国经济建设的主要任务和奋斗目标，以苏联援助的

---

① 《周恩来选集》下卷，人民出版社 1984 年版，第 412 页。
② 中共中央文献研究室编《周恩来年谱（1949—1976）》中卷，中央文献出版社 1997 年版，第 696 页。
③ 《周恩来选集》下卷，人民出版社 1984 年版，第 479 页。

156 项大型现代化工程项目为基础，集中主要力量发展我国的重工业。周恩来为"一五"计划的制定和实施呕心沥血，殚精竭虑，发挥了主导性作用。他经常主持国务院会议，仔细研究国民经济计划的每个细节，几乎每一个数字他都认真核查过。在周恩来的具体领导下，1953 至 1957 年间中国掀起了工业化建设的高潮。按照优先发展重工业的方针，重点进行新建和扩建电力、煤炭和石油等能源工业，新建和扩建现代化钢铁、有色金属、大型金属切削机床、发电设备、采矿设备和汽车、拖拉机等机械工业、基本化工的原材料工业，以及现代国防工业。1953 年 12 月，鞍山钢铁公司建设工程提前完工，这是新中国"一五"计划第一个建成投产的重要项目。随后，另两大钢铁企业武钢、包钢开始建设。与此同时，中国第一家自己的汽车制造厂——长春第一汽车制造厂开始建设，长江上第一座大桥——武汉长江大桥也开始施工。总之，"一五"期间随着一批新型工业企业的兴建，中国向工业现代化迈出了关键一步。

第一个五年计划期间，我国完成基建投资总额达 493 亿元，超过原定计划的 15.3%，加上企业和地方自筹资金，全国实际完成基建投资总额 588 亿元。施工的工矿建设单位达 1000 个以上，其中限额以上的有 921 个，比计划规定的单位数增加 227 个。到 1957 年底，全部投产的建设单位有 428 个，部分投产的有 109 个。计划所规定的限额以上的建设单位，除了少数的以外，大都如期完成或者提前完成建设进度，而且在各个年度中又增加了一些新开工的建设单位。这些工业项目的建设提高了中国的工业生产能力，为中国的工业创立了某些新的部门并在一定程度上革新了某些原有的部门，从而开始改变我国工业原来极端落后的面貌。

在周恩来精心领导下，我国第一个五年计划提前完成了，一批国家现代化所必需的基础工业建立了起来，中国工业机械化程度和技术水平有较大提高，工业部门结构渐趋协调，工业建设地区分布逐步合理，中国的工业结构初步改观。在东北工业基地大大加强的同时，西北、华北开始形成一批新兴工业城市。"一五"期间不但扩建和新建了鞍钢、武钢、包钢三大钢铁基地，还兴建了一批电站、煤矿、油井，一系列的有色金属厂矿、化学工厂、建筑材料工厂，以及许多的机器制造厂和轻工业工厂。从 1953 年到 1956 年，中国工业总产值平均每年递增 19.6%，农业总产值平均每年递增 4.8%。20 世纪 50 年代中期是中国现代化建设步伐较快、经济效果较好的时期之一，初步改变了我国工业落后的面貌，为新中国工业的现代化奠定了基础。

周恩来在党的八大上做《第一个五年计划执行情况和第二个五年计划的基本任务》的报告时指出："第一个五年计划的执行和它的超额完成，已经使并且将继续使中国国民经济发生深刻的变化。"这主要表现在：工农业的生产水平有很大的提高，1957年工农业总产值（包括现代工业、手工业和农业的产值在内）将比1952年增加60.0%以上。在工农业总产值中，工业总产值（包括手工业的产值在内）的比重将达到50.0%左右，而在工业总产值中，生产资料工业产值的比重将达到40.0%以上，这就加强了工业在国民经济中的领导作用。第一个五年计划的完成，使"我国国民经济的各个部门都出现了欣欣向荣的景象，文化教育和科学研究的事业，也正在进入一个繁荣时期，因而也就为人民生活水平的继续提高创造了条件"。①

　　1958年的"大跃进"使中国的经济建设和现代化步伐受到不良影响，50年代末60年代初中国的经济增长率有所降低。周恩来的尽力调整和全国民众的艰苦奋斗，尽量减少了"大跃进"造成的破坏和浪费。60年代初中期，随着"三线"建设的展开，一批现代机械工业、现代交通和国防尖端工程项目相继投工投产。经过10多年的现代化建设，到1966年中国初步建立了独立的、比较完整的工业体系和国民经济体系。全国工业固定资产增长迅速，原煤产量、发电量、原油产量、钢铁产量、机械工业产值大大提高。在辽阔的内地和少数民族地区，兴建了一批新的工业基地。铁路、公路、水运、空运和邮电事业都有很大的发展。我国初步形成了冶金、采矿、电站、石化等工业设备制造以及飞机、汽车、工程机械制造等十几个基本行业，并且能够独立设计和制造一部分现代化大型设备。特别是大庆找到工业性油流，为60年代建设中国最大的石油基地奠定基础，石油工业一度成为中国国民经济的支柱产业。国防尖端科技工业的建设在这一时期也取得了辉煌成就，1964年我国第一颗原子弹实验成功。

　　20世纪五六十年代中国农业现代化建设也取得了较大进展，农业生产条件发生了改变，生产水平不断提高。全国灌溉面积、粮食、棉花逐年增长，长江、黄河、淮河、海河、珠江、辽河、松花江等大江河的一般洪水灾害得到初步控制。1949年以前中国农村几乎没有农业机械、化肥和电力，到60年代全国农用拖拉机、排灌机械、农村用电量和化肥施用量都大大增加，广大农民的生活得到一定改善。正如中共十一届六中全会所做的《关于建国以来党的若干历史问题的决议》中阐明的："我们现在赖以进行现代化建设的物质技术基础，很大一部分是这个期间建设起来的；全国经济文化建设等方面的骨干力量和他们的工作经验，大部分也是在这个期间培养和积累起来的。这是这个期间党的工作

---

① 《周恩来选集》下卷，人民出版社1984年版，第216-217页。

的主导方面。"①

"文化大革命"的十年使国民经济遭到了巨大损失，我国的现代化建设步伐被迫放缓。但是，在周恩来的力挽狂澜和广大干部群众的共同努力下，我们现代化建设事业并没有停步，在工业技术革新和尖端科学的某些领域我国仍取得了一些进展。"工业交通、基本建设和科学技术方面取得了一批重要成就，其中包括一些新铁路和南京长江大桥的建成，一些技术先进的大型企业的投产，氢弹试验和人造卫星发射回收的成功，籼型杂交水稻的育成与推广，等等。"②

总之，新中国成立以来周恩来为我国的四个现代化事业勤勤恳恳、任劳任怨地做了大量工作，做出了不可磨灭的奠基性贡献。从国民经济的全面恢复到大规模的社会主义建设，虽然中间遇到过一些挫折，但在他的精心设计和正确领导下我国工业体系初步建立，标志着我国现代化建设迈出了关键性一步，也开拓了新世纪我国现代化建设的康庄大道。

三、周恩来现代化思想与实践的深远影响

周恩来等中国共产党第一代领导人提出的四个现代化的构想以及带领全国人民所进行的开拓性实践，对今日及未来我国现代化建设和经济腾飞影响深远。我们仔细研究 20 世纪 50 年代以来中国现代化的发展历程，就会发现周恩来任总理期间提出的许多主张、制定的许多措施，为我们今天的经济建设提供了成功经验，至今仍有不少值得我们认真总结和借鉴的地方。周恩来为创建中国独立完整的工业体系、寻找一条适合国情的现代化建设道路，披荆斩棘，艰苦创业，努力探索，不但留下了许多宝贵的思想遗产，而且为新中国规划了长远的发展前景，打下了较为坚实的经济基础。我国现在赖以进行现代化建设的物质技术基础，很大一部分是周恩来主政期间建设起来的。更重要的是周恩来当年的现代化建设构想和开拓性实践为后来邓小平提出的现代化建设目标和改革开放理论提供了极有价值的思想源泉。把中国建设成繁荣昌盛的现代化强国是他们一生的追求和希望。他们同怀着振兴中华这一宏愿，对社会主义现代化建设进行了卓有成效的探索。可以说，毛泽东、周恩来等第一代领导核心是新中国现代化建设的开拓者和奠基人，邓小平为核心的第二代领导集体在改革开放中有突破性发展和创新。

新中国 70 余年的建设历程表明：毛泽东、周恩来、邓小平等老一辈革命家

① 胡绳主编《中国共产党的七十年》，中共党史出版社 1991 年版，第 448 页。

② 中共十一届六中全会所做的《关于建国以来党的若干历史问题的决议》，见《中共党史文献选编（社会主义革命和建设时期）》，中共中央党校出版社 1992 年版，第 530 页。

当初设想的现代化建设的第一步目标现已基本实现，全国人民当前正在为实现党提出的"两个一百年"奋斗目标而努力。当今，我们的现代化建设的内涵已经与 20 世纪五六十年代有很大不同，但周恩来的现代化思想与实践，及其所做的奠基性贡献，对当今新形势下推进我国全面实现现代化仍有深远影响。开国总理周恩来殚精竭虑，呕心沥血，在实践中反复探索，奠定了我们今日建设社会主义现代化强国的物质基础，其理论核心和思想精华至今仍闪闪发光。周恩来当年为建立新中国独立完整的工业体系所做的大量努力、关于我国工农轻重的关系和独立自主与争取外援的关系等问题的思考，对我们当前促进中国经济腾飞、实现中华民族伟大复兴的光荣梦想仍有重要指导意义和当代启迪意义。

进入新时代，在新形势下我国面临着经济结构战略性调整、加快城市化进程、加快西部开发、实现可持续发展、完善市场经济体制、发展开放型经济、提高人民的生活水平等许多新问题、新挑战。只要我们按照党中央五大发展理念和"四个全面"战略布局坚定不移地沿着改革开放的道路走下去，宏伟的现代化蓝图就一定能够实现。正如习近平总书记所指出的："新时代中国特色社会主义的航线已经明确，中华民族伟大复兴的巨轮正在乘风破浪前行。"①在前进道路上，我们要更加紧密地团结在以习近平同志为核心的党中央周围，高举中国特色社会主义伟大旗帜，奋发进取，埋头苦干，勇于创新，砥砺前行，为把我国建设成为现代化强国而努力奋斗！

（本文入选"庆祝新中国成立 70 周年暨强国时代高峰论坛"）

---

① 习近平：《在纪念周恩来同志诞辰 120 周年座谈会上的讲话》，《人民日报》2018 年 3 月 2 日。

周恩来现代化思想的承前启后作用

在新中国现代化建设道路上，周恩来的现代化思想发挥了承先启后的重要作用。他在现代化的奋斗目标、核心内容、实现方式等问题上与毛泽东有着共同的认知和探索，丰富和发展了毛泽东的现代化思想；同时，他提出的以经济建设为中心、分步走的发展战略、重视科技现代化的正确主张又对邓小平理论的形成有重要影响。周恩来为寻找一条适合中国国情的现代化建设道路进行了不懈的努力。至今，其现代化建设思想对全面推进和深化改革仍有重要启示意义。

一、周恩来对毛泽东现代化思想的丰富和发展

作为新中国第一代领导核心的最主要成员，周恩来和毛泽东共同领导了新中国的现代化建设，他们的现代化思想中有许多相同之处，许多正确的主张是他们在领导中国探索现代化道路中共同提出来，是周恩来在具体实践中不断完善和补充的。他们的共同之处主要体现在以下五方面。

第一，他们皆怀着振兴中华的宏愿，皆提出了现代化的战略目标和建设构想。把伟大的祖国建设得繁荣富强是他们一生的追求和希望。早在中共七届二中全会上，毛泽东就指出，新中国成立以后，要迅速地恢复和发展生产，进而使中国稳步地由农业国转变为工业国。1954 年，毛泽东在第一届全国人民代表大会上阐明："准备在几个五年计划之内，将我们现在这样一个经济上文化上落后的国家，建设成为一个工业化的具有高度现代文化程度的伟大的国家。"①周恩来最早完整提出了四个现代化的设想，他在第一届全国人大上所做的《政府工作报告》中阐明："我国的经济原来是很落后的。如果我们不建设起强大的现代化的工业、现代化的农业、现代化的交通运输业和现代化的国防，我们就不

---

① 中共中央文献研究室主编《建国以来重要文献选编》第五册，中央文献出版社 1993 年版，第 461 页。

能摆脱落后和贫困，我们的革命就不能达到目的。"①周恩来主张四个现代化要同时并进，相互促进。关于现代化战略发展的步骤，他认为："可以按两步来考虑：第一步，建立一个独立的比较完整的工业体系和国民经济体系；第二步，全面实现农业、工业、国防和科学技术的现代化，使我国经济走在世界的前列。"②

第二，为最广大人民群众谋利益，将人民的需求和群众的利益置于首位，是他们现代化建设思想的核心，也是他们共同的奋斗目标。毛泽东明确指出："全心全意地为人民服务，一刻也不脱离群众；一切从人民的利益出发，而不是从个人或小集团的利益出发；向人民负责和向党的领导机关负责的一致性；这些就是我们的出发点。"③他认为共产党要做到一切为了群众，就必须与人民群众紧密联系在一起，从群众中来，到群众中去，充分了解群众需要什么，想些什么，要了解群众的要求和愿望。为广大人民群众谋利益也是周恩来领导中国现代化建设的出发点。他始终认为："在我们的国家里，经济建设的发展和人民生活的改善不能不是互相一致的，因为社会主义经济的唯一目的，就在于满足人民的物质和文化的需要，而为了充分满足人民的物质和文化的需要，又必须不断发展社会主义经济。"④早在50年代他就指出："我们进行社会主义建设、社会主义改造，目的就是要在生产发展的基础上，在劳动生产率提高的基础上，逐步地改善人民的物质生活和文化生活。"⑤周恩来终生都在用实际行动履行全心全意为人民服务的宗旨。

第三，他们都认识到，在现代化建设中应坚持从中国具体国情出发，坚持实事求是的原则。他们的差别只是认识的程度和深度有所不同。毛泽东早就强调："认清中国的国情，乃是认清一切革命问题的基本的依据。"⑥正是从实事求是的角度出发，毛泽东对新中国成立之初的国情有清醒的认识，他提出："要使全体干部和全体人民经常想到我国是一个社会主义的大国，但又是一个经济落后的穷国……要使我国富强起来，需要几十年艰苦奋斗的时间。"⑦周恩来一贯坚持实事求是原则，坚持经济建设必须从中国实际情况出发。他始终强调"说真话，鼓真劲，做实事，收实效"。他在领导现代化建设的过程中，强调："各

①　中共中央文献研究室编《周恩来经济文选》，中央文献出版社1993年版，第176页。
②　《周恩来经济文选》，中央文献出版社1993年版，第563页。
③　《毛泽东选集》第三卷，人民出版社1991年版，第1094-1095页。
④　《周恩来经济文选》，中央文献出版社1993年版，第196-197页。
⑤　《周恩来经济文选》，中央文献出版社1993年版，第215-216页。
⑥　《毛泽东选集》第二卷，人民出版社1991年版，第633页。
⑦　《毛泽东著作选读》下册，人民出版社1986年版，第796页。

部门订计划，不管是十二年远景计划，还是今明两年的年度计划，都要实事求是。"① "应根据需要和可能，合理地规定国民经济的发展速度，把计划放在既积极又稳妥可靠的基础上，以保证国民经济比较均衡地发展。"②周恩来一再提出各国的建设必须根据自己的具体情况，根据国情和国民经济发展需要制定奋斗目标。历史已充分证明，能否坚持实事求是原则关系到我国现代化建设的成败，关乎国家的兴衰盛亡。

第四，他们都强调在现代化建设中要以自力更生为主，争取外援为辅，一方面立足于本国实际，走自己的路；一方面对外开放搞活，学习和利用一切人类先进文明成果。独立自主，自力更生是毛泽东一贯坚持的原则。同时他也反对闭关自守，新中国成立之初他就向全世界声明："中国人民愿意同世界各国人民实行友好合作，恢复和发展国际间的通商事业，以利发展生产和繁荣经济。"③如何处理自力更生和争取外援的关系呢？毛泽东阐明："自力更生为主，争取外援为辅，破除迷信，独立自主地干工业、干农业、干技术革命和文化革命，打倒奴隶思想，埋葬教条主义，认真学习外国的好经验，也一定研究外国的坏经验——引以为戒，这就是我们的路线。"④周恩来对毛泽东这一思想完全赞同，他旗帜鲜明地表明了自己的立场："我们必须以自力更生为主，同时也应该认识到外援对于我国的发展和建设，还是起了很大作用的。"⑤他批评了两种错误的思想倾向。一是关起门来搞建设的思想。他指出："我国同世界各国在经济上、技术上、文化上的联系，必然会一天比一天发展。因此，在建设社会主义事业中的孤立思想，也是错误的。"⑥另一种错误就是全面依赖外援的思想。他认为像我们这样一个人口众多的国家，有必要建立自己的完整的工业体系，要去掉依赖思想。1964 年 12 月，他在第三届全国人民代表大会上阐明："自力更生是我们党一贯坚持的方针。中国人民不是懒汉懦夫，过去没有、今后也决不会依赖别人过活。我们完全能够依靠自己的力量，建立一个独立的完整的现代化的国民经济体系。同时，我们仍然要在力所能及的范围内，认真地加强对外援助，努力做出更大的国际主义贡献。"⑦

第五，他们都有不同程度的改革设想。在探索现代化道路的过程中，我国

---

① 《周恩来经济文选》，中央文献出版社 1993 年版，第 252 页。

② 《周恩来经济文选》，中央文献出版社 1993 年版，第 278 页。

③ 《毛泽东选集》第四卷，人民出版社 1991 年版，第 1466 页。

④ 顾龙生编著《毛泽东经济年谱》，中共中央党校出版社 1993 年版，第 423 页。

⑤ 《周恩来经济文选》，中央文献出版社 1993 年版，第 396 页。

⑥ 《周恩来经济文选》，中央文献出版社 1993 年版，第 289 页。

⑦ 《周恩来经济文选》，中央文献出版社 1993 年版，第 565 页。

的经济体制、管理体制改革，从毛泽东时代至今就一直没有停止过。20 世纪 50 年代中期，毛泽东发现了我国经济管理体制中的一些问题，并提出了一些调整的主张。毛泽东认为我国的经济管理中，中央统得过多过死，不利于调动和发挥地方积极性，因而提出要调整中央和地方的关系。他提出："应当在巩固中央统一领导的前提下，扩大一点地方的权力，给地方更多的独立性，让地方办更多的事情。这对我们建设强大的社会主义国家比较有利。"①毛泽东对国家制定统一生产计划，统一收购产品，将工厂统得过死的问题进行了反思，他主张企业要有点自主性。毛泽东还对我国经济体制中的所有制模式进行了思考。他在与民建、工商联负责人黄炎培、陈叔通等人谈话时指出："现在国营、合营企业不能满足社会需要。如果有原料，国家投资又有困难，社会有需要，私人可以开工厂。"②

　　作为中国经济建设的领导者和规划设计者，周恩来对经济管理体制中存在的问题感受最深，他在不断地思考，力图克服这些弊端。他在制定"二五"计划时提出，适当地扩大地方的权限，"因为地方比中央更加接近企业和事业的基层单位，更加接近群众，也更加容易了解实际情况，适当地扩大地方的权限，就能够更好地把地方上的一切力量，一切积极因素，组织到社会主义建设事业中来"③。他认为在中央统一领导下，实行中央与地方的适当分权，是为了更好地让地方和广大人民发展生产，加强他们工作的积极性和创造性。这样就更有利于现代化建设。周恩来还注意到企业的自主权问题，他指出，"不能只照顾国家，不管一个个小的生产单位"，"必须给每一个单位以一定的自治权利，给每一个劳动者以应得的福利。"④另外，周恩来还对我国的经济所有制形式做了思考。他指出："主流是社会主义，小的给些自由，这样可以帮助社会主义的发展。"他认为这可以在工业、农业、手工业等领域实行开展，都可以采取这个办法，大型企业由国家开办，小的企业、合作社、私人都可以开，采取自负盈亏的办法，"在社会主义建设中，搞一点私营的，活一点有好处"⑤。他的这些思想为后来的经济体制改革开拓了思路。

　　综合分析毛泽东和周恩来的现代化建设思想，我们看出他们有共同的理想，共同的目标，他们在社会主义建设道路的探索中有许多共识，在探索现代化道

①《毛泽东文集》第七卷，人民出版社 1999 年版，第 31 页。
②《毛泽东经济年谱》，中共中央党校出版社 1993 年版，第 387 页。
③《周恩来经济文选》，中央文献出版社 1993 年版，第 315 页。
④ 中共中央文献研究室编《周恩来年谱（1949—1976）》上卷，中央文献出版社 1997 年版，第 572 页。
⑤《周恩来经济文选》，中央文献出版社 1993 年版，第 350-351 页。

路上的大目标是一致的，他们的出发点也是一致的。在一些具体的政策措施上也存在着差异。但总体看来，新中国第一代领导人的现代化思想可以说是互为补充、共同完善的，也可以说这一思想是毛泽东的宏伟设想和周恩来等人的具体实践的有机结合。其中，不可否认的是周恩来将毛泽东的现代化思想努力付诸实践，并取得了现代化建设的初步成效。

二、周恩来现代化思想对邓小平理论形成的重要影响

实现社会主义现代化是中国共产党人孜孜以求的目标。周恩来与邓小平两位伟人对社会主义现代化建设进行了卓有成效的探索，勾画出了我国社会主义现代化建设的宏图。任何一种伟大理论的产生，既是对实践经验和发展规律的概括和总结，又必然闪烁着前人的思想光辉。周恩来提出并做过一定尝试的许多正确思想，在十一届三中全会后得到了邓小平的继承和创新。周恩来现代化思想对邓小平理论形成的重要影响主要体现在三个方面。

第一，为早日实现社会主义现代化，必须以经济建设为各项工作的中心。周恩来对现代化建设事业始终非常重视。在一届全国人大一次会议上，他在报告中明确指出："经济建设工作在整个国家生活中已经居于首要的地位"[1]此后，中共八大做出把工作重点转移到经济建设上的决策。但是，由于"大跃进"带来的国民经济不平衡和严重困难，打乱了周恩来原来对国家现代化建设的部署，他不得不把注意力集中于抓国民经济的调整工作。但60年代初国民经济一有好转，他立即把注意力转移到现代化建设上来。在第三届全国人大一次会议上，周恩来提出："今后发展国民经济的主要任务，总的说来，就是要在不太长的历史时期内，把我国建设成为一个具有现代农业、现代工业、现代国防和现代科学技术的社会主义强国，赶上和超过世界先进水平。"[2]邓小平在"文革"后期顶住"四人帮"的压力，坚持抓经济整顿工作，以实际行动努力实现着周恩来的宏愿。粉碎"四人帮"后，邓小平将周恩来的四个现代化思想付诸实施。他向全党全国人民发出号召，要坚定不移地把全党全国的工作重点转移到现代化建设上来，并把"一个中心，两个基本点"确定为中国共产党在新时期的基本路线。他一再强调："就我们国内来说，什么是中国最大的政治？四个现代化就是中国最大的政治。"[3]"同心同德地实现四个现代化，是今后一个相当长的时

---

①《周恩来选集》下卷，人民出版社1984年版，第133页。

②《周恩来年谱（1949—1976）》中卷，中央文献出版社1997年版，第696页。

③《邓小平文选》第二卷，人民出版社1994年版，第234页，

期内全国人民压倒一切的中心任务，是决定祖国命运的千秋大业。"①

　　第二，在建设四个现代化的伟大进程中，他们都制定了具体的战略部署。周恩来在提出四个现代化的设想和领导全国现代化建设进程中，提出了"两步走"的设想："为了实现这个伟大的历史任务，从第三个五年计划开始，我国的国民经济发展，可以按两步来考虑：第一步，建立一个独立的比较完整的工业体系和国民经济体系；第二步，全面实现农业、工业、国防和科学技术的现代化，使我国经济走在世界的前列。"②为实现这个伟大的战略部署，周恩来呕心沥血，鞠躬尽瘁，可惜由于国内外各种因素的影响和干扰，终成遗愿。中共十一届三中全会以来，邓小平继承了周恩来的遗志，在总结以往经济建设经验的基础上，提出了"三步走"战略，即"第一步在八十年代翻一番。以一九八〇年为基数，当时国民生产总值人均只有二百五十美元，翻一番，达到五百美元。第二步是到本世纪末，再翻一番，人均达到一千美元。实现这个目标意味着我们进入小康社会，把贫困的中国变成小康的中国。那时国民生产总值超过一万亿美元，虽然人均数还很低，但是国家的力量有很大增加。我们制定的目标更重要的还是第三步，在下世纪用三十年到五十年再翻两番，大体上达到人均四千美元。做到这一步，中国就达到中等发达的水平"③。改革开放的新时期，我国的现代化建设正是在邓小平的伟大战略部署下顺利开展起来的，至今我国经济发展"三步走"的战略已经成功地走完了两步，我们国家经过几十年改革开放和现代化建设，已经实现了小康目标，21 世纪再用几十年时间我们将努力把我国的现代化最终胜利建成。

　　第三，他们都深刻认识到科学技术现代化在四个现代化中的关键地位。周恩来在组织领导我国社会主义现代化建设的实践中，深切感到科学是关系国防、经济和文化各方面的决定性的因素。早在 1954 年 9 月，周恩来就提出"没有现代化的技术，就没有现代化的工业"④，基于对科学技术重要性的认识，他把最早提出的"科学文化现代化"改为"科学技术现代化"。因为他认为文化本来属于意识形态的范畴，"我们要实现农业现代化、工业现代化、国防现代化和科学技术现代化，把我们祖国建设成为一个社会主义强国，关键在于实现科学技术的现代化"⑤。中共十一届三中全会以来，邓小平发展了周恩来科技现

①《邓小平文选》第二卷，人民出版社 1994 年版，第 208-209 页

②《周恩来年谱（1949—1976）》中卷，中央文献出版社 1997 年版，第 696 页。

③《邓小平文选》第三卷，人民出版社 1994 年版，第 226 页

④《周恩来选集》下卷，人民出版社 1984 年版，第 136 页。

⑤《周恩来年谱（1949—1976）》中卷，中央文献出版社 1997 年版，第 528 页。

代化的思想，他根据时代特征和需求，提出了"科学技术是第一生产力"的著名论断，成为中国人民进行现代化建设的一个重要指导思想。在领导社会主义现代化建设过程中，邓小平远见卓识地提出了可持续发展的思想，并将它作为中国现代化建设和经济发展的基本战略。邓小平认为实现可持续发展的根本途径是科技创新和人力资源的开发。1992 年他在南方视察工作时指出："经济发展得快一点，必须依靠科技和教育。……高科技领域的一个突破，带动一批产业的发展。……要提倡科学，靠科学才有希望。……高科技领域，中国也要在世界占有一席之地。"①从中外经济发展史上看，一个国家科学技术的发展必然带来经济繁荣，而科技落后必然导致经济的停滞不前。改革开放以来，在邓小平的领导下国家加大了对科技的投入，科学技术的作用日显突出，生产力水平也随之迅速提高。实践证明，科学技术的创新、人力资源的合理开发，是实现可持续发展的根本途径。

三、周恩来现代化建设思想的当代启示意义

周恩来杰出的现代化建设思想是我们进行社会主义建设、实现中国梦的一笔宝贵精神财富。新中国第一代领导人在探索中国现代化道路过程中遇到了很多艰难险阻，周恩来等中共第一代领导人为寻找一条适合中国国情的现代化建设道路，进行了最大努力和探索，留下了许多被实践证明的正确思想主张。如：要把经济建设放在国家工作的首位；必须以农业为基础，工业为主导；实现四个现代化，科学技术是关键；要大力发展教育、培养人才，正确对待知识分子；经济工作要从实际出发，实事求是，因地制宜；现代化建设既要自力更生又要开展国际合作、吸收与利用外资；等等。这些都为后来邓小平提出的改革开放理论提供了极有价值的思想源泉。

开国总理周恩来殚精竭虑，呕心沥血，在实践中反复探索，提出了四个现代化的宏伟目标，奠定了建设社会主义现代化强国的坚实理论基础，其理论的核心内容至今仍在闪闪发光。周恩来提出并努力为之奋斗的许多正确思想主张，在中共十一届三中全会以后得到继承发展和创新。在当前加快改革开放的进程中，周恩来的现代化建设思想和成功实践仍给今天中国全面的现代化建设以深邃的启迪。

首先，要正确认识从建立独立的工业体系到全面实现四个现代化的密切关系。周恩来的四个现代化思想最早源于工业化思想，并随着建立完整大工业体

---

① 《邓小平文选》第三卷，人民出版社 1994 年版，第 377-378 页。

系逐渐发展成熟。在领导中国经济建设的实践中，周恩来提出要把我国"基本上建成一个完整的工业体系"①。他阐明了建立完整的工业体系的具体内容，即是"自己能够生产足够的主要的原材料；能够独立地制造机器，不仅能够制造一般的机器，还要能够制造重型机器和精密机器，能够制造新式的保卫自己的武器，象国防方面的原子弹、导弹、远程飞机；还要有相应的化学工业、动力工业、运输业、轻工业、农业等等"②。在第一个五年计划实施中，周恩来开始探索更加全面均衡的现代化目标体系，逐步提出了四个现代化战略，即从单纯的工业化的发展战略转变为实现工业、农业、科学技术和国防四个方面现代化并进的发展战略。在积极倡导实现国家工业化的同时，周恩来又揭示了工业化和现代化的关系，提出了"两步走"战略。他认为工业化是现代化的必要前提，现代化是工业化的发展前景。在阐述四个现代化的关系时，周恩来特意指出："我们的四个现代化，要同时并进，相互促进，不能等工业现代化以后再来进行农业现代化、国防现代化和科学技术现代化。"③他一贯坚持农业是基础、工业是主导的思想，新中国成立初期他就提出："我们必须在发展农业的基础上发展工业，在工业的领导下提高农业生产水平。"④他揭示了科学技术现代化在四个现代化建设中的战略地位，明确指出："没有现代化的技术，就没有现代化的工业。"⑤周恩来的这些思想主张，实践证明是完全正确的，对我们今天如何处理四个现代化之间的关系，如何实现国民经济的全面发展有很强的现实性指导意义。

其次，要解放思想，积极对外开放，大胆学习和借鉴人类一切先进文明成果。早在新中国成立之初，周恩来就明确指出，我们与资产阶级进行合作，不仅政治上可能，经济上也需要。今天，为加快我国现代化建设步伐，很有必要扩大对外开放，破除一切僵化的、保守的观念，大胆学习和利用西方先进的管理经验和科学技术。周恩来认为，在我国生产力水平落后的情况下，为了恢复和发展国民经济，为了进行现代化建设，就应该允许和扶持私人资本主义经济的存在和发展。周恩来的这一正确主张在当时极左的形势下没有完全实现，但对指导我们当前的现代化建设事业具有很强烈的借鉴意义。今天我们进行现代化建设同样需要国内外私营经济的帮助与合作，他们是我国公有制经济的有益

---

① 《周恩来选集》下卷，人民出版社 1984 年版，第 225 页。
② 《周恩来选集》下卷，人民出版社 1984 年版，第 232 页。
③ 《周恩来选集》下卷，人民出版社 1984 年版，第 412 页。
④ 《周恩来选集》下卷，人民出版社 1984 年版，第 10 页。
⑤ 《周恩来选集》下卷，人民出版社 1984 年版，第 136 页。

补充。私营经济使国家增加了税收，工人增加了就业机会，在华投资的国外企业还带来了先进的技术和管理经验，归根到底有利于提高我国的生产力水平，增强综合国力。当今认真学习和研究周恩来的现代化建设思想有助于我们认清积极引进和兴办"三资"企业对我国现代化建设的重要作用，加快改革开放的进程。周恩来提出的要敢于和善于学习利用资本主义的观点，对我们今天解放思想，破除迷信，更新观念，大胆学习、借鉴和引进人类一切先进文明成果仍有直接的指导意义。

最后，要既反保守又反冒进，坚持综合平衡，稳步向现代化迈进的方针。根据新中国成立初期我国生产力极为落后的基本国情，周恩来告诫大家："绝不要提出提早完成工业化的口号。冷静地算一算，确实不能提。工业建设可以加快，但不能说工业化提早完成。"①在实践中，周恩来又多次强调：不要急躁冒进，要尊重事实，从客观实际出发，不能从主观想象出发，必须实事求是。"一五"时期，面对经济建设获得的巨大成就，周恩来并没有盲目乐观、头脑发热，而是冷静地思考和分析各种情况，及时提醒人们："不要光看到热火朝天的一面……应小心谨慎。……超过现实可能和没有根据的事，不要乱提，不要乱加快，否则很危险。"②在"超英赶美"的"大跃进"时期，周恩来冷静地呼吁要"讲真话，鼓真劲，做实事，收实效"③。既积极又稳妥地向四个现代化目标迈进。周恩来制定的既要反对右倾保守，又要反对急躁冒进，坚持综合平衡，统筹兼顾，稳步发展的方针，对我们今天的社会主义现代化建设仍有重要的指导和借鉴意义。周恩来一贯主张从中国的具体国情出发，在经济建设中坚持实事求是的原则。历史已多次证明"左"的错误给国家带来的危害和灾难往往比右的错误更严重。今后我们在进行现代化建设中，必须特别防止急躁冒进等"左"的错误倾向再次发生，要大胆探索，开创一条中国特色的现代化道路，同时要统筹安排，合理规划，持续发展，稳步前进。进入新时代，我们有信心把周恩来当年提出的现代化的宏伟梦想变为现实。全国人民正在以习近平同志为核心的党中央领导下，为实现这一伟大目标而努力奋斗。

（本文原载于《徐州工程学院学报（社会科学版）》2015 年第 3 期）

---

① 《周恩来选集》下卷，人民出版社 1984 年版，第 190 页。
② 《周恩来选集》下卷，人民出版社 1984 年版，第 190 页
③ 《周恩来选集》下卷，人民出版社 1984 年版，第 349 页。

周恩来与统一战线

党的统战理论和实践的先驱

——周恩来与第一次国共合作的建立

中国共产党建立之初就认识到建立革命统一战线的必要性和重要性，周恩来是党的统战理论的积极拥护者和最早实践者之一。他在五四时期就认识到各革命阶级大联合的重要性，在旅欧勤工俭学期间就参与了国民党驻欧支部的组建工作，他是共产党内最早参加黄埔军校建设的主要领导人，对黄埔军校的政治建设做出了卓越贡献。在孙中山逝世后他还参加了广东革命政府的东征和北伐。周恩来为第一次国共合作的建立和发展做出了重要贡献，他是我们党统战理论和实践的先驱。

一、从理论上阐明建立统一战线的重要性

统一战线是中国共产党进行革命斗争的基本战略。党在领导新民主主义革命和社会主义建设中，除了必须依靠广大工农群众外，还必须争取广大的同盟军，组成强大的革命队伍，才能夺取革命的胜利。国共两党合作最早始于 20世纪 20 年代初。1922 年 7 月，中共二大通过了《关于"民主的联合战线"的议决案》，明确提出我党愿同国民党及其他社会组织建立联合战线的主张。同年 8 月，中共中央又召开杭州西湖会议，根据共产国际的指示，做出了与国民党组成联合战线，共产党员以个人名义加入国民党的决定。1923 年 6 月，中共三大集中讨论了与国民党进行合作的问题，通过了《关于国民运动及国民党问题的决议案》。

周恩来是党的统一战线思想最早的宣传者和执行者之一，也是国共第一次合作的主要缔造者和积极实践者之一。他对中国革命中建立统一战线的重要性认识得很早。早在五四运动时期，他就深刻地感受到要打倒帝国主义和封建军阀，必须联合各阶层民众，壮大人民革命力量，共同开展反帝反封建的斗争。1919 年春天，周恩来从日本回到天津后，积极参加了天津学生联合会的工作。

他不仅广泛发动和联合天津大中学校的进步学生，支持天津学联派代表赴沪，推动组织全国学联，而且十分重视与工人、市民和商人联合，参与组织了天津市各界联合会。他与天津总商会代表联络，动员各界联合，共同进行革命斗争。

五四运动中周恩来发表文章公开号召打倒反动政府，打倒安福派，"推倒安福派所凭藉的军阀，推倒安福派所请来的外力"[①]。用什么办法来实现这一目标呢？周恩来明确指出，"我们所恃的是群众运动"，应发动各阶层各行业民众，"快快成立各种组织，各种工会、同业工会尤其要紧"。[②]这是在我国近代革命史上较早使用"群众运动"这一概念。为广泛动员工人、商人、学生联合起来，共同进行斗争，他鼓动和号召工人罢工，商人罢市，学生罢课，并明确指出，这些"种种的举动，那才真足以致安福派的死命"[③]。

旅欧勤工俭学时期，周恩来一边领导旅欧支部的工作，一边分析了当时中国革命的形势和敌我友各方面的情况，总结了辛亥革命失败的经验教训，从理论上阐明处在帝国主义列强和封建军阀残酷统治下的中国欲完成民主革命任务，必须建立广泛的革命联合战线。他论述了建立革命统一战线的重要意义，深刻认识到中国的新军阀、旧军阀都不足恃，我们要救中国，只能依靠全中国的工人、农民、商人和学生等各界联合起来，"实行国民革命"[④]。他还分析了孙中山领导的国民党12年革命不能成功的主要是"因为忽略了革命势力真实的存在和各派的经济地位"，致使各种革命力量不能够集中到国民党旗帜之下，这是"国民党至大的失计"[⑤]。根据中国当时的情况，他考察了中国工人、农民、知识界、新兴工商业家、海外华侨五派革命势力的特点之后指出，如果能将这五派的革命力量联合起来，统一在一个革命政党领导之下，"则国民革命的成功，必不至太为辽远"[⑥]。

在积极推动旅欧的国共组织合作的同时，周恩来还在《赤光》杂志上发表了《酝酿革命的各团体联合会》等一批宣传建立革命统一战线的文章。他阐述了在中国民主革命中，为打倒封建军阀势力、打倒帝国主义列强，必须发动各阶层民众参加，必须进行国共合作的重要意义。周恩来还分析了孙中山领导的国民党现在正处于国民革命的领导地位上，当前"全中国中真能集实力与北洋

① 周恩来：《黑暗势力》，《天津学生联合会报》1919年8月6日，署名"飞飞"。
② 中共中央文献研究室、南开大学编《周恩来早期文集》上卷，中央文献出版社、南开大学出版社1998年版，第433页。
③《周恩来早期文集》上卷，中央文献出版社、南开大学出版社1998年版，第433页。
④ 周恩来：《军阀统治下的中国》，《赤光》1924年2月1日第1期，署名"伍豪"。
⑤ 周恩来：《革命救国论》，《赤光》1924年2月15日第2期，署名"伍豪"。
⑥ 周恩来：《革命救国论》，《赤光》1924年2月15日第2期，署名"伍豪"。

军阀抗的实仅此一孤军"①。1924 年 6 月 1 日，为反击《先声报》发表的反对国共合作的文章，解答一些人的疑问，周恩来专门写《再论中国共产党者之加入国民党问题》一文，再次阐明：中国共产党要努力促进国民革命的成功，这是"中国共产主义者在国民党中特负的使命了"②。

在轰轰烈烈的国民革命中，周恩来对革命统一战线重要性的认识进一步深化。他一再号召工、农、兵、学、商联合起来，一同进行"打倒帝国主义""打倒南北军阀"的斗争。他强调，为使中国民主革命取得彻底成功，我们要下团结的决心，"必须团结起全中国的革命民众向反革命派进攻"。他清楚地认识到，我们应该武装工农力量，学生应积极去做宣传工作，商人可以做后盾，革命战士应为革命的先驱，"我们的实力便在此处"③。

统一战线曾被许多人误解为策略问题，各种反动势力也常以此攻击中国共产党的统战政策。但周恩来认为统一战线是中国共产党长期坚持的关系全局的战略，不是权宜之计的策略。他认为党的统一战线是贯穿中国革命整个发展阶段的战略性规划，在中国革命的各个历史时期统一战线都是带有全局性的，党派的合作是长期的，绝不是为争一党之利而施行的权宜之计。新中国成立后，周恩来更加明确地提出，我们共产党的寿命有多长，我国各民主党派的寿命就有多长，"一直要共存到将来社会的发展不需要政党的时候为止"④。

二、在欧洲帮助国民党筹建驻欧支部

第一次国共合作正式建立的标志是 1924 年 1 月国民党一大的召开。在首次国共合作的筹建阶段，周恩来不仅在理论上阐明了革命团体和党派大联合的主张，而且将其正确的主张积极落实到革命行动中去。1922 至 1923 年间，他在欧洲积极协助国民党员王京岐筹建国民党驻欧支部，使之成为国共合作的先声。

关于国共两党合作的酝酿，最早起于 1921 年底孙中山与马林的桂林会谈。俄国十月革命的成功和列宁领导的苏俄政府两次发表对华宣言，使中国民主革命的先驱孙中山受到鼓舞，他经历了屡次挫折后逐步转向"以俄为师"。1921 年 12 月，孙中山在桂林接见了共产国际代表马林后，开始与苏俄政府建立友好合作关系，并接受了共产国际代表马林和苏俄政府的建议，同意与中国共产党

---

① 周恩来：《军阀统治下的中国》，《赤光》1924 年 2 月 1 日第 1 期，署名"伍豪"。

② 周恩来：《再论中国共产党者之加入国民党问题》，《赤光》1924 年 6 月 1 日第 9 期，署名"恩来"。

③ 周恩来：《在广州举行的警告反动商团示威运动大会上的讲话》，《农工旬刊·双十屠杀特刊号》1924 年 10 月 10 日。

④《周恩来统一战线文选》，人民出版社 1984 年版，第 350 页。

合作。1922 年 6 月陈炯明的叛变促使孙中山下决心改组国民党，他多次召集有共产党人参加的改组国民党会议，并委派廖仲恺、李大钊等人为改组委员，负责办理国民党改组事宜。国民党当时在海外虽有不少党员，但是组织机构并不健全，孙中山在同意国共合作的同时，还决定派曾留学法国的国民党员王京岐，回法国筹建国民党支部。①在国共两党的革命历程中，这个支部的组建和运作成为最早的国共合作的范例，周恩来在其中功不可没。

周恩来是 1920 年 11 月赴欧勤工俭学的，他在 1921 年春就在张申府、刘清扬介绍下加入旅欧共产主义小组。这一年中，中国旅欧学生正兴起大规模的争取"生存权"和"求学权"的斗争高潮，周恩来积极参加了这场斗争，并写了《留法勤工俭学生之大波澜》《勤工俭学生在法最后之命运》等多篇通讯，他对马克思提出的全世界工人阶级联合起来有了深切体会，发出了"全体勤工俭学的同志们，赶快团结起来啊"②的号召。从这年年底到翌年初，为了团结广大的旅欧进步青年，周恩来多次往返于巴黎和柏林，开始与赵世炎等人商议和筹备组建旅欧青年中的共产主义组织之事。经过半年的努力，1922 年 6 月旅欧中国少年共产党在巴黎正式成立，翌年更名为旅欧中国共产主义青年团，周恩来当选为书记。

在周恩来等人积极团结和领导旅欧进步青年从事革命斗争的同时，中国国内的革命形势也发展很快。几乎在旅欧少共成立的同时，中共中央发表了《中国共产党对于时局的主张》，提出中共要与国民党等革命的民主派"共同建立一个民主主义的联合战线"。1923 年中共三大上，通过了《关于国民运动及国民党问题的决议案》，会议决定共产党员以个人名义加入国民党，实现党内合作。根据中共中央的指示精神，周恩来在欧洲很快与国民党驻欧负责人王京岐取得了联系。③

为了贯彻中央指示精神，统一旅欧共产主义者对国共合作问题的认识，1923 年 3 月 10 日周恩来等人在巴黎召开了中国共产主义青年团旅欧支部大会，专门讨论了与国民党合作的问题，与会者大多数赞同共产党员和共青团员以个人身份加入国民党。此时，在欧洲的国民党负责人王京岐也愿意携手合作，他在向国民党本部汇报工作时，专门汇报了旅欧中共团组织意欲加入国民党之事，并赞扬周恩来领导的旅欧中国共青团"组织颇称完善，而其行动亦与吾党相差不

---

① 中共中央文献研究室编《周恩来传》（一），金冲及主编，中共中央文献出版社 1998 年版，第 89 页。
② 周恩来：《勤工俭学生在法最后之命运》，天津《益世报》1921 年 12 月 23 日。
③ 张洪祥、王永祥：《留法勤工俭学运动简史》，黑龙江人民出版社 1982 年版，第 126 页。

远"①。

中共三大后，周恩来在欧洲加紧推进国共合作的进程。1923 年 6 月 16 日，周恩来等 3 位旅欧中国共产主义青年团的负责人在法国的里昂，与王京岐进行了当面会商，双方商谈了国共合作的一些具体问题，最后决定旅欧的 80 余位共青团员以个人身份加入国民党。②这样，在标志着国共第一次合作正式建立的国民党一大召开前，周恩来为首的一批旅欧的中共党员、团员就与王京岐领导下的国民党驻欧组织率先实现了党内合作。

周恩来在欧洲积极开展统一战线工作，赢得了国共两党绝大多数同志的信任和认可。国民党驻欧支部书记王京岐回国述职时，向国民党中央党务部汇报了国民党在欧洲开展的工作，特别是与周恩来等人领导的中共党团组织的合作开展情况，在王京岐的提议下，1923 年秋，国民党中央党部正式委任周恩来为国民党驻欧支部特派员。③当年下半年，国内形势发展很快，孙中山积极实行联俄联共政策，加紧了对国民党改组的步伐，聘请苏俄派来的鲍罗庭任政治顾问，邀请共产党领导人李大钊等参加国民党改组工作。与此同时，周恩来与王京岐也在欧洲加紧了国共两党合作的进程。

由于周恩来等人积极执行党的统一战线方针，在欧洲的中共党员和共青团员纷纷加入国民党，使国民党在欧洲的党员队伍很快得以扩大，除了法国外，德国、比利时、英国等都有了国民党员，原来的国民党旅法支部需要改扩为驻欧支部。1923 年 11 月 25 日，国民党驻欧支部成立大会在法国里昂召开，旅欧的国民党代表和中共党团员代表出席了大会。周恩来以其对统一战线理论的深刻理解和积极实践，赢得了国共两党有识之士的一致认可，在这次会上被选为国民党驻欧支部执行部总务科主任。会议还决定在执行部部长王京岐回国期间，由周恩来代行部长职责，主持国民党驻欧支部的部务工作。④这样，此时的周恩来不仅是中共旅欧党团组织的主要领导人，同时还是国民党在欧洲党组织的主要负责人之一。

1924 年 1 月，国民党一大的召开标志着第一次国共合作的正式确立，此后，掀起了轰轰烈烈的国民革命运动高潮。在国内如火如荼的革命形势带动下，欧洲的国共合作也迅速发展。1924 年 1 月 17 日，国民党巴黎通讯处召开了成立大会，周恩来为这次会议的召开和这个组织的成立做了大量工作。他在会上向

① 王章陵：《中国共产主义青年团史论》，台湾政治大学东亚研究所 1973 年版，第 82 页。

② 中共中央文献研究室编《周恩来年谱（1898—1949）》修订本，中央文献出版社 1998 年版，第 62 页。

③《周恩来年谱（1898—1949）》修订本，中央文献出版社 1998 年版，第 63 页。

④《周恩来年谱（1898—1949）》修订本，中央文献出版社 1998 年版，第 64 页。

与会者介绍了筹备处成立的经过，并在会后执笔了《致中国国民党中央总务部长彭素民的报告》《中国国民党巴黎通讯处第一次大会纪要》等文件。周恩来向国民党有关方面报告：目前巴黎、里昂等地的党员人数不断增加，工作亦有起色。他还汇报了巴黎通讯处的规约和选举情况，并表示："恩来所受我总理中山先生及总部之组织巴黎通讯处的使命已告结束。"①

周恩来无疑是一个认真执行党的统一战线方针的杰出先驱者，在他们的积极组织和领导下，不但旅欧的共产党员、共青团员的队伍不断发展壮大，国民党的党员队伍也迅速扩及到法国的各地以及德、英、比等国。为了扩大反帝反封建的革命统一战线，周恩来除了积极在旅欧华人中发展国共两党组织外，还写了大量文章宣传被压迫各阶级、各阶层民众团结起来一起反对帝国主义、封建主义的道理，他还致信国民党驻欧支部负责人表示，为巩固和发展国共合作，共产党可以为国民党做些组织训练工作。②

1924 年，国共合作正式建立后，国内革命形势发展迅猛，急需大批革命骨干回国工作。根据中共中央的指示，周恩来、刘伯庄等人于 1924 年 7 月下旬从法国启程回国。③同时，由于周恩来在欧洲推动国共合作方面取得的卓越成绩，当时在黄埔军校任教的张申府曾向军校党代表廖仲恺积极推荐过周恩来，并得到了廖仲恺的认可。④周恩来勤勤恳恳、任劳任怨、亲和待人、民主协商的工作作风给曾经与他一起工作的人留下了良好印象，王京岐在给父亲的信中对这位国共合作的积极推动者的工作能力给予了高度评价：周恩来与他协同办理欧洲党务工作有两年之久了，周恩来专门负责对外的工作，他负责内务工作，以他对周恩来工作能力的判断，他认为周恩来的"智力、魄力与夫将来的事业不在汪、胡诸老同志之下"，周恩来的回国，对"全欧党务影响非浅"。王京岐当时的感觉是有一种"说不出的痛苦"。⑤

三、努力致力于黄埔军校的政治建设

黄埔军校是第一次国共合作的产物，是孙中山接受共产国际代表建议，在苏俄政府帮助下建立起来的。中国共产党在政治教育工作、组织工作、招生工

---

① 《周恩来早期文集》下卷，中央文献出版社、南开大学出版社 1998 年版，第 523 页。

② 周恩来致王京岐的信，见《中国共产主义青年团史论》，台湾政治大学东亚研究所 1973 年版，第 84 页。

③ 《周恩来传》（一），中央文献出版社 1998 年版，第 97 页。

④ 刘焱：《张申府谈旅欧党团组织活动情况》，见天津政协编《天津文史资料选辑》第 15 辑，天津人民出版社 1981 年版，第 88 页。

⑤ 王京岐致其父函，见王永祥等：《中国共产党旅欧支部史话》，中国青年出版社 1985 年版，第 167 页。信中所说的"汪、胡诸老同志"系指汪精卫、胡汉民等。

作、学员训练等方面给予了积极的协助，周恩来担任黄埔军校政治部主任期间，加强了军校的政治工作建设，使黄埔军校的政治气象焕然一新，他为国共两党制定了一套军队政治制度，为革命武装的发展壮大奠定了政治基础。

从 1924 年初起，孙中山决定在广州黄埔岛筹建"中国国民党陆军军官学校"。经过半年多的筹备，当年 6 月 16 日黄埔军校正式成立，孙中山亲任军校的总理，除了任命蒋介石、廖仲恺为校长和党代表外，还邀请共产党人共同承担教学工作，并聘请加仑将军等几十名苏俄军官担任顾问或教员。该校设有政治部、教练部、教授部、管理部、军需部、军医部，共 6 部。黄埔学生许多是共产党从各省进步青年中动员和选拔来的，在第一期中，共产党员和团员有五六十人，占学生的十分之一。①黄埔教官中亦有一批以周恩来为首的共产党员，他们为该校政治工作的开展做出了杰出的贡献。

周恩来是 1924 年 9 月初抵达广州的，10 月就担任了中共广东区委委员长兼区委宣传部部长。10 月 10 日，周恩来出席了在广州第一公园举行的各界群众纪念武昌起义 13 周年大会，并在会上发表了演说。当会群众游行，遭到反动商团开枪射击，孙中山决定成立革命委员会，抽调军队镇压商团叛乱。周恩来参加了革命委员会军事指挥部的工作，他布置共产党掌握的广东工农武装协助革命军队平叛。10 月 15 日，按照孙中山的命令，周恩来与澎湃、阮啸仙等人指挥广东工团军、农团军与广东革命武装一起展开了平定商团叛乱的战斗，并取得了决定性胜利。叛乱平息后，孙中山电令嘉奖参与平叛的各军，并于 10 月 30 日从韶关返回广州。周恩来写了《最近二月广州政象之概观》一文，总结了平叛的意义，指出国民党当务之急是"肃清内部"。②

由于处在国共合作的大背景下，周恩来到达广州后不久即担任了黄埔军校政治教官，负责讲授政治经济学。孙中山先生希望将黄埔军校办成一个培养革命武装的新式军校，所以在开办之初就实行了军事教育与政治教育并重的办学方针。政治部的职责是在校党代表和校长领导下，负责学生的政治教育和全校的政治工作、组织工作、宣传工作等。有国民党理论家之称的戴季陶在周恩来到政治部任教官之前曾担任过一段时间的政治部主任，但他对政治部的工作并不放在心上。他在任的几个月期间，政治部机构设置严重不全，工作基本没有开展。当时部里除了一名主任、一名副主任及临时教官外，只有两名书记员。不久，戴季陶离职而去，另一国民党高官邵元冲代理了一段主任之职。11 月 13

① 《周恩来选集》上卷，人民出版社 1980 年版，第 116 页。
② 周恩来：《最近二月广州政象之概论》，《向导》第 92 期。

日，孙中山离粤北上时，邵元冲随行北上。同月，原已在该校任教的政治教官周恩来被任命为黄埔军校政治部主任。

当时，周恩来不但担任着黄埔军校政治部主任，还代表中共广东区委直接领导黄埔军校中的共产党支部。他身兼国共两党的要职，坚决贯彻执行中共的统一战线方针和孙中山制定的联俄、联共、扶助农工三大政策，积极在黄埔军校中建立了一套政治工作制度。他在黄埔期间，为国共两党所领导的革命武装的发展主要做了如下三方面的工作。

一是建立健全政治部的组织机构和正常的政治工作秩序。周恩来担任政治部主任后，一手抓部内的组织工作，一手抓全校的政治宣传工作。针对政治部内无下设机构的状况，他决定在部内成立 3 个股级机构，每个股配备一定编制的干部。3 个股分别为：指导股、编撰股、秘书股。周恩来明确规定了各股的工作任务和办事细则，并从黄埔学生中选调了一批共产党员等到各股任职。[①]针对当时全校没有自己的政治刊物的情况，周恩来指示政治部编印了《士兵之友》《黄埔日刊》等刊物，积极向全校师生做政治宣传工作。

二是努力搞好政治课教学，加强对全校师生的政治教育。周恩来担任政治部主任后，经常邀请国民党和共产党的主要领导人到黄埔军校来，给学生发表政治演讲，国民党元老胡汉民、汪精卫、何香凝等，以及中共早期领导人邓中夏、苏兆征、毛泽东等都曾应邀到黄埔军校发表过演讲。[②]在周恩来的主持下，黄埔军校增加了政治课的内容，除了主讲"三民主义"外，还增开了"国民革命概论""社会进化史""各国革命史"等课程。[③]政治教官们还经常组织黄埔学生讨论时事问题和革命军人使命问题，目的是使学生认清中国社会的主要矛盾、革命目标和革命军人肩负的责任。作为政治部主任的周恩来还亲自给学生们讲课，主要讲国内外革命形势的分析等内容，他讲课学生们很爱听，几乎每次都有新内容。当年的黄埔学生回忆，周恩来的讲演"博而能约，条理清楚，易于笔记，也易于背诵"[④]。

三是加强并坚持对革命武装的政治领导和组织领导。周恩来担任政治部主任期间，广东革命军队中各级党代表皆由政治部领导。黄埔军校成立教导团时，周恩来亲自制定了该团的政治训练计划，并抽调黄埔一期的共产党员曹渊、蒋

---

① 李新主编《中国新民主主义革命史长编：国民革命的兴起》，上海人民出版社 1991 年版，第 99 页。

② 广东革命历史博物馆编《黄埔军校史料》，广东人民出版社 1985 年版，第 6 页。

③ 徐向前：《历史的回顾》上，解放军出版社 1984 年版，第 28 页。

④ 文强：《我在黄埔军校的见闻》，见《第一次国共合作时期的黄埔军校》，文史资料出版社 1984 年版，第 331 页。

先云、许继慎等下到教导团各连担任党代表。[①]当时，在广东革命根据地内除了黄埔军校外，还有粤军讲武学校等数个军校，为了广泛团结各军校、各军队中的进步军人，周恩来领导下的政治部支持成立了中国青年军人联合会。1925年2月1日，以黄埔学生为主，联合粤、滇、桂各军进步军人的中国青年军人联合会在广州正式成立。该组织的负责人是共产党员蒋先云，人数最多时达到两千余人，并出版了《革命军人》机关刊。曾加入该组织的黄埔一期生徐向前元帅评论：这个组织实际上是周恩来领导的政治部"联系青年军人的桥梁"，是共产党"对进步军人进行革命宣传的一种组织形式"。[②]

正是源于周恩来对党的统一战线理论和方针的认真贯彻执行，黄埔军校中的国共合作在周恩来任职政治部主任期间得到稳步发展，而且，在周恩来的努力工作下，该校的政治气象也焕然一新。当时担任政治部指导组主任的王逸常回忆，在周恩来的领导下，黄埔军校的政治工作蓬蓬勃勃地开展起来。周恩来在任期间除了读书看报、批阅文件外，大量时间都花在找人谈话和抓工作落实上。王逸常高度评价周恩来的工作能力："思考事务周密，处理问题敏捷，原则性和灵活性掌握适度。"[③]周恩来以出色的组织才干和勤勤恳恳的工作业绩赢得了广大黄埔师生的拥戴。

在黄埔任职期间，周恩来除积极从事政治工作外，还参与了革命军队的建设。1924年11月，周恩来商得孙中山的同意，筹建了大元帅府铁甲车队，这支武装的主要干部皆是周恩来亲自决定和选调的，从队长、副队长到党代表都由共产党员担任，中共广东区委还从各地调来一批工人、农民、青年充当队员。这支部队的主要任务是担任孙中山的警卫部队，其主要工作和活动都是向周恩来直接请示汇报。从一定意义上说，这也是共产党领导的最早一支革命武装。一年后，这支队伍扩充为叶挺领导的独立团。

在共同推动第一次国共合作中，周恩来与孙中山直接接触不多。但是，他对孙中山的联俄、联共、扶助农工的政策理解得十分深刻，坚持贯彻始终。1924年11月3日，孙中山北上前夕亲莅黄埔军校视察，周恩来与全校师生聆听了孙先生在军校礼堂做的告别演讲。10天后，孙中山偕夫人宋庆龄等乘"永丰"舰经过黄埔转赴香港北上，周恩来与全校师生列队欢送。孙中山去世后，周恩来为巩固和扩大第一次国共合作继续做了大量工作。他先后参加了两次东征，后又参加了国民革命军的北伐，曾任东征军政治部主任、北伐第一军副党代表。

---

① 《黄埔军校史料》，广东人民出版社1985年版，第117页。
② 《当代中国人物传记》丛书编辑部编辑《徐向前传》，当代中国出版社1992年版，第40页。
③ 《黄埔军校史料》，广东人民出版社1985年版，第181页。

他还领导了上海工人第三次武装起义，领导组织了上海总工会。在蒋介石为首的国民党右派叛变革命后，他主张立即出师讨伐蒋介石，并为弥补和挽救国共合作破裂带来的巨大损失尽了最大的努力。

四、结论

毫无疑问，周恩来是中国共产党统一战线理论的首倡者之一，也是第一次国共合作最早的实践者之一。他为认真落实党的统战理论和政策，积极筹建最早的国共合作组织做出了自己特殊的贡献。

周恩来根据党的统一战线理论和方针，从1922年到1924年，在欧洲与国民党进行合作，帮助国民党组建驻欧支部，共同开展革命斗争，开启了第一次国共合作的先声，他对于两党各自的组织机构如何开展合作起到了良好的示范作用。在周恩来和欧洲国民党负责人王京岐的共同领导下，旅欧的国共两党成员工作配合相当默契，很好地落实了共产党提出的统一战线主张和各项方针，也积极执行了孙中山提出的三大政策。周恩来与国民党人在欧洲的良好合作证明了在反帝反封的共同目标下国共两党合作的必要性与可行性，有力地促进了国共两党革命事业的开拓。

在黄埔军校任职期间，周恩来继续贯彻执行统一战线方针，积极推动国共合作的发展。他出色的政治工作扭转了黄埔军校原先政治上的松散无序状况，对国共两党领导的革命武装中的政工建设起到了奠基作用。孙中山北上后，周恩来参与领导了讨伐陈炯明的两次东征。在东征中，周恩来以黄埔军校政治部主任的名义主持东征军的政治动员和政治宣传工作，其卓有成效的工作鼓舞了东征军的士气，保证了东征的胜利，使广东革命根据地得以巩固和扩大。

总之，周恩来为第一次国共合作的筹建和发展立下了不朽的功绩。他很早就提出了民众大联合的主张，真正贯彻执行了党的统一战线思想和方针，他无愧于中国共产党统一战线理论和实践的先驱，早在20世纪20年代他就为国共两党力量的壮大，为中国革命事业的发展做出了卓越贡献。

（本文原载于《党的文献》2018年特刊）

周恩来在第二次国共合作中发挥的特殊作用

在第二次国共合作的建立、巩固和发展中，周恩来发挥了重要的特殊作用。瓦窑堡会议以后他积极贯彻中共抗日民族统一战线的方针，为建立西北三角联盟、为和平解决西安事变做出了重要贡献。1937年，他多次就红军改编等问题与国民党主要领导人谈判，促成了第二次国共合作的正式建立。抗日战争中他代表共产党处理同国民党和各党派的关系，努力团结国内外各界各党派一致抗日，从出任国民政府军事委员会政治部副部长，到参加国共两党抗战筹划，再到妥善处理皖南事变，他为维护、巩固和发展第二次国共合作，为贯彻中国共产党抗日民族统一战线方针立下了不朽的功绩。

一、贯彻中共统一战线方针，为国共第二次合作奠定基础

1935年12月召开的瓦窑堡会议确定了建立抗日民族统一战线的方针。周恩来作为中央政治局常委参加了会议，他完全同意新形势下党中央确立的新方针。会后，为贯彻执行中共中央的统一战线方针，他主要开展了三个方面卓有成效的工作。一是做通张学良的工作，建立西北三角联盟；二是积极联络各方力量宣传停止内战，一致抗日的主张；三是为和平解决西安事变做出重要贡献，为促成第二次国共合作奠定了基础。

中国共产党同国民党地方军队合作首先是从东北军开始的。瓦窑堡会议后，中央成立了由周恩来任书记的东北军工作委员会，专门开展东北军的统战工作。在1936年3月召开的中央政治局会议上，周恩来提出我党同国民党再次合作问题应坚持以下原则：不放松准备建立统一战线的努力，但又不麻痹群众；在抗日讨逆、停止内战原则问题上决不退让，并要求国民党有实际行动；我党保持批评的自由；要求我党在同国民党上层谈判的同时，不放弃争取下层官兵的工作。[①]根据周恩来的意见，会议决定不再公开做反蒋方面的宣传。

---

① 中共中央文献研究室编《周恩来年谱（1898—1949）》修订本，中央文献出版社1998年版，第309-300页。

为了争取东北军合作抗日，1936 年春周恩来接受了李克农的建议，派东北军被俘房军官高福源回去做张学良的说服工作。周恩来还致函张学良，提出东北军和红军在抗日中对抗是互消实力，劝说其应有所准备，扫清两军之间的军事障碍，同仇敌忾。①1936 年 4 月 9 日，周恩来亲赴当时被东北军占据的延安与张学良谈判。双方会谈了一通宵，周恩来终于说服张学良，双方就一致抗日等问题达成了协议。张表示愿意与共产党互不侵犯，互通有无，合作抗日。②

在同东北军接触的同时，周恩来还做了西北军的统战工作，他几次会见杨虎城及其所派来的代表，就军队训练、双方合作等问题进行了商谈。在周恩来等人努力下，在第二次国共合作正式建立前，中共、东北军、西北军已经建立了联合抗日的西北三角联盟。这为抗日民族统一战线的最终建立奠定了基础。

瓦窑堡会议后，周恩来写了多封书信，劝说国民党官员和将领停止内战，团结抗日。这些书信不仅阐明了中共的团结抗日主张，而且起到了一定的抗战动员作用。周恩来曾致函胡宗南指出："夙闻黄埔同学中，颇不乏趋向于联俄联共以救国难者，蒋先生亦曾以精诚团结、共赴国难为言，兄果能力持大义为同学先，则转瞬之间，西北得救，合作告成，抗日前途实则力赖。"③对陈诚、汤恩伯这样的追随蒋介石剿共多年的心腹将领，周恩来仍致函向他们晓以大义，指出双方虽互战 10 年，但同为中国军人，大敌当前，应停止内战，同仇御侮。同时在信中他还提到"微闻蒋先生及晋绥当局均有意于抗战"，如国军一旦开赴前线抗战，则红军将全力相辅。④1936 年 8 月 10 日，中共中央政治局再次召开会议，专门研究国共两党关系和统一战线问题。周恩来在发言中主张放弃抗日反蒋的口号。会后，周恩来在致国民党主要领导人陈果夫、陈立夫的信中表明："两先生为贵方党国中坚，领导党议。倘能力促蒋先生停止内战，早开谈判，俾得实现两党合作，共御强敌，则两党之幸，亦国家之幸也。"⑤

1936 年 6 月 20 日和 8 月 25 日，中共中央先后两次致函国民党，提议停止内战、一致抗日。9 月 22 日，周恩来直接致函蒋介石，重申"共产党今日所求者，唯在停止内战、建立抗日统一战线与真正发动抗日战争"，指出"大敌在前

① 中共中央文献研究室编《周恩来书信选集》，中央文献出版社 1988 年版，第 87 页。
② 中共中央文献研究室编《周恩来传》（一），金冲及主编，中央文献出版社 1998 年版，第 380 页
③《周恩来书信选集》，中央文献出版社 1988 年版，第 110 页。
④《周恩来书信选集》，中央文献出版社 1988 年版，第 118 页。
⑤《周恩来书信选集》，中央文献出版社 1988 年版，第 103 页。

亟应团结御侮"，表明共产党与红军亟望他能"从过去之误国政策抽身而出，进入于重新合作共同抗日之域"。①为促成两党再次合作，周恩来派潘汉年携带他致蒋介石、陈果夫、陈立夫的信由西安赴南京，与蒋介石集团接触。根据潘汉年与陈果夫、陈立夫会谈的情况以及对国内局势发展的研究，周恩来及其领导下的东北军工作委员会决定加强对张学良的东北军工作，同时，积极开展对杨虎城的十七路军的统战工作。

1936 年 12 月 12 日，震惊中外的西安事变爆发。中共中央召开紧急政治局会议商讨对策。周恩来在会上提出，要争取国民党的抗日派和地方实力派，要巩固西北三方的联合；要在抗日的原则下与各方联合。②应张学良邀请，中共中央决定派出周恩来、叶剑英、秦邦宪等组成中共代表团赶赴西安，决定以和平的方式解决西安事变。12 月 17 日晚，周恩来抵达西安后立即会见张学良、杨虎城，听取他们关于西安事变情况介绍，肯定其爱国行为，随后又向张学良和杨虎城表明中国共产党关于和平解决西安事变的方针。周恩来指出，西安事变的前途存在两种可能性，一是争取蒋介石停止内战，共同抗日，这将使中国走上更好的前途，应争取西安与南京在团结抗日基础上和平化解矛盾，团结抗日，防止新内战的发生。而另一种可能就是灭蒋，这样则会引起新的甚至更大的内战发生，将使中国走向更坏的道路。周恩来还表示，中国共产党对西安事变深感同情，决定对二位将军积极援助，让西安事变抗日主张早日实现。经过周恩来耐心工作，张学良、杨虎城赞同了共产党和平解决西安事变的主张。谈判过程中，周恩来充分表明中共的原则、立场以及寻求和平解决西安事变的诚意，为谈判达成一致协议起到重要作用。

经过周恩来与张学良、杨虎城、宋子文、宋美龄等人的多次谈判与协商，蒋介石终于表示同意"停止剿共，一致抗日"等相关协议，使西安事变得以和平解决。这成为中国时局转换的一个枢纽，对国共两党的合作与发展有重大历史意义。从此，国共两党停止了 10 年内战和对峙，开启了第二次合作的谈判进程。周恩来受中共中央的重托，在极其复杂而紧张的历史时刻来到西安，在险恶环境里，临危不惧，沉着机智，忘我工作，为挽救国家危机，为国共携手抗日、再次合作发挥了关键作用。西安事变的和平解决也为实现第二次国共合作奠定了基础。

---

① 《周恩来书信选集》，中央文献出版社 1988 年版，第 105-107 页。

② 中共中央文献研究室编《周恩来年谱（1898—1949）》修订本，中央文献出版社 1998 年版，第 339 页

二、多次与国民党当局谈判，促成第二次国共合作正式建立

西安事变和平解决后，周恩来代表中共多次赴南京、庐山与国民党谈判，历经艰难，殚精竭虑，他展现了非凡的政治智慧，解决了很多棘手的问题，终于迫使蒋介石承认了共产党合法地位，答应了红军改编，正式形成了第二次国共合作。周恩来在这个过程中发挥了旁人无可替代的作用。

从 1937 年 2 月开始，周恩来就在西安、杭州、庐山和南京等地代表中共与蒋介石、顾祝同等人就承认中共和各民主党派的合法地位、承认共产党领导的根据地、红军改编等问题，先后进行了 5 次谈判，时间长达 7 个月之久。第一次谈判的地点在西安。1937 年 2 月 10 日，中共中央政治局常委会通过了《中共中央给中国国民党三中全会电》，周恩来根据中央的精神同国民党方面的代表张冲与贺衷寒，进行了第一次谈判。这次谈判虽然没有达成实际的成果，但它代表了国共两党开始了初步的接触，在一些问题上也达成了共识。

第二次谈判的地点在杭州。3 月下旬，周恩来乘飞机前往杭州。抵达上海时，他抽空与宋美龄会晤，请她将中共中央书记处关于国共谈判的 15 条意见转交蒋介石。一到杭州，周恩来便在潘汉年的陪同下，与蒋介石进行谈判。周恩来首先阐明中国共产党对国共合作的立场，是维护民族解放、民主自由、民生改善的共同纲领，所以，绝不能忍受"投降""收编"的诬蔑。谈话重申中国共产党的谈判条件，并提出几点具体的要求。周恩来此行的一个成效是，蒋介石总算在口头上答应红军保持 4 万余人编制，承诺陕甘宁为一个统一的行政区。

第三次谈判的地点在庐山。当时，蒋介石正在庐山筹办暑期训练团。从 6 月 8 日到 15 日，周恩来同蒋介石进行了多次交谈，宋美龄、张冲也在座。这次谈判对于带有根本性的原则问题，周恩来与蒋介石争执很激烈，分歧很大，虽经宋子文、宋美龄、张冲等往返磋商，蒋介石仍然固执己见，谈判难以进行。

第四次谈判的地点仍在庐山。7 月 7 日，周恩来和博古、林伯渠飞抵上海，也就在这天，震惊中外的卢沟桥事变发生。15 日，周恩来将《中共中央为公布国共合作宣言》交予蒋介石，表明重开谈判的诚意和务实的态度。蒋介石对周恩来提出的谈判意见没有答应的意愿和表示，仍坚持红军改编后不设统一的军事指挥机关，一切听命于他的指挥，甚至还提出让毛泽东、朱德出洋等无理主张，都被周恩来严词拒绝了，周恩来严正表示：蒋介石对红军改编后的指挥与人事的意见，我党绝不能接受。谈判再次陷入僵局，周恩来等离开庐山到达上海。

第五次谈判的地点在南京。这次谈判的核心是红军改编和出动抗日等问题。

8月9日，周恩来同朱德、叶剑英飞抵南京。在南京期间他们多次与冯玉祥、白崇禧、刘湘和龙云等会晤，对国共再次合作问题产生了积极的影响。"八·一三"淞沪抗战爆发后，蒋介石不得不同意中共提出的条件，国共谈判中久拖不决的问题终于解决。8月18日，蒋介石同意红军改编为国民革命军第八路军，任命朱德、彭德怀为正副总指挥，并于8月22日正式发表文告。9月22日，国民党中央通讯社正式播发了《中共中央为公布国共合作宣言》。这次南京谈判历时10余天，第二次国共合作终于正式形成。

红军主力改编为八路军一事落实后，周恩来便考虑与国民党讨论南方红军游击队的改编以及设立中共和八路军办事处等问题。何应钦代表蒋介石同周恩来具体商谈，周恩来向何应钦提出：应允许中共派人到各边区传达党中央旨意，将这些游击区的人员改编为国民革命军新编第四军。[①]随后，他与朱德、叶剑英就此问题在南京与国民党进行了多次谈判，国民党最终同意了周恩来提出的大部分要求，但对新四军军长人选问题，坚持非共产党员担任。周恩来于是在上海动员叶挺，要求他出面改编南方游击队。[②]国民党当局被迫同意。

通过周恩来的多次谈判和斡旋，中共终将南方游击队改编为国民革命军新编第四军，并在南京、上海、武汉、长沙、兰州等地设立了中共代表团和八路军办事处、新四军通讯处。周恩来在谈判中还强烈要求国民党释放被关押的共产党员，提出中共要公开出版发行《新华日报》，并请国民党元老、监察院院长于右任为《新华日报》题写报名。可以说，周恩来对南方各省游击队的改编、对新四军主要干部的安排都花费了很大心血，这支抗日武装的建立是他一手积极促成的。周恩来为第二次国共合作局面的最终形成，做出了特殊的贡献。

三、为巩固国共合作，在国统区广泛开展各种抗战工作

在国共第二次合作的背景下，周恩来担任了国民政府军事委员会政治部副部长，负责第三厅的工作。他在国统区积极领导抗日爱国宣传工作，还做地方实力派的抗战动员工作，帮助国民党办南岳游击干部训练班。其在国统区卓有成效的工作，有力维护和巩固了第二次国共合作，推动了全国抗战。

首先，为表示中共的合作诚意，巩固国共两党的合作，周恩来应国民党之邀出任了国民政府军事委员会政治部副部长，他负责领导该部第三厅，为筹建该厅的组织机构和人事安排做了大量工作。

---

① 《周恩来年谱（1898—1949）》修订本，中央文献出版社1998年版，第384页
② 《周恩来年谱（1898—1949）》修订本，中央文献出版社1998年版，第384-386页

1938 年 2 月 6 日，政治部正式成立，蒋介石亲信陈诚出任部长，周恩来和黄琪翔分任副部长。①周恩来到任后首先精心筹组了第三厅的组织机构、干部人选，制定了第三厅将开展的抗日宣传计划和活动方式，他希望把政治部第三厅组建成为团结各界爱国民主人士和知识分子一同进行抗日宣传的机构。他动员说服一批著名的爱国知识分子加入抗日宣传工作，使该厅成为促进和巩固国共两党合作及团结各界爱国民主人士的一个重要纽带。当时全国各地涌入武汉的文艺界知名人士、爱国知识青年很多，他们的生活大都没有基本的保障，但他们的抗日热情都很高。周恩来考虑如果把他们收揽进第三厅，能够壮大抗日阵营的宣传队伍，推动全国抗战的广泛开展。为促成郭沫若、阳翰笙参加第三厅的工作，周恩来于 1938 年 2 月 17 日致信郭沫若，希望他来武汉就任第三厅厅长，并"敦劝田（汉）、胡（愈之）诸友来汉"。②当月周恩来还"致电在重庆的阳翰笙，催他速至武汉筹组政治部第三厅"③。阳翰笙到武汉后，周恩来向他阐明工作的重要性，"第三厅是个政权组织，政权组织的作用是很大的，我们不能小看它"。"大家应该热情地又很清醒、很有警惕地去参加第三厅的工作。"④为确保第三厅的实权掌握在抗日派手中，周恩来多次与郭沫若、阳翰笙等人商定三厅的具体人事安排。从该厅干部的配备中，可以体现出周恩来积极推动国共合作，团结各种社会力量共同抗战的思想。在该厅各处、科干部中有共产党员董维健等，有救国会的许寿轩和张志让等，还有原国民党武汉行营政训处中国电影制片厂的厂长郑用之。在周恩来的努力下，政治部第三厅招揽了郭沫若、田汉、阳翰笙等一大批文化界的知名人士加入，组成了一个强大的宣传阵容。

由于中国共产党党员是在国民党的军事机关里工作，工作环境十分复杂，共产党的组织和活动全是秘密的，党组织的活动方式也非常的特殊。为坚持共产党的独立自主原则，周恩来在第三厅内建立了两个党组织：在厅一级的主要干部中成立了一个秘密党小组，成员有郭沫若、阳翰笙、杜国庠、冯乃超、田汉、董维健，该小组直接由周恩来领导；在处一级和处级以下的党员中，另外成立一个共产党秘密特别支部，运用灵活巧妙的方式宣传中国共产党抗日救国

---

① 《军事委员会政治部成立，陈诚任部长；周恩来、黄琪翔副之》，见《中华民国史事纪要（初稿）：中华民国二十七年一至六月份》，1989 年版，第 156 页。

② 《周恩来书信选集》，中央文献出版社 1988 年版，第 140 页。

③ 《周恩来年谱（1898—1949）》修订本，中央文献出版社 1998 年版，第 414 页。

④ 阳翰笙：《风雨五十年》，人民文学出版社 1986 年版，第 169 页。

十大纲领。①处级以下党员成立的特别支部由冯乃超任支部书记，刘季平任组织委员，张光年任宣传委员。为保密起见，秘密党小组和特别党支部互相不发生联系，以防万一发生问题不致相互影响。大部分干部配备就绪后，1938 年 4 月 1 日第三厅在武汉正式成立。

其次，周恩来以中共驻国统区总代表和国民党军事委员会政治部副部长身份积极领导开展了抗日爱国宣传工作，他主要做了六个方面的工作。

（1）努力筹建和扩大抗日宣传队伍，后接收和改组了许多抗敌演剧队、宣传队、电影放映队。这些文艺团体成为抗日战争时期一支重要的宣传力量。他们先后接收和改组了孩子剧团、10 个抗敌演剧队、4 个抗敌宣传队、4 个电影放映队和一个电影制片厂。这些文艺团体很多都有一技之长但又在战乱年代难以维持生计，周恩来指示将这些团体改组重建后直接隶属于第三厅，使他们在抗战宣传中发挥出自己的作用。这一举措不但扩大了抗日宣传，促进了中国抗战文艺的发展，而且为新中国的文艺事业发展贮备了人才。

（2）发动领导了大规模的抗敌宣传周活动。为了增强全国人民抗战的决心，周恩来决定邀请文艺界、电影界、戏剧界、各抗敌协会、国民外交协会、国际反侵略中国分会、中国青年救亡协会、中国妇女慰劳总会等 30 余个团体组成筹备会委员，共同举办第二期抗战扩大宣传周。周恩来在《新华日报》上发表了《怎样进行第二期抗战宣传周的工作》一文，阐明抗战宣传工作的任务是"唤醒和激发民众，动员全国民众实行参战，鼓励前方将士和激发全体士气，巩固国民党与共产党及其他抗日党派的团结，以保证和争取更大的胜利"②。在抗战宣传周期间，政治部第三厅领导所有歌咏团体在武汉主要街道上游行，沿途进行大合唱及化装歌咏等表演。武汉 20 多个剧团联合大公演，"分于伤兵医院、难民所、街头、室内等处表演"，鼓舞了前线将士的斗志，有力推动了全国抗日新高潮的兴起。

（3）为发动群众、振奋人心，在武汉三镇组织开展了群众性献金活动。1938 年 7 月 7 日是抗战爆发一周年纪念日，周恩来认为有必要继续扩大抗日宣传，鼓舞士气，振奋人心，他与政治部第三厅主要干部商议举办了大规模的"七七"献金活动。7 月 9 日，周恩来同中国共产党代表团、八路军办事处全体人员组成"中国共产党献金团"，周恩来"献上在政治部 7 月份的薪金 240 元"，"周恩来还鼓励著名演员金山、王莹等到南洋各地进行抗日宣传演出并募捐，取得了

① 《周恩来年谱（1898—1949）》修订本，中央文献出版社 1998 年版，第 418 页。
② 周恩来：《怎样进行第二期抗战宣传周的工作》，《新华日报》1938 年 4 月 8 日。

很大成绩"。①献金活动轰动了武汉三镇，短短 5 天内，"参加献金的达 50 万人以上，献金总额超过一百万元"②。

（4）鼓励和动员文艺工作者深入抗日前线宣传和慰问。创作放映抗日的优秀文艺作品，用戏曲、电影、演唱、美术、演讲等各种艺术形式，向民众宣传抗战主张。周恩来鼓励各种艺术团体和文化界人士到前线去，利用合法身份，积极开展抗日宣传工作。政治部第三厅在呈送政治部的工作报告中汇报说他们"共发动各团体每日出发宣传队八百余队，在武昌、汉口、汉阳一带宣传，尤侧重附近乡间。至五月九日，并有干部训练团一百队入乡宣传。此外，尚有抗战西洋镜宣传队在武昌及乡间表演宣传"③。当时中央电影制片厂也归政治部第三厅领导，在资金、演员困难的情况下，他们拍摄了一批反映抗战生活的故事片，如《保卫我们的土地》《热血忠魂》《八百壮士》等。中央电影制片厂还派摄影师前往各抗日战场，拍摄新闻纪录片，编辑了《抗战特辑》，并制作了《抗战卡通》《抗战歌唱》等教育民众、鼓舞士气的作品。

（5）指导政治部第三厅做犒军和战地服务工作。周恩来领导第三厅建立了"战地文化服务处"，把大量的抗日宣传品输送到各个战区的部队中去。他们"派了四路工作人员出发前线分发书报，每路两三人，携手在一百包以上"④。"战地文化服务处"还自己编印了《前敌》和《士兵》两种周刊。第三厅还建立了慰劳总会，购置了大量药品和医疗器材，支援各战区在前线浴血奋战的将士。第三厅组织的深入前线的宣传工作和犒军慰问工作，鼓舞了士气，增进了军民关系，坚定了中华民族同仇敌忾，抗战到底的决心。

（6）开展对日宣传活动和国际宣传，每天用外语进行对外广播宣传，开展感化和改造日军俘虏等工作。政治部第三厅第七处专门负责国际宣传工作，他们每天用日、英、法、俄、世界语等语种对外广播宣传，并创办世界语刊物《中国报道》（半月刊）寄给 50 多个国家的世界语组织和个人，而且每周召开一次记者招待会，将中国的抗战情况介绍给外国通讯社记者，使各国及时了解情况。第三厅还编印了《对敌研究》宣传资料，印制了向日本官兵散发的日语传单、投降通行证，并播放日本歌曲开展感化俘虏等系列工作。周恩来领导的国际宣传收到了两方面的效果：一是动员了广大海外侨胞和各国人民纷纷伸出援助之

---

① 童小鹏：《风雨四十年》第一部，中央文献出版社 1994 年版，第 144 页。

②《武汉三镇献金圆满结束》，《新华日报》1938 年 7 月 12 日。

③ 中国第二历史档案馆编《中华民国史档案资料汇编》第五辑第二编文化（一），江苏古籍出版社 1998 年版，第 42 页。

④《供给前线士兵文化食粮，建立战时文化服务分处!》，《新华日报》1938 年 8 月 16 日。

手，支援了中国抗战；二是使一些日本士兵逐渐觉醒，产生厌战反战情绪，瓦解了日军的军心。

最后，为团结抗日，周恩来对阎锡山等国民党地方实力派做了抗战动员工作，并协助国民党成立了南岳游击干部训练班。

国共第二次合作正式确立后，周恩来为推动两党合作抗日又做了许多工作，他曾与多位国民党高级将领讨论战况，帮助他们筹划各地抗战的部署。1937年9月，周恩来亲赴山西太原，与第二战区长官阎锡山商谈协调八路军和国民党军队联合对日作战问题。阎锡山同意八路军在山西独立自主开展游击战，周恩来表示愿意在有利条件下配合友军进行运动战。他还建议在沦陷区成立临时政权性质的各级战地总动员委员会（简称"动委会"），[①]以便巩固两党的合作，使山西的抗战更顺利地进行。在周恩来等人说服下，阎锡山同意在山西抗战中与共产党合作。1937年9月20日，动委会正式成立。这是在抗战中创立的具有统一战线性质的政权形式。9月7日晚，周恩来还会见了第二战区前敌总指挥傅作义将军，与其会谈近3个小时，向他阐明了中国共产党抗日民族统一战线的主张。[②]

1938年11月，国民党在衡山召开军事会议，检讨前期抗战工作，提出第二期抗战实行"游击战重于正规战"的方针，决定学习敌后战场的经验，广泛开展游击战。[③]会上，周恩来、叶剑英就举办西南游击干部训练班一事同国民党方面达成协议。[④]该班由蒋介石兼任主任，周恩来担任训练班的国际问题讲师。他对南岳训练班的筹建付出了很多心血，他和叶剑英等人商议了教官人选和学员组成等工作。为抓好教官队伍的建设，周恩来抽调了李涛、边章伍、薛子正、吴奚如、李崇等共产党人作为培训班的教官人选，对他们作思想上的动员，并同他们共同探讨教学方式、教材的编写、对班级的管理等问题。他还抽调刘澄涛、徐天宝、陈宛文、李蕴玉等人做南岳训练班的工作人员，同时配备了一个武装警卫班。在周恩来等人的积极工作下，1939年2月15日南岳游击干部训练班正式开学。

南岳训练班每期3个月，教学实行政治、军事并重的原则。教学中，中共教官把共产党长期以来形成的政治工作理念和毛泽东军事思想贯彻在日常的讲

① 《周恩来年谱（1898—1949）》修订本，中央文献出版社1998年版，第388页

② 《周恩来传》（二），中央文献出版社1998年版，第402页

③ 黄修荣编著《抗日战争时期国共关系纪事》，中共党史出版社1995年出版，第341页。

④ 《周恩来年谱（1898—1949）》修订本，中央文献出版社1998年版，第436页。（由于训练班开设于南岳衡山，因而称之为"南岳训练班"）

解中。他强调军队的建设"首先便是保证自己军队与人民最亲密的关系"①。周恩来很关心游击干部训练班的发展情况。1939 年 4 月，他亲赴湖南衡山，视察西南游击干部训练班，了解训练情况。他为训练班学员讲授了《中日战争之政略与战略问题》，提出我们当下抗战的战略重心是："动员全国人民，展开全面抗战。""敌后的工作政治重于军事，精神重于物质，游击战重于正规战，宣传重于作战，民众重于士兵，节约重于生产。"②通过周恩来等人的宣教工作，一些学员开始了解游击战，改变了对共产党领导的敌后抗战的看法，巩固了抗日民族统一战线。

四、为维护国共合作，同顽固派展开有理、有利、有节的斗争

在国共第二次合作中，周恩来对国民党顽固派的反共言行是时刻警惕的。他清楚地认识到，国民党不会轻易放弃对中共的破坏活动，因此在维护统一战线稳定的前提下，必须开展有理、有利、有节的斗争。针对国民党不断制造摩擦和冲突的情况，周恩来告诫新四军领导人警惕国民党顽固派势力的反动活动。在团结中求发展，发展中求更好地生存。1939 年，国民党顽固派制造了河北冲突③和平江惨案④，周恩来连续两次发电文给当时国民政府军事委员会政治部部长陈诚，要求其转告蒋介石查明真相。1940 年，国民党强令黄河以南的新四军和第十八集团军全部撤至黄河以北。为了顾全团结战的大局，我党决定将皖南新四军移至长江以北。周恩来在对形势进行分析之后认为，为了确保新四军转移的安全，一部分皖南部队秘密转苏南渡江，一部分准备就地打游击。

1941 年 1 月 4 日，皖南事变发生。1 月 7 日，周恩来接到中共中央转来新四军军部在北移途中被围的告急电，愤慨万分，立即领导南方局迅速对该事件进行周密的安排，果断采取了以下策略和方法与国民党顽固派进行斗争。

首先，争取国内外舆论上的支持和对国民党顽固派的广泛声讨，揭露其反共内战的阴谋。他为《新华日报》题写了"为江南死国难者志哀"和"千古奇冤，江南一叶，同室操戈，相煎何急"的题词，并要报馆加快编排和制版印刷，组织好发行力量，又指示在国统区秘密散发由南方局军事组起草并经自己修改

---

① 周恩来：《论抗战军队中的政治工作》，《新华日报》1938 年 2 月 26 日。

② 《周恩来年谱（1898—1949）》修订本，中央文献出版社 1998 年版，第 447-448 页。

③ 1939 年 6 月 11 日，国民党河北民军总指挥张荫梧率部袭击冀中深县八路军后方机关，屠杀指战员 400 余人。

④ 1939 年 6 月 12 日，国民党第 27 集团军杨森部包围湖南平江嘉义新四军留守通讯处，杀害通讯处负责人、新四军上校涂正坤等 10 人。

的传单——《新四军皖南部队惨被围歼真相》，揭露了国民党顽固派的反共阴谋，让更多的人了解皖南事变的真相。为争取国际舆论的同情和支持，周恩来接受国外记者的采访并走访一些国家驻华大使馆官员。他对德国朋友王安娜说："你在这里认识许多外国人，特别是外国记者和外交官，你必须尽快让他们知道国民党袭击新四军的事情。"[①]2月1日，他会见了《时代》周刊的著名记者白修德，并做了长谈。[②]1月22日，《纽约先驱论坛报》刊登了斯诺在21日由香港发出的关于皖南事变真相的消息，同时还发表了评论《不适时之中国奋斗》。[③]周恩来与英国驻华大使阿奇博尔德·克拉克·卡尔会谈几天后，英国大使卡尔把他从周恩来处得到的消息发回国内。周恩来对国内国际舆论的争取，使共产党占据了舆论上的主动。

其次，采取灵活的对应策略，对国民党在政治上坚决反攻，在军事上须取守势。周恩来得知皖南事变消息后，在政治上对国民党坚决回击，立即找国民党谈判代表张冲提出抗议，他还打电话给何应钦，怒斥国民党顽固派"做了日寇想做而做不到的事"[④]。当时中共中央决定在政治上和军事上迅速反攻，立即救援新四军，提前准备机动部队，准备对付最严重事变。周恩来对当时国内外政治军事形势做了细致分析后认为，单纯的大规模的军事反攻是不可取的。他认为军事上不宜采取攻坚战，而要采取易于求得速决的运动战。如准备打李品仙或李仙洲，则政治上为自卫，军事上为以逸待劳，且可获得补充，使顽军胆寒，更可教训一下蒋介石。中共中央采纳了周恩来的正确意见。

再次，做好党的组织转移和防备顽固派迫害的工作，积极营救被俘新四军将士。皖南事变发生之后，按照中共中央的指示，周恩来立即领导南方局研究布置组织上的转移、疏散、隐蔽等应急措施。紧缩机构，疏散人员，建立应付突然事变的交通线。周恩来指定童小鹏等人成立一个工作委员会，制定一套应付突然袭击的制度和措施。周恩来还多次向国民党交涉，要求无条件释放新四军被捕人员，对关押在集中营的新四军指战员的英勇斗争给予宣传和鼓励。为了对皖南事变中被俘及失散人员实施解救和帮助，他还多方设法营救新四军军长叶挺、组织部部长李子芳、敌工部部长林植夫等人，努力为新四军保存革命力量。

① 王安娜：《中国——我的第二故乡》，生活·读书·新知三联书店1980年版，第360页。

② 西粤多·怀特（白修德）：《寻找历史》，美哈泼-罗出版公司1979年版，第116-117页。

③ 艾德加·斯诺：《我在旧中国十三年》，生活·读书·新知三联书店1973年版，第129页。

④ 《南方局党史资料大事记》，重庆出版社1986年版，第134页。

最后，利用揭露皖南事变真相的契机，积极开展对国民党开明人士和民主人士的统战工作，揭露顽固派破坏抗战、阴谋反共的行为，宣传共产党的抗日主张，使得国民党中的开明人士以及党外的民主人士对共产党有了更清楚的认识。周恩来2月6日和21日两次会见冯玉祥，商谈时局问题，冯玉祥表示反对国民党进攻新四军，孙科表示忧虑，张冲觉得有点对不起共产党。①周恩来加强了对国统区民主人士的保护。他设法将郭沫若、何香凝、章伯钧、柳亚子等一批知名人士秘密转移到香港和延安。经过周恩来的细致工作，民主党派及中间人士对共产党的抗日决心更加信任，也为抗日民族统一战线的稳定发展打下了基础。

总之，在第二次国共合作中，为维护全国各界团结抗战的局面，周恩来在与国民党交涉时总是以抗战大局为重，采取"又团结，又斗争"的方针。对国民党顽固派制造的这起影响较大的反共事件，周恩来表现出超强的危机应对与处理能力。他以卓越的才智和领导能力，在坚持统一战线不破裂大前提下，采取了紧急应对措施，在政治、军事、组织、宣传等各方面周密部署，果断处置，同国民党的反共言行做了有理、有利、有节的斗争，全力化解了国共合作的破裂危机，争取了各民主党派和爱国人士以及国际的舆论支持，对建立、维护和巩固第二次国共合作发挥了特殊作用。

（本文原载于《党史天地》2022年第1期）

---

① 《皖南事变》编纂委员会编《皖南事变》，中共党史出版社1990年版，第203页。

周恩来在党的七大上对统战经验的认真总结

　　1945 年，在延安召开的中国共产党第七次全国代表大会，是党在民主革命时期一次十分重要的会议。周恩来在这次大会上发表了《论统一战线》的重要讲话，这是中国共产党统一战线史上一篇非常重要的文献。基于抗战时局的变化和认清统战对象和领导权等问题的需要，周恩来系统总结了我们党成立以来统一战线形成和发展的历程，从敌人、队伍、领导权三个方面系统总结了我党统战工作的经验教训。作为党的统战工作的卓越领导，周恩来之所以能够在党的统战工作中特别是在抗战时期发挥特殊作用，与其对党的忠诚、对统战重要性的认识以及处理复杂矛盾的能力是分不开的。周恩来杰出的统战思想和成功实践发挥了重要历史作用，对新形势下做好党的统战工作仍有现实启迪和指导意义。

一、周恩来在七大上做《论统一战线》重要讲话的时代背景

　　在党的七大上，作为中共中央政治局常委、中央军委副主席、南方局书记的周恩来代表党中央就统一战线问题做专门讲话，是有着深刻的时代背景和重要原因的。

　　1945 年春季，世界反法西斯战争形势正发生迅速变化，中国抗战进入战略反攻阶段，国民党顽固派加紧了反共步伐，企图争夺抗战胜利果实。国共合作的形式虽然尚存，但内部存在着尖锐的矛盾性和不确定性，此时更需要我们党努力做好统一战线工作，需要在党的全国代表大会上对建党以来的统战经验教训进行系统总结，认清蒋介石代表的大地主大资产阶级的本质，认清坚持无产阶级领导权和团结争取统一战线中大多数的重要性和必要性，对时局变化下党的统战方针、政策和策略及时进行调整。

　　周恩来在党内长期负责统战工作，有着丰富的经验和成效。早在 1923 年他就担任过国民党驻欧支部庶务长，在第一次国共合作时期担任过黄埔军校政治部主任、东征军政治部主任。抗日救亡运动兴起后，他审时度势，坚决拥护并

积极贯彻落实我们党建立的抗日民族统一战线方针，从反蒋抗日到逼蒋抗日，再到联蒋抗日，从建立西北三角联盟，到和平解决西安事变，再到红军改编为八路军、新四军，他为第二次国共合作的建立发挥了特殊作用。从出任国民政府军事委员会政治部副部长，到参加国共两党抗战筹划，再到妥善处理皖南事变，他为维护和巩固抗日民族统一战线做出了不可磨灭的贡献。在长期同国民党和各民主党派打交道中，周恩来对党的统战理论、方针、政策、策略有充分的认识和理解，并对党的统战历程有过研究和总结。1939 年，他给共产国际提供的《中国问题备忘录》，其中一个重要部分就是介绍中国抗日民族统一战线的形成和特点。此后数年，他一直在领导国统区抗战工作和统战工作，代表共产党处理与各党派、各爱国团体的关系，对如何做好统一战线工作有着深刻的思考和丰富的经验。

党的七大召开时，世界反法西斯战场形势好转。中国战场正转入战略反攻阶段，但艰苦卓绝的抗日斗争仍未取得最后胜利，国民党顽固派不断制造反共摩擦，而国共两党仍需继续团结合作，国际国内反法西斯统一战线皆需巩固和发展。正是在这样的时代背景下，党的七大上对统一战线的发展历程和经验教训做系统总结的重任，就落在了先后担任过中共白区工作委员会书记、中共驻国统区总代表、长江局副书记、南方局书记，具有丰富的统一战线工作经验的周恩来肩上。

1945 年 4 月 30 日，周恩来在中共七大上做了《论统一战线》的重要讲话，他主要阐明了两个问题：一个是抗日民族统一战线的建立发展历程，着重讲国共关系问题；一个是我党在统一战线方面的经验教训问题。这个重要讲话成为我党统一战线史上一篇珍贵的历史文献，对指导我们做好党的统战工作有着深远影响。

二、周恩来详细阐明了抗日民族统一战线的形成和发展历程

在《论统一战线》中周恩来首先明确指出，我们党从提出抗日民族统一战线，到提出建立联合政府的主张，国民党一贯持反对立场。他分析了原因，在于国民党维护的是极少数人的利益，自然"反对我们代表的极大多数中国人民的利益"[①]。接着，周恩来阐明从"九一八"事变到党的七大召开，14 年间抗日民族统一战线从酝酿到形成和发展，可以分为 5 个阶段。他指出了每个阶段国共双方的斗争中心，阐明了国共两党在各个阶段的不同主张和各自的行动，

---

① 《周恩来选集》上卷，人民出版社 1980 年版，第 190 页。

论述了每个阶段发生的重大事件和政治影响。

关于周恩来对 5 个阶段的具体划分与核心内容请看表 5-1。

表 5-1　抗日民族统一战线形成和发展的历史沿革①

阶段划分	国共双方斗争中心	本阶段重大政治事件	重要政治影响
第一阶段：1931—1936，从"九一八"事变到西安事变	共产党提出"停止内战，一致抗日"，国民党坚持"攘外必先安内"的政策	"九一八"事变、"华北事变"、"七君子"事件、瓦窑堡会议、西安事变	全国抗日高潮掀起，内战被迫停止，中共从反蒋抗日转为逼蒋抗日
第二阶段：1936.12—1937.7，从西安事变到"七七事变"	共产党积极推动抗战，提出 4 项诺言，5 项要求；国民党同意谈判，但拖延抗战	周恩来多次与国民党谈判，"七七事变"爆发，蒋介石发表庐山谈话承认中共合法地位	推动了全民族全面抗战，抗日民族统一战线初步形成，中共逼蒋抗日方针初步实现
第三阶段：1937.7—1938.10，从"七七"事变到武汉撤退	共产党提出全面抗战路线，主张打持久战、游击战、人民战争；国民党制定片面抗战路线，主张速决战，实行"溶共"政策	"八一三"事变爆发，苏联援助中国抗战，国共合作抗日，国民党发动数次大规模的抗日战役，中共坚持敌后游击战，开始建立抗日根据地	共产党全面抗战路线取得初步战果，国民党片面抗战损失惨重，速胜论失败，抗日战争进入相持阶段
第四阶段：1939—1944，从国民党五届五中全会到国民参政会上国共两党公开谈判	共产党坚持抗战，团结、进步，坚持有理、有利、有节的斗争方针；国民党顽固派则妥协、分裂、倒退	国民党召开五届五中全会，国民党开始消极抗战积极反共，共产国际解散，国民党掀起三次反共高潮，皖南事变发生，国共进行了三次谈判	共产党在敌后创建了 19 块抗日根据地，发展了几十万抗日武装；国民党在抗战中仍坚持反共和内战，使得国内外舆论同情共产党
第五阶段：1944—1945，从中共提出建立联合政府主张到中共七大召开	共产党主张成立联合政府，国民党要继续一党专制的政府；共产党坚持民主和团结，蒋介石坚持专制与反共	美国总统特使赫尔利到延安与共产党谈判，同意联合政府方针；周恩来两次与蒋介石谈判建立联合政府均遭拒绝；中共七大胜利召开	共产党扩大了解放区，振奋了中国人民，联合政府的主张获得各界的响应；抗日民族统一战线中的斗争仍在继续。抗战即将取得胜利

① 本表系作者根据周恩来在党的七大上所做《论统一战线》重要讲话内容编制。

在阐述了抗日民族统一战线的发展历程后,周恩来明确指出我们党统一战线工作取得的成绩和今后应注意的问题。他认为自"九一八"事变以来,国共关系发生了变化,"停止内战,一致抗日"是我们党统一战线的成功。今天我们共产党"创造和扩大了解放区,振奋了中国人民,推动了中国的民主运动"。同时,也应清醒地看到国共两党在全国抗日与民主问题上,还存在着原则的分歧和严重的斗争,在共同抗战的形势下还有局部的内战,国民党顽固派"充满了反共、反人民、反民主的行动",与顽固派的斗争现在还继续着。他提出我们的对策是"一方面反对这种反动的消极抗战的路线,另一方面还是留有余地,不关谈判之门"①。他认为谈判和斗争都是为了民主、为了团结,为了巩固和发展抗日民族统一战线。这些正确主张充分展示了其杰出的统战思想和高超的统战艺术。

三、周恩来系统地总结了党在统一战线方面的经验教训

周恩来对党的统一战线经验教训的总结,不是仅仅从抗日战争开始,他联系到了 10 年内战时期甚至是国民革命时期的一些问题。他阐明在国民革命时期我们就建立了一个反帝反封建的统一战线,但后期因为国民党的背叛而破裂了。在土地革命时期,我们党建立的"是反封建压迫、反国民党统治的工农民主的民族统一战线"。"九一八"事变后,我们党才转向建立抗日民族统一战线。他认为这三个时期的统一战线虽有不同的形式和性质,但政治基础是一样的,都属于新民主主义的统一战线。他完全赞同毛泽东的观点,"要建立一个巩固的新民主主义的统一战线,就是要认清楚敌人、队伍和司令官这三个问题"②。他就是根据毛泽东指出的三个方面和自己多年的实践经验来全面认识和总结我党统战工作的经验教训的。

经验教训之一:认清不同时期革命的敌人,防止犯"左"右倾错误。

周恩来认为在建立革命统一战线中,我们面对的敌人是复杂的,所以分清敌友也是一件不容易的事。统一战线的敌友阵营会经常变化,因为帝国主义不止一个,国内的反动阶级也是矛盾重重、派系众多,敌人营垒也会随着形势的变化而变化。在整个新民主主义革命过程中,有时因分不清敌友,我党会犯"左"和右的错误而导致革命失败。他指出右的错误常常把敌人当成朋友,而"左"的错误常常把朋友当成敌人。如在第一次国共合作时期,"中山舰事件"后蒋介

---

① 《周恩来选集》上卷,人民出版社 1980 年版,第 206 页。
② 《周恩来选集》上卷,人民出版社 1980 年版,第 207 页。

石已经走向敌人阵营，特别是北伐军到武汉后蒋介石已经向共产党举起屠刀，而陈独秀还主张与之合作，从而犯了右倾错误。又如"九一八"事变后，本应认清小资产阶级中的一些人是我们的朋友，是可以联合的，但是"左"倾错误观点却将他们看成是最危险的敌人。

周恩来总结的我们党统一战线中第一个教训就是：要有一个清醒的头脑，"善于调查研究，分析问题"[1]。因为我们面对的统一战线变动多，变化大，情况很复杂。他阐明，有些敌人在一定条件下是有两面性的。在做统一战线工作时，如果只注意他们可以联合的一面，忘记了他们的反动性，那就犯了右倾错误，而只看到他们反动的一面，看不出他们会变化，也有可联合的一面，那就犯了"左"倾错误。周恩来认为要向毛泽东学习，正确认识历史发展进程中各阶级的矛盾变化，正确分析敌人的情况，才能制定出战胜敌人的方针。他告诫党内同志，要学会"运用毛泽东同志的利用矛盾、争取多数、反对少数、各个击破的方针，才不会犯'左'的右的错误"[2]。

经验教训之二：在统一战线的复杂队伍中要分清楚左、中、右，采取不同的政策和策略。

周恩来认为在新民主主义统一战线中，有无产阶级、农民阶级、小资产阶级、民族资产阶级，甚至大地主、大资产阶级有时也参加进来，"所以这个队伍很大，很复杂，力量不平衡，不容易统一"[3]。他进而分析，统一战线的同盟者越多，彼此的分歧矛盾就相应越多，也就越不容易统一。对于参加统一战线的各个阶级、阶层、党派、团体等等，要分析其在统一战线中的政治地位，要认清哪些是可依靠的力量，哪些是可团结争取的力量，哪些是应该孤立的力量，分别采取不同的政策和策略。不弄清这一点就要犯错误。

首先，周恩来强调了工农大众在统一战线中的地位。他阐明："无产阶级是这个队伍的骨干"。"是带队的，起领导作用的，其余的阶级都同他有区别。"[4]他进一步指出，这是由于无产阶级觉悟高，斗争性强决定的，但是这个阶级也有自身的不足，那就是人数少、力量小，所以必须依靠农民阶级作为自己可靠的同盟军，农民阶级是统一战线这个队伍的主要力量，但是党内犯"左"和右的错误的人都没有认识到这一点，没有依靠他们。"左"倾的人只依靠自己，结果只能是陷入孤立，而右倾的错误是依靠资产阶级，甚至大资产阶级，更是会

---

[1] 《周恩来选集》上卷，人民出版社 1980 年版，第 209 页。
[2] 《周恩来选集》上卷，人民出版社 1980 年版，第 209-210 页。
[3] 《周恩来选集》上卷，人民出版社 1980 年版，第 211 页。
[4] 《周恩来选集》上卷，人民出版社 1980 年版，第 215 页。

让自己陷入危险境地。

周恩来随后阐明了城市小资产阶级在统一战线中的地位。他认为这个阶级的典型代表是知识分子，不重视知识分子的作用是不对的，他们也是新民主主义统一战线中一支基本的力量，但这个力量需要与工人阶级和农民阶级的力量结合起来。不要小资产阶级，只靠自己孤军奋战的人就犯了"左"的错误，而认为依靠小资产阶级和工人就可以取胜的人是犯了右倾错误。他指明统一战线的正确方针是："工农小资产阶级结合起来才能有力量。"①

其次，周恩来论述了我们党在统一战线中对民族资产阶级的政策。他指出："统一战线队伍里面，还有一个自由资产阶级，我们叫他中间力量。"②这是一个软弱的动摇的阶级，在新民主主义革命中我们的政策应该去争取他们，联合他们，至少可以使他保持中立，但是不能依靠他们。

最后，周恩来分析了统一战线中大地主大资产阶级的政治立场和我们的政策。他认为中国这两个阶级的情况更复杂。其复杂性主要在于他们中的一部分有时候会加入到统一战线中来，但他们又带有很强的两面性，这个特点比资产阶级和小资产阶级更明显。其反动性一面根深蒂固，与之合作过程中，我们党要时刻保持警惕，"反对他们的反动性，绝不能依靠他们"③。

根据对上述统一战线中主要阶级的分析，周恩来阐明我们党把这个庞杂的队伍分作三类：一类是进步力量，就是工人阶级、农民阶级和小资产阶级；一类是中间力量，就是民族资产阶级；一类是顽固力量，就是大地主大资产阶级。根据对这三种力量的分析，我们党制定的统一战线的方针和策略是："发展进步力量，争取中间力量，孤立、分化和打击顽固力量，也就是联合大多数，反对少数，打击最顽固的力量的方针。"④

经验教训之三：在统一战线中一定要争取和坚持无产阶级的领导权。

周恩来认为在统一战线中光划分出左、中、右还不够，还要坚持我们党的独立自主原则。我们为了新民主主义革命目标的实现去联合别的力量，但绝不能同化于他人。我们要有自己独立的政策和策略。他一贯重视统一战线中的领导权问题，而且他认为无产阶级的领导地位不是天赋的，而要靠自己的力量来争取，党一定要争取这个领导权。他进一步分析了统一战线中有哪些力量要争夺领导权。他认为大资产阶级、民族资产阶级、小资产阶级都要争夺领导权，

① 《周恩来选集》上卷，人民出版社1980年版，第212页。
② 《周恩来选集》上卷，人民出版社1980年版，第212页。
③ 《周恩来选集》上卷，人民出版社1980年版，第213页。
④ 《周恩来选集》上卷，人民出版社1980年版，第214页。

各阶级都要按照自己的思想来领导这个队伍。但是与共产党争夺领导权最主要的力量"还是代表大地主、大资产阶级的国民党这个统治集团"[①]。

根据多年统战工作经验，周恩来认识到在领导权的问题上，无产阶级可以领导的是农民阶级和小资产阶级，可与他们很好地合作，对民族资产阶级也还可以领导。可是对大地主大资产阶级一般来说不能领导，但也不是绝对的，在某个特定时期或某个问题上他们迫不得已也可能被领导的，尤其是在他们力量较弱的时候。然而，"他们一旦有了力量，有了外援，就会立刻和我们分裂"[②]。所以周恩来总结我党的经验教训就是：无产阶级要在统一战线中争取和坚持自己的独立性和自主权。他严厉批评了在领导权问题上的"左"、右倾的错误，认为这两种错误思想都不懂得领导权的重要性。右倾观点是不要领导权。如大革命后期的陈独秀，如抗战初期王明提出的"一切经过统一战线"的口号，都是犯了右倾错误。"左"倾机会主义则是只要斗争，不讲团结，自我孤立，成了"无兵司令"。周恩来高度概括说："可以说右倾是把整个队伍送出去，'左'倾是把整个队伍推出去。"[③]

四、周恩来在统一战线中发挥重要作用的原因及深远影响

周恩来不仅在七大上对党的统战历程和经验做了系统总结，而且积极投身统一战线的实际工作中。从和平解决西安事变，重启国共谈判，到第二次国共合作形成，团结各界各党派一致抗日，周恩来为建立、维护、巩固、发展抗日民族统一战线做出了杰出贡献，其特殊重要的作用主要表现在五个方面，第一，他参与制定党的统战方针，努力为国共再次合作奠基；第二，他代表中共多次与国民党谈判，终于促成两党再次合作；第三，他为巩固国共第二次合作，在国统区积极开展抗日统战工作；第四，他坚持共产党的独立自主方针，同顽固派进行了有理、有利、有节的斗争；第五，为巩固和扩大统一战线他广泛团结民主党派和知识分子，宣传了共产党团结抗日的主张，鼓舞了广大民众抗战必胜的信心。

周恩来在长期参与和领导党的统一战线工作的过程中，与国民党和各民主党派长期打交道，积累了丰富的统战经验，做出了卓越贡献，对党的统战工作发挥了特殊的作用。在党的七大上周恩来能够系统总结党的统战历程与统战经验，阐明党的统战理论，并在统战实践中发挥重要作用的主要原因在于以下四

---

① 《周恩来选集》上卷，人民出版社 1980 年版，第 216 页。
② 《周恩来选集》上卷，人民出版社 1980 年版，第 217-218 页。
③ 《周恩来选集》上卷，人民出版社 1980 年版，第 220 页。

个方面。

首先，作为一个坚定的马克思主义者，周恩来对党的统一战线理论、方针、政策理解透彻，对中国革命的目标、任务和国情变化了解深刻，对建立国共合作的重要性和必要性有清醒的认识。

周恩来在中共确立第二次国共合作之初，就根据第一次国共合作的经验教训和马列主义理论，总结和确定了建立国共合作的原则和政策。他多次阐明两党合作要坚持以下原则：一是要有一个共同的奋斗目标，这就是捍卫国家独立和主权，团结一切力量，抗战到底，这是两党再度合作的底线；二是承认国民党对抗战起重要作用："国民党是处在政权和军队的领导地位，它的进步，决定着中国长期抗战及其胜利的前途。"①因此，要有联合的组织，才能行动；三是要坚持共产党的独立自主原则，要开创敌后抗日根据地，壮大抗日武装，坚持长期抗战，才能争取中华民族解放战争的最后胜利；四是强调全民一心，同仇敌忾，发动全民族各界同胞一起抗战，才是夺取抗战最后胜利的最主要条件。周恩来认为，只有全民众起来抗战，抗战才能持久，才能最后战胜敌人。

在中共七大上，周恩来系统总结了第二次国共合作建立和发展的过程，总结了统一战线工作的经验教训，明确指出统一战线中的核心问题，就是要认清楚敌人、队伍和司令官这三个问题，司令官的问题就是领导权的问题。他批评了党内"左"、右两种错误认识："右的观点把昨天是朋友而今天已成为敌人的人仍当作朋友。""'左'的观点把昨天是敌人而今天可能成为朋友的人当作敌人。"②正因为周恩来对共产党的统战理论和政策理解透彻，认识深刻，所以他才能在国共合作中发挥出特殊作用。因为他深知统一战线是中国共产党长期坚持的关系全局的战略，不是权宜之计的策略，在中国革命的各个历史时期统一战线都是带有全局性的、长期的战略方针。

其次，周恩来对党忠诚，对党的统战方针政策坚定不移地贯彻执行，每次总是想方设法，尽最大努力完成好党交付的建立和巩固国共合作的重任。

周恩来不但是中共统一战线政策的主要制定者之一，也是国共合作的具体策划者、主要促成者和坚定维护者。他为第二次国共合作的建立和发展，积极努力，多方奔走、艰辛谈判、竭尽全力，克服了无数困难，动员了各方力量、说服了各界政要，是众所周知、有目共睹的。不管环境如何险恶，为了民族大业，他不辞辛苦地多次去谈判协商，尽最大努力克服两党合作中的一切障碍。

---

① 《周恩来政论选》上册，人民日报出版社、中央文献出版社1998年版，第213页。
② 《周恩来选集》上卷，人民出版社1980年版，第210页。

正是他的这种对国家前途和民族命运的忠贞之心和爱国之情,以及他勤勤恳恳,任劳任怨的工作作风,让所有与他打过交道的人无不留下良好的印象,促进了共产党与国民党和各民主党派合作的巩固发展。郭沫若曾回忆:"我对于周公向来是心悦诚服的。他思考事物的周密有如水银泻地,处理问题的敏捷有如电火行空,而他一切都以献身的精神应付,就好像永不疲劳。"①

周恩来这种胸怀坦荡、坚忍不拔、兢兢业业的精神贯穿其一切工作中。无论是艰苦的战争年代,还是国统区复杂的政治环境下,为了民族大业,他总是不畏艰辛地与国民党当局谈判,竭尽全力地维护统一战线不破裂。1946 年他在离开重庆前夕,很有感慨地说:"差不多十年了,我一直为团结商谈而奔走渝、延之间。谈判耗去了我现有生命的五分之一,我已经谈老了!我虽然将近五十之年了,但不敢自馁,我们一定要走完这最后又最艰苦的一段路!"②正是这种鞠躬尽瘁、死而后已的精神,才使得他在国共合作中发挥出无人替代的特殊作用。

再次,周恩来具有民主协商、团结协作精神,他总能以大局为重,团结各方力量实现党的目标。他的团结与协商精神是他能够在复杂环境中出色完成党赋予的统战重任,能够在国共合作中发挥出特殊作用的主要原因之一。

在第二次国共合作建立前,国民党曾对共产党及其领导的革命根据地进行了多次围剿,残杀了大批共产党人。但是,在日寇不断侵占我国领土,民族危机日益严重的新形势下,周恩来和毛泽东等一批共产党领袖审时度势,以民族大义为重,毅然决定以民族矛盾为先,将国内阶级矛盾先放到次要地位,在中共确定了建立抗日民族统一战线政策后,本身具有民主意识的周恩来不负党的重托,千方百计说服一切力量团结抗日,以协商的方式尽力维护国共间的合作。在第二次国共合作的建立和巩固过程中,中共中央和周恩来根据形势的发展和建立统一战线工作的需要,从反蒋抗日到逼蒋抗日,再改为联蒋抗日,不断变换我们的政策和口号。在国民党发起反共高潮的时候,周恩来坚持了有理、有利、有节的斗争,仍然寻求可团结的力量,他提出:"凡有可以谋团结之道者,同人等无不惟力是赴。"③他为第二次国共合作的建立和不破裂做出了不可磨灭的贡献。

为了建立抗日民族统一战线,周恩来多方奔走,努力沟通两党之间关系,进行了多方面的运作,在运作过程中,他对原则问题毫不动摇,对于复杂局面

---

① 《洪波曲》,见《郭沫若选集》第二卷,四川人民出版社 1979 年版,第 99 页。
② 中共中央文献研究室编《周恩来年谱(1898—1949)》修订本,中央文献出版社 1998 年版,第 677 页。
③ 《周恩来统一战线文选》,人民出版社 1984 年版,第 51-52 页。

策略斗争。其中最重要的表现形式就是谈判。周恩来作为中共党内的谈判专家，极其擅长沟通，他一生中经历过的大小谈判数百次，几乎每次都为沟通党际关系起到了重要的作用。坚持团结和民主协商是周恩来统一战线思想和实践的特色之一，也是周恩来在第二次国共合作中所坚持和使用的基本工作方法。周恩来曾明确指出："新民主主义议事的特点之一，就是会前经过多方协商和酝酿……新民主主义的议事精神不在于最后的表决，主要是在于事前的协商和反复的讨论。"①如果没有这种团结与协商的精神，是不可能在第二次国共合作中发挥重大作用的，周恩来身上所体现出的团结与协商精神，是他能够在复杂环境中出色完成党的和国家重大历史使命的重要原因之一。

最后，周恩来具有处理复杂矛盾、驾驭局势、善于谈判的特长和技巧，且有超人的智慧、敏锐的洞察力和灵机应变的能力。

周恩来在中共党内长期负责统战工作，积累了丰富的经验，他对时局的变化和国民党内不同派别政治态度的变化有敏锐的判断能力。这使他能够根据原则性和灵活性相结合的原则，根据形势的变化迅速果断地处理国共关系中出现的各种复杂问题。从建党初期到新中国诞生，周恩来几乎参与了国共关系方面所有重大决策的执行，特别是第二次国共合作时期，他是国共合作的重要决策者之一，他替中共中央起草了许多关于国共关系的文件和指示。他在长期的统战工作中积累了丰富的经验，营造了良好的人际关系。同时，这也决定了他在两党关系中的重要地位和特殊作用。

此外，高尚的品德和良好的修养，对中华优秀传统文化的积淀，对现代民主意识的汲取，以及人格魅力等均是周恩来能够在国共合作中发挥特殊作用的成功因素。他是将中华优秀传统文化和西方现代民主意识结合的典范，他具有温文尔雅、为人谦和、谨慎周密、善于协调的绅士风度，既有很好的教养和素质，又有极强的个人魅力。他代表共产党同国民党谈判与合作时，把原则性和灵活性很好地统一起来，既注重大局，又清醒务实，遇事不走极端，善于协调，想方设法化解矛盾。这种待人宽容，讲信修睦，彬彬有礼，温文尔雅的风范，加之坚定不移的共产主义信仰和对党的无限忠诚，也成为其在国共合作中发挥特殊作用的一个重要因素。

周恩来不但在第二次国共合作中发挥了特殊重要作用，在中共执政后，他仍在党内负责领导统战工作，时刻关心着海峡两岸的统一问题，并为此做了许多努力。在进入新时代的今天，如何继续扩大统一战线仍然是我们必须要做好

---

① 《周恩来统一战线文选》，人民出版社 1984 年版，第 134 页

的工作，认真研究周恩来在党的七大上发表的《论统一战线》这篇重要文献，努力学习周恩来的统战思想、民主意识、团结精神、高超的政治智慧和人际沟通艺术，对我们深化中共党史和党的统战工作研究，对我们总结历史经验，面向未来，积极发展新时代党的统一战线具有重要的启示和借鉴意义。

　　（本文入选"纪念中国共产党第七次全国代表大会召开 75 周年理论研讨会"）

周恩来统战思想与实践的真实写照

——以《周恩来书信选集》为视角的分析

周恩来是我们党统一战线的奠基者和卓越领导人。他的统一战线思想和实践是我们党的宝贵精神财富，值得我们去深入学习和研究，从《周恩来书信选集》（中央文献出版社，1988 年版）中我们不难发现其中很多信件都涉及党的统一战线的相关内容，认真研究周恩来这些珍贵的书信是我们了解周恩来成功的统战实践、学习周恩来杰出的统战思想的一个很好角度。

《周恩来书信选集》收录了周恩来 1918 年 4 月至 1975 年 7 月间写给党内外、国内外人士和亲朋故友的书信 300 封，共约 34 万字。这些书信，有档案部门从战火硝烟中保存下来的；有收信人历经几十年的风风雨雨，甚至冒着生命危险保存至今的；还有邓颖超从她珍藏的私人信件中挑选出来的，大部分是首次公开发表。书信的内容涉及中国革命和建设事业的各个方面，包括政治、军事、统战、经济、文化、外交等，记录了周恩来同党内外同志、亲属、故旧及国际友人的交往。这些书信从一个侧面反映了周恩来为中国革命和建设事业所做的大量艰苦细致的工作。这本书信选集中有相当多的是给国民党人、给民主党派、给无党派爱国人士、给知识分子和艺术家的信件，占了近一半的篇幅，真实、深刻地反映了周恩来的统一战线思想和光辉实践。

一、周恩来写了大量关于统一战线的信件

《周恩来书信选集》收入了一批周恩来关于统一战线方面的书信，按照时间和重大历史事件划分，其核心内容大致可分四个部分。

（一）关于第一次国共合作的书信

《周恩来书信选集》共收入周恩来为建立第一次国共合作所做的各种努力内容的书信 4 封，时间跨度是从 1924 年到 1927 年。

1924 年周恩来从欧洲回国，9 月 1 日致信中国社会主义青年团中央，表示

海外归来，待命广州。此后不久周恩来担任黄埔军校政治部主任，1925 年 5 月，他以政治部主任的身份给时任广东省兴宁县县长的罗师扬去了两封信，对东征中的一些工作提出处理意见。1927 年在国共合作破裂前，周恩来还致信汪精卫、蒋介石等就东江行政会议即将召开问题做了通报，周恩来提出："定于 2 月 20 日，在汕举行行政会议，召集所属各县长、各教育局长，届时亲自出席，农工商学妇女各界之有组织者，每县得各派代表一人参加。"①这反映了周恩来在统一战线中注意团结社会各界力量的主张。

（二）关于第二次国共合作的书信

《周恩来书信选集》共收入周恩来为建立第二次国共合作，为巩固和发展抗日民族统一战线所做的大量工作的书信 76 封，时间跨度是从 1937 年到 1946 年。

红军长征到陕北后，周恩来为实现国共第二次合作做了许多努力。在国家危亡时刻，为建立抗日民族统一战线，实现国共两党的第二次合作，周恩来多次与国民党政府领导人、国民党将领通信往来，号召大家"捐弃前嫌共赴国难""大敌在前亟应团结御侮"。周恩来还多次与民主党派、文化界人士通信，表达了共产党要建立抗日民族统一战线的愿望。周恩来还亲自拟定了国共再次合作的谈判方针。1937 年 2 月 24 日，周恩来专门致信当时中共中央主要负责人张闻天、毛泽东，就我党同国民党谈判的方针提出自己的主张，在信中指出，"承认国民党在全国领导，但取消共产党绝不可能"②，表明了在统一战线中坚持共产党的独立自主原则的思想。

为促成第二次国共合作尽早建立，当周恩来通过报纸得知国民党主要领导人陈果夫、陈立夫有联俄意愿时，便写信表达希望两党重新合作的愿望。周恩来在信中谈道："分手十年，国难日亟。报载两先生有联俄之举，虽属道路传闻，然已可窥见两先生最近趋向。"周恩来言词诚恳地指出："敝党数年呼吁，得两先生为之振导，使两党重趋合作，国难转机，实在此一举。"③

为建立抗日民族统一战线，周恩来以书信的方式与国民党要员、民主党派人士，与文艺界、新闻界朋友建立了广泛联系。他这个时期的书信对抗战的宣传报道、抗战的文学作品、抗战期间粮食衣物补助、抗战家属安顿以及联系国外爱好和平人士均有涉及。如为维护国共合作，周恩来 1939 年 1 月 25 日致信蒋介石，提出要改善两党关系，贯彻合作到底；1940 年 5 月 9 日他致信阎锡山，

① 中共中央文献研究室编《周恩来书信选集》，中央文献出版社 1988 年版，第 74 页。
② 《周恩来书信选集》，中央文献出版社 1988 年版，第 129 页。
③ 《周恩来书信选集》，中央文献出版社 1988 年版，第 100 页。

坚决主张维护团结，坚持抗战。[①]在国民党顽固派破坏下，国共合作面临破裂时，周恩来致信毛泽东，提出与蒋会面尚非其时、准备对策揭穿骗局等主张。[②]

为了巩固和扩大抗日民族统一战线，周恩来还注意与国际反法西斯统一战线的联系，争取他们对中国抗战的支持。1944 年 3 月 9 日，周恩来致信董必武转外国记者团，欢迎他们来延安参观。同年 7 月 15 日，他致信毛泽东，告知爱泼斯坦这一天要来会谈，并提出请毛泽东托爱泼斯坦致谢孙夫人及保卫中国大同盟的所有同人。[③]1945 年 9 月 9 日，周恩来还分别致信朱学范和董必武，支持组织中国统一的职工代表团，希望中国职工代表团能够协调一致，信中多次表达"以利团结，实为至感"，"力求联合一致"等主张。[④]

（三）关于争取和平、团结民主人士一起建设新中国的书信

《周恩来书信选集》共收入周恩来 1946 年到 1949 年的书信 62 封，其中 1946 年这一年的信件就有 34 封，占到一半多，真实再现了周恩来为实现和平民主建国而做的大量工作。

这一时期周恩来的书信中有对国民党破坏和平阴谋的揭露，有对民主党派领导人的争取，有对爱国民主人士的安置与保护，充分反映了周恩来的统战思想和策略。如 1946 年 5 月 20 日至 5 月 23 日，他分别致信张君劢、黄炎培等，以及蔡廷锴、彭泽民，提出"以披发缨冠之心，为奔走和平之举""各方一致合作向所信迈进""扭转危局端赖一致努力"等正确主张。[⑤]1946 年 5 月 23 日，周恩来在致邓文钊、萨空了、刘思慕、千家驹等民主人士的信中，首先对他们所做的谋取和平的工作予以肯定："知兄等对民主运动及文化工作极尽贤劳。《华商报》《自由世界》《经济通讯》《民主》等报刊，在诸兄努力之下，成就甚大，至为钦佩。"[⑥]他又指出当前仍需为谋取和平民主而努力："东北停战迄未实现，而全国内战危机仍严重存在，关键不仅在东北一隅之进退，而主要在当局之根本决策必须变更。此即吾人所须悉力争取之目标，亟待各方面配合进行者也。"[⑦]这期间周恩来还写了《停止武装冲突民主团结方有途径可循》《迅速停战实现和平》《发扬"五四"传统为和平民主奋斗到底》《至诚至勇反内战再接再厉争民主》《制宪的发言权必须充分使用》《解散非法国大谈判仍可重开》《光明胜利的

①《周恩来书信选集》，中央文献出版社 1988 年版，第 166 页、第 182 页。

②《周恩来书信选集》，中央文献出版社 1988 年版，第 223 页、第 228 页。

③《周恩来书信选集》，中央文献出版社 1988 年版，第 238 页。

④《周恩来书信选集》，中央文献出版社 1988 年版，第 264 页、第 266 页。

⑤《周恩来书信选集》，中央文献出版社 1988 年版，第 288 页、第 290 页、第 292 页。

⑥《周恩来书信选集》，中央文献出版社 1988 年版，第 296 页。

⑦《周恩来书信选集》，中央文献出版社 1988 年版，第 296 页。

前途一定会到来》等信件，鼓励和团结民主人士为建立和平民主新中国而奋斗。

随着解放战争的胜利进展，中国共产党领导的革命力量不断壮大，受党中央重托，周恩来已经把工作重心逐渐转向筹建新中国和人民政协中来。他首先考虑到要积极争取和尽力保护民主党派、社会贤达到解放区来，与共产党一起参加人民政权的筹备和新中国的建设工作。1946年6月28日，周恩来致信中共中央，特别提到："时局一旦突变，不仅我党在外工作者必会分途设法回各解放区，就是民盟及进步分子亦必分批的向各解放区输送，以免遭国民党之毒害。"他还对如何保护和安置民主人士提出具体意见。①

（四）关于新中国成立后统一战线工作的书信

《周恩来书信选集》收入周恩来1949年到1975年的书信较多，由于这个时期周恩来身兼政府总理、政协主席、中共中央副主席、中央军委副主席、外交部长等要职，其书信涉及到国防、外交、经济建设、科教文卫事业、亲属问题等各个方面，涉及统一战线工作的信件有所减少，但仍可以反映出周恩来的统战思想与统战技巧。

周恩来在新中国成立后仍负责党的统一战线工作。1950年7月3日，他致信中南局并河南省委，指示："郑州市人民政府市长及委员的任命名单中，可考虑增提党外的副市长一人。"②1951年9月23日，周恩来致信华东局的领导人饶漱石和张鼎丞，提出原民国时期海军将领陈绍宽可来京列席政协会议。③1952年8月15日，他致信达赖喇嘛·丹增嘉措，明确表示："帮助西藏地方政府及僧俗人民进行工商业及其他有利于人民的建设，是毛主席和中央人民政府的确定政策。我们现在和将来都要遵循着这一政策，因为这是符合西藏僧俗人民的愿望和祖国利益的。"④这反映了周恩来在执行党的民族政策、搞好民族团结与共同发展方面的主张，也是党的统战工作中的重要组成部分。

周恩来一贯注意团结和帮助知识分子，很好地执行了党在文化领域的统战政策。1955年1月5日，周恩来写信给著名越剧演员袁雪芬，积极鼓励她说："愿你为人民艺术事业努力前进！"⑤1957年11月，周恩来还介绍京剧演员程砚秋入党，他在程的入党志愿书上写了如下意见："程砚秋同志在旧社会经过个人的奋斗，在艺术上获得相当高的成就，在政治上坚持民族气节，这都是难能可

---

①《周恩来书信选集》，中央文献出版社1988年版，第311页。
②《周恩来书信选集》，中央文献出版社1988年版，第430页。
③《周恩来书信选集》，中央文献出版社1988年版，第458页。
④《周恩来书信选集》，中央文献出版社1988年版，第479页。
⑤《周恩来书信选集》，中央文献出版社1988年版，第511页。

贵的。解放后，他接受党的领导，努力为人民服务，政治上积极要求进步，这就具备了入党的基本条件。"①可见周恩来对从旧社会走过来的知识分子和文艺界人士有正确客观的认识，并帮助他们思想进步。

二、周恩来这些重要书信的历史作用

从《周恩来书信选集》中我们不仅能够看到周恩来的个人品德、高尚情操、为人处世的智慧和为国家各项建设做的大量工作，还可清楚地看到周恩来为两次国共合作所做的努力。这些重要书信真实反映了周恩来为建立和维护统一战线做出了不可磨灭的贡献。仔细研读周恩来的相关书信，从中可看出其杰出的统战思想、高超的统战艺术、成功的统战实践、不朽的统战业绩。

（一）周恩来在民主革命时期为党做了大量统战工作

在第一次国共合作中，周恩来在帮助国民党建立驻欧支部、领导黄埔军校政治工作、东征和北伐等重大事件中，均忠实地执行了党的统一战线政策。在第二次国共合作中，周恩来为联系各方爱国人士，建立和巩固抗日民族统一战线做了大量工作。在抗战胜利后至新中国成立前夕，周恩来为争取实现和平，为团结民主人士一起创建新中国不懈努力。这些历史功绩和统战思想与统战艺术从他民主革命时期写的几十封书信中，可较清晰地反映出来。如全面抗战爆发前一年间，周恩来几次致信蒋介石，希望其能够停止内战，一致抗日，他还以继承孙中山先生遗志与国民之众望为由，劝说蒋介石"进入于重新合作共同抗日之域"，"愿先生变为民族英雄，而不愿先生为民族罪人"。②又如为联络社会有影响人士一同抗战，1936 年 5 月 15 日他致信南开大学校长张伯苓，以校友和学生身份期望"先生负华北重望，如蒙赞同，请一言为天下先。想见从者如云，先生昔日之志，将得现于今日也"③。

在 1946 年抗日战争胜利后新中国成立前期，为和平民主建国，周恩来联络各方人士希望能实现和平民主，其中与各民主党派人士的通信占到绝大多数。如有中国民主同盟张澜、张君劢、黄炎培、梁漱溟、章伯钧、陶行知，中国国民党民主促进会蔡廷锴、蒋光鼐，中国民主促进会马叙伦、雷洁琼等。此外还与国民党代表进行交涉谈判，以期能实现和平民主建国，虽然最后以解放战争的爆发而告失败，但足见其在促成和平民主方面所做的努力。

---

① 《周恩来书信选集》，中央文献出版社 1988 年版，第 538 页。
② 《周恩来书信选集》，中央文献出版社 1988 年版，第 107 页。
③ 《周恩来书信选集》，中央文献出版社 1988 年版，第 96 页。

（二）为建设新中国周恩来团结信任民主人士和知识分子

周恩来的统战思想和智慧不仅在促成国共两次合作中得到深刻体现，还体现在他为建立新中国而对民主人士的团结信任、积极争取和大胆使用中。1948年，中共发出"五一口号"后，周恩来在保护有影响的民主人士秘密前往解放区，安排民主党派领导人在新政协和人民政府中任职，写信发电报号召著名民主人士和知识分子回国等方面做了大量周到而细致的工作，在信中还表现出对民主人士和知识分子的亲切关怀。如 1949 年 5 月 31 日，周恩来致信李济深，告知杭州军管会已派员前往浙江医院探视吴先生病状，"并送致医药费，俾便购买药品及住院治疗"①。

为成立和建设新中国，周恩来 1949 年 6 月专门致信宋庆龄，表示"渴望同先生共商建国大计"，信中还言明中共中央特派邓颖超专程去上海迎接其北上："现全国胜利在即，新中国建设有待于先生指教者正多，敢借颖超专诚迎迓之便，谨陈渴望先生北上之情。"②新中国成立后，宋庆龄担任了国家副主席，每一次出国访问甚至每一次从上海来北京，都是周恩来亲自安排的。如 1950 年 3 月 25 日，他致信宋庆龄，盼其四月初驾临北京，"借出席政府委员会之便，就近指导全国救济会议之筹备"③。又如 1952 年 12 月，宋庆龄率中国代表团出席在维也纳举行的世界人民和平大会，并将在大会上发表演说，周恩来亲自为她修改了演说稿，并两次致信说明修改情况，请她"看是否用得"④，表现了对宋庆龄的尊重。

为团结和争取各界爱国人士加入到社会主义建设的队伍中来，周恩来先后写信邀请一批著名知识分子和文艺工作者回国，并对他们的工作给予了妥善的安排，其中包括李四光、钱学森、邓稼先、老舍和冰心等著名科学家和作家。⑤周恩来把爱国、爱社会主义的知识分子看作是国家建设的中坚力量，积极争取和团结他们，对他们充分信任，大胆使用。如为争取著名地质学家李四光回国，周恩来曾致信吴文焘、王稼祥，指示他们："李四光先生受反动政府压迫，已秘密离英赴东欧，准备返国，请你们设法与之接触。并先向捷克当局交涉，给李以入境便利，并予保护。"⑥1955 年 1 月 14 日，周恩来致信毛泽东，提出最好明日约李四光、钱三强一谈，表现出其对科学家的重视。

① 《周恩来书信选集》，中央文献出版社 1988 年版，第 416 页。

② 《周恩来书信选集》，中央文献出版社 1988 年版，第 418 页。

③ 《周恩来书信选集》，中央文献出版社 1988 年版，第 428 页。

④ 《周恩来书信选集》，中央文献出版社 1988 年版，第 484 页。

⑤ 童小鹏：《风雨四十年》第二部，中央文献出版社 1996 年版，第 238-239 页。

⑥ 《周恩来书信选集》，中央文献出版社 1988 年版，第 425 页。

（三）周恩来尊重民主人士和知识分子，在困境中尽力帮助和保护了他们

认真研读《周恩来书信选集》，让我们深切感受到他的统战艺术和智慧。周恩来给各界人士的信中，表现出为人谦和、彬彬有礼的风度。周恩来给老师、给尊长、给社会名人等信件的开头均用尊称，信末一定附上寄语与祝福。如周恩来致宋庆龄的信中，开头有时尊称"亲爱的夫人"，有时尊称"庆龄先生"，信末多写"敬颂大安"，有时还写"请接受我及颖超的敬意及关切"，[①]表达了对宋庆龄的尊重与敬意。周恩来与郭沫若的书信往来较多，民主革命时期周恩来与其通信中总以"兄弟"相称，内容不仅涉及工作方面，也问候近来状况与生活情况，言语亲切诚恳，表现出一种尊重的态度。

"反右运动"和"文化大革命运动"给国家、给人民，也给民主人士和知识分子带来了巨大的伤害，在困境中周恩来在力所能及的范围内尽量对受到不公正待遇的民主人士和知识分子给予关心和保护，帮助他们渡过政治上和生活上的难关。1966 年 8 月 30 日，周恩来接到毛泽东要他处理的保护章士钊先生的批示，当日就开列了一份应予保护的干部名单，名单中的第一位就是宋庆龄，第二位就是郭沫若。[②]在"文革"中，周恩来还尽力保护了华罗庚、钱学森、李四光等著名知识分子，力图为国家的科技文教事业保存骨干力量。他还为保护民主人士做了很多的努力。如 1969 年 5 月 4 日，他致信人大、政协军代表，明确提出："机关革命造反派的任务是清理机关干部的队伍，而不要去斗批民主党派的领导人，即他们的中央委员、省市党部委员。"[③]

三、周恩来统一战线思想的现实启迪

周恩来是我们党统一战线的奠基者和卓越领导人。他的统一战线思想和实践是我们党的宝贵精神财富，值得我们去深入学习和研究，认真研究《周恩来书信选集》，不难发现其中很多信件都涉及党的统一战线的相关内容。周恩来这些珍贵的书信是我们了解周恩来成功的统战实践、学习周恩来杰出的统战思想的一个很好视角。

周恩来在中国民主革命和社会主义建设的斗争实践中，逐步形成的具有中

---

① 《周恩来书信选集》，中央文献出版社 1988 年版，第 365 页。

② 周恩来开列的应予保护的干部名单有宋庆龄、郭沫若、章士钊、程潜、何香凝、傅作义、张治中、邵力子、蒋光鼐、蔡廷锴、沙千里、张奚若，副委员长、人大常委会委员、副主席、部长、副部长、政协副主席、国务院副总理、民主党派负责人、最高法院和检察院负责人，以及李宗仁。见《周恩来选集》下卷，人民出版社 1984 年版，第 450—451 页。

③ 《周恩来书信选集》，中央文献出版社 1988 年版，第 603 页。

国特色的统一战线思想和策略原则，丰富发展了马列主义、毛泽东思想，为夺取中国民主革命胜利，为建立中国共产党领导的多党合作和政治协商制度，为建设新中国做出了不朽的贡献。《周恩来书信选集》中所展现的周恩来的杰出统战思想和实践、所反映出的周恩来的统战艺术和智慧，对我们今天做好新时代的统战工作有重要的指导作用和启迪意义。

当前，我国已进入了中国特色社会主义新时代，我们更需要继续完善中国共产党领导的多党合作和政治协商制度，更需要执政党按照长期共存、互相监督、肝胆相照、荣辱与共的基本方针处理好同各民主党派的关系，更需要扩大社会主义民主，健全社会主义法治，积极推进社会主义协商民主建设。在新的时代和新的形势下我们更应仔细研读周恩来的原著和书信，认真学习和积极吸收其统战思想的精华，学习和弘扬周恩来的团结与协商精神，进一步团结各界民主人士和知识分子的力量，充分调动社会各方面的积极因素，一同为实现党的"两个一百年"奋斗目标而努力。

附表：

《周恩来书信选集》中涉及统战内容的主要信件

书信核心内容或标题	致信人	日期
《食居可优待看管仍勿懈》	罗师扬	1925.4.15
《重宰兴邑尚希黾力从公》	罗师扬	1925.11
《东江行政会议近日召开》	汪精卫、蒋介石等	1926.2
《正确对待曾在旧政权任职人员》	中共苏区中央局	1932.12.25
《同仇御侮共谋民族出路》	陈诚、汤恩伯等	1936
《决心扫此两军间合作之障碍》	张学良	1936.4.22
《捐弃前嫌共赴国难》	刘寿卿	1936.5.6
《前志未遂后死之责》	时子周	1936.5.15
《请一言为天下先》	张伯苓	1936.5.15
《非联合不足以成大举》	曾养甫	1936.8.31
《国难转机在此一举》	陈果夫、陈立夫	1936.9.1
《共御强敌国家之幸》	陈果夫、陈立夫	1936.9.22
《大敌在前亟应团结御侮》	蒋介石	1936.9.22
《一切以救国为前提》	胡宗南	1936.9.23
《统一战线要以同情抗日为标准》	阎揆要	1936.9.23
《关于白区工作》	王英并转延安工委等	1936.9.25
《支持南京对日取强硬态度》	彭雪枫转张子华	1936.10.19

续表

书信核心内容或标题	致信人	日期
《候兄归来主持大计》	张学良	1937.1.10
《请撤兵释张实践诺言》	蒋介石	1937.1.11
《同国民党谈判的方针》	张闻天、毛泽东	1937.2.24
《释放七君子以一新天下耳目》	蒋介石	1937.4.15
《建立真正的民主政治基础》	胡适	1937.5
《国内问题应迅速解决》	蒋介石	1937.7.15
《政治工作纲领批定始能就职》	郭沫若	1938.2.17
《速将宣传纲领拟好》	郭沫若	1938.2.24
《三厅当派人协助伊文思拍片》	郭沫若	1938.3.20
《志切深造前途光明》	王冠珊	1938.6.6
《旁听参政会手续极烦》	于立群	1938.7.14
《授课时间可否改为今晚》	卢则文	1938.8.10
《所需经费可向总务厅直接领取》	张申府	1938.8.24
《热忱欢迎归国效力》	沙志培	1938.10.15
《预约之文需延期二三日》	张雪澄	1939.1.5
《先将文章一半送登〈国讯〉》	黄炎培	1939.1.19
《改善两党关系贯彻合作到底》	蒋介石	1939.1.25
《顾全大局维护团结》	叶楚伧	1939.5.6
《维护团结坚持抗战》	阎锡山	1940.5.9
《文艺和对敌工作仍能有所贡献》	郭沫若	1940.9.8
《邀文化界人士共度中秋》	郭沫若、于立群	1940.9.8
《反共事件纷起显欲逼成事变》	张冲	1940.12.21
《关于临时解决办法十二条》	张冲	1941.3.2
《公开造谣令人遗憾》	张冲	1941.5.14
《答〈大公报〉社论》	张季鸾、王芸生	1941.5.21
《转移在港各界朋友》	廖承志、潘汉年等	1941.12
《纪念江南事变》	郭沫若、阳翰笙	1942.1.15
《共商救济文化界朋友》	郭沫若	1942.3.12
《友人行踪》	柳非杞	1942.3.24
《悼死慰生无任铭刻》	张申府	1942.8.14
《与蒋会面尚非其时》	毛泽东	1942.8.19
《愿秉兄早归》	周源江	1942.12.19

书信核心内容或标题	致信人	日期
《准备对策揭穿骗局》	毛泽东	1943.8.19
《经你介绍得益良多》	艾青	1943.10.26
《欢迎来延安参观》	董必武转外国记者团	1944.3.9
《爱泼斯坦今日来谈》	毛泽东	1944.7.15
《你们的努力有了代价》	王炳南	1944.8.6
《送来的材料都极有用》	王炳南	1944.8.14
《对"拍照计划"的意见》	吴印咸、徐肖冰	1944.8.31
《切盼文化界朋友来延安》	郭沫若	1944.9.17
《为了中国的抗战民主与团结》	帕特里克·杰伊·赫尔利	1944.12.28
《坚决反对国民党一党包办》	王世杰	1945.3.7
《组织中国统一的职工代表团》	朱学范并转中国劳动协会理事会	1945.9.9
《中国职工代表团力求协调一致》	董必武	1945.9.9
《韬奋先生的功业永垂不朽》	沈粹缜	1945.9.12
《应无条件全面停止内战》	张澜	1945.12.31
《关于粮食互济》	徐堪	1946.3.16
《请拨办公用房》	宋子文	1946.4.2
《尚望远瞩民主必胜前途》	刘敬之	1946.4.22
《侵犯人权之严重事件》	陈诚	1946.4.24
《已嘱人协助解决觅居问题》	郭沫若	1946.5.19
《以披发缨冠之心为奔走和平之举》	张君劢、黄炎培等	1946.5.20
《各方一致合作向所信迈进》	蔡廷锴	1946.5.23
《扭转危局端赖一致努力》	彭泽民	1946.5.23
《争取和平民主实为当前急务》	蒋光鼐	1946.5.23
《谋取和平民主之方针确定不移》	邓文钊、萨空了、刘思慕、千家驹	1946.5.23
《要求立即释放政治犯》	邵力子	1946.5.28
《有关盟军战俘下落》	帕特里克·肖	1946.6.7
《停止武装冲突民主团结方有途径可循》	马叙伦、陶行知	1946.6.11
《迅速停战实现和平》	孙科、吴铁城等并转蒋介石	1946.6.21
《接待向解放区输送的民主人士》	中共中央	1946.6.28
《发扬"五四"传统为和平民主奋斗到底》	陈震中、陈立复	1946.6.29
《至诚至勇反内战再接再厉争民主》	马叙伦、张纲伯等	1946.6.29
《制宪的发言权必须充分使用》	陈伯达、王明、谢觉哉、胡乔木	1946.7.1

书信核心内容或标题	致信人	日期
《召开"国大"日期须得各方同意》	孙科、吴铁城等并转蒋介石	1946.7.7
《解放区人民感谢你》	富兰克林·雷	1946.7.11
《烈士鲜血必将激起民主运动的高涨》	张曼筠	1946.7.13
《暗杀枪声已洞穿一切政治欺骗》	高真	1946.7.17
《对阴谋暗算自当如嘱慎防》	陈嘉庚	1946.7.30
《出席巴黎和会应组织各党派代表团》	邵力子	1946.7.31
《挑动内战者的又一暴行》	徐永昌并转蒋介石	1946.8.4
《所询两点拟面馨一是》	黄炎培	1946.8.8
《为民主必须反特务》	张澜	1946.8.22
《中原被迫流亡汉口人员望予救济安置》	蒋廷黻	1946.8.24
《政治犯只能用政治方法解决》	徐永昌	1946.8.29
《立即开放沿江各坝》	宋子文	1946.9.2
《对北平师院师生希予照料》	中共中央转刘伯承、邓小平	1946.9.24
《贺"中国及远东会议"开幕》	埃文斯·福代斯·卡尔逊	1946.10
《东望沪滨不胜依依》	郭沫若、于立群	1946.11.17
《情况与部署》	叶剑英	1946.11.23
《办好对国统区的广播》	廖承志、余光生	1946.11.30
《解散非法国大谈判仍可重开》	乔治·卡特利特·马歇尔	1946.12.3
《光明胜利的前途一定会到来》	宋庆龄	1946.12.17
《迎新年话时局》	郭沫若	1946.12.31
《请写一点郭隆真的经历》	刘清扬	1947.1.4
《对李杜将军留港或去东北应多关心》	方方、林平	1947.1.16
《实施正确的决定要靠很强的组织工作》	林伯渠、马明方等	1947.5.30
《未得一叙至引为憾》	刘少白	1948.7.2
《宜回念初衷毅然举义》	郑洞国	1948.10.18
《向往之心无时或已》	马叙伦、许广平	1949.2.14
《已告杭州派员探视吴先生》	李济深	1949.5.31
《渴望同先生共商建国大计》	宋庆龄	1949.6.21
《安排保护李四光回国》	吴文焘并王稼祥	1949.11.15
《萧韶曾在成都做过统战工作》	中共中央华东局转吴克坚等	1950.3.12
《盼先生四月初驾临北京》	宋庆龄	1950.3.25
《速告增提的党外副市长人选》	中共中央中南局并河南省委	1950.7.3

续表

书信核心内容或标题	致信人	日期
《中国红十字会改组已完成》	毛泽东、刘少奇等	1950.8.21
《祝贺招商局起义员工护产斗争的胜利》	汤传篯、陈天骏等	1950.11.15
《爱国热情深堪嘉许》	雷任民、张铁生转吴志翔等	1950.12.11
《和大授奖代表可能于九月来华》	潘汉年转宋庆龄	1951.8.21
《陈绍宽可来京列席政协会议》	饶漱石并张鼎丞	1951.9.23
《同意购回〈中秋帖〉及〈伯远帖〉》	马叙伦并王冶秋等	1951.11.5
《帮助西藏建设是中央的确定政策》	达赖喇嘛·丹增嘉措	1952.8.15
《"中兴""海鹰"可即实行公私合营》	薄一波	1953.2.21
《建议不要把小资产阶级思想和资产阶级思想并列》	刘少奇	1954.1.23
《愿你为人民艺术事业努力前进》	袁雪芬	1955.1.5
《最好明日约李四光钱三强一谈》	毛泽东	1955.1.14
《同意增加各党派各团体代表》	邓小平	1956.1.24
《请再看看有无不妥之处》	郭沫若	1956.1.31
《根据你们自己的意愿作出决定》	达赖喇嘛·丹增加措、班禅额尔德尼·确吉坚赞	1956.11.2
《你休养情况如何》	于蓝	1957.4.27
《我的意见和希望》	程砚秋	1957.11.13
《为当代大艺术家革命奋进留念》	王冶秋	1959.10.6
《不要斗批民主党派的领导人》	丁江并转人大、政协军代表	1969.5.4
《两事办好后再告章行老》	丁江	1970.5.27
《派人与你洽商》	廖静文	1973.7.16
《请议定徐悲鸿纪念馆恢复方案》	吴庆彤并转吴德	1973.7.16

（本文入选"第五届周恩来研究国际学术研讨会"）

周恩来正确认识和对待新中国知识分子问题

　　中华人民共和国诞生后周恩来对知识分子问题有着正确的认知，他把新中国的知识分子定性为劳动人民的一部分，阐明了知识分子在社会主义建设中的重要作用，提出要知人善任，充分发挥他们的特长为新中国建设事业服务。在社会主义建设中周恩来对知识分子关心爱护，大胆使用，努力做到知人善任、人尽其才。在知识分子遇到政治上或其他方面困难时，他在力所能及的范围内尽力帮助他们渡过难关。周恩来在知识分子问题上的正确认知和实践，对新中国现代化建设事业的起步和发展起到了积极促进作用，调动了广大知识分子投身社会主义建设的积极性，至今仍对新时代党的知识分子政策有重要的启示意义。

一、周恩来对知识分子的高度重视和准确定位

　　新中国成立后，周恩来对知识分子有着正确的认知，其正确的思想主张主要包括三个方面。

　　（一）高度重视知识分子在新中国建设中的作用，力主团结一切爱国知识分子

　　新中国成立后，周恩来认为国家建设需要各行各业的专家发挥作用，应广泛吸收一切热爱祖国、愿意为国家发展贡献力量的知识分子参加建设，要给他们创造条件，积极鼓励他们发挥特长，使他们学以致用。周恩来明确主张："凡是承认《共同纲领》的都要团结。""只要是为人民服务的科学家、知识分子，不管是工农出身、小资产阶级或剥削阶级出身，我们都应该团结，对他们都要尊重，目的是要打倒共同的敌人。""凡是为新中国努力服务的科学家都是朋友，都应该团结。为了实现和巩固这个团结，我们必须破除门户之见。"①

　　为加快国家各项建设，周恩来提出："除了必须依靠工人阶级和广大农民的积极劳动以外，还必须依靠知识分子的积极劳动，也就是说，必须依靠体力劳

---

①《周恩来选集》下卷，人民出版社 1984 年版，第 27—28 页。

动和脑力劳动的密切合作，依靠工人、农民、知识分子的兄弟联盟。"[①]他认为凡是愿意为人民服务的，都会得到党和人民的支持和尊重，应全力促成一切有利于祖国建设力量的凝聚。他清楚地认识到："我们要建设矿山、工厂、铁路和水利工程就得有一批工程师和一大批技术员来勘测、设计、建筑和安装。""工业和商业的管理，愈来愈需要各种专门的知识。"建设现代化国防，也需要各种科学家。在农村里，实现农业机械化和电气化，我们也需要大批的农业机器工程师、电站工程师、农学家、会计师等等，"因此，知识分子已经成为我们国家的各方面生活中的重要因素"。要正确解决知识分子问题，充分动员和发挥他们的力量。"我们党的各个部门，党的各级组织，都应该重视这个问题。"[②]

周恩来明确指出，在当前形势下"我们必须加强领导，克服缺点，采取一系列有效的措施，最充分地动员和发挥现有的知识分子的力量，不断地提高他们的政治觉悟，大规模地培养新生力量来扩大他们的队伍，并且尽可能迅速地提高他们的业务水平，以适应国家对于知识分子的不断增长的需要。这就是我们党目前在知识分子问题上的根本任务"[③]。

（二）准确定位新中国知识分子的阶级属性，积极贯彻党的"双百"方针

周恩来对知识分子问题一贯有着客观正确的认识和评价。1949 年 7 月在中华全国文学艺术工作者代表大会上他就明确指出："文艺工作者是精神劳动者，广义地说来也是工人阶级的一员。"[④]新中国成立后，他坚信知识分子的大多数是爱国的，他们是愿意为社会主义建设做贡献的。他把新中国的知识分子视为朋友，定位为人民大众阵营的一部分。他认为在共产党执政后，中国革命与建设的目标、中国社会主要矛盾都发生了变化，这时期为新中国服务的知识分子无疑属于劳动人民的知识分子。而且他还提出："无论是解放前还是在解放后，我们历来都把知识分子放在革命的联盟内，算在人民的队伍当中。"[⑤]

1956 年，周恩来在中共中央召开的关于知识分子问题会议上的报告中明确提出了我们党对知识分子的三点政策主张。第一，应改善对于他们的使用和安排，使他们能够发挥他们对于国家的有益专长。第二，应该对于所使用的知识分子有充分的了解，给他们以应得的信任和支持，使他们能够积极地进行工作。要尊重党外知识分子的意见，让他们有职有权，重视他们的业务研究和工作成

---

① 《周恩来选集》下卷，人民出版社 1984 年版，第 160 页。
② 《周恩来选集》下卷，人民出版社 1984 年版，第 160-161 页。
③ 《周恩来选集》下卷，人民出版社 1984 年版，第 161 页。
④ 中共中央文献研究室编《周恩来年谱（1898—1949）》修订本，中央文献出版社 1998 年版，第 854 页。
⑤ 《周恩来统一战线文选》，人民出版社 1984 年版，第 412-413 页.

果，使他们的创造和发明能够得到试验和推广的机会。第三，应该给知识分子以必要的工作条件和适当的待遇。为了真诚地帮助知识分子，要解决好知识分子的生活待遇问题。各单位的行政人员在思想上重视知识分子的同时，要关照他们的生活，应使他们的工资与其所做贡献大小相协调，改善不合理的升级制度，激励更多的知识分子往"精、专"道路发展，保证知识分子的发展空间。

为了促进我国科学、教育、文化、艺术、卫生等各项事业的发展，1956年党中央提出了"百花齐放、百家争鸣"的方针。在领导社会主义建设中周恩来坚决贯彻了这一正确的方针。他认为我们在社会主义建设时期需要坚持"百花齐放"和"推陈出新"并重，要保护和继承中华民族优秀文化遗产，更要重视新时期国内和国际出现的新生事物，要鼓励知识分子刻苦攻关，不断创新，发挥自身作用，把先进的科学文化知识充分运用到社会主义建设的实践中去，努力缩小我国与发达国家的差距。1962年，在上海各界民主人士春节座谈会上，周恩来就知识分子和党际关系问题再次阐明，要做到"百家争鸣，薄古厚今；百花齐放，推陈出新；各党各派，长期共存；同心同德，自力更生"①。同年，在全国政协会议上周恩来进一步指出："要使我们的文教科学事业的发展适应经济建设的要求，把过去的追求数量转到重视质量、重视科学技术水平的提高，真正使我们在文教科学方面的'百花齐放、百家争鸣'能够做得更好，不仅是形式，而且是有内容的。"②

（三）妥善处理加强党的领导与信任知识分子的关系，坚持民主协商的作风

无论是民主革命时期还是社会主义革命与建设时期，周恩来都始终不渝地坚持党的领导。同样，在知识分子问题上，他认为我们党必须坚持对意识形态和科教文卫事业政治上的领导，要不断提高知识分子的政治觉悟，以保证社会主义事业发展的方向。同时他还提出："知识分子承认和接受党的领导，是党和人民的胜利，也是知识分子的光荣。"③但是，如何处理加强党的领导与团结信任知识分子的关系呢？周恩来认为对党的领导范围要有清楚的界定，"党要管大政方针、政策、计划……至于具体业务，党不要干涉"，知识分子具体的业务工作要由知识分子群体中的内行来领导，党可以检查、监督、提意见。他提醒党员干部对知识分子应保持虚心、平等的姿态，"尤其是一些年轻党员，应该向有经验的知识分子学习"。他还以自己为例说："如果把我下放到剧团，虽然我也

---

① 《周恩来统一战线文选》，人民出版社 1984 年版，第 447 页。
② 《周恩来选集》下卷，人民出版社 1984 年版，第 399 页。
③ 《周恩来选集》下卷，人民出版社 1984 年版，第 364 页。

曾演过戏，现在必定是个蹩脚的演员，只有向人家虚心学习，哪能领导？"①对如何团结和信任知识分子，做好党的统战工作，周恩来提出六点要求：第一，信任他们；第二，帮助他们；第三，改善关系；第四，要解决问题；第五，一定要承认过去有错误；第六，承认了错误还要改。只有负责任地将这些措施落实到知识分子改造过程中，才能实现统一战线的持久巩固和发展。②

周恩来是党内团结知识分子，坚持民主协商，发扬民主作风的典范。他一贯平易近人，善于听取和吸收各方面不同意见。他认为克服党内出现的官僚主义、高高在上的不良作风，一个重要措施就是坚持民主协商。领导干部在做决策前要与社会各界尤其是懂专业的知识分子充分协商，要鼓励大家多提意见和建议。周恩来还考虑到"要在我们的国家制度上想一些办法，使民主扩大"。资本主义国家的制度我们不能学，但是，"西方议会的某些形式和方法还是可以学的，这能够使我们从不同的方面来发现问题"。③周恩来特别欣赏"协商"这两个字，他认为这两个字非常好，既是贯彻党的民主集中制的有效方法，又充分发挥了知识分子特长，避免了官僚主义。"新民主主义议事的特色之一，就是会前经过多方协商和酝酿，使大家都对要讨论决定的东西事先有了认识和了解，然后再拿到会议上去讨论决定，达成共同的协议。"④

周恩来认为能否一方面坚持党的领导，一方面信任知识分子，坚持民主协商，关键在于领导干部的思想意识中是否具有民主精神。党的群众路线就要求我们做到从群众中来，到群众中去。他提出了领导者的最高境界是："领导群众的方式和态度要使他们不感觉我们是在领导。"⑤他认为这不是说不要党的领导，而是说领导者的方式和态度，不要使被领导者感觉是外在的强加。这就需要领导者深入群众之中做大量的说服、宣传、动员工作，让党的路线、方针、政策为广大知识分子自觉接受，内化于心。其中固然有领导艺术问题，但从根本上说是坚持群众路线问题，这就要求领导干部在领导态度和领导方法上，要坚持说服、协商、务实和交友的方法。党的领导部门和广大知识分子，既是一种领导者与被领导者的关系，也是一种合作的关系，双方需要互相合作，互相影响，才能很好地实现党的领导。"领导群众的基本方法是说服，决不是命令。"⑥

---

① 《周恩来选集》下卷，人民出版社 1984 年版，第 365 页。
② 《周恩来选集》下卷，人民出版社 1984 年版，第 366-367 页。
③ 《周恩来选集》下卷，人民出版社 1984 年版，第 207-208 页。
④ 《周恩来统一战线文选》，人民出版社 1984 年版，第 129 页。
⑤ 《周恩来选集》上卷，人民出版社 1980 年版，第 131 页。
⑥ 《周恩来选集》上卷，人民出版社 1980 年版，第 131 页。

二、周恩来对知识分子的知人善任和关心帮助

新中国成立后，周恩来一直把党内外知识分子看作是团结和依靠的力量，通过多种方式同各领域的知识分子交朋友，同他们长期保持着融洽、和谐与相互信任的关系。

（一）积极鼓励和争取海外知识分子回国参加新中国建设

新中国成立之初，百废待兴，百业待举，如何迅速恢复和发展国民经济是摆在开国总理前面的头等要事之一。周恩来一贯尊敬和信任爱国知识分子，始终把他们当作可信赖的朋友对待。他清楚地认识到，必须积极争取各行各业的知识分子迅速加入到祖国建设的宏图伟业中来，鼓励他们贡献出自己的专业技能和聪明才智。中国共产党成为执政党后，周恩来做了大量工作争取知识分子留在大陆或从海外回到祖国贡献自己的力量，鼓励他们积极投身社会主义建设。如新中国诞生前，他努力争取了原国民党政府资源委员会的孙越崎、钱昌照等一批专家和各大学一批爱国教授留在大陆，继续为祖国建设服务。

人民政权建立后，周恩来千方百计邀请和保护了一批知名专家和知识分子回国，其中包括李四光、钱学森、邓稼先、老舍和冰心等著名科学家和作家。1949 年新中国诞生时，著名地质学家李四光正在英国，周恩来让人打电报给他，请他回国参加建设。李四光回国后周恩来立即接见了他，征询了他对祖国地质建设的意见，并专门成立了地质部，安排李四光任地质部部长。实践证明，周恩来这一安排是非常正确的，李四光后来为祖国勘探石油做出了重要贡献。

周恩来一贯把爱国的知识分子视为国家建设的中坚力量，积极广泛地争取和团结他们。周恩来在得知钱学森等一批科学家被美国限制出境的消息时，1954 年在日内瓦会议上与英国代表谈判，提出用美国被俘飞行员进行交换，迫使美国政府同意钱学森回国。事后周恩来说，要回了一个钱学森也是日内瓦会议的一个成就。钱学森回国后，毛泽东、周恩来亲自接见，并成立了国防部五院，让他主持"两弹一星"的研制。随后一批中国海外学子陆续从海外归来，投身社会主义建设。20 世纪五六十年代，中国国防尖端科技的迅猛发展是与这批甘于奉献的科学家分不开的，也是与周恩来对知识分子的信任、争取和重用分不开的。

（二）为知识分子开展科研工作创造条件，鼓励他们培养后备人才

对知识分子的科研环境和条件问题，周恩来也是很关心的。他认为对文学艺术界、社会科学界的知识分子要充分贯彻党的"百花齐放、百家争鸣"的方针。他提出在作家和艺术家创作文学作品时，要在坚持社会主义方向的大前提

下，给他们思想和创作上的一定自由，不要总是给他们"套框子、抓辫子、挖根子、戴帽子、打棍子"。他认为艺术家要面对人民，而不应只是面对领导。我们"要政治挂帅，但政治挂帅主要是看它是香花还是毒草，是否反党反社会主义，政治上的敏锐要放在这个方面"。周恩来清楚地认识到在艺术方面，我们的干部实际上懂得很少。正因为懂得很少，所以发言权也很少。他告诫一些领导同志，"希望你们干涉少些，当然不是要你们不负责任"。而是说要坚持党的政治领导，不偏离大方向，但不要具体干涉业务上的工作。①要按照党的"双百"方针，为广大知识分子营造一个良好的政治和社会环境。

　　为了人尽其才，保证知识分子能够得到适当的安排和使用，保证他们有较好的科研环境，周恩来经常深入他们中间，了解他们的工作情况，帮助他们解决工作中遇到的困难。曾任南开大学校长的著名化学家杨石先向周恩来反映，因为担任大量的行政事务，还要参加政治运动，占用了其科研时间，要求减少各种行政工作。著名作家老舍先生、著名历史学家顾颉刚先生也提出过类似要求。周恩来曾劝说杨石先教授，可以多配一些年轻助手，让他们分担一些工作。但同时他也意识到这个问题困扰了一些著名知识分子的科研工作，必须解决。他明确指出："知识分子参加社会活动是有益的，目前的缺点是这些活动往往集中在少数人身上。……有不少专家兼职太多，也应该迅速地加以调整。"②周恩来还特别提到："必须保证他们至少有六分之五的工作日（即每周四十小时）用在自己的业务上，其余的时间可以用在政治学习、必要的会议和社会活动方面。这个要求，应该坚决贯彻实现。"③

　　除了提出要保证知识分子有六分之五的时间用在业务上外，周恩来还帮一些著名知识分子特别是研制国防尖端科技的专家解决了必要的图书资料和工作设备等问题，为他们的科研工作创造了一定的条件。此外，周恩来还十分重视文化的传承性和文化界基础人才的培养的问题，他号召"凡有一技之长的老年人，总是多给社会留下一些东西好"④，希望他们通过不同的形式培养知识界的新生力量。在周恩来的鼓励下，著名艺术大师梅兰芳一面到各地巡回演出，满足全国人民欣赏要求；一方面整理舞台艺术的经验，著书立说，为青年演员作示范。

①《周恩来选集》下卷，人民出版社 1984 年版，第 337 页。
②《周恩来选集》下卷，人民出版社 1984 年版，第 171 页。
③《周恩来选集》下卷，人民出版社 1984 年版，第 168-173 页。
④《周恩来选集》下卷，人民出版社 1984 年版，第 296 页。

（三）对知识分子在生活上关心爱护，在政治上帮其提高觉悟

周恩来对知识分子问题的正确认知，不仅仅停留在理论上，更注重实际工作中对他们合理意见的尊重和工作生活的关心。1956 年，在制定国家科技发展十二年远景规划时，他多次组织专家进行讨论，充分听取他们的意见。除了关心知识分子的科研工作环境外，他对知识分子的生活条件也很关心。1959 年，周恩来专门到老舍的家中与之商谈文艺创作问题，当得知老舍先生患病的情况后，责备老舍夫人胡絜青没有及时向他汇报，并对她说："以后不管老舍得了啥病，你都要马上向我汇报。"①1961 年冬，当周恩来得知著名演员舒绣文由于工作过度劳累犯了心脏病，不顾一整天工作的劳累，晚上前去看望她，希望她注意休息，并关切地对她说："你要明白，你的身体不单是你的，而且是党和人民的，人民需要你，你一定要战胜病魔。"②

为了使知识分子安心科研，周恩来也注意到了他们的生活待遇问题，他曾指示："为了使高级知识分子能够把更多的精力用于工作，他们的生活待遇应该适当地提高。一部分高级知识分子为了日常生活琐事，往往不必要地费去太多的时间，这应该看作是国家劳动力的损失。"③为了提高爱国知识分子的生活待遇，1956 年 4 月 16 日，经周恩来批准，国务院发出了关于改善高级知识分子工作条件的通知。④周恩来还向有关政府部门提出过，要深入下去了解知识分子的需求，帮助他们解决实际生活问题，包括他们的住房、孩子入学以及休息娱乐等具体问题，目的是保证知识分子安心发挥专业技能，集中钻研业务。

周恩来对知识分子的信任、尊重和关心爱护，不仅体现在工作和生活上，还体现在政治上，常常关注他们的思想动态，帮助他们提高政治觉悟，促使他们不断进步，跟上时代步伐。他常鼓励知识分子"活到老，学到老，改造到老"。他认为为了帮助知识分子思想进步，党的领导干部主动与他们接触是有重要意义的，应该同他们进行思想上、政治上的谈话，对他们进行同志式的批评，组织座谈会同他们交换意见。"此外，还应该按照具体情况，吸收一些党外的知识分子列席一定的党组会和支部会，让他们进一步了解党的意图，接受党的教育。"⑤1955 年 1 月 5 日，周恩来致信著名越剧演员袁雪芬，鼓励她说："愿你

---

① 秦九凤：《听胡絜青讲周恩来对老舍的关心》，《党史文汇》2018 年第 1 期。

② 李蕴：《周恩来和知识分子》，人民出版社 1985 年版，第 85-86 页。

③ 《周恩来选集》下卷，人民出版社 1984 年版，第 171-172 页。

④ 中共中央研究室编《周恩来年谱（1949—1976）》上卷，中央文献出版社 1997 年版，第 691 页。

⑤ 《周恩来选集》下卷，人民出版社 1984 年版，第 179 页。

为人民艺术事业努力前进！"①新中国成立后，周恩来还关心着著名京剧表演艺术家程砚秋的进步和成长，多次与程砚秋交流思想，启发他的政治觉悟。程砚秋深受影响，自觉加强了思想改造，政治觉悟有所提高，他提出了加入中国共产党的要求。周恩来对程砚秋的思想进步表示支持，他和国务院副总理贺龙一起介绍程砚秋加入了中国共产党。周恩来还在 1957 年 11 月 13 日给程砚秋写了一封信，信中写道："砚秋同志：我在你的入党志愿书上，写了这样一段意见：程砚秋同志在旧社会经过个人的奋斗，在艺术上获得相当高的成就，在政治上坚持民族气节，这都是难能可贵的。解放后，他接受党的领导，努力为人民服务，政治上积极要求进步，这就具备了入党的基本条件。他的入党申请，如得到党组织批准，今后对他的要求，就应该更加严格。我曾经对他说，在他被批准为预备党员期间，他应该努力学习，积极参加集体生活，力图与劳动群众相结合，好继续克服个人主义思想作风，并且热心传授和推广自己艺术上的成就，以便提高自己的阶级觉悟，发扬为劳动人民服务的精神。现在把它抄送给你，作为我这个介绍人，对你的认识和希望的表示。"②程砚秋收到周恩来的信非常激动，于同年 12 月 3 日复信表示：他将永久忠诚于共产党，有信心为人民做好工作。

（四）在知识分子遇到困难时特别是处于政治困境时尽力给予保护

1957 年后，由于党的指导思想上出现"左"的偏差，特别是"文革"中的极左错误思想的泛滥，政治运动接连不断，给广大知识分子造成很大政治压力，甚至深受政治迫害。周恩来在知识分子身处困境时，在力所能及的范围内，总是向他们伸出援助之手，帮助他们渡过难关。如著名评剧演员新凤霞在后来所写的回忆录中，就深深感谢周恩来对他们一家的关心和保护。1959 年，新凤霞的丈夫著名剧作家吴祖光被打成右派，下放北大荒劳动改造，新凤霞在剧团中也被戴上右派"帽子"。周恩来知道这一情况后对中国评剧院的负责人说："新凤霞贫苦出身，我们了解她，你们要注意她的安全。"③周恩来的这番话对保护这位来自民间的艺术大师起到了重要作用。

"文化大革命"爆发后，许多党的老干部和知识分子都受到了冲击，周恩来对他们尽最大努力给予精神上和生活上的帮助，他努力保护了郭沫若、钱学森、李四光、华罗庚等一大批著名专家和知识分子。1966 年 8 月 30 日，著名民主人士章士钊上书毛泽东，反映他家被红卫兵查抄，毛泽东批示："请总理酌处，

---

① 中共中央文献研究室编《周恩来书信选集》，中央文献出版社 1988 年版，第 511 页。
②《周恩来书信选集》，中央文献出版社 1988 年版，第 538 页。
③ 陈荒煤编《周恩来与艺术家们》，中央文献出版社 1992 年版，第 212 页。

应当予以保护。"周恩来列出了一份应予保护的干部名单,其中就包括著名的文学家和历史学家郭沫若。[①]与此同时,周恩来还对"文革"中受冲击的著名科学家和民主党派主要领导人在生活上、医疗上给予充分的照顾,在情感上、思想上给予安慰。当他得知大数学家华罗庚被作为"反动学术权威"遭批斗时,明确指示对华罗庚这样的知识分子要保护。1970 年 3 月 4 日,周恩来接到华罗庚要求追查被盗数学手稿的信后,立即做出四点批示:一是应给华罗庚以保护,防止坏人害他;二是应追查他的手稿被盗线索,力求破案;三是科学院数学所封存他的文物,请西尧查清,有无被盗痕迹,并考虑在有保证的情况下发还他;四是华罗庚的生活已不适合再去"五七"干校或迁外地,最好以人大常委会委员身份留他住京,继续做数学研究。[②]"文化大革命"中许多知识分子都对周恩来在力所能及的范围内给予的保护充满感激,感谢周恩来帮助他们渡过了政治上和生活上的难关。

三、周恩来对知识分子正确认知的历史作用与现实启示

周恩来在知识分子问题上的正确认知,以及他所采取的在工作上人尽其才、大胆使用,在生活上关心爱护、解决实际困难,在思想上帮助提高政治觉悟、在困境中伸出援助之手等一系列正确主张和做法,对发挥知识分子在社会主义建设中的重要作用产生了积极的影响。自新中国成立以来,在党的正确的知识分子政策指引下和周恩来的领导下,20 世纪五六十年代一大批爱国知识分子积极投入到新中国的各项建设事业中,发挥出了自己的特长,为祖国向现代化目标迈进贡献出自己的力量,使新中国的各项建设事业得到突飞猛进的发展。周恩来对知识分子的正确认知不但发挥了重要的历史作用,而且至今对新形势下我们做好统战工作有着非同寻常的启迪意义,具体表现在如下三个方面。

首先,20 世纪五六十年代在周恩来等人的正确认识和领导下,新中国知识分子队伍不断发展壮大,不但为国家经济、科教、文化建设储备了人才,而且使广大爱国知识分子对党的信任大大增加,投入社会主义建设的热情大大提高,激发出他们发挥各自特长的干劲和力量。新中国诞生时科学技术力量极为薄弱,全国技术人员不足 5 万人,到 1955 年底全国科学技术人员已达到 40 多万人,专门的科学研究机构超过了 800 个。[③]周恩来认为:"他们是社会主义建设事业

①《周恩来选集》下卷,人民出版社 1984 年版,第 450 页。

② 中共中央文献研究室编《周恩来文化文选》,中央文献出版社 1998 年版,第 868 页。

③ 中共中央文献研究室编《关于建国以来党的若干历史问题的决议注释本》,人民出版社 1983 年版,第 254 页。

中一支伟大的力量。"①在共产党对知识分子的正确政策的指引下，广大爱国知识分子对共产党充满信任和信心，兢兢业业在各自的岗位上工作，他们以各种形式参与到社会主义政治、经济、文化建设中来。郭沫若、陶孟和、叶圣陶、梁思成、徐悲鸿等一批著名知识分子皆参加了第一届人民政协的筹备工作。程砚秋、李四光等一批高级知识分子先后加入中国共产党。知识分子队伍不断壮大，他们不但业务能力提高，学术特长得以发挥，而且思想上也取得了较大进步。

其次，周恩来对知识分子问题的正确认知和实践，有力促进了新中国科学、教育、文化、艺术、卫生等各项事业迅速发展，使祖国的社会主义现代化事业取得了可喜的建设成就。20 世纪 50 年代中叶，中国共产党向全国人民发出了"向科学进军"的号召，周恩来领导制定了发展国民经济的第一个和第二个五年规划，我国的工业、农业、国防和科学技术事业开始向现代化的目标前进。全国的科学技术界在地质勘探方面、基本建设设计和施工方面、新产品设计和试制方面，都开展了大量的工作，得到了显著的成就。工程界学会了许多现代化的工厂、矿井、桥梁、水利建设的设计和施工方面的能力。在理论科学方面，如数学、物理、有机化学方面取得的成绩受到了世界科学界的重视。其中一部分已经对生产的实践有了贡献。②我国的教育事业也获得了可喜的发展成果。当时采取多种形式办学的方针，开办了各类学校，陆续建立了一批多学科性工业大学和多种专门学院，广泛吸收大量青年进入到学校接受正规教育，培养了大批又红又专的人才。在党的"双百"方针指引下，我国的文艺工作者在 20 世纪 50 年代中期到 60 年代前期创作出一大批优秀的电影、戏剧、曲艺、杂技、小说、散文、诗歌等老百姓喜闻乐见的各种形式的文艺作品，我国的文学创作和文艺舞台初现繁荣景象。新中国的医疗卫生水平也有显著提高，天花、霍乱等重大流行性疾病在新中国成立后不久就基本得到控制。特别在国防尖端方面，我们取得了突破性进展，在周恩来领导下，在一大批专家级的知识分子的精心研制下，我国的"两弹一星"工程在 60 年代取得了令世界瞩目的科研成果。

最后，周恩来对知识分子问题的正确认识与实践对今日新形势下贯彻执行好党的知识分子政策和现代化建设仍有重要的启迪作用。周恩来一贯强调要充分信任、广泛团结知识分子。他提出我们党团结知识分子的政策，要通过党员和党组织来实现。他的正确思想主张体现了党的统一战线政策和民主团结的精神。当今我们对党外知识分子要继续采取信任、团结和大胆使用的原则，像周

---

① 《周恩来文化文选》，中央文献出版社 1998 年版，第 812 页。

② 《周恩来文化文选》，中央文献出版社 1998 年版，第 813 页。

恩来那样对知识分子政治上充分信任，在思想上帮助提高觉悟，在工作上用其所长，在生活上关心照顾，在学术上继续贯彻党的"双百"方针。在新的历史时期不但要传承中华民族宝贵的文化遗产，更要重视科技文化建设的多元性，吸收借鉴国际最先进的技术，努力团结广大知识分子为我国现代化事业贡献力量。

　　目前我国正处在中国特色社会主义新时代，我们要实现中华民族伟大复兴，更需要团结和调动社会各方面的力量投身社会主义建设，要像周恩来那样团结爱护知识分子，充分发挥广大爱国知识分子的专业特长和智慧才华，积极吸收中外文化的精华，学习和引进世界先进的科学技术，万众一心实现党中央制定的宏伟奋斗目标。

（本文原载于《湖北省社会主义学院学报》2021 年第 1 期）

周恩来阐明社会主义时期统一战线的新发展

周恩来是中国共产党统一战线工作的杰出领导人，对中国共产党领导的多党合作和政治协商制度的建立和发展做出了重要贡献。1962 年，周恩来在全国政协三届三次会议上发表重要讲话，阐明了我国人民民主统一战线的新发展，为社会主义时期党的统一战线工作的开展指明了方向。周恩来的这篇重要讲话不但在当时起到了促进各界人士紧密团结一心建设社会主义的作用，而且对当今新形势下更好地开展统一战线工作，发挥人民政协重要作用有指导和启示意义。

一、周恩来阐述社会主义时期统一战线的背景

统一战线是中国共产党克敌制胜的三大法宝之一，1949 年在毛泽东、周恩来等老一辈革命家的努力奋斗下，我国建立起中国共产党领导的多党合作和政治协商制度。作为第一届全国政协副主席，周恩来为这一崭新的政治制度的建立、发展和完善做了大量工作。1954 年在第二届中国人民政治协商会议上，周恩来当选为全国政协主席，此后，他连续担任了第三届、第四届政协主席，是党的统战工作和人民政协历史上工作时间最长、贡献最大的杰出领导人。他提出了一系列正确的统战思想和政协工作的方针、政策、措施，促使中国新型政党制度不断成长壮大，在社会主义革命和建设中发挥出重要作用。

在担任党的统战工作和政协工作主要领导人的同时，周恩来还是开国总理，肩负着领导国民经济恢复和发展、建设现代化社会主义强国的重任。1956 年底"三大改造"完成后，中国进入社会主义社会初级阶段。1957 年，我国第一个五年计划提前胜利完成，社会主义各项建设事业蓬勃展开并取得了可喜的成就。然而，1958 年的"大跃进"和人民公社化运动，由于"左"倾错误思想的指导给国家造成了重大损失。1959 年到 1961 年，我国经历了新中国成立以来最严重的经济困难。20 世纪 60 年代初周恩来在负责统战工作、政协工作的同时，用很大精力领导了国民经济的调整工作，他提出了"调整、巩固、充实、提高"

八字方针，在毛泽东为核心的党中央领导下，兢兢业业地工作，努力带领全国人民克服了前所未有的经济困难。1962 年 1 月 11 日至 2 月 7 日，中共中央召开了"七千人大会"，总结了社会主义建设的经验教训，纠正了一些经济工作中的"左"倾错误，这对于克服困难、调整国民经济起了积极的作用，从这一年起全国经济开始出现复苏现象。

中国人民政治协商会议第三届全国委员会第三次会议正是在这样的背景下召开的。当时党中央已经意识到过去工作上的失误，对"大跃进"运动以来犯过的一些"左"倾错误开始进行反思和纠正。周恩来坚持认为党的八大对当时国内主要矛盾的判断是正确的，他一贯主张团结各界爱国人士和知识分子，调动一切积极因素，齐心协力搞好社会主义建设。作为党的统一战线工作负责人和全国政协主席，周恩来努力思考着社会主义时期如何推进人民民主统一战线的发展，如何动员和组织最广大的力量共同参与到社会建设中去。

1962 年 4 月 18 日，中国人民政治协商会议第三届全国委员会第三次会议在北京召开。参加这次会议的除了全国政协委员会委员以外，还包括 803 位科学技术、文化教育、医药卫生、文学艺术等各界人士代表，各民主党派和全国工商联有关负责人，各少数民族、宗教、华侨以及各方面社会人士代表。与会人员还列席了第二届全国人民代表大会第三次会议，听取了周恩来总理做的政府工作报告，并对报告中提出的国民经济调整工作的 10 项任务进行了热烈讨论。在这届政协会议上，身为全国政协主席的周恩来发表了题为《我国人民民主统一战线的新发展》①的重要讲话，总结了新中国成立以来党的统战工作经验，阐述了人民民主统一战线在社会主义建设中的新任务。

二、周恩来阐明社会主义时期统一战线的主要问题

周恩来这篇重要讲话，全面论述了新时期人民民主统一战线的新发展和新任务，分别阐明了人民政协应开展的工作、共产党和各民主党派在政协中的责任、各种社会团体（包括工青妇、工商联和文教科技团体）的作用，以及我国的民族、宗教、华侨等问题，对新中国成立以来党的统一战线工作做了系统总结，为社会主义时期如何进一步做好统一战线工作和人民政协工作提供了方向指引。在这篇重要讲话中周恩来主要阐明了五个问题。

（一）社会主义时期人民民主统一战线的新任务

社会主义改造完成以后，私有制和剥削阶级被消灭，不少人由此认为统一

---

① 《周恩来选集》下卷，人民出版社 1984 年版，第 388-402 页。

战线的任务已经完成。尤其是在"大跃进"和人民公社化时期,统一战线工作不被一些人重视。在这篇报告中,周恩来强调,"在社会主义改造的过程中,人民民主统一战线是起了作用的","进入了社会主义建设阶段,人民民主统一战线的任务就更重了,就要负起新的任务(当然,同时还有社会主义改造的任务),就要有新的发展"。①周恩来阐明在社会主义建设新时期,统一战线要承担新的任务,那就是"现在要团结一切可以团结的力量,动员更多可以动员的因素,来参加社会主义建设,扩大我们的民主生活。这就是我们的新任务。不要把我们人民民主统一战线看成只是进行社会主义改造的,它的作用,不但表现在社会主义改造方面,而且表现在社会主义建设方面。我们要把建设的任务担当起来"②。

周恩来还进一步提出,"为着更好地实行民主集中制,我们首先要扩大和发扬民主生活,这也是我们人民民主统一战线要担当的任务"③。他认为一些人对国家的方针、政策存在不同的意见是客观现象,就像人头脑中会存在不同的想法一样。我们要"提倡在'六条标准'④的原则下发表各种不同的意见,彼此讨论、研究、切磋,以求得更好的认识,求得更符合于真理,不断推动我们的事业前进"⑤。因此,周恩来主张社会主义时期人民民主统一战线的主要任务之一是大开言路,"动员广大的力量来发扬民主生活,参加建设"⑥。而这不仅是政协需要承担的新任务,也是各民主党派、各人民团体的新任务,要把全国各民族、各阶层、各方面的人都动员起来一起建设社会主义,这样才能充分发挥新时期统一战线的作用。

(二)新时期政协的工作和民主党派的主要责任

周恩来肯定了人民政协成立以来所做的工作,同时提出社会主义建设时期人民政协承担更重的责任,应该做好以下两方面的工作。第一,要多组织调查研究工作。"要使我们的建设搞得更好,首先就要实地调查。"⑦只有通过实地调查才能获得具体材料和具体经验,才能掌握实际情况,这样政协的提案、意见和建议才能使得各方面的力量都动员起来。第二,要多开展学术性的报告和

---

① 《周恩来选集》下卷,人民出版社 1984 年版,第 388 页。

② 《周恩来选集》下卷,人民出版社 1984 年版,第 389 页。

③ 《周恩来选集》下卷,人民出版社 1984 年版,第 389 页。

④ "六条标准"见《关于正确处理人民内部矛盾的问题》,《毛泽东著作选读》下册,人民出版社 1986 年版,第 789 页,具体指毛泽东在文章中提出的判断言论和行为是非的六条标准。

⑤ 《周恩来选集》下卷,人民出版社 1984 年版,第 390 页。

⑥ 《周恩来选集》下卷,人民出版社 1984 年版,第 391 页。

⑦ 《周恩来选集》下卷,人民出版社 1984 年版,第 391 页。

讨论，邀请学者参加，这样能提出更多不同的宝贵意见供参考。"这些不同意见的提出，表现了'百花齐放、百家争鸣'的方针在这里的贯彻。"①这两点正是强调实践和理论相结合，以更好地发挥政协的作用。

关于各民主党派的责任，周恩来认为："各民主党派在统一战线中的责任，应该说不是轻了，而是更重了。"在社会主义各项建设事业中，民主党派同样"责任是更重了，而不是轻了"②。首先，他要求各民主党派要担负起监督的责任。"今后要把事情搞得更好，大家要共同负责，长期共存，互相监督，民主党派要负起监督的责任。"③其次，他希望各民主党派要动员所代表的各方面人士积极参加社会主义建设，并努力开展思想改造。整个社会的改造是一个循序渐进的过程，受经济发展水平、旧的政治影响和习惯势力制约，思想改造不可能一蹴而就，这是一个长期的任务。"各党派就要在组织中不断地以为社会主义服务这个标准，把自己的成员锻炼成忠实于社会主义事业的人，不断地推动他们进步，使中间状态的转向进步，摆脱落后。"④

（三）关于共产党在统一战线和人民政协中的领导问题

周恩来首先强调在新型政党制度中要坚持共产党的领导，同时厘清了个人领导和集体领导的关系。他认为共产党的领导地位指的是党的集体领导，是党的中央和各级领导机构的领导，起领导作用的是党的方针政策，而不是个人。个人之间是平等的，个人的意见只有转化为政策才能成为集体的、领导的意见。周恩来强调我们大家都是人民的勤务员，要彼此平等地交换意见，"决不能个人自居于领导地位。个人离开了集体，就无从起领导作用。个人的意见不能代表政策，必须制定成政策，才能算为集体的意见、领导的意见"。他特别提出："在政协里边，在我们个人的来往当中，没有领导与被领导的关系，只有领导机关和政策才是代表领导的。"⑤否则，民主集中制的原则就会被破坏。

周恩来要求做统一战线和政协工作的共产党员要多交党外的朋友。通过与党外朋友的来往，听取不同的意见，尤其注重听取广大人民群众的意见。这既是为了促进民主生活，也是为了扩充知识。他谆谆告诫党内同志："我们共产党员既然参加了政协，那就要特别注意多接触自己不熟悉的事情和不熟悉的人

---

① 《周恩来选集》下卷，人民出版社 1984 年版，第 392 页。
② 《周恩来选集》下卷，人民出版社 1984 年版，第 394—395 页。
③ 《周恩来选集》下卷，人民出版社 1984 年版，第 395 页。
④ 《周恩来选集》下卷，人民出版社 1984 年版，第 395 页。
⑤ 《周恩来选集》下卷，人民出版社 1984 年版，第 392—393 页。

物。""要做到老学到老，改造无止境。有这样的精神，才能有进步。"①他强调："要求共产党员应该严一些。如果说'严于责己，宽于责人'，对共产党员就应该要求严些。党外的同志们也应该责备我们严一点。"②

（四）各社会团体在社会主义统一战线中的作用

周恩来分别强调了工会、青年团、妇女组织、工商联和文教科学团体等社会团体组织在社会主义统一战线中的工作和作用。他着重阐明了工会的作用，他指出："工会是统一战线中的人民团体，是工人阶级的阶级组织。工人阶级是领导阶级，他不仅要把自己的成员教育好，还要影响其他阶级阶层；不仅自己的组织要健全，还要影响其他方面。"③工人阶级承担着国家建设的重任，工会组织要做好工会成员工作，在搞好生产的同时，还要帮助解决工人生活困难问题。周恩来认为"工业、交通、基本建设系统和各种企业事业、国营农场，都是工会活动的范围"，在热火朝天开展社会主义建设的今天，工会的责任更重大更复杂，"要做的事比以前更多而不是更少。工会要配合党和政府去进行工作，因为工会是党的主要助手，统一战线的主力军。"党的政府的某些"工作如果做不好，工会有权把问题提出来，要起监督作用"。在新时期统一战线中"党派互相监督，工会也可以同其他方面互相监督，这要作为任务，大家一条心，朝着一个方向，把工作做好。"④

关于工商联和文教科学团体在统一战线中作用的发挥，周恩来也做了较多阐述。周恩来认为在社会主义建设时期"工商联的责任也加重了"。工商联中有民族资产阶级、小业主等上层小资产阶级分子，也有小商小贩，其中一部分是集体经营或者是个体经营的工商业，一部分是国营企业，情况比较复杂，"工商业者也面临着调整的情况"。他明确表示："我觉得目前的情况，不但全国的工商管理局要加强，省、市的工商管理局也要加强，好跟工商联联系。"他提出，"对工商业者的安置要适当"，工商联要协助政府对工商业者进行改造、在参加社会主义建设和对工商业者生活安置等各方面要多做工作。⑤

关于我国的文教科学人员，周恩来认为"从数量上和质量上来看都很重要。""我们进行社会主义建设要拿出自己的力量来，这就需要使文教、科学队伍更加强、更发展，质量更提高，教学制度搞得更好。"周恩来觉得过去一个时期在政

---

① 《周恩来选集》下卷，人民出版社 1984 年版，第 393-394 页。
② 《周恩来选集》下卷，人民出版社 1984 年版，第 394 页。
③ 《周恩来选集》下卷，人民出版社 1984 年版，第 396-397 页。
④ 《周恩来选集》下卷，人民出版社 1984 年版，第 398 页。
⑤ 《周恩来选集》下卷，人民出版社 1984 年版，第 399 页。

协中如何做好科教人员的工作注意得不够。"今后不仅要从政府系统、教育系统、科学研究系统和生产系统来加强，就是政协系统，也要来加强。"他强调文教科学事业的发展要适应经济建设的要求，要从追求数量转变为重视质量，要使我们在文教科学方面的"百花齐放、百家争鸣"能够做得更好，"不仅是形式，而且是有内容的"。①

（五）关于民族关系和宗教、华侨问题

周恩来最后谈到了民族关系、宗教、华侨问题和民族自治区的一些问题。他提出要开会讨论，经过正式程序解决这些问题，并强调了民族的"自治权"，指出民族自治区的一些事务要尊重兄弟民族自己的意见，例如行政编制和民族干部问题等，要经过考虑和研究来执行。关于宗教问题，周恩来承认过去简单化处理宗教信仰问题是不合适的，思想认识是一个逐渐改变的过程，而且也不能要求所有人的世界观、人生观都一样。此外，周恩来认为思想认识问题是人民内部的问题，主张宗教信仰并不妨碍"整个人民民主统一战线的扩大和团结，并不妨碍我们祖国的社会主义建设"。"我们只是希望，爱国的宗教界人士，热爱祖国，愿意为社会主义服务，也愿意努力学习。"②关于华侨问题，周恩来对华侨工作进行了分类，一类是侨居国外人士的；另一类是眷属在国内，或者回国来工作学习的。他指示华侨事务委员会和华侨组要承担起相关工作，注意研究解决不同华侨问题。

三、周恩来的正确论断具有重要历史作用和现实意义

周恩来将马克思主义基本原理同中国社会主义建设的具体实际相结合，系统阐述了社会主义时期统一战线问题。他的正确论断有三个明显特征。首先，坚持了具体问题具体分析的唯物辩证法。具体问题具体分析是马克思主义正确认识事物和处理问题的根本方法，也是中国共产党人在实践中探索出的成功经验。周恩来充分运用这一方法分析了共产党执政后如何巩固发展人民民主统一战线问题。他认为对党外人士的不同意见要区别对待，如果违反和破坏了社会主义的基本立场，我们不能同意；但如果是符合"六条标准"的不同意见，我们是允许的，而且是欢迎的，这有利于人民民主统一战线的发展和社会主义事业的进步。其次，周恩来具体阐明了人民民主统一战线的指导原则和各项工作的基本方针。他明确指出："正确处理人民内部矛盾，是指导我们统一战线民主

①《周恩来选集》下卷，人民出版社1984年版，第399页。
②《周恩来选集》下卷，人民出版社1984年版，第401页。

生活的原则。"①他对如何做好政协工作，共产党和民主党派的责任，工会、青年团和妇女组织的作用，工商联的工作，文教科学团体的定位，兄弟民族的关系问题，宗教问题和华侨问题等皆提出了具体的工作指导方针，充分体现了其正确的统战思想和政协思想。最后，周恩来坚持党的"百花齐放、百家争鸣"的方针，要求政协多开展学术活动，可以提出不同意见，不要害怕争论。这反映出周恩来的民主意识、民主特色在党的统一战线工作中的成功实践。

1949 年新中国诞生的同时，我们建立了中国共产党领导的多党合作和政治协商制度，周恩来出色地领导了党的统一战线工作和人民政协工作，为党际合作搭建起制度平台。他的正确论断为社会主义时期如何搞好党的统一战线工作，如何发扬社会主义民主，如何团结各民族、各阶级、各民主党派、各人民团体、广大华侨、各界爱国人士一起建设社会主义，阐明了工作任务和方针，指出了前进方向和目标，成为巩固新时期人民民主统一战线和发挥人民政协作用的方向指引，对我国社会主义时期统一战线的巩固和扩大发挥了重要历史作用。

20 世纪 60 年代初，党内极左错误思想逐渐占了上风，在这样的背景下，周恩来的正确论断重申了各民主党派、各种社会团体、各族人民在社会主义建设中的作用，明确了其各自的职责，对当时政协工作和统战工作如何破除"左"的干扰，继续行稳致远具有指导意义。在当时的形势下，周恩来在这篇讲话中重申了党的统战方针，体现了其社会主义民主思想，有利于解除党外人士的思想顾虑，有利于人民政协工作的顺利开展。可惜的是，此后不久爆发的"文化大革命"，使党和国家遭受了一场浩劫，党的统一战线工作被林彪、江青等反革命集团极大破坏，政协工作一度被迫停止。在十分艰难的情形下，周恩来仍坚持党的统一战线政策，尽力保护了一批著名民主人士和知识分子，其正确的统战思想在动乱结束后重新得到恢复和发展。

当前我国进入到了新时代，我们党的统战工作也迎来了新的发展机遇。在中国特色社会主义新时代，发展爱国统一战线更要重视发挥政协的作用，实现中华民族伟大复兴更要在党的领导下团结一切可以团结的力量。认真学习和领会周恩来当年对社会主义时期党的统战工作如何发展的重要论述，对于我们在新形势下如何发展统一战线，完善新型政党制度仍具有十分重要的指导和启示意义。

首先，发展新时代统一战线要始终坚持中国共产党的领导。中国共产党带领全国人民经过 28 年的艰苦奋斗推翻了压在头上的"三座大山"，建立起独

①《周恩来选集》下卷，人民出版社 1984 年版，第 390 页。

立自主的新中国；经过 40 多年的改革开放，使中国逐渐富起来、强起来，解决了 14 亿人口的温饱问题，步入了小康社会。这些巨大成就的取得，坚持共产党的领导、坚持统一战线是必不可少的决定性因素。坚持共产党的领导，也是人民政协得以正常运转和不断发展完善的根本保障。坚持党的领导是周恩来一以贯之的正确思想，但他同时也明确指出："共产党的领导是指党的集体领导，党的中央和党的各级领导机构（省、市、县委员会等）的领导。起着领导作用的，主要是党的方针政策，而不是个人。"①共产党员和非党员个人之间是平等的，没有领导和被领导的关系。在新时代，我们仍要坚持和贯彻周恩来这一正确思想，始终坚持党对一切工作的领导。特别要注意，对政协组织和政协工作，党的领导不是包办一切，而要坚持"政治原则、政治方向、重大方针政策的领导"②，共产党不能对民主党派内部事务进行直接干预和包办代替，也不是要把民主党派组织当成下属单位。③只有这样，新时代党的统一战线和政协工作才能在正确的方向上蓬勃开展。

其次，新时代发展统一战线要重视新型政党制度和政协组织的特殊作用。中国共产党领导的多党合作和政治协商制度是中国特有的新型政党制度，它对推动新中国政治发展和做好新时代统一战线工作有着特殊的优势。这是我们党整合各种社会力量参与国家治理的基本政治制度。各民主党派、政治团体及社会各界人士通过人民政协这个制度平台，可以实现参政议政、民主协商、民主监督三大政治功能，在制度上保障了统一战线内部不同利益群体参政议政和民主监督的权利。④人民政协作为我国统一战线和新型政党制度的正式组织机构，具有广泛的代表性、动员性、整合性和包容性。⑤新时代人民政协在继承中不断发展，对于推进国家民主政治的发展和国家治理体系、治理能力现代化，对于实现"两个一百年"奋斗目标具有重要意义。周恩来的人民政协思想和成功实践，为新时代做好政协工作、提高政协工作水平做出了榜样，指明了方向。当今面对着改革开放出现的新问题，我们仍要加强调查研究，提高政协委员和民主人士参政议政的能力和成效。这样才能真实地了解人民群众的真实需求，才能更好地代表人民群众的切身利益。我们要像周恩来教诲的那样，加强政协

① 《周恩来选集》下卷，人民出版社 1984 年版，第 392 页。

② 《习近平谈治国理政》第二卷，外文出版社 2017 年版，第 303 页。

③ 吴丽萍、王蔚：《习近平对统一战线理论的创新发展》，《理论视野》2019 年第 8 期。

④ 蔡宇宏：《统一战线是社会主义协商民主的内生性要素》，《当代世界社会主义问题》2017 年第 3 期。

⑤ 罗峰：《新型政党制度的优势及其发挥——人民政协视角的分析》，《马克思主义与现实》2020 年第 1 期。

委员和党派成员的学习研究工作，提升其建言资政水平和参政议政能力。既要通过调查研究深化实践，也要通过学习和交流丰富理论，以更好地服务于祖国的现代化建设。

再次，发展统一战线要广交深交党外朋友，团结一切可以团结的力量。中国共产党党员结交党外朋友不是为了建立私人关系，而是为了巩固党的领导地位。要以扩大党的执政基础为目的，服务于党的中心任务，广交党外朋友是党的统战工作的重要内容，也是扩大统一战线的有效方法。周恩来非常赞同和善于使用这一有效方法，习近平总书记也强调，统战工作的本质是一种"交朋友"，"做好新形势下统战工作，必须善于联谊交友"。[1]在开展党的统一战线工作中深交广交朋友，要具备政治辨别力和亲和力，要努力掌握联谊交友的艺术，要注意灵活性和原则性的统一。要像周恩来那样，对党外人士和知识分子要以诚待人，关心爱护和帮助，要交一些能说知心话的挚友诤友。同时，也要把握政治原则，保持政治坚定性和敏感性，不能失去共产党的原则立场。当年，周恩来和许多党外人士结下了深厚的友谊，有力地、极大地推动了统一战线和政治工作的开展。在新的时代，我们要根据不同阶层、不同利益集团的特点和诉求，探索新的团结和交友的方式方法，为社会主义现代化建设事业提供广泛的力量支持。

最后，做好新时代统战工作要处理好一致性和多样性的关系。20 世纪 60年代周恩来就如何在坚持党的统一领导的基础上团结各党派、各团体、各民族、文教科学等各界人士进行了具体阐述，对如何协调和处理政协中各组成人员的关系做出了有益探索，这是老一辈革命家给我们留下的宝贵精神遗产。如今我们进入了中国特色社会主义新时代，面对日益分化的社会结构和多元利益矛盾，"只要我们把政治底线这个圆心固守住，包容的多样性半径越长，画出的同心圆就越大"[2]。中华民族大家庭中 56 个民族各有不同的风俗习惯和宗教信仰；改革开放 40 多年来分化出的新的社会阶层人士已超过 7000 万，包括民企和外企管理技术人员、中介组织和社会组织从业人员、媒体从业人员、自由职业人员等等。[3]做好新时代的统一战线工作要高举爱国主义和社会主义的旗帜，采取

---

[1]《深刻认识做好新形势下统战工作的重大意义》，见中共中央文献研究室编《十八大以来重要文献选编》中，中央文献出版社 2016 年版，第 562 页。

[2]《十八大以来重要文献选编》中，中央文献出版社 2016 年版，第 562 页。

[3] 蒋连华：《习近平同志关于加强和改进统一战线工作的重要论述》，《中央社会主义学院学报》2018 年第 6 期。

更包容的姿态，辩证处理好一致性和多样性的关系，妥善处理各阶层、各界人士各自的利益诉求，解决好政党关系、民族关系、宗教关系、阶层关系和海内外同胞等各种关系，团结各界人士一道努力致力于中华民族伟大复兴。

（本文原载于《觉悟》2021 年第 2 期）

周恩来的党际关系思想及其当代启示

周恩来在长期领导全国政协和统战工作的实践中提出了一套适合中国国情的党际关系思想，其主要内容包括：在坚持共产党领导的前提下，各党派间团结合作，求同存异；平等协商，互有妥协；广交朋友，充分信任；长期共存，互相监督。周恩来的党际关系思想为中国共产党领导的多党合作和政治协商制度奠定了思想基础，成为中共统一战线理论的主要内容之一，促进了各党派的团结合作。在当今新形势下认真学习周恩来的党际关系思想仍有重要的现实指导意义和启迪作用。

作为新中国第一代领导核心之一和中国共产党统一战线理论和统战工作的主要奠基者之一，周恩来是中共党内与各党派打交道最多、在党际关系上做出贡献最大的杰出领导人。在两次国共合作中周恩来发挥了特殊作用，在民主革命时期他还与多数民主党派建立了良好的合作关系。1946年底，周恩来兼任中共中央城市工作部部长，专门负责党的白区工作和统一战线工作。1948年中国共产党发出"五一口号"后，周恩来亲自安排保护和转送民主党派领导人前往解放区，与各民主党派领导人一同筹备新政协，协商建国大业，初步建立起中国共产党与民主党派的团结合作的党际关系。新中国诞生后，周恩来担任中共中央副主席、中央军委副主席、政务院总理兼外交部部长的同时，还担任了第一届全国政协副主席和第二、三、四届全国政协主席。他在领导新中国的社会主义建设事业中，特别是在推进中国政治现代化过程中，积极探索新的政治环境下如何处理好执政党与参政党关系问题。在长期领导全国政协工作和统战工作的实践中，周恩来提出了一套适合中国国情的党际关系思想，其思想的核心包括如下四方面内容。

一、团结合作，求同存异

在筹建人民政协和新中国政权过程中，周恩来充分认识到团结民主党派的重要性，非常重视发挥民主党派领导人和无党派爱国民主人士的作用。他多次强调："建设新中国，必须经过参加人民政治协商会议的各民主党派、各人民团体、国内少数民族、海外华侨和一切爱国人士共同努力，必须动员全国人民共同参加，我们要很好地组织起来，团结起来，团结一切人民力量，来完成这一伟大使命。"[1]周恩来认为，新中国安排民主党派和无党派民主人士参加政府机构担负一定的领导职务是中国共产党领导下的多党合作的政党制度的体现。为此，他十分重视各爱国民主党派同我们党长期合作的历史，注意发挥民主人士在国家政治生活中的积极作用，认真贯彻党中央关于同党外民主人士长期合作的政策，尽量安排他们到新生的人民政权中做合适的工作。

经周恩来亲自协调，精心安排，新中国第一届政府成为容纳各党各派人士最多的一届政府，许多民主党派领导人、社会知名人士多被安排进了中央政府和地方各级政府机构中。从当时中央人民政府最高领导层看，6 名国家副主席中就有 3 人（宋庆龄、李济深、张澜）是党外人士。在中央人民政府的 56 名委员中，有民主党派 27 名，所占比例近 50%。政务院中的人事安排也充分体现了党际合作共事的特点。4 名副总理中，党外人士 2 名（郭沫若、黄炎培）。15名政务委员中，民主党派 9 人[2]，109 位正副部委级领导人中民主党派占了 49名。周恩来在这一时期关于党际关系的主张和实践，使民主党派较充分地发挥出了参政党的作用，也显示了共产党在取得全国政权后一种广纳贤士、胸怀坦荡的政治姿态。

1950 年 4 月 12 日，周恩来在全国统一战线工作会议上专门就如何处理好统一战线中的 4 个关系发表讲话，他明确指出，党派有排他性，但是"在统一战线内部则要把各党派的进步性集中起来，要发展他的联合性，使之成为统一的力量，团结起来，共同对敌"。他强调："处理好党与非党的关系就是要使联合性与排他性结合起来，运用得当，不然的话，便会破坏统一战线。"他还将党际间的团结引申到政府工作中，进一步指出："共产党在政权中，在人民团体中，必须贯彻同样的原则，才能同党外人士团结得好，才能带领这个队伍完成好各项任务。"[3]

"三大改造"完成后，我国进入社会主义建设时期，周恩来在新的历史时期仍然强调党际间的团结合作。他阐明："既然我们在民主革命时期和社会主义改

---

① 政协全国委员会办公厅、中共中央文献研究室编《人民政协重要文献选编》上，中央文献出版社、中国文史出版社 2009 年版，第 36 页。

② 1949 年政务院成立时的 9 名民主党派政务委员为：谭平山、章伯钧、马叙伦、陈劭先、王昆仑、罗隆基、章乃器、邵力子、黄绍竑。

③《人民政协重要文献选编》上，中央文献出版社、中国文史出版社 2009 年版，第 101-102 页。

造时期，都能和民族资产阶级、各民主党派共同合作，团结在一起，那么，怎么能够设想进入社会主义建设时期，就不能同民主党派、党外人士继续合作下去呢？这是说不出道理的。"①

如何确立政党间的平等合作关系呢？周恩来认为求同存异是一个很好的方式，这是协商民主的一个原则。首先，共产党和民主党派要追求共同利益、共同目标的大同。他在阐述《共同纲领》的特点时指出，虽然各阶级的利益和意见仍有不同之处，但在共同要求上、在主要政策上是能够取得一致的，因此各爱国党派组织都要从共同的目标、共同的利益去考虑问题，自觉地维护共同性的一面，并积极去扩大和增进共同性的一面。其次，各党派间存在差异是必然的。周恩来告诫党内同志说，我们同党外人士合作就是在共同的大前提下，接受他们的好意见，丰富我们的主张。只要大的方面有了共同性，小的方面存在差别是允许的。在他看来，没有差异的想法反倒是有害的。他曾说过："从社会主义社会到共产主义社会，只要还有党派的时候，各民主党派同共产党长期共存，为一个共同的奋斗目标，求大同存小异，这并没有坏处。"

二、平等协商，互有妥协

周恩来认为，在多党合作中，虽然共产党作为一个组织处于领导地位，但必须将党的领导与个人意见区分开来。在共产党员和民主党派成员之间，大家应该是平等协商，没有高低之分。他特别指出："大家都承认共产党是领导党，共产党的领导是指党的集体领导，党的中央和党的各级领导机构（省、市、县委员会等）的领导。起着领导作用的，主要是党的方针政策，而不是个人。个人都是平等的，如果从工作上说，大家都是人民的勤务员，彼此平等地交换意见，决不能个人自居于领导地位。个人离开了集体，就无从起领导作用。个人的意见不能代表政策，必须制定成政策，才能算为集体的意见、领导的意见。"他认为无论是在党际关系上，还是"在政协里边，在我们的个人往来当中，没有领导与被领导的关系，只有领导机关和政策才是代表领导的"。不然的话，就会妨碍民主集中制的贯彻。②

1958 年 11 月 29 日，周恩来在各民主党派和无党派民主人士座谈会上提出共产党与民主党派以及各民主党派之间应该在平等的基础上多协商。他认为许多朋友有事愿和共产党商量，就是因为他们感到自己没有把握。对社会发展规

---

① 中国人民政治协商会议全国委员会研究室、中共中央文献研究室第四编研部编《老一代革命家论人民政协》，中央文献出版社 1997 年版，第 256-257 页。

② 《周恩来统一战线文选》，人民出版社 1984 年版，第 436 页。

律，共产党也不能说都认识到了。尽管大的原则方面掌握了，但是具体问题还常常难于掌握。所以我们大家遇事总是要多商量。"各党派朋友间也要互相商量。"

如何才能在党际间开展有效的民主协商呢？周恩来提出了两点独到的见解。

一是他倡导为使协商各方最后可以达成一致意见，可以在协商过程中对非原则问题相互妥协。在筹备人民政协过程中，他特意就这个问题做了说明："新民主还有一个特点，即除非是最原则的问题争论不会妥协外，凡是有极大可能采纳的问题，最终可以取得妥协。新民主的这一原则也是值得重视的。"①他主张共产党员要善于和党外人士相处，态度应该是谦虚的、诚恳坦白的。对原则问题一定要争，对非原则问题要善于妥协。只有这样，才能做到长期合作，保证人民民主统一战线不断前进。

周恩来鼓励各党派对共产党提出不同意见，或对国家大事发表自己的看法。他认为党的干部要有听得进各种意见的胸怀和辨别是非的本领。"愿听意见不是一件容易的事，但必须去听，特别是要能听不同的意见。"1950 年 6 月 14 日，他在制定《人民政协全国委员会会议党组活动的方针》时指出，要让党外人士做到"知无不言，言无不尽"，使他们在各种会议上敢于说话。他们说的话不一定都对，但只要有一点好的，我们就应当重视。"对党外人士的意见，哪怕只有一分是对的都应接受，然后再对不正确的部分加以分析批评。"②

二是他注意到了协商时间的把握。他认为协商的方式和内容可以是多样化的，但一定要注意在重大决策做出前事先与各党派协商和反复讨论，而不是事后的通告和表决。他强调说："每一个议案事先都经过酝酿，这是特别值得说明的。凡是重大的议案不只是在会场提出，事先就应提出来在各单位讨论。新民主的特点就在此。因此不是只重形式，只重多数与少数。凡是重大的议案提出来总是事先有协商的，协商这两个字非常好，就包括这个新民主的精神。"③他特别指出："到开会的时候才把只有少数人了解的东西或者是临时提出的意见拿出来让大家来讨论决定，这是旧民主主义议会中议事的办法。新民主主义议事的特点之一，就是会前经过多方协商和酝酿，使大家都对要讨论决定的东西事先有个认识和了解，然后再拿到会议上去讨论决定，达成共同的协议。"④

① 《老一代革命家论人民政协》，中央文献出版社 1997 年版，第 18 页。

② 全国政协研究室编《中国人民政协全书》上卷，中国文史出版社 1999 年版，第 49—50 页。

③ 《老一代革命家论人民政协》，中央文献出版社 1997 年版，第 17 页。

④ 《周恩来统一战线文选》，人民出版社 1984 年版，第 129 页。

在周恩来的坚持和督促下，"文革"前中央政府拟通过的一些重大决定和法令、条例一般都事先提请政协全国委员会常委会，请各民主党派负责人发表意见，经过协商后再提交政府委员会讨论通过；凡准备由政务院或国务院通过的重要决定和指示，也经常征询各党派和全国政协的意见，然后再提交政务院或国务院会议讨论通过。

三、广交朋友，充分信任

为建立更和谐的党际关系，更好地发挥人民政协的作用，周恩来提出："党内外应该互相多交朋友，特别是共产党员应该主动多交党外朋友。"他希望每个共产党员都应找几个党外朋友往来，可以多交新朋友，也可以有些固定的朋友，而且要交畏友、诤友，就是说，要交敢于提出不同意见，敢于批评对方短处的朋友。他认为做朋友一定要做畏友，在大的关键问题上互相提醒，才是真正的朋友。朋友间要敢于提出不同的意见，敢于批评对方的短处，习惯了就不是畏友而是诤友了。"我们共产党员要多听不同的意见，才能多知道各方面的意见。不同的意见不一定都对，但你要听了才有比较。"[1]

周恩来主持政协工作期间十分重视扩大团结、广交朋友的问题。他曾提出推荐政协委员人选的四项原则，第一项就是"扩大团结，加强领导"；二是"要有代表性"；三是"方面多"；四是"份量够"。[2]周恩来自己一生就结交了无数党外朋友，许多党外人士也都把他视为知己和最可信赖的知己。正是由于周恩来努力扩大团结面，增强了共产党的合作基础，为协商民主的落实营造一个良好的客观环境。

周恩来在探索新中国党际关系的实践中，特别注意了对民主党派成员的政治信任问题，在妥善安排他们的代表人物进政府、人大和政协工作的同时，充分注意到要保证他们有参政议政的权利。为使民主人士能真正在工作岗位上发挥作用。周恩来主持制定《关于与党外人士合作的综合意见》，签发《政务院关于加强政府机关内部统一战线工作的几项具体规定》，他要求政府各部门必须保证党外人士有职有权有责；要求党的干部要诚恳地同民主人士商量问题、解决问题，真正发挥他们在实际工作中的作用和积极性。

周恩来一贯认为党外人士既然担任了一定的职务，就应享有与其职务相当的权力，履行与其职权相当的责任，只有对非党人士政治上充分信任，才会真

---

① 《周恩来统一战线文选》，人民出版社 1984 年版，第 437 页。
② 《人民政协重要文献选编》上，中央文献出版社、中国文史出版社 2009 年版，第 196—198 页。

正发挥他们的积极性。周恩来还肯定了"陈云同志主持的中财委的工作，都是要各部部长对本部工作做报告。非党人士担任部长的就要非党人士做报告，如轻工业部就要黄炎培做报告，水利部就要傅作义做报告"。他认为这样做，会发挥非党人士的积极性，会完善我们的政策。"对党外人士要从旁帮助，好好与他们商量，逐步提高他们的水平。"①

周恩来在党际关系上提出的充分信任，确保政府中的非党人士有职有权的观点是符合现代协商民主思想的，他不仅使所有受政府决策影响的公民、政党、利益团体都能够参与协商，而且保证了他们具有平等的权利和机会去表达他们的利益及关注的问题，并拥有同等有效机会相互询问以及相互批评和回应不同的主张与论证，充分调动了民主党派参政议政的积极性和对共产党、对新中国的认同感。

四、长期共存，互相监督

"长期共存，互相监督"是中共处理与民主党派关系的一个重要方针，它表明我国党际监督形式上表现为执政党与参政党之间的双向监督，实际上更强调参政党对执政党的监督，这是一种"非权力性"的政治监督形式，是"避免执政党权力失监的一种重要的政治资源"。②从理论上讲，参政党监督执政党既是政党监督的一部分，又是合作型政党关系下独具特色的民主监督。一方面其监督主体和客体均为政党，并以监督执政权力及权力的行使为直接政治取向；另一方面各民主党派对执政党的监督是一种过程性监督，其作用体现在对政治过程的参与中，各民主党派以开展调研、提交议案、提出建议意见等民主方式促进中共决策的科学化，并对中国共产党进行政党监督。

1956 年，毛泽东在《论十大关系》一文中最早阐述了共产党与民主党派互相监督的思想。他指出，"究竟是一个党好，还是几个党好？现在看来，恐怕是几个党好，不但过去如此，而且将来也可以如此，就是长期共存、互相监督。"③中共八大根据中国社会主要矛盾和阶级状况发生的变化，正式确定了与各民主党派"长期共存，互相监督"的方针。1957 年，毛泽东在《关于正确处理人民内部矛盾的问题》的讲话中对党际监督问题进一步阐明："各党派互相监督的事实，也早已存在，就是各党派互相提意见，作批评。所谓互相监督，当然不是

---

① 《周恩来统一战线文选》，人民出版社 1984 年版，第 175 页。

② 浦兴祖、严鸠生：《试论努力开发中国政党制度中党际"互相监督"的政治资源》，《云南行政学院学报》2003 年第 5 期。

③ 《毛泽东文集》第七卷，人民出版社 1999 年版，第 34 页。

单方面的，共产党可以监督民主党派，民主党派也可以监督共产党。"①

　　周恩来对毛泽东提出的"长期共存，互相监督"的方针坚决拥护并认真贯彻执行，他一贯重视发挥民主党派对共产党和国家工作的监督作用。他认为互相监督，"首先应该由共产党请人家监督。"中国共产党取得全国政权后，周恩来清楚地认识到：我们一旦取得了全国政权，就带来一个危险，有些人会被胜利冲昏头脑，滋长官僚主义、脱离群众。这个问题怎么解决？他认为："最好的办法就是有人监督。当然，共产党员首先要党的监督，可是整个党的工作，也还要其他党派来监督。"

　　1956 年后，周恩来在不同场合多次对中共确立的"长期共存，互相监督"方针进行过阐释。他曾指出："中国共产党同民主党派长期共存、互相监督的方针，必须由共产党提出，而且必须要共产党真正做到。因为我们党不提，别的党派不好提；我们提了，大家就心安了。"②他认为毛泽东提出"长期共存，互相监督"，"主要是讲中国共产党跟其他民主党派的关系"。那么，"民主党派究竟存在多长时间呢？能不能说共产党多活几年，其他党派少活几年？如果这样想，就是主观主义和宗派主义了"③。他明确指出"长期共存"的真正含义是："我们党的寿命有多长，民主党派的寿命就有多长，一直要共存到将来社会的发展不需要政党的时候为止。"④

　　为搞好党际监督，周恩来还明确了一个原则，即："互相监督，首先应该由共产党请人家监督。"为什么这样做呢？他深刻分析道，我们是从一个复杂的阶级社会来的。认为只要有一个共产党，问题就都可以解决了，这是一个简单化的想法。这样做必然会使我们的耳目闭塞起来。由于中国共产党是领导的党，它过去搞革命，为人民立了功，人民拥护它，欢迎它。正是因为这样，这个党一旦取得了全国政权，就带来一个危险，就有一些人可能会被胜利冲昏头脑，滋长官僚主义，脱离群众，甚至会出现个人野心家，背叛群众。这方面的危险是随时存在的，每个共产党员都要警惕。这个问题怎么解决？最好的办法是有人监督。建设新中国任重道远，周恩来提醒共产党员"应该服气，应该谦虚，应该愿意接受民主党派的监督"。⑤

　　当然，周恩来也注意到了问题的另一个方面。他提出："民主党派也应该愿

---

　　①《毛泽东文集》第七卷，人民出版社 1999 年版，第 235 页。
　　②《周恩来统一战线文选》，人民出版社 1984 年版，第 350 页。
　　③《周恩来统一战线文选》，人民出版社 1984 年版，第 348 页。
　　④《周恩来统一战线文选》，人民出版社 1984 年版，第 350 页。
　　⑤《人民政协重要文献选编》上，中央文献出版社、中国文史出版社 2009 年版，第 304 页。

意接受共产党的监督。"但他认为这个问题并不怎么严重,"重要的是共产党要承认长期共存、互相监督"。他揭示了问题的实质是:越有监督,才越能进步,"多一个监督,做起事来总要小心一点,谨慎一点"。只有那些没勇气承认错误、改正错误的人才怕监督。我们要建设好社会主义,"没有互相监督,不扩大民主,是不可能做得好的。因此,互相监督的面还要扩大,不能缩小"。①

对民主党派成员和政协委员如何具体行使监督权力。周恩来也做了一些探索,他提出每年应有两次组织他们下基层去视察工作。"他们可以从与政府不同的角度去接触广大人民,接触实际,看我们的工作是否做得恰当,做错了没有,有什么缺点,有什么偏差。就是说可以去找岔子。"②周恩来还提出要信息公开。"把所有代表的发言,包括批评政府工作的发言,不管对的、部分对的,甚至错的都发表出来。"他认为资本主义国家的制度我们不能学,"但是,西方议会的某些形式和方法还是可以学的,这可以使我们从不同方面来发现问题。换句话说,就是要允许唱'对台戏',当然这是社会主义的'戏'"。③此外,周恩来鼓励多开展一些学术研讨活动,"可以同时提出各种不同的意见,争论的结果,不一定得出一致的结论,可将不同的意见提交有关方面,如政府机关、科学研究机关、教育机关或者其他学术团体"。这些不同的意见能使行政机关从多方面去考虑问题,选择比较恰当的方案来执行。④

周恩来身为党和国家的领导人,深知贯彻落实"长期共存、互相监督的方针,实际上就是扩大人民民主。要把6亿人的生活搞好,建设社会主义,没有互相监督,不扩大民主是不可能做得的。"1962年4月28日,他在全国政协三届二次会议上的讲话详细阐明了共产党的责任和民主党派的责任。他指出共产党员要主动多交一些党外朋友,在处理问题上要"严于责己,宽于责人"。他号召"党外的同志们也应责备我们严一点"。⑤在谈到各民主党派的责任时,周恩来指出:"今后要把事情搞得更好,大家要共同负责,长期共存,互相监督,民主党派要负起监督的责任。我们把事情报告出来,也作了初步的经验总结,今后根据大家同意的方针和任务去执行。在执行过程中,民主党派要进行监督、提意见。所以我们说:民主党派在社会主义改造和社会主义建设中的责任是更重了,而不是轻了。"他进一步阐明,各党派都是为社会主义事业服务的,整个

---

① 《周恩来统一战线文选》,人民出版社1984年版,第351页。
② 《周恩来选集》下卷,人民出版社1984年版,第207页。
③ 《周恩来选集》下卷,人民出版社1984年版,第208页。
④ 《周恩来统一战线文选》,人民出版社1984年版,第435页。
⑤ 《人民政协重要文献选编》上,中央文献出版社、中国文史出版社2009年版,第341页。

社会主义现代化的建成，需要很长时间，我们"需要各党派的合作，根据长期共存、互相监督的方针来进行工作"①。

20 世纪 50 年代，在中国共产党和各民主党派的共同努力下，我国党际之间的互相监督格局已经初步形成，并开始发挥成效。然而，由于 1957 年"反右"扩大化，特别是在"文化大革命"的十年浩劫中，我国民主制度遭到严重破坏，党际监督亦流于形式。直到改革开放的新时期，我国的党际合作与党际监督才重新受到重视，不断走向制度化和规范化的轨道。

五、周恩来党际关系思想的当代启示

周恩来的党际关系思想并非源于西方的政治理论或政党关系理论，而是他以马克思列宁主义为指导，从中国实际出发进行的实践探索和经验总结，是符合中国国情的自主选择。他在领导中国革命和社会主义建设中形成的共产党应与各民主党派建立和谐互信、团结友好、协商对话、长期合作的党际关系的思想成为中共统一战线的主要内容之一，同时也为中国共产党领导的多党合作和政治协商制度奠定了理论根基，为中国特色社会主义民主政治的建设增添了宝贵的思想财富。

我国党际关系格局的形成有其历史必然性。中国共产党自诞生之日起就面临着如何处理与其他政党的关系问题，民主革命时期中国共产党与国民党两次合作、两次分裂，有着很深的历史渊源。在全民族抗日救国的热潮中，在夺取全国政权的艰苦斗争中，中国共产党曾积极团结进步民主党派一起为建立独立、民主的新中国而奋斗。1949 年 9 月，中国人民政治协商会议的召开，标志着中国共产党领导的多党合作和政治协商制度的正式确立，中国共产党作为执政党、各民主党派作为参政党开始共同致力于新中国的政权建设和各项建设。中共和各民主党派之间因政治基础、价值取向及目标结果的一致形成了合作型政党关系，并在非竞争性政治形态下进行党际合作共事与互相监督。

在当前我国党际关系中仍存在着不少新问题的情况下，我们认真学习周恩来当年对党际关系的正确认识和重要论述愈显得格外重要。如今社会阶层分化、各种利益集团矛盾交织，处理好党际关系，加强各党派的团结合作，是增进社会和谐，巩固和扩大爱国统一战线，充分调动各方面积极性的必然要求。周恩来当年提出的关于各党派间团结合作，求同存异；平等协商，充分信任，互相监督等正确思想主张，为中国特色社会主义民主政治的建设增添了宝贵的精神

---

① 《人民政协重要文献选编》上，中央文献出版社、中国文史出版社 2009 年版，第 341-343 页。

财富，对增进各党派团结合作，共同致力于建设社会主义发挥了积极作用，对我们当今分析新形势下党际关系存在的问题与原因，对我们新时代和谐党际关系建设和构建中国特色社会主义监督体系仍具有重要的指导意义和深刻的启迪作用。

周恩来为确立我国的新型政党制度、创造和谐的政治局面做出了不可磨灭的贡献，他在长期领导政协工作和统一战线工作中提出了一套适合中国国情的党际关系思想，为中国共产党领导的多党合作和政治协商制度奠定了思想基础，是我们正确处理党际关系的科学指引之一。今日我们在处理党际关系问题上，仍应认真学习周恩来当年是如何与民主党派人士合作共事的；是如何发扬民主协商的精神、倾听党外人士的意见的；仍应认真领会周恩来是如何阐述实现党际间互相监督的基本途径和重要意义的。周恩来在长期领导全国政协和统战工作的实践中，就如何协调好执政党与参政党的关系做了理论上的阐述和实践上的探索。他提出的平等协商、团结合作、求同存异、互有妥协，广交朋友、以诚相待、充分信任等正确主张，对增进各党派团结合作，调动一切积极因素，共同致力于建设社会主义发挥了积极作用，为我们今天继续做好民主党派的工作、坚持共产党领导的多党合作制度指明了方向。周恩来当年对如何处理好社会主义时期党际关系所做的深层思考和有益探索，为我们今天形成在中国共产党领导下，共产党与各民主党派长期共存、互相监督、肝胆相照、荣辱与共的政治局面打下了良好的基础。

周恩来的党际关系思想被实践证明是符合中国国情且发挥过重要历史作用的。新中国的党际关系已经走过半个多世纪的风雨历程，并在不同时期发挥过重要历史作用。虽然现在还存在着一些有待完善的问题，但我们深信，随着我国政治体制改革的不断深化，作为执政党的共产党和作为参政党的各民主党派之间，团结合作，互信互助，互相监督的良好和谐的关系必然会日益制度化、规范化和程序化。而党际间良好关系的巩固和发展，又将产生重大的政治影响力，有力推动我国政治民主化的进程。

（本文原载于《中国政协理论研究》2013 年第 3 期）

周恩来与中国外交

抗战时期周恩来外交的肇始及其初步成效

抗日战争时期，周恩来在国统区代表中国共产党与美英等国驻华代表和记者开始接触与交往。他建立并领导了中共最早的外事机构，积极开展对外宣传工作和联络工作。整个抗战时期周恩来广交各国各界朋友，向他们介绍共产党的政策方针和敌后抗日军民的英勇事迹，揭露国民党顽固派的反共阴谋，努力争取各国对中国抗战的支持。抗战时期是周恩来外交生涯的肇始时期，其外交活动取得了明显成效，扩大了中国共产党及其领导下的抗日政权的政治影响，争取到了国际反法西斯力量的同情和援助，对中国抗战和世界反法西斯战争起到了积极作用。

一、领导设立中国共产党最早的外事机构

全面抗战爆发后，中国共产党建立了抗日民族统一战线。在共同反对法西斯的大背景下，西方国家开始重视中共领导的抗日力量，同时也开始关注中共的政策主张。作为驻国统区最高领导人和中共统一战线工作主要领导人的周恩来积极利用这一有利形势，开始了与西方驻华使节和国际友人的交往，向他们阐明共产党的抗日救国方针，努力争取各国对中国抗战的支援。虽然抗战前周恩来已与外国记者有接触，但当时他并不代表共产党组织处理对外事务，算不上真正意义上的政党外交。抗战时期周恩来在武汉、重庆通过设置专门的外事工作机构，开始代表中国共产党与外国官方机构和民间人士进行交往，才算是真正意义上的政党外交，亦是其外交生涯的肇始。

随着全民抗战的深入展开，八路军办事处和中共代表团办事处在武汉成立。1938 年春，中共长江局内成立了国际宣传委员会及其办事机构国际宣传组。国际宣传委员会由周恩来、王明、博古、凯丰、吴克坚、王炳南组成，主要工作是翻译出版中共领导人著作，为国际刊物撰稿，以及同外国友人进行联络。① 国

---

① 中共中央文献研究室编《周恩来年谱（1898—1949）》修订本，中央文献出版社 1998 年版，第 420 页。

际宣传组的具体工作由王炳南负责。周恩来指示他们，对在武汉的 40 多名外国记者要保持经常性的联系，凡中共代表团举行的记者招待会都要邀请他们参加，向他们提供《新华日报》的新闻资料，同在武汉的外国机构要建立联系，对国民党接待的外国友好人士和进步团体也要尽可能地参加接待。①周恩来领导下的中共长江局国际宣传组可以说是中共历史上第一个外事机构，它主要肩负着两项职责：一是担负对外宣传的任务，向世界各国宣传中国共产党的抗战主张；二是开展对外联络工作，结交国际友人，争取更多的同情者和支持者。

武汉沦陷后，中国共产党决定撤销中共长江局，新建中南局和南方局。1939年 1 月 5 日，南方局在重庆正式成立，周恩来被任命为书记。为更好地建立国际统一战线，同时为共产党争取更多的国际支持，周恩来决定在南方局内部成立对外宣传小组，以加强中共与其他国家官方和民间的沟通与合作。1939 年 4月，南方局根据周恩来的指示，正式成立了对外宣传小组。1940 年 12 月，该小组改名为南方局外事组，主要负责中国共产党的对外交往和联络工作。外事组的组长为王炳南，副组长是陈家康，1942 年又增补龚澎为副组长。陆续参加外事组工作的有金涛、罗清、李少石、章文晋、刘光、廖梦醒、陈浩、沈野、沈蓉、邓光、吴明、柳无垢等人。

根据对当时国际国内形势的估计，周恩来为南方局外事组制定了"宣传出去，争取过来，广交朋友"②的工作方针。周恩来提出外事组成立后的主要任务就是努力扩大国际统一战线，打破国民党政府外交独霸局面，开展中国共产党和其他国家的友好交往，争取更多的国家支援中国抗战。他认为，现阶段我党若想发展、壮大，就要进一步扩大统一战线，不仅要努力扩大国内的统一战线，将更多的支持中国革命的人联合起来，而且还要进一步扩大国际统一战线，将那些受法西斯国家侵略的国家和他们的人民联合起来，共同抵抗国际法西斯的侵略，组建国际反法西斯统一战线。周恩来认为，在当时的环境之下加强与国际联系的最好方法就是加强中国共产党与各国政党间的联系，通过政党间的联系，增强国家间的话语共识，增进彼此的了解。

南方局外事组成立后，周恩来领导这个中共专门的外事机构开展的主要工作有：与英、法、美、澳、加拿大、苏联、捷克等国大使馆建立联系；做驻华美军中开明军官的工作，让他们广泛深入地了解中国共产党和共产党领导的抗日政权；自己主办或参加记者招待会，主动接触美国新闻处和各国记者。当时

---

① 中共中央文献研究室编《周恩来传》（二），金冲及主编，中央文献出版社 1998 年版，第 513-514 页。
②《外交部馆藏档案披露我党抗战时期对外方针》，《中国档案报》2005 年 7 月 28 日。

美国新闻处的工作由开明人士费正清主持，外事组派了一些人去他那里工作。周恩来自己也经常会见外国记者，发表演讲，宣传中国共产党抗日救国的主张。此外，周恩来还指示，把延安《解放日报》和重庆《新华日报》的社论、评论和重要文章译成英文，油印成册向外国朋友和进步学生发送。他认为外事组的工作不应受意识形态的束缚，要抓住双方都具有的反对法西斯、争取民主的共同性，利用多种途径，采取多种方式开展对各驻华大使馆人员的工作，与他们交朋友，并努力实现合作。①

为加强同西方国家间的联系，中共领导的抗日武装改编为八路军、新四军后，周恩来就考虑以八路军和新四军的名义设立对外联络机构。当时的香港是远东地区唯一的自由港，英、美、德、法、荷兰、意大利、日本等国和蒋介石政府都在这里设立了公开的工作机关或情报机构。鉴于这种情况，周恩来指示廖承志也在香港筹建"八路军办事处"。他认为这一机构将对加强八路军和共产党同反法西斯国家间的联系具有重要作用。1938年初，周恩来为落实在港建"八路军办事处"一事，专门拜访了英国驻华大使克拉克·卡尔。卡尔不仅同意了周恩来的建议，而且还亲自致电英国外交部。在周恩来和卡尔的努力下，英国政府致电港英当局，同意中共在香港秘密建立"八路军办事处"。②

1938年1月，八路军驻香港办事处正式成立。该办事处同时兼新四军办事处，负责人为廖承志，直接受周恩来领导。该办事处建立后，为冲破日本侵略军和国民党顽固派对抗日根据地的经济封锁，在争取港澳同胞、海外华侨和国际友人对中国抗战的支援等方面做了大量工作，不仅争取到了其他国家和各界爱国人士的援助，同时也加强了中国共产党和其他反法西斯阵营国家、政党间的相互交往，增进了了解和联系，争取到各方对中国抗战的支援，接受了多批次的各国各界人士对中共领导的抗日武装的捐款、捐物，并在香港为八路军、新四军购买了一些内地难以买到的必需品，包括从外国公司购买汽油、药品等。此外，八路军香港办事处在突破日寇和国民党顽固派新闻封锁方面也发挥了重要作用。它帮助创办、发行了《华商报》《保卫中国同盟通讯》等抗日的中英文报刊和国际新闻社，大量报道了中国抗日军民的真实情况，还组织了对中共中央重要文件及政策、声明的英文翻译和海外出版发行工作。③太平洋战争爆发

---

① 刘庚寅：《为了友谊与和平——民间外交亲历记》，世界知识出版社2006年版，第223页。

② 杜俊华：《周恩来与抗战时期中共-英国关系的嬗变——以中共南方局与英国驻华大使馆为中心的考察》，《中共党史研究》2008年第1期。

③ 中国人民解放军历史资料丛书编审委员会编《八路军新四军驻各地办事机构（4）》，解放军出版社1999年版，第814页。

后，八路军香港办事处还帮助营救出何香凝、柳亚子、茅盾、邹韬奋等一批旅港文化界名人和爱国民主人士及其国际友人。

二、积极与各国建立联系，争取各方支援

为使各国了解中国共产党的抗日主张，争取更多的国际支援，周恩来驻重庆期间积极同苏、英、美、法等国驻华使节和媒体记者及各界亲华人士接触。1940年11月中旬，根据中共中央提出的坚持抗战、反对投降，坚持团结、反对分裂的方针，周恩来布置了南方局的具体工作："关于统一战线：对上层注意分化，援助在中国共产党影响和推动下的国民党中层分子；加强与各党派的联络，扩大文化活动；多结交军界朋友；加强经济联络和社会活动。关于外交：同苏、英、美、法等国团体联络，向他们提供信息。关于宣传：加强《新华日报》社论，铅印朱、彭、叶、项'佳电'，编讲国际材料等。"①为推动世界反法西斯统一战线的建立，周恩来突破了中共和西方国家间意识形态的限制，主动与西方国家的驻华机构建立联系，互通信息，让他们能够全面了解中国，全面了解中国共产党。

1941年6月28日，周恩来在《新华日报》上发表文章《论苏德战争及反法西斯的斗争》，明确指出："伟大的中华民族应运用站在东方反日本法西斯前线的地位，结成更广大的反法西斯国际统一战线，肃清一切反苏反共及对日妥协的思想，以打倒东方法西斯日本帝国主义。"②同年7月7日，周恩来为《新华日报》撰写了题为《七·七四周年》的社论，再次明确指出："为了克服困难，准备反攻，在进入抗战第五年的开始，我们必须继续坚持长期抗战，努力同全世界反法西斯阵线联合，加强军事力量和装备，还必须坚持抗日民族统一战线，坚持各党派的合作，反对国内的分裂倾向和军事行动。"③

1941年12月8日，中共中央书记处在《建立与英美的统一战线问题给周恩来等的指示》中指出："日、英、美战争后，我对英美方之政策，应当是建立与开展中共与英美政府的广泛的、真诚的反日反德的统一战线。"该指示的第二点特别强调："在广东、海南、越南及南洋各地，我们可与英美合作组织游击战争，由英美提供武器，我们派人帮助组织。"④周恩来根据中共中央指示精神，

---

① 《周恩来年谱（1898—1949）》修订本，中央文献出版社1998年版，第486页。
② 《周恩来年谱（1898—1949）》修订本，中央文献出版社1998年版，第520页。
③ 《周恩来年谱（1898—1949）》修订本，中央文献出版社1998年版，第522页。
④ 中共中央文献研究室、中央档案馆编《建党以来重要文献选编（1921—1949）》第18册，中央文献出版社2011年版，第727页。

继续扩大与英美等国的交往。

鉴于英国是反法西斯阵营的重要成员国，其对国民党政府有着重要的政治影响，周恩来对英国驻华大使馆的作用非常重视，他指示南方局外事组努力与英国驻华大使馆建立联系。他希望通过英国驻华大使馆发挥积极的作用，加深英国政府和人民对中国共产党领导的抗日武装和共产党所实行的主要政策的认识，使英国更多地了解八路军、新四军在抗日战争中所取得的英勇战绩，认清国民党顽固派发动军事摩擦的事实，从而推进英国政府改善与中共的关系。[①]

美国是世界头号强国，也是反法西斯阵营最主要的力量。周恩来很重视争取美国对中共的了解和对中国抗战的支援。早在 1936 年，周恩来就会见过美国进步记者埃德加·斯诺，向他介绍了中共的主张和红军长征的一些情况。在重庆时期，周恩来代表中共先后会见了美国驻华大使詹森、美国总统经济顾问柯里和其他美国政府官员，向他们介绍中共的抗日主张和八路军、新四军的艰苦抗战情况。为了让美国更多地了解中共及其领导的抗日政权，周恩来在重庆几次代表中共邀请美国政府派代表团访问延安。最早一次是在 1942 年 8 月 6 日，周恩来通过美国驻华使馆二秘兼中缅印战区美军司令部政治顾问戴维斯，致函美总统驻华特使居里，正式提出欢迎美国政府派遣代表团到延安访问。1943 年 1 月，周恩来在会见美国驻华使馆参赞范宣德时，向他说明了大批国民党军队驻在中共抗日根据地周围、对根据地实行封锁的事实，要求美国政府将援华租借物资的一部分分配给正在全力抗日的中共军队，同时再次重申欢迎美国政府派遣代表团前往抗日根据地考察。同年 3 月，周恩来再次会见了戴维斯，针对国民党对中共及其军队的污蔑，第三次要求美国政府派出代表长驻抗日根据地，以了解中共抗战情况和中国在世界反法西斯战争中与美国协调作战的真诚愿望。[②]

此外，周恩来还多次向美国驻华使馆参赞范宣德，美国驻华使馆二秘戴维斯、文森特，英国驻华大使卡尔，法国驻华大使贝志高，加拿大驻华大使欧德伦等人积极宣传中国抗战情况和国共关系情况，表明中共抗日的坚定决心，希望加强盟国之间的团结合作，尤其希望美国利用其对国民党的影响改变目前国民党消极抗日、封锁共产党敌后抗日根据地的状况。他建议美国派正式代表前往延安，或派军事观察组去陕西、山西等地视察中国抗日情况。

---

① 李时安：《英国对华政策与共产党人（1942—1976）》，刘薇译，见中国社会科学院近代史所编《国外中国近代史研究》第 25 辑，中国社会科学院出版社 1994 年版，第 120 页。

② 美国国务院编《美国外交文件集》（1943 年，中国卷），第 214-216 页，转引自胡之信等：《中国革命中的国际关系（1919—1949）》修订版，哈尔滨工业大学出版社 2006 年版，第 183 页。

在周恩来的外交努力下和美国史迪威将军的建议下，1944 年 7 月 22 日，美军观察组首批成员到达延安，周恩来同叶剑英等到机场迎接。周恩来与毛泽东多次与美军观察组组长包瑞德上校，以及观察组成员谢伟思等进行会谈，向他们介绍了共产党领导的抗日政权和抗日武装的真实情况，并详细阐述了对形势、任务及中美关系、国共关系的看法。观察组根据对延安的了解和他们所获得的情报，也感觉到同中共合作是符合美国利益的。观察组成员谢维斯和戴维斯向美国总统罗斯福写了很多份报告，建议美国政府同中国共产党建立友好关系，并适当提供物资，支持中国共产党抗战。美国的史迪威将军在较多地了解了中国抗战情况后，也改变了对国共两党的一些看法，他觉得当时的国民党政权是一个腐败、失职、混乱、经济窘迫、胡乱收税、谎话连篇的政府，并提出要适时地改组国民党政府的建议。①史迪威的建议一度引起美国总统罗斯福的注意，对中美关系的后来走向产生了一定影响。

1944 年 8 月，美国总统罗斯福决定派私人代表赫尔利来华。9 月 8 日，周恩来为中共中央起草了致南方局董必武的电报，指出应利用机会向史迪威、赫尔利等提出援助我们的必要，"请董必武代表中共及军队欢迎赫尔利等来延安，并在适当的时候向他们正式提出说帖。"②11 月 7 日，赫尔利飞到延安，周恩来陪同毛泽东到机场迎接，此后几日，他连续陪同毛泽东与赫尔利会谈。在毛泽东与赫尔利签订了《中国国民政府、中国国民党与中国共产党协议》（即《五条协定草案》）后，他陪同赫尔利飞回重庆。③随后，他又多次代表中共中央与赫尔利会谈，并在重庆会见了中缅印战区美军司令魏德迈、英国军官哈米士、英国使馆秘书赫戈登等人。

在周恩来等人的外交努力下，抗战时期中共的国际宣传收到了明显效果：不但争取到苏联、美国等国家的道义上的支持和部分物资援助，而且动员了广大海外侨胞和各国人民纷纷伸出援助之手，积极声援中国抗战。在中国人民爱国主义精神感召下和中共抗日宣传下，许多海外华侨参与了抵制日货、认购国内公债和募捐活动，他们纷纷以各种方式支持中国抗战，仅 1938 年秋至 1939 年夏，华侨捐赠的寒衣、暑衣、军用蚊帐等便有 1000 多万套。④到太平洋战争爆发前，海外华侨月捐已达到 1350 万元。从抗战爆发到 1942 年华侨认购救国

① 渠冉：《美国驻华军事代表史迪威主张联共抗日》，《福建党史月刊》2012 年第 11 期。
② 《周恩来年谱（1898—1949）》修订本，中央文献出版社 1998 年版，第 595 页。
③ 《周恩来年谱（1898—1949）》修订本，中央文献出版社 1998 年版，第 601 页。
④ 黄修荣：《国共关系七十年》下卷，广东教育出版社 1998 年版，第 1172 页。

公债达 11 亿元之巨。[①]

三、广交各界朋友，增加彼此了解和沟通

在整个抗战时期，作为中共驻国统区的最高负责人之一和南方局的书记，周恩来通过参加在武汉和重庆等地的各种国际活动、拜访各国驻华大使、会见国际友人、开记者招待会等方式，加强了与各国各界民主人士的交往，展现了杰出的外交天赋和独特的人格魅力,给很多外国大使和记者留下了深刻的印象。由于在周恩来直接领导下的《新华日报》和中共最早的外事机构提供的新闻比国民党中央通讯社提供的消息还准确和及时，很快受到中外记者的普遍欢迎，当年云集武汉、重庆的许多外国记者都愿意经常与中共方面保持联系。

周恩来在出任了国民党军事委员会政治部副部长后，更是积极利用合法身份在国统区开展外事活动，"努力开展同外国记者和外国使馆的独立交往，以建立不依赖于蒋介石国民政府的外交联系"[②]。在政治部中周恩来主要负责领导第三厅的工作，该厅主要工作之一就是进行对日宣传和国际宣传活动。他们开设了外语对敌广播，每天用日、英、法、俄、世界语等语种对外广播宣传，并创办世界语刊物《中国报道》半月刊，寄给 50 多个国家的世界语组织和个人。一般情况下，该厅每周召开一次记者招待会，将中国的抗战情况介绍给外国通讯社记者，使各国及时了解情况。第三厅还编印了《对敌研究》宣传资料，印制了向日本官兵散发的日语传单、投降通行证，并播放日本歌曲开展感化俘虏等系列工作。

皖南事变发生后，周恩来通过积极开展对外宣传和联络工作，揭露国民党顽固派的阴谋，动员国际力量向蒋介石施压。他指示南方局外事组"安排王炳南、王安娜、龚澎等去访问所认识的外国记者和外交官，告以国民党袭击新四军事件"[③]。他拜访了苏联驻华大使潘友新，希望获得苏联方面支持。潘友新在随后与蒋介石会谈时表达了苏联政府对国民党消极抗日的强烈不满，并威胁可能因此停止军事援助，周恩来还在叶剑英陪同下，与苏联驻华武官崔可夫进行了商谈。崔可夫建议皖南新四军主力坚持北上，并提出如果国民党继续内战，他有权暂停援华军火于途中。[④]

1941 年 2 月，周恩来在会见了美国总统特使居里，向他提供了国民党制造

① 军事科学院军事历史研究部编《中国抗日战争史》中卷，解放军出版社 2005 年版，第 314-316 页。
② 柯让：《周恩来的外交》，汪永红译，东方出版社 1992 年版，第 27 页。
③《周恩来年谱（1898—1949）》修订本，北中央文献出版社 1998 年版，第 497 页。
④《周恩来年谱（1898—1949）》修订本，北中央文献出版社 1998 年版，第 496 页。

摩擦的若干材料，并言明蒋介石如果不改变反共政策，势将导致中国内战，使抗战停火，而便于日军南进。居里同意周恩来的看法，在与蒋介石会见时公开表示美国在国共纠纷未解决前无法大量援华，中美间的经济、财政等各问题不可能有任何进展。①周恩来还到英国驻华大使克拉克·卡尔的寓所，向卡尔揭露国民党顽固派的阴谋，指出蒋介石发动反共事变的危害性。英国政府收到其驻华大使报告后，对国民党政府施加了一定压力，英国政府告诉蒋介石，中国内战只会加强日军的攻击。②

与此同时，周恩来还积极向国际舆论界披露皖南事变的真相，阐明共产党的立场，争取国际舆论的同情和支持。他多次会见国外记者和外交人员，动员和支持他们将事实的真相报道出去。他曾对德国友人王安娜说："你在这里认识许多外国人，特别是外国记者和外交官，你必须尽快让他们知道国民党袭击新四军的事情。"③他还致函美国进步作家安娜·路易斯·斯特朗，会见驻重庆的美国《时代》周刊记者白修德、美国海军观察员卡尔逊、罗斯福总统行政助理居里，分别向他们提供了反映皖南事变真相的资料。周恩来的对外宣传和联络活动很快取得了成效。美国作家斯特朗很快在纽约一些报纸和《美亚》杂志上发表了文章，《纽约先驱论坛报》上刊登了斯诺由香港发出的消息，同时还发表了他的《不适时之中国奋斗》评论。外国新闻媒体关于皖南事变真相的报道和评论，引起了一些支持中国抗战的国家的关注，使国民党政府受到了舆论压力。在各国的压力下，蒋介石不得不表示抗日大局不会有任何变动，对新四军的处理绝非政治或党派问题，也不会牵连其他军队。

太平洋战争爆发后，周恩来的外交活动更加频繁，成效也更显著。太平洋战争爆发后的第二天，周恩来便代表中共致函英美两国大使，表示中国将与他们并肩作战，共同抵抗国际法西斯的侵略。在重庆期间周恩来多次利用各种机会与英国驻华大使克拉克·卡尔接触，在交往中，周恩来的温文尔雅、善于外交和热情好客使卡尔佩服不已，通过双方的广泛交往和接触，卡尔对中共的抗日主张和取得的抗日业绩有了更深的了解，他们也成为真诚的朋友，并时常交换对中国抗战的看法。④卡尔回国后，接任大使工作的霍勒斯·薛穆受其影响对周恩来印象也很好。周恩来多次与薛穆大使就国际问题交换意见，薛穆也对

---

① 《周恩来传》（二），中央文献出版社 1998 年版，第 603 页。
② 《周恩来年谱（1898—1949）》修订本，中央文献出版社 1998 年版，第 497 页。
③ 王安娜：《中国——我的第二故乡》，生活·读书·新知三联书店 1980 年版，第 360 页。
④ 杜俊华：《周恩来与抗战时期中共-英国关系的嬗变——以中共南方局与英国驻华大使馆为中心的考察》，《中共党史研究》2008 年第 1 期。

中共的抗日主张有较多了解。薛穆认为，从抗战时期维护英国在远东利益来看，有必要进一步加强与周恩来等人的交往。[①]1942 年 12 月，英国议会代表团访问重庆。代表团成员来自英国的三大政党，在英国驻华大使薛穆的劝说和安排下，原本不打算与中共接触的代表团在英国驻华大使馆会见了周恩来。通过会谈，许多代表团成员改变了以前对中共的偏见，他们对共产党在抗战中的作用开始重视起来。

除了与各国驻华机构的官员建立密切联系外，周恩来还积极发展民间外交，他与许多国家对华友好人士结下了友谊。他先后同加拿大医生白求恩，荷兰电影工作者伊文思，新西兰友好人士路易艾黎，印度援华医疗队的爱德华、柯棣华、巴苏等一批国际友人多次会面，解答和解决他们提出的各种问题，与他们建立了真挚的友情。1938 年 1 月，加拿大医生白求恩率领一支医疗队来到中国，周恩来在武汉八路军办事处会见了他，向他介绍了中国抗战形势和共产党的主张，并指示王炳南安排白求恩去延安。同年 4 月，荷兰电影工作者伊文思到达武汉，周恩来到旅馆看望他，并帮助他拍摄了中共代表团在武汉活动的镜头。当年秋季，由爱德华、柯棣华、巴苏等人组成的印度援华医疗队来到武汉，周恩来两次会见了他们，欢迎他们前来支援中国抗战，向他们介绍了八路军、新四军的抗战情况。

抗战后期，周恩来还努力打破国民党的限制，促成了爱泼斯坦等一批中外记者访问延安。1944 年春夏之交，周恩来召集延安各部门负责接待的干部开会，向他们"介绍记者团的情况和访问目的，交代中共中央接待的方针政策"[②]。当年 6 月 9 日，由驻重庆的外国记者发起组织的中外记者西北参观团一行 21 人到达延安，次日，周恩来出席了朱总司令主持召开的欢迎晚会。此后他多次接见了记者团，向他们解释中共的抗日战略和政策，揭露国民党对共产党的诬蔑，争取了国际舆论的支持。

四、抗战时期周恩来的外交成效及其深远影响

抗战时期是周恩来外交生涯的肇始时期，这一时期周恩来的外交取得了较好的成效，并且有深远的影响，为新中国外交队伍的培养和外交工作的开展奠定了基础。我们具体分析周恩来当年的外交成效和影响，主要有如下四方面。

---

①《英国对华政策与共产党人（1942—1976）》，见中国社会科学院近代史所编《国外中国近代史研究》第25 辑，中国社会科学院出版社 1992 年版，第 120 页。

②《周恩来年谱（1898—1949）》修订本，中央文献出版社 1998 年版，第 587 页。

（一）增进了各国对中共的了解，扩大了中共的外交空间

抗战以前由于长期处于国民党军事围剿和封锁状态，中共无法与西方各国接触，这使得外国对中共真实情况知之甚少，而且在国民党的造谣污蔑下，多数西方国家对共产党存有偏见。抗战时期周恩来利用建立世界反法西斯战线的有利形势，积极与各国驻华使节、记者、各界友好人士接触，向他们宣传中共的主张，介绍八路军、新四军的战绩，让他们亲眼看见中共及其领导下的敌后抗日根据地军民是如何艰苦奋战的，又通过他们将中共的声音传遍世界。一些驻华使节和外国记者返回本国后，写了大量报道，客观介绍了延安的情况和中国的抗战力量。这样，由于周恩来积极的对外联络和宣传活动，增进了各国对中共的了解，使他们中的一些人初步改变了对中共的印象，逐渐改变了对共产党全面否定和对国民党支持的态度。同时，周恩来在与英美等国各界人士交往中也扩大了中共的外交空间，从过去中共仅与苏联一国交往，扩大到与反法西斯阵营的各国交往，提高了中共的国际地位和影响力。

（二）利用国际力量和国际舆论的压力，抑制了国民党顽固派的反共活动

太平洋战争爆发后，美英等国为自身利益急切要求中国投入更大的抗日力量，希望中国战场把日本的军事力量死死拖住；而国民党顽固派则希望利用英美与日本的矛盾争取到更大的援助，同时抑制和消灭共产党的力量。因此，蒋介石集团与英美等国在共同抗击法西斯势力的大前提下，各有打算，存在矛盾。周恩来通过自己的外交努力，使各国了解了中共的政策主张及其领导的抗日力量，争取了英、美、苏等国家道义上和物资上的支援，巩固了抗日民族统一战线和世界反法西斯阵营。周恩来巧妙地利用英美与蒋介石集团的矛盾，多次会见美国总统代表居里、英国驻华大使卡尔，以及苏联驻华大使潘友新、武官崔可夫等，向他们提供国民党顽固派制造摩擦的若干材料，揭露国民党顽固派破坏抗日统一战线、企图挑起内战的阴谋，并阐明蒋介石政权若不改变政策，势必导致中国内战，影响世界反法西斯战争。周恩来的外交努力促使美、英、苏等国纷纷向蒋介石政府施加政治、军事、经济压力，使国民党顽固派的反共活动不得不有所收敛，为中共几次击退反共高潮，最终遏制分裂势头创造了有利条件，同时也为中共争取到了更多的发展空间。

（三）为中共及其抗日武装争取到了援助和支持，同时结交了一批国际友人

周恩来在开展抗日外交中，冲破了意识形态等限制因素，在国内只要是主张抗日的，在国际上只要是支持反法西斯阵营的，他都积极联络，增进彼此的了解和沟通。他认为在世界反法西斯战争中，实现民族独立和国家解放是各国、各政党、各团体和各界爱国人士最关心、最重要的问题。全世界反法西斯的国

家和人民都应该团结起来，建立最广泛的国际统一战线，互相声援，相互支持，共同抵抗法西斯侵略。整个抗战时期，周恩来通过不断加强与各国各界人士的联系，不断地向他们阐述中国共产党的路线、方针、政策，宣传共产党的抗日业绩和敌后军民的艰难处境，成功地为共产党及其领导的抗日武装和敌后根据地争取到了一批宝贵的物资援助和广泛的道义支持。抗战时期周恩来结交了许多国际友人，不仅有官方人士，如美国使馆的官员谢伟思、戴维斯、文森特等，还有民间友好人士斯特朗、史沫特莱、艾黎、爱泼斯坦等，甚至他与美国著名作家海明威、美国学者费正清也有友好交往。这些人通过与周恩来的交往都对中共持友好和同情的态度。特别是周恩来通过与美军观察组成员的交往，增进了美国舆论界对于中国共产党的全面了解，加深了美国驻华人员对中国抗日力量的认知和重视，使他们不仅听说而且看到了八路军、新四军的英勇战绩和敌后抗日力量的威力，并开始重新评估中共及其领导的抗日武装在世界反法西斯战争中的作用。

（四）初显了周恩来的外交风格，奠定了中共外交基本原则和新中国外交基础

周恩来在抗战外交中已经初显出自己的外交风格，在后来开拓新中国外交事业中进一步发扬光大。抗战时期周恩来在与各国友人的交往中，不卑不亢、彬彬有礼、落落大方、温文尔雅的外交风格给人留下深刻印象，产生了迷人的魅力。美国学者费正清回忆说："周恩来的外交魅力在初次见面时就打动了我。在我面前是一位浓眉、英俊的贵胄，却为民众献身；作为个人，他的智慧和敏锐的感觉是罕见的，然而他却致力于集体主义事业。"[1]更重要的是，周恩来抗战时期的外交确定了中共日后外交的基本立场和方针，不但成为其外交生涯的开端，而且成为中共外交工作的肇始。早在南方局外事组成立之初，周恩来就制定了"中肯求实、有理有节、求同存异、不卑不亢、平等待人、礼贤下士"[2]的对外工作方针。1944年，"中外记者访问团"和美军观察组先后访问了延安。周恩来于8月18日专门为中共中央起草了《关于外交工作的指示》，就中共对外政策的基本立场、关于国际统一战线的内容以及同外国交往的具体政策等问题做了原则规定，明确指出我们的外交政策首先必须站稳民族立场，国际统一战线的中心内容是共同抗日与民主合作，我们外交工作的中心应该放在扩大影响和争取合作上面。他还有远见地阐明：这次外国记者、美军人员来边区及敌

---

① 费正清：《外国人看中国抗战——中国之行》，赵复三译，新华出版社1988年版，第125页。
② 中共湖南省委党史研究室编《中共中央南方局的党建工作》，中共党史出版社2009年版，第15页。

后根据地便是对新民主主义中国有初步认识后有实际接触的开始。因此，我们不应当把他们的访问和观察当作普通行为。而应把这看作是我们在国际统一战线的开展，是我们外交工作的开始。[①]

整个抗战时期周恩来的对外交往和联络活动成效是显著的，不但为中共及其领导的抗日武装赢得了国际社会的同情和支持，而且确定了中共对外交往的基本原则，积累了外事工作的经验，培养了外交队伍和外交人才，为中共领导下的新中国外交的开展奠定了基础。当年在反对法西斯的共同目标下，周恩来善于联合不同意识形态的国家，把各种抗日力量团结起来，这里面已经包含着求同存异、互相支持、广交朋友等外交原则。1949 年后，这些原则被很好地运用到新中国外交局面的开拓中去，对营造良好的外部环境，积极开展国际合作，努力实现中华民族的和平发展有着深远的影响。

[本文原载于《南开学报（哲学社会科学版）》2014 年第 1 期]

---

① 《周恩来年谱（1898—1949）》修订本，中央文献出版社 1998 年版，第 594 页。

新中国成立之初周恩来的三次访苏

新中国诞生之际，世界处于冷战的大背景下，中国采取了"一边倒"的外交政策，坚决站在以苏联为首的社会主义阵营一边。作为新中国的首任总理兼外交部长，周恩来在新中国成立后多次访问苏联，为新中国外交政策的贯彻执行，为中苏两国友好关系的巩固发展，为反对帝国主义侵略、封锁政策，维护世界和平做出了重要贡献。本文仅就新中国成立之初（1950—1952）周恩来三次访苏的主要目的和取得的成效做初步探讨，以期从这个角度探讨 20 世纪 50 年代中前期的中苏关系。

一、为签订《中苏友好同盟互助条约》临时访苏

新中国诞生后，周恩来第一次访问苏联是 1950 年 1 月 10 日至 3 月 4 日，这次去苏联的目的很明确，就是应毛泽东电召，赶往莫斯科与苏方领导人就签订《中苏友好同盟互助条约》及一系列附属条约进行谈判。

周恩来是 1 月 20 日抵达莫斯科的，他在车站发表演说时强调："中苏两大国家进一步的友谊与团结，对于世界和远东的和平进步事业毫无疑义将有重大的意义。"①1 月 22 日，周恩来陪同毛泽东与斯大林会谈，磋商如何区别于国民党政府与苏联定的旧约，如何起草新的友好同盟条约和借款等协定的各项原则和方法。毛泽东和斯大林都认为：在新的形势下，过去国民党政府与苏联政府订的同盟条约已不适用了，因为那是在对日作战时订立的。现在国际形势和中苏两国情况已发生重大变化，必须另订新约，密切两国的政治、军事、经济、文化、外交的合作，共同对抗美国为首的帝国主义阵营。中苏两国的合作关系应在新条约基础上固定下来。②双方商定由周恩来、米高扬、维辛斯基进行具体谈判，起草条约和有关协定。

---

① 中共中央文献研究室编《周恩来年谱（1949—1976）》上卷，中央文献出版社 1997 年版，第 22 页。
② 中共中央文献研究室编《周恩来传》（三），金冲及主编，中央文献出版社 1998 年，第 897 页。

从 1 月 23 日开始，周恩来和李富春、王稼祥等人同苏联领导人米高扬、维辛斯基、葛罗米柯、罗申就条约和有关协定的内容进行了谈判。1 月 24 日，周恩来主持拟定出新的中苏友好同盟条约草案，并在条约名称上增加"互助"二字。经毛泽东同意后，周恩来将中方拟定的《中苏友好同盟互助条约（草案）》送交维辛斯基。

2 月 1 日，周恩来替毛泽东起草了致刘少奇电，告诉国内主持工作的刘少奇，将大体拟定好的中苏友好同盟互助条约的草案发过去，命胡乔木帮助校正一下。然后周恩来开始主持起草《中苏关于中国长春铁路、旅顺口及大连的协定》，规定了中方收回期限。翌日，周恩来又起草他和毛泽东联名的致刘少奇急转陈云、薄一波电，就中苏贷款协定中一些具体问题，如苏联要求中国以钨、锑、锡、铅四种战略物资供给苏联的问题，征求他们的意见。①

2 月 5 日，周恩来再次替毛泽东起草致刘少奇电，将《中苏关于中国长春铁路、旅顺口及大连的协定》及其议定书、《中苏关于贷款给中华人民共和国的协定》及其议定书和《中苏两国外交部长的换文》等 6 个文件发回国内，提交中国共产党中央政治局讨论，并在电文中告诉刘少奇，在签字的前一日，请刘召集中央人民政府委员、政协全国常务委员会委员举行座谈会，并对这些文件做解释性的报告，以便取得大家同意。同日，周恩来还致信米高扬，附上中国从苏联进口急需物资的订货单，希望苏联满足中国的订货，并表示中国愿意向苏联供应它所急需的物资。②

从 2 月 8 日至 14 日，周恩来多次致电中国共产党中央政治局，通报中苏两国谈判的概况，通报《中苏友好同盟互助条约》和《中苏关于贷款给中华人民共和国的协定》的文字校正、签字时间，还研究了国内就此事如何进行宣传报道等问题。

1950 年 2 月 14 日，周恩来和毛泽东、斯大林及中苏两国其他领导人一起出席了几个重要文件的签字仪式。周恩来作为中国政府全权代表，同苏联政府全权代表维辛斯基共同签署了《中苏友好同盟互助条约》《中苏关于中国长春铁路、旅顺口及大连的协定》和《中苏关于贷款给中华人民共和国的协定》。

这些条约和协定的签订，保证了中国国家利益和国家安全。按照规定："缔约国双方保证共同尽力采取一切必要的措施，以期制止日本或其他直接间接在侵略行为上与日本相勾结的任何国家之重新侵略与破坏和平。"一旦缔约国任何

---

① 《周恩来年谱（1949—1976）》上卷，中央文献出版社 1997 年版，第 23 页。
② 《周恩来年谱（1949—1976）》上卷，中央文献出版社 1997 年版，第 23-24 页。

一方受到侵袭因而处于战争状态时，另一方即尽其全力给予军事及其他援助。而且条约、协定中还规定苏联应不迟于 1952 年末将中国长春铁路的一切权利和财产无偿移交中国政府。苏联军队从旅顺口撤退，中国政府偿付苏联自 1945 年以后在此处的建设费用。为支援中国经济建设，苏联政府以优惠条件贷款 3 亿美元给中国政府。

周恩来在签字仪式上指出，这些条约、协定的签订，对于新兴的中华人民共和国说来，是特别重要的，将有助于中国经济的恢复和发展。中苏两国这种为和平、正义与普遍安全而携手合作的举动，"不仅是代表中苏两国人民的利益，同时也是代表东方和世界上一切爱好和平与正义的人民的利益"①。

当晚，周恩来和毛泽东等中国领导人一起出席了中国驻苏大使王稼祥举行的盛大招待会，庆贺《中苏友好同盟互助条约》和一系列协定的签订。斯大林和其他苏联领导人什维尔尼克、莫洛托夫、马林科夫、贝利亚、伏罗希洛夫、米高扬、卡冈诺维奇、布尔加宁等 500 余名来宾应邀出席了招待会。②

2 月 16 日，周恩来陪同毛泽东出席了斯大林在克里姆林宫举行的盛大宴会。次日晚，他和毛泽东等一行 14 人乘火车离开莫斯科回国，苏联部长会议副主席莫洛托夫、米高扬、布尔加宁等前往车站送行。3 月 4 日，周恩来和毛泽东一行返抵北京，圆满完成了这次出访任务。

新中国成立后周恩来第一次访苏，基本上完全达到了预期的目的。《中苏友好同盟互助条约》和有关协定的签订，是新中国外交工作中取得的第一个重要成就。周恩来在政务院第 23 次政务会议上做关于外交问题的报告时指出，这次新签订的条约"把中苏两国的友好与合作关系固定下来，在军事上、经济上、外交上实行密切的合作"③。1950 年 3 月 20 日，周恩来在外交部全体干部会议上再次指出《中苏友好同盟互助条约》签订的意义在于："这个条约不仅体现了中苏两个国家七万万人民的团结，而且也体现了社会主义国家和新民民主义国家八万万人民的团结。它不仅鼓舞了殖民地国家和被压迫的民族，同时也鼓舞了资本主义国家的人民。"④4 月 11 日，在中央人民政府第六次会议上，周恩来做了关于中苏条约和两个协定的报告。毛泽东在会上的讲话阐明了这次缔结的中苏条约和协定的重大意义在于："使中苏两大国家的友谊用法律形式固定下来，使得我们有了一个可靠的同盟国。这样就便利我们放手进行国内的建设工

---

① 《周恩来年谱（1949—1976）》上卷，中央文献出版社 1997 年版，第 24-25 页。
② 外交部外交史研究室编《周恩来外交活动大事记（1949—1975）》，世界知识出版社 1993 年版，第 16 页。
③ 《周恩来年谱（1949—1976）》上卷，中央文献出版社 1997 年版，第 27 页。
④ 中华人民共和国外交部、中共中央文献研究室编《周恩来外交文选》，中央文献出版社 1990 年版，第 11 页。

作和共同对付可能的帝国主义侵略，争取世界的和平。"①

二、为出兵朝鲜和苏联军事援助问题紧急访苏

周恩来在新中国成立后第二次访问苏联是 1950 年 10 月 8 日至 10 月 18 日。这次出访很紧急，专门为朝鲜战争爆发后中国是否出兵问题，以及如果出兵争取苏联给予中国军事援助、提供空军掩护问题而去与斯大林等苏联领导人紧急磋商。

1950 年 10 月 8 日，毛泽东发布《关于组成中国人民志愿军的命令》，任命彭德怀为中国人民志愿军司令员兼政治委员。同日，毛泽东派周恩来和林彪离开北京，代表中国共产党中央前往苏联同斯大林、莫洛托夫等谈判抗美援朝和苏联军事援助问题。

10 月 10 日，周恩来带着中国出兵和不出兵两种意见抵达莫斯科。翌日午后，他就同斯大林举行了会谈。周恩来介绍了中国共产党中央政治局会议讨论朝鲜局势和出兵援朝的问题，说明中国的实际困难，提出只要苏联同意出动空军给予空中掩护，中国就可以出兵援朝，同时要求苏联援助中国参加抗美援朝所需的军事装备，并向中国提供各种类型的武器与弹药，首先是陆军轻武器的制造蓝图供中国仿造。斯大林表示，可以完全满足中国抗美援朝所需的飞机、大炮、坦克等军事装备，但苏联空军尚未准备好，须待两个月或两个半月才能出动空军支援志愿军的作战。②斯大林接着解释了苏联不能出兵的理由，他说苏联虽设想过帮助朝鲜，但早已声明苏军从朝鲜全部撤出，所以不能出现在战场，更不能同美国直接对抗，否则就是国际问题了。他还表示，苏联虽可提供空军支援，但不能进入敌后，以免飞机被击落而造成国际影响。③鉴于此，周恩来将会谈情况速电告毛泽东，供中国共产党中央做出最终决断。

对于斯大林的这个答复，周恩来是有一定心理准备并且能够理解的。④周恩来后来回忆，那天谈了一天，当我们问到苏联能否出动空军帮助中国入朝作战时，斯大林动摇了，"说中国既困难，不出兵也可，说北朝鲜丢掉，我们还是社会主义，中国还在"⑤。

---

① 中共中央文献研究室编《毛泽东年谱（1949—1976）》第一卷，中央文献出版社 2013 年版，第 113 页。

② 《周恩来年谱（1949—1976）》上卷，中央文献出版社 1997 年版，第 85 页。

③ 《周恩来传》（三），中央文献出版社 1998 年版，第 921 页。

④ 沈志华：《斯大林、毛泽东与朝鲜战争再议——根据俄国档案文献的最新证据》，《史学集刊》2007 年第 5 期。

⑤ 见周恩来 1960 年 7 月 31 日在中共中央工作会议上的报告记录，转引自《周恩来传》（三），中央文献出版社 1998 年版，第 1019 页。

10 月 12 日，周恩来飞返莫斯科。毛泽东接到周恩来电报后，立即致电彭德怀：在东北的各部队就地训练，暂不出动。同时决定召开政治局会议，再次讨论朝鲜问题。

10 月 13 日，毛泽东主持召开了中央政治局会议，再次讨论中国出兵援朝问题。与会者一致认为，即使苏联不出空军支援，在美国越过"三八线"大举北进的情况下，我们仍应出兵援朝不变。当晚 10 点，毛泽东将中国共产党中央政治局讨论的决定电告周恩来，在分析了苏联有限军事援助的利弊得失后，明确指出我军还是出动到朝鲜为有利，"总之，我们认为应当参战，必须参战，参战利益极大，不参战损害极大"，并请周恩来"留在莫斯科几天，和苏联同志重新商定上述问题"①。

周恩来接到毛泽东的电示后，当日夜约见了苏联外长莫洛托夫，转告了毛泽东来电内容，要求他立即报告斯大林。第二天，周恩来致电斯大林，提出 8 个问题请其答复，主要是在两个或两个半月后苏联能否出动空军支援中国人民志愿军在朝鲜作战，苏联可否派掩护空军驻扎中国沿海大城市？并提出需要购买飞机、坦克、炮类、海军器材、汽车、重要工兵器材等问题，随电附上了中国政府第一批关于各种炮类及其附属器材的订货单。②

10 月 14 日，周恩来又收到毛泽东的来电，毛泽东告诉他我军决定于 10 月 19 日出兵和我军整个军事部署。③周恩来迅速将毛泽东来电的内容通知了斯大林。他在苏联又留了几天，同莫洛托夫继续进行了具体磋商。最后，苏联方面同意在中国出兵时提供军事装备，并答应派空军到中国帮助防空和训练，但不得越出中国国境。④

10 月 18 日，周恩来结束了这次访苏之行，回到北京，立即参加了毛泽东主持的中央政治局会议，再次讨论了中国出兵朝鲜问题。会上，周恩来汇报了在苏联与斯大林等人谈判的情况，彭德怀汇报了志愿军的准备情况，会议最后决定，中国人民志愿军按原计划于 19 日跨过鸭绿江入朝作战。

周恩来这次访苏，达到了预期的主要目的，其成效在于，通过与苏联最高领导人的谈判，苏方同意给中国军队军事援助，答应了派空军帮助中国进行防空和军事训练。这些都有助于毛泽东下定出兵朝鲜的决心，也有助于中国军队实现装备的现代化。但是这次访苏也有一个重要的预期目标没有达到，即中国

---

① 《毛泽东年谱（1949—1976）》第一卷，中央文献出版社 2013 年版，第 212 页。
② 《周恩来年谱（1949—1976）》上卷，中央文献出版社 1997 年版，第 86 页。
③ 《毛泽东年谱（1949—1976）》第一卷，中央文献出版社 2013 年版，第 213-214 页。
④ 《周恩来传》（三），中央文献出版社 1998 年，第 922 页。

希望苏联出动空军帮助中国人民志愿军在朝鲜作战，斯大林出于对苏联自身利益的考虑没有答应。

此外，10 月 14 日晚 9 时，毛泽东还曾给周恩来发去一个电报，指示周"请再与苏方一商，可否从商订掩护城市的喷气式空军中先抽调一个师来北京，以保护首都的空防"①。现在没有资料披露，周恩来就毛泽东这个指示如何与苏方筹商的，也没看到苏军是否派来一个空军师到北京帮助防控的史料。但是，有史料表明，周恩来这次访苏回国后，仍多次就苏联军事援华问题与苏方多次联系和磋商。如 1950 年 10 月 26 日，周恩来替毛泽东起草致斯大林电，要求苏联援助中国海军装备；10 月 30 日，与苏联军事总顾问商谈我国飞机修理厂建设问题；11 月 5 日，再次替毛泽东起草致斯大林电，谈苏联援助中国入朝的步兵武器装备问题；11 月 15 日，与苏联军事总顾问商谈苏联空军使用中国东北机场问题；等等。②周恩来的这些外交努力，对巩固中苏友好同盟、对支援抗美援朝战争、对增强中国国防力量起到了重要作用。

三、为争取苏联对华经济技术援助专门访苏

新中国成立后周恩来第三次出访苏联是 1952 年 8 月 15 日至 9 月 24 日。这次访苏和其后的几次访苏，主要目的是争取苏联对华经济技术援助，帮助中国完成第一个五年计划，向实现社会主义工业化迈进。

朝鲜战争期间中国共产党中央确定了"边打、边稳、边建"的方针，1952年后，周恩来便着手主持我国第一个五年计划的编制工作。面对新中国工业基础薄弱的状况，周恩来清楚地认识到："为了实现我国的工业化，就必须主要地依靠新的工业特别是重工业的建设。"③为确保第一个五年计划的完成，尽快改变中国落后的现状，周恩来在 20 世纪 50 年代中期，频繁开展了对苏外交活动，主要目的在于争取苏联援建我国一批现代工业建设项目。1952 年 8 月 15 日，周恩来率领中国政府代表团离开北京，前往苏联访问。代表团成员有陈云、李富春、张闻天等。周恩来一行于 17 日抵达莫斯科，他在机场发表讲话，中国政府代表团"这次来莫斯科，是为了继续加强两国之间的友好合作，并商谈各种有关问题。中苏两大国的友好合作的继续发展，必然对于中苏两国人民的和平建设事业，以及对于全世界人民的和平建设事业，都将有更重大的贡献"④。

---

① 《毛泽东年谱（1949—1976）》第一卷，中央文献出版社 2013 年版，第 212 页。

② 《周恩来年谱（1949—1976）》上卷，中央文献出版社 1997 年版，第 88—97 页。

③ 中共中央文献研究室编《周恩来经济文选》，中央文献出版社 1993 年版，第 180 页。

④ 《周恩来年谱（1949—1976）》上卷，中央文献出版社 1997 年版，第 256 页。

这次访苏期间，周恩来率中国政府代表团与苏联政府代表团进行了多次筹商和谈判，并于8月20日、9月3日、9月19日，与苏联最高领导人斯大林举行了3次正式会谈。

8月18日下午，周恩来会见苏联外交部官员时向他们说明，这次访苏目的有二，一是向斯大林报告朝鲜和谈情况和中国五年计划；二是要和苏联政府商谈旅顺军港、中苏共管修筑铁路、中国地质勘探、工业设计、工矿装备、器材订货、技术援助、国防建设和苏联贷款等问题。周恩来还于当日拜会了苏联外长维辛斯基。①

8月20日，周恩来率中国政府代表团同斯大林举行第一次会谈。苏方参加的有莫洛托夫、维辛斯基等。周恩来简述了中国代表团将同苏联商谈的问题，并介绍毛泽东对朝鲜战争和国际形势的看法。斯大林同意毛泽东对朝鲜战局的分析和在停战谈判中所采取的方针，表示愿意尽力在工业资源勘探、设计、工业设备、技术资料和派人到苏联留学及实习等方面给中国以帮助，并指定莫洛托夫、布尔加宁、米高扬、维辛斯基、库米金组成苏联政府代表团同中国政府代表团商谈各项具体问题。②周恩来鉴于朝鲜战争的状况，希望苏联军队能够继续留在旅顺口。斯大林考虑到周恩来所说的现实状况，很痛快地答应了这个挽留，并说："这个换文发表，将会给敌人很大震动"。③这个看似简单的请求，却反映出中苏两党当时已初步有了一种相互信任的关系。

8月21日，周恩来率中国政府代表团同苏联政府代表团举行了首次会谈，双方讨论了旅顺口问题、中蒙铁路修建问题、苏联援助中国种植和割制橡胶的协定等问题。两天后周恩来将《三年来中国国内主要情况及今后五年建设方针的报告提纲》的译文送交苏方。8月27日和9月1日，中苏两国政府代表团又举行了两次会谈，双方讨论了苏方提出的关于旅顺口换文修正案、关于中长铁路移交公告、关于橡胶技术合作协定修正案等问题。其间，周恩来将《中国经济状况和五年建设的任务》及8个附表、《中国国防军五年建设计划概要》的译文送交苏方。④

9月3日，周恩来率中国政府代表团同斯大林进行第二次会谈。这次会谈的中心依旧围绕中国五年建设计划与苏联对话经济技术援助问题。苏方参加的

---

① 《周恩来外交活动大事记（1949—1975）》，世界知识出版社1993年版，第35页。

② 《周恩来年谱（1949—1976）》上卷，中央文献出版社1997年版，第256页。

③ 《周恩来与外国首脑及政要会谈录》编辑组编《周恩来与外国首脑及政要会谈录》，台海出版社2012年版，第47页。

④ 《周恩来年谱（1949—1976）》上卷，中央文献出版社1997年版，第256-257页。

有莫洛托夫、马林科夫、贝利亚、米高扬、布尔加宁、卡冈诺维奇、维辛斯基等。周恩来在会谈中明确表示,中国第一个五年计划的实现,"要取决于中国人民的努力和中国期望从苏联那里得到的援助"[①]。周恩来向斯大林和苏联其他领导人介绍了三年来中国土地改革、抗美援朝、国民经济的恢复和建设等情况,说明了今后五年建设的国民经济计划草案和基本目标,希望苏联政府在地质勘察、设计、工业设备、专家援助和技术资料等方面给予帮助。周恩来向斯大林介绍了中国"一五"计划建设的规模:初步拟定建设 151 个工厂,而航空工业企业、坦克制造和船舶制造企业除外。现在已将 151 个工厂压缩为 147 个工厂。斯大林表示,中国三年经济恢复期的工作,"给我们这里的印象很好"。他提出的建设性意见是,制定计划要留有余地,因为总是存在着不利的条件,不可能把各种因素都考虑进去,制定的计划一定要能超额完成,要留有后备力量,才能应付意外的困难和事变。他建议未来五年中国工业建设规划中,工业总产值从每年递增 20%降到 15%,同时表示愿意为中国实现五年建设计划提供所需要的技术设备、贷款等援助,并派出专家帮助中国建设。[②]

9 月 6 日,毛泽东复电周恩来说:"9 月 4 日电收到。同意你们关于中蒙铁路的意见,并同意待铁路修成后再行公布协定。"[③]当日,周恩来致信莫洛托夫,告知其中国在明年开始的有计划的经济建设和国防建设中,从苏联进口的装备和普通货物以及非贸易支出所需要的外汇额度,请苏联政府在今后五年中给予40 亿卢布的贷款,并说明了贷款及应付利息的归还期限。同时他向苏联政府提出,为了迅速提高中国的技术水准,请将苏联经济建设的各种技术资料,即工业产品的技术标准,建设矿山、工厂、学校、医院等的典型设计,工交企业的技术操作规程,机器制造图纸和先进企业的原材料、电力、燃料消耗的技术经济定额等资料供给中国。

9 月 8 日,莫洛托夫代表苏联政府回信同意了周恩来的要求。当日,中苏两国政府代表团再次举行会谈,商讨 1952 年和 1953 年朝鲜作战的军事订货问题和聘请苏联专家问题。周恩来将抗美援朝作战订货单、委托苏联帮助设计的建设项目名单、聘请各类专家名单、国防工业各系统的发展计划、各军兵五年建设计划所需装备的订货单等文件交给苏方。[④]

9 月 14 日,周恩来致电毛泽东和中国共产党中央,告知:"四个文件的签

① 《周恩来与外国首脑及政要会谈录》,台海出版社 2012 年版,第 48 页。
② 《周恩来年谱(1949—1976)》上卷,中央文献出版社 1997 年版,第 258 页。
③ 《毛泽东年谱(1949—1976)》第一卷,中央文献出版社 2013 年版,第 595 页。
④ 《周恩来年谱(1949—1976)》上卷,中央文献出版社 1997 年版,第 258-259 页。

字时间定在十五日晚九时，北京时间已在十六日上午二时，故新华社广播准备在十六日上午，同日亦可见报。"翌日，周恩来率领中国政府代表团出席中苏几个协定的签字仪式。中苏双方签订了《关于橡胶技术合作协定》，交换了《关于延长共同使用中国旅顺口海军基地期限的换文》，通过了《关于中国长春铁路移交中华人民共和国政府的公告》。同时，签订了中、苏、蒙三方《关于组织铁路联运的协定》。周恩来在签字仪式上致辞：30 多年来，中国人民在人民解放事业和建设事业中所取得的伟大胜利和成就，"是与伟大的苏联人民和政府在斯大林同志领导之下，对于中国人民解放事业和建设事业的亲切关怀和伟大援助分不开的"，"中国人民永远不会忘记这种深切的友谊和援助"。①

　　9 月 19 日，周恩来率领中国政府代表团同斯大林进行了第三次会谈，就朝鲜停战谈判、亚洲及太平洋区域和平会议、中苏友好交往、越南人民的抗法斗争等问题交换意见。②随后，周恩来又致信莫洛托夫，希望苏联增派在华工作的苏联专家。

　　1952 年访苏期间，周恩来还与苏联领导人商讨了朝鲜战争和苏联军事援助问题以及党的工作经验。如 9 月 4 日，周恩来出席了斯大林和苏共中央政治局主要成员同朝鲜领导人金日成、朴宪永的会谈，共同讨论了中朝空军在朝鲜作战和战俘遣返等问题。9 月 16 日，周恩来与粟裕、刘亚楼等同布尔加宁进行了军事会谈，研究解决苏联向中国提供军事援助的一些具体问题。此前一天，周恩来还和李富春、张闻天同联共领导人马林科夫交流了党的组织工作经验。

　　9 月 22 日，周恩来完成了访苏谈判的主要任务后，和陈云、粟裕等人离开莫斯科回国。行前，他安排李富春留在苏联，继续与苏联领导人商谈援华的具体工作。9 月 24 日，周恩来一行返抵北京。对这次访苏成果，周恩来在机场发表的谈话中讲得很清楚，他认为这次中国政府代表团访问苏联，"业已圆满地完成了有关两国重要政治问题与经济问题的商谈，完成了毛泽东主席所委托的光荣任务，使中苏两国的友好合作得到了进一步的发展和巩固"③。9 月 29 日，毛泽东在审定《人民日报》国庆社论稿时，对"最近中苏两国关于在重要政治经济问题上已经取得的一致的成功的谈判"④给予了充分的肯定。

　　这次访苏后，周恩来为争取苏联援助仍做了大量不懈的努力。1953 年 3 月，斯大林逝世。周恩来率党政代表团专程前往吊唁，同时与苏联新领导继续商谈

---

① 《周恩来年谱（1949—1976）》上卷，中央文献出版社 1997 年版，第 259-260 页。
② 《周恩来年谱（1949—1976）》上卷，中央文献出版社 1997 年版，第 260 页。
③ 《周恩来年谱（1949—1976）》上卷，中央文献出版社 1997 年版，第 260-261 页。
④ 《毛泽东年谱（1949—1976）》第一卷，中央文献出版社 2013 年版，第 606-607 页。

援建问题。1954 年 10 月 12 日，周恩来代表中国政府签署了《中苏科学技术合作协定》《中苏关于苏联政府给予中华人民共和国政府五亿二千万卢布长期贷款的协定》和《中苏关于苏联帮助中华人民共和国政府新建 15 项工业企业和扩大原有协定规定的 141 项企业设备的供应范围的议定书》。[①]至此，苏联援建的 156 项大型建设项目，以政府间协议的形式确立下来。自 1952 年起周恩来为争取苏联对华经济技术援助，特别是为争取 156 项大型建设项目所开展的对苏外交，对中国"一五"计划的完成和中国独立工业体系的建成产生了非常重要而深远的影响。

四、对周恩来在中苏关系中作用的综合评价

新中国成立初期，周恩来除了上述三次重要的访苏之行外，还在 1953 至 1956 年多次访问苏联，多次与苏联新任领导人赫鲁晓夫、马林科夫、莫洛托夫等举行会谈。周恩来此后几年访苏的目的包括代表中国政府出席斯大林的葬礼，继续商讨苏联对中国的经济技术援助问题，为参加日内瓦会议征求苏方意见，协调两国在处理国际事务上的立场，处理中国和各国关系，等等。他每次带着不同任务出访苏联，均收到了不同程度的成效，对中苏关系发展、对维护世界和平、对拓展中国外交、对中国经济建设都产生了重要影响。

在中苏两国关系的发展演变中，周恩来无疑是一个举足轻重的关键人物。20 世纪 50 年代至 70 年代，中苏两国关系历经坎坷，跌宕起伏，发生了巨大变化。从 50 年代的亲密友好的合作伙伴到 60 年代初的两党论战，从珍宝岛两国军事对抗到北京机场两国总理的直接会谈，周恩来始终在这一变化过程中发挥着重要作用，对新中国外交方针的制定和各项政策的实施有着仅次于毛泽东的重大影响。特别是新中国成立初期，周恩来代表中国政府三次访问苏联，对中苏两党、两国关系的确立和发展发挥了无人替代的特殊作用。综合评价周恩来任总理期间对中苏关系的作用和影响，至少表现在四个方面。

首先，周恩来对苏联党和政府的看法和认识、与苏联领导人的谈判和交往在很大程度上影响了中国共产党第一代领导人的共同认知，这种认知成为新中国成立前后制定对苏政策的基础。从这个角度上看，可以说周恩来在新中国成立初期的几次访苏，为中苏两国、两党友好关系的确立奠定了基础。毫无疑问，毛泽东是当时中国大政方针的最后决策人，但周恩来在党内和政府内是具体负责外交事务的主要领导人，有长期从事外交工作的经验。更重要的是他视野开

---

① 见《人民日报》1954 年 10 月 12 日。

阔，头脑灵活，善于交往，对国际问题的思考、判断具有战略眼光，他提出的外交战略均是在汇总了各方面信息、做了科学分析判断后做出的。因此，他的建议对毛泽东和中国共产党中央做出重大外交决策有直接的影响。在中国共产党确定"一边倒"的外交政策中、在建立中苏友好互助同盟过程中、在争取苏联经济技术援助方面，周恩来皆做出了不可磨灭的贡献。

其次，在新中国外交方针的贯彻落实中，在与苏联和其他国家具体的交涉、谈判中更凸显了周恩来的作用。周恩来不仅是新中国外交政策的主要制定者之一，而且还是最主要的执行者。毛泽东侧重于战略规划，周恩来侧重于一线指挥和实际操作，两人配合默契，相得益彰。在毛泽东与斯大林谈判陷入僵局的情况下，毛泽东首先考虑请周恩来到苏联来代替他与苏联领导人谈判，实践证明，毛泽东的这一临时动议是独具慧眼的，周恩来出色地完成了与斯大林等人谈判的重任，两国终于签订了《中苏友好同盟互助条约》。此后几年，周恩来多次与苏联领导人就中国人民志愿军入朝作战、苏联经济技术援助、重大国际问题等与苏联领导人交换意见，几乎每次都取得一定成果。

再次，经周恩来的外交努力，新中国成立不久，就将中苏关系从政治、外交、军事领域，扩大、延伸至两国间在经济建设、双边贸易、科学技术、文化教育、体育、卫生等领域的交流与合作。经周恩来与苏联领导人和相关专家多次谈判达成的多项经济技术协定，特别是苏联援华的 156 项大型现代化建设项目，对中国第一个五年计划的完成、对中国完整的现代工业体系的建立、对中国向现代化工业强国迈进产生了重要而深远影响。我国现代化建设的重工业基础许多是"一五"期间在苏联帮助下建立起来的。20 世纪八九十年代在我国一些重要领域发挥出突出作用的一大批国家政治人才、科技人才、文教方面的人才，很多是 50 年代初留苏热潮中培养出来的。毛泽东 1957 年访苏时曾对中国留苏学生高瞻远瞩地预言："你们年轻人朝气蓬勃，好像早晨八九点钟的太阳，希望寄托在你们身上。"而播种下希望的，正是毛泽东、周恩来等老一辈政治家、外交家。

最后，周恩来对国际形势的分析、判断，周恩来的外交艺术和风格，乃至周恩来的人格魅力影响了与之相处的苏联人和其他外国友人。周恩来待人温文尔雅，彬彬有礼，在外交中不卑不亢，举止得体，大多数与他接触的苏联领导人和其他国家领导人都对他留有良好印象。他的个人风度和友谊有时对国家间的交往和实现既定的外交目标是有积极性影响的。在处理外交事务中，周恩来表现出原则性与灵活性相结合的风格和特色，这种风格和特色大大有助于其外交事业的成功。如他在参加日内瓦会议之前，就专门与苏联外长莫洛托夫进行了沟通，在会议期间他与苏联和其他社会主义国家领导人进行了友好合作，他以高超的外交手段、灵活的谈判技巧，既坚持了中国的外交原则，又提出了一些能为各方接受的灵活对策。周恩来的外交成效不仅利于中国外交目标的实现，而且有利于世界的和平与稳定。

作为中华人民共和国第一任总理和外交部部长，周恩来领导和参与了所有重大的外交事件。据不完全统计，从新中国成立到 1975 年最后一次接见外宾，他参加外交活动达 6000 余次，亲自起草和批阅过的外交文电 5000 多份。[1]特别是在新中国成立初期，我国确立了"一边倒"的外交政策后，急需与苏联建立密切友好关系，急需打开中国外交局面，当时周恩来多次赴苏谈判，每次均取得了重要成效，写下了其外交生涯中的灿烂一笔，谱写了中苏友好关系的新篇章，特别是 1950 至 1952 年间周恩来三次重要的出访苏联，对中国国防、外交、经济、文化等各方面的发展，对维护世界的和平发挥了重要作用。周恩来在中苏关系乃至整个外交事业中有着突出功绩和深远影响，正如曾任中国外交部部长的钱其琛所评价的，在漫长的外交岁月中，周恩来以决策人、指挥者和实践家三位一体的身份，以惊人的精力和非凡的才能，为新中国外交事业做出了不朽的贡献。他的外交实践可说是新中国外交史的缩影。[2]

（本文入选"第五届周恩来研究国际学术研讨会"）

---

[1] 李肇星：《学习周恩来外交思想为外交事业多做工作》，见《老外交官回忆周恩来》，世界知识出版社 1998 年版，第 5 页。

[2] 钱其琛：《学习和研究周恩来外交思想与实践》，见《全国周恩来生平和思想研讨会论文集》，中央文献出版社 1999 年版，第 22 页。

周恩来在中美关系演变中的重要作用

20 世纪 50 年代至 70 年代，中美两国关系历经坎坷，跌宕起伏，发生了巨大变化。从直接军事对抗到两国首脑会晤，周恩来是这一变化中发挥着重要影响的关键人物，特别对中国外交方针的制定和各项政策的实施起着特殊作用。新中国成立之初他参与了抗美援朝的战略决策和作战指挥，直接领导了停战谈判和停战协定的签订。从 50 年代起周恩来就倡导和平外交，开辟了中美双方保持接触的渠道，亲自指导了中美大使级会谈。70 年代初他与毛泽东一起调整了中国对美外交战略，开展了"乒乓外交"，努力促成了中美首脑的历史性会谈和《上海公报》的发表。周恩来的对美外交促使中美两国从对抗走向对话，对两国关系的发展产生了深远影响。

一、与毛泽东一道制定新中国对美政策

早在中华人民共和国成立前夕，周恩来就与毛泽东一起制定了新中国外交的基本方针。1949 年 1 月，由周恩来起草的《中共中央关于外交工作的指示》和《中共中央关于外交工作的补充指示》，阐述了中国共产党对国际问题的看法和一些具体措施。在中国人民政治协商会议第一届全体会议上，周恩来主持起草了《中国人民政治协商会议共同纲领》，其中第七章第 54 条至 60 条明确规定了新中国外交的基本原则和重大政策。

新中国成立后，针对美国采取的遏制封锁政策，周恩来与毛泽东一起制定了中国对美外交政策。1949 年 12 月，周恩来在政务院会议上阐明："美帝国主义封锁我们，给我们带来了很大的困难，但我们决不能因此就向美帝国主义屈服。""现在同帝国主义国家也可以在有利的条件下做买卖，对此我们不拒绝，也不强求。""决不要依靠敌人。"[①]1950 年，周恩来在国庆大会上再次阐明了中国政府的对美政策："中华人民共和国成立以后，美国政府对于中国人民的敌视

---

① 《周恩来选集》下卷，人民出版社 1984 年版，第 10-11 页。

有加无已。"美国的所作所为"已经证明了它是中华人民共和国最危险的敌人"。
"中国人民坚决反对美国的侵略暴行,并决心从美国侵略者手中解放台湾及其他
领土。"①

1952 年 4 月,周恩来在驻外使节会议上全面阐述了新中国的外交方针,他
指出新中国成立以来,一直坚持和平外交。我们在执行和平政策中的一些外交
方针是:"另起炉灶""一边倒""打扫干净屋子再请客""礼尚往来""互通有无"
"团结世界人民"。他进一步阐释,"打扫干净屋子再请客"的含义就是"先把帝
国主义在我国的残余势力清除一下,否则就会留下它们活动的余地"。他言明中
国对美政策:"我们在美帝侵朝的时候,针对美帝对我国采取敌视政策并冻结我
国财产的情况,先接管或冻结美帝在华资产,并接管美帝津贴的文化机关,特
别是在抗美援朝运动中肃清亲美崇美恐美思想,这在平时恐怕要几年几十年才
能做到。"②

在制定外交政策的同时,周恩来积极为新中国争取国际空间,要求联合国
恢复新中国的合法席位,指挥中国代表团对美国的阻扰、破坏进行了坚决的斗
争。1950 年 8 月 24 日,他致电联合国安理会主席马立克和联合国秘书长赖伊,
控诉美国武装侵略台湾的罪行,要求安理会"立即采取措施,使美国政府自台
湾及其它属于中国的领土完全撤出它的武装侵略部队"③。为参加第五届联合
国大会(以下简称"联大"),周恩来指示组建了张闻天为首席代表的中国代表团。

但是,在 1950 年 9 月召开的第五届联大上,由于美国等国的反对,大会否
决了印度提出的立即接纳中华人民共和国代表的决议草案和苏联提出的立即驱
逐国民党集团代表,并邀请中华人民共和国代表出席本届联大的两项提案。周
恩来指示外交部发表声明,对印度与苏联在联大所做的努力表示热烈欢迎,坚
决反对联大做出的非法决定。为与美国打好这场国际政治舞台上的外交战,周
恩来注重抓住每一个机会。当得知联合国同意邀请中国政府代表团出席联合国
安理会后,他细心周密地筹组和部署了中国代表团的全部重大活动,多次召集
伍修权、乔冠华等代表团主要成员开会,确定联合国之行的政策方针和各项准
备工作。1950 年 11 月 26 日,周恩来致电已赴联合国的伍修权、乔冠华:"中
国代表的一切发言和要求,均应将反对美国政府侵略朝鲜、侵略台湾、侵略整
个中国和重新武装日本,与要求美军从朝鲜和台湾撤退,让朝鲜人民自己解放

---

① 中华人民共和国外交部、中共中央文献研究室编《周恩来外交文选》,中央文献出版社 1990 年版,第
22—23 页。

②《周恩来选集》下卷,人民出版社 1984 年版,第 86—87 页。

③ 中共中央文献研究室编《周恩来年谱(1949—1976)》上卷,中央文献出版社 1997 年版,第 68 页。

朝鲜问题，并迅速缔结共同对日和约，以保证太平洋和亚洲的和平安全联系在一起。"[1]12 月 3 日，他再次致电伍修权、乔冠华，为给美国代表一个打击，"你们要理直气壮地谈朝鲜问题与台湾问题"[2]。然而，因美国等国的反对，中华人民共和国在联大的合法席位问题直到 70 年代初才得到解决。

二、抗美援朝时期在两条战线上指挥与美抗争

在中国抗美援朝期间，周恩来作为中央军委常务副主席参与领导了中方出兵谋划、军需筹备、军事指挥和停战谈判等事务，在军事、外交两条战线协助毛泽东指挥志愿军和中方谈判代表与美抗争。

朝鲜战争爆发后，美国重新介入中国内政。美国总统杜鲁门声称"台湾地位未定"，派第七舰队进入台湾海峡。1950 年 6 月 28 日，周恩来以外交部部长名义发表《关于美国武装侵略中国领土台湾的声明》，严正指出，杜鲁门的声明和美国第七舰队的行为"是对于中国领土的武装侵略，对于联合国宪章的彻底破坏"，"我国全体人民，必将万众一心，为从美国侵略者手中解放台湾而奋斗到底"。[3]

周恩来和毛泽东均估计到，美军插手朝鲜事务后，朝鲜战争不可能轻易结束。因此，他们一方面在外交上与美国展开较量，一方面抓紧了国内的备战工作。1950 年夏，周恩来三次主持召开了国防会议，商定保卫国防和组织东北边防军的各项问题。他指示，一切都要准备好，不要临急应战，而要有充分准备，一出手就胜。[4]东北边防军从当年 7 月上旬组建，到 10 月上旬改为中国人民志愿军，整个准备工作，包括领导机构组成、抽调部队、集中运输、武器装备调整、兵员补充和后勤供应等，都是在周恩来直接领导下进行的。与此同时，周恩来在外交战线继续与美国进行抗争。1950 年 8 月 27 日，他致电美国国务卿艾奇逊，抗议美国军用飞机侵入中国领空并沿鸭绿江北岸射杀中国人民。8 月到 10 月间，他多次致电联合国安理会，抗议美国飞机多次侵入中国领空，要求安理会制裁和制止美国侵朝军队扩大侵略的行为。10 月 3 日，周恩来紧急约见印度驻华大使，请其向美国转达中国的最后警告。

在中国出兵问题上，周恩来与毛泽东的意见是一致的。他分析认为，如果美国大兵压境，中国不可能安心建设；如果采取消极防御的办法，建立防御体

---

[1] 《周恩来年谱（1949—1976）》上卷，中央文献出版社 1997 年版，第 100 页。
[2] 《周恩来年谱（1949—1976）》上卷，中央文献出版社 1997 年版，第 102 页。
[3] 《周恩来外交文选》，中央文献出版社 1990 年版，第 18-19 页。
[4] 《周恩来军事文选》第四卷，人民出版社 1997 年版，第 43 页。

系，同样要耗费大量财力、物力、军力；如果对美国不抵抗，一着输了，就会处处陷于被动，中国人在精神上将长期受到威胁，这对于中国、对于和平民主阵营、对于亚洲争取民族解放和独立的运动都是不利的。相反，出兵参战有可能扭转全面被动的局面。对美国的步步紧逼"如果给以打击，让它在朝鲜陷入泥坑，敌人就无法再进攻中国，甚至会影响它派兵到西欧的计划。这样，敌人内部的矛盾也会发生"[①]。

在朝鲜战争期间，周恩来实际上起到了中、朝、俄三方总协调和中方与美国交涉的总代表的作用，并直接参与了中国军队的军事指挥。当时，中共中央军委发给志愿军的指示，大都由周恩来起草，经毛泽东审阅后，以毛泽东名义或以周恩来名义发出。周恩来亲自起草或审定批发的有关电报达数百份，对中方军事行动做了许多具有战略意义的指导，如他主持中共中央军委确定了志愿军实施轮番作战的方针，他还组织在政治、外交上揭露和控诉美军细菌战的罪行。

朝鲜停战谈判开始后，周恩来成为中朝方面负责谈判工作的实际上的最高主持人，他制定了"力争和、不怕拖、随时准备打、谈打结合、以打促谈"的谈判方针，并提出了"行于所当行，止于所不可不止"等一些谈判策略。他确定了中方谈判人选和谈判内容，具体指挥中国谈判代表就停战条件、军事分界线的确定、停战的程序性安排、细菌战、外国军队撤军和战俘等问题与美进行交涉和斗争。关于停战的安排和战俘遣返问题，周恩来为中方代表提出了"原则上不动摇，办法上找出路"的指导思想，既保证了中国原则立场的坚定性，又注意到了谈判策略的灵活性。经过多次与美方的交涉、磋商，包括相互抗议、谴责，1953 年 7 月朝鲜停战问题终于得到解决。

三、在台海危机中稳妥处理中国对美关系

周恩来任总理期间曾发生过两次台海危机，在每次危机中，他既代表中国政府向美国提出严正抗议，又在危机稍有缓和时，及时提出重开谈判建议，皆以灵活而又不失原则的外交方式巧妙化解了中美间的紧张关系。

自中华人民共和国成立，中美关系的主要症结就在于台湾问题。中国要实现大陆和台湾的统一，要求美国放弃扶蒋政策。美国则不断制造大陆与台湾的对立和军事上的抗衡。继第七舰队进驻台湾海峡后，美国开始向台供应重型武器。1951 年 8 月，美国远东空军司令部所属第十三航空队进驻台湾，建立了"台

---

①《周恩来选集》下卷，人民出版社 1984 年版，第 50-54 页。

湾前进指挥所"。翌年 5 月，美国又在台湾设立了"军事顾问团"。1953 年 4 月，美国重设驻台"大使"，美台关系进一步密切。

朝鲜战争结束后，毛泽东、周恩来等新中国领导人又把战略目光转移到祖国统一问题上来。从 1954 年 3 月起，解放军加强了在东南沿海地区的军事行动。7 月，《人民日报》发表题为《一定要解放台湾》的社论。8 月，华东军区加紧了攻打大陈岛的准备。9 月 1 日，周恩来召集有关部门开会，修改《中共中央关于解放台湾宣传方针的指示》，提出对内对外的不同方针。对内，解放台湾是我国的内政，要采取军事斗争的方法；对外，"在美国尚未参加战争的时候，要采取外交斗争的方法"[①]。9 月 3 日，中国人民解放军猛烈炮击金门，国民党部队还击，第一次台海危机爆发。

1954 年 12 月，在美国和台湾当局签订了《共同防御条约》后，周恩来代表中国政府发表声明，谴责这个条约"是一个彻头彻尾的侵略性的战争条约"，是美国"对中国人民的一个严重的战争挑衅行为"。[②]随后，中国人民解放军举行了大规模的三军联合演习，并于翌年 1 月攻克一江山岛。1955 年 2 月，国民党军从大陈岛撤退后，浙东海面岛屿全被解放军控制，第一次台海危机结束。这时，中共领导人出于国内建设的需要和国际战略的全盘考虑，主动做出缓和台湾海峡局势的姿态。周恩来提出了改善中美关系，两国坐下来谈判的建议。不久，在周恩来的努力下，中美之间开始了大使级谈判。

第一次台海危机刚过 4 年，中东发生危机，毛泽东决定再次炮击金门，牵制美国，以打促谈，摸清美国的军事战略底牌，反对美国划峡而治的企图。1958 年 8 月 23 日，解放军再度大规模炮击大小金门岛，第二次台海危机爆发。

在这次危机中，周恩来在外交战线积极配合中国的军事行动。1958 年 9 月 6 日，他代表中国政府发表严正声明，驳斥美国国务卿杜勒斯的声明，表明中国人民解放自己领土台湾和澎湖的决心是不可动摇的，中国政府完全有权对盘踞在沿海岛屿的蒋介石部队给予坚决的打击和采取必要的军事行动，任何外来的干涉，都是侵犯中国主权的行为。[③]9 月 22 日，周恩来致信毛泽东，建议"在目前形势下对金门作战方针，仍以打而不登、断而不死，使敌昼夜惊慌、不得安宁为妥"[④]。与此同时，他在不同场合表示，既然美国愿意进行和谈，中国政府准备恢复两国大使级会谈。

①《周恩来年谱（1949—1976）》上卷，中央文献出版社 1997 年版，第 412 页。
②《周恩来年谱（1949—1976）》上卷，中央文献出版社 1997 年版，第 430 页。
③《周恩来年谱（1949—1976）》中卷，中央文献出版社 1997 年版，第 166 页。
④《周恩来年谱（1949—1976）》中卷，中央文献出版社 1997 年版，第 173 页。

美国政府对周恩来的提议很快做出回应，中美大使级谈判在第二次台海危机中得以恢复。美国政府在表示不放弃和平解决中美冲突的努力的同时，发表了美台联合公报，调整了同台湾的关系。第二次台海危机在毛泽东策略的军事打击和周恩来成功的外交努力相互配合下逐渐平息。

第二次台海危机过后，周恩来仍在为改善中美关系而努力。1960 年 5 月 26 日，周恩来向来华访问的英国元帅蒙哥马利表示："改善中美关系的先决问题是：（一）美国承认台湾是中国的一部分；（二）美军撤出台湾和台湾海峡。"如果美国承认这两个原则，我们愿意同美国坐下来谈判。①1962 年，当台湾当局积极备战，准备反攻大陆时，周恩来指示中国驻波兰大使王炳南尽快通过中美大使级会谈，了解美国的态度。美国政府很快向北京转达了它的立场：美国政府在现形势下无意支持国民党反攻大陆的计划；同时，如果中共攻打沿海岛屿也将引起美国军队的卷入。②周恩来巧妙地开辟了中美间秘密接触的渠道，使两国政府得以相互了解对方意图，避免了一场新的危机的发生。

四、开辟秘密接触渠道，指导两国大使级会谈

朝鲜战争停战后，国际上出现了缓和的趋势。周恩来敏锐地抓住有利时机，积极寻求缓和同美国的紧张关系。他主张一方面要反对美国的侵略干涉政策，一方面可以同它坐下来谈判，逐渐化解两国矛盾。在他的不懈努力下，中美关系虽有曲折和障碍，但总趋势是隐蔽地、缓慢地向着接触、对话、和解方向发展。

1954 年，周恩来率领中国代表团出席日内瓦会议期间，当他得知美国欲托英国与中国交涉在华关押人员问题时，立即果断地抓住了这个机会。很快，通过英国代办，中美两国代表就两国侨民问题举行了初步会谈。这样，在谋求和平解决朝鲜问题和恢复印度支那和平问题的日内瓦会议上，周恩来巧妙地开辟了一条中美两国接触的渠道。尽管日内瓦会议召开前中美双方的关系是紧张对立的，但会议期间中美双方共举行了 4 次会谈，这些会谈成为此后中美大使级会谈的前奏。

1955 年，周恩来为促进中美关系发展做了进一步努力。同年 4 月，他在参加亚非会议期间发表声明："中国人民同美国人民是友好的。中国人民不要同美国打仗。中国政府愿意同美国政府坐下来谈判，讨论和缓远东紧张局势的问题，

①《周恩来年谱（1949—1976）》中卷，中央文献出版社 1997 年版，第 323 页。

② Memorandum From Acting Secretary of State Ball to President Kennedy, June 21, 1962, FRUS, 1961-1963, Vol.22, pp.258-259.

特别是和缓台湾地区的紧张局势问题。"①中国政府的和平诚意得到了多数国家的普遍认同，美国亦表示不排除同中国进行双边谈判的可能性。当年 7 月 13 日，美国在英国、印度斡旋下做出反应，建议中美双方各派一名大使级代表在日内瓦举行会谈。

1955 年 8 月 1 日，中美大使级会谈正式在日内瓦举行。后又将会谈地点改到华沙，成为中美大使级华沙会谈。双方就台湾问题，归还债务问题，收回资产问题，在押人员获释问题，记者互访问题，贸易前景问题进行了反反复复的讨论与争执。由于两国要求相差甚远，会谈旷日持久，还数度陷入僵局和中断。整个会谈延续了 15 年，共谈了 136 次，成为"时间之长、次数之多、争论之激烈，为近代国际关系史上罕见的外交谈判"②。

中美大使级会谈开始后，周恩来一直是这场马拉松式谈判的中方指挥者，他为揭露美国的侵略和干涉政策，同时又保持中美双方这种联系和对话的独特渠道投入了许多精力。在一些人看来，这场会谈的直接收获不大。但周恩来却不这样认为，他不止一次地说过，中美会谈尽管多次没有取得实质性的成果，但我们要回了一个钱学森，单就这件事来说，会谈也是值得的。而且，中美大使级会谈对于我国观察和了解美国动向也起了一定作用。

1965 年，美国陷入越南战争后，公然宣布把中国当作主要敌人，声称存在着同中国发生战争的危险。针对这种情况，当年 4 月周恩来请巴基斯坦总统向美国总统约翰逊转告中国对美国的四点政策。第一，"中国不会主动挑起对美国的战争"，中国仍然努力通过谈判解决台湾问题。第二，"中国人说话是算数的"，仍将支持亚洲、非洲或世界上任何遭到美国侵略的国家。第三，"中国是做了准备的"，准备应对来自美国的战争，包括核武器在内。第四，"战争打起来，就没有界限"。③1966 年 4 月 10 日，周恩来同巴基斯坦《黎明报》记者伊查兹·侯赛因谈话时，重申了这个政策，并说明这几项政策是不能割裂的整体。

1955 年至 1970 年的中美大使级会谈，为两国政府在敌对状态下的沟通对话提供了秘密渠道。双方探讨了打开僵局的各种可能性，就一系列问题交换了意见，建立了私下会晤的机制。这是周恩来在特定条件下创造的一种独特的中国外交方式，这在国际外交史上也是很有特殊意义的。这段会谈虽无突破性进

①《周恩来外交文选》，中央文献出版社 1990 年版，第 134 页。

② 中美大使级会谈中方代表是驻波兰大使王炳南（后由续任驻波兰大使王国权担任），美方代表是驻捷克斯洛伐克大使约翰逊。会谈有两项议程，一是双方平民回国问题，二是双方有所争执的其他实际问题。从 1955 年 8 月 1 日起，中美大使级会谈一直断断续续地举行，至 1970 年 2 月 20 日，会谈共进行了 136 次。详情可参考王炳南：《中美会谈九年回顾》，世界知识出版社 1985 年版。

③《周恩来外交文选》，中央文献出版社 1990 年版，第 460—461 页。

展，但在紧张而脆弱的中美关系中起了摸底和缓冲作用，实际上反映了中美两国在当时历史条件下既对立又希望接触的特殊关系，它成为后来两国关系进一步缓解的不可缺少的铺垫。

五、小球推动地球——"乒乓外交"的杰作

20 世纪 60 年代末，国际形势发生了新变化，美国由于深陷越战泥潭，感到力不从心，准备收缩过度伸展的力量，在同苏联的角逐中它需要中国这个棋子。毛泽东、周恩来等中国领导人也意识到，有必要调整与美苏两个超级大国同时对抗的局面。

周恩来敏锐地注意到尼克松入主白宫后发来的调整对华政策的信息，巧妙地创造了世界外交史上的杰作——乒乓外交。1969 年 11 月 16 日，周恩来致信毛泽东："尼克松、基辛格的动向可以注意。"[1] 12 月初，美国驻波兰大使请求会晤中国驻波兰大使，转达尼克松总统改善中美关系的信息，中国对此做出了善意的回应，当月释放了误入中国领海的两名美国人。1970 年 1 月 20 日，中美大使级会谈第 135 次会议在华沙举行，双方皆表示出改善关系的愿望和举行更高级别会谈的需求。针对这种情况，周恩来向中共中央政治局提议，"如果美国政府愿意派部长级的代表或美国总统的特使到北京进一步探讨中美关系中的根本原则问题，中国政府愿予接待"。这个提议得到了毛泽东的首肯。[2]

此后，中美两国关系的总趋势在毛泽东、周恩来、尼克松、基辛格等人的推动下继续向着和解的方向发展。美国逐渐放宽了到中国旅行的限制，放宽了对中国的贸易限制，取消了反对中国进入联合国的决定。1970 年 10 月，尼克松明确地向公众表达了改善中美关系的愿望，第一次在公开场合使用"中华人民共和国"这个名称。中国方面也发出了和解的信息，中国政府邀请美国著名记者埃德加·斯诺访华，并在《人民日报》头版头条发表了毛泽东与斯诺在天安门的合影。

为推动两国关系的从速和解，周恩来巧妙地利用在日本举行的第 31 届世界乒乓球锦标赛做新的试探。他说服毛泽东同意中国乒乓球队参赛，同意中国乒乓球代表团成员与美方接触，并邀请美国乒乓球队访华。他把美国乒乓球代表团当作前来打开中美友好关系之门的外交使节来接待，亲自布置了其访华的所有具体安排，包括美国代表团在华活动的新闻发布、旅游、比赛、参观等所有

---

[1] 《周恩来年谱（1949—1976）》下卷，中央文献出版社 1997 年版，第 334 页。
[2] 《周恩来年谱（1949—1976）》下卷，中央文献出版社 1997 年版，第 348 页。

的日程也都是由他最后决定的。

1971 年 4 月 14 日，周恩来接见了应邀访华的美国、加拿大、哥伦比亚、英格兰和尼日利亚乒乓球代表团。他在同美国乒乓球代表团全体成员谈话时，引用了孔子的一句名言："有朋自远方来，不亦乐乎？"他言明"中美两国人民过去往来是很频繁的，以后中断了一个很长的时间。你们这次应邀来访，打开了两国人民友好往来的大门。我们相信中美两国人民的友好往来将会得到两国人民大多数的赞成和支持。"周恩来还回答了美国队员格伦·科恩的提问。最后，他请美国客人回去后，把中国人民的问候转给美国人民。[①]

周恩来开展的"乒乓外交"果然收到了小球推动地球的奇效。美国政府很快出台了 5 项改善对华关系的新政策。不久，中国乒乓球代表队也应邀赴美国进行友好访问。周恩来还通过巴基斯坦转告美国政府："要从根本上恢复中美两国关系，必须从中国的台湾和台湾海峡地区撤走美国一切武装力量。而解决这一关键问题，只有通过高级领导人直接商谈，才能找到办法。因此，中国政府重申，愿意公开接待美国总统特使如基辛格博士，或美国国务卿甚至美国总统本人来北京直接商谈。"[②]4 月 24 日当巴基斯坦总统将此口信转达给尼克松后，尼克松先表示接受中方的邀请。至此，中美关系出现了较大的转机。

正是在"乒乓外交"的推动下，中美友好关系的大门逐步开启。"乒乓外交"充分显示了周恩来的外交艺术和智慧，向世界展现了其在中美关系中举足轻重的作用和影响。正如基辛格事后所评论的一样："这整个事情是周恩来的代表作。"它的深层含义是，它向美国发出了一个有分量的外交信息："现在肯定将被邀请的使节将来踏上的是友好国家的国土。"[③]

六、努力开启中美友好关系的大门

在"文革"的特殊背景下，为重新开启中美友好关系的大门，周恩来顶住各方面的压力和干扰，事无巨细，殚精竭虑，努力促成中美最高级别对话的实现，其所发挥的显要作用得到了中外各界人士的一致认可。

1971 年 5 月 26 日，周恩来起草了《中央政治局关于中美会谈的报告》，提出了中美会谈的 8 点方针。[④]此后，为准备美国总统国家安全事务助理基辛格

---

①《周恩来年谱（1949—1976）》下卷，中央文献出版社 1997 年版，第 451 页。

②《周恩来年谱（1949—1976）》下卷，中央文献出版社 1997 年版，第 452 页。

③ 亨利·基辛格：《白宫岁月：基辛格回忆录》第二册，吴继淦、张维、李朝增译，世界知识出版社 1980 年版，第 367 页。

④《周恩来年谱（1949—1976）》下卷，中央文献出版社 1997 年版，第 458 页。

秘密访华，他多次召集外交部等有关部门负责人开会，讨论会谈方案，研究分析美方情况，并对礼宾、民航、安全保密等问题做出详细部署。1971年7月，基辛格第一次访华期间，周恩来先后同他举行了6次会谈，着重谈了台湾问题以及尼克松总统访华时间等问题。

1971年10月，基辛格第二次访华，周恩来与基辛格一行举行了多次会谈。双方除讨论了尼克松访华日期、会谈方式、通信联络等问题外，着重就中国台湾、印度支那、朝鲜、日本等问题交换了意见。经过反复磋商，基辛格接受了中方关于联合公报的基本原则，并提出美方修正方案和补充意见。1972年1月初，周恩来又接待了美国总统国家安全事务副助理黑格一行，为尼克松访华做了细致的技术安排。

1972年2月21日，是中美两国交往史上一个重要时刻，美国总统第一次访问北京，周恩来亲自去机场迎接，并在当天下午陪同中美两国最高领导人进行了历史性会谈。当晚，周恩来在欢迎宴会的祝酒词中阐明，尼克松总统应邀来华，"这是符合中美两国人民愿望的积极行动，这在中美两国关系史上是一个创举"。"我们希望，通过双方坦率地交换意见，弄清楚彼此之间的分歧，努力寻找共同点，使我们两国的关系能够有一个新的开始。"[①]

在尼克松访华期间，周恩来与之举行了4次限制性会谈，就国际形势、双边关系和台湾问题坦率、深入地交换了看法，特别就中美分歧很大的台湾问题进行了反复磋商。在周恩来和基辛格等人的共同努力下，中美双方终于就联合公报达成协议。2月28日，中美两国政府在上海发表了中美关系史上第一个联合公报。这一历史性文件的签订和发表，凝聚着周恩来的大量心血。它没有用外交辞令掩饰双方的真实关系，而是根据周恩来的提议如实列出两国存在的分歧，同时阐明了双方的共识，在一些重大问题上达成原则一致，堪称世界外交史上的创举。它标志着中美长期隔绝的结束和两国关系正常化进程的开始，为以后中美关系的进一步改善和发展打下了基础。

《中美联合公报》的发表震动了全球，迎来了世界格局的大变化，70年代初世界上掀起了同中国建交的高潮。到周恩来逝世前，与中国建交国家由49个增至107个。中国不仅在联合国的合法地位得到恢复，而且在中、美、苏三角关系中处于新的重要地位。

重新开启了中美友好大门后，周恩来又与基辛格举行了数次会谈，双方均表示，将遵循《中美联合公报》的各项原则，致力于实现两国关系的正常化。

[①]《周恩来选集》下卷，人民出版社1984年版，第475-476页。

1974 年 12 月 12 日，身患重病的周恩来在他有生之年会见了最后一批美国客人，他向美国参议员民主党领袖迈克·曼斯菲尔德和夫人谈了对尼克松总统和基辛格博士的看法，肯定了他们在发展中美关系上是有功的。[①]而基辛格后来也对周恩来在实现两国关系正常化上的贡献给予高度评价，他认为："中国和美国在七十年代初谋求和解，这是世界环境所决定的。但事情来的这样快，发展又如此顺利，则是由于中国总理的光辉品格和远见卓识起了不小的作用。"[②]

纵观新中国诞生以来，在中美关系的演变中周恩来无疑是一个举足轻重的关键人物。周恩来和毛泽东配合默契，相得益彰，"乒乓外交"、中美和解是他们共同对中国外交进行的战略思考和外交硕果。周恩来亲自负责沟通秘密接触渠道、安排接待美国来宾、主持会谈磋商等一系列具体的工作。他高超的外交艺术和杰出的外交风格，影响了与之相处的美国人和其他外国友人。在中美谈判中，台湾问题是双方反复磋商、相争不下的焦点。周恩来灵活地提议可先互设办事处，遂为双方所接受。周恩来晚年努力将中美关系从外交领域扩大、延伸至两国在科技、文化、教育、体育、卫生、经济、贸易等领域的交流与合作；对中美两国科教文事业和经贸事业的发展产生了深远影响。《中美联合公报》发表后，两国间科教文卫事业的交流与合作进一步展开，这不仅有利于中美两国的和平发展，而且有利于亚太地区乃至世界的和平与稳定。随着双方人员交往的增多和交流范围的拓宽，1973 年 1 月，中美决定互设联络处。1979 年 1 月，两国正式建交，终于实现了关系正常化。

总之，周恩来对中美两国关系的改善和发展无疑有着重大影响。他晚年为重新开启中美友好关系的大门所做的艰苦努力取得了举世瞩目的成效。在周恩来等人的不懈努力下，中美两国从对抗走向对话，从敌视重归和好，这不仅有利于中美两国的和平发展，而且有利于远东地区、亚太地区乃至整个世界的和平安定。周恩来的外交努力促成了中美友好关系的重大突破，并为其身后中美正式建交和两国进一步扩大交流、加强合作奠定了基础。

（本文原载于《香港中国近代史学报》2005 年第 3 期）

---

① 《周恩来年谱（1949—1976）》下卷，中央文献出版社 1997 年版，第 685 页。
② 《白宫岁月：基辛格回忆录》第三册，世界知识出版社 1980 年版，第 19 页。

周恩来的中日民间外交思想与成功实践

新中国成立后周恩来鉴于当时的国际冷战背景提出了"民间先行、以民促官"，积极开展中日民间外交的思想。在他任总理期间，为促进两国民间经济、贸易、文化、科学、艺术、教育、体育和卫生等领域交流做了大量工作，付出了许多心血。其民间外交思想的成功实践取得了显著成效，最终促成两国正式建交。周恩来倡导的中日民间外交对 20 世纪 50 至 70 年代中日两国关系的发展产生了积极作用，其杰出的外交思想与实践对当今和未来中日两国关系发展及构建人类命运共同体仍有重要启示意义。

一、周恩来中日民间外交思想的深刻内涵

新中国成立后，中国政府对日本政策的基本原则是在遵循和平共处五项原则的基础上，发展中日友好关系。然而当时世界处于冷战时期，两大阵营对立。当时的日本政府积极追随美国反共反华战略，对中国采取了敌视和封锁的外交政策。美国主导下的《旧金山和约》体系的建立，使中日关系的健康发展遇到了很大阻碍。特别是"日台和约"签订后，中日两国政府之间的官方外交往来渠道已被阻断。

在当时冷战的国际大背景下，由于美国的霸权主义和当时日本政府的亲美反华政策，使中日两国关系正常化的实现异常困难。因此，为了亚洲和世界和平，为了中日人民大众的福祉，必须另辟蹊径。作为新中国的开国总理兼第一任外交部部长，周恩来为了打破僵局，依据中日关系现实情况，最早提出了"民间先行、以民促官"的"民间外交"①思想。在发展中日民间外交的大前提下，他制定了贸易先行、循序渐进、水到渠成的对日基本政策，他指导开辟了两国民间人士的经贸往来和文化交流两个渠道，并根据中日关系具体情况的变化，

---

① 周恩来曾使用过"民间外交""人民外交""国民外交"等不同的表述方式，本文统一使用"民间外交"这一表述方式，但在引文中我们按照周恩来的原话表述。

适时做出具体外交政策的调整，既有针对性地反击日本右翼团体的反华言行，又利用一切有利时机开启对日外交的历史性进程，为实现中日关系正常化打下了基础。

新中国推进的民间外交与传统的官方外交不同，它是在政府布置和指导下以民间组织、民间人士的身份所进行的外交活动。1952 年 4 月 30 日，周恩来在我国第一次驻外使节会议上发表讲话，专门阐述了新中国的外交方针和任务，阐明了我们的 6 条外交方针、外交阵线和外交工作的思想领导等问题。他专门指出："外交是国家和国家间的关系，还是人民和人民间的关系？外交工作是以国家为对象，还是以人民为对象？我们要团结世界各国的人民，不仅兄弟国家的人民，就是原殖民地半殖民地国家和资本主义国家的人民，我们也都要争取。但就外交工作来说，则是以国家和国家的关系为对象的。外交是通过国家和国家的关系这个形式来进行的，但落脚点还是在影响和争取人民，这是辩证的。这一点要搞清楚。"[1]为了和那些没有与新中国正式建的国家发展友好关系，周恩来提出，对于一些国家在美国的干涉下有困难，我们是谅解的，不急于求成，"我们可以想方法从医学、科学、文化、贸易交流等方面推动建立邦交。现在的外交不一定先由政府和政府之间建立，而是可以先由人民之间建立，来推动国家之间的邦交的建立"[2]。

周恩来还在全国人大和全国政协会议上阐述了他的对日外交思想。1954 年 12 月 21 日，他在全国政协会议上指出："中国政府主张同日本按照平等互利的原则，广泛发展贸易关系，并同日本建立密切的文化联系。"[3]翌年 7 月 30 日，他在全国人大会议上进一步阐明："中国政府采取了许多促进中日关系正常化的步骤。在中国政府的支持和协助下，中国红十字会已经妥善地解决了在中国的日侨回国问题。"对于中日两国的民间贸易，他呼吁日本政府"撤出人为的障碍，打开中日两国之间的贸易"。[4]周恩来的这些重要讲话表达了推进中日民间贸易、推动民间关系友好发展的意愿。

周恩来提出积极开展中日民间外交思想的核心旨在先从中日两国民间经济文化交往入手，争取日本广大人民的支持和同情，由日本人民和对华友好的日本社会各界著名人士推动日本政府逐步改变亲台反华的错误政策和敌视新中国

---

① 中华人民共和国外交部、中共中央文献研究室编《周恩来外交文选》，中央文献出版社 1990 年版，第 52 页。

② 中华人民共和国外交部外交史研究室编《周恩来外交活动大事记（1949—1975）》，世界知识出版社 1993 年版，第 148 页。

③ 吴学文等：《当代中日关系（1945—1994）》，时事出版社 1995 年版，第 45 页。

④ 田桓主编《战后中日关系文献集（1945—1970）》，中国社会科学出版社 1996 年版，第 212 页。

的态度，为中日两国实现邦交正常化积累社会基础。进而发展到半官方外交，再经过中日双方的努力，为中日关系实现历史性的突破做好准备，最后恢复两国正常邦交。这一思想的深刻内涵包括以下五点。第一，坚持中国倡导的和平共处五项原则和一个中国的原则，当时中日关系正常化的障碍是日本政府承认台湾代表中国。第二，"中日两国关系，从根本上说必须建立在两国人民友好的基础上"。第三，在两国政府不友好的情况下，"我们就特别强调两国人民的往来"。这种往来"不仅是经济方面的，各方面的往来都可以增加"。第四，军国主义者是中日两国人民的共同敌人，一小部分人想重走军国主义的老路是没有前途的。第五，"在一个时期内中日邦交不能恢复，不能签订政府间的协定，我们就进行民间往来，以促进友好"。[①]

周恩来认为"日台和约"是实现中日两国关系正常化的最大障碍，这个和约不废除，中日两国就不可能建立外交关系。那么如何突破中日关系的障碍呢？他提出应该从发展中日民间交流入手。1956 年 5 月 5 日，在接见日本工人代表团时周恩来指出："中日两国友好不是一方面的事情，而是两国人民，首先是劳动人民的广泛的要求。我们友好关系的基础是两国人民，而劳动人民又是基础的基础。"[②]同年 6 月 28 日，周恩来在接见日本国营铁道工会访华团时强调："两国外交关系的恢复，需要两国政府的努力，但也需要两国人民的推动。中国人民和中国政府随时都伸出友谊之手，随时都愿意和日本政府商谈恢复两国外交关系的问题。"接着周恩来进一步阐明"民间先行、以民促官"的主张："中日两国人民在两国政府尚未来往和签订协议的时候，直接办起外交来，解决了许多问题，对双方都有利。"[③]

为了实现"以民促官"的外交思想，周恩来设想："要打破恢复中日邦交的困难局面应该采取什么步骤呢？……我们的想法是，先从中日两国人民进行国民外交，再从国民外交发展为半官方外交，这样来突破美国对日本的控制。"[④]他在与日本友人会谈时提出，应当从中日关系的现状出发，从民间起步逐步实现官方关系，"也就是说，要扩大贸易，促进技术交流。先推进民间的交流，接二连三地缔结民间协定，将其作为政府间协定以求解决实际问题，不得不以这种'积累'的方式打通邦交"。[⑤]

①《周恩来外交文选》，中央文献出版社 1990 年版，第 305-309 页。

② 中共中央文献研究室编《周恩来年谱（1949—1976）》上卷，中央文献出版社 1997 年版，第 573 页。

③《周恩来外交文选》，中央文献出版社 1990 年版，第 169-170 页。

④《周恩来外交文选》，中央文献出版社 1990 年版，第 171 页。

⑤《战后中日关系文献集（1945—1970）》，中国社会科学出版社 1996 年版，第 294 页。

　　为了通过民间交往的发展，逐步带动并促进官方关系的建立，在领导中日外交工作中，周恩来提出两国人民之间的关系，不能单靠职业外交家来进行，更多的应该依赖两国人民直接来进行。他认为尽管中日两国还没有恢复正常关系，但这并不妨碍两国人民的友好活动和签订民间性的协议。这样先从民间的频繁来往并且达成协议开始，逐渐推进两国关系的发展，应把民间外交看成是我国整个外交的重要组成部分。在制定新中国对日政策中，周恩来有两点正确的思考：一是严格区分日本广大人民与日本军国主义政府，日本的广大民众也是战争的受害者；二是要正确对待中日间两千年历史交往与近 50 年的紧张关系。中国人民一方面不会忘记近代遭受日本军侵略和掠夺的屈辱历史，另一方面也不能忘记长达两千年的两国友好交往。他多次指示从事对日本工作的同志，"要向人民群众多作说服解释工作，让全国人民了解，两国人民友好相处符合两国人民的共同利益"①。

二、周恩来积极开启和推进中日经济贸易的发展

　　周恩来不仅是中日民间外交的倡导者和领导者，而且是成功的实践家和积极推进者，他亲自指导了对日民间外交工作。第一批日本客人访华的实现就与周恩来有着密不可分的关系。1952 年 4 月，周恩来指示赴莫斯科参加国际经济会议的中国代表团成员，要与参加会议的日本代表进行接触，并邀请他们访华。他指示廖承志领导的日本问题小组先在北京饭店设立办公室②，并亲自布置了接待工作。1952 年 6 月 1 日，中国国际贸易促进委员会与日本国会议员帆足计、高良富、宫腰喜助在北京签订了第一个中日民间贸易协议。③这次民间贸易谈判是在周恩来的直接关怀和指导下进行的。④这是新中国成立后到中国来的第一批日本客人。"两国人民从此沟通了信息，互相传递了友好的意愿。"⑤这也是新中国成立后中日间的第一次民间贸易，它打开了中日贸易交流的大门，为日后大规模贸易往来奠定了基础。

　　1953 年 9 月，日本"通商视察"团访华。周恩来指示中国贸促会同日本访华代表团谈判，并指示郭沫若和廖承志等人会见日本客人。同年 10 月 29 日，中日签订了第二次贸易协议。此后，中日贸易的大门进一步打开，这是周恩来

---

　　① 孙平化、王效贤：《樱花烂漫忆园丁》，见《不尽的思念》，中央文献出版社 1987 年版，第 402 页。

　　② 陈敦德：《中日第一个民间贸易协定签订的来龙去脉》，《百年潮》2007 年第 4 期。

　　③《周恩来年谱（1949—1976）》上卷，中央文献出版社 1997 年版，第 240 页。

　　④ 裴默农：《周恩来外交学》，中共中央党校出版社 1997 年版，第 275 页。

　　⑤ 孙平化、王效贤：《樱花烂漫忆园丁》，见《不尽的思念》，中央文献出版社 1987 年版，第 403 页。

倡导民间外交的一个重要成果。

1954年，日本派出了日本国际贸易促进协会会长村田省藏访问中国。周恩来对此事很重视，1955年1月23日，他接见村田省藏一行，并回答了他们担心和疑虑的问题。周恩来阐明："中国人民很能够区别日本军国主义和日本人民。中国人民也能区别中日两国人民的长远利益和一时的关系不和。"[①]通过这次会谈，周恩来向日方传达了中国人民愿意友好、要求和平的重要信息。在周恩来安排下中国外贸部副部长雷任民于1955年3月底访问了日本。经过一个多月的谈判，中日双方签订了第三次民间贸易协定，双方商定各自取得政府同意于1955年和1956年分别在日本的大阪和东京、中国的北京和上海举办商品展览会，双方同意相互在对方设置常驻商务代表机构，双方要促进两国政府谈判签订政府间的贸易协定。[②]这次协定有了较明显的半官半民性质，从单纯的民间贸易已向半官半民阶段发展。

1960年8月27日，周恩来在会见日本日中贸易促进会专务理事铃木一雄时，明确提出了促进中日关系的贸易三原则："一、政府协定，二、民间合同，三、个别照顾。"与此同时，周恩来还重申了中国政府过去就提出的"政治三原则"：一、日本政府不能敌视中国；二、不能追随美国，搞"两个中国"的阴谋；三，不要阻碍中日两国关系向正常化方向发展。[③]周恩来认为一切协定必须由双方政府缔结才有保证，而政府间的协定要在建立起正常关系的情况下才能签订。但没有协定，两国就不能做买卖吗？当然也不是，在条件成熟时可以签订民间合同。日本方面可以根据贸易三原则，自由选择友好商社，也可以同我国的国际贸易促进委员会接洽。如果双方合作得好，也可以把短期合同变成长期合同。

周恩来确定的中日"政治三原则"和"贸易三原则"成为恢复和发展中日两国民间贸易的基础，不仅得到多数日本中小企业的响应，而且日本的一些大企业也表示愿在遵守两个原则的前提下与中国进行贸易。为促进中日民间贸易发展，从20世纪50年代起，周恩来就先后会见了松村谦三、高碕达之助、古井喜实、田川诚一等日本对华友好人士，积极推进"民间先行、以民促官"的民间外交。1962年12月27日，周恩来出席了《中国国际贸易促进委员会和日中贸易促进会、日本国际贸易促进协会、日本国际贸易促进协会关西本部议定书》签字仪式。1964年4月到7月，中国在东京、大阪分别举办了经济贸易展

---

① 《周恩来年谱（1949—1976）》上卷，中央文献出版社1997年版，第443页。
② 《战后中日关系文献集（1945—1970）》，中国社会科学出版社1996年版，第208页。
③ 《周恩来外交文选》，中央文献出版社1990年版，第289—290页。

览会，有 152 万人参观了展览。[①]

　　周恩来认为，中日应采取渐进的和积累的方式，谋求两国关系包括政治关系和经济关系在内的正常化。[②]他指示廖承志与日本前通商产业大臣、自民党议员高碕达之助进行会谈。中日双方在 1962 年 11 月 9 日达成了《廖承志、高碕达之助备忘录贸易协议》。[③]这使中日两国从民间贸易跨越到半官方贸易，增进了两国人民的相互理解。对此周恩来给予了充分肯定，他说，这个备忘录形式上是非官方的，实际上是半官方的。这样做的一个好处是："日本政府即使改变了，也不至于受到影响。"不会因政治上的原因影响到贸易。他指出："关于中日经济合作的问题，我们还应当把眼光放得更远些。"[④]在双方共同努力下中日贸易额不断上升。1960 年中日贸易额为 3350 万美元，1961 年上升为 4750 万美元，1962 年增加到 8450 万美元，到 1963 年达到了 1 亿 3700 万美元。[⑤]

　　为适应中日民间进一步扩大往来的需要，在周恩来的倡导下，1963 年 10 月 4 日，由 19 个全国性人民团体发起组成了中国中日友好协会，郭沫若为名誉会长，廖承志任会长，这标志着中日关系取得了重要的新进展，为中日两国民间外交和各领域交流搭建了一个新的平台。此后，根据周恩来的指示，通过与日方谈判于 1964 年 8 月在东京建立了廖承志办事处，日本方面也于 1965 年 1 月在北京设立了高碕办事处驻北京联络事务所。中日互设常驻机构和交换新闻记者，双方通过这个带有半官半民的渠道，进行了大量的有益交流，为两国进一步沟通架起了桥梁。

三、周恩来鼓励中日两国进行各项事业的交流

　　周恩来不仅努力促进中日经贸往来，同时积极鼓励中日两国进行科技、文化、教育、卫生、体育等各方面的交流。他认为要提高中国的科学技术水平，就要向世界科技发达的国家学习。1955 年 11 月 4 日，他在接见日本医学代表团时介绍了中国卫生工作的状况，希望能够得到日本医学界人士的帮助和指导。[⑥]1957 年 5 月 13 日，他在同日本物理学家代表会谈时提出："我们要向科

---

　　① 张篷舟主编《中日关系五十年大事记（1932—1982）》第四卷，文化艺术出版社 2006 年版，第 142 页。
　　②《周恩来和陈毅同松村谦三会谈》，《人民日报》1962 年 9 月 20 日。
　　③ 即著名的《中日长期综合贸易备忘录》。该《备忘录》由廖承志和高碕达之助以个人名义签订，史称《廖高贸易备忘录》，该《备忘录》贸易亦称 "LT 贸易"。因为 L 代表廖（LIAO），T 代表高（TARASATI）。
　　④《周恩来外交文选》，中央文献出版社 1990 年版，第 418—421 页。
　　⑤ 翟新：《松村谦三集团和中国》，社会科学文献出版社 2007 年版，第 167 页。
　　⑥《周恩来年谱（1949—1976）》上卷，中央文献出版社 1997 年版，第 514 页。

学发达的外国学习，科学没有国界。"①

在积极推动中日民间外交过程中，周恩来指导开展了中日文化交流史上的两件大事。一个是当他得知日本松山芭蕾团把《白毛女》改编成芭蕾舞剧在日本上演了，特别叮嘱相关人员要帮助松山树子完善其作品，并邀请他们到中国来演出。在周恩来布置下，1955年11月27日，中国人民对外文化协会和日本"拥护宪法国民联合会"签署了《关于中日两国文化交流的协定》。另一件事是周恩来安排中国著名京剧演员梅兰芳于1956年5月赴日本演出，获得了日本观众热烈的欢迎。日本首相鸠山一郎、日本前首相社会党党首片山哲等政界要人都观看了演出。通过这两次中日文化交流，周恩来倡导的民间外交取得了新进展。

在体育方面周恩来也积极促进中日民间交往。1961年4月4日，周恩来出席了在北京工人体育场举行的第26届世界乒乓球锦标赛开幕式。在当天晚上他会见了日本运动员并合影留念。在第26届世乒赛结束的告别宴会上，周恩来阐明："乒乓球比赛不仅是为夺取锦标，更重要的是通过比赛寻求和平，寻求友好，寻求知识。"他"希望中日两国人民和运动员和平共处，友好往来，互相学习，互相交流经验，为促进中日两国关系正常化而努力。"②为加强中日间体育交流，1964年周恩来还指示中国国家体育运动委员会邀请日本的大松博文率领日本女排联赛冠军队访问中国，他特别邀请大松博文来华帮助训练中国女排。1971年，在动荡的年代，周恩来支持中国乒乓球队顶住各种压力，出席了在日本名古屋举行的第31届世界乒乓球锦标赛，这为其日后开展"乒乓外交"成功埋下伏笔。

为推动中日民间文化交流，周恩来百忙中多次抽出时间会见来华访问的日本文艺团体，多次观看访华的日本文艺团体的演出。据不完全统计，从1961年到1970年10年间，周恩来会见的日本文化界、教育界团体和友好人士主要有：日本作家访华团、妇女代表团、经济界友好访华团、以中川一政为首的日本画家代表团、以木下顺二为首的日本作家代表团、日本蕨座民族歌舞团、日中友协会长松本治一郎、日中文化交流协会理事长中岛健藏和夫人、中岛健藏为团长的日本日中文化交流协会代表团、日本松山芭蕾舞团团长清水正夫和主要演员松山树子等，以及数个日本话剧团的正副团长、导演、编剧和演员等。周恩来多次会见日本文化、科技、教育、卫生、体育界人士，向他们阐明中国

---

① 《周恩来年谱（1949—1976）》中卷，中央文献出版社1997年版，第42页。
② 《周恩来年谱（1949—1976）》中卷，中央文献出版社1997年版，第406页。

的原则立场，表达中国人民的友好情谊，促进了中日民间外交的发展，为中日正式建交奠定了基础。

四、周恩来多次会见日本政界友好人士，积极开展政党外交

为了促进民间外交，开辟以民促官的渠道，周恩来在百忙中会见了大批日本政界著名人物。他第一次以总理身份会见日本客人是在 1953 年 9 月 28 日，在中南海接见了日本拥护和平委员会主席、著名学者大山郁夫教授。周恩来阐述了中国实现工业化对于发展中日贸易，对于实现中日两国和平共处的重要意义。他指出："日本是中国的近邻，在和平共处的基础上，中日贸易的发展和经济的交流，是完全有它的广阔前途的。"①这次谈话虽然时间不长，但是意义非常深远，对日后中日关系的发展产生了积极的影响。

20 世纪 50 年代中期到 60 年代中期，周恩来会见的日本政党领袖和政界人士逐渐增多，其中著名的有日本前首相片山哲、日本自民党元老松村谦三、日本社会党领袖浅沼稻次郎、前横滨市长、左派社会党员石河京节、日本自由民主党副干事长池田正之辅、日本社会党顾问铃木义男等。周恩来向他们阐明了中国政府的原则立场，希望通过在野党派推动实现中日邦交正常化。他对日本社会党亲善使节团团长铃木义男表示，中国政府愿意通过在野党派发展中日关系的积极希望，"希望动员各个团体推动实现中日邦交的工作"②。

周恩来还在 1959 年两次会见了日本自民党元老松村谦三，他希望中日两国人民应该在和平共处五项原则和万隆会议十项原则的基础上为双方的和平友好而共同努力。③周恩来在会见日本自由民主党国会议员宇都宫德马时明确指出："我们对于凡是有共同主张的朋友们都愿意接待。共产主义者同自由主义者的立场不同，一定会有很多的不同点，但我们要寻求共同点，把这些共同点加以发展，差别予以保留，强调共同点，缩小差别。"④20 世纪 50 年代周恩来与日本政界人士的会谈，为中日民间关系的发展和 70 年代官方关系的建立起到了重要的铺垫作用。

晚年的周恩来，即使面临政治上的巨大压力，忍着疾病的痛苦折磨，仍竭尽全力推进中日各方面交流和政党外交的发展，不断邀请对华友好的日本政党领袖和著名人士访华。1970 年 11 月 1 日，周恩来出席了在人民大会堂举行的

---

① 《战后中日关系文献集（1945—1970）》，中国社会科学出版社 1996 年版，第 151 页。
② 《周恩来年谱（1949—1976）》中卷，中央文献出版社 1997 年版，第 101-102 页。
③ 《战后中日关系文献集（1945—1970）》，中国社会科学出版社 1996 年版，第 465 页。
④ 《周恩来年谱（1949—1976）》中卷，中央文献出版社 1997 年版，第 419 页。

中日友协代表团和日本社会党第五次访华代表团共同声明签字仪式，并设宴招待日本朋友。[①]1972 年，他先后会见了日本民社党、自由民主党、公明党访华代表团等日本客人。

1973 年，周恩来已经被查出患了癌症，但在这一年中他 25 次会见了来访的日本各界人士；1974 年，他又忍着病痛 5 次会见日本友人；1975 年上半年，他在医院里还最后 3 次会见了日本友人。周恩来晚年会见的日本政界人物有日本自由民主党众议员，前建设大臣木村武雄，日本通产大臣中曾根康弘，日本驻华大使小川平四郎，日本邮政大臣久野忠治以及西园寺公一、黑田寿男、河野谦三、冈崎嘉平太、川崎秀二、藤山爱一郎、官崎世民、池田大作、稻山嘉宽、保利茂等日本各界著名人物。

在开展民间外交过程中，周恩来与许多日本友人士结下了深厚友谊。日本著名政界人物西园寺公一从 1958 年到 1970 年在中国居住了 12 年多，在这段时间他担当起沟通日中两国交流的重任，经常陪同周恩来接待日本代表团。日本著名政治家松村谦三是日本自民党顾问，他于 1959 年至 1969 年 5 次访华，每次都受到了周恩来的接见，每次会见都对促进中日民间关系发展产生了积极的影响。为促进中日民间交往，周恩来与曾任全日空社长的冈崎嘉平太先生也有较多交往。冈崎嘉平太对周恩来很钦佩，他认为周恩来办事非常细心周到，很重感情。[②]日本社会党的领袖佐佐木更三在促成田中角荣首相访华中也起到了一定作用，他对周恩来不忘老朋友的做法非常感动。他清楚地记得 1972 年 7 月 16 日，周恩来和廖承志会见他时，对日本民间各界人士为促成中日邦交正常化所做的努力表示感谢。他请佐佐木转告在野党和日本其他友好人士："如果我们中日两国复交了，过去二十多年的友好来往会更加密切，更多起来，而不会冷淡下去。许多日本朋友对促进中日邦交的恢复，促进中日友好来往是尽了力的，当然我们更应该尊重他们。中国人民结了新朋友，是不会丢掉老朋友的。"[③]

周恩来晚年对在日本有较大影响的公明党和池田大作及其所领导的创价学会相当重视。1971 年，周恩来在接见公明党访华代表团时，希望公明党代表团转达他对池田大作会长的问候。当年 7 月 2 日，中日友好协会代表团和公明党代表团签署了共同声明。1974 年 12 月 5 日晚，周恩来在北京 305 医院会见了日本创价学会会长池田大作和夫人，以及日本创价学会第二次访华团全体团员。当池田一行来到医院时，周恩来站在门口等候，然后在医院入口处与访华团成

① 《周恩来外交活动大事记（1949—1975）》，世界知识出版社 1993 年版，第 569 页。
② 田增佩、王泰平编《老外交官回忆周恩来》，世界知识出版社 1998 年版，第 303 页。
③ 《周恩来年谱（1949—1976）》下卷，中央文献出版社 1997 年版，第 537 页。

员合影留念。会谈中，周恩来谈及了中日友好和平条约缔结的问题，表达了对尽快缔结条约的期望。周恩来这次在病中会见池田大作在中日关系史上有重要的地位，也是对池田大作会长为中日友好事业的卓越贡献的肯定。当时担任周恩来翻译的林丽韫回忆说："池田先生来访时，周恩来感到分外的高兴。尽管当时正在住院，仍然会见了池田先生。这也是由于完全认识到池田先生开辟中日友好道路的功绩。"[①]多年来池田大作把周恩来期望的中日友好事业作为自己的使命而努力奋斗，进一步促进了中日两国人民的了解和友谊。

1975 年 6 月 12 日，周恩来在医院里会见日中友好议员联盟会长、日本国际贸易促进会会长藤山爱一郎等日本朋友。[②]这是他生前最后一次会见日本客人，此后不到 7 个月他就与世长辞了。但是由周恩来开辟的以民促官的发展中日友好关系的道路已经取得了重大成就并产生了深远影响。

五、周恩来中日民间外交思想与实践的深远意义

从 20 世纪 50 年代到 70 年代，周恩来用多种方式推动中日民间外交的进程，促进了两国从民间外交向半官方外交和正式官方外交的发展。从中日民间经济贸易，发展到科技、文化、体育等各界的交流，最后发展到政党外交，周恩来在推进中日关系正常化过程中发挥了非常重要的作用。在周恩来民间外交思想的指导下和他的不懈努力下，中日两国在经济文化领域的交流取得了显著成果。新中国成立后中日经济贸易从无到有、从小到大，逐渐发展；两国文化、艺术、科学、教育、体育、卫生、政治等各领域、各层级的人士互访逐渐开启，两国人民加深了对彼此的了解。通过长期开展民间交往，两国终于在 1972 年正式实现了邦交正常化。中日两国由"冷战"到对话的逐渐转变，由民间到半官方再到官方关系的发展和转变，证明了周恩来开展中日民间外交思想正确可行，反映出他的远见卓识。周恩来呕心沥血做的大量细致的民间外交工作，辛勤培育的中日人民友谊之花，到 1972 年终于开花结果，促成了两国政府正式建交。曾任外交部部长的姬鹏飞评价说，"饮水不忘掘井人"是周恩来教诲我们不要忘记为中日建交做出贡献的日本老朋友时提出的，"其实为中日建交付出心血最多的是我们的周恩来，他是中日友好之桥的奠基人"。[③]

周恩来与毛泽东一起制定了新中国外交的基本方针和各项政策，并直接领

---

① 林丽韫：《回忆周恩来与池田先生的会见》，《国际创价学会画报》1997 年 7 月号。

②《周恩来年谱（1949—1976）》下卷，中央文献出版社 1997 年版，第 712 页。

③ 姬鹏飞：《饮水不忘掘井人——中日建交纪实》，见安建设主编《周恩来的最后岁月》增订本，中央文献出版社 1995 年版，第 292 页。

导和推动了中日民间交流，"以民促官"。他深刻地认识到："人民外交大大推进了两国关系的发展。我们这样的做法可以说在国际关系上创造了新的范例。"[①]周恩来为中日两国关系和平友好发展所立下的丰功伟绩已被永远载入中日友好的史册。今天的世界政治格局和国际背景虽然与周恩来所处的年代已有许多不同，但我们仍能够从周恩来杰出的民间外交思想和成功的实践中得到许多教益和当代启迪。

当今世界国际形势不稳定、不确定性明显上升，习近平总书记提出了构建人类命运共同体的新时代外交方略。周恩来杰出的外交思想和实践启迪着我们，在新时代中国仍将一如既往地坚持和平发展道路，推动建设相互尊重、公平正义、合作共赢的新型国际关系。当今，中日邦交正常化已经历经半个世纪的风雨，两国关系正站在新的历史起点上，既面临良好发展机遇，亦存在许多新的问题和矛盾。在新形势下如何传承周恩来的民间外交思想，如何实现构建人类命运共同体的主张，如何应对新挑战，推动中日关系向和平友好方向发展，是我们需要认真思考和解决的问题。周恩来曾经说过："前事不忘，后事之师。"在当今国际形势日趋严峻的大背景下，中日两国更需要加强沟通、协调与合作。两国政府和两国人民应顺应潮流，凝聚共识，着眼未来，积极推动构建契合新时代要求的中日关系，共同助力人类文明的进步与发展。

（本文入选"第六届周恩来研究国际学术研讨会"）

---

① 裴坚章主编《研究周恩来——外交思想与实践》，世界知识出版社 1989 年版，第 228 页。

周恩来与 1972 年中日政府首脑建交谈判

周恩来为中日友好大门的开启做出了重要贡献，特别是 1972 年 9 月 25 日至 28 日他主持的中日政府首脑谈判，对实现中日建交起了关键性作用。1972 年，中日两国政府首脑共进行了 4 轮正式谈判。周恩来在谈判中本着求同存异的原则，既坚持立场，又在一些具体问题上保持一定的灵活性，最终促使中日政府首脑在一些重要问题上达成一致意见，直接推动了中日两国联合声明的签订和发表，实现了中日两国正式建交。恢复中日邦交正常化是新中国一次成功的外交突破。在这个过程中，周恩来与毛泽东两位政治家密切配合，各自发挥了独特的作用。他们的敏锐洞察力、正确的外交战略、高超的外交技巧与默契的合作是促使中日两国迅速打破外交僵局，平稳实现邦交正常化的关键性因素。

一、周恩来与中日复交谈判的前期准备工作

对日关系是中国处理周边邻国关系，维持地区安全与稳定，营造良好发展环境的重要环节之一。针对 20 世纪 70 年代国际形势的变化，特别是中、美、苏三国关系的变化，中国政府认为日本是处在美、苏两大国间的资本主义国家，它可以成为中国争取的对象。在美国总统尼克松访华后，周恩来敏锐地观察到日本政局的变化，中日关系出现了转机，开启中日关系新篇章的时机已经成熟，应该抓住机遇对日本采取积极的态度。为实现中日邦交正常化，他决定采取双管齐下的外交策略，一方面发展中日民间外交，另一方面加强与日本政府的官方联系。为打破中日两国外交的僵局，采取"民间先行、半民半官、以民促官"的外交战略。

中国政府对日外交工作是在毛泽东外交路线指引下、周恩来领导下有计划有步骤地进行的。进入 70 年代，随着中美关系的缓和，中日关系也有了新发展。1971 年 6 月 28 日，周恩来在会见日本公明党委员长竹入义胜时充分肯定了公明党提出的中日关系的"五点主张"，并将其中的前三条作为恢复中日邦交的基

本条件。①为了加速中日邦交正常化进程，周恩来做了大量周密细致的前期准备工作。1971 年 10 月 2 日，中日邦交正常化的"三原则"以《中国中日友好协会代表团与日本促进恢复日中邦交议员联盟访华代表团联合声明》的形式正式提出。②周恩来首先是通过各种渠道向日方表达中方对实现中日邦交正常化的积极态度；其次通过与日本公明党、社会党等日本在野党的联系，逐渐加深中日两国政府和人民之间的互相了解；最后通过与日本自民党政府的直接接触，使日本政府进一步了解中国的原则立场，确定复交谈判的大体框架，为田中角荣首相访华铺平了道路。

　　1972 年 9 月下旬，中日邦交正常化的进程发展到一个新阶段。9 月 21 日，中日两国政府同时发表日本首相田中角荣将应邀访华的公告。③在日本政府代表团访华过程中，周恩来精心安排和主导了中日首脑的所有重要会谈。据现有资料考证，从 9 月 25 日至 28 日，周恩来总理与日本首相田中角荣共举行了 4 轮重要会谈。正式参加谈判的共有 9 人。中方代表是总理周恩来、外交部部长姬鹏飞、中日友好协会会长廖承志和外交部副部长韩念龙，日方代表是首相田中角荣、外相大平正芳、官房长官二阶堂进、外务省亚洲局中国课长桥本恕和外务省亚洲局中国课事务官畠中笃。④在中日政府首脑会谈期间，毛泽东主席也会见了田中首相一行。周恩来本着求同存异的原则，既坚持了一个中国的原则，又在一些具体问题上表现了应有的灵活性，加快了中日谈判进程，最终促成了《中华人民共和国政府和日本国政府联合声明》的签署，实现了中日两国关系的历史性转变。

---

　　① 这五点主张是：一、承认中华人民共和国是代表中国人民的唯一合法政府；二、反对"两个中国"或"一个中国，一个台湾"；三、"日台条约是非法的"；四、美国武装力量必须撤出台湾和台湾海峡；五、恢复中华人民共和国在联合国的一切合法席位。参见田桓主编《战后中日关系文献集（1971—1995）》，中国社会科学出版社 1997 年版，第 20 页；张香山：《中日复交谈判回顾》，《日本学刊》1998 年第 1 期。

　　② 中日复交三原则为：（1）中华人民共和国是代表中国人民的唯一合法政府；（2）台湾是中华人民共和国领土不可分割的一部分；（3）所谓"日蒋条约"是非法的、无效的，应予废除。参见《战后中日关系文献集（1971—1995）》，中国社会科学出版社 1997 年版，第 40 页。

　　③《战后中日关系文献集（1971—1995）》，中国社会科学出版社 1997 年版，第 101 页。

　　④ 关于参加谈判人员，见《人民日报》1972 年 9 月 29 日报道：《周总理同田中角荣总理大臣举行第四次会谈》。林丽韫、王海容和廉正保 3 位中方工作人员没有列入正式谈判代表名单。但在日本外务省亚洲局中国课存档的《日中建交高层会谈记录》中，日本外务省中国课事务官畠中笃没有列入名单。（参见日本外务省亚洲局中国课存档、张晓刚译《日中建交高层会谈记录》，转载于《社会科学》2006 年第 10 期）从当时会谈照片显示，日方参加会谈的应为 5 人（参见日本 NHK 采访组编《周恩来的决断》，中国青年出版社 1994 年版，第 115 页）。

二、周恩来与中日首脑的第一轮会谈

1972 年 9 月 25 日上午 11 时 30 分，日本政府代表团乘坐的专机抵达北京机场。中国总理周恩来亲自到机场迎接，与来访的日本首相田中角荣紧紧地握手，这一历史性瞬间意味着中日两国和平友好新时代的开始。当日 13 时 50 分，周恩来在人民大会堂会见了日本代表团一行，并举行了记者招待会。15 时，两国首脑在人民大会堂安徽厅开始了中日首脑的第一轮正式会谈。本轮谈判主要就"日台条约"和"日美安全保障条约"两大议题展开了讨论。

谈判一开始，日本首相田中角荣就表示，在日本国会内还有人要继续保持同台湾地区的外交关系，国会内的这种态度与内阁要实现日中邦交正常化是矛盾的。他表示，日中邦交正常化一定要实现。接着，日本外相大平正芳进一步阐明了日本政府的立场，希望在不损害对美关系的情况下，实现日中邦交正常化。对于中日邦交正常化后的日台关系，大平正芳表示，日本同中国台湾之间什么事情可以继续下去，什么事情不要再继续，希望通过我们协商能把这些事情具体说清楚，然后考虑出一个现实的处理办法。[①]

针对日本政府的立场，周恩来表明了中国政府的态度：希望中日邦交正常化能一气呵成。在实现邦交正常化的基础上，中日两国应该保持世世代代友好、和平的关系。中日恢复邦交不仅符合两国人民的利益，还会对缓和亚洲的紧张局势和维护世界和平做出贡献。周恩来还指出，田中首相和大平外相都提到充分理解中方关于恢复邦交"三原则"的立场，在这个基础上，中方自会照顾日本政府面临的某些局部困难。关于"日台条约"，考虑到日方的国内困难，中方同意从政治上解决问题，一些历史问题不拘泥于法律条文，赞成本次中日首脑谈判后，以联合声明而非条约的形式作为实现邦交正常化的方式。希望以和平共处五项原则作为缔结和平友好条约的基础。周恩来委托两国外长以合适的方法将"结束中日两国战争状态"和"中日复交三原则"两大基本方针写入联合公报。对于日美关系，周恩来阐明，日中关系的改善并非排他性的。这不涉及日美关系，这是日本的问题，中国不干涉他国内政。[②]关于如何处理复交后的日台关系，周恩来认为日本可以继续保持与台湾的民间经贸、人员往来，但是这些内容不必写进联合声明。[③]

---

① 张香山：《中日复交谈判回顾》，《日本学刊》1998 年第 1 期。

② 日本外务省亚洲局中国课存档、张晓刚译《日中建交高层会谈记录》，转载于《社会科学》2006 年第 10 期。

③ 张香山：《中日复交谈判回顾》，《日本学刊》1998 年第 1 期。

谈判最后，周恩来提出，我们彼此都有不同的国内情况，争论归争论，还是要求大同存小异。田中角荣对周恩来的主张表示赞同。[①]当晚，周恩来为田中一行举行了欢迎宴会，并在会上发表祝酒词说："田中首相来我国访问，揭开了中日关系史上新的一页。""中日两国人民应该世世代代友好下去。"[②]

在第一轮谈判中，由于日方承认一个中国原则，并保证与中国台湾"断交"；中方提出"中日友好不排他"的原则，打消了日本方面对于中日关系的改善将破坏日美同盟的忧虑，为双方继续谈判并最终达成共识打下了初步基础。

在会谈结束后的记者招待会上，日本官房长官二阶堂进对记者说："这是一次历史性的会谈。为实现日中邦交正常化，双方以惊讶的坦率态度，就各自的立场和想法交换了意见。这次会谈非常有意义。我得到了一个强烈的印象，田中首相这次访华一定会取得成功。"[③]田中首相高度评价了周恩来，认为"周恩来是一位能干的对手"，称其"躯如杨柳摇微风，心似巨岩碎大涛"。[④]

三、周恩来与中日首脑的第二轮会谈

1972 年 9 月 26 日 14 时，第二次中日首脑会谈在钓鱼台国宾馆举行。这次会谈双方围绕日本的战争责任问题、结束战争状态问题与战争赔偿问题、中国革命输出问题等展开了谈判。

双方首先讨论战争责任问题。周恩来对田中首相祝酒词中"添了麻烦"的用语和"日方公告草案"中关于战争责任轻描淡写的说法表示不满。他说："日本侵略战争给中国人民带来了深重的灾难，用'添了麻烦'作为对过去的道歉，中国人民是不能接受的。"田中回答说："'给你们添了麻烦'，在日本是表示诚心诚意的谢罪，而且有保证不再犯、请求原谅的意思。"田中还举了邻里间因争墙根而结怨的例子来进一步说明立场。为了使日本方面清楚地了解中国对于战争责任问题的重视态度，周恩来列举了日本军队在战争期间杀死大量中国人和造成巨大战争破坏的事实，并指出，遭受如此灾难，只说"添了麻烦"就能了结吗？对此田中无以应答，只能说："正因为有这一背景，所以我来到了北京，而不是你去东京。"[⑤]随后，周恩来强调，田中首相对过去的不幸的过程感到遗憾，并表示要深深地反省，这是我们能够接受的。但是，"添了很大的麻烦"这

①《周恩来的决断》，中国青年出版社 1994 年版，第 100 页。

② 中华人民共和国外交部、中共中央文献研究室编《周恩来外交文选》，中央文献出版社 1990 年版，第494、496 页。

③ 王泰平主编《新中国外交 50 年》上，北京出版社 1999 年版，第 443 页。

④ 吴学文等：《当代中日关系（1945—1994）》，时事出版社 1995 年版，第 187 页。

⑤ 早坂茂三：《田中角荣秘闻》，赵宝智、张学之译，中国文联出版社 1989 年版，148-149 页。

一句话，引起了中国人民强烈的反感，中国被侵略遭受巨大损害，绝不可以说是"添麻烦"。[①]针对周恩来的强烈反应，田中表示，他不知道中国怎么个说法，如果他们的说法不行，可以用我们的用语。我们两国之间要相互理解，应当找到两国国民都能接受的表达方式。[②]

随后双方围绕以"日台和约"问题为中心的结束战争状态和战争赔偿两大议题展开了交锋。对于结束战争状态问题，中方一直认为只有实现邦交正常化，两国才算结束战争状态；日方从法律角度提出，签订"日台和约"后，中日战争状态旋即结束。双方分歧在于战争状态结束的时间，核心是"日台和约"的地位问题。针对这一问题，周恩来首先表示，赞成日本方面从政治高度解决中日建交问题的立场。接着，他特别强调，恢复日中邦交应从政治上解决，而不要从法律条文上去解决。从政治上解决，比较容易解决问题，而且照顾双方。如果从条文上去解释，有时很难说通，甚至发生对立。[③]随后，周恩来表明了中方对于结束战争状态问题的看法：在双方建立外交关系的问题上，如果加入"日台条约"和"旧金山条约"作为根据的话，问题将变得难以解决。因为对此表示承认，就等于承认蒋介石是正统，而我们则成为非法的。[④]这次在公报中可以不提这个字眼，但不能让我们承认这个条约的存在和合法。不然就等于中国是从今天才算接受中华人民共和国的统治。这是我们根本不能接受的。[⑤]

对于战争赔款问题，周恩来针对日方代表援引"日台和约"为依据、逃脱战争赔款问题的错误立场，表明了中方观点。当时蒋介石已经逃到了台湾，表示所谓放弃赔偿要求，那时他已不能代表全中国，是慷他人之慨。我们是从两国人民的友好关系出发，不想使日本人民因赔偿负担而受苦，所以放弃了赔偿要求。过去我们也负担过赔偿，使中国人民受苦。毛主席主张不要日本人民负担赔偿，我向日本朋友传达。而高岛先生[⑥]反过来不领情，说蒋介石说过不要赔偿，这个话是对我们的侮辱。我这个人是个温和的人，但听了这个话，简直不能忍受。随后，周恩来又从增进中日友好的角度阐明中国的立场，中日建交了，既然两国要真正友好，我们就不能让日本人民反而增加经济负担，遭受中国人民曾长期吃过的苦头。中国人民、日本人民都是侵略战争的受害者，要吸

① 中共中央文献研究室编《周恩来年谱（1949—1976）》下卷，中央文献出版社 1997 年版，第 553 页。

② 张香山：《中日复交谈判回顾》，《日本学刊》1998 年第 1 期。

③ 赵阶琦：《中日复交谈判述说》，《日本研究》1998 年第 3 期。

④ 日本外务省亚洲局中国课存档、张晓刚译《日中建交高层会谈记录》，转载于《社会科学》2006 年第 10 期。

⑤ 姬鹏飞：《饮水不忘掘井人——回忆周总理对中日建交的贡献》，《人民日报》1993 年 9 月 26 日。

⑥ 周恩来这里提到的高岛先生，指高岛益郎，时任日本外务省条约局局长。

取历史教训，在新的基础上发展中日两国人民的友好。①田中角荣表示："我能够理解周总理谈话的要点。……访华的第一目的是实现邦交正常化，是开创新的友好的开端。因此，我认为所有的重点都应该放在这一目的上考虑。……非常庆幸听到了关于放弃赔偿的发言，我……对中方超越恩仇的立场非常感动。对中方的态度表示道谢。"②周恩来进一步表示，在日方充分接受"复交三原则"的基础上，中方才能考虑日方的一些困难，给予必要的照顾，而不是相反。③

在这次谈判中，日方还谈到了担心中日建交后中国会向日本"输出革命"的问题。田中说："在自民党内有一部分人因担心社会主义中国会赤化日本，所以极力主张放慢同中国恢复邦交的步伐。"周恩来代表中国政府承诺不会输出革命，不干涉别国内部事务。他明确表示，我们认为各国人民应在不受外力干涉的情况下，根据自己的意愿选择自己的制度。也就是说，由本国人民自己解决自己的问题，不受外来干涉。思想没有国界。思想是人民选择的问题。但是，革命不能输出。④田中角荣认为，中方的这一态度是解决问题的关键。⑤

中日政府首脑的第二轮谈判取得了积极效果。对于战争责任问题，最后双方共同接受的表述方式是："日本方面痛感日本国过去由于战争给中国人民造成的重大损害的责任，表示深刻的反省。"这句话写进了后来签订的《中日联合声明》里。对于战争赔偿问题，周恩来阐明了中国政府的立场，田中角荣代表日本政府表示感谢。对于日本所担心的"输出革命"问题，双方最后商定，通过在《中日联合声明》中加入中国倡导的和平共处五项原则的方式予以解决，而没有采用日方提出的"相互尊重对方，在不受外来干涉的情况下，选择政治、经济和社会制度的固有权利"这一表达方式。第二次中日首脑会谈结束后，为了解决以"日台条约"为核心的一系列难题，中日领导人商定通过外长会谈商讨合适的解决方案。周恩来为了给中方研究谈判方案争取更多时间，特别安排外交部部长姬鹏飞和北京市市长吴德等人陪同田中首相一行参观长城和定陵。⑥在参观往返的路上，中日双方外长仍进行着非正式谈判。

① 高锷：《前事不忘，后事之师——回忆中日邦交正常化谈判》，《和平与发展》2002 年第 3 期。

② 日本外务省亚洲局中国课存档、张晓刚译《日中建交高层会谈记录》，转载于《社会科学》2006 年第 10 期。

③ 赵阶琦：《中日复交谈判述说》，《日本研究》1998 年第 3 期。

④ 张香山：《中日复交谈判回顾》，《日本学刊》1998 年第 1 期。

⑤ 日本外务省亚洲局中国课存档、张晓刚译《日中建交高层会谈记录》，转载于《社会科学》2006 年第 10 期。

⑥ 《田中首相游览长城和定陵》，《人民日报》1972 年 9 月 28 日。

四、周恩来与中日首脑的第三轮会谈

1972 年 9 月 27 日 16 时 15 分，中日双方在人民大会堂福建厅举行了第三轮政府首脑会谈。本次会谈中日双方就共同关心的国际问题交换了意见，并对《中日联合声明》的具体内容进行了谈判。关于《中日联合声明》，双方主要讨论了三个问题：如何表述两国战争状态的结束，台湾地位问题，如何结束日台"外交关系"。对第一个问题双方起初争执不下，最后是周恩来的意见得到了一致的认可。《中日联合声明》中将日方提出的"结束不自然状态"替换为"结束不正常状态"，并在联合声明的前言中加进如下一段话："两国人民希望结束迄今存在于两国间的不正常状态。战争状态的结束，中日邦交的正常化，两国人民这种愿望的实现，将揭开两国关系史上新的一页。"这就把结束战争状态和结束不正常状态两者结合在一起了，然后，声明第一条就宣称，"自本声明公布之日起，中华人民共和国和日本国迄今为止的不正常状态宣告结束"。这是一个双方都能接受的方案。

关于台湾地位问题，中方坚决反对日方有人提出的"台湾地位未定论"，强烈要求在联合声明中对台湾的归属做出明确的表述。最后中日双方达成的协议是"中华人民共和国政府重申：台湾是中华人民共和国领土不可分割的一部分。日本政府充分理解和尊重中国政府的这一立场"，"并坚持遵循波茨坦公告第八条立场"。[①]这条规定确立了台湾归还中国的法律依据，使"台湾地位未定论"失去了法律基础，跨过了中日建交过程中最大的难关。关于"如何结束日台外交关系"问题，本轮谈判没有解决，只能留待下次谈判了。

在本轮谈判中，中日双方还就中苏关系、日苏关系、日本军国主义势力复活等问题交换了各自的看法。对于中苏关系，周恩来阐述了中苏两党关系破裂的历史过程，简单说明了中苏两国因边界问题而引发的政治和军事冲突。田中也阐述了日本与苏联在北方四岛领土问题和渔业问题上的分歧和矛盾。接着，周恩来谈到了中国对日本军国主义复活的担忧。他说，中国人民在过去的战争中受到很大的损失，确实担心日本军国主义复活。我们并不隐晦这一点。田中表示，绝对不可能复活军国主义。周恩来指出，少数人有这种思想，这是事实。田中为了打消中方顾虑，从日本"和平宪法"的制度限制、较低的人口生育率和日本将投巨资推动的"列岛改造计划"等三方面陈述了日本的国内情况。[②]

---

① 《波茨坦公告》第八条的内容是："开罗宣言之条件必将实施。"《开罗宣言》规定："（中美英）三国之宗旨……在使日本所窃取于中国之领土，例如满洲、台湾、澎湖列岛等，归还中国。"

② 张香山：《中日复交谈判回顾》，《日本学刊》1998 年第 1 期。

除上述问题外，中日双方还就互派大使事宜达成协议，日方承诺将在建交后尽早派来大使，周恩来表示相信田中和大平会信守承诺。①最后，中日两国还就存在争议的钓鱼岛问题进行了简单的沟通，双方一致同意暂时搁置争议，留待以后解决。

五、毛泽东与田中的会面和中日首脑第四轮会谈

在周恩来与日本首相和外相举行了三轮会晤后，1972 年 9 月 27 日 20 时 30 分，毛泽东在中南海书斋会见了日本首相田中角荣、外相大平正芳和官房长官二阶堂进一行，国务院总理周恩来、外交部部长姬鹏飞和外交部顾问廖承志参加了会见。

毛泽东首先谈到了中日关系的悠久历史，随后对田中等人说："你们到北京这么一来，全世界都战战兢兢。主要是一个苏联，一个美国，这两个大国。它们不大放心了，晓得你们在那里捣什么鬼啊。"②田中答道："我这次也到美国和尼克松总统进行了会谈，美国承认日本来访问中国是符合世界潮流的必然发展趋势的。"田中认为中日谈判："只要双方不玩外交手段，诚心诚意地进行谈判，一定可以取得圆满的结果。"毛泽东接着说，中日之间能够在几天内达成协议，关键是彼此都有需要。③他认为："解决中日复交问题还是靠自民党的政府。"④

会谈最后，毛泽东把一套《楚辞集注》送给田中做礼物，田中深表感谢。毛泽东与田中角荣等人的会谈，时间虽然不长，却有着极为重要的意义。毛泽东非常关心两个问题：一是中日之间"吵出结果"；二是"增添麻烦"怎么解决，清楚地表明了毛泽东从大处着眼，为中日邦交正常化达成协议做了最后决断。这次毛泽东与田中角荣的会谈为中日首脑第四轮会谈顺利进行和中日邦交正常化的最终实现铺平了道路。

中日政府首脑的第四次首脑会谈于 9 月 28 日 15 时 40 分在钓鱼台国宾馆举行。本轮谈判中日双方主要就以何种方式结束日台关系，以及日台断交后双方非官方的经贸往来问题进行了沟通。谈判一开始，周恩来就向日方提出了何时同台湾方面断交的问题。大平正芳表示："请相信，外交问题是绝对不会失信的。

---

① 日本外务省亚洲局中国课存档、张晓刚译《日中建交高层会谈记录》，转载于《社会科学》2006 年第 10 期。
② 中华人民共和国外交部、中共中央文献研究室编《毛泽东外交文选》，中央文献出版社 1994 年版，第 598 页。
③《毛泽东外交文选》，中央文献出版社 1994 年版，第 598 页。
④《毛泽东外交文选》，中央文献出版社 1994 年版，第 599 页。

如果定下日期，万一届时晚一个小时或一天，就会影响两国的信赖关系。因此，请相信我，由我来办。"随后，周恩来又询问日方如何解决"日台条约"无效这一问题，大平回答，这个也请交给他办好了。①随后，日方决定在《中日联合声明》签字仪式后，以记者招待会的形式，宣布日台断交。对此周恩来表达了对日本方面"守信义"态度的欢迎，并强调希望今后中日之间建立起新的关系。②接着，他继续阐明："我们重建邦交，首先要讲信义，这是最重要的。我们跟外国交往，一向是守信义的。我们总是说，我们说话是算数的。中国有句古话说：'言必信，行必果。'你们这次来表现了这个精神。"③并当场用铅笔写下"言必信，行必果" 6 个字交给田中。田中看后说，日本也有同样的话，那就是"信为万事之本"。随后，他将这句话写成汉字交给周恩来。④

关于中日邦交正常化后的日台关系，日本方面表示绝不支持台湾独立，也对台湾地区没有任何领土野心，但希望在中日邦交正常化之后，在不损害中日关系的前提下，继续保持与台湾地区的非官方经贸往来，并设立一个类似"备忘录办事处"的机构。周恩来对此表示同意。⑤双方商定在两国驻对方国家使馆建成前，由肖向前和桥本恕分别代表本国政府进行联络。周恩来还提出中日邦交正常化后将进行中日通航谈判，田中对此表示赞同。⑥

至此，具有重要历史意义的中日政府首脑建交谈判正式结束。当晚，周恩来出席了田中角荣举行的答谢宴会，并发表了热情洋溢的致辞。9 月 29 日上午，周恩来出席了《中华人民共和国政府和日本国政府联合声明》签字仪式，他和姬鹏飞代表中国政府在声明文本上签字，田中首相、大平外相代表日本政府也在声明文本上签字，中日两国建立起大使级外交关系，实现了两国邦交正常化。

中日友好大门的开启是中国在中美关系改善之后又一次成功的外交突破。它不但结束了中日两国政府间长达 23 年的不正常状态，改善了中国周边的安全环境，扩展了中国的外交空间，同时也缓和了亚太地区的紧张局势，推动了国际体系的多极化进程。中国外交之所以能够取得这样的成就是与毛泽东和周恩来敏锐的洞察力、正确的外交战略、高超的外交技巧与默契的合作分不开的。

---

① 日本大平正芳纪念财团编《大平正芳》，中国青年出版社 1991 年版，第 386 页。

② 日本外务省亚洲局中国课存档、张晓刚译《日中建交高层会谈记录》，转载于《社会科学》2006 年第 10 期。

③《周恩来年谱（1949—1976）》下卷，中央文献出版社 1997 年版，第 554 页。

④《周恩来的决断》，中国青年出版社 1994 年版，第 128 页。

⑤《当代中日关系（1945—1994）》，时事出版社 1995 年版，第 194 页。

⑥ 日本外务省亚洲局中国课存档、张晓刚译《日中建交高层会谈记录》，转载于《社会科学》2006 年第 10 期。

参与中日邦交正常化谈判的日本外相大平正芳评价说："真正的政治家是周恩来，全世界没有一个能够与之匹敌。无论作为政治家还是行政领导，周恩来都是一个了不起的人物。"[①]从开启中日友好大门的中方决策层面看，毛泽东的外交新战略无疑起着决定性作用；从中日建交具体谈判过程来看，周恩来的努力工作和出色的外交技巧发挥了重要作用。他在谈判中以国家利益为重，既坚持原则，又采用灵活的谈判技巧，有退有进，求同存异，取得了谈判的重大成功，为中日两国人民的友好事业做出了不可磨灭的贡献。

（本文原载于《党的文献》2010 年第 4 期）

---

① 早坂茂三：《田中角荣秘闻》，赵宝智、张学之译，中国文联出版社 1989 年版，第 144 页。

20世纪50年代周恩来的对朝外交工作

中朝两国于 1949 年 10 月 6 日正式建交,朝鲜成为与新中国最早建立外交关系的国家之一。20 世纪 50 年代,中朝两国为捍卫国家主权,为共同应对美国为首的西方阵营的打压,为恢复和重建经济,两国领导人频频会面。周恩来多次就双方共同关心的和需要解决的问题与朝鲜领导人进行了会谈,他的外交思想及对朝外交工作,对两国关系乃至东北亚局势产生了重要的影响。

一、抗美援朝战争前后周恩来的对朝外交工作

中华人民共和国成立后,金日成以朝鲜人民的革命领袖身份第一次访问北京是在 1950 年 5 月 13 日。这次金日成是秘密访华的,没有做公开报道。

1950 年 12 月 3 日,金日成再次秘密访问中国。毛泽东会见了金日成并商定:成立中国人民志愿军和朝鲜人民军联合司令部,以统一指挥两国军队作战和前线的一切活动。次日,周恩来将会谈详情电告彭德怀。[①] 12 月 8 日,周恩来将中共中央关于成立中朝联合指挥部的协议草案电发朝鲜,征求金日成意见。周恩来提出:"如得其同意或作若干修改,电告我们同意后,即可作为定案,付诸实施。"[②]

抗美援朝时期,周恩来作为中央军委常务副主席,参加了战前准备、对外交涉、调配部队、战争指挥、后勤支援、停战谈判等各项工作,为抗美援朝的胜利做出了重要贡献。1951 年 6 月 3 日,金日成再次从朝鲜前线秘密来到北京,这次他访华的主要目的是与中国协商停战谈判的方案,周恩来是中方负责停战谈判问题的领导人,这一时期的两国高端接触直接影响着朝鲜的战局。

朝鲜停战协定签字后,朝鲜开始了恢复生产、重建家园的工作,金日成率领朝鲜政府代表团于 1953 年 11 月 12 日至 27 日对中国进行了正式友好访问,

---

① 中共中央文献研究室编《周恩来年谱(1949—1976)》上卷,中央文献出版社 1997 年版,第 102 页。
② 中共中央文献研究室、中央档案馆编《建国以来周恩来文稿》第三册,中央文献出版社 2008 年版,第 611 页。

意在争取中国对朝鲜战后恢复和经济建设的支援。周恩来、彭德怀等中国政府领导到北京车站迎接。毛泽东第二天就接见了朝鲜政府代表团，周恩来等人陪同接见。当日，周恩来在中南海怀仁堂专门设宴招待金日成率领的朝鲜政府代表团，他在欢迎词中表明，中朝两国人民在历史上，尤其是近半个世纪以来，一向是唇齿相依、休戚与共。现在，中朝人民反抗帝国主义侵略的斗争业已取得了伟大的胜利。在新的形势下，中国人民将"尽力支持和援助渴望恢复国家统一、渴望和平和进步的朝鲜人民，医治战争创伤，进行经济恢复，并严防侵略战争的再起"①。

这次中朝高层会谈的主题是战后朝鲜重建和中国经济援助问题，具体协商谈判在周恩来和金日成之间进行。中朝两国代表团的谈判从 11 月 14 日到 22 日举行，双方本着巩固和发展中朝友好关系、谋求远东地区和平、援助朝鲜迅速恢复重建经济的宗旨，进行了多次商谈。虽然当时的中国经济实力也很差，刚结束了多年战争，第一个五年计划才刚起步，但鉴于朝鲜重大的战争创伤和重要的战略地位，中国政府仍决定给予其大量援助。

11 月 16 日，周恩来在同朝鲜政府代表团会谈时表示，中国对朝鲜的援助分为两个部分：第一，决定将 1950 年 6 月 25 日朝鲜战争爆发时至 1953 年 12 月 31 日止，这一时期援助朝鲜的一切物资和费用，无偿地赠送给朝鲜政府；第二，决定在今后 4 年内再无偿地赠送朝鲜政府 8 万亿人民币。周恩来还介绍了中国在经济恢复方面的经验，金日成表示赞同。②通过多次会谈，周恩来与金日成在许多问题上逐渐达成共识。会谈后期周恩来着手组织人员起草了《中朝经济及文化合作协定》《中朝技术合作协定》《中朝贸易议定书》等 7 个文件。

11 月 18 日晚，周恩来陪同毛泽东又与金日成进行了长达 6 个小时的会谈。11 月 23 日，周恩来再次与金日成会谈时就《中朝经济及文化合作协定》等 7 个文件做了说明，并征求朝方的意见。金日成表示完全同意中国方面所提出的 7 个文件。③同日，周恩来和金日成出席了《中朝经济及文化合作协定》签字仪式，他们分别代表本国政府在《中朝经济及文化合作协定》上签字。周恩来发表讲话说："我们的协定是根据国际主义精神和平等互惠原则而签定的。它把中朝两国人民传统的战斗的友谊和两国之间的合作关系，用条约的形式固定下来。这是完全符合于我们两国人民的根本利益的。"④金日成在签字仪式上也发表讲

---

① 《周恩来总理在宴会上的欢迎词》，《人民日报》1953 年 11 月 14 日。
② 《周恩来年谱（1949—1976）》上卷，中央文献出版社 1997 年版，第 334 页。
③ 《周恩来年谱（1949—1976）》上卷，中央文献出版社 1997 年版，第 335 页。
④ 《周恩来总理兼外长在中朝经济及文化合作协定签字仪式上的讲话》，《新华月报》1953 年第 12 期。

话说，朝中两国关于经济及文化合作的协定，将更加巩固和发展朝中两国人民的友谊和团结，"在保卫远东及世界和平事业中具有重大意义"。①

在中华人民共和国成立 5 周年前夕，金日成率团再次访华。1954 年 9 月 28 日下午，周恩来陪同毛泽东会见了金日成、崔庸健率领的朝鲜代表团全体成员。10 月 1 日，中国领导人邀请金日成登上天安门，一起参加了在天安门广场举行的国庆典礼和阅兵式。1956 年 9 月，中国共产党召开第八次全国代表大会，会议邀请了苏联、朝鲜等 46 个国家的共产党、劳动党和工人党代表参加。朝鲜劳动党代表崔庸健率领代表团应邀参加了中共八大。9 月 14 日，毛泽东、周恩来等中国领导人设酒会欢迎 46 个国家的政党代表。

二、为中国人民志愿军撤出问题周恩来专门访问朝鲜

1957 年 11 月，毛泽东和金日成共同赴莫斯科参加各国共产党和工人党会议。会议期间，他们商谈了从朝鲜撤出中国人民志愿军的问题。随后，金日成首相致函周恩来总理，邀请周恩来率领中国政府访问朝鲜。12 月 11 日，周恩来复信金日成表示接受邀请。

1958 年 2 月 14 日，周恩来率领中国政府代表团（成员包括外交部部长陈毅、副部长张闻天，解放军总参谋长粟裕和中国驻朝大使乔晓光等）离开北京，前往朝鲜访问。这次访朝的主题是商谈中国人民志愿军从朝鲜撤军问题。

周恩来为首的中国代表团到达平壤后，受到金日成等朝鲜国家领导人和平壤各界人士的热烈欢迎。金日成和周恩来都在机场举行的欢迎仪式上发表讲话，周恩来在讲话中表示："最近，朝鲜民主主义人民共和国政府提出了从朝鲜撤出一切外国军队和和平统一朝鲜的各项建议。这些建议为和平解决朝鲜问题和和缓远东紧张局势开辟了现实的途径。中国政府和中国人民完全支持这些适时的、重要的建议，并切实准备为实现这些建议作出积极的努力。"②

据乔晓光等人回忆："当代表团离开机场，周恩来总理由金日成首相陪同乘敞篷汽车前往宾馆时，沿途平壤市民聚集在长达十余公里的道路两旁，热烈欢迎中国政府代表团。沿途还有穿着彩色长裙的妇女、白发苍苍的老人、著名的共和国英雄从人丛里挤出来，向周恩来总理献花致敬。周恩来总理和金日成首相并排站在敞篷汽车上不断地向群众挥手致意，群众的欢呼声响彻市空。"③

---

① 《金日成首相在中朝经济及文化合作协定签字仪式上的讲话》，《新华月报》1953 年第 12 期。

② 《周恩来总理的讲话》，《新华半月刊》1958 年第 6 期。

③ 乔晓光、曹克强、程文津：《周恩来总理为中国人民志愿军撤军访问朝鲜》，见《我们的周总理》，中央文献出版社 1990 年版，第 323 页。

当日下午，周恩来拜会了朝鲜党政领导人。当晚，平壤市各界代表在国立艺术剧场集会，热烈欢迎周恩来和他率领的中国政府代表团。2 月 15 日下午，周恩来一行与朝方会谈，就中国撤军问题、扩大和发展两国合作问题、加强社会主义国家的友好团结问题，以及目前国际形势和和平解决朝鲜问题交换了意见，重点是商定了从朝鲜全部撤出中国人民志愿军的时间表。周恩来表示，中国准备分三批撤军，在 1958 年内撤完。"朝鲜的问题，应由内部对等谈判解决，别的国家不能干涉。"①

2 月 16 日，周恩来为首的中国政府代表团在金日成陪同下，参观了兴南化工厂和元山人民军阵地。17 日，周恩来和陈毅等中国代表团成员在纷纷扬扬的飞雪中到志愿军烈士陵园献了花圈。周恩来访朝期间还访问了平安南道顺安郡的上阳农业生产合作社，参观了黄海南道的黄海制铁所。在参观朝鲜祖国解放战争纪念馆时，周恩来还题词："为反帝国主义斗争胜利，朝鲜人民英雄永垂不朽。朝中两国人民的友谊万古长存。"②

2 月 19 日，周恩来总理和金日成首相分别代表本国政府签署了联合声明。声明宣布中国人民志愿军将在 1958 年年底前分批全部撤出朝鲜，第一批将在 1958 年 4 月 30 日以前撤完。中朝两国政府联合声明指出："从朝鲜全部撤出中国人民志愿军的这一主动措施，再一次证明了朝中方面对于和平解决朝鲜问题和和缓远东紧张局势的诚意。"联合声明强调："朝鲜人民和中国人民有着休戚相关的利益，帝国主义对于朝鲜民主主义人民共和国的任何侵犯，中国人民过去没有，今后也绝对不会置之不理。"③在中朝两国政府联合声明发表后，中国人民志愿军总部也于 2 月 20 日发表了关于从朝鲜撤出中国人民志愿军的声明。

2 月 21 日，以周恩来为首的中国政府代表团结束了在朝鲜的访问，离开平壤回国。金日成首相、崔庸健委员长等朝鲜党政领导人到车站送行。当周恩来在车站广场上向群众告别时，人群一齐摇动着花束和彩旗，发出雷鸣般震天动地的欢呼声。中朝这次高端接触，成功地解决了中国从朝鲜撤军问题，对缓和朝鲜紧张局势，维护远东和世界和平，进一步巩固和发展中朝友谊产生了深远影响。

---

① 《周恩来年谱（1949—1976）》中卷，中央文献出版社 1997 年版，第 128 页。
② 乔晓光、曹克强、程文津：《周恩来总理为中国人民志愿军撤军访问朝鲜》，见《我们的周总理》，中央文献出版社 1990 年版，第 326 页。
③ 《中华人民共和国政府和朝鲜民主主义人民共和国政府联合声明》，《新华半月刊》1958 年第 6 期。

三、为援助朝鲜建设问题周恩来多次与金日成会谈

中国人民志愿军从朝鲜撤出问题圆满解决后，周恩来对朝外交的重点又转移到援助朝鲜经济建设和加强团结、共同维护东北亚及世界和平问题上。1958年11月底至12月初，金日成应邀率领朝鲜政府代表团再次访华。他这次访华的主要目的是参观中国工业建设情况，与中国领导人商谈继续加大对朝经济援助问题。

1958年11月22日上午，周恩来亲自到北京车站迎接金日成一行。下午，周恩来与朱德同金日成进行了正式会谈，当晚，周恩来举行了盛大宴会欢迎金日成率领的朝鲜政府代表团全体成员。次日，周恩来与陈毅副总理陪同金日成和朝鲜代表团参观清华大学，并和金日成一起出席了朝鲜驻华大使李永镐为庆祝中朝经济及文化合作协定签订5周年举行的宴会，并观看了朝鲜艺术家的演出。①

11月25日上午，周恩来与贺龙副总理又陪同金日成赴湖北会见毛泽东，并参观武汉、广东工厂农村建设情况。②毛泽东在武汉设宴招待金日成一行，并与之进行了正式会谈，周恩来与刘少奇、朱德、邓小平、彭真等陪同会谈。在此前后，周恩来陪同金日成参观了武汉钢铁联合企业、应城县红旗人民公社、广东的上游钢铁厂、黄埔人民公社和中国出口商品陈列馆。11月28日，周恩来在广州机场欢送金日成率团赴越南访问。③

12月6日，周恩来和陈云副总理再次在武汉机场迎来了金日成一行。7日中午，周恩来陪同金日成乘专机由武汉飞回北京。8日下午6点，周恩来与金日成分别代表两国政府在中朝两国联合声明上签字。9日上午，周恩来前往北京火车站欢送金日成一行回国。④这次金日成访问中国，停留的时间较长，参观了中国一些企业，周恩来负责全程陪同。应朝方要求中国扩大了援助，巩固了中朝友好关系。

1959年1月24日，周恩来率中共代表团飞往莫斯科，应邀出席苏共21次代表大会。1月25日，周恩来率中共代表团与同在莫斯科的以金日成为首的朝鲜劳动党代表团举行会谈，双方就苏联拟改变"为首"提法的问题进行了讨论，

①　中华人民共和国外交部外交史研究室编《周恩来外交活动大事记（1949—1975）》，世界知识出版社1993年版，第246页。

②　《周恩来年谱（1949—1976）》中卷，中央文献出版社1997年版，第191页。

③　《周恩来外交活动大事记（1949—1975）》，世界知识出版社1993年版，第247页。

④　《周恩来外交活动大事记（1949—1975）》，世界知识出版社1993年版，第248页。

双方一致认为现在不应当取消原来的提法。这次在莫斯科中朝两国高端接触的时间虽然不长，但对巩固中朝关系，加强社会主义阵营的团结产生了一定影响。

1959 年是中华人民共和国 10 年大庆，9 月 27 日，金日成率领朝鲜党政代表团专程到北京参加庆典活动。9 月 28，日周恩来陪同毛泽东、刘少奇会见了金日成。9 月 30 日晚，金日成出席了在人民大会堂宴会厅举行的招待 80 多个国家贵宾的盛大宴会，周恩来总理主持了招待会。10 月 1 日，金日成受邀登上天安门，参加中华人民共和国成立 10 周年庆祝大典。当晚，周恩来与贺龙副总理专门拜访了金日成。翌日下午，周恩来前往火车站欢送金日成率领的朝鲜党政代表团回国。

四、20 世纪 50 年代周恩来对朝外交的成效与深远影响

中朝两国山水相连，唇齿相依，20 世纪 50 年代周恩来对朝外交成效显著，对巩固和加深两国传统友谊，反对美国强权政治，维护亚洲与世界和平关系重大；对战后两国恢复重建，经济上互通有无，政治上互相支持影响深远。

首先，周恩来参与领导了抗美援朝战争的决策、出兵、后勤、谈判等一系列重大问题，直接领导了中国政府的外交工作，对夺取抗美援朝战争的胜利、保卫中朝两国的独立和安全有重要影响。周恩来在朝鲜战争中肩负起中、朝、苏三方部队的作战协调、后勤保障和领导停战谈判的重任。朝鲜战争停战后，中国政府主张一切外国军队皆从朝鲜撤出，真正实现朝鲜的和平统一。1958 年 2 月，周恩来专门访朝，同金日成商定了中国军队从朝鲜撤军的时间表。中国人民志愿军第一批 6 个师共 8 万人，从 3 月 15 日至 4 月 25 日撤出；第二批 6 个师和其他特种兵部队共 10 万人，于 7 月 11 日至 8 月 14 日撤出；第三批志愿军总部、3 个师和后勤保障部队共 7 万人，于 9 月 25 日至 10 月 26 日撤出，至此全部撤完。① 通过周恩来亲赴朝鲜与金日成会谈，不仅做出了中国军队全部撤出朝鲜的重大决定，大大和缓了朝鲜的紧张局势，进一步巩固了两国的友好关系，对维护远东和世界和平也起了积极作用。

其次，周恩来多次接待了来访的朝方党政领导人，经过与金日成反复会谈和磋商确定了经济援助方案和复兴计划，对战后朝鲜的恢复重建工作和国民经济的发展产生了重要作用。战后的朝鲜受战争创伤最严重的是工业，8700 多个工厂企业几乎完全遭到破坏。朝鲜农业也有四分之一以上的农田遭到破坏。中

---

① 乔晓光、曹克强、程文津：《周恩来总理为中国人民志愿军撤军访问朝鲜》，见《我们的周总理》，中央文献出版社 1990 年版，第 329 页。

国人民也付出了巨大的代价，3 年战争期间中国政府援助朝鲜各种物资 560 多万吨，开支战费 60 亿元，死伤志愿军指战员 36 万余人。[①]但是，新中国第一代领导人发扬了伟大的国际主义精神，尽管本国经济仍十分困难，毛泽东、周恩来代表中国政府尽量对朝鲜给予了援助。周恩来 1953 年 8 月 21 日致电金日成，告以朝鲜在停战恢复后修复工厂所需水泥、玻璃、耐火材料等物资，中国将在年内陆续供应。[②]同年 11 月，金日成访华再次请求中国扩大援助时，周恩来提出我们可派技术人员、技术工人到朝鲜去，朝鲜方面可派工人来中国工厂学习。20 世纪 50 年代为了帮助朝鲜渡过难关，中国政府决定除了将 3 年战争期间援助朝鲜的一切物资和用费无偿地赠送给朝鲜外，还拨人民币 8 万亿元，无偿援助朝鲜作为恢复国民经济之费用。中国供应了朝鲜用以恢复和发展钢铁、纺织工业所需的煤、焦炭、棉花和棉纱等原料，另外还供应了机器设备、钢材、粮食和各种轻工业品等物资。此外，中朝两国在水文工作、治水和渔业方面也进行了广泛的合作。[③]

最后，在周恩来外交努力下，中朝两国在 20 世纪 50 年代建立了良好的合作关系，两国领导人也通过多次互访和会谈建立了友谊。

对中国做出的巨大牺牲和支援，20 世纪 50 年代金日成多次代表朝鲜政府和人民表示感谢。金日成在新中国成立 10 周年时表示："我们两国人民之间的友谊和团结，是用鲜血凝成的，并且是通过艰苦斗争和考验受到检阅的。"[④]周恩来对中朝两国间的友好关系更加重视，所有重要问题他都要亲自过问。周恩来强调爱国主义和国际主义相结合，他一贯认为社会主义友好国家间的援助是相互支援的关系。他在多次讲话中表明，中朝两国关系是建立在民族平等和无产阶级国际主义原则基础之上的。他曾多次指示中国驻朝鲜大使，要尊重朝鲜的党和政府，尊重朝鲜领导人，尊重朝鲜人民。周恩来访朝时，赞扬了朝鲜劳动党和朝鲜政府领导朝鲜人民取得的成就，表示要学习朝鲜人民的优良品德和苦干精神。

毛泽东、周恩来和金日成、崔庸健等老一辈领导人亲手培育了中朝两国的友好关系。金日成和崔庸健等朝鲜领导人一生多次访华，已成为中国人民的老朋友。1975 年 4 月 19 日，金日成再次访华时，周恩来已重病在身，他坚持在

---

① 裴坚章主编《中华人民共和国外交史（1949—1956）》，世界知识出版社 1994 年版，第 79 页。

② 《周恩来年谱（1949—1976）》上卷，中央文献出版社 1997 年版，第 321 页。

③ 刘金质、杨淮生主编《中国对朝鲜和韩国政策文件汇编（1949—1994）》，中国社会科学出版社 1994 年版，第 1000-1002 页。

④ 《朝鲜劳动党中央委员会委员长、朝鲜民主主义人民共和国内阁首相、朝鲜民主主义人民共和国党政代表团团长金日成同志的贺词》，《新华半月刊》1959 年第 20 期。

医院会见了金日成。[①]这是两位老朋友的最后一次会面。金日成得知周恩来逝世后非常悲痛，亲自到中国驻朝鲜使馆沉痛悼念，还决定在朝鲜建立周恩来铜像，地点选在 1958 年周总理冒雪访问过的咸兴化肥厂。铜像落成后，1979 年金日成邀请邓颖超访问朝鲜参加周恩来铜像和纪念碑的落成典礼。金日成高度评价周恩来说："在马克思列宁主义和无产阶级国际主义旗帜下，他十分珍惜用鲜血凝成的朝中友谊，为支援我国人民的革命事业不惜一切。无论遇到任何风浪，他都美好地发展了我们两党、两国和两国人民之间的关系。"[②]

（本文原载于《中国学论丛》第 51 期 2016 年版）

---

① 《周恩来年谱（1949—1976）》下卷，中央文献出版社 1997 年版，第 702 页。
② 乔晓光、曹克强、程文津：《周恩来总理为中国人民志愿军撤军访问朝鲜》，见《我们的周总理》，中央文献出版社 1990 年版，第 336 页。

试论周恩来外交思想的理论来源与特色

周恩来是伟大的无产阶级革命家、政治家和外交家，是中华人民共和国第一任总理兼外交部部长，是新中国外交的创始人和决策者之一。其杰出的外交思想的主要理论来源，一方面是马克思主义的统一战线理论的指导，另一方面是受到中华优秀传统文化的影响。周恩来外交特色中可清晰地呈现出爱国主义、国际主义和中国传统文化的底蕴。周恩来的外交思想及其鲜明特色是马克思主义中国化的典范，对开拓新中国外交事业、加强中外友好交流、维护世界和平产生了重要作用和深远影响。

一、马列主义统战理论对周恩来外交思想形成的影响

统一战线是无产阶级及其政党进行革命和建设的重要政策和策略。马克思列宁主义的统一战线理论和中国共产党的统一战线方针、策略，奠定了周恩来外交思想的理论基础，确定了其行动方向。

马克思、恩格斯在领导工人运动过程中认识到建立统一战线的必要性。他们认为不仅要通过武装斗争，而且要通过联合其他政党来实现革命目标。无产阶级政党为实现自己的目标要同其他政党建立尽量广泛的联合，不仅要联合各国的工人阶级，而且要同农民阶级进行广泛的联合。同时，无产阶级政党还要同其他民主政党联合起来。"只要资产阶级采取革命的行动，共产党就同它一起去反对君主专制、封建土地所有制和小市民的反动性。"[1]

列宁特别强调在殖民地、半殖民地国家进行民族独立斗争中建立统一战线的重要作用。他明确指出："要战胜更强大的敌人，就必须尽最大的努力，同时必须极仔细、极留心、极谨慎、极巧妙地一方面利用敌人之间的一切'裂痕'，哪怕是最小的'裂痕'，利用各国资产阶级之间以及各个国家内资产阶级各个集团或各种类别之间利益上的一切对立，另一方面要利用一切机会，哪怕是极小

---

① 《马克思恩格斯选集》第一卷，人民出版社 1995 年版，第 306 页。

的机会，来获得大量的同盟者，尽管这些同盟者可能是暂时的、动摇的、不稳定的、不可靠的、有条件的。谁不懂得这一点，谁就是丝毫不懂得马克思主义，丝毫不懂得现代的科学社会主义。"①列宁主张，对资产阶级和农民阶级采取不同的统战政策。在革命胜利后，仍然要坚持工农联盟，要建立一种"新的联盟"。他还提出，"全世界无产者和被压迫民族联合起来"，无产阶级革命运动必须与被压迫民众的反帝反封建的运动相联合，建立广泛的民族民主革命统一战线。他阐明："共产主义在民族和殖民地问题上的全部政策，主要应该是使各民族和各国的无产者和劳动群众为共同进行革命斗争、打倒地主和资产阶级而彼此接近起来。这是因为只有这种接近，才能保证战胜资本主义，如果没有这一胜利，便不能消灭民族压迫和不平等的现象。"②

统一战线是中国共产党克敌制胜的三大法宝之一。毛泽东明确指出："中国无产阶级应该懂得：他们自己虽然是一个最有觉悟性和最有组织性的阶级，但是如果单凭自己一个阶级的力量，是不能胜利的。而要胜利，他们就必须在各种不同的情形下团结一切可能的革命的阶级和阶层，组织革命的统一战线。"③他认为对资产阶级的不同部分要采取不同的政策，要"又斗争又团结"。他深刻地总结说，中国人民已经取得的主要的和基本的经验，就是两件事。在国内，唤起民众。这就是团结工人阶级、农民阶级、城市小资产阶级和民族资产阶级，在工人阶级领导之下，结成国内的统一战线，并由此发展到建立工人阶级领导的以工农联盟为基础的人民民主专政的国家；在国外，联合世界上平等待我的民族和各国人民，共同奋斗。这就是联合苏联，联合各人民民主国家，联合其他各国的无产阶级和广大人民，结成国际的统一战线。④

周恩来统一战线思想是在马列主义指导下、在中国革命和建设的实践中逐步形成和发展起来的，他不仅完全赞同马列主义统一战线理论和我们党的统战政策，而且亲身参加和领导了两次国共合作的创建，并在其中发挥了重要作用。周恩来的统一战线思想继承、发展了马列主义和中国共产党的统战理论，他在中国革命和建设中认真贯彻了党的统一战线政策、策略和方针。

首先，周恩来深刻阐明统一战线的重要意义和统一战线的不同性质、不同形式。旅欧时期他就发表了一批宣传建立革命统一战线的文章。他深刻地感到要推翻帝国主义和封建军阀的统治，就必须广泛地联合各界群众，壮大革命力

---

①《列宁选集》第四卷，人民出版社 1995 年版，第 179-180 页。

②《列宁选集》第四卷，人民出版社 1995 年版，第 217 页。

③《毛泽东选集》第二卷，人民出版社 1991 年版，第 645 页。

④《毛泽东选集》第四卷，人民出版社 1991 年版，第 1472 页。

量，共同进行斗争。他阐明："新旧军阀都不足恃，所可恃者以救中国的只有全中国的工人、农民、商人、学生联合起来，实行国民革命。"①周恩来在旅欧时期就开始与国民党建立统一战线的工作，对马列主义统一战线理论的理解随着第一次国共合作而日渐深化。日本侵占我东三省后，民族矛盾逐渐上升为主要矛盾。周恩来在《致张伯苓信》中呼吁："兄弟阋于墙，外御其侮。"②1937 年7 月，他在为中共中央起草的宣言中强调："在民族生命危急万状的现在，只有我们民族内部的团结，才能战胜日本帝国主义的侵略。"抗日战争时期，周恩来的统一战线理论有了进一步的发展。他提出了抗日民族统一战线的三重性质，即：民族性、民主性、社会性。他认为："大革命、十年内战和抗日战争三个时期的统一战线，是有不同形式和性质的。但是这三个时期的统一战线又都是属于新民主主义的统一战线，因为新民主主义是我们三个时期统一战线的政治基础。"③

其次，周恩来强调了统一战线中必须坚持独立自主原则和无产阶级领导权问题。他清楚地认识到，统一战线中有利益不同的复杂的阶级关系，为了彻底打击敌人、消除同盟者的妥协性，无产阶级必须坚持自己的独立性。他指出："独立自主，就是指无产阶级的独立性，他有自己独立的政策、独立的思想。他是去联合人家，而不是同化于人家。……无产阶级在统一战线中的团结，是在坚持独立自主的条件下同人家讲团结，而不要受其他阶级的影响。"④周恩来始终强调："领导权的问题，是统一战线中最集中的一个问题。"一定要坚持无产阶级在统一战线中的领导权，因为"无产阶级比别的阶级先进，是应当领导别的阶级的"。⑤他还阐明了争取统一战线领导权的方法和途径：首先是共产党要有力量，这是争取领导权的基础和前提条件；然后要争取中间势力、团结一切可以团结的力量，这是争取统一战线领导权的重要环节；同时要正确处理国共两党关系，这是争取领导权的关键。

再次，周恩来具体阐明了共产党在统一战线内的斗争策略，系统总结统一战线的原则、策略、方法和守则。周恩来总结了我党统一战线的历史经验和教训后指出："我们应该很好地分析，运用毛泽东同志的利用矛盾、争取多数、反

---

① 中共中央文献研究室、南开大学编《周恩来早期文集》下卷，中央文献出版社、南开大学出版社 1998 年版，第 438 页。

②《周恩来统一战线文选》，人民出版社 1984 年版，第 15 页。

③《周恩来统一战线文选》，人民出版社 1984 年版，第 95-96 页。

④《周恩来统一战线文选》，人民出版社 1984 年版，第 813 页。

⑤《周恩来统一战线文选》，人民出版社 1984 年版，第 104 页。

对少数、各个击破的方针。"①他和毛泽东等人都认识到抗日民族统一战线阵营中有三类不同力量,根据对三种力量的准确分析,制定了发展进步力量,争取中间力量,孤立、打击顽固力量的方针。周恩来在长期从事和领导统一战线的工作中积累了丰富的统战工作经验,他提出了坚持统一战线的4条方法和6条守则。4条方法如下。(1)在斗争上,我们要不失立场,但不争名位与形式;我们要坚持原则,但方法要机动灵活,以求达到成功;我们要争取时机,但不要操之过切,咄咄逼人。(2)在组织上,要不暴露,不威胁,不刺激,以求实际的发展,但不能走向死路,也不要自投陷阱。(3)在工作上,要使竞争互助让步相互为用,但竞争不应损人,克己互助不要舍己耘人,让步不能损害主力。(4)在方式上,要讲手续,重实际,勤报告,重信义,守时间,以扩大影响,便利工作。6条守则是:坚定的立场,谦诚的态度,学习的精神,勤勉的工作,刻苦的生活,高度的警觉性。②这些方法和守则体现了周恩来高超的统战艺术和领导水平,对巩固和发展中国共产党领导的统一战线有深远的影响。

最后,新中国成立后周恩来将统一战线理论应用于新中国的外交实践中,为开拓新中国的外交局面和维护世界和平做出了突出贡献。周恩来曾对外交干部说:"在战争时期,我们不是强调过发展进步势力、争取中间势力、孤立顽固势力吗?这个方针在对外交往中也可以通用。"③他认为外交工作主要是两个方面:"一面是联合,一面是斗争。"对同属于社会主义阵营的"兄弟国家",要"战略上是要联合,战术上不能没有批评";对帝国主义国家要"战略上是反对的,但战术上有时在个别问题上是可以联合的"。④周恩来还将统战理论运用于新中国的具体对外政策上。他根据当时的国际形势和各种综合因素,提出了3个"区别对待"的外交政策和思路,⑤积极同广大亚非拉国家建立联系,争取大多数、孤立极少数,努力维护中国安全和国家利益,维护世界和平。他号召所有爱好和平的国家联合起来,所有受到美国侵略、控制、干涉和欺负的国家联合起来,

---

①《周恩来统一战线文选》,人民出版社1984年版,第99页。

②《周恩来统一战线文选》,人民出版社1984年版,第44页。

③ 夏衍:《永远难忘的教诲》,见裴坚章主编《研究周恩来——外交思想与实践》,世界知识出版社1989年版,第26页。

④ 中华人民共和国外交部、中共中央文献研究室编《周恩来外交文选》,中央文献出版社1990年版,第2-3页。

⑤ 三个"区别对待"的基本内容是:第一,区别国家,要根据美、英、法各国和新兴民族独立国家、殖民地国家的不同政治态度采取不同的政策;第二,区别政府和人民,特别是那些同中国尚未建立外交关系甚至对中国采取敌视态度的国家;第三,区别同一政府中的不同人物,对敌对国政府中的决策者与一般官员要区别对待,对这些政府的批评斗争也要公道、适当。

结成最广泛的统一战线。①

新中国成立后，周恩来将共产党在革命战争年代形成的统一战线理论运用到中国政府的对外关系方面，与毛泽东一道确立了新中国的外交方针和路线，成功地开辟了新中国的外交局面。有学者评价说："统战思想与实践是周恩来外交思想与实践的本源。"从统一战线理论发展而来的周恩来外交谋略，其根本目的是"争取尽可能多的友国，孤立极少数敌对者，在坚持原则的前提下，尽力化敌为友，最好一个敌对的国家也没有，使国家有一个长治久安的国际环境"，进行社会主义建设。②

二、中华优秀传统文化对周恩来外交思想形成的影响

中华民族 5000 多年来的优秀传统文化也是周恩来杰出的外交思想、精湛的外交技巧和独特的外交风格的主要来源之一。加拿大学者柯让教授认为："中国的传统思想和战略在周的外交发展过程中的影响不可忽视。"③对其外交思想和外交风格的来源，周恩来自己坦然承认："我们中国人办事，就是根据这样一些哲学思想。这些哲学思想，来自我们的民族传统，不全是马列主义的教育。"④

在中国传统文化中，儒家思想特别是淮阴地域文化对周恩来日后外交思想的形成有重要影响。周恩来出生和幼年成长之地淮阴地处交通要道，其特殊的地理位置使得当地形成了儒雅的乡风。当年淮安、清江浦等地商旅辐辏，五方杂处。该地乡风不但不排斥客籍人士，而且对客籍人士懿德善行。这种兼容并包、平等待人的儒侠士风和乡风，在周恩来一生的待人接物中得到了充分的体现。他善于团结各界和各方面人士为共同目标而奋斗是国内外所公认的。

幼年时淮阴浓郁的儒教之风对周恩来的影响是很深的。他受到了这里浓厚的儒学之风的熏陶。以淮安、清江浦为例，除了府学、县学外，还有书院近 20 所，这些书院大都由具有相当影响的学者任教，仅明、清两代，淮安（当时山阳）一县就有进士 200 余人，举人和秀才 700 余名。周恩来就是在这样的文化氛围中度过人生之初的 12 个春秋的。他 1914 年在《射阳忆旧》一文中写道："生于斯，长于斯，渐习为淮人；耳所闻，目所见，亦无非淮事。"⑤淮阴这里古代出过军事家韩信，近代出过民族英雄关天培。清代还出过进士汪廷珍，他

---

① 《周恩来总理作政府工作报告》，《人民日报》1964 年 12 月 31 日。

② 裴默农：《从中巴关系看周恩来争取友好邻邦的远大谋略》，见《研究周恩来——外交思想与实践》，世界知识出版社 1989 年版，第 124 页。

③ 柯让：《周恩来的外交》，汪永红译，东方出版社 1992 年版，第 4 页。

④ 《周恩来外交文选》，人民出版社 1990 年版，第 328 页。

⑤ 《周恩来早期文集》上卷，中央文献出版社、南开大学出版社 1998 年版，第 22 页。

不但为官清廉，而且强调读书人要以天下为己任。[①]这些名人的事迹和传说对周恩来的影响也是明显的。

周恩来在东北和天津上学时，虽然主要受到西学教育，但对中国传统文化的学习并未废弃。1912 年 10 月，他在小学作文《东关模范学校第二周年纪念日感言》中写道："圣贤书籍，各种科学，何为为吾深究而悉讨？……非即欲吾受完全教育、成伟大人物、克负乎国家将来艰巨之责任耶？"[②]也就是说，学生读书的目的和任务是为担负和完成"国家将来艰巨之责任"，因此应该对"圣贤书籍、各种科学""深究而悉讨"。他在南开求学期间所写的《答友询学问有何进境启》一文中写道："西学非可卑也，兼而学之，要不失将来实用之旨。以国学役西学，吾主之。"[③]表达了他主张"以国学役西学"以实现"实用之旨"的观点。

中华传统儒家文化源远流长，早年影响周恩来思想的主要是儒家文化，其次还有道家和法家的一些主张。儒家思想中的主要主张之一是"仁学"，孔子提出"仁者，爱人"，首先是推己及人。孟子提出"民本思想"，将"仁学"推行到政治领域，即实施"仁政"。周恩来外交中的礼让、友善、容忍和关爱等特色，正是传统"仁爱"思想的现代体现。儒家思想中的另一重要主张是中庸之道，这是一种君子自身修养和待物接人的至高境界。"中庸"要求："执两用中、不偏不倚、适可而止、过犹不及"。周恩来外交中提出的"和平共处"原则、"互利共赢"原则，谋求与各国"共同发展"的主张、对外谈判中兼顾各方利益、尽量寻求平衡的外交策略等，显现出其中庸之道的文化底蕴。

中国传统文化中具有"和为贵""尚和合"的和合精神。这种和合不是异质事物的简单相加，而是不同质事物对立、冲突，继而融合、趋同的一个辩证过程，反映出中国传统哲学中"天人合一"的思想内涵。孔子把"和"视为做人处世的重要标准，提出"礼之用，和为贵"，孟子说过"天时不如地利，地利不如人和"，都从不同角度讲了"和合"的含义。周恩来在外交实践中继承和发展了这一思想的精髓，他在外交中采取的协商、缓和、等待、迂回、相容、疏通、调解等策略，可视为中国传统的和合精神在新时期外交中的继承和发展。

诚信原则更是中华文明传统道德和理想境界之一。孟子认为诚信是顺天道

---

① 汪廷珍 1789 年中进士，后入翰林院学士，道光继位后任礼部尚书，后升任大学士。汪廷珍曾撰《学约》五则，重视引导士子明确读书做学问的目的，强调读书人要以天下为己任。汪一生生活俭朴，为人正派，举止文雅，待人以礼。他去世以后，道光皇帝赐"祭葬"原籍。

②《周恩来早期文集》上卷，中央文献出版社、南开大学出版社 1998 年版，第 2 页。

③《周恩来早期文集》上卷，中央文献出版社、南开大学出版社 1998 年版，第 64 页。

与人道的基本法则；周家的远祖周敦颐称诚信为"五常之本，百行之源"。周恩来在1916年写的《诚能动物论》一文中言明："然诚之为物，非学力所可及也，亦发于中而形于外耳。"[①]周恩来一生是笃行诚信原则的，与他交往的中外各界人士，无论达官显贵还是平民百姓，他都以诚相见，言而有信，赢得了许多人的信赖。

道家学说是中国传统文化的主要内容之一，道家代表作《老子》中提出的不敢为天下先、节俭、慈爱等主张，对周恩来的人生哲学和外交思想亦产生了一定影响。在南开求学期间周恩来写了《老子主退让，赫胥黎主竞争，二说孰是，试言之》一文，表现了他对道家学说的认同。他认为道家学说和进化论此二者"实一为二、二而一也"，道家的主张是"遵生化之轨，循天地之经"的"生存常道"。[②]1916年，周恩来在《诚能动物论》一文中，又提到了"大同世界"的人生理想。周恩来在长期的政治活动中，一贯保持着谦虚谨慎的态度，常常使用"以柔克刚"的谋略，巧妙地实现自己的目标，他深深领悟了中国传统文化的深层意蕴。

三、周恩来杰出外交思想的突出特色

在马克思主义统一战线理论和中国传统思想文化影响下，在长期的外交生涯和统战工作的实践中，周恩来形成了自己的独特的外交风格和特色。从这些特色中很容易看出中外优秀思想文化的融合，它既是马克思主义中国化的产物，又留下了中国传统文化的深深烙印。美国前总统尼克松认为："周所具有的这种精微之处，大大超过了我所认识的其他的世界领袖，这也是中国人独有的特性。这是由于中国文明多少世纪的发展和精炼造成的。"[③]周恩来杰出外交思想的突出特色主要表现在以下五方面。

（一）求同存异、和而不同是周恩来外交思想中最突出的特色

周恩来善于结交各方人士，团结各种力量，他说过："善于团结的人，就是善于在共同点上统一矛盾的人。"[④]但是周恩来也清楚地知道："国与国之间在政治上不能没有差别，在民族、宗教、语言、风俗习惯上是有所不同的。"[⑤]他善于在对立中积极寻找一致性，以更好地减少对立冲突，尽量扩大共识。1955

---

① 《周恩来早期文集》上卷，中央文献出版社、南开大学出版社1998年版，第149页。
② 《周恩来早期文集》上卷，中央文献出版社、南开大学出版社1998年版，第112页。
③ 尼克松：《领袖们》，施燕华等译，海南出版社2008年版，第211页。
④ 《周恩来选集》下卷，人民出版社1984年版，第29-30页。
⑤ 《周恩来外交文选》，中央文献出版社1990年版，第6页。

年，在万隆会议陷入僵局时，周恩来发言指出中国代表团是来求团结而不是来吵架的。"中国代表团是来求同而不是来立异的"，"我们应该承认，在亚非国家中是存在有不同的思想意识和社会制度的，但这并不妨碍我们求同和团结"。①我们仔细考察周恩来求同存异主张的思想来源，不难发现此乃中国传统儒家思想的当代传承发展。孔子说过："君子和而不同，小人同而不和。"孟子提出了"尽心、知性、知天"的天人合一论。"求同存异"不是简单地"和稀泥"，而是在搁置双方的争议后，尽量寻找共同点，在双方都承认的共同点基础上，共同促进合作、交流，以实现互利互益的一种方法。在现实世界中，各国由于历史、文化、经济、政治等方面的差异，要想实现和平共处且共同发展，首先要承认各自的不同之处，这就要坚持"和而不同"。周恩来的一生经历了无数的外交风云，但他一贯主张各国之间应"求同存异，和而不同"，至今这仍是中国一项重要的外交原则。

（二）和平共处、互不干涉是周恩来在开展新中国外交中始终坚持的原则

周恩来认为中国外交的首要目标就是捍卫国家主权，维护世界的持久和平。社会制度不同并不妨碍和平共处。1960 年，他在会见外宾时阐明："现在世界上有两种不同的社会制度，这是事实。一种是社会主义制度，一种是资本主义制度，但是可以和平共处。"②周恩来提出的和平共处五项原则，彰显了中国传统文化中的"和为贵""尚和合"的哲学思想。周恩来将中国传统的"和合"思想的精髓拓展到国际外交领域，他认为各个国家不可避免地会有各种利益冲突和矛盾，这就要求各个国家在处理对外关系时，需要保持一个"和平"的心态。虽然各国不可能在各方面利益诉求中完全取得一致，但在互不干涉内政、互相尊重主权和领土完整的前提下，各国应以追求人类和平而不是崇尚武力为谈判和相处的指导原则。这是中国传统哲学思想的一个理想境界，周恩来把它灵活地运用到现代国际关系领域。在 1953 年 12 月，中印两国谈判中他首次提出和平共处五项原则。在随后的万隆会议上，这五项基本原则得到亚洲许多国家的认可，至今已经成为中国处理对外关系的基本准则。

（三）独立自主、维护尊严是毛泽东和周恩来外交中共同的特点

毛泽东和周恩来等新中国第一代领导人都特别强调独立自主、自力更生的精神，这也是毛泽东时代中国外交的一个突出特点。新中国成立之初毛泽东与周恩来制定的"另起炉灶""打扫干净屋子再请客""针锋相对"等外交政策都

---

① 《周恩来外交文选》，中央文献出版社 1990 年版，第 121-122 页。

② 中华人民共和国外交部外交史研究室编《周恩来外交活动大事记（1949—1975）》，世界知识出版社 1993 年版，第 269 页。

是这一特色的具体体现。新中国外交坚持独立自主原则，采取了一系列措施彻底摧毁西方国家在中国的一切特权和控制权，坚决不承认国民党时代同外国建立的外交关系，不承认旧中国同外国缔结的一切卖国条约。这一切都为了根本改变旧中国的半殖民地地位，捍卫新中国的独立和主权。在冷战的大背景下，当时我们国虽然采取了"一边倒"的外交政策，但毛泽东和周恩来在处理同苏联的关系时，仍坚持了独立自主的原则。周恩来曾告诫下属："我们同苏联在战略上虽是联合，但战术上也不能没有批评"，绝对不能"一切依赖外援"，中国重视同别的国家在共同战略利益基础上的联合，但这绝不意味着放弃自己的独立自主。我们主张平等的联合，坚决反对那种一方控制另一方、一方损害另一方的"联合"。对于苏联的大国沙文主义做法，无论是毛泽东还是周恩来均采取了反对和批判的态度。

（四）原则性与灵活性巧妙结合是周恩来外交中最鲜明的特色

既要坚持原则，又有一定的灵活性，周恩来这一外交特色和风格源于马列主义的统一战线理论，也源于中国传统的"贵和尚中"思想。中国优秀的传统文化要求君子因时、因地制宜行事，灵活变通，因势利导地做出决策。周恩来在外交中从现实出发，巧妙地将原则性与灵活性相结合，如他根据一个中国的原则和各国与台湾地区的历史联系，提出了不同的处理方式。在对日外交中，他提出了民间先行，以民促官的策略，终于促使中日关系实现了历史性转折。在处理中美关系中，他成功导演了一场"小球推动大球转"的"乒乓外交"，终于打开了中美关系的大门。在与小国交往中，周恩来主张本着互谅互让的原则，通过平等协商解决边界问题。他提出以"互让互谅"精神作为指南，照顾双方的具体困难和实际需要，从全线来考虑进行必要的调整，做到各有得失的平衡。在这一思想指导下中国较好地解决了与缅甸、巴基斯坦、尼泊尔、阿富汗、蒙古国、朝鲜等邻国的边界问题。这些成功的外交范例生动展现了周恩来善于突破陈规、灵活变通的外交风格和特色，也表现了泱泱大国的宽宏大量风范，使中华优秀传统文化在外交事务中得以充分展现。

（五）真诚守信、平等待人、互相尊重是周恩来外交的另一个重要特色

周恩来外交之所以能够打动很多人和很多国家的深层次原因，除了他高超的谈判技术、原则性和灵活性结合外，真诚、坦荡、守信也是其成功的一个重要因素。周恩来外交的这一特色无疑来源于中华优秀传统文化。儒家文化强调"君子诚，小人隐""君子坦荡荡，小人长戚戚""诚者物之始终，不诚无物。是故君子诚之为贵"。诚信是儒家推崇和必备的品德，是君子人际交往的基本要求，更是做人的根本准则。中国自古就有"人无信不立"的箴言。孔子将"信"作

为"仁"的重要体现，向来反对以大欺小、以强凌弱，主张与人为善，讲信修睦，"亲仁善邻，国之宝也"。周恩来曾说过："对亚非国家，我们应当有'以大事小'的胸怀，要尊重他们的民族自尊心和民族感情。"[①]在万隆会议上，他明确提出"一切国家不分大小一律平等"的主张。他深知相互尊重是人际交往的基石，也是政府间建立友好关系的前提。周恩来对各国使节和来访者，从不摆大国领导人的架子，总是以平和的态度待物接人，不卑不亢，彬彬有礼。他任总理期间会见外宾 6000 多次，无论所会见的外宾来自大国还是小国，无论是来自社会主义国家还是资本主义国家，他都是平等相待，礼貌周到。美国前总统尼克松深有体会地说："在周恩来为我举行的盛大国宴上……所有人，包括一般工作人员和飞行机械师都被邀请参加……中国人的确在将他们宣传的平等变成事实。"[②]1972 年 9 月，周恩来在与日本首相田中角荣会谈时，特意写下《论语》中的"言必信，行必果"两句话送给田中。田中也写了"万事信为本"作为回赠。[③]田中角荣对此印象很深，他后来回忆说，在他会见过的许多政治家中印象最深的是周恩来，他认为"周恩来是一位能干的对手"。[④]

除上述各方面外，周恩来还有许多其他外交风格和特色，亦显示出中外优秀文化在其外交思想中的相互融合，相得益彰。如周恩来在外事活动中经常提到要"引而不发""谋定而后动""守如处子、动如脱兔""后发制人""有备无患"等等。周恩来曾指出，在中国外交中，"我们总是采取后发制人的办法，你来一手，我也来一手。不怕它先动手，实际上它一先动手就马上陷于被动"[⑤]。他认为外交活动"不能心急"，要"见机而作"，有机会一定抓住，决不放过。对待亚非拉发展中国家要平等相待，对外援助要真诚实用，不附加任何政治条件。在国际外交场合，要不卑不亢，广交朋友，对到华访问的客人要热情周到，友好待客。1963 年 4 月 24 日，周恩来同埃及客人谈话时，专门阐述了中国外交的四点特色。（1）"要等待，不要将己见强加于人。当双方争执不下时，强加于人反而容易坏事，最好的办法是等待对方自己觉悟"。（2）"决不开第一枪。人家可以先对我不好，我们决不会先对人家不好"。（3）"中国有句古话，'来而不往，非礼也'。你对我不好，欺侮我，逼得我不得不有所准备，要进行回击。否则，就会把我们看成为懦弱可欺"。（4）"'退避三舍'。这就是说，你来，我

---

① 程华编《周恩来和他的秘书们》，中国广播电视出版社 1992 年版，第 192 页。

② 傅红星编《周恩来外交风云》，花城出版社 1998 年版，第 178 页。

③ 徐行编著《周恩来与中日关系的历史性转折》，天津社会科学院出版社 2010 年版，第 166 页。

④ 吴学文等：《当代中日关系（1945—1994）》，时事出版社 1995 年版，第 187 页。

⑤《周恩来外交文选》，中央文献出版社 1990 年版，第 51 页

先退，给你警告。再来，再退，再给警告，但事不过三。退为的是给对方以考虑的时间"。①中国前副总理兼外交部部长钱其琛认为，周恩来"从传统哲学中吸取营养，提出一整套富有中华民族特色的外交策略和外交艺术"。周恩来的外交艺术和特色"里面充满着辩证法的思想，值得我们细细品味"。②

总之，上述周恩来外交特色，无一不是根据当时中国国情和世界局势，吸取了马列主义理论和中华民族传统文化的精髓而形成的。周恩来外交思想及其特色是马克思主义中国化的成功典范。

四、周恩来杰出外交思想与特色的深远影响

我们从周恩来的外交思想及其特色中可以明显看出中国传统文化的影响和马列主义理论的指导作用。周恩来充分吸收和灵活运用了中外优秀思想文化，结合中国实际情况和国际形势的发展，对中国外交目标、外交战略和策略进行的富有远见的思考，他以其独特的外交风格和特色，以精湛的外交技艺和个人魅力，对中国外交政策的制定和实施发挥了关键作用，对中国外交战略的制定和实施产生了重要影响，他的杰出外交思想在大国关系变动和争取第三世界支持中取得了显著成效。

周恩来外交思想的理论来源是马克思列宁主义的统战理论，同时他也深深受到中华优秀传统文化的影响。其外交风格的最大特色是将马列主义统一战线理论与中华优秀传统文化很好地结合起来。他视野开阔，头脑灵活，对国际问题的思考、判断具有战略眼光，作为中国共产党最早的外事工作领导人和中华人民共和国第一任外交部部长，他是中国现代外交的奠基者与掌门人，参与了所有重大的外交事件。据不完全统计，从新中国成立到1975年他最后一次接见外宾，周恩来参加外交活动达6000余次，亲自起草和批阅过的外交文电5000多份。③20世纪50年代中苏两国签订的许多政治经济条约、中国争取到苏联大批援建项目，以及60年代中国对亚非国家的外援，70年代的"乒乓外交"，中美、中日关系的历史性转折，均是周恩来外交的大手笔。他的外交风格和特色，乃至他的人格魅力影响了与之相处的多国政要和各界友人。其杰出的外交思想和外交特色至今仍为中外各界人士所称赞。周恩来的外交风格和特色体现了中

---

① 《周恩来外交文选》，中央文献出版社1990年版，第327-328页。

② 钱其琛：《认真研究周恩来的外交思想与实践》，见《研究周恩来——外交思想与实践》，世界知识出版社1989年版，第7-8页。

③ 李肇星：《学习周恩来外交思想为外交事业多做工作》，见《老外交官回忆周恩来》，世界知识出版社1998年版，第5页。

华文明中友善、谦逊、优雅，温文尔雅、不卑不亢、彬彬有礼的气质，其独特的风度和魅力对许多接触过他的人产生了感染力。如美国前国务卿基辛格就颇有感触地说："周恩来智慧超群、学识渊博、道德高尚，无论对哪个国家来说，他都是一位非常杰出的政治家。在我见过的外国领导人中，周恩来是百里挑一的人物。他和戴高乐等人都属于世界上最优秀的政治家。"①

虽然，当今国际形势和我国外交政策已有了很大改变，但体现着马列主义基本原理和中华传统文化精髓的周恩来外交思想和特色至今仍对中国外交有着重要影响。今天中国与许多国家的友好关系的建立均是当年周恩来成功外交打下的基础，中国在对外交往的许多领域仍在享用着周恩来的外交成果。特别是周恩来提出的和平共处五项原则、求同存异原则等外交理念，已为许多国家所接受，对维护世界的和平与发展发挥了积极作用。未来我们仍需继续坚持马克思主义中国化的正确方向，充分吸纳中华优秀传统文化，兼容并蓄，加强交流，探索中国和平发展之路。

（本文原载于《觉悟》2012 年第 1 期）

---

① 《周恩来是最优秀政治家——访美国前国务卿基辛格博士》，《人民日报》1998 年 3 月 3 日。

周恩来生平与思想研究

周恩来留学日本的艰苦历程与思想转变

周恩来从南开学校毕业后，于 1917 年 9 月至 1919 年 4 月东赴日本留学。在日本期间他一边读书一边参加爱国学生运动。他在日本读了国内寄来的《新青年》等进步杂志和日本社会主义者编写的书刊，思想认识开始发生很大的转变，从一个进步的民主主义者转变为具有初步共产主义觉悟的知识分子。

一、"大江歌罢掉头东"

周恩来少年时期就有救国之志，上小学时他曾表达了"为了中华之崛起"而读书的宏愿。1913—1917 年在天津南开学校接受系统的新式教育的四年里，他勤奋读书，品学兼优，更坚定了立志救国之心。

周恩来在南开学校毕业后，很希望继续求学，但因抚养他的四伯父已调往东北工作，家里无钱再供其读书。当时日本有用"庚子赔款"办的东京高等师范学校和东京第一高等学校等四所学校免费招收中国学生，周恩来听说后决定东渡日本报考官费留学生。

1917 年夏，周恩来借了一笔路费，先到沈阳探望了伯父，并同小学时代的师友话别。他给同学写下了"愿相会于中华腾飞世界时"[1]的临别赠言，反映了其远大志向。

1917 年 9 月，周恩来登轮东渡日本求学。[2]临行前，写下了抒发救国抱负的著名诗句：

"大江歌罢掉头东，邃密群科济世穷。

面壁十年图破壁，难酬蹈海亦英雄。"[3]

---

① 中共中央文献研究室编《周恩来年谱（1898—1949）》修订本，中央文献出版社 1998 年版，第 23 页。

② 关于周恩来登轮东渡日的地点，目前有两种说法：一说是从天津登轮东渡；一说是取道东北，从天津乘火车到沈阳，经安东过鸭绿江，穿过朝鲜，从釜山乘船抵达日本。

③ 中共中央文献研究室、南开大学编《周恩来早期文集》上卷，中央文献出版社、南开大学出版社 1998 年版，第 411 页。"邃密群科"这里指的是深入钻研政治学，因为南开学校校长张伯苓倡导"德、智、体、群"四育，"群育"即指西方民主政治。

当年 10 月，周恩来进入东京神田区东亚高等预备学校补习日文。因为报考东京高等师范学校或东京第一高等学校，日文须达到该校的分数线才能录取。他最初住在东京神田区一家家具店的二楼，同另一个中国留学生挤住在一个"贷间"里，①以后为了寻找房租便宜的地方又多次移居。

周恩来在东亚高等预备学校学习的科目主要是日文，同时也复习一些数理化课程。南开中学是用英语讲授数学、物理、化学课的，在这里一切科目从复习到考试都要改用日文，这给他带来很大的困难。好在留日的南开学生较多，周恩来到日本后经常与昔日的同学和旧友联系，得到了他们不少照顾和帮助。一些先期到达日本的同学，在东京组织了南开校友会。周恩来去后不久就参加了该组织，并被选为南开学校留日校友会评议员。

1917 年底到 1918 年春，周恩来原准备集中一段时间复习功课，投考东京高等师范学校，但生活的窘迫和家境的困扰严重地影响了他的学习情绪。周恩来留学日本时期，没有经济来源，生活十分困难。曾抚养他的四伯父收入有限，他的亲生父亲一直找不到一份正式工作，皆无力供养他读书。所以他到日本后食宿都成了问题，生活来源主要靠南开同学和老师的资助。他常常借住同学住地的外间，搭临时铺过宿，买最便宜的食品吃。

周恩来素有孝心，时刻惦念着家乡亲人。他的母亲在他 9 岁时去世，无钱下葬，长期厝于淮阴一座庙里，让他揪心不已。留日期间淮安老家急剧衰败，更让他心急如焚。1918 年 1 月 8 日，堂弟来信告诉他久病在家的叔父去世了。他当天在日记里写道："我身在海外，猛然接着这个恶消息，那时候心中不知是痛，是悲，好像是已没了知觉的一样。"②1 月 11 日，他又在日记里写道："连着这三天，夜里总没有睡着，越想越难受。家里头不知是什么样子，四伯急得更不用说了，只恨我身在海外，不能够立时回去帮着四伯、干爹做一点事儿。如今处着这个地位，是进不得，也退不得。"③日本学校的考期日益临近，而家里的景况却一天比一天困难，这使周恩来在复习功课时心理负担很重。他接着在日记里写道："我现在惟有将家里这样的事情天天放在心上，时时刻刻去用功。今年果真要考上官费，那时候心就安多了，一步一步的向上走，或者也有个报恩的日子。"

---

　　① 日本有些房主将多余的住房出租，并承办租客的伙食和一般生活照料，称为"贷间"。

　　②《周恩来早期文集》上卷，中央文献出版社、南开大学出版社 1998 年版，第 311 页。下一段日记引自该书第 313 页。

　　③《周恩来早期文集》上卷，中央文献出版社、南开大学出版社 1998 年版，第 313 页。因为周恩来早年过继给他的叔父，这里所说的四伯、干爹，指他的四伯父周贻赓和父亲周劭纲。

东京高等师范学校的考试是在 1918 年 3 月 4 日至 6 日进行的，共考日语、数学、地理、历史、英语、物理、化学、博物 8 科，还进行了口试。周恩来报考的是政治科，他的各科成绩均不错，唯因日文成绩不好，结果没被录取。

第一次考试的失败使生活窘迫、心理负担很重的周恩来增加了忧虑，但其并没有沮丧。他准备 7 月份再投考东京第一高等学校，并给自己制定了紧张的学习计划。他在 3 月 10 日的日记中写道："我自从考完了师范后，心里头非常的着急，以为七月里考第一高等，功课若不预备好了，定然没有取的希望。要打算取上，非从现在起起首用功，断然没有把握。"他定的计划是每天"睡觉用七点钟，读书十三点半钟，休息同着一切事情三点半钟"。①

1918 年 4 月，周恩来集中复习了一个月的功课。然而，此时除了家境和经济来源的困扰外，忧国忧民、积极参加社会政治活动等因素也深深影响着周恩来，他很难安下心来集中精力投入复习考试。

这年 5 月，北洋军阀政府和日本政府将签订《中日共同防敌军事协定》的消息传出后，激起了爱国学生的强烈反对，留日学生们纷纷罢学归国。此后近一个月，周恩来的主要精力投入了爱国学生运动，这对他的复习考试冲击很大。5 月 23 日东京第一高等学校的招考章程，已发到周恩来所在的东亚高等预备学校内。是准备考试？还是回国？周恩来举棋不定，心中十分烦恼。他在 5 月 29 日的日记中写道："晚间独坐斗室，伤心国事、友难、颇不乐，乃至坊间购《留东外史》读之。"②

从 6 月起，周恩来又打起精神准备考试，他还找老师进行单人辅导，可惜，为时已晚。7 月 2 日至 3 日，周恩来参加了东京第一高等学校的入学考试。7 月 2 日上午考几何、代数、算数，下午考日文、日语；7 月 3 日上午考英文、物理、化学，下午考会话。周恩来报考的仍是该校政治科，结果，同样因为日文成绩不过关而未被录取。

酷暑时节，周恩来泛起了一股思乡之情。7 月 28 日，他离开东京前往下关。翌日，在这里登船渡海，抵釜山港后，转乘火车穿越朝鲜回国。8 月 1 日，他回到天津后，探望了母校的师友，又到北京去看他的生父。在国内度过了一个多月后，9 月 4 日周恩来返回东京，重新开始留学生活。

重回日本后，周恩来寄住在东京神田区三崎町的南开同学王朴山家的楼上。此时的周恩来已不是以考取日本大学为目标，而开始接触和研究流行于日本的

---

① 《周恩来早期文集》上卷，中央文献出版社、南开大学出版社 1998 年版，第 343-344 页。
② 《周恩来早期文集》上卷，中央文献出版社、南开大学出版社 1998 年版，第 373 页。

社会主义思潮，他要在社会政治实践中实现自己"邃密群科济世穷"的理想。

二、负笈东瀛，心系祖国

周恩来留日期间并不是死读书本，而是非常关心时政和社会问题。他经常到中华青年会去看报，注意观察和了解日本社会。他经常思考这样一个问题：日本是中国的近邻，过去也积贫积弱，为何明治维新后却一天天强盛起来。中国的路该怎样走？他在 1918 年 2 月 4 日的日记中写道："人要是把精神放在是处，无处不可以求学问，又何必终日守着课本儿叫做求学呢？我自从来日本之后，觉得事事都可以用求学的眼光看。日本人的一举一动，一切的行事，我们留学的人都应该注意。我每天看报的时刻，总要用一点多钟。虽说是光阴可贵，然而他们的国情，总是应该知道的。古人说的好，'知己知彼，百战百胜。'这句话实在是谋国的要道。"[1]

周恩来从小就有立志救国的宏愿，他很赞赏梁启超的一句诗："世界无穷愿无尽"。他认为：人总要有个志向，平常的人，不过是吃饱了，穿足了，便以为了事。有大志向的人，便想去救国，尽力社会。[2]

他虽身在国外，却时时思考着救国救民之路。起初，他认为中国太弱了，走日本式的强兵富国之路未尝不是一种办法。但在日本生活和观察一段时间后，周恩来对日本军国主义有了较深刻的认识。他在旅日日记中写道："日本也是行军国主义的国。军国主义的第一个条件是'有强权，无公理'的。两个军国主义的政策，碰到一块儿，自然是要比比谁强谁弱了。而且军国主义必定是扩张领土为最要的事。""将来欧战完后，德意志的军国主义怕怕难保得住了，日本的军国主义，不知又教谁打呢？'军国主义'在二十世纪上，我看是绝对不能存留了。我从前所想的'军国'、'贤人政治'这两种主义可以救中国的，现在想想实在是大错了。"[3]

自 1918 年春天之后，留学生中的爱国运动波澜，流行于日本的社会主义思潮和中华民族危亡的严酷现实深深触动了周恩来的思想，此时他热血沸腾，意气风发，再也无法一心一意地埋头读书，很快就投身于留学生的爱国运动中。

当时，社会上盛传日本政府准备同北洋军阀段祺瑞政府秘密签订《中日共同防敌军事协定》，共同出兵西伯利亚镇压俄国革命。这个消息给了中国留日学生很大的震动。全体爱国学生一致反对签订卖国条约，纷纷集会游行，做演讲，

---

①《周恩来早期文集》上卷，中央文献出版社、南开大学出版社 1998 年版，第 327 页。

② 中共中央文献研究室编《周恩来年谱（1898—1949）》修订本，中央文献出版社 1998 年版，第 26 页。

③《周恩来早期文集》上卷，中央文献出版社、南开大学出版社 1998 年版，第 337 页。

发传单，以示抗议。周恩来非常关注这件事，他积极参加了留学生的爱国活动，并在日记中记载了事态的发展状况和自己的想法。如他在 1918 年 4 月 4 日的日记中写道："早起因思昨日日本要求事，我政府尚愤愤奈何！"他还在 5 月 2 日的日记中反映了自己的担忧："课毕观报多时，国事益坏矣。""近一二日内，因中日新约行将成立，此间留学生有全体回国之议论。"①

1918 年 5 月初，中日两国签约的消息越传越紧，东京第一高等学校的中国留学生首先发起抗议活动，主张全体留学生离日归国。他们派代表四处游说，并发传单征求各省同乡会、各校同窗会的意见。其他学校的学生纷纷响应，有些激烈的学生甚至破指写下血书。面对内忧外患的危急形势，5 月 5 日，留日各省及各校代表集会，"共图挽救之法"，决议成立"大中华民国救国团"。次日，救国团 40 多名成员在神田区的中国饭店再次集会时，日本警察突然持刀闯入，对中国学生拳打脚踢，并将与会者绑押到西神田警署。中国留学生闻此消息群情激奋，著名报人彭翼仲更是愤而蹈海。这件事对周恩来刺激强烈，他在 5 月 10 日的日记中录下了彭翼仲的两句绝命诗："霹雳一声中日约，亡奴何必更贪生？"②

1918 年 5 月 16 日，段祺瑞政府与日本政府秘密签订了《中日共同防敌军事协定》，留日学生的爱国革命运动再掀高潮。他们决定罢课回国请愿，由各省、各校留日生选派先发队分赴北京和上海进行筹备。从 5 月起到 8 月，回国学生多达千余人，爱国学生的骨干分子李达、李汉俊、黄日葵等都是这时回国的。这股强大的爱国波澜，激起了满怀拳拳爱国之心的周恩来的强烈共鸣，他在 5 月 19 日，参加了留日学生组织的爱国团体——新中学会。

新中学会是以在日本的天津南开学校和天津法政学校毕业生为主组成的。该会的《会章》规定：以联络感情、砥砺品行、阐明学术、运用科学方法刷新中国为宗旨。③他们吸收会员很慎重，看重的是个人品行是否纯正、同其他会员是否相知有素、感情笃厚。为表赤胆忠心、为国为民及会员间赤诚相见之意，该会以"赤心"为会徽。他们在东京早稻田租了一处会所，题为"新中寄庐"，作为会员活动场所和集体宿舍。每周日上午举行会员座谈会，讨论国家大事和个人学习心得。宿舍内所有烧饭、洗碗、采买、看门、清洁卫生等工作，由会员轮流担任。会员要交纳会费，作为公共开支使用。经济比较宽裕的会员还一

① 《周恩来早期文集》上卷，中央文献出版社、南开大学出版社 1998 年版，第 350 页、358—359 页。

② 《周恩来早期文集》上卷，中央文献出版社、南开大学出版社 1998 年版，第 362 页。

③ 杨扶青、李峰、张芥尘等：《新中学会纪要》，见中国社会科学院近代史研究所编《五四运动回忆录》（续），中国社会科学出版社 1979 年版，第 461 页。所谓"刷新中国"，就是用新思想改造中国。

次或分次交纳互济金，帮助有困难的会员支付学膳等费用。周恩来就从该会获得过数十元的资助。

周恩来在入会仪式上发表了一篇讲演，表达了他的强烈的爱国主义思想。他认为："我们中国所以如此的衰弱的缘故，全是因为不能图新，又不能保旧，又不能改良。泰西的文明所以能够发达的原由，是因为民族的变换、地势的迁移，互相竞争，才能够一天比一天新。"他号召留日生："我们来到外洋求真学问，就应该造成一种泰东西的民族样子，去主宰我们自己的民族，岂不比着外人强万倍不止了么？……望诸同志人人心中存着这'新'字，中国才有望呢。"最后，他把"哲学的思想，科学的能力"两句话作为赠言送给其他会员。①

1918 年 12 月 14 日，南开学校校长张伯苓、校董严范孙和天津水产学校校长孙子文等人访美回国路过东京时，曾到"新中寄庐"参观，并与南开校友共进午餐，还与他们合影留念。这顿午餐，便是由周恩来和其他会员做的。张伯苓很称赞这种集体生活，认为这是新中国、新社会的开始。②南开校董严范孙对周恩来很熟悉，他在 1918 年 4 月赴美考察教育途经日本时，周恩来曾陪他游上野公园，观赏樱花，之后周恩来又"与范老谈至午夜"。③时隔半年多，严范孙再次见到周恩来等南开学子在新中学会的新生活，很是赞赏。他在日记中写道："新中学舍者，南开留学生数人与其他数人合租一房而同居者也。不用仆役，炊事及杂事皆学生自为之，大有美国之风。"④

三、"一线阳光穿云出，愈见姣妍"

周恩来留日虽然只有一年多时间，但却是他思想转变的一个重要时期。在日本他知道了十月革命，他接触到社会主义的书籍，他的思想很快发生了质的飞跃，从一个进步的民主主义者转变为具有初步共产主义觉悟的知识分子。

周恩来初到日本的时间是 1917 年 10 月，正是俄国十月社会主义革命的前夕。他后来同日本朋友谈话时回忆说："我来日本不久，刚好十月革命就爆发了。""关于十月革命的介绍，我在日本报纸上看到一些。那时叫'过激党'，把红军叫'赤军'。"⑤ 这是他最初对俄国十月革命的了解和认识。

---

① 《周恩来早期文集》上卷，中央文献出版社、南开大学出版社 1998 年版，第 367 页。

② 杨扶青、李峰、张芥尘等：《新中学会纪要》，见《五四运动回忆录》续，中国社会科学出版社 1979 年版，第 464 页。

③ 《周恩来早期文集》上卷，中央文献出版社、南开大学出版社 1998 年版，第 353 页。

④ 《严范孙日记》，1918 年 12 月 14 日，天津市图书馆藏。

⑤ 《周恩来同日本友人后藤钾二先生的谈话记录》1971 年 1 月 29 日，转引自中共中央文献研究室编《周恩来传》（一），金冲及主编，中央文献出版社 1998 年版，第 42 页。

俄国十月社会主义革命爆发后，周恩来以极大热情关注俄国革命的发展。1918年4月23日，他从日本的《露西亚研究》上看到一篇论述俄国政党情况的文章，当晚在日记中写下他对俄国党派和革命前途的分析："按着俄国现在党派，大概分作三个名字：一个叫做'立宪民主党'……革命后，头一次掌权的人就是他们。"一个叫做"社会民主党"，这个党分为"过激派"和"温和派"两派。第三个是"社会革命党"，党中又分作三派，即：正统的社会主义派、国家社会主义派和激烈的社会主义派。周恩来认为："俄国现在的各党派，除了保皇党少数人外，大宗旨全不出于'自由''民本'两主义。按现在情形说，君主立宪的希望恐怕已没有再生的机会。过激派的宗旨，最合劳农两派人的心理，所以势力一天比一天大。资产阶级制度，宗教的约束，全都打破了。世界实行社会主义的国家，恐怕要拿俄罗斯作头一个试验场了。"①

留学日本之初，周恩来曾苦苦思考救国救民之路而不得解。他比较过佛教的无生主义，研讨过教育救国主张和军国主义理论，但十月革命的消息传来后，特别是在日本看了大量宣传社会主义的书刊后，他很快抛弃了以前的种种错误想法，开始思考用十月革命的方式、走马克思列宁指引的革命道路来拯救灾难深重的旧中国。

周恩来是一个勇于创新，追求新潮的进步青年，他"平生最烦恶的是平常人立了志向不去行"。经过一番思考后，他在1918年中国农历春节这一天为自己定下了三点方针："第一，想要想比现在还新的思想；第二，做要做现在最新的事情；第三，学要学离现在最近的学问。思想要自由，做事要实在，学问要真切。"②

留日期间，周恩来思想认识的转变除了受十月革命的影响和参加学生爱国运动外，在很大程度上还得益于阅读了国内进步刊物《新青年》和日本学者写的社会主义理论书籍。特别是陈独秀主编的《新青年》杂志，对当时中国一代进步青年影响极大。周恩来在国内的时候，因为学校里的事情忙，对《新青年》杂志没有特别注意。他从天津动身赴日时，朋友给了他一本《新青年》第三卷第四号，他在路上看得很得意，到东京后，他在留日日记中记载道："又从季冲处看见《新青年》的三卷全份，心里头越发高兴。顿时拿着去看，看了几卷，于是把我那从前的一切谬见打退了好多"。③

---

① 《周恩来早期文集》上卷，中央文献出版社、南开大学出版社1998年版，第355—356页。
② 《周恩来早期文集》上卷，中央文献出版社、南开大学出版社1998年版，第331—332页。
③ 《周恩来早期文集》上卷，中央文献出版社、南开大学出版社1998年版，第334页。日记中谈到的"季冲"，名字叫严智开，字季冲，系周恩来南开中学同学，南开创办人严修的儿子。

有时，周恩来在迷茫苦闷中会重新阅读《新青年》，其所宣传的新思想可使他感到眼前变得豁然开朗。他在 1918 年 2 月 16 日的日记中写道："这几天连着把三卷的《新青年》仔细看了一遍，才知道我从前在国内所想的全是大差，毫无一事可以做标准的。来到日本，所讲的'无生'主义，虽然是高超了许多，然而却不容易实行。总起来说，从前所想的、所行的、所学者，全都是没有用的。从今后要按着 2 月 11 日所定的三个主义去实行。决不固执旧有的与新的对抗，也不可惜旧有的去恋念他。我愿意自今日后为我的'思想'、'学问'、'事业'去开一个新纪元才好呢！"①

有一段时间，周恩来对《新青年》《不忍》等进步刊物可以说是手不释卷。"晨起读《新青年》，晚归复读之，对其中所持排孔、独身、文学革命诸主义极端的赞成。"②他要抛弃旧思想、旧礼教，追求新思潮、新观念。他的心里燃起了一片新的希望，正像他自己所形容的："风雪残留犹未尽，一轮红日已东升！"

促使周恩来思想迅速转变的另一个有利条件是当时日本思想界十分活跃，各种社会主义思潮正在流行，一大批介绍社会主义学说的书籍、刊物出版发行。周恩来利用这个有利条件阅读了幸德秋水的《社会主义神髓》、约翰·里德的《震动环球的十月》、河上肇的《贫乏物语》以及《新社会》《解放》《改造》等杂志。周恩来读了这些理论书刊后，结合中日社会现实进行了思考。特别是 1918 年 9 月重回日本后，由于亲眼看到日本骚动中暴露出来的严重社会问题，使他对如何解决民众疾苦问题有了更多的关注，他的思想观点越来接近马克思主义。他在 10 月 20 日的日记中写道："二十年华识真理，于今虽晚尚非迟。"③

1919 年 1 月，日本早期马克思主义的传播者河上肇主编的《社会问题研究》创刊。该刊第一册到第三册连载了河上肇的《马克思社会主义的理论体系》，介绍了马克思主义的三大原理和阶级斗争学说，并陆续介绍了《资本论》《雇佣劳动与资本》等马克思主义经典著作。这个刊物对周恩来等一批留日的具有初步共产主义觉悟的青年知识分子影响较大，使他们加深了对科学社会主义的认识和理解。

周恩来留日的时间虽然只有一年多，但他的思想却经历了许多曲折和很大变化。他思考过一个又一个救国方案，但一个又一个地否定了。他痛苦过，彷徨过，甚至一时感到"人间的万象真理"仿佛是"愈求愈模糊"。正在茫然困惑

---

①《周恩来早期文集》上卷，中央文献出版社、南开大学出版社 1998 年版，第 335 页。

② 这段日记及下面的两句诗均见《周恩来早期文集》上卷，中央文献出版社、南开大学出版社 1998 年版，第 334 页。

③《周恩来早期文集》上卷，中央文献出版社、南开大学出版社 1998 年版，第 402 页。

的时刻，国内的《新青年》等进步刊物和日本的社会主义思潮像一股春风吹开了他心灵的窗口，使社会主义萌芽在他思想深处萌发。他觉得纷乱的世界让人感到渺茫，感到不知所措，而马克思主义的真理正像那穿云透雾的阳光，给人带来光明与希望。于是 1919 年 4 月 5 日周恩来游日本京都圆山公园时，借景抒情，以诗言志，在《雨中岚山》这首著名的诗中，借描写自然风光之美，写出了他当时复杂的思想感受和从迷惘中找到真理的欣喜之情：

"潇潇雨，雾蒙浓；

一线阳光穿云出，愈见姣妍。

人间的万象真理，愈求愈模糊；

——模糊中偶然见着一点光明，真愈觉姣妍。"[1]

四、"返国图他兴"

周恩来到日本留学，原本是寻求可以用来"济世穷"的良策的。他希望通过亲身考察和学习，仿效日本社会的发展道路来寻求拯救中国的方案。然而，日本军国主义的侵略行径和国内阶级压迫的严酷现实使他对日本社会越来越感到失望，十月革命的胜利和马克思主义的广泛传播促使他改变了原来的想法。1919 年 3 月，忽然传来母校南开学校将创办大学部的消息，周恩来十分振奋，他毅然放弃继续留日求学的打算，准备返回祖国到母校去学习。

周恩来离开东京前，他的南开校友张鸿浩等人设宴为其饯行。时值三月的日本，到处樱花盛开，一片春色。好友即将分别，张鸿浩请周恩来题诗留念。周恩来欣然提笔，将他第一次东渡时所写的"大江歌罢掉头东"一诗题写在 96 厘米长、30 厘米宽的横幅上，并在诗后附言："右诗乃吾十九岁东渡时所作，浪荡年余，忽又以落第，返国图他兴。整装待发，行别诸友。""轮扉兄以旧游邀来共酌，并伴以子鱼、慕天。醉罢书此，留为再别纪念，兼志吾意志不坚之过，以自督耳！"[2]

1919 年 3 月，周恩来带着改造世界的新理念离开东京。路过京都时，他到正在此地读书的南开同学那里住了一段时间，游览了京都著名的岚山和圆山公

---

① 《周恩来年谱（1898—1949）》修订本，中央文献出版社 1998 年版，第 29 页。

② 《周恩来早期文集》上卷，中央文献出版社、南开大学出版社 1998 年版，第 411 页。文中提到"轮扉"，即张鸿浩，他与周恩来同于 1913 年 8 月考入南开中学，毕业后，二人又同赴日本留学，在日本期间保持着密切的交往和友谊，周恩来回国时，张鸿浩已经考入东京第一高等学校。文中提到"子鱼"，即王嘉良，"慕天"即穆敬熙，他们都是南开留日同学。

园，并写下了 4 首著名的诗歌。^①4 月中旬，周恩来正式离开求学一年半的日本，从神户乘船回国。^②

周恩来回国后，先到沈阳看望了他的四伯父，后又去了哈尔滨的东华学校，他谢绝了该校校长留他任教的邀请。不久，五四运动爆发，周恩来闻讯回到天津。

1919 年 5 月，周恩来回津后积极参加领导了天津的五四运动。7 月 21 日，他主编的宣传反帝反封建思想和爱国主义精神的《天津学生联合会会报》正式发行，9 月 16 日，他和邓颖超等其他进步青年发起组织了爱国团体"觉悟社"。同月，张伯苓创办的南开大学正式成立，周恩来经大学免试审查委员会审定免试入学，成为南开大学第一届学生。

1919 年 9 月 25 日，周恩来出席了南开学校大学部（稍后改为南开大学）的开学典礼。大学部分文、理、商三科。周恩来为该部的第一届文科学生，^③学号是 62 号。入南开大学后，周恩来更积极地带领广大进步青年投入反帝爱国运动的洪流中。在校内，他负责"南开学校学生通讯处"工作，广泛联络海内外南开校友，并协助张伯苓校长推进学校的教学改革；在社会上，他领导爱国人士开展抵制日货运动，他组织天津爱国学生赴北京总统府请愿。1920 年 1 月，他领导南开大学、北洋大学、直隶工业学校、直隶女子师范、南开中学等校爱国学生 3000 多人到直隶省公署请愿，被反动当局逮捕。在狱中他不顾环境的险恶，仍然坚持介绍社会主义新思潮，向难友宣讲马克思生平、唯物史观、剩余价值学说和《资本论》。

1920 年 7 月，周恩来在各界人士营救下出狱。当年 11 月，他获得南开大学"范孙奖学金"资助，赴欧洲勤工俭学，从此开始了新的人生旅程。

（本文原载于《江淮文史》2016 年第 5 期）

---

① 这 4 首诗是《游日本京都圆山公园》《雨中岚山——日本京都》《雨后岚山》《四次游圆山公园》，皆发表在 1920 年 1 月 20 日出版的《觉悟》创刊号上。

② 关于周恩来回国路线，现有两种说法：一种说法是他从日本神户坐船先到大连；一种说法是他从神户直接坐船回天津。

③《周恩来年谱（1898—1949）》修订本，中央文献出版社 1998 年版，第 34 页。

旅欧时期政治活动对周恩来一生的重要影响

从 1920 年 12 月到 1924 年 7 月，周恩来在欧洲生活了三年半，这是决定了他一生命运的重要时期。这段时期周恩来往来于法国、德国、比利时和英国之间，积极从事建党建团活动、开展政治宣传和国共合作，成为一名坚定的共产主义者，积累了政治经验和组织才能，旅欧时期的政治活动对周恩来一生有重要影响，为其后来成为杰出的政治家奠定了基础。

一、周恩来旅欧期间从事的主要政治活动

20 世纪 20 年代初，中国进步青年中掀起了赴法勤工俭学运动高潮。1920 年 11 月 7 日，22 岁的周恩来怀着对真理的渴望，由上海搭乘法国波尔多斯号邮轮启程。经过 36 天航行，12 月中旬到达法国著名的马赛港。在法国住了半个月后，他来到伦敦。准备在英国入学。因英国生活费用太高，一个多月后周恩来就又返回法国，他先到法国巴黎郊区的阿利昂法语学校一面读书、一面考察社会。不久，转到法国中部的布卢瓦城继续学习法语。他在法国的住所是不固定的，工作也是不固定的。一般是白天做社会调查，参加政治活动，晚上看书学习，给报刊撰写文章。1922 年 3 月初，周恩来同张申府、刘清扬一起，从法国移居德国居住，在这里他结识了朱德。1923 年夏，因当选旅欧中国共产主义青年团书记，周恩来再次返回法国巴黎，专门领导中国留学生的政治斗争。此时，国共两党已开始第一次合作，周恩来为两党合作工作，经常奔波于法国、德国、比利时和英国之间。1924 年 7 月下旬，为向中共中央汇报旅欧党团的工作，同时受国民党黄埔军校之邀，周恩来离法回国。9 月 1 日，周恩来抵达香港，结束了三年半多的旅欧生涯。

周恩来旅欧期间主要从事了五个方面的政治活动，这些活动对其日后的政治生涯产生了重要而深远的影响。

　　（一）通过深入考察和了解西方社会，在其撰写的文章中反映出政治思想的新变化

　　周恩来 1920 年赴欧时，应天津《益世报》邀请，担任该报特约通讯员，为它撰写海外通信。他从英国、法国寄回了大量通讯报道，连续在《益世报》上发表了 56 篇通信，这批稿件后被通称为《旅欧通信》，共 25 万多字。他的这些文章在《益世报》上发表，分别冠以《旅欧通信》《伦敦通信》《西欧通信》《巴黎通信》《欧洲通信》等 5 个篇目。其中以《西欧通信》冠名最多，约 26 篇。文章一般两周寄回一次，发表时被拆开连载。文章署名有周恩来、恩来、周翔、翔宇等 4 个笔名，而以"恩来"为最多。

　　周恩来旅欧时每到一个城市都要做许多考察，他在巴黎走过许多大街小巷。他在伦敦考察时每天购买英文报纸，研究报上的文章。他考察了伦敦东区的码头，留意到第一次世界大战中的伤残人员，研究了失业人数，评述了英国的机构和议会民主，并对工党的组成感兴趣。对欧洲这一资产阶级革命及工业革命发祥地的实地考察和报道，成为周恩来的旅欧生涯最初的主要工作。通过较为系统地考察，周恩来依据亲眼所见，深刻反映了当时欧洲的政治形势，工人运动状况，华工的生活工作情况和中国留学生的艰苦生活，他的思想也发生了新的变化。据当年赴法勤工俭学的聂荣臻回忆说："恩来到法国后，没有做过工，主要是考察工人运动和学生运动，以记者身份给天津《益世报》写通信，靠稿费作为革命活动的经费。……他到欧洲后，与一般勤工俭学生不一样。他对我说，不进工厂做工，可以扩大接触面，深入研究各方面的问题。恩来以记者身份出现，行动方便。在法国、德国、英国、比利时，他可以到处活动，与华工、勤工俭学生、外国工人、学生等广为接触，了解了许多情况，这对他共产主义信念的形成，大有好处。"①

　　周恩来到达伦敦后首先对英国煤矿工人大的罢工风潮进行了认真的考察，先后写出《英国矿工罢工风潮之始末》《英国矿工罢工风潮之影响》《煤矿罢工中之谈判》《英国矿工罢工风潮之波折》等 9 篇通信。他从这个事件中得出结论："资本家无往而不为利，欲罢工事之妥协难矣。劳资战争，舍根本解决外其道无由，观此益信。"②这种考察和研究，帮助他在到法国后对各种主义进行推求比较，最终认定：英国式的费边社会主义还是空想，俄国十月革命的道路才是正确的。

---

　　① 聂荣臻：《学习恩来的优秀品德，继承他的遗愿》，见《不尽的思念》，中央文献出版社 1987 年版，第 7-8 页。

　　② 天津《益世报》，1921 年 7 月 29 日。

1921 年 2 月，周恩来从英国到法国后，立刻对留法学生的政治斗争予以极大的关注和详细的调查，写出长达 25000 字的长篇通信《留法勤工俭学生之大波澜》，在天津《益世报》上分 10 天连续刊载。他对参加斗争的学生的遭遇表示强烈的同情。6 月 30 日，周恩来和赵世炎等 300 多人在巴黎集会。会上宣读各地华人团体来函来电 100 多封。在舆论的压力下，法国政府被迫暂时中止对借款的讨论。

从周恩来《旅欧通信》发表的 50 多篇作品中也可以看出周恩来的政治思想发生了新变化。他写的文章重点在两方面。一是对国际政治、经济近况的报道分析。他对第一次世界大战之后的欧洲工人状况，特别是工人罢工情况，以及英国的外交政策、英国工党、德国赔款问题，华盛顿会议、四国协定、中国外交借款等时事新闻都做了报道。二是对中国旅欧勤工俭学的学生学习生活、旅欧华工的艰难处境和留学生政治运动等事件进行了及时的报道，这反映出他关注国际大事，注重民生，关心民众生活的心理。

（二）积极参加党团活动，发起组建旅欧少年共产党，先后负责编辑两个团刊

周恩来在欧洲三年半多，主要精力放在了组建党组织和旅欧共青团组织上。1921 年春，经张申府、刘清扬介绍，周恩来在法国入党。他是中国共产党旅法小组最初的五人成员之一，也是中国共产党和共青团组织最早的创建人之一。

1922 年 6 月下旬，周恩来与赵世炎、陈延年、李维汉等人在巴黎西郊召开了第一次中国旅欧生筹建共青团组织的代表大会。会议由赵世炎主持，由周恩来报告组织章程草案。大会讨论了组织的章程、名称，决定将组织起名为"旅欧中国少年共产党"。会议选举了中央执行委员会，赵世炎任书记、周恩来任宣教委员、李维汉任组织委员。会议还决定出版机关刊物《少年》，周恩来担任编辑和主要撰稿人。《少年》于 1922 年 8 月 1 日创刊。编辑部也设在戈德弗鲁瓦街 17 号的一个小房间里。这个刊物最初是 16 开本，每月一期，每期 30 页左右。从第十号起，改为不定期刊。它的主要任务是"传播共产主义学理"，发表过马克思、列宁的部分论文以及共产国际和少共国际的文件和消息。

旅欧中国少年共产党 1923 年 2 月改名为中国社会主义青年团旅欧总支部。大会选举了新的执行委员会，周恩来被选为旅欧总支部书记。全支部共有成员72 人，其中旅法 58 人，旅德 8 人，旅比 6 人。[①]在旅欧总支部之下，分设旅法、

---

① 周恩来：《旅欧中国共产主义青年团报告第 1 号》，见中共中央文献研究室、南开大学编《周恩来早期文集》下卷，中央文献出版社、南开大学出版社 1998 年版，第 501 页。

旅德和旅比 3 个支部。大会还通过由周恩来起草的旅欧总支部章程。聂荣臻回忆，周恩来"一直是中国共产党和青年团旅欧组织的主要领导人。旅欧勤工俭学生和华工中的党团活动，是我党初期建党建团活动的重要组成部分。恩来在这方面是作出了历史性贡献的"[①]。

1924 年 2 月，旅欧中国共产主义青年团的机关刊物《少年》改组为《赤光》。该刊物仍由周恩来负责编辑、发行，并担任主要撰稿人。李富春、邓小平等也曾先后参加这里的工作。《赤光》是半月刊，16 开本，每期 12 页左右，它的印刷份数比《少年》多，发行范围也比《少年》广。周恩来为《赤光》创刊号写的《赤光的宣言》表明："我们所认定的唯一目标便是：反军阀政府的国民联合，反帝国主义的国际联合。""我们是要以科学的方法，综合而条理出各种事实来证明我们的主张无误。本此，便是我们改理论的《少年》为实际的《赤光》的始意，同时也就是《赤光》的新使命了。"[②]

（三）旅欧时期周恩来最早致力于国共合作，参与组建了国民党驻法支部

旅欧时期周恩来不仅参与创建了中共旅欧党团组织，还帮助筹建了国民党驻欧支部，成为国共两党成功合作的先声，他为第一次国共合作做出了特殊的贡献。

1922 年 8 月，孙中山派遣早年赴法勤工俭学的王京岐重返法国，筹组国民党驻法支部。周恩来对国共合作问题有正确清楚的认识。1923 年 3 月，他召集了旅欧青年团支部会议，积极赞同与国民党合作。6 月 16 日，周恩来在里昂同王京岐达成协定：旅欧中国共产主义青年团团员 80 余人全部以个人身份加入国民党。这样，在周恩来等人的努力工作下，国共两党的基层组织率先在法国实现了合作。

1923 年 8 月周恩来致函即将回国述职的王京岐，谈旅欧国共两党合作暨开展革命活动的问题，他提出"我们可随着时事变迁而计划我们当前所要做的工作，目下的事如在欧党势力的扩充、党员的训练、刊物的印行、革命工作的筹划均宜着手进行。"[③]王京岐在给孙中山和国民党中央党务部的工作报告中，请求委任当时在巴黎的周恩来、尹宽为国民党分部筹备员。孙中山和国民党总部立即予以批准："委任王京岐为里昂中国国民党分部筹备处筹备员，方棣棠为比国中国国民党通讯处筹备处筹备员，周恩来、尹宽为巴黎中国国民党通讯处筹

---

① 聂荣臻：《学习恩来的优秀品德，继承他的遗愿》，见《不尽的思念》，中央文献出版社 1987 年版，第9 页。

② 周恩来：《赤光的宣言》，《赤光》第 1 期，1924 年 2 月 1 日。

③ 毛德传：《烟云忆述》，中国文联出版社 2004 年版，第 281—282 页。

备员。"①本年秋，国民党中央党部指示旅法支部统一领导国民党欧洲党务。周恩来被委任为国民党驻欧支部特派员。11 月 25 日，周恩来出席了在里昂召开的国民党驻欧支部成立大会，大会通过决议：旅欧中国国民党支部于本日正式成立，会上选举产生了领导机构：周恩来被选为执行部总务科主任（部长为王京岐），李富春、熊锐、郭隆真等共产党人也在该支部中负责重要工作。会议还决定王京岐回国期间，由周恩来代理执行部部长，主持国民党旅欧支部的工作。②

1924 年 1 月 17 日，国民党巴黎通讯处召开成立大会，周恩来在会上报告了筹备经过，通讯处临时主任李富春报告了巴黎党务发展情况。会议选举聂荣臻为通讯处处长。③会后，周恩来起草了《致中国国民党中央总务部长彭素民的报告》，同时他还执笔了《中国国民党巴黎通讯处第一次大会纪要》，较详细记载了巴黎通讯处的选举情况，并表示："至此，恩来所受我总理中山先生及总部的组织巴黎通讯处的使命已告结束。"④

在积极参与国共两党旅欧组织筹建工作的同时，周恩来还写了一系列文章，先后发表在《赤光》杂志上。他阐述了为打倒军阀、打倒列强、开展国民革命而进行国共合作的必要性。1924 年 6 月 1 日，为回应《先声报》接二连三地发表反对共产党加入国民党的文章，周恩来专门写《再论中国共产党者之加入国民党问题》一文，他阐明："中国共产主义者更能以国际的关系促进国民革命的成功。这又是中国共产主义者在国民党中特负的使命了。"⑤关于旅欧的共产党人在国民党中开展的工作，周恩来曾在一封致王京岐的信中明确指出："我们能和国民党人合作的，在现时在欧洲大约不外下列三件事：一、宣传民主革命在现时中国的必要和其运动方略；二、为国民党吸收些留欧华人中具有革命精神的分子；三、努力为国民党做些组织训练的工作"。⑥

在周恩来等人的积极推动下，国民党驻欧党组织迅速扩大到法国的巴黎、里昂、马赛等地以及德国、比利时等国，共产党人朱德、刘鼎、熊锐、高语罕等分别以个人身份加入欧洲各地的国民党组织中。1924 年 6 月 6 日，王京岐决定将原来的驻法支部扩充为"国民党驻法总支部"，周恩来在这个支部初创阶段卓有成效的工作，得到了王京岐及孙中山为首的国民党中央的赞赏。1924 年 7

---

① 陈锡祺主编《孙中山年谱长编》，中华书局 1991 年版，第 1680 页。

② 中共中央文献研究室编《周恩来年谱（1898—1949）》修订本，中央文献出版社 1998 年版，第 64 页。

③《孙中山年谱长编》下册，中华书局 1991 年版，第 1799 页。

④《周恩来早期文集》下卷，中央文献出版社、南开大学出版社 1998 年版，第 523 页。

⑤ 周恩来：《再论中国共产党者之加入国民党问题》，《赤光》第 9 期，1924 年 6 月 1 日。

⑥ 王章陵：《中国共产主义青年团史论》，台湾政治大学东亚研究所 1973 年版，第 84 页。

月下旬，周恩来在参加了国民党驻法总支部第二次代表大会后，应孙中山的得力助手廖仲恺和参与筹建黄埔军校的张申府之邀回国。①结束了他在欧洲与国民党人的合作历程，又到广东与进步的国民党人开始了新的合作。

（四）努力学习和宣传马克思主义，驳斥无政府主义和国家主义派理论

20 世纪 20 年代初的欧洲，思想界异常活跃，各种政治理论书籍和报刊都在流行。周恩来一到这里，便"对于一切主义开始推求比较"。②他先后阅读了《共产党宣言》《社会主义从空想到科学的发展》《家庭、私有制和国家的起源》《法兰西内战》《国家与革命》等马克思、恩格斯的原版著作，并订阅或购买了法国共产党机关报《人道报》、英国共产党机关报《共产党人》以及《共产党人评论》《劳动月刊》等。同时，对当时社会上流行的各种思潮、主义，与觉悟社社员多次通信探讨，进行了反复的推求比较。③

周恩来在欧洲学习马克思主义时，还把它与不同的思潮进行了比较，经过深入思考，他逐渐得出自己的结论：无政府主义的"自由作用太无限制"，处在旧势力盘踞的社会里，要解除一切强迫，解除一切束缚，容易流为"空谈"；法国的工团主义发源于无政府主义，在现今的欧美"不免等于梦呓"；英国的基尔特主义"近已见衰"，并且"在英国始终也没大兴盛过"。④他认为社会主义是历史发展的必然趋势。他积极组织留法勤工俭学生阅读马列主义著作，在《少年》上发表不少文章来阐述共产党的性质和作用，解释马克思列宁主义的建党原则和建党建团的意义。周恩来在《少年》上接连发表《共产主义与中国》《宗教精神与共产主义》《告工友》《十月革命》《论工会运动》《俄国革命是失败了么？》等文章，明确表示："共产主义之为物，在今日全世界上已成为无产阶级全体的救时良方。""一旦革命告成，政权落到劳动阶级的手里，那时候乃得言共产主义发达实业的方法。"⑤

周恩来很快就认清了无政府主义的弊端，在《少年》上发表一系列文章，揭露和批判了无政府主义的实质。除了写文章外，周恩来还与无政府主义派进行面对面的辩论。据聂荣臻回忆："恩来立场坚定，才思过人，口才雄辩，说理透彻。我多次见到他把对方批驳得哑口无言，甚至有的还为他的演说鼓掌。由于恩来的领导和大家的努力，到 1923 年底，我们终于瓦解了无政府主义派，其

---

① 刘焱：《张申府谈旅欧党团组织活动情况》，见中国人民政治协商会议天津市委员会文史资料研究委员会汇编《天津文史资料选辑》第 15 辑，天津人民出版社 1981 年版，第 88 页。

② 中共中央文献研究室编《周恩来书信选集》，中央文献出版社 1988 年版，第 41 页。

③《周恩来年谱（1898—1949）》修订本，中央文献出版社 1998 年版，第 52 页。

④《周恩来书信选集》，中央文献出版社 1988 年版，第 37 页。

⑤ 周恩来：《共产主义与中国》，《少年》第 2 期，1922 年 9 月 1 日，署名"伍豪"。

中一部分人还转到了马克思主义方面，象陈延年、陈乔年同志的转变，就是典型的例子。"①除了无政府主义以外，周恩来还批驳了以曾琦、李璜为代表的国家主义派的错误主张。他在《赤光》上共发表 30 多篇文章。其中有：《军阀统治下的中国》《革命救国论》《救国运动与爱国主义》《再论中国共产主义者之加入国民党问题》等。针对国家主义派的谬论，周恩来阐明："非内倒军阀，外倒国际帝国主义，不足以图存。"②从这些文章中可以看到，对中国社会各阶级的关系、中国革命的当前任务和远景等问题，周恩来已有了较明晰的认识。

（五）领导旅欧学生开展政治斗争，结交各方人士，练就组织才能

周恩来旅欧期间，不仅提高了理论水平，而且锻炼了实际工作能力，积累了政治斗争经验。他经常到巴黎近郊的华工聚居地区，同华工谈话，了解他们工作和生活情况。1921 年夏秋之际，中国旅法学生联合华工和各界侨胞，开展了一场反对北洋政府秘密借款的斗争，周恩来积极支持这一斗争，并向国内作了详细的报道。天津的《益世报》刊载了他所写的长篇通讯，其他报纸纷纷转载。国内外爱国人士掀起了反对借款的巨大声浪，致使这项协议不得不被取消。

在中国留法勤工俭学生进军里昂大学的斗争中，周恩来组织了一个慰问团前往里昂。据许德珩回忆：周恩来领导在法国的勤工俭学生，为进驻里昂中国大学进行了坚决的斗争。"周恩来经常在巴黎近郊的大学区、工厂区、华工区、勤工俭学生集中地的小咖啡馆里演说。""记得有一次，我在里昂中国大学附近的一个中国饭馆里，就听过周恩来同志的讲演。还有一次在巴黎的哲人厅听过他就临城匪案所作的讲演，十分精辟深刻。"③

1923 年，旅法勤工俭学生和华工还开展过一场反对帝国主义列强企图"共同管理"中国铁路的斗争。7 月 8 日，22 个旅法团体在巴黎聚会，决定召开旅法华人大会，并成立旅法各团体联合会临时委员会，周恩来被推为中文书记。15 日，旅法华人大会在巴黎举行，到会的有 600 余人。周恩来在会上发表演说指出："吾人欲图自救，必须推翻国内之军阀，打倒国际资本帝国主义。"④会上散发周恩来起草的《旅法各团体敬告国人书》。当晚，各团体代表 30 多人集会，决定正式成立中国旅法各团体联合会，周恩来仍被选为中文书记。通过多次发动爱国学生开展政治斗争，周恩来广泛结交了各方人士，也锻炼了自己的

① 聂荣臻：《学习恩来的优秀品德，继承他的遗愿》，见《不尽的思念》，中央文献出版社 1987 年版，第 10 页。

② 周恩来：《救国运动与爱国主义》，《赤光》第 3 期，1924 年 3 月 1 日。

③ 许德珩：《五四运动六十周年》，见中国社会科学院近代史研究所编《五四运动回忆录》续，中国社会科学出版社 1979 年版，第 935 页。

④《周恩来早期文集》下卷，中央文献出版社、南开大学出版社 1998 年版，第 515 页。

领导才能和组织能力。

二、旅欧时期对周恩来政治生涯的深远影响

旅欧勤工俭学时期是周恩来一生的一个重要转折点，对他一生产生了重要影响。旅欧前后他的政治思想和人生发生了四方面的变化。

（一）赴欧前周恩来只是一个进步青年，留欧期间和回国后已成为政治立场坚定、有组织领导才能的革命家

赴欧前，周恩来只是一个正在追求真理的普通中国青年，是天津的进步学生领袖。在欧洲他度过了他三年半多的岁月。这期间他身上发生了巨大而深刻的变化，经过在欧洲几年的政治斗争锻炼，当他踏上归国征途时，已经是一个政治立场坚定的无产阶级革命家了。回国后他很快成为中国共产党和中共军队的主要领导人。可以说没有旅欧勤工俭学时期的历练，就没有后来他在政治上的快速发展。

旅欧时期不仅确定了周恩来的政治思想和终身奋斗目标，而且练就了他出色的组织能力和领导才能。与周恩来一起工作过的国共两党人士都对他杰出的工作能力和认真负责的态度给予了很高的评价。他回国时，旅欧中国共产主义青年团执行委员会给团中央的报告中对他的评语是："诚恳温和，活动能力富足，说话动听，作文敏捷，对主义有深刻的研究，故能完全无产阶级化。英文较好，法文、德文亦可以看书看报。本区成立的发启（起）人，他是其中的一个。曾任本区三届执行委员，热心耐苦，成绩卓著。"[1]

1924年9月国民党驻法总支部主席王京岐在周恩来离法回国后写给其父的一封信中，也表达了他对周恩来工作能力的推崇和一种深深的怀念之情。他在信中写道："同志恩来与儿协同办党可说两年之久了，素来他专门对外，我一惟理内，本其过去工作判他的智力、魄力与夫将来之事业不在汪（精卫）、胡（汉民）诸老同志之下。"[2]应该说王京岐的评价还是比较准确客观的。

（二）赴欧前周恩来对于采取什么主义来救中国还没有最后确定，旅欧时期经过比较选择，他变成了一个坚定的马克思主义者，从此他的信念再没有改变过

周恩来初到欧洲的时候，对于究竟是采取俄国十月革命的暴力手段？还是采取英国的社会改良主义的做法来拯救中国，思想认识没有确定。当时欧洲正流行着多得令人眼花缭乱的各种政治思潮。究竟哪一种学说才是科学的，究竟

---

①《旅欧共青团执委会向团中央的报告》，1924年7月20日，见中共中央文献研究室编《周恩来传》（一），金冲及主编，中央文献出版社1998年版，第98页。

② 王永祥等：《中国共产党旅欧支部史话》，中国青年出版社1985年版，第167页。

采用什么方法来改革社会对中国是最合宜的？年轻的周恩来进行了认真严肃的思考。

在刚到英国的时候，他给表哥陈式周的信中说明自己的这种态度："弟之思想，在今日本未大定，且既来欧洲猎取学术，初入异邦，更不敢有所自恃，有所论列。""至若一定主义，固非今日以弟之浅学所敢认定者也。"①这时在他看来有两种可供选择的社会改革方案：一种是以"迅雷不及掩耳"的暴力手段，"一洗旧弊"，那就是俄国十月革命的道路；另一种是采取"不改常态"的"渐进的改革"，那就是今天英国的做法。这两个方案中，哪一个更适合于中国的国情呢？他没有马上就作结论。他从不盲从，也不轻率作结论。他经过对实际情况的考察，经过反复比较，然后才审慎地做出自己的抉择。1922 年周恩来在给天津觉悟社朋友的信中写道："觉悟社的信条自然是不够用、欠明了，但老实说来，用一个 Communism 也就够了。"他在信中还说："我从前所谓'谈主义，我便心跳'，那是我方到欧洲后对于一切主义开始推求比较时的心理，而现在我已得有坚决的信心了。"②

到德国后不久，周恩来从国内得到觉悟社社友黄爱被湖南军阀杀害的消息，他十分愤慨。三月间他给国内觉悟社社友的信中，表达了他在成为共产党人后那种坚定的革命信念。他说："我认的主义一定是不变了，并且很坚决地要为他宣传奔走。"信中还附了一首诗《生别死离》，里面写下这样几句名言："没有耕耘，哪来收获？没播革命的种子，却盼共产花开！梦想赤色的旗儿飞扬，却不用血来染他，天下哪有这类便宜事？"③

（三）旅欧时期周恩来结识和团结了一大批志同道合的革命同志，这为他回国后领导革命斗争、建设新中国打下了组织基础

周恩来旅欧期间先后结识了蔡和森、李富春、李维汉、王若飞、张昆弟、萧子璋、向警予、蔡畅、赵世炎、李立三、邓小平、陈公培、刘伯坚、陈延年、陈乔年、朱德、孙炳文、聂荣臻、何长工等一大批进步青年，而且与他们中的许多人建立了深厚的友谊。在组建欧洲党团组织，领导学生政治运动中，由于他温文尔雅、胸怀坦诚、待人真诚，加之干练洒脱、睿智过人，赢得了旅欧进步学生的拥护和推崇，周恩来也与他们建立了友好关系。如邓小平就是与周恩来在法国勤工俭学时开始相识并相知的，此后，在长达半个多世纪的漫长岁月里，他们一直保持着亲如兄弟的革命情谊。无论在战争年代，还是在和平建设

①《周恩来书信选集》，中央文献出版社 1988 年版，第 23-24 页。

②《周恩来书信选集》，中央文献出版社 1988 年版，第 36-41 页。

③《周恩来书信选集》，中央文献出版社 1988 年版，第 45-47 页。

时期，他们互相信任，亲密合作，并肩同行，相知甚深。

1980 年 8 月，邓小平接受意大利记者采访时谈起周恩来，他深情地说："周总理是一生勤勤恳恳、任劳任怨工作的人。他一天的工作时间总超过 12 小时，有时在 16 小时以上，一生如此。我们认识很早，在法国勤工俭学时就住在一起。对我来说他始终是一个兄长。我们差不多同时期走上了革命的道路。他是同志们和人民很尊敬的人。"[①]邓小平不仅对外人这样评价周恩来，他对自己的家人也这样说。他的女儿毛毛曾问他："在留法的人中间，你与哪个人的关系最为密切？"他沉思了一下回答说："还是周总理，我一直把他看成兄长，我们在一起工作的时间也最长。"[②]这一席话反映了邓小平和周恩来之间的深厚感情。

1922 年 10 月下旬，周恩来在柏林住所还接待了朱德，同意了他的入党申请，并在当年 11 月与张申府一道介绍朱德和孙炳文入党。[③]1923 年周恩来还为赵世炎、王若飞、陈延年、陈乔年、熊雄等 12 人办理了去苏联的入境手续。周恩来还与旅法的蔡氏兄妹、蔡和森、李富春、蔡畅、陈毅、聂荣臻等建立了深厚的友谊。聂荣臻当时是留学比利时的学生，在 1923 年 2 月旅欧少年共产党在巴黎开临时代表大会时，他在会上第一次见到周恩来。他后来回忆这次见面说，周恩来"待人亲切，讲话精辟，思路敏捷，朝气蓬勃，给我留下了很深的印象"[④]。

当年的旅欧勤工俭学生回国后，很多人成为中国革命和建设的重要骨干，一些人还在共产党内和新中国政府内担任了重要职务，成为国家卓越的领导人。他们有的成为新生人民政权的副总理、部长、副部长，有的成为解放军的将帅，有的长期担负各级党组织的领导重任。他们跟周恩来一道在不同岗位上为党和人民的事业做出了贡献。

（四）旅欧期间周恩来与国民党人士进行的友好合作，是他练就成为中共统战专家的开端，为中国共产党统一战线理论和实践奠定了初步基础

周恩来旅欧时期的统战工作取得了显著成效，他不但成功地帮助国民党建立了驻法总支部，很好地完成了国民党中央交付的各项工作，真正落实了孙中山的思想主张，而且由于他所具备的良好素质及与旅欧国民党员的默契配合，使他与合作伙伴建立了深厚的友谊。周恩来自 1922 年在欧洲与王京岐取得联系、帮助国民党组建旅欧支部起，到 1924 年回国，总共与王京岐等国民党人在

---

① 《邓小平文选》第二卷，人民出版社 1994 年版，第 348 页。
② 毛毛：《我的父亲邓小平》上卷，中央文献出版社 1993 年版，第 122 页。
③ 《周恩来年谱（1898—1949）》修订本，中央文献出版社 1998 年版，第 57-58 页。
④ 聂荣臻：《学习恩来的优秀品德，继承他的遗愿》，见《不尽的思念》，中央文献出版社 1987 年版，第 7 页。

欧洲合作了两年，这是他练就成为中共统战专家和外交家的开始。他有着兼容并蓄的胸怀、谦虚谨慎的性格、文质彬彬的气质，以及过人的才智、民主的作风，这使他能在每个合作伙伴身上找出可取之处，努力去团结不同观念的人。他善于在不同的政党、不同派别中寻找共同点。在与他人合作中，他的工作特点是通情达理、坦诚相待、求同存异、排解猜疑。英籍作家韩素音评论说："事实上，从他的整个生涯来看，他不仅是一位地道的马克思主义者，而且更重要的是他是一位统一战线的艺术家，是一位调和难以调和的矛盾的天才。"①

正是由于周恩来旅欧时期开启了国共合作的先声，不但对于国共两党在国内如何开展合作起到了良好的示范作用，而且为他日后从事统一战线奠定了基础，积累了经验。周恩来 1924 年 9 月初到达广州后立即兼任了黄埔军校政治教官，3 个月后就被任命为黄埔军校政治部主任。此后经过周恩来的积极工作，黄埔军校的政治面貌焕然一新。如果没有旅欧这段与国民党合作的经历，他就不会在回国后立刻被国民党中央委以重任；如果没有黄埔军校任政治部主任这段工作经历，日后他也不会在国共两党、两军中享有很高的威信。甚至从某种意义上看，旅欧时期打开了周恩来的眼界，让他接触到不同的思想、不同的人物，他按照中共中央指示精神积极开展国共合作，广泛联络各界，对其后来开展政党外交和国家外交工作亦有积极的影响。

三、简短的结语

20 世纪 20 年代初的旅欧勤工俭学运动，使一批中国青年接触到了现代西方文明，开阔了视野，灌输和接受了新思想。以周恩来、邓小平、朱德、陈毅、聂荣臻、李富春、李维汉、李立三、蔡和森、蔡畅、王若飞、陈延年、陈乔年等为代表的一批进步青年，由于早年在欧洲接受了马克思主义的教育，具备了良好的文化素质和理论修养，头脑灵活、民主开放，遂使他们成为同时代人中的出类拔萃之辈。他们对中国的政治、经济、军事、文化等各项建设，对中国政治走向发挥了重要作用。

从周恩来的一生看，早年旅欧的经历为他日后成为伟大的革命家、政治家、外交家奠定了基础。经过这一时期的历练，他能够具有全局意识、有长远的全球眼光、有对外开放的包容宽阔的心胸，以及对现代科学技术的高度重视。周恩来旅欧期间通过对欧洲社会的仔细考察，通过为《益世报》和《少年》《赤光》等报刊写稿，对西方政治、经济和思想进行了分析，锻炼了他从世界的大局来

---

① 韩素音：《周恩来与他的世纪》，中央文献出版社 1992 年版，第 75 页。

看问题的世界眼光。他在接触和了解西方社会的过程中，逐渐形成了一种对外开放的心态，这种心态有利于他任中共领导人后领导的统一战线工作和外交工作。周恩来日后能够成为中国卓越的政治家，享誉世界的外交家绝不是偶然的，是与他早年的旅欧经历分不开的。历史已经证明，中华民族要想屹立于世界之林，就要与时俱进，不断进取，就要培养出一代又一代具有新思想、新文化、新眼光的青年人。

（本文原载于《二十一世纪周恩来研究的新视野》，中央文献出版社 2013年版）

长征前后周恩来与毛泽东齐心协力、共渡难关

自中国共产党诞生到新中国的成立，中国共产党经过了 28 年的艰苦奋斗，终于夺取了新民主主义革命的胜利。在漫长的革命征途中我们党遇到过无数艰难险阻，在毛泽东、周恩来等第一代领导核心的同舟共济、密切合作下，中国革命总能够在危急关头化险为夷，转危为安，特别是在红军长征前后的艰难时期，毛泽东与周恩来两位伟人互相信任、互相支持、共渡难关，对挽救中国革命发挥了至关重要的作用。

一、红军长征前周恩来对毛泽东的支持和维护

红军长征前周恩来是中国共产党军事上的最高领导人，毛泽东是红一方面军的领导人。但是，周恩来对毛泽东军事上的才能非常信任和倚重，对遭受王明错误路线排挤的毛泽东也给予了有力的支持和维护。

1931 年 1 月 30 日，中共中央临时政治局召开会议，决定中央军委由周恩来、陈郁、聂荣臻、陈赓等 7 人组成，周恩来为书记，聂荣臻为参谋长。翌日，周恩来出席了中共中央政治局常委会会议。会议讨论中央分工等问题，决定由周恩来负责军委和苏区工作。[1]当时全国主要红军力量有朱德、毛泽东领导的开辟中央根据地的红一方面军，有贺龙领导的湘鄂西地区的红军，还有徐向前任总指挥的鄂豫皖地区的红四方面军等。

1931 年，鉴于党内出现叛徒，白色恐怖加剧，中共临时中央决定周恩来秘密离开上海，前往江西革命根据地任苏区中央局书记。12 月下旬，周恩来辗转到达了中央苏区，12 月底到达中央苏区首府瑞金，就任中共苏区中央局书记。[2]周恩来到瑞金后，一方面纠正了当时苏区存在的肃反扩大化的错误；一方面在军事上仍然信任和支持正受王明错误路线排挤的毛泽东，并去看望了他。

---

[1] 中共中央文献研究室编《周恩来年谱（1898—1949）》修订本，中央文献出版社 1998 年版，第 207 页。
[2] 《周恩来年谱（1898—1949）》修订本，中央文献出版社 1998 年版，第 219 页。

1932 年 1 月，中共临时中央要求中央苏区的红军攻占南昌等中心城市。毛泽东找周恩来谈了自己的意见，认为以目前红军的力量不应打大城市，可以打一些地主土豪的寨子。周恩来听取了毛泽东的意见，并致电中央说明红军目前攻打中心城市的困难。但王明路线的执行者们坚持要红军攻打城市。结果红军打赣州久攻不克，只好撤回。周恩来派项英同志去请被王明一伙闲置在一边的毛泽东。项英转交了中央革命军事委员会来电，请毛泽东暂停休养，赶赴前线参加决策。毛泽东"立刻下山，冒雨回到了瑞金"①。

自此以后，周恩来对毛泽东的军事才能更加信任，也更注意发挥他的作用。1932 年 3 月 30 日，率红军东路军行动的毛泽东根据敌我情况做出一个正确判断，他致电周恩来，提议攻打福建的漳州、泉州，开创革命根据地新局面。4 月初，周恩来从瑞金赶赴长汀，召开作战会议。周恩来在会上批准了毛泽东提出的龙岩、漳州战役计划。②随后，周恩来留驻长汀，负责调动兵力、筹集给养和保障前线的需要。4 月 2 日，毛泽东在上杭致电周恩来，通报战况和下步行动计划，提议中央局、军委宜移到长汀。周恩来接受了毛泽东的意见。③

在毛泽东、周恩来、朱德等人齐心协力领导下，1932 年 4 月红军取得了漳州大捷，歼敌约 4 个团，俘 1600 百人，缴获两架飞机及大量军用物资。4 月 22 日，毛泽东致电周恩来，"漳州大捷达到剪除粤敌一翼之目的，影响时局甚大。东路军下步行动方针为：发展闽南游击战争，准备消灭入闽之敌，以期迅速北上"④

自 7 月 21 日起，周恩来亲赴前方与毛泽东、朱德一起随红军行动。他不赞成中央局要他来兼任红一方面军总政委的提议，提议仍以毛泽东为总政委。7 月 29 日，周恩来致信中央局详细汇报了前方战况，鉴于中央局仍坚持由他兼任红一方面军总政委，在信中他再次陈说，这将"弄得多头指挥，而且使政府主席将无事可做。泽东的经验与长处，还须尽量使他发展而督促他改正错误"。周恩来坚持由毛泽东任总政委，他强调"有泽东负责，可能指挥适宜"，他恳请中央局再三考虑前方意见。⑤

周恩来到中央苏区后没有按照王明路线办事，而多次听取毛泽东的正确意见，使把持临时中央的王明一伙人感到十分不满。1932 年 10 月上旬，中共苏

---

① 中共中央文献研究室编《毛泽东年谱（1893—1949）》上卷，中央文献出版社 2013 年版，第 366 页。

②《周恩来年谱（1898—1949）》修订本，中央文献出版社 1998 年版，第 222—223 页。

③《毛泽东年谱（1893—1949）》上卷，中央文献出版社 2013 年版，第 369 页。

④《周恩来年谱（1898—1949）》修订本，中央文献出版社 1998 年版，第 223 页。

⑤《周恩来年谱（1898—1949）》修订本，中央文献出版社 1998 年版，第 228 页。

区中央局在宁都召开会议。会上，一些人提出要把毛泽东召回后方，专门负责中央政府的工作，而由周恩来负战争领导的总责。周恩来不同意这个意见，他认为，"泽东积年的经验多偏于作战，他的兴趣亦在主持战争"，"如在前方则可吸引他贡献不少意见，对战争有帮助"。①

1932 年 10 月后，周恩来担任了红一方面军总政委。②1933 年春，他和朱德指挥红军粉碎了国民党军对苏区的第四次大规模"围剿"。在指挥红军转战南北，连连获胜时，他仍思考着如何发挥毛泽东的军事才能问题，他一再致电临时中央，力主恢复毛泽东为红一方面军总政委职务。1933 年 12 月 20 日，王明一伙就以统一前后方指挥为名，将周恩来、朱德调回后方，取消"前方总部"。实际上此后一段时间是由博古、李德直接指挥军队。③广昌战役后成立了博古、李德、周恩来组成的三人团，政治上由博古做主，军事上由李德做主，周恩来只是负责督促军事计划的实行。周恩来曾经说，当时"李德成了总司令，我连参谋长都不如，只是一个参谋处长"。博古、李德等人多次否定了周恩来、毛泽东的正确意见，在他们的错误指挥下，红军第五次反"围剿"失败，大片根据地丧失，红军不得不进行长征。

二、长征过程中周恩来和毛泽东互相信任、互相配合

1934 年 10 月，红军主力被迫离开中央苏区，向湘鄂西地区转移。红军这次反"围剿"的失利主要是王明"左"倾错误路线造成的，但他们不但没有丝毫反省，而且继续打击毛泽东等人，不让毛泽东随军行动。毛泽东坚持要与红军一起长征，周恩来在关键时刻支持了毛泽东的意见，从而为一代伟人后来能够纵横政坛、叱咤风云奠定了基础。

长征开始时，中共中央仍由博古负责、军事上李德负责，周恩来只在军事上起辅助作用。在国民党军的围追堵截下，红军很被动，特别是强渡湘江时，全军将士浴血奋战，损失惨重。蒋介石要在湘江东岸消灭红军的企图未能实现，就在红军原定北上湘西的路上，集中十几万兵力，布下了一个口袋，企图全歼红军。而这时博古、李德却仍命令红军按原计划去湘西与红二、六军团会合。在这危急关头，毛泽东审时度势地提出：部队应该放弃原定计划，改变战略方向，立即转向敌人力量薄弱的贵州去进军。毛泽东的正确主张得到周恩来、张

①《周恩来年谱（1898—1949）》修订本，中央文献出版社 1998 年版，第 235 页。
②《周恩来年谱（1898—1949）》修订本，中央文献出版社 1998 年版，第 236 页。
③《周恩来年谱（1898—1949）》修订本，中央文献出版社 1998 年版，第 260-261 页。

闻天、王稼祥等人的支持。[①]

1934 年 12 月 12 日，在湘桂边的通道县召开了一次紧急的中央军委扩大会议（史称"通道会议"）。周恩来出席了通道会议，会议讨论了红军行动方向的问题，周恩来支持毛泽东、张闻天、王稼祥向贵州进军的建议。[②]会后李德、博古仍坚持到湘西。

1934 年 12 月 18 日，红军到达黎平后，中共中央政治局召开了著名的黎平会议，继续讨论了红军行动方针问题。这次会议由周恩来主持，毛泽东阐述了他的改变行军方向的主张，周恩来继续支持毛泽东的意见，而李德、博古不顾已经变化了的客观情况，仍坚持去湘西同红二、六军团会合的计划。周恩来在会上提出应避免使红军与五六倍于我之敌作战，避免全军覆灭的危险。会议通过了《中央政治局关于战略方针之决定》。主持会议的周恩来决定采纳毛泽东的意见，指挥红军西进贵州、渡乌江北上。[③]

会后，周恩来把黎平会议决定告知因病没参加会议的李德，李仍不同意，两人吵得很厉害，李德因争论失败而大怒。[④]这也引起了周恩来少有的震怒。据周恩来警卫员回忆，周恩来气得把桌子一拍，桌上的马灯被震得跳起来，灯火都熄灭了，这才把一向自以为是的李德镇住了。正是由于采纳了毛泽东的正确意见，正是周恩来在关键时刻发挥了关键作用，黎平会议后，中央红军赢得了主动，挥戈西指，不仅打乱了国民党军的原有部署，而且连战连捷，大大重振了士气。

黎平会议是红军战略转变的开始，李德从此在军中失去权威，毛泽东、周恩来的正确意见占了党内上风，周恩来、毛泽东、朱德等久经考验的无产阶级军事家再次重掌了红军最高指挥权。这是革命危急关头中国共产党和中国革命武装转危为安迈出的第一步，周恩来和毛泽东等人共同为这艰难的第一步做出了卓越贡献。

1935 年 1 月，红军攻占黔北重镇遵义，1 月 15 日至 17 日中共中央在遵义召开了具有最重要历史意义的政治局扩大会议。这次会议除要求随中央红军长征的政治局委员、候补委员参加外，还邀请各军团主要领导列席。会议批判了王明"左"倾错误的军事路线和第五次反"围剿"以来博古、李德在军事指挥上的连连失误，激烈辩论了红军战略战术上的是与非。会上，周恩来和大多数

---

① 《毛泽东年谱（1893—1949）》上卷，中央文献出版社 2013 年版，第 438 页。

② 《周恩来年谱（1898—1949）》修订本，中央文献出版社 1998 年版，第 273 页。

③ 《毛泽东年谱（1893—1949）》上卷，中央文献出版社 2013 年版，第 439 页。

④ 《周恩来年谱（1898—1949）》修订本，中央文献出版社 1998 年版，第 274 页。

人都坚决支持毛泽东的正确主张，积极拥护毛泽东在党中央领导地位的确立。遵义会议上和会后的不长时间内形成了有非常意义的几项决定：增补毛泽东为中共中央政治局常委；取消原来以博古、李德为主的"三人团"；由张闻天接替博古为党内总负责人。调整军事指挥权和军事工作，"仍由最高军事首长朱德、周恩来为军事指挥者，而周是受党内委托在指挥军事上下最后决心的负责者。会后，中央常委分工以毛泽东为周恩来在军事指挥上的帮助者"。①

　　遵义会议是中国革命在危难关头的一次历史性转折，这次会议实际上确立了毛泽东在党中央和军队中的领导地位，并以中央文件的形式重新肯定了周恩来在党内的最高军事领导权。这次会议在最危急的关头挽救了党，挽救了红军，挽救了中国革命，是中国共产党历史上生死攸关的转折点。周恩来在这次会议中对毛泽东的复出起了非常关键性的作用。他是中国共产党最早的军事领导人之一，在党内和军内有举足轻重的地位和威望，在遵义会议上正是因为他与"左"倾教条主义者的坚决斗争，积极支持毛泽东进入中央决策核心层，从而为确立毛泽东在党内和红军中的领导地位创造了根本条件。毛泽东对周恩来在遵义会议上的作用有过很高的评价，后来曾说过："那时争取到周恩来的支持很重要，如果周恩来不同意，遵义会议是开不起来的。"

三、长征后期毛泽东成为红军最高领导人，周恩来积极辅助

　　遵义会议后，在毛泽东的领导威信和军内最高权威的树立过程中，周恩来进行了积极辅助。会后部队刚一出发，就遇上敌人一个师盘踞的一个据点，大家讨论怎么办。多数人主张打，毛泽东认为打了要吃亏，双方争执不下，最后毛泽东的意见被否决。但毛泽东相信周恩来会支持他的正确意见，3月10日晚上，毛泽东提着马灯去找周恩来，要周恩来把进攻命令暂时压一压，再考虑考虑发出。周恩来果然同意了毛泽东的意见。周恩来当即召开负责人会议，再次研究作战计划，周恩来、毛泽东终于把大家说服了，②避免了红军一次不必要的损失。鉴于集体讨论作战部署不能适应变幻莫测的军事形势，指挥作战需要集中，毛泽东适时地向周恩来建议恢复"三人团"。周恩来再次接纳了毛泽东的合理建议，1935年3月中共中央决定成立毛泽东、周恩来、王稼祥组成的"三人团"，③负责指挥全军的军事行动。随后，在"三人团"和朱德等杰出军事家们的率领下，红军南渡乌江，巧渡金沙江，翻越大雪山，终于摆脱了几十万敌

---

① 《周恩来年谱（1898—1949）》修订本，中央文献出版社1998年版，第276页。
② 《周恩来年谱（1898—1949）》修订本，中央文献出版社1998年版，第281页。
③ 《毛泽东年谱（1893—1949）》上卷，中央文献出版社2013年版，第450页。

军的围追堵截，使长征的最后胜利看到了希望。

1935 年 6 月，经过长途艰难跋涉的红一方面军在川北地区与红四方面军胜利会师。①这时，南面、东面敌军密集，西面是人迹罕至的高山地区，只有北面敌人的兵力尚未集结。两军会师后下一步向何处去？再次成为红军生死存亡的关键。6 月 26 日，中共中央政治局在两河口召开会议，周恩来在会上做"目前战略方针"的报告。他阐述了红军应立即北上，建立川陕甘根据地的理由。并提出："两个方面军要统一指挥，集中于中央军委。"②毛泽东发言同意周恩来的报告，并就挥师北上提出五点意见。会议由周恩来作结论，同意毛泽东提出的意见。会议一致通过周恩来的报告。③

但是会后张国焘仗着人多势众，一方面向中央施加压力，伸手要权；一方面以种种借口，拖延北上。为顾全大局，团结张国焘北上，周恩来经与毛泽东商量，辞去红军总政委职务。在同年 7 月 18 日的中共中央政治局会议上，决定由张国焘任红军总政委，周恩来调中央常委工作。④自 8 月上旬以来，周恩来终于积劳成疾，连续高烧不退，有时不能进食，昏迷不醒，⑤连续数日被担架抬着行军。

8 月 19 日，中共中央政治局在沙窝召开常委会会议，研究常委分工，决定由毛泽东负责军事工作，从此，毛泽东成为红军的实际上的最高领导人。⑥8 月 20 日，中共中央在毛儿盖召开会议，由毛泽东做报告，坚持了红军北上的方针。而张国焘此时竟发展到企图危害中央的地步。毛泽东决定率红一军团、红三军团先行北上。到哈达铺后，得知陕北有刘志丹、徐海东领导的红军，有革命根据地存在，毛泽东和党中央又决定率红军落脚陕北。实践证明，毛泽东、周恩来坚持的红军北上的方针是完全正确的。红一、三军团到达陕北后，与当地红军会合后，很快扩大了革命根据地，壮大了红军队伍。而被张国焘胁迫南下的部队受到了很大损失。

1935 年 11 月 3 日，中共中央常委会在陕西甘泉县下寺湾召开，再次研究了常委分工问题。周恩来坚决拥护毛泽东的军事领导地位，他在会上明确表示自己是愿意从事军事工作的，但军事领导应以毛泽东为主。会议最后决定：成立西北革命军事委员会，以毛泽东为主席，周恩来、彭德怀为副主席，周恩来

① 《毛泽东年谱（1893—1949）》上卷，中央文献出版社 2013 年版，第 457 页。
② 《周恩来年谱（1898—1949）》修订本，中央文献出版社 1998 年版，第 287 页。
③ 《毛泽东年谱（1893—1949）》上卷，中央文献出版社 2013 年版，第 459 页。
④ 《周恩来年谱（1898—1949）》修订本，中央文献出版社 1998 年版，第 290 页。
⑤ 《周恩来年谱（1898—1949）》修订本，中央文献出版社 1998 年版，第 293 页。
⑥ 《毛泽东年谱（1893—1949）》上卷，中央文献出版社 2013 年版，第 466 页。

同时负责中央组织局和后方军事工作。[①]

　　从此，毛泽东在中国革命中名副其实地居于核心和主导地位。在以毛泽东为首的党中央的正确领导下，中国共产党和红军终于渡过难关，取得了长征的最后胜利。周恩来则长期作为毛泽东的亲密助手，数十年间与毛泽东肝胆相照，风雨同舟，密切合作。在此后的抗日战争和解放战争时期以及社会主义建设时期，毛泽东高瞻远瞩，负责思考长远的战略方针，规划出宏伟的建设蓝图；周恩来则负责处理大量繁重的具体事务，负责参与制定和贯彻落实以毛泽东为首的党中央提出的伟大战略部署和党政军各方面的重大决策。以毛泽东为首的第一代领导核心，几十年来携手并肩，风雨同舟，共同领导中国人民创造出举世瞩目的革命和建设的宏伟成就。

　　历史告诉我们，在艰难创业的过程中，特别是在我们的事业出现困难和危机的时刻，领导班子成员的互信互助，密切配合，齐心协力，同舟共济是非常重要的。毛泽东和周恩来的成功合作就给我们提供了一个很好的范例。"雄关漫道真如铁，而今迈步从头越。"正是因为周恩来与毛泽东的相互信任、相互支持、肝胆相照、密切配合，特别是在遵义会议后确定了毛泽东在党中央的领导地位，中国共产党不但领导红军取得了万里长征的胜利，而且在漫漫征途上跨越了无数艰难坎坷，攻克了一个又一个的险关，不断从胜利走向胜利。

（本文原载于《人民论坛》2008 年第 23 期）

---

① 《周恩来年谱（1898—1949）》修订本，中央文献出版社 1998 年版，第 299 页。

抗战中周恩来领导创办《新华日报》

抗战时期周恩来领导了《新华日报》的工作，他坚持新闻事业必须坚持党性原则的正确办报方针，不但指示在国统区创办了这个共产党的重要媒体，还亲自撰写了大量文章，宣传党的抗日救国主张和统一战线政策。周恩来为该报在险恶的环境中创办、生存、发展做出了卓越贡献。作为南方局的机关报，该报成为我们党在国统区的一个非常重要的政治传播平台，在抗战中充分发挥出揭露日寇侵略罪行，动员广大民众积极参加抗战、鼓舞中国军民斗志、团结爱国人士、维护抗日民族统一战线的政治功效。

一、抗战之初周恩来领导创办《新华日报》并努力维持其运转

七七事变的爆发揭开了中华民族全面抗战的序幕。当日，周恩来带着《中共中央为公布国共合作宣言》飞抵上海就红军改编等问题与国民党谈判。1937年7月10日，周恩来在上海同中共党员夏衍谈话，要他今后以进步文化人士的身份留在国民党统治区开展统一战线工作，强调指出工作方式可以多样，"要在国民党统治区办一张党报"[①]。周恩来还与上海文化界人士进行了会谈，向他们表达了中国共产党在国统区筹办党的机关刊物的意愿，明确提出："在国民党统治区域，要做的事很多，我们要办一张党报，昨天已经决定了，由潘梓年和章汉夫负责。"[②]接着，周恩来又约见了从国民党监狱释放出来的潘梓年，要他放弃去革命根据地的要求，要他立即着手在国统区筹建党报的工作。

周恩来与国民党当局谈判后，最初达成了中共可以在南京出版《新华日报》的协议。周恩来还和朱德一起探望了时任国民政府监察院院长的国民党元老于右任，请他为《新华日报》题写报头。[③]这样，在周恩来的精心领导下，潘梓年、章汉夫、钱之光等人成为了《新华日报》社最早的一批报人骨干。他们根

---

① 中共中央文献研究室编《周恩来年谱（1898—1949）》修订本，中央文献出版社1998年版，第378页。

② 夏衍：《第一次见到周恩来同志》，《人民日报》1985年12月17日。

③ 中共中央文献研究室编《周恩来传》（一），金冲及主编，中央文献出版社1998年版，第453页。

据周恩来的指示，在南京开始筹办《新华日报》，不足一个月机器、纸张就置办齐全，可是当报纸送审时却遭到了国民党当局的无理阻挠[1]。

当国民党政府搬到了武汉，中共方面决定将筹办《新华日报》和《群众》杂志的工作移至汉口继续进行。周恩来到武汉后，继续与国民党当局交涉《新华日报》的出版问题。1937 年 12 月 21 日晚，周恩来和王明、博古等就国共两党关系问题同蒋介石进行会谈。周恩来再次向国民党代表团提出出版日报的要求，这一次《新华日报》终于获准办理了注册出版手续。

1938 年 1 月 11 日，《新华日报》在汉口正式创刊。周恩来为创刊号题词，"坚持长期抗战，争取最后胜利"，旗帜鲜明、言简意赅地道出了中国共产党的抗战主张的同时，也明确地指出了《新华日报》的任务和目标。[2]《新华日报》还在《大公报》《武汉日报》等报刊上向读者庄严宣告了本报任务：团结全国抗战力量，巩固民族统一战线，发表正确救亡言论，讨论救亡实际问题。[3]

《新华日报》是自中国共产党建党以来第一份在国民党统治区公开发行的党报，是我党在武汉树起的宣传爱国主义、坚持统一战线的新闻媒体界的抗日旗帜。该报自创办后，周恩来就重视发挥它的政治作用，专门成立了党报委员会。中共中央也要求"各地方党部应当尽一切力量来帮助新华日报，以达到加强报纸与群众的联系"[4]。

1938 年 9 月 26 日，中共中央政治局会议决定，由周恩来、博古、叶剑英等人组织南方局，代表中共中央领导南方国民党统治区和沦陷区中党的工作。[5]周恩来被任命为南方局书记，并负责领导《新华日报》的工作。同年 10 月武汉沦陷，周恩来一边指挥最后一批同志撤退，一边为在武汉出版最后一天报纸做出安排。[6]1938 年 10 月 25 日，《新华日报》出版了重庆版的第一期报纸。

在周恩来领导下《新华日报》在抗日烽火中得以生存和发展，先后出版了《新华日报》华北版、太行版、华中版。作为南方局机关报，它极好地发挥了党媒在抗日宣传和政治动员中的重要作用。

抗战胜利后中共中央为了适应新时局的发展需要，决定将《新华日报》的总馆迁往上海，重庆版的《新华日报》作为中共四川省委机关报，留在当地继

---

① 潘梓年、吴克坚、熊瑾玎等：《新华日报的回忆》，重庆人民出版社 1959 年版，第 53 页。

② 贾临清：《周恩来新闻实践研究（1914—1949）》，山西出版传媒集团、三晋出版社 2012 年版，第 159 页。

③ 韩欣茹：《新华日报史》上，中国展望出版社 1987 年版，第 5 页。

④《中共中央关于党报问题给地方的指示》，中国社会科学院新闻研究所编《中国共产党新闻工作文件汇编》上卷，新华出版社 1980 年版，第 86 页。

⑤《周恩来年谱（1898—1949）》修订本，中央文献出版社 1998 年版，第 429 页。

⑥《周恩来年谱（1898—1949）》修订本，中央文献出版社 1998 年版，第 433 页。

续出版发行。1947年2月28日，国民党政府查封了重庆版《新华日报》。经历了抗战的峥嵘岁月，《新华日报》在新中国成立后仍延续其光荣传统，继续发挥着党媒的政治功效。

二、周恩来坚持正确的办报方针，积极宣传党的抗日主张

在领导新华日报社的工作中，周恩来坚持党性原则的办报方针。他认为党报应该成为党进行各项工作的思想武器。《新华日报》在"发刊词"中就明确宣布："本报愿在争取民族生存独立的伟大斗争中作一个鼓励前进的号角……成为全国民众的呼声。"[①]1943年9月1日，周恩来在为《新华日报》写的《记者节谈记者风格》一文中指出，党的新闻工作者应该是"真理的信徒，人民的忠仆"[②]。1947年1月11日《新华日报》创刊9周年，周恩来重申了党的新闻工作者应坚持党的立场与人民立场的一致性："为人民喉舌，为人民向导，继续努力，坚持不懈，来迎接民族民主的新高潮。"同时再次强调："《新华日报》的最高度的党性，就是它应该最大限度地反映人民的生活和斗争，最大限度地反映人民的呼声和感情、思想和行动。"[③]

在坚持党性原则的正确办报方针的同时，周恩来强调要根据不同情况，有不同的宣传重点，办报的方式要多样灵活。抗日战争时期不同阶段敌我的情况不同，抗日民族统一战线内各种力量的对比和形势的变化也很复杂。周恩来指导新华日报社的同志们，要特别注意正确掌握政治大方向，坚持中国共产党的抗战主张和宣传报道的政治导向性作用，在各党派各阶层一致抗日的大前提下，《新华日报》始终将斗争矛头对准日寇和汉奸卖国贼。既团结国民党一起抗日，又对顽固派进行"有理、有利、有节"的斗争。

周恩来为《新华日报》撰写时评、社论等一大批文章，宣传共产党的抗日主张和统一战线政策。8年间，周恩来在《新华日报》上发表署名文章37篇，题词11次。1938年10月7日到9日，周恩来为《新华日报》连续赶写了长篇社论《论目前抗战形势》，阐述了中国共产党关于保卫武汉的主张，他指出："中国抗战是长期的，不是短期的，持久战的方针是确定的。"[④]10月10日，周恩来在《新华日报》上发表了《辛亥、北伐与抗战》一文。该文指出"我们的统一战线是全民族的，不分任何种族、阶级、党派、信仰、性别，都应该联合起

---

① 《发刊词》，《新华日报》1938年1月11日第一版。

② 周恩来：《记者节谈记者风格》，《新华日报》1943年9月1日。

③ 周恩来庆祝《新华日报》九周年的题词，《新华日报》1947年1月11日。

④ 周恩来：《论目前抗战的形式》上，《新华日报》1938年10月7日。

来。"①在武汉沦陷前一天,周恩来为该报口述了一篇社论,题为《告别武汉父老》。他坚定地表示我们一定要回来的,在这非常紧急的关头,表现出临危不乱、大无畏的气概,鼓舞了各界人士抗战到底的信心。

1941年是周恩来在《新华日报》上发表文章数量最多的一年。这一年抗战进入了最艰难的时期,为充分发挥《新华日报》在宣传阵地的作用,自1941年5月25日起,该报每逢星期天便发行增刊,出版一大张报纸,并在头版头条发表代论。②当日发表的第一篇代论就是周恩来的《论目前战局》,在文章中他对世界战局作了分析,揭露了目前世界战争的发展的范围、时间和战况,以及德、意、英、美、日各国的战略意图,强调我国的抗战不排斥运用帝国主义之间的矛盾和争取外援,但必须坚持独立自主和自力更生的基本国策③。在《论时局中的暗流》一文中,他进一步指出,新的一股暗流在日美的少数人中渐渐生长起来,要"更加坚定我们独立自主的民族解放战争的立场"④。6月15日和22日,周恩来在《新华日报》上发表了《民族至上与国家至上》一文,文章阐述中国共产党在民族和国家问题上的立场、主张和观点。⑤

当时蒋介石政府采取两面政策,表面主张团结抗日,暗地里限共反共,不断打压、阻挠《新华日报》的出版发行。为了在险恶的环境中坚持生存,周恩来对报社的同志提出:在国统区办报,"要从长远利益考虑,采用迂回曲折的战术","既要生存下去,又要持续同他智斗"。⑥

1941年1月11日晚,周恩来出席《新华日报》创刊3周年的庆祝晚会,会间却接到关于国民党顽固派发动皖南事变的消息。周恩来即在会上谴责国民党顽固派的阴谋,遥祝新四军冲破重围和黑暗,并激励大家说:"有革命斗争经验的人都懂得怎样在光明和黑暗中奋斗。不但遇着光明不骄傲,主要是遇着黑暗不灰心丧气。只要大家坚持信念,不顾艰难向前奋斗,并且在黑暗中显示英勇卓绝的战斗精神,胜利是会到来的,黑暗是必然被击破的。"⑦他指示新华日报社在次日的报上报道他的发言中透露新四军北移途中受到包围袭击的消息,并召开南方局紧急会议,研究皖南事变后的形势和斗争方针与措施。

皖南事变后,周恩来领导南方局和新华日报社的同志坚持在国统区同顽固

① 周恩来:《辛亥、北伐与抗战》,《新华日报》1938年10月10日。
② 《周恩来新闻实践研究(1914—1949)》,山西出版传媒集团、三晋出版社2012年版,第171页。
③ 周恩来:《论目前战局》,《新华日报》1941年5月25日。
④ 周恩来:《论时局中的暗流》,《新华日报》1941年6月1日。
⑤ 周恩来:《民族至上与国家至上》,《新华日报》1941年6月15日、6月22日。
⑥ 吴汉民编《20世纪上海文史资料文库》(第6辑),上海书店出版社1999版,第166页。
⑦ 《周恩来年谱(1898—1949)》修订本,中央文献出版社1998年版,第494-495页。

派斗争。中共中央十分担心周恩来等在渝干部的安全，中共致电南方局要"恩来、剑英、必武、颖超及办事处、报馆重要干部于最短期间离渝"。经反复商量考虑，周恩来等决定将报社工作人员大部分转移、疏散，只留下少数人坚守重庆，坚持办报。对于留下坚守岗位的同志，周恩来反复地进行了气节教育和严格的保密教育，要大家一定要做最坏的准备，要准备反动派可能搞突然袭击，要窃取我们党的机密文件、地下党员名单等，必要时要把机密文件销毁，要准备坐牢，准备牺牲。1941 年 1 月 18 日，当周恩来听说新华日报社营业部主任涂国林被捕，当即向国民党方面的负责人张冲据理力争，迫使他们将人放回。[1]2 月 6 日，当他听说《新华日报》发行受阻，亲往曾家岩宪兵队进行交涉，在严寒中坚持斗争两个多小时，宪兵队被迫退还扣留的报纸。周恩来将报纸当场散发给围观的群众。[2]

《新华日报》在周恩来的领导下报道了大量抗战的真实情况、宣传了共产党的爱国主张，敢于揭露国民党顽固派的反共行径，在国统区坚持了 9 年多时间是很不容易的。1947 年 2 月 27 日凌晨，新华日报社接到重庆警备司令部的命令，限《新华日报》于 2 月 28 日凌晨 3 时停止一切活动。重庆营业处的同志赶在反动派到来前销毁了所有文件资料。昆明营业处、成都营业处也都被国民党当局查封。9 年多时间里，《新华日报》坚持宣传团结抗战，宣传真理，揭露黑暗，敢说真话，逐步成为开展抗日民族统一战线工作、动员广大人民群众参加抗战、宣传中国共产党路线方针政策的有力舆论武器。

三、周恩来在领导《新华日报》中做出的卓越贡献

周恩来不仅为《新华日报》的创办做了大量工作，立下了不朽功绩，而且为《新华日报》的日常运转，为其在艰难的环境中生存和发展做出了卓越贡献，对鼓舞人民斗志、发展进步势力、团结中间势力、孤立顽固势力发挥了重要作用。其在领导《新华日报》中做出的突出贡献和主要功绩表现在以下三个方面。

首先，在任南方局书记期间周恩来不仅负责南方十几个省的党的建设、抗日斗争、统一战线等工作，在日理万机中还领导了《新华日报》的工作。抗日战争时期随着国民党政府迁都重庆，外地名报纷纷迁渝，报业的竞争也是很激烈的。为了扩大我党在新闻媒体界的政治影响，周恩来向新华日报社的同志们提出要切实做到"编得好、出得早、印得清、销得多"[3]，要坚持通俗化、大

---

① 《周恩来年谱（1898—1949）》修订本，中央文献出版社 1998 年版，第 498-499 页。

② 《周恩来年谱（1898—1949）》修订本，中央文献出版社 1998 年版，第 502 页。

③ 石西民、范剑涯等编《新华日报的回忆（续集）》，四川人民出版社 1983 年版，第 51 页。

众化和密切联系群众的方针，文字水平也应适应读者的需要。在重庆期间，周恩来的行动轨迹总往来于"三岩"之间。①他总是亲自审阅报刊的社论、专论和重要文章，还常常一丝不苟地帮助编辑修改稿件。同时，他不仅经常关心报刊的采访、编辑、印刷、出版、发行和内部工作人员的思想政治工作、行政管理工作；还不顾劳累，在生活上关心爱护每一个同志。这些工作不知耗费了他多少心血。郭沫若在《洪波曲》中这样描述周恩来："他思考事物的周密有如水银泻地，处理问题的敏捷有如电火行空，而他一切都以献身的精神应付，就好象永不疲劳。"②周恩来这种兢兢业业、勤勤恳恳地为党的事业努力工作的精神，带动和培养了一批南方局的同志特别是新闻战线的同志像他一样，人人为抗战胜利和中国革命的最后胜利努力做出自己的奉献。

其次，周恩来以专业精神努力把《新华日报》办成我党重要的政治传媒。为了精心办好这个重要的党媒，他采取了四项有效的措施。一是在办报策略方面，坚持中国共产党统一战线的战略。按照毛泽东提出的："在敌人长期占领的反动的黑暗的城市和反动的黑暗的农村中进行共产党的宣传工作和组织工作，不能采取急性病的冒险主义的方针，必须采取荫蔽精干、积蓄力量、以待时机的方针。"③在办报布局方面，既要大力宣传我党的抗战主张、抗日战果；又要报道正面战场的抗战情况，团结各界爱国同胞。避免重犯"左"倾错误。二是在报刊栏目方面，《新华日报》一改以往只靠少数编辑记者"精英办报"的传统模式，首创报纸密切联系群众的良好机制。《新华日报》先后在版面上开辟"读者信箱""新华信箱""读者园地"等专栏，"希望每一个读者都是本报的作者。"自1938年10月到1945年8月，《新华日报》共发表了679篇读者来信，工人和学生占据了《新华日报》读者群的半壁江山。④该报还成立了一个专门的读者组织——"读者会"，以便进一步了解群众需要、满足群众需求。三是在报社人员的业务能力方面，周恩来希望他们能"一专多能"，要求他们"努力学习，下苦功，多看，多读，多研究，学习要专还要博，不要自满"，"既能写社论、专论，又能编新闻；既能采访，又能编副刊；既能做编辑工作，又要学会排字、印刷等各种本领"，努力成为"多面手"。⑤因此周恩来被新华日报同仁誉为"严

---

① "三岩"是指位于红岩嘴13号红岩八路军办事处，南方局部分机构所在地、抗战时期周恩来在重庆的居所曾家岩，《新华日报》编辑部的所在地虎头岩。

② 郭沫若：《洪波曲》，人民文学出版社1979年版，第206—207页。

③ 《毛泽东选集》第二卷，人民出版社1991年版，第636页。

④ 《新华日报的回忆》，重庆人民出版社1959年版，第152页。

⑤ 《新华日报的回忆》，重庆人民出版社1959年版，第21页。

若师，慈若母"。①四是在报社人员的思想觉悟方面，周恩来认为在国统区办报如果没有坚定的政治立场和思想觉悟，难免会产生认识的混乱与动摇，从而危害革命工作。所以他不管多忙，总是要抓思想教育工作，他要求新华日报社编委以上的干部每周四都要集中到红岩村进行学习，并且规定每天一小时学习政治理论，还根据文化程度的不同，将整个报社人员分编为几个班，学习马克思、列宁原著，学习党的方针政策，等等。

　　周恩来在百忙中还要为《新华日报》的经营收支问题操劳。在抗战时期的重庆，《新华日报》首先面临的就是纸张和印刷等生存问题，当时纸张供应要么是向国民党政府申请分配，要么是在市场上零星收购。但当时重庆有多家报馆，纸张数量十分有限，加之西南地区纸张生产技术落后，印出来的字迹有时不甚清晰。新华日报社办了自己的纸厂，研造出了微带黄色、吸油墨性能好的"土报纸"。除了保证本报用纸，还可以把多余的纸张供给生活、读书、新知三家进步书店。②为了解决报社经费问题和国民党的油墨封锁，周恩来指示建立了"兴华炼油厂"。炼油厂盈利的一部分以捐款的形式用于支持《新华日报》的经营，炼油厂的下脚料可以制成油墨，以打破国民党对油墨的封锁。周恩来希望《新华日报》在解决生存问题的同时，也要努力使报馆盈利。《新华日报》创刊伊始，广告曾一度免费，大多是救亡团体的公告，极少刊登工商广告。所以一度亏损。迁到重庆出版后，《新华日报》开始收广告费。负责广告的同志从电影广告入手，再到律师、医生等自由职业者中去发行广告，使《新华日报》在广告经营上很快有了成效。为了增加销路，使报纸与最广大的读者见面，《新华日报》还在山西、广州、重庆、成都等地设立分馆或分销处，在贵阳、长沙等地设立了代销站。③

四、《新华日报》在抗战中发挥出的强大政治功效

（一）发挥出积极进行抗日爱国动员的强大政治功效

　　抗战时期《新华日报》作为一支"宣传部队"，对日本侵略者残杀我国同胞、践踏我国领土等暴行，对中华儿女奋起抵抗、浴血奋战的英勇事迹进行了大量且翔实的报道。如1938年上半年，创刊不久的《新华日报》就日寇在南京大屠杀进行了系列报道，以《日寇在南京兽行》《南京同胞惨遭蹂躏》等为题，揭露

---

　　① 姚北桦、王淮冰编《报人生活杂忆——石西民新闻文集》，重庆出版社1991年版，第153页。周恩来45岁生日时，潘梓年代表报馆全体写了一篇祝词，里面谈到周恩来严若师、慈若母。
　　② 韩欣茹：《新华日报史》上，中国展望出版社1987年版，第133-135页。
　　③《新华日报的回忆》，重庆人民出版社1959年版，第21页。

了日本侵略者烧杀抢掠的野蛮罪行。《新华日报》的这些报道激起了国人的愤慨之情，唤起了中国各族人民团结一致抗击日寇的坚定决心。《新华日报》还对中国军队的抗战事迹进行了及时的报道，因为这是最受民众关注的战地新闻，中国人民迫切需要胜利的消息，迫切需要知道国难的紧迫程度。《新华日报》报人遵循新闻规律，团结、培养和发掘了一批战地记者，通过本报专电、战地通讯等形式，进行大规模的战地新闻报道。《新华日报》相继派出大批战地记者，陆续从山西、陕西、山东等地开展一线报道，推出了《太原在包围中》《枣庄矿工游击队》《游击生活三个月》《游击战斗中的山西》等报道，如该报相继发表《徐州大会战的前夕》《追述反攻两下店战役》和《踏进台儿庄》等多篇战地通讯，大大鼓舞了中国抗战部队的士气，振奋了中国人民抵抗外侮的信心。

　　《新华日报》在对日本侵略罪行和我国官兵英勇奋战等事实进行报道的同时，还密切关注国内战争的动态变化，发表一些政治家、军事家对战争形势发展走向的分析文章，发表一些爱国人士的文章和对重要事件人物纪念的报道。如1938年6月，《新华日报》刊登了毛泽东的《抗日游击战争的战略问题》，文章论述强调了抗日游击战争的地位、作用，以及在抗日游击战争中主动地、灵活地、有计划地执行防御战中的进攻战，持久战中的速决战，与正规战争相配合、建立根据地、战略防御和战略进攻、向运动战发展、正确的指挥关系等一系列具体的战略问题。① 又如《新华日报》于1938年10月7至9日连载了周恩来的《论目前抗战形势》一文，周恩来指出："中国抗战，经过了十五个月的英勇战斗，完全证实了一个真理，即是：只有坚持长期抗战，才能争取中华民族解放战争的最后胜利。一切对中国抗战之速亡论或速胜论，均已从事实上宣告破产。"② 为纪念武汉保卫战牺牲的烈士，1938年12月5日，《新华日报》发表社论《追悼本报保卫大武汉殉难同志》，并在头版上方登出大字标题口号："殉难烈士精神不朽！踏着烈士血迹前进！血债应该用血来还！打倒日本帝国主义！中华民族解放万岁！"③《新华日报》的这些现场报道和抗战理论宣传对激发全国人民的抗日爱国热情起了重要作用，鼓舞了广大民众坚持抗战到底的信心。

　　(二) 发挥出团结爱国民主人士和国际友人的政治功效

　　维护和发展抗日民族统一战线是坚持抗战、夺取反法西斯战争最后胜利的基础保证。《新华日报》在宣传中国共产党的抗日主张和统一战线方针方面发挥出特殊的作用。当时重庆的敌我友态势错综复杂，为了最大程度地向国内乃至

① 毛泽东：《抗日游击战争的战略问题》，《新华日报》1938年6月21日。
② 周恩来：《论目前抗战形势》上，《新华日报》1938年10月7日。
③《追悼本报保卫大武汉殉难同志》，《新华日报》1938年12月5日。

国际发出中共的声音，就必须把《新华日报》打造成一个共产党领导的团结各
方抗日力量和抗日主张的舆论平台。周恩来在《新华日报》创办之初，就提出
必须努力建立并不断扩大重庆新闻界的统一战线。他指示新华日报社的编辑和
记者，团结工作要从新闻同业中做起，多多争取友军，对国民党报刊也不是绝
对排斥，而是采取团结的方针，比如只求团结他们一个副刊，或者团结他们某
个编辑记者，化消极因素为积极因素。①在《新华日报》当过多年战地记者的
陆诒当时不理解为什么在做好采访报道工作之外，又得额外负责向各界人士征
求意见、约稿。周恩来为此亲笔给陆诒写了一封信，提出了采访科工作计划的
修改意见："特派员在出勤期中，尚应为本报向预定的及同情我们的社会闻人代
约投稿与写专论等……如其不愿写稿，能发表意见代其记下，亦所欢迎。"②根
据周恩来领导贯彻的我党的统一战线方针，当时的《新华日报》上经常刊登各
界爱国人士发表的文章，包括冯玉祥、老舍、郭沫若、沈钧儒、李公仆、黄炎
培等爱国民主人士都是《新华日报》的特邀撰稿人。《新华日报》的这些做法对
新闻界乃至全国抗日民族统一战线的发展起到了推动作用，为传播中国共产党
的方针和主张也开辟了空间。

　　此外，《新华日报》在周恩来领导下，还注意团结在重庆的国际友人和记者，
维护国际反法西斯统一战线。1938 年 11 月，中共六届六中全会通过决议，认
为当前紧急任务之一，即是加紧对外宣传，争取国外援助，集中力量反对日本
法西斯。③抗日战争期间，南方局经常举行记者招待会或演讲会，邀请驻重庆
的外国媒体记者和通讯社记者参加，向他们宣讲中国抗战形势和中共的政策，
表达中共的需求和努力。1940 年 12 月 24 日，周恩来致毛泽东的电报中，对抗
战以来，英美记者宣传中共及八路军、新四军的书籍进行了初步统计，大概不
下二三十种，"影响我党信誉极大，并发生一些外交影响"，周恩来还认为，这
些国际媒体及其记者，在报道中国抗战进程、宣传中国抗战力量、争取外国援
助方面，发挥了独特作用。④在国际上，《新华日报》也产生了重要影响。从欧
美各国政府到各种政治势力，都是从《新华日报》来了解中国共产党的政治主
张的。世界各国的共产党，特别是东南亚各国的共产党，也是从《新华日报》
来了解中国革命进程及其经验的。⑤

① 《周恩来年谱（1898—1949）》修订本，中央文献出版社 1998 年版，第 450 页。
② 韩欣茹：《新华日报史》上卷，中国展望出版社 1987 年版，第 90-91 页，其中收录了信件原文。
③ 中央档案馆编《中共中央文件选集》第 11 册，中共中央党校出版社 1991 年版，第 752 页。
④ 中共中央党史研究室编《周恩来和他的事业》，中共党史出版社 1990 年版，第 216-217 页。
⑤ 《周恩来新闻实践研究（1914—1949）》，山西出版传媒集团、三晋出版社 2012 年版，第 201 页。

（三）发挥出宣传中国共产党抗日主张、与顽固派斗争的政治功效

在抗日战争期间，我党的政策是坚持抗战、反对投降，坚持团结、反对分裂，坚持进步、反对倒退。而国民党顽固派的政策是消极抗日、积极反共。因此，《新华日报》在大力宣传中国共产党建立的抗日民族统一战线的主张的同时，还要对国民党顽固派反共、限共等破坏团结抗战的行为进行揭露和抨击。如1939 年 8 月 13 日《新华日报》刊登了由叶剑英等起草的《追悼新四军平江留守通讯处遇害烈士启事》，文章揭露了国民党军杀害新四军、八路军干部的残忍暴行，对国民党的丑恶行为进行了强烈谴责，使人民了解了国民党顽固派的分裂阴谋和罪恶行径。

皖南事变后，国民党顽固派疯狂迫害共产党和民主进步人士，《新华日报》等进步报刊首当其冲，周恩来坚持进行"有理、有利、有节"的斗争。《新华日报》及时写了关于皖南事变真相的报道，结果被国民党新闻检查所全文扣押，不准刊登。周恩来领导报社的同志们严重抗议顽固派的罪行，与国民党当局据理力争，周恩来指示新华日报社坚决拒绝刊登国民政府军事委员会的反动通令，当他得悉《新华日报》关于揭露皖南事变真相的报道和社论被国民党新闻检查官扣押后，立即为《新华日报》题词："为江南死国难者志哀。"他还悲愤地写下一首名诗："千古奇冤，江南一叶，同室操戈，相煎何急！？"[1]他要报馆将题词手迹制版登在被扣去的稿件位置上，加快排版印刷，并积极组织出版发行。

1941 年 1 月 18 日清晨，载有周恩来题词的《新华日报》迅速售出，一天销量从平时的 1000 份猛增到 5000 份。周恩来及时揭露了事实真相，争取了舆论的支持，增加了国民党中的开明人士以及党外民主人士对共产党的同情和理解。当年 2 月 1 日，周恩来将南方局干部名单一份托叶剑英带回延安交陈云，并附致中共中央书记处信一件，列出了拟疏散人员名单，其中提到新华日报馆216 人，拟疏散到留四五十人，自今日起，日出报纸半张。[2]鉴于形势越来越严峻，南方局决定将《新华日报》的 40 多名工作人员转移到别处，以保存实力。撤离的人员一部分去了延安，一部分绕道香港经上海转苏北抗日民主根据地，他们后来都成为《新华日报》其他地方版的骨干力量。皖南事变发生后，周恩来还指示新华日报社社长潘梓年立即和记者石西民一起，连夜走访《新民报》《新蜀报》《商务日报》等报，向他们介绍事变的真相，希望各报在舆论上主持公道。《新民报》等没有附和中央日报社的假消息，从而使我党在皖南事变后很

---

[1] 周恩来的题词和诗刊登于 1941 年 1 月 18 日《新华日报》。
[2]《周恩来年谱（1898—1949）》修订本，中央文献出版社 1998 年版，第 502 页。

快在政治上占据有利态势，使国民党顽固派陷入孤立。《新华日报》还把国民党顽固派的其他各种破坏团结抗战罪行暴露在全国全世界人民的面前，争取了国内外舆论的支持，阻止了国民党向日寇的妥协投降。

总之，由周恩来等老一辈无产阶级革命家在河北涉县八路军 129 师部创办的机关报《新华日报》，是中国共产党在国民党统治区创办的唯一公开发行的报纸。从 1938 年 1 月 11 日创刊到 1947 年 2 月 28 日被国民党反动政府查封，在 9 年多的时间里，《新华日报》共出版 3231 期，发表了大量宣传中国人民英勇抗日的新闻报道和评论文章。周恩来既是该报的筹办人，也是报社的最高领导人，作为南方局书记，他准确地把握了宣传方向，使该报发挥出我党的政治传媒的特殊作用。周恩来确立了办报方针，为该报创办和生存及我党政治主张的宣传做出了卓越贡献。《新华日报》充分发挥出党媒的政治作用，向国内国外大力宣传了中国共产党的抗日救国主张，宣传和维护了抗日民族统一战线，团结了广大爱国民主人士。该报真实、及时、大量的战地报道，揭露了日寇的侵略罪行，鼓舞了中国军民的斗志和抗战到底的决心，动员了广大民众积极参加抗战，同时也孤立和抨击了国民党顽固派的消极抗日、积极反共的阴谋，维护了全民族团结抗战的局面，成为我们党在国统区的一个非常重要的政治传播平台。

（本文原载于《党史博采》2022 年第 8 期）

周恩来与抗日战争时期的南开

　　诞生于五四运动时期的南开大学，曾被国民政府教育部评价为"私立学校之中成绩卓著者"，但在抗日战争中经历了日寇轰炸，校园被毁，学校被迫南迁的艰苦磨难。作为南开最杰出校友的中国共产党著名领导人周恩来，在抗日战争中不但对统一战线的建立和巩固、对抗日游击战的开展、对国统区党组织的建设做出了不朽贡献，而且始终关心着母校的情况，对南开校长和校友做了大量统战工作。他积极动员和安排南开学子投身抗日，对南开校长张伯苓和校友吴国桢等人做了抗日宣传工作，团结了伉乃如等一批进步师生，支持南开校友曹禺从事进步话剧事业。抗战时期周恩来对母校所做的这些工作，是其为建立和巩固抗日民族统一战线所做努力的一个重要环节，对坚定教育界、文化界人士抗战信心，激发各界爱国热情，鼓励南开校友投身抗战，具有重要的作用和深远的历史意义。

一、南开校园被毁，周恩来对南开师生做抗日动员

　　诞生于五四运动中的南开大学有着光荣的爱国传统，这一光荣传统在抗日战争时期继续发扬光大。"九一八"事变后南开师生们组织了国难急救会，以实际行动支持长城抗战，慰劳前方将士。"一二·九"运动中，南开学子积极参加了反日爱国大游行。300多名南开学生还乘火车南下请愿，被阻沧州时，在寒冷和饥饿中坚持向车上旅客和车站附近群众宣传抗日救国的主张。

　　经过十几年的建设，20世纪30年代南开大学被国民政府教育部评价为"私立学校之中成绩卓著者"。但是，却在1937年7月底被日寇野蛮轰炸和焚毁，这是抗战时期中国第一所被日寇化为焦土的高等学府。

　　卢沟桥事变后，日军不断增兵向北平、天津发动进攻。迫于形势，7月下旬，南开大学决定进行疏散，紧急整理图书仪器运往租界，但由于受到日军阻拦仅运出一半。日寇认为南开大学是天津抗日的基础，遂于7月29日凌晨开始炮击位于市郊八里台的南开校园。当日下午，日军派出数十架飞机，集中对天

津市政府和南开大学等 6 个目标进行重点轰炸。30 日下午，百余日军乘数辆满载煤油的汽车闯入校园，他们抢走图书馆藏书，然后放火烧了图书馆和整个校园。一时间南开校园内的秀山堂、思源堂、图书馆、师生宿舍及邻近民房，尽在烟火之中，起火点 10 余处，烟云蔽天。这场劫难，使南开大学损失惨重，教学楼、图书馆、教师住宅和学生宿舍大部被毁，仪器设备全被破坏，大批珍贵图书遭洗劫，南开校钟亦被劫掠。

日军对中国知名高等学府的故意毁坏，招致了南开师生的强烈愤慨和国内外各界正义之士的一致谴责。正在南京的南开校长张伯苓，得知校园被焚毁的消息后，悲愤地向记者表示："敌人此次轰炸南开，被毁者南开之物质，而南开之精神，将因此挫折而愈益奋励。"7 月 31 日，蒋介石会见教育界著名人士张伯苓、胡适、梅贻琦等人时也表示："南开为中国而牺牲，有中国即有南开！"[①]茅盾、郭沫若等 56 名左翼进步作家，致电南开校长张伯苓及河北女子师范学院院长，表示悲愤和慰问。美国哥伦比亚大学教授基尔帕特里克向记者发表谈话说："日本在华之行为，实属无耻而愚蠢。天津南开大学被毁，不足使该校归于消灭，良以日军炸弹残酷手段之结果，适足使该有名之学府万古不朽。"[②]牛津大学、伦敦大学等英国 18 所大学的 170 名教授联名致电国民政府教育部部长王世杰，对日军在华轰炸平民及学校表示愤骇，对中国人民表示深切同情。

南开校园被毁后，部分进步学生和校内中共地下党员根据中共北方局的指示，分赴各地参加抗日。大部师生辗转南下，加入国立长沙临时大学。1938 年初又奉命迁往昆明，与清华、北大联合成立国立西南联合大学。在长沙临时大学和西南联大期间，亦有数以千计的南开师生投笔从戎，奔赴抗战前线。

南开大学最杰出的校友周恩来[③]在抗战爆发时任中共中央政治局常委、中央军委副主席，作为中共中央代表，正在为建立抗日民族统一战线到处奔走。七七事变第二天，中共中央就发出了《中国共产党为日军进攻卢沟桥通电》，号召各界团结起来，一致抗日。周恩来更是为促成第二次国共合作、动员民众抗日积极努力。对南开校园遭日军轰炸焚毁一事，现在虽然没有找到周恩来直接表态的材料，但他后来鼓励校友投身抗日，介绍进步学生去延安和对南开师生做的大量统战工作，可充分表现出他对南开的关心。

---

① 南开大学校史研究室编《不能忘却的历史——南开大学被炸 77 周年祭》，《南开大学报》2014 年 7 月 16 日（第 1240 期）。

② 南开大学校史研究室编《不能忘却的历史——南开大学被炸 77 周年祭》，《南开大学报》2014 年 7 月 16 日（第 1240 期）。

③ 周恩来 1913 至 1917 年在南开中学读书，1917 年 9 月至 1919 年 4 月留学日本，1919 年 9 月进入新成立的南开大学，是南开大学招收的第一届学生之一。

　　国民政府迁都武汉后，为有利于公共合作、团结抗日，周恩来出任了国民政府军事委员会政治部副主任，直接领导第三厅的工作。在周恩来的领导下，第三厅在抗日爱国宣传、启发民众觉悟、扩大统一战线方面做了大量工作，取得了卓越的成效。1938 年 5 月，南开校长张伯苓到武汉后，百余名南开校友聚会欢迎张校长。周恩来偕邓颖超出席了欢迎会。周恩来亲切地问候了张伯苓，并和校友一一握手。会间，张伯苓请周恩来向校友讲话。周恩来在讲话中分析了抗战形势，并指明抗战的前途，同时深情地回忆了在南开所受的教诲和南开精神的熏陶。他阐明："除严格之训练与优良之校风外，有二点至可注意：一为抗日御侮之精神，一为注意科学训练。"①

　　为了动员南开师生积极抗日，1939 年 1 月初，周恩来应邀出席了位于重庆沙坪坝的南开中学举办的校友座谈会。当他与邓颖超在校长张伯苓陪同下走进学校礼堂时，受到南开校友的热烈欢迎。周恩来在会上就统一战线、抗战形势与前途、青年在抗战中的责任等问题做了发言。他指出："我们全民族团结起来，建立了抗日民族统一战线，同日寇进行英勇顽强的战争，这在中华民族的历史上是空前的。在东方，在世界历史上也是伟大的！青年们一定要关心民族的存亡，在中华民族面临生死存亡的历史关头，要把天下兴亡担在肩上，要把民族的利益看得高于一切。凡是有利于抗战的事都要支持、拥护；凡是不利于抗战的事都要抵制、反对。"②

　　在发言中周恩来还深情地表示，他也是南开的学生，张校长是他的校长，在座的老师有的也是他的老师，能够回到母校与老师和同学见面，畅谈国家大事，感到十分高兴。他还结合实际对南开的"公能"校训做了新的解释："在当前，公，就是国家大事，就是抗战到底，取得最后胜利，把日本侵略者赶出我神圣的领土；能，就是学习，学好抗日的本领、建国的本领，打倒日本帝国主义，建设一个强大的国家。"最后，周恩来特别强调："抗战进入到现阶段的时候，摆在我们面前的许多新的困难正待我们去克服。而克服这些困难的主要有效方法，是真正切实动员和组织民众，尤其是青年群众帮助抗战。因此，青年在帮助克服困难，渡过难关这一目前主要任务上，是负有责任的。"他语重心长地告诫："青年人，书还是要读的，但是更要关心民族的危亡，要学习抗日救国的道理。在中华民族面临生死存亡的历史关头，我们青年人要把天下兴亡的责任担在肩上。"③

①　徐行主编《南开学者纵论周恩来》，天津人民出版社 2008 年版，第 26 页。
②　中共中央文献研究室编《周恩来年谱（1898—1949）》修订本，中央文献出版社 1997 年版，第 439 页。
③　《南开学者纵论周恩来》，天津人民出版社 2008 年版，第 507 页。

校友座谈会结束后，张伯苓设宴招待周恩来，作陪的有周和邓颖超的几个老同学，还有几位学生代表。当周恩来得知几位同学都是南开中学话剧团成员时，他十分高兴，并回忆起当年在学校演出新剧的情景，勉励这些同学用话剧的形式做抗日救亡的宣传工作。

1月9日晚，周恩来又出席了重庆南开中学举行的校友聚餐会。在会上发表了《抗战建国与南开精神》的演讲，"希望校友们发扬南开精神，继续为争取抗战胜利而努力奋斗。"①他精辟地分析了 18 个月来敌我双方的形势，明确指出："我们已打下抗战必胜的基础，而在争取胜利中又奠定了建国之基础。"他号召大家加强国内团结，反对一切挑拨离间和动摇悲观言行。他阐明南开传统的精神就是爱国与民主的精神，就是苦干实干的精神，他希望各位校友发扬此种可贵的南开精神为抗战建国而努力。

周恩来的讲话，不但使南开师生受到了团结抗战的教育和启发，而且在全民族抗战的新形势下将南开精神赋予了新的内容与活力，对南开校友起了鼓舞和动员作用。当时出版的《南开校友》杂志被读者要求多报道周恩来讲话，有南开校友致信说："周恩来先生屡次在校友会上做讲演，我们不但要知道这个消息，而且极需要知道演讲的内容。这次他讲《抗战建国与南开精神》，我们想象中他不但说明了抗战建国光明前途，而且更给南开精神作了进一步的发展，将南开精神和今日之抗战建国大业互相联系起来。这一切新的发挥，都是我们不得亲自与会聆听的校友所极盼望知道的。"②

二、做校长张伯苓的统战工作，并协助南开师生赴陕北

1935 年的"一二·九"运动，标志着中国人民的抗日救亡运动掀起了新的热潮。南开师生的抗日爱国运动引起了一直在关心着母校情况的周恩来的高度重视。1936 年 5 月 15 日，周恩来在瓦窑堡写了几封给师友的信。其中一封给张伯苓校长。他在信中表示："不亲先生教益，垂廿载矣。曾闻师言，中国不患有共产党，而患假共产党。自幸革命十余年，所成就者，尚足为共产党之证，未曾以假共产党之行败师训也。"③他在信中赞扬了张呼吁停止内战、一致对外的救国热忱，阐明了中共提出的"团结抗日"的主张。此后 10 余年间，周恩来对老校长做了大量团结、帮助、劝导、启发工作，两人一直保持良好关系，并共同为合作抗日做出了杰出贡献。

① 侯自新：《周恩来与南开大学》，《南开学报》1999 年第 5 期。
②《对〈南开校友〉提供一点意见》，《南开校友》第 4 卷第 6 期。
③ 中共中央文献研究室编《周恩来书信选集》，中央文献出版社 1988 年版，第 95 页。

全面抗战爆发前，张伯苓深知坚持爱国主义教育的南开已引起日寇仇恨，应在大后方有个回旋余地，于是 1936 年在重庆又建了一所南开中学。同年底"西安事变"发生后，张伯苓受孔祥熙之托给周恩来打电报希望和平解决。当得知西安事变真的和平解决后，张伯苓非常高兴，在学校大礼堂向师生报告这一喜讯，并特意提到："西安事变解决得这么好，咱们的校友周恩来起了很大作用，立了大功。"①

1937 年 2 月，周恩来在延安接待了天津一家英文报刊（《华北明星报》）的外国记者的采访。他说："我在天津南开读中学、大学。这个学校教学严格，课外活泼，我以后参加革命活动是有南开教育影响的。请你回到天津后，在南开大学张伯苓校长前代我问候。"②

1937 年 7 月 13 日，周恩来为与蒋介石谈判国共合作事宜来到庐山，见到了张伯苓。周恩来对张拥护抗战的言行表示赞赏和支持。翌年 5 月，张伯苓到武汉为南开募款时，曾请周恩来和南开校友、时任武汉市市长的吴国桢以及何廉、范旭东等人吃饭，共同商讨南开建设和发展问题。张伯苓还在武昌中华大学的演讲中说："我在北方，经常想到华中，想到华中，就想到'中华'……中华大学有恽代英，南开大学有周恩来，这都是杰出的人才，是我们两校的光荣！……最近，我乘船过三峡，过滩时，船上和坡上的人同心协力动手绞滩，平安渡过险关，我有感如此。回来，写了信给周恩来同学，我说国共两党只有同舟共济，协同努力，战胜恶浪，才能冲破难关，获得胜利！"③

1938 年底，周恩来作为中共代表团负责人和南方局书记常驻重庆后，与南开校友和南开师生的接触更多了。当时张伯苓是国民参政会副议长，居住在重庆沙坪坝南开中学内的教职员宿舍——津南村。周恩来为广泛团结爱国人士抗日，经常到这里去。他多次看望张伯苓，与他谈抗战形势，谈国共关系，阐述共产党的主张，继续做张的统战工作。每逢张伯苓生日、校庆、年节，他都赶到张伯苓家祝贺。1939 年春，周恩来外出到浙江、湖南、广西等地视察工作，还托人送花篮祝贺张伯苓 64 岁寿辰。

在政治观点上，周恩来对张伯苓及其周边人总是耐心劝导，从不强加于人。张伯苓曾谈道："在重庆参政会，会上意见不一样，常常是吵吵闹闹，我发表意见，有的参政员不同意。"但周恩来与他们不同，"他听我的发言，同意的就笑眯眯地点头说：校长讲得好。有的时候就笑笑不发言，尊重我，他是我的好学

---

① 龙飞：《周恩来与严范孙、张伯苓的师生情》，《中华读书报》2013 年 5 月 15 日。
② 侯自新：《周恩来与南开大学》，《南开学报（哲学社会科学版）》1999 年第 5 期。
③ 吴先铭：《陈时与中华大学的几个片断》，《武汉文史资料》1983 年第 3 辑。

生嘛！"①剧作家曹禺曾回忆他和周恩来一起去看望张伯苓的情景。当时张伯苓留他们一起用餐，张伯苓的胞弟、时任南开大学教授的张彭春作陪。席间，张彭春对共产党的一些主张提出批评。周恩来认真倾听，耐心解释说明。周恩来以理服人的处世风格给曹禺留下深刻的印象。②

在团结抗日问题上，周恩来和张伯苓的主张是一致的，他们合作的一个重要成果是输送了一批优秀南开师生奔赴抗日前线。抗战时期，张伯苓多次致函周恩来，介绍南开进步学生赴陕北参加抗日。如1937年12月16日，张伯苓致信周恩来道："翔宇贤弟大鉴：兹有南开校友杨作舟君原任所得税事务处湖北办事处收发主任，近以国家危急，投笔杀敌，赴陕北工作。用特专函介绍，即请为委用。"1938年1月16日，张伯苓再次致函周恩来道："翔宇贤弟鉴：兹有南开校友罗君沛霖③愿到贵军作无线电设计制造及修理工作。查罗君于1931年由南开中学毕业后考入上海交大电机工程科。1935年在交大毕业后即服务广西第四集团军无线电工厂，旋入上海中国无线电业公司工作。为人聪明干练，学历极佳。爰驰书介绍，希酌予任用是幸。"

1938年4月22日，张伯苓在收到周恩来赠送的照片后，又为南开大学助教傅大龄欲赴陕北介绍说："翔宇贤弟鉴承：赠玉照经何先生转交收到，谢谢。兹有南开大学毕业生傅大龄君，曾担任母校物理助教数年。人极诚笃，作事努力。现拟赴陕西投效，俾积极参与救国工作。苓特为介绍，即望赐与接洽，并酌量委派工作是所至盼。"同年6月9日张伯苓再次致信周恩来，介绍上海实业家刘鸿生之子赴陕北参加抗日工作。

1939年7月，周恩来坠马跌伤右臂，张伯苓得知后，8月18日致函问候。并顺便介绍一南开中学的教师去陕北："翔宇贤弟惠鉴：顷接覆电，悉尊伤未能即愈，不胜惋惜，惟远祝吉人天相，早日获痊。并祈好自摄护，为国珍重。颖超闻已前往，谅早已到达，伤势日来如何，请随时示知，以免悬注。兹有李梦九君，曾在南中任教，不日将有陕北之行，李君对于贤弟，心仪已久，届时拟踵寓晋谒，藉聆謦咳，特为介绍，希即进而教之是幸。"④

在张伯苓校长的推荐下和周恩来的精心安排下，许多南开师生奔赴陕北，参加抗日斗争，在西南联大期间，出现过3次较大规模的从军热潮。有些南开学子还壮烈牺牲在战场。

---

① 张晓唯：《教育与政治：南开校长张伯苓与国民政府》，《南开教育论丛》2014年第1期。

② 侯自新：《周恩来与南开大学》，《南开学报》1999年第5期。

③ 罗沛霖在新中国成立后曾任机电部科委副主任，当选中国科学院院士。

④《南开学者纵论周恩来》，天津人民出版社2008年版，第503-509页。

抗战胜利后，周恩来仍与张伯苓保持着良好关系。1945 年国共重庆谈判期间，周恩来陪同毛泽东于 9 月 6 日下午赴沙坪坝津南村看望了柳亚子、张伯苓。①他们肯定了张伯苓为中国教育事业和团结抗日做出的贡献。新中国成立前夕，周恩来设法托人捎信给张伯苓，让他留在了大陆。

三、团结南开校友一同抗战，支持进步文化事业发展

中共抗日民族统一战线政策确立后，周恩来积极团结各界人士包括昔日南开校友一同抗战。1936 年 5 月 15 日，周恩来在瓦窑堡写了几封给师友的信。其中一封是写给昔日南开教师时子周②的。时子周当时是国民党候补中央委员。周恩来在信中阐明了中共"停止内战，一致抗日"的主张，希望他"广布斯旨于华北，求得抗日战线迅谋建立"。③

抗战时期，周恩来积极联系在武汉、重庆等地的南开校友和师生，团结他们一起抗日。他经常去重庆沙坪坝南开中学内的教职员宿舍——津南村。他有时到他的同学、南开化工研究所所长张克忠家，有时到他的老师伉乃如家，然后去拜访老校长张伯苓。

周恩来与南开教师中关系最密切的是伉乃如（1890—1947），周对他们一家十分信任。伉乃如原是南开的化学教员，后任校长秘书兼大学注册课主任，曾给周恩来授过课，对周恩来非常器重。周恩来临赴欧留学前，曾将自己的一些物品寄存到伉家。南开校园被日寇焚毁后，伉乃如一家搬到重庆津南村，周恩来成了他家的常客。1941 年，周恩来还出席了伉乃如长子伉铁儁的婚礼，并即席讲话祝福新人。1944 年，伉乃如的长孙出世时，周恩来也亲莅祝贺。

当皖南事变形势紧张时，周恩来在南方局内部做了充分的应急准备，以防不测。他派邓颖超携带重要物品在一个夜晚到伉乃如家，对他们说："我和恩来随时都可能被捕，我这里有一个小瓷盒交给你们，希望你们能给我保存好。盒内有周恩来获得的勋章和我母亲的手表。"伉家对此重托视为最大的信任，一直将此盒精心保藏到天津解放。④

抗战胜利后，伉乃如将回天津主持复校工作，周恩来专门到津南村与之告别。伉返津后旧疾发作，拖着重病之躯还和南开校友常策欧一同到警察局为周

---

①《周恩来年谱（1898—1949）》修订本，中央文献出版社 1997 年版，第 633 页。

② 周恩来在南开读书时，时子周是南开教师；周恩来加入南开新剧团时，时子周为团长；他们还一起参加了五四运动。

③《周恩来书信选集》，中央文献出版社 1988 年版，第 93 页。

④ 侯自新：《周恩来与南开大学》，《南开学报》1999 年第 5 期。

恩来的弟弟①出面担保。周恩寿获释后到伉家致谢时，伉乃如已病逝。②这些事充分反映了周伉两家的亲密关系和团结互助的真情。

在昔日南开同学中，周恩来抗战时期接触最多的是吴国桢③。吴是比周恩来低一年级的南开中学同学，抗战时期先后任汉口市市长和重庆市市长，周恩来作为中共代表团的负责人对他做了大量团结工作和统战工作。据吴国桢回忆，1937 年年底的一天"当我下班回家时，我妻子突然告诉我说，周恩来来过了，并留下一张名片。当然，我立即去了他的总部，有了我们第一次的团聚，彼此间很有礼貌"。1938 年 5 月，吴国桢宴请了周恩来及魏文翰、施奎龄等校友。此后不久，周恩来又回请了吴国桢夫妇，据吴回忆："我们吃到了汉口能有的最好最贵的一餐，他自己带来的酒也是最好的。"④

周恩来与吴国桢的交往绝不是单纯的叙旧，他是在利用各种机会宣传共产党的抗日方针，巩固和扩大统一战线。汉口失守前，周与吴多次会面，两人的关系是真诚和友好的。当八路军总指挥朱德到汉口时，周恩来还特意安排他们三人的会面，他们一起商谈了共同抗日的一些问题。

1938 年 10 月下旬，汉口陷落前夕，周恩来曾打电话给吴国桢，希望吴和他一起走，吴婉言谢绝了。据吴回忆："他明白我的暗示，再也没同我联系。如果周曾有过要将我招为共产党人的想法，就是在此时打消的。于是我们再次分手，最后都到了重庆。"在重庆期间，周恩来仍与担任重庆市市长的吴国桢保持联系。据吴回忆："每逢中国节日，他会给我家留名片，我也给他的住地留名片，除了在公共场合或开会，我们再也没有（私下）见面。"⑤

周恩来虽与吴国桢有昔日同学之友谊，但在大是大非问题上，坚持原则，绝不含糊。1941 年 1 月皖南事变后的一天，周恩来拿着《新华日报》来到张伯苓家，恰好伉乃如、吴国桢也在座。周恩来一边把载有他写的"千古奇冤，江南一叶，同室操戈，相煎何急"抗议诗句的《新华日报》分给每个人，一边十分气愤地说："你们看看这千古奇冤！我新四军近万名英勇将士没有战死在抗日沙场上，竟饮恨于皖南事变的伏击中。国民党的一些人，用心何其毒也！"吴国

---

① 1947 年周恩来的弟弟周恩寿受党组织安排，秘密运送物资，因邻居告发而被捕。几个月后，在伉乃如等人担保下获释。

② 龙飞：《周恩来和伉乃如的情谊》，《南开大学报》2014 年 7 月 16 日。

③ 吴国桢（1903—1984），字峙之，湖北建始人，1914 年考入天津南开中学就读，后留美获普林斯顿大学博士，曾任武汉市市长、重庆市市长、外交部政务次长、台湾地区宣传事务主管部门部长、行政管理机构政务委员等职。1953 年受蒋介石排挤前往美国，1984 年受邀回中国大陆观光，未及成行，因病去世。

④ 吴国桢：《我所知道的周恩来》，光明网 2014 年 11 月 5 日。

⑤ 吴国桢：《我所知道的周恩来》，光明网 2014 年 11 月 5 日。

桢进行辩解。两人越争越凶，张伯苓从中调和说："我看多晚你们两个不吵了，中国就好了。"周恩来严肃地反驳道："这不是我们两个人的问题。"在原则问题上，周恩来是不会让步的，哪怕是对自己的老师、同学或校长。①

1945 年重庆谈判期间，周恩来还邀请吴国桢夫妇吃饭。1946 年，吴国桢当上海市市长时，周恩来与他还在南京和上海会过面。蒋介石发动内战后，周恩来就与他分道扬镳了。

抗战时期，周恩来除了做南开校友的统战工作、团结抗战工作外，还积极支持南开校友开展抗日文化事业。在这方面，曾在南开中学、南开大学读过书的戏剧家曹禺深深受益。

周恩来和曹禺都是南开学生，但因年龄差距以前并不相识。抗战时期他们在重庆交往频繁，周恩来对曹禺的话剧作品给予了积极的支持。曹禺在重庆创作的《蜕变》《北京人》和《家》，在公演之初曾遭到一些人的非议，周恩来从艺术和政治的角度提出了自己的看法和意见，对曹禺帮助很大。如 1940 年，对曹禺创作的话剧《蜕变》，有人批评说剧本中塑造的梁专员那样的好官还不曾找到。但周恩来认为：国民党内若无梁专员这种人，我们在国民党内就得不到支持者。曹禺希望现实中有梁专员这样的好官，反映的正是广大人民的愿望。这是我党影响日益扩大的结果。②

又如 1941 年，曹禺的《北京人》问世后，由于剧本描写一个封建大家庭没落、瓦解的故事，有人指责曹禺不够进步。周恩来看了《北京人》的演出后认为该剧具有反对封建主义的内涵和艺术上的成就，并召集南方局文委的同志对该剧进行了讨论，让他们在《新华日报》上发表了正面评论文章，回答了一些人对《北京人》与抗战无关的批评。在《北京人》第二轮演出后，周恩来邀请曹禺到曾家岩 50 号叙谈，赞赏他在剧中对封建家庭崩溃的描写，说该剧是一部反封建的力作。同时，提出了一些修改意见，请曹禺自己考虑，并告诉他如果改起来有困难也不要勉强。

1943 年，曹禺改编的巴金名著《家》在重庆公演，深受群众欢迎，创造了抗战时期重庆剧场演出最高纪录，周恩来对该剧的公演给予了积极的支持。他不仅赞赏《家》的剧本与演出，他对在剧中扮演瑞珏的张瑞芳说："你和觉新的戏，我和你们的邓大姐都喜欢。"③这一时期，周恩来对南开校友曹禺从事话剧创作的鼓励，实际上是对全国抗日文化事业支持的一个缩影。

①　侯自新：《周恩来与南开大学》，《南开学报》1999 年第 5 期。
②　石曼：《抗战时期周恩来与曹禺的交往》，《红岩春秋》2010 年第 3 期。
③　石曼：《抗战时期周恩来与曹禺的交往》，《红岩春秋》2010 年第 3 期。

四、结语

南开大学自创办以来，最显著的特征就是与国家和民族的命运紧密相连。"允公允能，日新月异"是南开的校训，也反映了南开师生的爱国主义精神。经过抗战烽火的洗礼，南开精神不断升华。在艰苦卓绝的抗日战争中，南开师生弘扬了光荣的爱国主义传统，积极投身于抗日前线，为反对侵略、捍卫民族独立做出了不朽的贡献。周恩来作为南开最著名的校友，在抗日战争中做出了自己独特的杰出贡献。他不但在建立和巩固抗日民族统一战线，指导敌后抗战，支持抗日文化事业的开展，恢复和健全国统区中共党组织等方面做了大量工作，而且还在动员南开师生参加抗战，安排南开校友奔赴陕北，做校长张伯苓和校友吴国桢等人的统战工作，团结伉乃如等进步师生，支持曹禺的话剧创作等方面做了大量工作。

整个抗战时期周恩来始终关心着母校南开的发展。他的辛勤工作不但为南开精神和南开光荣的爱国传统增添了光彩，更是为团结全国各界尤其是教育界人士一致抗日增添了力量。他在南开师生中开展的宣传动员工作和团结抗日工作，是其在抗战时期致力于国共合作的一个重要环节。他对南开校友开展进步话剧事业的鼓励和支持，是其努力推动全国抗日宣传高潮，促进全国抗战文艺发展的一个重要方面。他宣传了共产党的抗日主张，鼓舞了南开校友的斗志，坚定了全校师生抗战必胜的信心。他对南开师生做的大量工作有助于巩固和发展抗日民族统一战线，进一步奠定了夺取抗战胜利的群众基础。

抗战时期周恩来对南开校友和师生开展的动员、团结和统战工作，展现了其杰出的组织才能、统战才能和人格魅力。他以中共代表团负责人和国民政府军事委员会政治部副主任的双重身份与南开校长、国民参政会副议长张伯苓，与先后任武汉市市长、重庆市市长的吴国桢等人进行了较好的合作，在他周围团结了伉乃如等一批南开进步师生。周恩来对母校师生所做的这些动员、团结和引导工作，是其为建立和巩固全国抗日民族统一战线所做努力的一个重要环节，对坚定教育界、文化界人士抗战必胜的信心，激发各界爱国热情、鼓励校友以各种方式投身抗战，具有重要的作用和深远的历史意义。周恩来杰出的统战思想和高超的统战艺术给我们留下了一笔宝贵的精神财富，对我们今日扩大和发展爱国统一战线仍有重要启迪。

（本文原载于《党史博采》2020 年第 7 期）

周恩来三次视察南开及发展高等教育的主张

　　20 世纪 50 年代周恩来总理虽然日理万机，但他仍在百忙之中 3 次视察过南开大学，并在视察南开时以及在视察其他院校时提出了一系列发展新中国高等教育事业的正确主张。

　　周恩来第一次视察南开是 1951 年 2 月 24 日上午 10 时左右，周恩来在吊唁了南开老校长张伯苓后，在时任天津市市长黄敬等人的陪同下，视察了南开大学和南开中学。周恩来对张伯苓的一生做了客观评价，并对自己在南开受到的教育和成长情况做了正确评价。他对南开中学的师生说："南开中学是我的母校，我那时接受的是资产阶级教育，但我也学到一些知识，锻炼了办事能力。以后我参加了革命，学习了马列主义，并在长期革命中受到锻炼，思想认识提高了，革命意志更坚强了，工作能力更加提高了。所有这些都是中国共产党长期培养、教育的结果。"[①]周恩来在南开大学听取了学校秘书长黄钰生介绍学校情况，参观了工学院机械学系的实习工厂和研究所，对闻讯跑来欢迎的 100 来名大学生发表了简短的讲话，希望他们好好学习，学以致用。

　　周恩来第二次视察南开是 1957 年 4 月 10 日，周恩来陪同波兰代表团到天津访问，视察了天津大学和南开大学，并给天津 6 所高校 15000 多名师生发表了讲话。他勉励同学们要艰苦奋斗，克服困难，"未来是属于你们的。怎样才能使未来属于你们呢？那就要你们比我们老一辈子的人负起更重大的、更艰巨的责任，工作比我们做得更好"。针对学生面临的困难，周恩来指出："在青年同学面前将会出现另一种性质的困难，跟过去革命时候的困难不同，是建设中的困难。"他"殷切期望青年一代今后有勇气克服这些困难"。[②]

　　周恩来第三次视察南开是 1959 年 5 月 28 日，周恩来用了一整天时间视察母校南开大学，几乎走遍了南开园的每个地方。28 日上午 9 点 45 分，周总理

---

① 中共中央文献研究室编《周恩来年谱（1949—1976）》上卷，中央文献出版社 1997 年版，第 132-133 页。
② 《周恩来年谱（1949—1976）》中卷，中央文献出版社 1997 年版，第 32 页。

和邓颖超同志在河北省委第一书记林铁、书记处书记张承先、天津市委书记处书记王亢之、市委教育部部长梁寒冰等人陪同下，先来到了第一教学楼，听取学校党委书记高仰云、教务长吴大任、副教务长滕维藻等学校负责人的汇报。当了解到1959年的高等学校招生办法是分两批录取，南开大学放在第二批影响招生，因学校主要在河北省招生影响质量这个问题后。周总理让他的秘书记下来，与高教部联系，后来这个问题得到了妥善解决。①听完学校负责人的汇报后，周恩来走到图书馆东侧的欢迎会场，对3000多师生做了亲切热情的讲话。当天中午1时许，周恩来在南开职工食堂吃了窝头和炒萝卜，外加2分钱的咸菜做午餐。下午周总理视察了第二教学楼化学系高分子教研室、物理系资料室和实验室、经济研究所、学生宿舍、校图书馆，与许多师生做了亲切交谈，直到下午6点才离开学校。②

当年周恩来对南开大学和其他大学的多次视察，反映了其对发展新中国高等教育事业的深入思考和正确的主张。作为新中国的开国总理，他对全国各等级的教育事业的建设和发展都很重视，对新中国的高等教育事业尤其重视。周恩来担任国务院总理26年，视察过20多所大中小学，其中高校占了绝大多数，一共十七八所，专门来过南开大学3次，反映了他对南开大学的发展格外关心，1959年5月28日的第三次视察，从上午9点45分进入南开园，到下午6点离开，中间除了去天津大学一个多小时，在南开视察七八个小时，这在周恩来一生紧张的工作中是很少见的。

从周恩来视察南开大学和其他高校时发表的多次谈话中，我们可总结、领悟和学习他关于发展新中国高等教育的主张。他的正确思想主张至今对我们办好新时代的大学仍有重要指导和启示意义。其核心主张主要包括五个方面内容.

一、国家建设急需各类人才，要加强对高校支持和师资培养

新中国成立后周恩来为高等教育的发展倾注了大量心血。早在1951年，周恩来就清醒地看到，"人才缺乏，已成为我们各项建设中的一个最困难的问题。不论在经济建设，国防建设，还是在巩固政权方面，我们都需要人才"③。在党的八大上，周恩来更明确地指明了教育工作的任务，"为国家培养各项建设人才，首先是工业技术人才和科学研究人才，是教育工作的首要任务"④。

---

① 薛进文主编《周恩来与南开》，南开大学出版社2022年版，第179页。
② 《周恩来年谱（1949—1976）》中卷，中央文献出版社1997年版，第230页。
③ 中央教育科学研究所编《周恩来教育文选》，教育科学出版社1984年版，第34页。
④ 《周恩来教育文选》，教育科学出版社1984年版，第140页。

我国实施第一个五年经济建设计划时，重工业是国家建设的重点，资金十分紧张，而周恩来在主持 146 次政务会议时仍然提出："今后，教育事业要有很大的发展，国家对教育事业的投资要超过任何一个工业部门。"①并要求有关部门认真落实，从各方面挤出经费来支持教育。

周恩来特别关注师资培养，为培养大量人才提供人力支持。1953 年 11 月，周恩来主持政务院第 195 次会议通过了《关于改进和发展高等师范教育的指示》②，明确了发展高等师范教育的方针、原则、任务。明确规定凡有条件的高等师范学校，都应有计划地大力培养新师资。

在院系调整过程中，为了培养一些专门人才，周恩来指示有关部门在北京西郊（今海淀区）建设了"学院区"，统一建设了"八大学院"，即今天的中国地质大学、北京航空航天大学、中国矿业大学、北京林业大学、北京大学医学部、北京科技大学、中国石油大学、中国农业大学，这些大学专业性都相对较强，不仅在当时，即使是今天仍然在为我国培养大量专业性人才。

为了改变中西部大学布局不合理的情况，在周恩来的关心下，1957 年内蒙古大学成立。在该校筹建期间，他批示从北京大学、南开大学、复旦大学、南京大学等高等院校中选调 100 多名教师并调拨部分图书资料、仪器设备予以支持。

1961 年，周恩来主持起草制定"高教六十条"，（即《中华人民共和国教育部直属高等学校暂行工作条例（草案）》），制定了一套较为规范的高等教育办学章程，为当时乃至当今高等教育的健康发展提供了有益的经验。③在这个高等教育的纲领性文件中明确体现出周恩来的教育理念："高等学校的基本任务，是贯彻执行教育为无产阶级的政治服务、教育与生产劳动相结合的方针，培养为社会主义建设所需要的各种专门人才。"

二、高等教育要立足社会需要，培养又红又专的全面型人才

高等学校要培养德、智、体、美全面发展的社会主义建设人才。早在 1953 年，周恩来就对大学生提出了"三好"的要求，即身体好、学习好、纪律好。④周恩来一贯重视人才的全面发展，认为国家需要的是有社会主义觉悟的、有文化的、身体健康的建设者，因此他在强调提高高等教育教学质量、提高广大师

---

①《周恩来年谱（1949—1976）》上卷，中央文献出版社 1997 年版，第 251 页。

②《周恩来教育文选》，教育科学出版社 1984 年版，第 92 页。

③《周恩来年谱（1949—1976）》中卷，中央文献出版社 1997 年版，第 429 页。

④《周恩来教育文选》，教育科学出版社 1984 年版，第 81 页。

生的知识水平的同时，还十分关心他们的身体状况、思想教育工作，他曾明确地指出，"每个人要在德、智、体、美等方面均衡发展"。

周恩来特别强调青年学生及广大知识分子要不断改造自己的思想，通过对自己主观世界的改造，把自己培养成为一个对国家、民族、社会有用的人。周恩来还提醒青年学生对传统文化不能全盘否定，要在批判的基础上继承和发展，学习中华民族的优秀传统文化，这样才能不断完善自己的人格。

周恩来还注意到对高等院校毕业生就业观的引导问题。1950年，他就出席了教育部为统一分配北京各大学毕业生的工作在辅仁大学举行的动员大会。他在讲话中指出，毕业生工作的方向，应该是走向新生的方向，只有向着新生的方向，才能看到远大的前途。毕业生在看待分配的工作时，不能只看到今天，还要看到将来的发展。他号召同学们，"党和政府把我们的工作岗位摆在哪儿，我们就应该愉快地接受，自觉地接受考验和锻炼，自强不息，努力为人民工作"①。

1963年7月，周恩来出席了北京市委为高等、中等学校毕业生和归国留学生举办的报告会。在会上他结合社会主义的教育方针，进一步阐明青年学生从学校走向社会，是一个新的开始，要在实践中不断改造自己，完善自己，要继续发扬奋发图强的精神、发扬集体主义精神。把集体的利益放在第一位，青年人才能在自己的工作岗位上实现自己的人生价值。这个观点在今天也是我们要大力提倡的。②

周恩来还提出高等教育的发展要处理好"红"与"专"的关系。他认为"红"与"专"二者不可偏废。但当时在高校的实际教学过程中，却往往片面强调政治上的"红"，而忽视学习上的"专"。对此，1961年6月19日，周恩来在文艺工作座谈会和故事片创作会议上发表讲话时，表明他的主张是应该又红又专，"红与专、论与史、文与道，都不能偏废"。他强调："学习政治我赞成，但是要精通业务，不能占用钻研业务的时间。"③"文革"前夕，他在接见我国在罗马尼亚学习的留学生时又一次提到要正确认识和处理好"红"与"专"的关系，对当时存在的"红而不专"的倾向予以批评。④他要求学生，既要学好专业知识，这样才能为祖国建设做出贡献；同时还要学好政治，要有坚定正确的政治方向，站稳立场，做到"又红又专"。

---

①《周恩来教育文选》，教育科学出版社1984年版，第13页。

②《周恩来教育文选》，教育科学出版社1984年版，第206页。

③《周恩来选集》下卷，人民出版社1984年版，第342-343页。

④《周恩来教育文选》，教育科学出版社1984年版，第229页。

三、要关心和支持科技发展，重视培养尖端科技人才

科学技术是第一生产力。周恩来清醒地认识到要在旧中国留下的烂摊子上进行建设，必须先打好科学技术基础。他深知科学是关系国防、经济和文化各方面建设的决定性因素，他明确提出，在社会主义时代，比以前任何时代都更加需要充分地发展科学和利用科学知识。20世纪50年代中期他代表党中央发出了"向科学进军"的伟大号召，提出："我们必须急起直追，力求尽可能迅速地扩大和提高我国的科学文化力量。"周恩来主持制订了我国第一、第二个发展科学技术的长远规划，他明确地提出了"建成社会主义强国，关键在于实现科学技术现代化"[①]的正确主张。

周恩来十分关心和支持高等院校设置与科技相关的专业，推进科学技术的发展。1955年，周恩来批准调北京大学、浙江大学的胡济民、东北人民大学、复旦大学的朱光亚等在北京大学创办技术物理系。不久，又批准在清华大学创办工程物理系。他又指示高等教育部会同中国科学院从派往苏联、东欧的留学生中选调300名学生转入原子能相关专业学习，这些人当中很多都成了发展我国核科学技术和研制核武器的骨干。我国科学技术取得今天的成绩，周恩来功不可没。

为了大力培养尖端科技人才，周恩来提出要增加高等学校这方面的招生名额。1955年7月9日，他主持国务院汇报会议，听取本年度毕业生分配和新生招收标准等问题的汇报，并做出有关规定。[②]他要求高等学校的科学研究工作，应该有计划、有重点地进行。教学研究室应该有比较固定的科学研究方向。科学研究计划要力求把国家的需要同教师本人的专长结合起来，鼓励不同学派和不同学术见解的自由探讨。高校应该支持教师根据本人的特长、志趣和学术见解自由选题，进行研究，并且在工作条件上尽可能给予帮助。对学术上造诣较深的教授，高校还可以为其配备研究工作的助手。

此外，周恩来还注意到研究生培养的问题，1956年在党的八大上，他分析了当时在发展和提高高等教育方面所面临的困难，提出可以从高校毕业学生中抽调适当数量的优秀学生，培养更多数量的研究生，并且有重点地选派高校毕业生和教师出国学习当时国内缺乏的学科，以增加师资。他还特别提到，高校的图书和仪器一般都还不够，应该逐步地加以补充。[③]这些学校在发展中所必

---

① 《周恩来选集》下卷，人民出版社1984年版，第412页。

② 《周恩来年谱（1949—1976）》上卷，中央文献出版社1997年版，第493页。

③ 《周恩来教育文选》，教育科学出版社1984年版，第141页。

需的校舍，也应该加以解决。1957 年，他在主持国务院全体会议时，通过了《关于高级脑力劳动者食用植物油补助供应的规定》，给高级知识分子每人每月补助 1.5 斤植物油。这些措施体现了周恩来对科技事业和科技人才培养工作的重视与关怀。

四、鼓励大学生抓紧学习、学以致用，担负起时代重任

1951 年 2 月，周恩来第一次视察南开大学时，与师生进行了简短谈话，殷切地告诫同学们说："现在，南开中学变了，你们生活在毛泽东时代真是幸福。希望你们好好学习，认真锻炼。学了为用，学了就用，为工农服务，为国家经济建设和文化建设服务。你们一定会比我们学得好，祖国的希望寄托在你们身上。"[①]

1957 年 4 月，周恩来陪同波兰政府代表团再次来到天津，视察了天津大学和南开大学，向师生做了较长的讲话。他勉励同学们在学校里完成学业后，到社会上去要继续学习，继续在工作中学习，在实践中不断丰富知识。他对在场的同学说，能够进入大学学习是非常难得的机会，"你们求得了高等知识，要进入社会为人民服务，首先你们应该想一想，怎样能够完好地解决六万万人的问题，也就是说怎样为六万万人建设社会主义社会的问题"。他提醒青年学生，在社会主义的建设事业中，困难还会更多，青年学子不要把事情看得太简单、太容易，社会主义的青年学生，不应该怕困难，而应该准备能力去克服更多的困难，以便能够担当起今后建设社会主义的重大任务。他鼓励大学生们："未来是属于你们的，你们要能够比我们更好地创造未来的世界，要比我们老一辈子的人负起更重大的、更艰巨的责任，工作比我们做得更好，这样才能够使未来真正属于你们，而你们才不致于为未来所抛弃。"[②]

1959 年 5 月，周恩来偕邓颖超第三次视察南开大学，向师生作了即兴讲话。他提出，在青年中应该"提倡讲建设，讲积累，讲贡献；不能提倡讲享乐，讲消费"，他还告诉同学们"看问题，想问题，都要从我国有六亿五千万人民这个根本观点出发"，青年学子应该学会"正确处理国家、集体、个人三者之间的关系，正确处理目前利益和长远利益的关系，从而树立起革命的人生观、世界观"。[③]周恩来叮嘱在场的大学生"要珍惜你们的宝贵青春，珍惜这伟大的时代，努力学习！"这不但是对南开学生的教诲，也是对全国青年学生的勉励。他要求：

---

① 《周恩来年谱（1949—1976）》上卷，中央文献出版社 1997 年版，第 133 页。
② 《周恩来与南开》，南开大学出版社 2022 年版，第 175 页。
③ 《周恩来与南开》，南开大学出版社 2022 年版，第 185 页。

"南开在新的时代有新的校风，有新的教学重点，要保证质量，真正能够很好地为社会主义服务，为将来的共产主义服务。"①

五、提倡高等教育要走教学、科研、生产相结合的道路

周恩来一贯主张教育教学要注意与生产劳动相结合，各高校要从实际出发，注重培养学生的动手能力，各大学要创出特色，办出水平。

1955 年周恩来在云南大学视察，他对学校负责人说，"要为边疆的研究工作提供条件。经费不够，报到中央，我们解决。"学校要根据云南的特点，设置不同的专业，不要一般化，比如云南动植物种类多，可以好好研究。同时也要研究热带病，特别要注意少数民族的疾病的防治工作。同时，他对学校研究人员提出，要到少数民族地区去调查研究，搜集一手材料，加强少数民族历史的研究，特别要研究少数民族对国家所做出的贡献，要帮助少数民族同胞发展生产，同时帮助他们提高科学文化水平。

1958 年 8 月，周恩来参观了清华大学应届毕业生的毕业设计展览会，他对毕业生发表简短讲话指出，希望你们到工作岗位上去更加把党的学习和劳动结合、教育和生产结合的方针联系到实际中去。一生都要使学习、工作、生产永远结合在一起，既是一个有文化的劳动者，又是一个能够使脑力劳动和体力劳动结合的社会主义分子。他勉励同学们"做把学习、工作和生产结合在一起的共产主义劳动者"②。

1959 年底，周恩来在东北三省协作区会议上阐述了教学、科研、生产相结合的一体化主张。他认为，人才不是一年两年能够培养出来的，而要一天天教育出来。要打破过去的陈规，实行"一主、二从、三结合"的方法。他进一步解释说，工厂企业、教育机关、研究机构都要搞生产、教育和科学研究，各以本业为主，以其余二业为从，三业结合起来。企业就以生产为主，但是可以办学校、搞研究，而且应该办学校、搞研究，这就是以生产为主，教育、研究为辅；学校里也可以办研究所和附属车间，以教育为主，以生产、研究为辅；再就是研究机构，以研究为主，但也可以办学校，办附属车间和附属工厂，也是一主二辅。这样，我们办学校的、搞生产的、搞研究的就多起来了，教育和科学的发展就会更快。他提出当前的主要任务之一是"加快建立强大的自然科学技术队伍和社会科学理论队伍"③。

---

① 《周恩来与南开》，南开大学出版社 2022 年版，第 182 页。
② 《周恩来年谱（1949—1976）》中卷，中央文献出版社 1997 年版，第 163 页。
③ 《周恩来年谱（1949—1976）》中卷，中央文献出版社 1997 年版，第 275 页。

　　1962 年 6 月，周恩来到东北考察，先后视察了延边大学、延边医学院和延边农学院。他鼓励师生扎根边疆、建设边疆，用辛勤的劳动，为社会主义服务，为子孙万代造福。1964 年 12 月，周恩来在三届人大的《政府工作报告》中，正式把"教学、科研、生产三结合"作为政府的指导方针提了出来。他指出，要以国家建设为中心，科研工作要为推动经济增长、促进现代生产力的发展服务，教学工作要根据经济和科技发展不断更新充实教学内容，提高教学质量，充分发挥教育为科技发展打基础和提供专门人才的作用。

　　周恩来在三次视察南开大学以及在视察其他院校时提出的一系列发展新中国高等教育的思想主张，留给我们一笔宝贵的精神财富。今天，距离上一次周恩来视察南开大学已经 60 年了，但他的杰出的教育思想至今仍对我们认清和解决当前教育领域存在的问题，促进我国教育事业的发展，具有深刻的指导意义。今后我们一方面要继续贯彻周恩来正确的教育思想，更好推进我国教育的改革，一方面要发挥南开大学光荣的爱国主义传统，要不辜负周恩来的殷切期望，继续传承和发扬南开良好的校风，努力做好南开大学的教学科研工作，继续做好周恩来思想和生平的学习与研究工作。如今我国已经进入了新时代，我们纪念周恩来视察南开大学 60 周年就是要学习恩来的崇高精神和品德，在新时代里努力实践他的杰出的教育主张，为实现我们党制定的伟大目标而不懈奋斗。

（本文原载于《丰碑》2019 年第 1 期）

试论周恩来的协商民主思想及其现实意义

周恩来是中国共产党统一战线统战工作的主要领导者，是中国共产党领导的多党合作和政治协商制度的创建者之一。新中国成立后，周恩来长期担任中共中央副主席、中央军委副主席、政务院和国务院总理，同时还担任了第一届全国政协副主席和第二、三、四届全国政协主席。他在领导新中国的社会主义建设事业中，特别是在推进中国政治现代化过程中，积极探索新的政治环境下如何进行民主协商，如何处理好执政党与参政党关系问题，提出了一套适合中国国情的协商民主思想，并进行了初步的实践。

周恩来是中国共产党第一代领导核心中具有民主思想的杰出代表。他认为中国特色协商民主不仅是一种民主制度，更是一种民主机制。他把协商引入中国政治，思考了中国特色协商民主的基本指导原则，他认为协商民主的基本运行规则应该是协商主体的平等与合作、议事的公开协商与对话、协商过程的互相监督。认真研究周恩来的协商民主思想与初步实践，对我们今天推进社会主义协商民主建设、实现政治民主化仍有重要现实意义。

一、周恩来提出了中国特色协商民主的基本指导原则

在协商民主的政治构架中，每一个协商主体必须具有平等的权利和机会去表达他们的利益诉求及关注的问题，并拥有同等权利和机会相互交流意见，回应不同的主张。参与协商的公民、政党、利益团体不仅在这些程序上是平等的，他们在实质性上也必须是平等的，因为协商民主要求现有的权力格局不能影响各协商主体参与协商的实际地位。周恩来在论述人民政协与统一战线时，对政党间的平等与合作关系给予国家制度层面的确认，他认真思考和提出了中国特色协商民主建设应确立的基本指导原则。

首先，必须确立协商主体间在宪法范围内的平等地位。新中国成立后，我们建立了中国共产党领导的多党合作和政治协商制度，在这一政体下，共产党是执政党，各民主党派是参政党，在中共领导下参与国家政权。周恩来认为，

在多党合作中，虽然共产党作为一个组织处于领导地位，但必须将党的领导与个人意见区分开来。在共产党员和民主党派成员之间，大家应该是平等协商，没有高低之分。1958 年 11 月 29 日，周恩来在各民主党派和无党派爱国民主人士座谈会上，专门讲了各民主党派在宪法范围内有政治自由和组织独立性的问题。他明确指出："民主党派在共产党领导下，在宪法赋予的权利义务范围内，有政治自由和组织独立性。这种政治自由，是适应社会历史发展规律的必然性的自由。"[①]

在周恩来看来，中共对民主党派的领导只能是政治上的领导而不是工作中的领导。在中国社会主义民主政治建设中，协商各方应该是平等相待的。从建立和巩固中国新型政党制度角度上讲，这既是执政党和参政党进行民主协商的前提，也是建立民主协商机制必须遵循的基本原则。周恩来在解释共产党对统一战线和人民政协的领导时较详细地说明了这种平等性。1962 年 4 月 18 日，他在全国政协三届三次会议上发表了《我国人民民主统一战线的新发展》的讲话，他阐明："大家都承认共产党是领导党，共产党的领导是指党的集体领导，党的中央和党的各级领导机构（省、市、县委员会等）的领导。起着领导作用的，主要是党的方针政策，而不是个人。个人都是平等的，如果从工作上说，大家都是人民的勤务员，彼此平等地交换意见，决不能个人自居于领导地位。个人离开了集体，就无从起领导作用。个人的意见不能代表政策，必须制定成政策，才能算为集体的意见、领导的意见。……在政协里边，在我们个人的来往当中，没有领导与被领导的关系，只有领导机关和政策才是代表领导的，不然的话，我们的民主生活、民主风气就不能够发扬，我们之间就有隔阂，中间本来没有墙，就会有一座精神的墙隔着，妨碍民主集中制的贯彻。"[②]

其次，要以制度平台确定协商主体间的合作关系。中国特色社会主义协商民主的主要制度平台之一是人民政协。周恩来在筹建人民政协时就指明了政协的性质与职能。1949 年 8 月，周恩来在新政治协商会议筹备会常务委员会第四次会议上指出："要合作就要有各党派统一合作的组织。这个组织在今天叫中国人民政治协商会议。"在全国政协一届一次会议上，周恩来明确提出："人民政协是党派性的，是党派的联合。"

协商民主中主体地位的合作关系应该基于相互间的信任。1958 年 11 月 29 日，周恩来在各民主党派和无党派民主人士座谈会上指出："许多朋友有事愿和

---

① 政协全国委员会办公厅、中共中央文献研究室编《人民政协重要文献选编》上，中央文献出版社、中国文史出版社 2009 年版，第 306 页。

② 《人民政协重要文献选编》上，中央文献出版社、中国文史出版社 2009 年版，第 339 页。

共产党商量，就是因为他们感到自己没有把握。对社会发展规律，共产党也不能说都认识到了。尽管大的原则方面掌握了，但是具体问题还常常难于掌握。所以我们大家遇事总是要多商量。"他认为各民主党派有事找统战部商量也是需要的，各党派朋友间也要互相商量。"总之，彼此要推心置腹，要有最基本的信任。"①

在中国新型政党制度中，各政党之间是合作共事的关系。周恩来在主持中央人民政府工作和全国政协工作时，十分重视与民主党派成员的合作共事。1950年1月9日，他在政务院党组全体会议上要求大家："团结别人共同做事。"同年11月25日，他在中央统战部招待各民主党派中央会议代表会上发表讲话说："我们需要朋友，而且朋友越多越好。"如何才能做到广交朋友、搞好合作共事呢？周恩来认为，首先执政党及其党员要主动和各方面搞好关系。"共产党是处于领导地位的，应该主动地和各个方面搞好关系。""党内外应该互相多交朋友，特别是共产党员应该主动多交党外的朋友。每个共产党员都得有几个党外朋友来往。可以多交新朋友，也可以有些固定的朋友，能够反映一些意见，敢于提出意见的。"其次，要保证党外人士有职有权地开展工作。他指出，我国的人民民主专政是共产党领导下的人民民主统一战线政权，共产党与民主党派的合作体现在国家政权之中，只有让党外人士有职有权，才能调动他们的积极性，共同把工作做好。再次，执政党和参政党彼此要成为畏友、诤友。朋友间要"敢于提出不同的意见，敢于批评对方的短处，习惯了就不是畏友而是诤友了"②。"做朋友一定要做畏友，在大的关键问题上互相提醒，才是真正的朋友。"③最后，要照顾和爱护朋友。照顾同盟者的利益，这是共产党统一战线方针的一个重要原则。无论从大的政治原则、思想改造等方面，还是从日常的生活，周恩来都对党外的朋友十分关心。即使在"文化大革命"那样艰难的岁月中，他仍在尽可能的情况下，为保护大批民主党派、无党派爱国人士做了坚持不懈的努力，做了大量的工作。

最后，以求同存异的方式处理协商主体间的平等合作关系。周恩来认为求同存异是处理协商主体间平等合作的很好的方式之一。他本着"求大同""存小异"的原则，在推进社会主义协商民主建设、处理协商主体间平等合作的关系中积累了宝贵经验。他认为各党派要求共同利益、共同目标的大同。他在阐述

---

①《人民政协重要文献选编》上，中央文献出版社、中国文史出版社 2009 年版，第 307 页。

② 中国人民政治协商会议全国委员会研究室、中共中央文献研究室第四编研部编《老一代革命家论人民政协》，中央文献出版社 1997 年版，第 285 页。

③《周恩来统一战线文选》，人民出版社 1984 年版，第 243 页。

《中国人民政治协商会议共同纲领》的特点时指出："虽然各阶级的利益和意见仍有不同之处，人民民主统一战线内部有不同要求和矛盾，但在共同要求上、在主要政策上是能够取得一致的。"[①]他要求统一战线内部的各个方面，都要从共同的目标、共同的利益去考虑问题，自觉地维护共同性的一面，并积极去扩大和增进共同性的一面。

周恩来还考虑到问题的另一个方面，以求同存异方式处理协商主体间平等合作关系时，各自存小异也是必须。他告诫党内同志说，我们同党外人士合作就是在共同的大前提下，接受他们的好意见，丰富我们的主张。只要大的方面有了共同性，小的方面存在差别是允许的。在他看来，没有差异的想法是十分简单有害的，差异的存在不仅不是政协的缺憾，恰恰是政协的优势。周恩来认为："从社会主义社会到共产主义社会，只要还有党派的时候，各民主党派同共产党长期共存，为一个共同的奋斗目标，求大同存小异，这并没有坏处。"有人批评政协名单里什么人都有，周恩来觉得政协组织的好处就在这里。"政协不是一盆清水，如果是一盆清水就没有意思了。政协就是要团结各个方面的人，只要他拥护宪法，立场站过来，我们就欢迎。"[②]

周恩来还提出，有时相互间的妥协也体现了协商民主的精神。他认为统一战线内部的巩固和团结，主要依靠"团结——批评——团结"的方式，通过批评和自我批评，不断巩固团结合作的共同政治基础。但为了维护统一战线内部的团结，有时在坚持原则的前提下，也要有适当的妥协让步。"新民主还有一个特点，即除非是最原则的问题争论不会妥协外，凡是有极大可能采纳的问题，最终可以取得妥协。新民主的这一原则也是值得重视的。"[③]为了推进社会主义民主，完善新型政党制度，他号召大家："我们要吸收不同意见的人在一起，要善于和这些人一起协商，团结他们。这样，政治协商会议才能前进，才能有利于国家建设。"[④]

二、周恩来阐释了中国特色协商民主的基本运行规则

协商民主的核心是一种理性的公共讨论过程。公开透明是推进协商民主建设的基础，因为协商的过程只有是公开的，才能保证各协商主体的知情权和民主的责任。在协商民主的机制下，公民、政党、利益集团之间是相互负责的，

---

① 《人民政协重要文献选编》上，中央文献出版社、中国文史出版社 2009 年版，第 53 页。
② 《人民政协重要文献选编》上，中央文献出版社、中国文史出版社 2009 年版，第 198 页。
③ 《老一代革命家论人民政协》，中央文献出版社 1997 年版，第 18 页。
④ 《人民政协重要文献选编》上，中央文献出版社、中国文史出版社 2009 年版，第 199 页。

协商的公开性使得参与者负有说明提出某项动议的道德合理性。民主协商是人民政协的一个重要职能，新中国第一代领导人都非常重视与各民主党派之间的协商。毛泽东就曾明确指出："国事是国家的公事，不是一党一派的私事。"共产党应当同党外人士实行民主合作。"要学会和党外人士实行民主合作的方法，善于同别人商量问题。"①周恩来对中国特色社会主义协商民主的基本运行规则有着深入思考，他重点做了三方面思考和阐释。

（一）协商民主的关键是要在决策前进行协商，而且协商应是经常性的

周恩来认为："新民主主义的议事精神不在于最后的表决，主要是在于事前的协商和反复的讨论。"②1949 年 9 月 7 日，周恩来向参加第一届全国政协会议的代表做报告，专门谈了新协商实行的民主与旧议会民主有本质的区别，旧民主主义的议会民主是"到开会的时候才把只有少数人了解的东西或者是临时提出的意见拿出来让大家来讨论决定，这是旧民主主义议会中议事的办法"。因此，"我们反对的是旧民主主义议会制度，因为它不是事前协商，只是便于剥削阶级政党间的互相争夺，互相妥协，共同分赃的制度"③。周恩来提出，在新中国新的政党制度下，各党派间要经常协商，经常沟通。共产党与各党派朋友之间需要进行经常性的商量。"新民主主义议事的特点之一，就是会前经过多方协商和酝酿，使大家都对要讨论决定的东西事先有个认识和了解，然后再拿到会议上去讨论决定，达成共同的协议。"④

1951 年 11 月，周恩来在主持政务院第 109 次政务（扩大）会议时提出："两年来，政务院坚持了每周举行一次政务会议，所进行的议程共有三百多项，通过的决定与指示、法律条令各有八十多个。凡准备由政务院通过的重要决议和指示等，经常是在征询政协全国委员会有关小组的意见后，再提政务会议讨论通过的。这就使得一切比较重大的决定和法令，更能适合最大多数的共同需要，在贯彻实施时也更能得到最大多数的拥护和协助。"⑤周恩来认为，为了推动全过程的人民民主，凡准备由中央人民政府委员会通过的一切重大决定和法律、条例，事先都要提请政协全国委员会常务委员会交换意见，经过协商后再提交政府全国委员会讨论通过。这才能体现出社会主义协商民主的优势，我们的政策方针才能得到广大人民的拥护和支持。

---

① 《毛泽东选集》第三卷，人民出版社 1991 年版，第 808-810 页、第 1062 页。
② 《周恩来统一战线文选》，人民出版社 1984 年版，第 134 页。
③ 《周恩来统一战线文选》，人民出版社 1984 年版，第 141 页。
④ 《周恩来统一战线文选》，人民出版社 1984 年版，第 129、134 页。
⑤ 中共中央文献研究室编《周恩来年谱（1949—1976）》上卷，中央文献出版社 1997 年版，第 191-192 页。

（二）要鼓励发表不同见解，同时领导者要听得进去各种意见

协商与对话能够消除各方之间的分歧，有助于各方以宽容的态度接纳和容忍别人的不同意见，从而达成最终的利益平衡。周恩来认为，要做到真正的协商与对话必须遵守两个原则。

一是要鼓励和允许不同的意见发表与讨论。1950 年 6 月 14 日，周恩来出席了全国政协一届二次会议的第一次党组会，在会上专门谈了全国政协党组活动的方针。他指出："要让党外人士做到'知无不言，言无不尽'，使他们在各种会议上敢于说话。民主人士，尤其是从旧社会来的上层分子，说话是有保留的，这是不奇怪的。他们要看一看，特别是新同我们接触的人，有些观望，是可以理解的。我们有责任去打破这种观望，循循善诱，使他们敢于把话说出来。他们说的话不一定都对，但只要有一点好的，我们就应当重视。"①

二是领导者特别是共产党的干部要有听得进各种意见的胸怀和辨别是非的本领。周恩来认为愿听意见不是一件容易的事，但必须去听，特别是要能听不同的意见。资本家、自由职业者有什么意见，我们应当听；地主有什么想法，也应当了解。但这需要有两个条件：第一，要有听得进去的胸怀；第二，要有辨别是非的本领。这不是每个党员都能办得到的，这就需要锻炼，要敢于放手让人讲话，对于愿意与我们合作的朋友，应实行"言者无罪"。②

（三）对非原则问题协商双方应互有妥协，且要把握协商时机

1958 年 11 月 29 日，周恩来在各民主党派和无党派民主人士座谈会上提出共产党与民主党派以及各民主党派之间应该在平等的基础上多协商。"民主党派在共产党领导下，在宪法赋予的权利义务范围内，有充分的政治自由和组织独立性，这种政治自由，是适应社会历史发展规律的必然性的自由。民主党派的政治自由、组织独立，在社会主义的范围内，按社会发展规律办事，天地很大，可做的事很多，个人活动范围也很大。"③

如何才能在党际间开展有效的民主协商呢？周恩来提出了独到的见解。他倡导为使协商各方最后可以达成一致意见，可以在协商过程中对非原则问题相互妥协。在筹备人民政协过程中，他特意就这个问题做了说明："新民主还有一个特点，即除非是最原则的问题争论不会妥协外，凡是有极大可能采纳的问题，最终可以取得妥协。新民主的这一原则也是值得重视的。"④他主张共产党员要

---

① 《人民政协重要文献选编》上，中央文献出版社、中国文史出版社 2009 年版，第 119 页。

② 《人民政协重要文献选编》上，中央文献出版社、中国文史出版社 2009 年版，第 119-120 页。

③ 《周恩来年谱（1949—1976）》中卷，中央文献出版社 1997 年版，第 192 页。

④ 《老一代革命家论人民政协》，中央文献出版社 1997 年版，第 18 页。

善于和党外人士相处，态度应该是谦虚的、诚恳坦白的。对原则问题一定要争，对非原则问题要善于妥协。只有这样，才能做到长期合作，保证人民民主统一战线不断前进。他强调说："每一个议案事先都经过酝酿，这是特别值得说明的。凡是重大的议案不只是在会场提出，事先就应提出来在各单位讨论。新民主的特点就在此。因此不是只重形式，只重多数与少数。凡是重大的议案提出来总是事先有协商的，协商这两个字非常好，就包括这个新民主的精神。"①

周恩来始终坚持民主协商的主张，"文革"前中央政府拟通过的一些重大决定和法令、条例事先一般都提请全国政协和各民主党派负责人发表意见，经过协商后再提交政务院或国务院会议讨论通过。直到1975年5月周恩来在病重住院期间，还在中共中央统战部《关于组织爱国人士外出参观的请示报告》上批示道："此类参观人员，如尚未与他们协商就突然宣布，似仍应分别约他们座谈一次，取得他们同意后再定，以示我们历来主张的民主协商精神。如因有人不去，而有人报名愿去，也可考虑加入适宜的人员去。统战部同志请多采取这种工作方式，不要通知一下了事。"②这条批示充分彰显了周恩来的民主协商思想。

三、周恩来从互相监督角度思考了协商民主的发展方向

"长期共存、互相监督"是中共处理与民主党派关系的一个重要方针，它实际上也是协商民主的另一种表现形式或重要的组成部分。目前我国党际监督形式上表现为执政党与参政党之间的双向监督。周恩来更重视参政党对执政党的监督，这是一种"非权力性"的政治监督形式，是"避免执政党权力失监的一种重要的政治资源"。③从理论上讲参政党监督执政党既是政党监督的一部分，又是合作型政党关系下独具特色的民主监督机制。一方面其监督主体和客体均为政党，并以监督执政权力及权力的行使为直接政治取向；另一方面各民主党派对执政党的监督是一种过程性监督，其作用体现在对政治过程的参与中，各民主党派以开展调研、提交议案、提出建议意见等民主方式促进执政党决策的科学化，并对中国共产党进行政党间的民主监督，行使民主权利。中共八大上根据中国社会主要矛盾和阶级状况发生的变化，正式确定了与各民主党派"长期共存、互相监督"的方针。周恩来认为共产党与民主党派间"长期共存、互相监督"是实现协商民主的一种重要形式和机制保证，他对这个问题有着深邃

---

① 《老一代革命家论人民政协》，中央文献出版社1997年版，第17页。

② 《周恩来统一战线文选》，人民出版社1984年版，第452页。

③ 浦兴祖、严鸠生：《试论努力开发中国政党制度中党际"互相监督"的政治资源》，《云南行政学院学报》2003年第5期。

的思考，并在中国民主政治的实践中积极推动。他的主要见解有三个方面。

（一）互相监督，"首先应该由共产党请人家监督"

中国共产党取得全国政权后，周恩来清楚地认识到：我们一旦取得了全国政权，就带来一个危险，有些人会被胜利冲昏头脑，滋长官僚主义、脱离群众。这个问题怎么解决？他认为："最好的办法就是有人监督。当然，共产党员首先要党的监督，可是整个党的工作，也还要其他党派来监督。"

20世纪五六十年代周恩来在不同场合多次对中共确立的"长期共存、互相监督"方针进行过阐释，他明确指出："中国共产党同民主党派长期共存、互相监督的方针，必须由共产党提出，而且必须要共产党真正做到。因为我们党不提，别的党派不好提；我们提了，大家就心安了。"①他认为毛泽东提出"长期共存、互相监督"，"主要是讲中国共产党跟其他民主党派的关系"。那么，"民主党派究竟存在多长时间呢？能不能说共产党多活几年，其他党派少活几年？如果这样想，就是主观主义和宗派主义了"②。他阐明"长期共存"的真正含义是："我们党的寿命有多长，民主党派的寿命就有多长，一直要共存到将来社会的发展不需要政党的时候为止。"③

为将互相监督落到实处，周恩来还专门阐述了为什么"互相监督，首先应该由共产党请人家监督"的道理。他深刻分析，我们是从一个复杂的阶级社会来的。认为只要有一个共产党，问题就都可以解决了，这是一个简单化的想法。这样做必然会使我们的耳目闭塞起来。由于中国共产党是领导的党，它过去搞革命，为人民立了功，人民拥护它，欢迎它。正是因为这样，这个党一旦取得了全国政权，就带来一个危险，就有一些人可能会被胜利冲昏头脑，滋长官僚主义，脱离群众，甚至会出现个人野心家，背叛群众。这方面的危险是随时存在的，每个共产党员都要警惕。这个问题怎么解决？最好的办法是有人监督。建设新中国任重道远，周恩来提醒共产党员"应该服气，应该谦虚，应该愿意接受民主党派的监督"。他认为"长期共存，互相监督的方针，实际上是扩大民主"。④

（二）民主党派既要接受监督，更要履行自己的监督职责

在强调共产党首先要接受民主党派监督的同时，周恩来也注意到了问题的另一个方面。他提出："民主党派也应该愿意接受共产党的监督。"但他认为这

---

① 《周恩来统一战线文选》，人民出版社1984年版，第350页。
② 《周恩来统一战线文选》，人民出版社1984年版，第348页。
③ 《周恩来统一战线文选》，人民出版社1984年版，第350页。
④ 《人民政协重要文献选编》上，中央文献出版社、中国文史出版社2009年版，第305页。

个问题并不怎么严重，"重要的是共产党要承认长期共存、互相监督"。他揭示了问题的实质是：越有监督，才越能进步，"多一个监督，做起事来总要小心一点，谨慎一点"。只有那些没勇气承认错误、改正错误的人才怕监督。我们"建设社会主义，没有互相监督，不扩大民主，是不可能做好的。因此，互相监督的面还要扩大，不能缩小"①。

对民主党派成员和政协委员如何具体行使监督权力。周恩来也做了一些探索，他提出每年应有两次组织他们下基层去视察工作。"他们可以从与政府不同的角度去接触广大人民，接触实际，看我们的工作是否做得恰当，做错了没有，有什么缺点，有什么偏差。就是说可以去找岔子。"②周恩来还提出要信息公开。"把所有代表的发言，包括批评政府工作的发言，不管对的、部分对的，甚至错的都发表出来。"他认为资本主义国家的制度我们不能学，"但是，西方议会的某些形式和方法还是可以学的，这可以使我们从不同方面来发现问题。换句话说，就是允许唱'对台戏'，当然这是社会主义的'戏'"③。此外，周恩来鼓励多开展一些学术研讨活动，"可以同时提出各种不同的意见，争论的结果，不一定得出一致的结论，可将不同的意见提交有关方面，如政府机关、科学研究机关、教育机关或者其他学术团体"。这些不同的意见能使行政机关从多方面去考虑问题，选择比较恰当的方案来执行。④

周恩来身为党和国家的领导人，深知贯彻落实"长期共存、互相监督"的方针，实际上就是推进社会主义协商民主。1962 年 4 月 28 日，他在全国政协三届二次会议上的讲话详细阐明了共产党的责任和民主党派的责任。他号召"党外的同志们也应责备我们严一点。"共产党就应该"严于责己，宽于责人"。⑤在谈到各民主党派的责任时，周恩来指出："今后要把事情搞得更好，大家要共同负责，长期共存，互相监督，民主党派要负起监督的责任。我们把事情报告出来，也作了初步的经验总结，今后根据大家同意的方针和任务去执行。在执行过程中，民主党派要进行监督、提意见。所以我们说：民主党派在社会主义改造和社会主义建设中的责任是更重了，而不是轻了。"他进一步阐明，各党派都是为社会主义事业服务的，整个社会主义现代化的建成，需要很长时间，我们

---

① 《人民政协重要文献选编》上，中央文献出版社、中国文史出版社 2009 年版，第 305 页。
② 《周恩来选集》下卷，人民出版社 1984 年版，第 207 页。
③ 《周恩来选集》下卷，人民出版社 1984 年版，第 208 页。
④ 《周恩来统一战线文选》，人民出版社 1984 年版，第 435 页。
⑤ 《人民政协重要文献选编》上，中央文献出版社、中国文史出版社 2009 年版，第 341 页。

"需要各党派的合作，根据长期共存、互相监督的方针来进行工作"①。

（三）互相监督的主要政治功能在于防止权力的腐败与滥用

在我国新型政党制度中，民主协商、党际监督属于政党间"权利对权力"的监督形式，具有独特的政治功能。首先，它有利于促进执政党谨慎地行使手中的权力。各民主党派对中共的监督主要是监督执政党如何行使手中掌握的公共权力，衡量的标准就是是否以人民的利益为中心，全心全意为人民服务。毛泽东、周恩来为代表的新中国第一代领导核心对中国共产党夺取全国政权后的权力行使和监督问题十分警觉，毛泽东在中共七届二中全会上提出了"两个务必"，要防止敌人的"糖衣炮弹"。周恩来也清醒地认识到："我们一旦取得了全国政权，就带来一个风险，就有一些人可能会被资产阶级的糖衣炮弹所腐蚀，被胜利冲昏头脑，滋长官僚主义，脱离群众，甚至会出现个人野心家，背叛群众。"②因此，他认为加强各民主党派对中共的监督，对执政党权力的制约是保持"权为民所用"的重要方法之一。党际"互相监督"的贯彻落实有利于防止执政党权力的腐败和滥用。

党际"互相监督"有助于推动民主政治建设和发展。因为各民主党派拥有广泛的社会基础，具有广泛的代表性，各民主党派对中共的监督也是多方面的，这实际上就动员了广大的群众力量来共同建设我国的社会主义民主政治，有利于促进中国共产党领导的多党合作和政治协商制度的长期发展。为充分鼓励民主党派行使监督权利，同时要求共产党员特别是领导干部接受监督，周恩来阐明："我们只要是一个敢于面对现实的人，敢于揭露错误、批判错误、改正错误的人，那就不怕监督。越是监督我们，我们越是能进步。只有怕人家揭露错误，自己又没有勇气承认错误、改正错误的人，才怕人家监督。"③

周恩来不仅从理论上帮助共产党员、各民主党派人士认识到党际监督的重要性，更是从实践上注意民主协商和"互相监督"的实施效果。他要求共产党的干部要与各民主党派保持紧密关系，经常听取不同意见和建议，不断改进自己的工作；同时周恩来在统战部和政协会议上的讲话中多次强调要党外人士敢于建言献策，对党外人士应"言者无罪"，这样才能确保党际"互相监督"政治功能的实现，才能有效防止执政党权力的腐败和滥用。

---

①《人民政协重要文献选编》上，中央文献出版社、中国文史出版社 2009 年版，第 341-343 页。

②《周恩来统一战线文选》，人民出版社 1984 年版，第 350-351 页。

③《周恩来统一战线文选》，人民出版社 1984 年版，第 305 页。

四、周恩来协商民主思想的现实意义

周恩来从青少年时期就受到过民主思想的熏陶，在旅欧时期确立了共产主义理想和全心全意为人民服务的宗旨，在进行民主革命、社会主义革命和建设的长期奋斗过程中不曾动摇过。在筹划和建设新中国过程中，他构思了新中国民主政治的蓝图，努力去推进社会主义协商民主，他是中共第一代领导核心中最具民主意识的杰出政治家。当今我们的国家已经进入了新时代，如何在新的时代背景下继续加强党内的民主建设，继续推动整个国家的协商民主建设，仍是我们亟待思考和解决的问题。认真研究和学习周恩来的民主协商思想，对我们今后搞好社会主义民主建设具有重要启示意义。

中国特色协商民主是在中国共产党领导下和当代中国政治制度下形成的。从广义来看，协商民主在我国政治生活中的体现是多方面的，凡是关系到国家政治、经济、文化、社会建设的重大事项，在决策过程中均需要进行民主协商。从狭义上来看，协商民主是指我国的多党合作和政治协商制度，是一种制度化的民主机制。这种民主制度的设计和运行与周恩来开创性的思考和探索分不开，他在领导中国革命和社会主义建设中形成的共产党应与各民主党派建立和谐互信、团结友好、协商对话、长期合作的党际关系的思想，成为社会主义时期党的统一战线理论的主要内容之一，同时也为中国共产党领导的多党合作和政治协商制度奠定了理论根基，为中国特色社会主义协商民主的建设增添了宝贵的思想财富。周恩来所提出的平等协商、事前协商、求同存异、互有妥协等一系列正确主张，至今仍是我国协商民主政治建设的重要理论依据之一。毛泽东、周恩来等第一代中共领导核心设计的人民政协、统一战线等协商民主的运行平台，为中国特色协商民主的长期发展奠定了制度基础。

周恩来不仅为确立我国的新型政党制度、创造和谐的政治局面做出了不可磨灭的重要贡献，而且他对中国特色协商民主的探索和对党际间互相监督的思考具有深远的历史影响。他阐明了如何正确处理党际关系，如何与民主党派人士合作共事，如何倾听党外人士的意见，如何实现互相监督的基本途径和重要意义。在确立了坚持共产党领导的必要前提下，他就如何协调好执政党与参政党的关系做了理论上的阐述和实践上的探索。他提出的平等协商、团结合作、求同存异、互有妥协，广交朋友、以诚相待、充分信任等思想主张，对增进各党派团结合作，调动一切积极因素，共同致力于建设社会主义发挥了积极作用，对我们今日做好民主党派的工作，对我们坚持中国共产党领导的多党合作和政治协商制度仍有着重要的启迪和指导意义。

推进社会主义协商民主建设的重要前提之一是要使执政党与参政党的"互相监督"落到实处，关键还在于要加强对执政党的监督。周恩来始终坚持党的民主集中制原则，他一贯提倡发扬党内民主，保证党的批评与自我批评的良好作风和党内良好的政治生态环境。共产党成为执政党后，他多次提出"民主作风必须从我们这些人做起，要允许批评，允许发表不同的意见"①，形成生动活泼的政治局面。他在分析官僚主义产生的原因时明确指出"愈在上层，愈容易脱离群众、脱离实际，愈容易犯官僚主义毛病"②。他经常告诫党员干部必须始终同群众保持密切联系，善于向人民群众学习，接受人民群众的监督。共产党能否真心实意地接受党派监督，以负责任的态度吸收民主党派提出的意见、批评和建议是各民主党派履行监督责任，进行党际监督的不可缺少的前提。在我国今后积极推进社会主义民主建设进程中，重温周恩来的民主协商、互相监督的思想主张无疑有重要的现实意义。

党的十八大以来，党中央提出了"四个全面"的战略布局，其中就包括全面深化改革、全面从严治党，在新的时代背景下，我们更应当适应时代的潮流，积极推进社会主义协商民主建设，努力完善民主的法治化程序，继续培育和提高公民意识。我们要以民主的精神、民主的方式深化改革，要充分发挥人民代表大会和政治协商会议的职能，充分听取社会各界人士和民主党派的意见和建议、接受党际监督、法律监督、社会舆论监督和人民群众监督，发展全过程的人民民主，形成执政党和参政党团结合作、互信互助、互相监督的良好关系，努力推动我国政治民主化的进程不断向前发展。

（本文入选"协商民主理论与实践国际研讨会"）

---

① 《周恩来选集》下卷，人民出版社 1984 年版，第 325 页。

② 马永顺：《周恩来组建与管理政府实录》，中央文献出版社 1995 年版，第 150 页。

传承周恩来崇高精神，赓续共产党精神血脉

中国共产党诞生百年来形成了一系列伟大精神，构筑起了中国共产党人的精神谱系，其中就包括伟大的无产阶级革命家、政治家、军事家、外交家周恩来的崇高精神风范。在新时代我们"要教育引导全党大力发扬红色传统、传承红色基因，赓续共产党人精神血脉，始终保持革命者的大无畏奋斗精神，鼓起迈进新征程、奋进新时代的精气神"①。周恩来是中国共产党人的一面不朽旗帜，他为中国革命和社会主义建设事业做出了卓越贡献。他的崇高精神风范具有十分丰富的思想内涵，他一生坚守共产主义信仰，始终坚持强烈的爱国主义精神、全心全意为人民服务的精神、求真务实的精神、严格自律的精神、民主精神、法治精神、团结精神、廉政精神，以及伟大的国际主义精神。这些重要的精神品德具有伟大的时代意义，学习周恩来身上展现出来的中国共产党人的崇高精神风范，将激励我们在新时代在发展中国特色社会主义征程上奋勇前进。

周恩来一生为党和人民的事业、为新中国的创建和成长做出了不朽的贡献，其具有丰富内涵的崇高精神风范至少包含如下内容。

一、强烈的爱国主义精神

周恩来一生具有强烈的爱国主义精神。他在沈阳上小学时，就立下了"为了中华之崛起"②而读书的宏伟志向。1916 年他在天津南开中学读书时，正值军阀混战时期，他怀着忧国忧民之心，写下了"茫茫大陆起风云，举国昏沉岂足云"③的诗句。南开学校毕业后，他去日本寻求救国救民之路。1917 年 7 月，他给同学写下了"愿相会于中华腾飞世界时"的临别赠言。1917 年 9 月，周恩来登上了赴日本的轮船，行前写下了那首脍炙人口的著名爱国诗篇："大江歌罢

---

① 《学党史悟思想办实事开新局 以优异成绩迎接建党一百周年》，《人民日报》2021 年 2 月 21 日。
② 中共中央文献研究室编《周恩来年谱（1898—1949）》修订本，中央文献出版社 1998 年版，第 10 页。
③ 《周恩来年谱（1898—1949）》修订本，中央文献出版社 1998 年版，第 20 页。

掉头东，邃密群科济世穷。面壁十年图破壁，难酬蹈海亦英雄。"①

此后，周恩来为了实现救国之志，奋不顾身地投身中国革命和建设事业，他深知："在现在这个世界上，我们若不强大起来，不建成社会主义的现代化国家，就要受帝国主义的欺侮。"②当有外国记者问他，你首先是一个中国人还是首先是一个共产党人时，周恩来回答："我首先是一个中国人，其次才是一个共产党人。"③为了祖国富强、民族振兴，他殚精竭虑，任劳任怨，鞠躬尽瘁，死而后已，以自己的行动去实现其爱国主义情怀，彰显了强烈的爱国主义精神。

周恩来的爱国主义精神还体现在他传承了中华民族几千年来的优秀文化传统，他在与人交往和国际外交舞台上提倡要讲信修睦，以诚相待，礼尚往来，不卑不亢，信守承诺，退避三舍，等等。他的这些思想主张和处事风格明显地印刻着中国传统文化的烙印。周恩来有着伟大的人格魅力，他身上体现着中华文明中友善、谦逊、优雅，温文尔雅、不卑不亢、彬彬有礼的气质，闪烁着中国传统优秀文化的光彩。他吸取了传统儒家文化营养而形成的富有中华民族特色的外交策略和外交艺术。周恩来对中华民族优秀文化的传承，闪耀着其伟大的爱国主义精神风范。

二、不忘初心，始终坚守共产主义信仰的精神

周恩来一生中最重要的抉择就是确立共产主义信仰。这与他在南开求学期间学习和传播马克思主义，积极参加领导天津的五四运动是分不开的。他赴欧勤工俭学期间在给国内觉悟社社员的信中，表达他成为一名共产党员后的那种坚定的革命信念："我认定的主义一定是不变了，并且很坚决地要为他宣传奔走。"④

最可贵和最值得我们学习的是，他一生始终坚守了这一信念，并为之努力奋斗。在跌宕起伏、风云变幻的 20 世纪的中国，周恩来在许多重大历史关头纵横捭阖，力负重任，成为革命和建设时期我们党的中流砥柱。他坚守共产主义的信仰，一生为之努力奋斗。早在民主革命时期，他在艰苦卓绝的斗争中就坚定地表示："经过大革命和白色恐怖的锻炼，坚定了我对革命的信心和决心。我做工作没有灰心过，在敌人公开压迫下没有胆怯过。"⑤

①《周恩来年谱（1898—1949）》修订本，中央文献出版社 1998 年版，第 23 页。
② 习近平：《在纪念周恩来同志诞辰 120 周年座谈会上的讲话》，《人民日报》2018 年 3 月 2 日。
③ 尼克松：《领袖们》，施燕华等译，海南出版社 2008 年版，第 214 页。
④《周恩来年谱（1898—1949）》修订本，中央文献出版社 1998 年版，第 56 页。
⑤ 费虹寰：《周恩来与初心使命》，《学习时报》2018 年 7 月 6 日。

在社会主义革命和建设时期，周恩来更是不忘初心，坚守信仰的典范。他一贯重视领导干部过好思想关、政治关、社会关、亲属关、生活关的问题。他强调领导干部一定要搞好思想改造，树立辩证唯物主义和历史唯物主义的世界观。"思想改造就是要求我们的思想不落伍，跟得上时代，时时前进。"他认为党的干部过政治关，最重要的是立场问题。"立场究竟稳不稳，一定要在长期斗争中才能考验出来。同时还要看我们的工作态度、政策水平、群众关系，看我们的党性。"①周恩来等老一辈革命家当年披肝沥胆、孜孜不懈的追求与我们党今天正努力实现的"两个一百年"奋斗目标是紧密相连的，周恩来不忘初心、坚守信仰、不屈不挠、英勇奋斗的精神值得我们永远学习和传承。

三、心系群众，全心全意为人民服务的精神

周恩来是新中国现代化事业的领导者和奠基者，他殚精竭虑，忘我工作，为今日中国的腾飞奠定了基础。为了将一个人口多、底子薄、经济落后的旧中国建成一个繁荣富强的新中国，周恩来夜以继日、兢兢业业地工作着。作为政府总理他领导着内政、外交、经济、国防、科技、文化、教育等各方面事务，既参与国家长远规划等重大问题的决策，又具体负责各项方针政策的贯彻落实。他一生勤勤恳恳，任劳任怨，呕心沥血，殚精竭虑，做了大量艰苦而细致的工作。晚年周恩来身患绝症，仍带病坚持工作。1973 年，他被查出患了膀胱癌。从 1974 年 6 月 1 日住院到 1976 年 1 月 8 日逝世，他共接受 6 次大的手术、8 次小手术。在他生命的最后 587 天里，共约人谈话 220 人次，谈话时间最长时一次可达 4 小时 20 分钟，会见外宾 65 次，每次时间大都在一个小时左右；开会 32 次，一次会最长可开 3 小时 45 分钟。②在领导中国民主革命和社会主义建设中，周恩来始终坚持全心全意为人民服务的精神，真正做到了鞠躬尽瘁，死而后已。

周恩来坚决贯彻党的群众路线，他经常坚持深入基层，虚心听取群众意见，一心为百姓办实事。他谆谆告诫大家："我们国家的干部是人民的公仆，应该和群众同甘苦，共命运。"他勤政爱民，埋头苦干，积极倡导领导干部要"五勤"和"四多"，即眼勤、耳勤、嘴勤、手勤、腿勤，遇事多思考、多分析研究、多提看法、多实践。早在 20 世纪 40 年代他就提出对反动派，我们要像鲁迅那样"横眉冷对千夫指"，"假如是对人民，我们要如对孺子一样地为他们做牛的。要

---

① 《周恩来选集》下卷，人民出版社 1984 年版，第 423—425 页。

② 高振普：《周恩来卫士回忆录》，上海人民出版社 2008 年版，第 215 页。

诚诚恳恳、老老实实为人民服务"。①周恩来时刻心系百姓，心里总牵挂着亿万民众。1961 年 3 月，他去河北农村调查集体食堂中的问题和农民生活困难情况。1966 年春邢台地震后，他立即飞往灾区，领导和布置抗震救灾工作。

周恩来始终坚持和发扬密切联系群众的作风，经常深入基层，了解民情，注重调查研究，关心群众疾苦，倾听群众呼声，为百姓排忧解难，构建了领导者与被领导者的和谐关系，使他获得了广大人民群众的信任和拥护，赢得了各界人士的衷心爱戴。他一生认定的信条是：共产党代表着人民的根本利益，其宗旨是全心全意为人民服务，政府工作人员则是人民的公仆。在这一正确理念指导下，他提出和带头践行了"四个一定"，即一定要做好人民的勤务员，一定要学会在工作中走群众路线，一定要接受群众监督，有了错误一定要接受群众的意见，认真改正。这"四个一定"的核心就是一切为了人民群众的利益，真正发扬全心全意为人民服务的精神。

四、实事求是，求真务实的精神

在领导社会主义建设中，周恩来坚持从国情出发，统筹兼顾，稳步发展，反对急躁冒进。在制定发展国民经济五年计划和各项具体的经济指标时，他一贯强调从实际出发，发扬求真务实的精神。他认为实事求是既是作风问题，也是思想方法问题。他反对空头政治，早在 20 世纪五六十年代就提出政治挂帅要挂到业务上去。在长期领导我国各项建设事业中，他提出了"说真话，鼓真劲，做实事，收实效"的 12 字箴言。②

作为新中国的开国总理周恩来领导制定了发展国民经济的第一到第四个五年计划，在他的统筹规划和具体领导下，祖国的各项建设热火朝天地蓬勃展开。到 1956 年底，"一五"计划大部分指标提前完成，各项建设事业取得了重大成就，许多部门都要求追加生产指标和建设资金，但此时周恩来仍保持着清醒的头脑，他坚持从一穷二白的实际国情出发，提醒各部门领导要注意建设规模与国力相适应。他求真务实地指出："绝不要提出提早完成工业化的口号。冷静地算一算，确实不能提。工业建设可以加快，但不能说工业化提早完成。""各部门订计划，不管是十二年远景计划，还是今明两年的年度计划，都要实事求是。"③

在一切从实际出发，求真务实的基础上，周恩来探索和形成了一套融民主

---

① 《周恩来选集》上卷，人民出版社 1980 年版，第 241 页。
② 《周恩来选集》下卷，人民出版社 1984 年版，第 349 页。
③ 《周恩来选集》下卷，人民出版社 1984 年版，第 190-191 页。

性、科学性、协调性于一体的内涵丰富的行政管理理论。这套理论具有鲜明的中国特色，非常实用。周恩来为创建中国独立完整的工业体系、寻找一条适合国情的现代化建设道路，披荆斩棘，艰苦创业，努力探索，不但留下了许多珍贵的历史经验，而且为新中国长远发展前景打下了较为坚实的经济基础。历史昭示未来，我们仔细研究不难发现，周恩来任总理期间提出的许多思想主张、制定的许多政策措施，特别是他倡导和坚持的实事求是的精神，至今仍是指导我们实现中华民族伟大复兴的思想财富。

五、坚持批评和自我批评，严格自律的精神

批评和自我批评是共产党的优良传统之一，周恩来一生勇于进行自我批评。他认为："我们共产党人要有勇气面对真实，面对错误，有错误就不怕揭露，就勇于承认和改正。"[①]在具有重大历史意义的遵义会议上，周恩来作为"三人团"成员，对红军长征初期的失利主动做了自我批评，对扭转党内"左"倾错误发挥了关键性作用。1949 春，中央机关从西柏坡迁到北京香山办公之初，周恩来因一时找不到负责警卫工作的同志很着急，后来弄清了真相后，向这位同志做了自我批评，使该同志很受感动。20 世纪五六十年代，外交部干部熊向晖在工作中曾 3 次受到周恩来的严肃批评。后来熊向晖写回忆录时深深感到周恩来的批评使他受益终身。1962 年在"七千人大会"上，周恩来对前几年经济工作出现的失误主动承担了责任。他认为，一个党员要过政治关，"特别是看我们的批评和自我批评精神，是不是知过能改"[②]。曾任美国总统的尼克松回忆说："周（恩来）在我们谈话中不断地提到，他们需要了解和克服他们的不足之处。"这位美国著名政治家评价道："与赫鲁晓夫相比，中国人的做法要高明得多。赫鲁晓夫粗鲁的自夸是明显地要掩盖他的自卑感。周的巧妙的自我批评却是成熟的自信心的一个证明。"[③]

周恩来一贯重视发挥党内外的监督作用，他认为健全监督机制是加强党的建设的保证，首先要加强党和政府的自身监督，从上至下建立专职的监督检查机构，在上下级之间、各部门之间能够形成互相间的监督，以督促各级干部严格执行党的方针路线和政府各项政策措施,共同遵守党纪国法和各种规章制度。其次还要加强外部监督，充分发挥各级人大、政协、民主党派、人民团体、广大群众和新闻媒体的监督作用。从 1949 年起周恩来就和毛泽东等人一起精心筹

① 《周恩来选集》下卷，人民出版社 1984 年版，第 208 页。
② 《周恩来选集》下卷，人民出版社 1984 年版，第 425 页。
③ 尼克松：《领袖们》，施燕华等译，海南出版社 2008 年版，第 213 页。

建了中国共产党领导的多党合作和政治协商制度，1954年又建立了人民代表大会制度。他为我国根本政治制度的建立和完善做出了杰出的贡献，他重视发挥人大代表、政协委员和各民主党派的作用，多次提出共产党作为执政党，应该接受其他党派的监督，党的干部应该接受党外人士和社会各界特别是广大人民群众的监督。

周恩来始终保持着严格自律的精神，无论在任何情况下总是以共产党员的高标准要求自己，以身作则。他长期任党和国家领导人，但从不搞特殊化，凡要求党员和群众做到的，他自己首先做到。在革命战争最艰苦的岁月，他仍不忘严格要求自己。红军长征中周恩来所在的党的基层组织进行改选，警卫员魏国禄当选周恩来所在党小组的组长。有一次周恩来问魏国禄为什么很长时间不开党小组会议，魏国禄回答说，小组会开过了，看到首长忙，就没有通知。周恩来严肃地说："那怎么能行？我是党员，应当过组织生活。"抗日战争时期，周恩来任南方局书记时自定了一份《我的修养要则》，共有7条内容："（1）加紧学习，抓住中心，宁精勿杂，宁专勿多。（2）努力工作，要有计划，有重点，有条理。（3）习作合一，要注意时间、空间和条件，使之配合适当，要注意检讨和整理，要有发现和创造。（4）要与自己的他人的一切不正确的思想意识作原则上坚决的斗争。（5）适当的发扬自己的长处，具体的纠正自己的短处。（6）永远不与群众隔离，向群众学习，并帮助他们。过集体生活，注意调研，遵守纪律。（7）健全自己身体，保持合理的规律生活，这是自我修养的物质基础。"[1]

除了最后一条，因为公务繁忙，夜以继日地工作，没有时间保证外，其他6条周恩来都认真做到了，而且做得很好。周恩来批评和自我批评的作风，加强监督的主张，严格自律的精神，均是我们今天所宣传的红色文化的精华，对我们资政育人，教育全体党员严格要求自己，发扬党的优良传统有着十分重要的现实意义。

六、善于协商，发扬民主的精神

周恩来是党内坚持民主协商，发扬民主作风的典范。他一贯平易近人，注意听取和吸收各方面意见，所有与他一起工作的同志或是他领导下的人均感到心情舒畅、气氛和谐，能够就各自工作中的问题畅所欲言、各抒己见。如新中国成立初期，周恩来领导治理淮河过程中，河南、安徽、江苏各省从本省利益出发提出不同的意见。他多次邀集各地负责人，听取他们的主张。最

---

①《周恩来选集》上卷，人民出版社1980年版，第125页。

后，他提出打破省界，上中下游的利益兼顾，蓄泄并重，三省有福同享，有难同当，标本兼施的治理方案，合理解决了各方矛盾，使淮河治理工程顺利进展。

针对党内出现的官僚主义、高高在上的现象，周恩来曾提出了一些治理措施。他认为，坚持民主协商、发扬民主精神是杜绝官僚主义的关键。重要的一点是领导干部在做决策前要与社会各界充分协商，要鼓励大家多提意见建议。周恩来还考虑到了从体制上保证民主的问题。1956年，在中共上海市第一次代表大会上，周恩来发表了《专政要继续，民主要扩大》的重要讲话，他明确指出"要在我们的国家制度上想一些办法，使民主扩大。"资本主义国家的制度我们不能学，但是，"西方议会的某些形式和方法还是可以学的，这能够使我们从不同的方面来发现问题"①。周恩来特别善于协商，他曾说过"协商这两个字非常好"，"新民主主义议事的特色之一，就是会前经过多方协商和酝酿，使大家都对要讨论决定的东西事先有了认识和了解，然后再拿到会议上去讨论决定，达成共同的协议"。②周恩来认为协商是贯彻民主集中制的有效方法，既充分发扬了民主，又避免了只强调少数服从多数可能发生的简单化、形式主义的倾向。因此，协商是社会主义民主的重要特征和实质性内容，是决策民主化科学化的必经程序。他提出我们要吸收不同意见的人在一起，要善于和这些人一起协商，团结一切可以团结的力量。

能否坚持民主协商，而不是独断专行，关键在于领导干部的思想意识中是否具有民主精神。周恩来认为在我们共产党的革命和建设事业里，领导者与被领导者本来就是不能分开的，党的群众路线就要求我们的干部做到从群众中来，到群众中去。他曾告诫领导同志："我们每一个人，不管过去做了多少工作，现在担任什么职务，没有党和人民，就既不会有过去的成绩，也不会有今天的职务。"周恩来提出了领导者的最高境界是："领导群众的方式和态度要使他们不感觉我们是在领导。"③他认为这不是说不要领导，而是说领导者的方式和态度，不要使被领导感觉是外在的强加。这就需要领导者深入群众之中做大量的说服、宣传、动员工作，让党的路线、方针、政策为广大群众自觉接受，内化于心。其中固然有领导艺术问题，但从根本上说是坚持群众路线问题，是正确认识和处理领导者与被领导者的关系问题。究竟怎样才能使群众不感觉是在被领导呢？周恩来指出，这就要求领导干部在领导态度和领导方法上，要坚持说服、

①《周恩来选集》下卷，人民出版社1984年版，第207-208页。

②《周恩来统一战线文选》，人民出版社1984年版，第129页。

③《周恩来选集》上卷，人民出版社1980年版，第131页。

协商、务实和交友的方法。领导者与被领导者是一种合作的关系，"必须双方合作，互相影响，才能很好地领导"，"领导群众的基本方法是说服，绝不是命令"。①他的这一思想主张，充分反映了其民主的作风和精神。

七、依法治国，严格管理的法治精神

周恩来一向重视依法治国，重视政府的法律法规建设，坚持依照党规法纪管理干部，坚决反对官僚主义作风。他担任政务院和国务院总理期间，领导制定和实施了许多规章、规定、纪律、条例、通则等，如建立了行政人员的任免制度、奖惩规定、纪律规定、责任规定等，使各级干部各尽其责，遵纪守法，分工负责，避免人浮于事。1949 年，他首先领导制定了《中央人民政府组织法》，对中央政府的机构设置和行政人员的任免权限进行了总体规定。为了建立一个依规行政、高效廉洁的人民政府，在新中国成立不长时间内，周恩来领导政务院陆续制定并颁布了《政务院组织条例》《政务院及其所属机关组织通则》等一系列政府组织通则和部门组织条例。周恩来指出，我们国家是新民主主义的国家，资本主义国家和中国封建时代任免国家工作人员的办法，对于我们都不适合。对于人才，我们要敢于提拔，但不能滥用私人，凭主观喜怒来评定和提升干部。我们的标准是要看他的历史、工作态度、经验和能力，以及群众对他的认识。

周恩来领导制定和实施的这些规章制度，对规范各级政府机关和各部门的活动、严格依法依规管理各级干部发挥了重要作用，为政务院和各级人民政府各项工作的开展提供了基本的法律依据。如关于中央机构行政人员的任免原则，在政务院第八次政务会议上周恩来提请中央人民政府委员会批准颁发了《政务院关于任免工作人员的暂行办法》，具体规定了政务院任免或批准任免的工作人员范围和程序。为加强对各级干部的监督监察，周恩来在组建第一届中央人民政府时就依据《中央人民政府组织法》《政务院组织条例》建立了高于部级的政务院监察委员会，并聘任民主人士谭平山出任监察委员会主任。1949 年 11 月，周恩来出任总理后发布的第一个通令就是关于严格机关办公用房管理，不许干部与民争利内容的。

要以法治精神严管干部，就必须坚决反对官僚主义。周恩来认为："官僚主义是领导机关最容易犯的一种政治病。"他剖析了官僚主义的 20 种表现，包括脱离群众；强迫命令；无头脑、事务主义；当官做老爷；工作不认真；不负责

---

① 《周恩来选集》上卷，人民出版社 1980 年版，第 131 页。

任；做官混饭吃；平庸无能；糊涂无用；偷懒耍滑；形式主义；特殊化；摆官架子；自私自利；争名夺利；闹不团结；搞宗派；蜕化变质；违法乱纪；等等。①他进一步揭示了官僚主义的根源和危害，深刻地阐明："官僚主义是剥削阶级长期统治的遗产。中国长期是封建社会，一百年来又是半封建半殖民地社会，官僚主义更是有深远的影响。""官僚主义与自由主义、个人主义、命令主义、事务主义、分散主义、本位主义、宗派主义，都是密切相关的。我们反对官僚主义，也就必须联系到反对这些主义。"②周恩来还明确指出官僚主义的危害在于：官僚主义的存在和蔓延破坏了党同人民群众的密切联系，使党和国家的干部腐化变质，由人民的公仆变为社会的蛀虫，人民也会失去对党和国家干部的信任。官僚主义不但危害了党风和社会风气，也关系到国家的前途和命运。因此，克服主观主义和官僚主义，对我们有特殊的意义。"要使人民民主专政的制度实行得更好，必须同官僚主义作斗争，经常反对官僚主义。这是一个很重要的问题。"③周恩来的法治精神及其正确思想和谆谆教诲，至今仍像警钟长鸣，对当前我们反对和杜绝一些党员中存在的"四风"问题仍有很强的现实指导意义。

八、维护大局，爱护人才的团结精神

周恩来是顾全大局，维护党的团结的楷模。他 1927 年就进入了党的领导核心，在土地革命战争时期就是中央政治局常委，担任过中央组织部部长、中央军委书记，但他从不计较个人地位和得失，在遵义会议上坚决拥护毛泽东的领导，在任何时候都能够正确处理个人和组织的关系。周恩来心胸开阔，具有大局观念，从不计较个人得失，一直努力维护党的团结、坚持党对一切工作的领导，自觉抵制和反对损害党中央权威的各种言行。周恩来的团结精神最突出地反映在真心拥护毛泽东为核心的党中央，努力将全党同志团结在党中央周围。他反对小团体主义、山头主义、搞小圈子、拉帮结派。今天我们在强调坚持"四个意识"时，更应该向周恩来学习，自觉维护党的团结统一。

周恩来还是我们党统一战线工作的奠基者和卓越领导者之一，他在出色地完成党的统战工作中亦表现出广泛团结的精神。早在第一次国共合作时期，他就帮助国民党组建了驻欧支部，国民革命时期他担任了黄埔军校政治部主任，参加了两次东征和北伐战争。抗战时期他为促成抗日民族统一战线的建立做了

---

① 《周恩来选集》下卷，人民出版社 1984 年版，第 418—422 页。
② 《周恩来选集》下卷，人民出版社 1984 年版，第 418 页。
③ 《周恩来选集》下卷，人民出版社 1984 年版，第 209 页。

大量工作，他担任了中共驻国统区总代表，同时还兼任国民党军事委员会政治部副部长，他在与国民党和各民主党派长期打交道中，积累了丰富的统战经验。从民主革命时期到社会主义建设时期，周恩来为做好党的统战工作立下了不朽的功绩。新中国成立后他担任了第一届全国政协副主席，第二、三、四届全国政协主席，他高度重视发挥统一战线在社会主义革命和建设中的作用，为坚持和完善中国共产党领导的多党合作和政治协商制度做出了卓越贡献。而且，他还为祖国统一大业，"为解决香港、澳门和台湾问题做了大量基础性、开拓性工作"①。

为了调动一切积极因素建设社会主义，周恩来十分关心和爱护人才。新中国成立之初，他就引进和大胆使用了李四光、钱学森等一批海外归来的科学家。他善于听取知识分子的意见，愿与他们交朋友，而且总是在危难时刻帮助和保护人才。周恩来对人才的爱护、使用和帮助的一大特点是宽严结合，求贤不求全。严的一面是：严守各项规章制度，照章办事，严格管理，办事认真；宽的一面是：对各方面人才尽量保护，大胆使用。严以律己，宽以待人。平时他对知识分子从思想上加强教育和引导，生活上尽量关心帮助和照顾。在政治风浪中，特别是在民主人士、知识分子、党内同志处于困境时，他总是在力所能及的范围内伸出援助之手。如在"反右"斗争中和"文化大革命"中，他尽力保护了一大批党的领导骨干、民主人士和知识分子。党、政、军的许多老干部，以及科学界、艺术界许多著名人士都得益于他的保护，他们对周恩来的知遇之恩及关心爱护充满感情。周恩来的这种善于团结一切爱党爱国力量的精神，对我们在新的形势下做好统一战线工作有重要启迪。

九、艰苦朴素，克己奉公的廉政精神

周恩来一贯倡导艰苦朴素，勤俭节约，而且带头身体力行。他在给中直机关干部讲如何过"五关"问题时，专门讲了领导干部要过社会关和亲属关，要自觉抵制腐朽思想和旧的习惯势力的侵蚀，不要让社会上的消极因素影响自己。领导干部不但自己要克己奉公，还要教育好自己的亲属。他谆谆告诫党的干部："我们决不能使自己的子弟成为国家和社会的包袱，阻碍我们的事业前进。对于干部子弟，要求高、责备严是应该的，这样有好处，可以督促他们进步。"他要求领导干部首先应解决好自己和亲属谁影响谁的问题，一个领导干部不应因亲属的关系而影响工作。他认为人的生活为分物质生活和精神生活。领导干部对

---

① 习近平：《在纪念周恩来同志诞辰 120 周年座谈会上的讲话》，《人民日报》2018 年 3 月 2 日。

物质生活的要求应该知足常乐，精神生活应该"把整个身心放在共产主义事业上，以人民的疾苦为忧，以世界的前途为念，这样，我们的政治责任感就会加强，精神境界就会高尚"①。

周恩来是艰苦朴素的生活与崇高精神追求完美结合的典范。他担任总理后，办公所在的西花厅许多办公用品都很破旧了，他一直不让翻修，有人建议盖一个大点的办公楼，他坚决反对，他说只要我做一天总理，就绝不盖国务院大楼。每次外出开会或考察，他总是随身带着自己的旧铺盖。他的被子还是解放战争时期在梅园新村用的那一床，洗得已经泛白。枕巾中间已经破损，两头缝起来再用。一次外出，浙江省警卫处的同志趁他去开会的机会，从后勤部门领了一条新枕巾给换上了。周恩来发现后语重心长地说，我们国家还不富裕，要保持艰苦奋斗的传统，即使以后富裕了，也不能丢了这个光荣传统。他一贯提倡大家保持艰苦奋斗的共产党人本色，并严格要求自己的亲属。

新中国成立初期，一些故乡的亲友企图借他的名义谋取私利，周恩来坚决反对，曾专门定下了"十条家规"。（1）晚辈不准丢下工作专程来看望他，只能在出差顺路时去看看；（2）来者一律住国务院招待所；（3）来者一律到食堂排队买饭菜，有工作的自己买饭菜票，没工作的由总理代付伙食费；（4）看戏以家属身份买票入场，不得用招待券；（5）不许请客送礼；（6）不许动用公家的汽车；（7）凡个人生活上能自己做的事，不要别人代办；（8）生活要艰苦朴素；（9）在任何场合都不要说出与总理的关系，不要炫耀自己；（10）不谋私利，不搞特殊化。②周恩来一生没有利用自己的权力为自己或亲朋好友谋过半点私利。20世纪70年代初的一个晚上，周恩来在杭州结束了当天的外事工作后，自己掏腰包请身边工作人员在外面吃了一顿饭，饭后他曾3次要求警卫员补齐饭费，令饭店全体工作人员非常感动，亦成为周恩来廉洁自律的一段佳话。

周恩来一生勤俭节约、廉洁奉公、艰苦朴素，坚决反对任何贪污腐化行为。他肩负着国家的重托，始终保持着清正廉洁、勤政爱民的本色，真正做到了一身正气，两袖清风，身后也没有留下任何个人财产，连自己的骨灰也撒进了祖国的江海里。他具有中华民族传统美德和中国共产党人的优秀品德，他的艰苦朴素、克己奉公的崇高廉政精神为世界各国人民所景仰，永远是我们共产党党风廉政建设的光辉榜样。

---

① 《周恩来选集》下卷，人民出版社1984年版，第427页。

② 张东明：《周恩来的十条家规》，《新长征（党建版）》2015年第8期。

十、伟大的国际主义精神

周恩来具有强烈的爱国主义精神的同时，还具有伟大的国际主义精神。作为新中国第一任外交部部长，他为了国家利益积极拓展新中国外交，坚决捍卫国家主权。作为新中国外交事业的主要奠基者之一，他卓有成效地领导了党和国家的外交事务。新中国成立起始，周恩来就与毛泽东确定了新中国要采取"一边倒""重起炉灶""打扫干净屋子再请客""礼尚往来，互通有无""团结世界人民"的外交方针。

1954 年，周恩来代表中国政府参加了日内瓦会议，这是新中国第一次登上世界外交舞台，周恩来的成功外交和国际主义精神为中国赢得了国际声誉。他首倡的和平共处五项原则成为我国外交政策的基石。他在 20 世纪 50 年代提出的"互相尊重主权和领土完整、互不侵犯、互不干涉内政、平等互利、和平共处"的五项原则，已为世界上大多数国家所接受，逐渐成为建立国际政治经济新秩序的准绳和构建人类命运共同体的思想基础。

1955 年，周恩来在万隆会议上提出的求同存异原则，是将中国传统文化的精华成功运用到国际外交中的典型案例。他提出的求同存异、讲信修睦、礼尚往来等和平外交理念，至今仍是我国和世界许多国家遵循的外交基本原则之一，推动了我国周边国家及广大发展中国家建立了友好合作关系，对维护世界和平有重要意义。

周恩来坚决反对霸权主义，维护世界和平，积极与发展中国家搞好关系，在政治上、经济上帮助他们，支援被侵略国家民族独立斗争。1964 年，周恩来还提出对外经济技术援助八项原则，将发扬国际主义精神与平等互利基础上的中国对外援助很好地结合起来。

周恩来根据形势变化及时调整我国与大国之间的关系，在 1972 年通过"乒乓外交"改善了中美、中日关系，打开了中国外交新局面，捍卫了国家主权和利益，也为中国赢得了国际声誉。周恩来博大精深的外交思想和实践、独具一格的外交艺术和外交风格，使他成为 20 世纪世界最有影响的外交家之一。周恩来的外交思想和外交风范，闪耀着伟大的国际主义精神，值得我们今天新一代外交家和全党同志好好学习。

在纪念周恩来诞辰 120 周年座谈会上，习近平总书记明确指出："周恩来同志的崇高精神、高尚品德、伟大风范，感召和哺育着一代又一代中国共产党人。周恩来同志身上展现出来的中国共产党人的崇高精神，是历史的，也是时代的，将激励我们在新时代坚持和发展中国特色社会主义征程上奋勇前进。"①周恩来身上展现出来的中国共产党人的崇高精神具有重要的历史意义和现实指导意义，将激励我们在新时代继续努力奋斗，不断砥砺前行。进入新时代我们更要认真学习、继续传承和大力弘扬周恩来的崇高精神风范，永远赓续共产党人的精神血脉，以昂扬的姿态为实现党的第二个百年奋斗目标而努力。

（本文入选"2021年全国思想政治教育学术研讨会"并被评为二等奖）

---

① 习近平：《在纪念周恩来同志诞辰120周年座谈会上的讲话》，《人民日报》2018年3月2日。

附录：未收入本书的文章、专著、论文集

《开拓周恩来研究的新局面》，《党史研究与教学》1998 年第 3 期。

《试论周恩来建国初期经济思想的现实意义》，《求知》1998 年第 3 期。

《第二届周恩来研究国际学术讨论会述评》，《历史教学》1998 年第 5 期。

《试论周恩来的经济思想极其深邃的启示》，见《中外学者再论周恩来》中央文献出版社 1999 年版。

《新中国现代化的奠基——周恩来的建设构想与 50 年代国民经济的发展》，《西南师范大学学报》2001 年第 4 期。

《新中国诞生前周恩来的对美外交活动》，《觉悟》2004 年第 2 期。

《周恩来的廉政建设思想及其现实意义》，《漳州职业大学学报》2004 年第 3 期。

《周恩来与孙中山》，见《孙中山与中华民族崛起》天津人民出版社 2005 年版。

《周恩来与中美关系四十年》，《香港中国近代史学报》2005 年第 3 期。

《周恩来与抗战初期的政治部第三厅》，《南开学报》2005 年第 4 期。

《周恩来"和而不同"思想与淮阴地域文化》，见《南开学者纵论周恩来》天津人民出版社 2008 年版。

《推动周恩来研究向纵深发展》，《党的文献》2008 年第 4 期。

《第三届周恩来研究国际学术研讨会述评》，《国外社会科学》2008 年第 5 期。

《周恩来在中日复交前期准备过程中的作用》，《新疆社科论坛》2009 年第 4 期。

《试论周恩来的人民政协思想体系》，《觉悟》2010 年第 2 期。

《近 10 余年周恩来与新中国外交研究述评》，《当代中国史研究》2011 年第 1 期。

《进一步深化周恩来研究的几点思考》，《重庆社会主义学院学报》2011 年

第 2 期。

《试论周恩来在新中国文化领域的统战思想与实践》，《重庆社会主义学院学报》2012 年第 1 期。

《试论周恩来民主思想的演进历程与基本内容》，《觉悟》2013 年第 4 期。

《中外学者研讨周恩来》，《党的文献》2013 年第 6 期。

《海外周恩来研究最新进展述论》，《中共党史研究》2013 年第 12 期。

《改革开放以来周恩来研究发展趋势分析》，见《周恩来与二十世纪的中国和世界》中央文献出版社 2015 年版。

《领导干部必备的基本素质：学习周恩来关于党员修养的论述》，《觉悟》2015 年第 2 期。

《为人民服务要有牛的奋斗精神》，《经纬线》2016 年专辑。

《周恩来的从严治党思想及其当代启示》，《丰碑》2016 年第 1 期。

《周恩来与我国少数民族教育事业的发展》，《黑龙江民族丛刊》2016 年第 6 期。

《周恩来与国民党驻欧支部的建立》，《团结报》2017 年 12 月 28 日。

《周恩来为落实"五一口号"和筹建新政协做出的重大贡献》，入选"新型政党制度与新时代中国特色社会主义政治发展"学术研讨会（2018 年）。

《第一次国共合作的先声》，《统一战线研究》2018 年第 1 期（获得中央统战部宣传办和江苏省委统战部理论征文一等奖）。

《周恩来为人大制度建设做出的重要贡献》，《人民与权力》2018 年第 3 期。

《新时代，继续学习周恩来的崇高品德》，《团结报》2018 年 4 月 5 日。

《聚焦当今周恩来研究的最新成果》，《党的文献》2019 年第 1 期。

《周恩来：勤政为民和清正廉洁的杰出楷模》，《团结报》2019 年 1 月 3 日。

《周恩来研究的新进展与新特色》，《丰碑》2020 年第 1 期。

《周恩来，依法治国的倡导者和践行者》，《团结报》2020 年 1 月 9 日。

《周恩来对"怎样做一个好的领导者"的思考》，《觉悟》2020 年第 4 期。

《周恩来与政协〈共同纲领〉的制定》，入选第一届政党治理高峰论坛（2021 年）。

《海外周恩来研究新趋势》，见《新时代海外当代中国研究》辽宁人民出版社 2021 年版。

《周恩来〈我的修养要则〉的深刻内涵与现实意义》，《丰碑》2021 年第 1 期。

《狠抓从严治党，搞好党风建设——周恩来坚决反对官僚主义》，《团结报》2021 年 6 月 12 日。

《周恩来与新中国行政监察体制的建立》，入选第 22 届国史学术年会（2022年）。

《周恩来对党的组织建设和作风建设的卓越贡献》，《干部之友》2022 年第 6期。

《周恩来与中国半导体产业的起步发展》，《党史博采》2023 年第 1 期。

《周恩来早期政治传播思想与实践初探》，《党史天地》2023 年第 1 期。

《统筹全局，稳步推进国民经济发展——周恩来对 1957 年经济计划和建设方针问题的思考》，《觉悟》2023 年第 2 期。

《试论周恩来的自我革命精神与实践》，《丰碑》2023 年第 2 期。

《周恩来的勤政为民思想及其优秀的工作作风》，《党史文苑》2023 年第 3期。

《专家学者共话"周恩来与中国共产党百年奋斗历程"》，《光明日报》2023年 5 月 10 日第 11 版。

《当今国外学者眼中的周恩来——第六届周恩来研究国际学术研讨会国外代表观点综述》，《党的文献》2023 年第 5 期。

《新中国成立初期周恩来领导的卫生防疫工作》，《党史博采》2023 年第 6期。

《第六届周恩来研究国际学术研讨会综述》，《中共党史研究》2023 年第 6期。

《周恩来与新中国现代化的早期探索——以"一五"计划制定实施为中心》，《广东党史与文献研究》2023 年第 6 期。

《抗美援朝战争期间的周恩来》，《党史博采》2023 年第 10 期。

《周恩来的南开岁月》，《中国新闻发布（务实版）》2024 年第 1 期。

《周恩来与中国现代化的奠基》，天津人民出版社 2008 年版（专著）。

《周恩来与中日关系的历史性转折》，天津社会科学院出版社 2010 年版（专著）。

《新中国行政体制的初创——周恩来与中央政府筹建管理述论》，当代中国出版社 2013 年出版（专著，此书入选首都出版发行联盟"三个一百"精品图书）。

《周恩来与中国新型政党制度》，中央文献出版社（专著，待出版）。

《一面不朽旗帜——周恩来与中国共产党》，高等教育出版社 2023 年版（专著）。

《周恩来论党的建设与统一战线著作导读》，中国民主法制出版社（专著，待出版）。

《周恩来论新中国建设著作导读》，中国民主法制出版社（专著，待出版）。

《南开学者纵论周恩来》，天津人民出版社 2008 年版（论文集，主编）。

《二十一世纪周恩来研究的新视野》，中央文献出版社 2009 年版（论文集，主编）。

《周恩来与二十世纪的中国和世界》，中央文献出版社 2015 年版（论文集，执行主编）。

《周恩来与中国和世界的和平发展》，中央文献出版社 2020 年版（论文集，主编）。

《周恩来与中国共产党百年奋斗历程——第六届周恩来国际学术研讨会论文集》，南开大学出版社（论文集，主编，待出版）。

后 记

　　"周恩来同志是近代以来中华民族的一颗璀璨巨星,是中国共产党人的一面不朽旗帜。"①这是习近平总书记在纪念周恩来诞辰 120 周年座谈会上代表党中央做的评价。周恩来一生与南开有不解之缘,1913 至 1917 年他在南开中学学习,1919 年又成为南开大学第一届学生,抗日战争中多次动员南开师生抗日。新中国成立后担任政府总理的周恩来日理万机,工作十分繁忙,仍抽出时间 3 次视察南开大学。1975 年 1 月,周恩来接见了参加第四届全国人民代表大会的天津代表团,请时任南开大学校长的杨石先代表他向南开大学的同志们问好,他表示将来有机会还是要回南开看望大家的。

　　改革开放至今,南开有许多师生坚持从事周恩来的教学和研究工作,产生了一批重要科研成果,这已成为南开大学一个国内外知名的重要学术特色。笔者自 20 世纪 80 年代末以来就开始从事周恩来研究,1997 年参与筹建了南开大学周恩来研究中心。几十年来笔者一边教学,一边科研,已在中外学术刊物上发表各种文章 200 多篇,其中研究和宣传周恩来的文章 80 余篇,6 部专著出版,主编论文集 4 套。

　　2023 年将迎来周恩来诞辰 125 周年,为纪念这位历史伟人,笔者选取了几十年来发表的 49 篇论文汇编成书,分为周恩来与党的建设、周恩来与政治制度、周恩来与行政管理、周恩来与各项建设事业、周恩来与统一战线、周恩来与中国外交和周恩来生平与思想研究,共七大部分。

　　本书收入的论文均是在国内报刊和学术会议上发表过的,有些是与学生合作发表的,这些学生包括王利平、黄园、高鑫、陈晓辰、张妍、司文君、张松、薛琳、王海峰、刘新钰、贾旭芳、倪亚奇、邓芳红、杨鹏飞、徐晓东、赵家宽、吴振晶等。这批论文收入本书时,有些做了精简和修订,还有一些未能全文编

---

　　① 习近平:《在纪念周恩来同志诞辰120周年座谈会上的讲话》,《人民日报》2018年3月2日。

入的文章则编入了书后的目录索引。

本书的编辑出版旨在加强和深化周恩来生平思想的研究与宣传，扩大同国内外学者的学术交流，以期推动周恩来研究事业的持续发展。

十分感谢周恩来的侄女周秉德老师，不顾年事已高、诸事繁忙，帮助审阅书稿，并亲自为本书作序。

还要感谢周恩来政府管理学院的领导对出版此论文集的重视和支持；感谢我的研究生杜开鑫等帮助做了资料收集、校对、排版等工作；感谢南开大学出版社领导的支持和编辑们的辛勤工作。

最后，要特别感谢薇阁基金会董事长李传洪先生和茂业集团的鼎力支持，没有他们给予的帮助这本书难以问世。

总之，谨向一切关心、热爱、支持和从事周恩来研究事业的各位学者、各界人士致以由衷的敬意和谢意！

由于笔者学识和能力所限，本书疏漏和不当之处肯定不少，尚请各位专家学者和读者不吝赐教，多予指正。

徐 行

2022 年冬截稿

2024 年初春修订

　　本书得到茂业集团和薇阁基金会董事长李传洪先生鼎力支持，谨表示衷心感谢！